Normenaspekte im Fremdsprachenunterricht

Tübinger Beiträge zur Linguistik

herausgegeben von Gunter Narr

222

Frank G. Königs

Normenaspekte im Fremdsprachenunterricht

Ein konzeptorientierter Beitrag zur Erforschung des Fremdsprachenunterrichts

gnv   Gunter Narr Verlag Tübingen

CIP-Kurztitelaufnahme der Deutschen Bibliothek

Königs, Frank G.:
Normenaspekte im Fremdsprachenunterricht: e.
konzeptorientierter Beitr. zur Erforschung d.
Fremdsprachenunterrichts / Frank G. Königs. –
Tübingen: Narr, 1983.
  (Tübinger Beiträge zur Linguistik; 222)
  ISBN 3-87808-222-3
NE: GT

© 1983 · Gunter Narr Verlag Tübingen
Alle Rechte vorbehalten. Nachdruck oder Vervielfältigung, auch
auszugsweise, in allen Formen wie Mikrofilm, Xerographie, Mikrofiche,
Mikrocard, Offset verboten.

Druck: Gulde-Druck GmbH, Tübingen
Printed in Germany

ISBN 3-87808-222-3

Meiner Frau
Hanna Königs

Meinen Eltern
Paul und Johanna Königs

WORTE DER ERKLÄRUNG UND DES DANKES

Es mag gegen (erwartete, aus dem Gebrauch hergeleitete, subjektiv und/oder objektiv bestimmte) Normen verstoßen, wenn ein Buch wie dieses mit Erklärungen bzw. 'Rechtfertigungen' beginnt. Der Leser möge mir verzeihen, wenn ich den 561 folgenden Seiten noch einige wenige mehr voranstelle.

Ausgangspunkte für die vorliegende Arbeit sind die Begriffe *Norm* und *Fremdsprachenunterricht*. Mit der Entscheidung für die Untersuchung dieser beiden Begrifflichkeiten sind implizit eine Reihe weiterer Entscheidungen getroffen worden, die das Vorgehen im Rahmen dieser Arbeit meiner Auffassung nach zwingend bestimmt haben. Wenn man Fremdsprachenunterricht erforschen will, gilt es, sich selbst einzugestehen, daß wir im Augenblick zwar schon Vieles wissen, aber ebenso Vieles nur annehmen oder erahnen und an das eine oder andere in diesem Zusammenhang möglicherweise auch noch gar nicht denken (können). So abgeschlossen damit Darstellungen des Fremdsprachenunterrichts auch scheinen mögen - eine *potentielle* Unendlichkeit der Variablen sollte immer im Blick bleiben.

Es entspricht wissenschaftlichen Normen, wenn man sich um eine *Systematisierung* von Elementen und Variablen bemüht. Für die Beschäftigung mit Fremdsprachenunterricht sind eine Reihen von Elementen höherer Ordnung benennbar, ohne daß damit allerdings dem Analysierenden die Entscheidung über Anzahl und Gestalt dieser Elemente abgenommen würde. Vielmehr lassen sich für mehrere Ansätze zur Systematisierung nachvollziehbare Begründungen liefern. Wenn im Rahmen der vorliegenden Arbeit also von vier Faktorenkomplexen ausgegangen wird - nämlich *Lerner*, *Lernziele*, *Sprache* und *Lehrer* -, so bedeutet dies keineswegs die prinzipielle Ablehnung anderer Systematisierungsprinzipien. Wohl aber bedingt *jede* Form der Systematisierung einen spezifischen Argumentationsgang, der sich - zumindest in Teilen - nicht nur aus der immanenten Struktur des Analysegegenstands ergibt, sondern auch aus dessen Strukturierung. Gleichzeitig führt diese Strukturierung zu einer nicht parallelen Gliederung der einzelnen Kapitel. Dies wird bewußt in Kauf genommen.

Es ist häufig betont worden, daß die wissenschaftliche Beschäftigung mit Fremdsprachenunterricht über Jahre hinweg einer Lehrerzentrierung unterlag. Erst in den letzten ca. fünfzehn Jahren gelten Fragen des Lernens und zum Lerner als mindestens ebenso bedeutsam, wenn nicht gar als bedeutsamer. Naturgemäß können wir uns somit bezüglich der Lehrperspektive auf eine gesichertere, wenn auch keineswegs immer widerspruchsfreie Ergebnisbasis beziehen, der lernerbezogene Forschungsbemühungen bislang noch quantitativ unterlegen sind. Von daher erscheinen lehrerorientierte (Hypo-) Thesen durchweg breiter fundiert als z.B. ausschließlich lernerzentrierte. Aus diesem Grunde enden die einzelnen Abschnitte des 5. Kapitels *durchgängig* mit (hypo-) thesenartigen Formulierungen, wohingegen in den anderen Kapiteln derartige Formulierungen *partiell* einfließen; der Verstoß gegen die wissenschaftliche Norm weitgehender formaler Gleichheit geschieht also mit Absicht.

Nicht nur in diesem Vorwort, sondern auch in der gesamten Arbeit spielt der Begriff 'Norm' eine zentrale Rolle. Während er mit Blick auf den Lehrer, die Lernziele oder die Lerner bislang kaum systematische Berücksichtigung fand, hat er in der linguistischen Diskussion eine vergleichsweise lange Tradition, aus der heraus er nicht selten unreflektiert in den Kontext des Fremdsprachenunterrichts übernommen worden ist. Mit dem Ziel, den Normbegriff für den Fremdsprachenunterricht aus mehreren Perspektiven systematisch anzugehen, verbindet sich nach meiner Auffassung die Notwendigkeit, in die Diskussion einzugreifen, wie sie um den Komplex 'Sprache' bezüglich der Norm geführt wurde und wird. Da diese Diskussion natürlich nicht unisono verlaufen ist, sondern eher kontrovers, sehe ich für meine Darstellung die Verpflichtung, bei einem Fixpunkt dieser Diskussion einzusetzen. Dies ist - wieder einmal - Ferdinand de Saussure. In seiner (zeitlichen) Nachfolge hat es eine nicht quantifizierte Zahl von Autoren gegeben, die sich zum Normproblem geäußert haben. Die hier getroffene Auswahl ist zwangsläufig subjektiv, und sie soll es auch sein. Ausgewählt wurden die einschlägigen Arbeiten von Autoren, die nach *meiner* Beobachtung in diesem Kontext häufig diskutiert werden und die geeignet sind, die Bandbreite der linguistischen Normdiskussion widerzuspiegeln. Absolute Vollständigkeit wurde hier nicht angestrebt.

Ich hoffe, der Leser wird aufgrund dieser Selbstrechtfertigungen zumindest wissen, warum das eine oder andere genau so und nicht anders dargestellt, plaziert und begründet worden ist.

Die vorliegende Arbeit ist die geringfügig veränderte Fassung einer im Wintersemester 1982/83 von der Abteilung für Philologie der Ruhr-Universität Bochum angenommenen Dissertation. Betreuer der Arbeit war K.-Richard Bausch. Ihm möchte ich neben der Betreuung als solcher neben vielem anderem für die Arbeits- und Forschungsmöglichkeiten an seinem Lehrstuhl ganz herzlich danken; dieser Dank schließt ausdrücklich die Möglichkeit zur Diskussion - nicht nur über unmittelbar fachliche Probleme - in vollem Umfang mit ein. Unter den hier herrschenden Bedingungen hat auch ein 'solches Unternehmen' Spaß gemacht, der "Luschtverlust" wurde so zu einer *contradictio in adiecto*.

Dank schulde ich gleichfalls Udo L. Figge, der nicht nur als Zweitgutachter fungierte, sondern mir vor allem für das 4. Kapitel mit Rat und Tat zur Seite stand.

Für die gleichermaßen geduldige und vorzügliche Erstellung des Typoskripts danke ich Marion Schultz. Gleichfalls sei in diesem Zusammenhang Wolfgang Schmitz gedankt.

Der Mühe des Korrekturlesens unterzogen sich Andreas Bahr, Herbert Rongen und Heinz-Jürgen von Unwerth. Ihnen sei nicht nur für diese mühselige Tätigkeit gedankt, sondern auch für so manchen Formulierungsvorschlag, wenn es darum ging, 'stilistische Unebenheiten' auszubügeln. Es versteht sich von selbst, daß ich alle stehengebliebenen Schreibfehler allein verantworte.

Schließlich möchte ich ganz besonders meiner Frau, Hanna Königs, und meinen Eltern danken. Vor allem meine Frau half mir immer wieder über psychische 'Durststrecken' hinweg und war stets bereit, auf die Abfassung der Arbeit alle erdenkliche Rücksicht zu nehmen. Meine Eltern ermöglichten mir nicht nur finanziell das Studium, sondern waren auch darüber hinaus durch vielfältige Hilfen um jedwede Unterstützung der Arbeit bemüht. Ihnen dreien möchte ich diese Arbeit aus Dankbarkeit widmen.

Bochum, im Frühjahr 1983

Frank G. Königs

INHALTSVERZEICHNIS

	Worte der Erklärung und des Dankes	VII
1.	ZUM ANSATZ DIESER ARBEIT	1
1.1	Allgemeine Überlegungen zum Normbegriff	1
1.1.1	Definitionsprobleme	1
1.1.2	Zum Problem Fremdsprachenunterricht und Norm allgemein	3
1.1.2.1	Die Rolle der Linguistik	4
1.1.2.2	Normsetzungspraxis und Unterricht	7
1.1.2.3	Lernziel und Normbegriff: allgemeine Aspekte	8
1.1.2.4	Bewußte Einstellungsmerkmale zum Verhältnis von Unterricht und Norm	11
1.1.2.5	Zur Norm in Muttersprachen- und Fremdsprachenunterricht	14
1.2	Faktorenkomplexion	17
1.2.1	Zur Diskussion um die Faktorenkomplexion	17
1.2.2	Faktorenkomplexion und Didaktische Grammatik	19
1.2.2.1	Allgemeine Vorüberlegungen zu Didaktischen Grammatiken: Lehr-/Lernziele	19
1.2.2.2	Allgemeine Vorüberlegungen zu Didaktischen Grammatiken: Lernerzugang	22
1.2.2.3	Definitionen von Didaktischen Grammatiken	25
1.2.2.4	Charakteristika einer Didaktischen Grammatik	29
1.2.2.5	Grundgedanken zum Verhältnis von Faktorenkomplexion und Didaktischer Grammatik	30
1.2.3	Kriterien der vorliegenden Faktorenkomplexion	31
1.2.3.1	Auswahl, Einteilung und Hierarchie der Faktoren	31
1.2.3.2	Exkurs: Am Fremdsprachenunterricht interessierte Disziplinen und ihr Verhältnis zueinander	33
1.2.3.3	Konsequenzen für das methodische Vorgehen in dieser Arbeit	63

		Seite
2.	DER LERNER	65
2.1	Außerunterrichtliche Lernerfaktoren und Normen	65
2.1.1	Sozioökonomischer Hintergrund	65
2.1.2	Gruppensozialisation	66
2.1.3	Kulturelle Distanz zur Zielsprachenkultur	69
2.1.4	Alter	71
2.1.5	Einstellung	74
2.1.6	Geschlecht des Lerners	82
2.1.7	Bezugspersonen	84
2.1.8	Sprachenpolitik aus der Lernerwarte	86
2.2	Unterrichtliche Rahmenbedingungen und Normen	89
2.2.1	Gesamtinstitutioneller Rahmen und Kursbesuch	89
2.2.2	Dienstleistungsfunktion	90
2.2.3	Institutionelle Bedingungen	91
2.2.3.1	Organisatorische Bedingungen	92
2.2.3.2	Ideologische Bedingungen	93
2.2.4	Allgemeine Lernerfahrungen	95
2.2.5	Das emotionale Verhältnis zum Lehrer	99
2.2.6	Lernklima	100
2.2.7	Sozialisation in der Lerngruppe	102
2.3	Fremdsprachenunterrichtlich-spezifische Lernerfaktoren und Normen	106
2.3.1	Motivation	106
2.3.2	Intendierte Fremdsprachenanwendung	117
2.3.2.1	Sprachenwahl	117
2.3.2.2	Skillspezifische Ausrichtung	119
2.3.3	Vorkenntnisse	121
2.3.4	Fremdsprachenunterrichtliche Lernerfahrungen	123
2.3.4.1	Lernerfahrungen	123
2.3.4.2	Lerntheoretische Überlegungen	124
2.3.4.2.1	Mentale Prozesse	128
2.3.4.2.2	Kommunikationsstrategien	133
2.3.4.2.3	Prozesse	143
2.3.4.2.4	Psychologische Relevanz grammatischer Beschreibungen	144
2.3.4.2.4.1	In welchem Verhältnis stehen Wissenschaftliche Grammatik und Didaktische Grammatik ?	146
2.3.4.2.4.2	Welche Rolle spielt die Wahl des Beschreibungsverfahrens für die Didaktische Grammatik ?	152
2.3.4.2.4.3	Welchen Stellenwert hat die 'Grammatik' innerhalb des Fremdsprachenunterrichts ?	155
2.3.4.3	Fremdsprachenunterrichtliches Lernen und Normen	164
2.3.5	Sprachbegabung und Spracheignung	169
2.3.6	Muttersprachliche Einflüsse	174

		Seite
2.3.7	Einstellung zur Sprache als Medium: die fremdsprachenunterrichtliche Kommunikation	181
2.3.8	Selbstverständnis des Lerners	188
2.3.9	Tests aus Lernersicht	197
3.	**LERNZIELE**	202
3.1	**Individuelle Lernzielprobleme und Normen**	203
3.1.1	Individuelle lernerbezogene Lernzielprobleme	203
3.1.2	Individuelle lehrerbezogene Lernzielprobleme	207
3.2	**Supraindividuelle Lernzielprobleme und Normen**	210
3.2.1	Lerngruppenbezogene Lernzielprobleme	210
3.2.2	Lehrergruppenbezogene Lernzielprobleme	213
3.2.3	Zielbezogene Lernzielprobleme	215
3.3	**Institutionelle Lernzielprobleme und Normen**	216
3.3.1	Institutionelle lerngruppenübergreifende Lernzielprobleme	217
3.3.2	Institutionelle gesellschaftlich motivierte Lernzielprobleme	218
3.4	**Lernzielprobleme aus politischer Sicht**	218
3.5	**Lernzielprobleme und sprachliche Anwendung**	220
3.5.1	Die syntaktischen Lernziele	221
3.5.2	Die lexikalischen Lernziele	224
3.5.3	Die morphologischen Lernziele	226
3.5.4	Die phonologischen/phonetischen Lernziele	228
3.5.5	Die Dimension pragmatischer Lernziele	229
3.6	**Sprachwissen und Normen**	237
3.7	**Außersprachliches Wissen und Normen**	245
3.7.1	Landeskunde	247
3.7.2	Soziale Ziele	250
4.	**SPRACHE UND IHRE BESCHREIBUNG**	257
4.1	**Systemlinguistische Aspekte**	257
4.1.1	F. de Saussure	257
4.1.2	O. Jespersen	267
4.1.3	V. Brøndal und L. Hjelmslev	270
4.1.4	Vertreter der Prager Schule	274
4.1.5	E. Coseriu	276
4.1.6	N. Chomsky	289

		Seite
4.1.7	A. Martinet, K. Heger, B. A. Serebrennikow, J. Lyons	295
4.2	Soziolinguistische Aspekte	302
4.2.1	Der Rahmen der Soziolinguistik	302
4.2.2	H. Steger	306
4.2.3	P. von Polenz	310
4.2.4	Bemerkungen zu Defizit- und Differenzhypothese	313
4.2.5	Fazit	328
4.3	Sprachkritik	331
4.4	Sprachgebrauch bei native speakers und Nicht-native speakers	341
5.	DER LEHRER	354
5.1	Allgemeine Persönlichkeitsfaktoren des Lehrers	354
5.2	Fremdsprachenbezogene Lehrerfaktoren	368
5.2.1	Fremdsprachenbezogene Lehrerfaktoren mit Bezug auf den Lehrgegenstand	369
5.2.1.1	Die aktive Sprachkompetenz	369
5.2.1.2	Die deskriptive Sprachkompetenz	371
5.2.1.3	Fremdsprachliche Präsentation in Lehrmaterialien und die Sprachkompetenz des Lehrers	372
5.2.1.4	Registerwahl und Normprobleme aus der Lehrerperspektive	373
5.2.1.5	Auswahl des Sprachmaterials	375
5.2.1.6	Kenntnis von Beschreibungsverfahren	377
5.2.1.7	Wissen über und Einstellung zur fremdsprachlichen Kultur aus der Lehrperspektive	379
5.2.2	Fremdsprachenbezogene Lehrerfaktoren mit Bezug auf die Rahmenbedingungen	382
5.2.2.1	Lehrereinstellung zur Institution	382
5.2.2.2	Sozialisation in der gesamten Lehrergruppe	383
5.2.2.3	Prestige des vertretenen Faches und sein möglicher Einfluß auf eine Norm	386
5.3	Lernergerichtete Prämissen und Normen	389
5.3.1	Kenntnis über fremdsprachenunterrichtlich spezifische Lernermerkmale	389
5.3.2	Kenntnis außersprachlich bedingter Spezifika der Lernergruppe	390
5.3.3	Lehrklima	391
5.4	Methodische Prämissen und Normen	394

Seite

5.4.1	Einstellung zur Rolle der Lehrwerke im Unterricht	395
5.4.2	Kenntnisse von und über Lehrwerke und -materialien	398
5.4.3	Lehrwerkanalyse	400
5.4.4	Auswahl und Beurteilung von Inhalten	404
5.4.5	Kenntnis fremdsprachenunterrichtlicher Vermittlungsmethoden	408
5.4.5.1	Grammatik-Übersetzungsmethode	410
5.4.5.2	Direkte Methode	412
5.4.5.3	Audiolinguale Methode	413
5.4.5.4	Audiovisuelle Methode	415
5.4.5.5	'Aufgeklärte Einsprachigkeit'/ Bilinguale Methode	417
5.4.5.6	'The Silent Way'	420
5.4.5.7	'Total Physical Response'	426
5.4.5.8	Suggestopädischer Fremdsprachenunterricht	430
5.4.6	Umgang mit und Einstellung zu technischen Medien	438
5.4.7	Unterrichtsstil	460
5.4.8	Übungsformen und Übungstypologien	463
5.4.9	Institutionelle Vorgaben	474
5.4.1o	Erfahrungen	477
5.5	Grundgedanken zur fremdsprachenmethodischen Umsetzung	481
6.	ABSCHLIESSENDE BEMERKUNGEN	483
	BIBLIOGRAPHIE	486
	SACHREGISTER	551

1. ZUM ANSATZ DIESER ARBEIT

Idee und damit auch Anliegen dieser Arbeit beruhen auf der Unzufriedenheit mit zwei Begrifflichkeiten, die im Zusammenhang mit dem Fremdsprachenunterricht häufig verwendet werden: *Norm* und *Faktorenkomplexion*. Während man aus der Verwendung des Normbegriffs in der entsprechenden wissenschaftlichen Literatur auf eine in der Regel unbegründete Verkürzung des Begriffs auf seine möglichen *linguistischen* Aspekte schließen kann, resultiert die Unzufriedenheit mit der Verwendung des Begriffs der Faktorenkomplexion eher daraus, daß es in aller Regel bei der programmatischen Verwendung bleibt, daß aber die Faktorenkomplexion selbst nicht aufgefächert wird, so daß sich die Diskussion um sie in zwei unterschiedliche Richtungen bewegt. Einerseits wird sie als "Schreckgespenst" abgetan (Heuer 1982, 60; vgl. so ähnlich auch Zydatiß 1982); andererseits wird sie so behandelt, als sei sie schon so weit erforscht und im Bewußtsein der an der Erforschung des Fremdsprachenunterrichts Beteiligten, daß es nunmehr um eine "begründete Qualifizierung" (Bausch 1982, 15) gehen könne. Die dazu notwendige Quantifizierung gilt als erreicht, obwohl *ausführliche* Arbeiten dazu außer von Jakobovits (1970) und als summarische Auflistung von Faktoren durch Funke (1971; jetzt auch 1982) nicht vorliegen[1]. Das hier verfolgte Vorgehen zielt also darauf ab, über eine *hermeneutisch* orientierte Deskription der an Fremdsprachenunterricht beteiligten Faktoren den Blick auf die Vielschichtigkeit des Normbegriffs in diesem Kontext zu öffnen.

1.1 ALLGEMEINE ÜBERLEGUNGEN ZUM NORMBEGRIFF

1.1.1 DEFINITIONSPROBLEME

Die Existenz von Normen gewährleistet die Konstituierung von

---

[1] Statistische Methoden zur Ermittlung mehrdimensionaler Faktorenbestimmtheit müßten z. T. erst entwickelt, z. T. - soweit sie schon existieren - leichter operationalisierbar gemacht werden.

Gesellschaften. Durch Normen wird für jede einzelne Gesellschaft festgelegt, was die einzelnen Mitglieder dieser Gesellschaft noch tun dürfen bzw. tun müssen, um zu dieser Gesellschaft zu gehören. Normen erstrecken sich dabei sowohl unmittelbar auf Handlungen und Handlungsfolgen, auf die Ergebnisse von Handlungen als auch auf die Zwecke, die mit Handlungen verfolgt werden. Darüber hinaus bilden sie die Grundlage von Erwartungen individueller und sozialer Natur und können aus expliziten Vereinbarungen oder stillschweigenden Übereinkünften bestehen. Sie existieren in schriftlicher Form (z. B. in Gesetzen), basieren auf mündlich getroffenen Absprachen oder auf historisch ableitbaren Konventionen. Sie sind je nach Sachlage allgemeinverbindlich oder besitzen 'nur' spezifische Gültigkeit.

Das gesamte Spektrum von Normen[2] ist damit keineswegs ausführlich erfaßt, zumal Normen in allen Lebensbereichen existieren (z. B. Sozialwissenschaft, Technik, Morallehre, Sport). Vollends unüberschaubar wird es, wenn man sich vor Augen führt, daß man von Normen nicht nur auf unterschiedlichen Gebieten mit jeweils unterschiedlichem Hintergrund spricht - Industrienormen sehen z. B. anders aus als juristische Normen -, sondern daß sich hinter dem 'Etikett' 'Normen' innerhalb eines Gebietes (z. B. der Sprachwissenschaft) unterschiedliche Vorstellungen und Auffassungen verbergen[3].

Nun ist auf den verschiedenen Gebieten mit unterschiedlicher Intensität an der Erklärung von Normen gearbeitet worden. In Sozialwissenschaft und Philosophie z. B. liegen zahlreiche Arbeiten zu diesem Bereich vor, die zwar insgesamt nicht zu einem einheitlichen Normverständnis führen konnten und sollten, die aber mit zur Eingrenzung des Problems beigetragen haben.

---

[2] Auf Begriffe wie <u>Gesetz</u>, <u>Konvention</u>, <u>Maxime</u>, <u>Regel</u> oder auch <u>Prinzip</u> kann hier nicht eingegangen werden.

[3] Wir werden gerade auch im Rahmen dieses Einleitungskapitels mehrmals Autorenmeinungen nebeneinandersetzen, in denen die unterschiedlichen Vorstellungen zutagetreten, die sich mit dem Verständnis von Norm und Sprache verbinden.

Auch über die Rolle der Norm in der Linguistik ist häufig und schon lange gearbeitet worden (vgl. dazu auch Kapitel 4 dieser Arbeit). Für den Fremdsprachenunterricht dagegen liegen zu diesem Bereich kaum Arbeiten vor, die über die bloße Übernahme linguistischer Überlegungen in diesen anderen Kontext wesentlich hinausreichen. Im folgenden sollen einige eher allgemeine Überlegungen zum Verhältnis 'Norm - Unterricht' angestellt werden, um den Status quo dieses Verhältnisses zu skizzieren.

1.1.2 ZUM PROBLEMFELD FREMDSPRACHENUNTERRICHT UND NORM ALLGEMEIN

Analysen zu gegenwärtigen Bedingungen des Fremdsprachenunterrichts sowie die Beschäftigung mit Fragen seiner Erforschung kommen nicht um eine 'Sezierung' des Wirklichkeitsbereiches 'Fremdsprachenunterricht' dergestalt herum, daß sie ihn in einzelne, verschieden perspektivierte, jedoch interdependente Faktoren aufgliedern, über deren - oftmals idealtypische - Isolierung im Rahmen spezifischer Fragestellungen auf den Fremdsprachenunterricht als ganzes einzuwirken versucht wird. So berechtigt und vor allem operationalisierbar ein solches Vorgehen angesichts der vielzitierten fremdsprachenunterrichtlichen 'Faktorenkomplexion' auch ist, darf dabei jedoch das Problemfeld *in seiner Gesamtheit* nicht aus den Augen verloren werden. Es ist nicht nur, aber vor allem ein Kennzeichen der Normproblematik, daß sie nicht über den einzelnen Faktor auf den Fremdsprachenunterricht einwirkt, sondern durch ihren Bezug zu zahlreichen Faktoren[4] den Gesamtgegenstand *ab origine* mitbestimmt.

Bevor wir uns somit kurz der Frage nach einzelnen fremdsprachenunterrichtlichen Determinanten zuwenden und uns ausführ-

---

[4] Beim derzeitigen Stand der Forschung scheint es uns vermessen zu sein, von der genauen Kenntnis aller fremdsprachenunterrichtlich relevanten Faktoren auszugehen (man denke nur an die Zielsetzung der lernerzentrierten Sprachlehr- und -lernforschung).

licher mit einzelnen Faktoren und ihrer Beeinflussung durch einen wie auch immer gearteten Normbegriff innerhalb Didaktischer Grammatiken beschäftigen, wollen wir daher zuvor zum Verhältnis Fremdsprachenunterricht und Norm in seiner Gesamtheit Stellung nehmen[5].

1.1.2.1 DIE ROLLE DER LINGUISTIK

"Das 'System' der Sprache wurde bislang als System nicht schlüssig, zwingend oder abschließend formuliert, weder komplex noch einfach: 'Normen' scheinen, wenngleich notwendig, ohne Boden! Dazu kommt, daß eine Zuordnung von sprachlicher Norm und menschlichem Verhalten wenigstens so komplex sein müßte wie jenes Verhalten selbst: Dies wiederum reicht in die wissenschaftlich-deskriptiv bislang nicht ausgeschöpfte Attitüden-Struktur des Menschen, des Subjekts aller dieser Vorgänge, hinab; Normierung wird so vollends problematisch."

(Nissen 1978, 238)

"So wird Erziehung zu einem Akt der 'Spareinlage', wobei die Schüler das 'Anlage-Objekt' sind, der Lehrer aber der 'Anleger'. Statt zu kommunizieren, gibt der Lehrer Kommuniqués heraus, macht er Einlagen, die die Schüler geduldig entgegennehmen, auswendig lernen und wiederholen. Das ist das 'Bankiers-Konzept' der Erziehung, in dem der den Schülern zugestandene Aktionsradius nur so weit geht, die Einlagen entgegenzunehmen, zu ordnen und aufzustapeln."

(Freire 1973, 57)[6]

Beide Zitate markieren extreme Positionen: Der Versuch Nissens, einer ausschließlich linguistisch fundierten Norm die logische Basis zu entziehen, ändert jedoch nichts an der tatsächlichen Existenz eines solchen Normbegriffs, so kritikwürdig er auch sein mag (vgl. dazu auch den vierten Teil dieser Arbeit).

---

[5] Natürlich kommen wir auch dabei auf einzelne Faktoren zu sprechen, lassen aber die Beziehung dieser Faktoren untereinander ebenso unberücksichtigt wie die Frage danach, in welchem Maße welcher Faktor den Fremdsprachenunterricht determiniert.

[6] So ähnlich äußern sich auch Petiot/Marchello-Nizia (1972, 111): "Cette pratique pédagogique, qui tendrait à faire du livre le dépôt de règles intangibles, et du professeur le médiateur entre le livre et l'élève, suppose d'une part la passivité de ce dernier, et d'autre part l'homogénéité linguistique des classes auxquelles sont destinés ces manuels."

Genauso extrem, jedoch auf einer anderen Ebene, ist die Position Freires: ihr zufolge wird Unterricht nicht durch die Inhalte und die diesen Inhalten u. U. inhärente Norm bestimmt, sondern ausschließlich durch das, was der Lehrer in diesen Unterricht an Inhalten und Wertvorstellungen einbringt. Trotz ihrer jeweiligen Unhaltbarkeit *in absoluto* verkörpern beide Zitate die Grenzen eines Spannungsfeldes, auf dem sich die wissenschaftsmethodische Auseinandersetzung zwischen der Linguistik und den am (Fremdsprachen-) Unterricht beteiligten Disziplinen weniger abstrakt abspielt.

So fordert etwa Bünting (1970, 75 ff.), daß die Linguistik die Normen setzen muß[7]. Er läßt dabei offen, ob es Aufgabe der Linguistik sei, herrschende Normen lediglich zu beschreiben oder selbst festzusetzen. Ein Blick auf die meisten Auseinandersetzungen mit dem Gegenstandsbereich belegt denn auch die Auffassung, daß die Linguistik die sprachliche Auswahl für den Fremdsprachenunterricht zu steuern habe, sei es, weil nur mit ihrer Hilfe das Register mit der größtmöglichen Verbindlichkeit zu liefern sei (Valdmann 1967, 8; Kleineidam 1979 b, 295 f.), sei es, weil sie als Disziplin angesehen wird, die kommunikationswissenschaftliche Aspekte integrieren könne (vgl. Spillner 1979, 216). Terminologische Trennungen, wie sie z. B. von Hesse/Kleineidam(1973, 55) zwischen (linguistischer) Realisationsnorm und (fremdsprachenunterrichtlich perspektivierter) Situationsnorm vorgenommen werden, können jedoch nicht verbergen, daß es sich jeweils um *linguistische* Differenzierungen (im zitierten Fall zwischen phonetisch/phonologischer und textsortenspezifischer Norm) handelt, die zwar in der Regel sprachwissenschaftlich begründet, jedoch kaum dem Gegenstandsbereich 'Fremdsprachenunterricht' angemessen sind (vgl. dazu auch

---

[7] Angesichts der Eindeutigkeit dieses Standpunktes ist es ziemlich unerheblich, daß Bünting vor allem den muttersprachlichen Unterricht im Auge hat (zum Verhältnis von Muttersprachen- und Fremdsprachenunterricht zur Norm siehe weiter unten).

Gutschow 1973, 59). Die so dem Fremdsprachenunterricht vorgelagerte linguistische Normierung ist für die den Gebrauch von Sprache konstitutiven Rahmenbedingungen nicht mehr zugänglich. Eine ausschließlich (system-)linguistische Normdiskussion trifft also nicht nur nicht die Sprachwirklichkeit (vgl. auch Kapitel 4.1 und 4.2), sie vernachlässigt darüber hinaus die Unterrichtswirklichkeit. Dabei kann und soll freilich nicht bestritten werden, daß die Linguistik eine Beschreibung des fremdsprachenunterrichtlich anvisierten Sprachausschnitts als *Rohmaterial* für die Planung des Fremdsprachenunterrichts liefert. Der Prozeß der Normierung darf jedoch nicht (ausschließlich) nach linguistischen Kriterien erfolgen. Die Annahme, daß linguistische Kriterien für die Normdiskussion bestimmend seien, spiegelt sich auf konkreter Ebene in zahlreichen Ansätzen wider, theoretische Kriterien für *die* Standardsprache zu finden, sie auf dieser Basis zu beschreiben und zum grundlegenden sprachlichen Material im Fremdsprachenunterricht zu erheben[8]. Versuche, die starre Standardsprachenkonzeption von linguistischer Seite her aufzuweichen (vgl. z. B. Scherfer 1977 b), haben (noch) nicht unmittelbar auf die fremdsprachenunterrichtliche Praxis durchgeschlagen. Hier tut zweifellos ein an den Bedingungen des Fremdsprachenunterrichts ausgerichtetes Normkonzept not.

Nicht selten werden von einer 'linguistischen Plattform' aus Forderungen an die Didaktik und damit die Sprachvermittlung gestellt. So erhebt z. B. Valdmann(1967, 6) linguistische Kriterien wie *fréquence, complexité* und *extensivité* zu Instanzen, die die Auswahl des sprachlichen Materials durch den *Lehrer* bestimmen sollen; auch Bünting (1970, 75) bindet didaktische Entscheidungen unmittelbar an wissenschaftlich fundierte

---

[8] Exemplarisch sei auf die theoretische Arbeit Stourdzés (1969) verwiesen, die ihrerseits wegweisend für curriculare Festsetzungen wurde. Eine praktische Umsetzung liefert die z. T. noch schriftsprachlich orientierte Schulgrammatik von Klein/Strohmeyer (1968).

Normen, ohne dem Anwendungsfeld der Didaktik einen eigenständigen und unabhängigen Status zuzugestehen. Der von Ammon/ Simon (1975, 108) gemachte Vorschlag, die *Sprach*norm aufgrund ihrer mangelnden Transparenz zu relativieren, abstrahiert ebenfalls von einem (fremd-)sprachenunterrichtlichen Eigenleben. Dem trägt Spillner (1979, 234 f.) teilweise Rechnung durch sein Streben nach linguistisch-kommunikationswissenschaftlicher, lernpsychologischer und didaktischer Fundierung der Sprachnorm. Er stülpt damit das Verhältnis zwischen einem theoretisch fachlichen Baustein und dem insgesamt zu konstruierenden praktischen Gebäude noch um. Die genannten Autoren mögen als Beispiele für den konkreten Versuch stehen, Didaktik als bloße Umsetzung linguistischer Erkenntnisse zu verstehen. Wir werden weiter unten eine gangbare Alternative zu zeigen versuchen. Dazu wollen wir jedoch zuvor noch einen Blick auf die bislang vorherrschende fremdsprachenunterrichtliche Norm*setzung* werfen.

1.1.2.2 NORMSETZUNGSPRAXIS UND UNTERRICHT

Die Existenz wissenschaftlicher Disziplinen, deren Ergebnisse unmittelbar in den schulischen Unterricht einfließen konnten, hat lange Zeit einen *umfassenden* Blick auf die Normsetzungspraxis im (Fremd-)Sprachenunterricht verstellt. Während beispielsweise für naturwissenschaftliche Fächer die zu vermittelnden Erkenntnisse[9] direkt aus der Wissenschaft übernommen bzw. 'nur' noch didaktisch-methodisch aufbereitet werden müssen und somit für den Schüler mental eindimensional - nämlich ausschließlich inhaltlich - von Bedeutung sind, nehmen Sprachunterricht im allgemeinen, Fremdsprachenunterricht im besonderen nicht zuletzt aufgrund der mentalen Zweigleisigkeit - inhaltlich-thematisch und bezogen auf die der inhaltlichen Diskussion zugrundeliegende Reflexion über Sprache - eine Sonderstellung ein. Das Kommunikationsmittel 'Sprache' als Gegenstand des

---

[9] Selbstverständlich findet auch hier eine intensive, curricular orientierte Diskussion über die Stoffauswahl statt.

Unterrichts unterliegt nicht nur ständig Veränderungen, es ist auch in enger Bindung an interaktionelle Prozesse innerhalb einer Sprachgemeinschaft und über deren Grenzen hinweg zu sehen; Anwendung von Sprache bestimmt in entscheidendem Maße das Verhältnis von Sprecher zu Hörer(n) mit. Vor diesem Hintergrund glaubte man lange Zeit, durch bloße Übernahme linguistischer Ergebnisse[10] dem gestellten Anspruch gerecht werden zu können[11]. Mit der zunehmenden Berücksichtigung lernpsychologischer Erkenntnisse gelangt man immer mehr und immer häufiger zu einer komplexen Auffassung von Fremdsprachenunterricht. In diesem Gefolge macht sich zunehmend Kritik an der bis dahin gängigen Normsetzungspraxis breit (exemplarisch sei verwiesen auf Larcher 1976, 114 und auf Markmann 1977, 168 sowie auf Beneke 1979 und Esser 1979)[12]; vor allem die fremdsprachenunterrichtliche Normsetzung kann sich nicht mehr nur auf das sprachliche System beziehen (vgl. dazu auch Königs 1980). Vielmehr muß den am Unterrichtsprozeß beteiligten Variablen verstärkt Aufmerksamkeit geschenkt werden.

1.1.2.3   LERNZIEL UND NORMBEGRIFF: ALLGEMEINE ASPEKTE

Die vor allem der Soziolinguistik zu verdankende, stärkere Beachtung der Sprache in ihren Anwendungsmöglichkeiten und das sich daraus ergebende Konzept der *Kommunikativen Kompetenz* (vgl. dazu weiter unten) haben in entscheidendem Maße dazu beigetragen, das fremdsprachenunterrichtliche Lernziel auf eben

---

10) Vgl. z. B. noch die Unterscheidung zwischen norme évaluative und norme objective bei Roulet (1974, 147); vgl. auch die Kritik an diesbezüglichen Praktiken im muttersprachlichen Unterricht bei Wilkending (1980, 824 ff.).

11) Vgl. zu dieser Kritik z. B. OBST-Redaktion (1977, 27): "Von dem lernenden Schüler wird schlicht eine Anpassung seiner kognitiven Leistungen und seines muttersprachlichen Sprachgebrauchs an eine fremdsprachliche Norm verlangt. Nicht berücksichtigt wird dabei ein Interdependenzverhältnis zwischen Sprache und Kognition, nicht berücksichtigt wird seine soziale Erfahrung."

12) Indirekt gehört hierzu auch schon Eluerd (1972, 114), der die "volonté normative des professeurs" kritisiert.

die Kommunikative Kompetenz hin auszurichten. Während in der
Soziolinguistik dieses Konzept Bestandteil der Beschreibung allgemeinen, tatsächlich realisierten Sprachgebrauchs war, stellte
es im Hinblick auf die Vermittlung fremdsprachlicher Fertigkeiten zunächst eine verwendungsorientierte Beschränkung des anzubietenden Materials dar. Gleichzeitig stand jedoch dahinter,
daß der Lerner sich den Situationen entsprechend kommunikativ
angemessen verhalten können sollte. Dabei ging man - zumindest
bis vor kurzem - offensichtlich immer davon aus, daß die kommunikativen Bedingungen und Anforderungen an ein Nicht-Mitglied
der jeweiligen Sprachgemeinschaft mit denen identisch seien,
die an ein Mitglied dieser Gemeinschaft gestellt würden. Die
vor diesem Hintergrund erfolgten Plädoyers für einen gebrauchsnormativ[13] orientierten Fremdsprachenunterricht (vgl. z. B.
Martin 1972; Hartmann 1974; Rettig 1974; Roulet 1974, 146;
Rattunde 1978, 58) schlossen daher die hinter dem Konzept der
Kommunikativen Kompetenz stehenden sozialen Normen (z. B. Gutschow 1974, 80) ebenso ein wie die kommunikativen Normen (vgl.
z. B. implizit Dyhr 1978, explizit Timm 1979, 67 f.)[14].

Dieser Auffassung von Kommunikativer Kompetenz tritt nunmehr
eine realistischere Auffassung entgegen, realistischer insofern, als der Akzent jetzt auf *erfolgreicher* Kommunikation
liegt (vgl. etwa Schlutz 1977, 112; Beneke 1979, 113 f.; Kirstein 1979, 184 f.); ausschlaggebend ist hierbei, daß der Sprecher mit seinen Intentionen verstanden wird. Zwar bleibt auch
hierbei sprachlich korrektes, möglichst dem native speaker nahekommendes Verhalten das (Wunsch-)Ziel, jedoch wird Sprache

---

[13] Hierbei wurde meistens der Unterscheidung zwischen gesetzten und gewachsenen Normen (vgl. dazu z. B. Guilbert 1972;
Gutschow 1974, 78) zu wenig Beachtung geschenkt.

[14] Hesse (1979, 282) setzt z. B. kommunikative Normen mit
bloßer 'Registerwahl' gleich; demgegenüber reduziert Kramer
(1979) das aktiv zu erreichende Lernziel auf Beherrschung
der (einen) Standardvarietät.

(hier: die Fremdsprache) eher als tatsächlich anwendbares Medium denn als überprüfbares Gelerntes angesehen. So verwundert es nicht, wenn Beneke (1979, 121) für die Fremdsprachenanwendung unangemessene Äußerungen zwar aufgrund der Verletzung soziokultureller Normen für nicht akzeptabel erklärt, unakzeptable Äußerungen jedoch für häufig kommunikativ akzeptabel hält.

Während z. B. in naturwissenschaftlichen Fächern Experimente das (meist) genaue Abbild dessen sind, über das die Schüler am Ende einer Unterrichtseinheit als 'Wissen' verfügen sollen, stellt sich das Problem im Bereich der Fremdsprachenvermittlung komplexer: der Lerner soll in die Lage versetzt werden, sich in der fremdsprachigen Umgebung sprachlich so zu verhalten, daß er seinen kommunikativen Bedürfnissen entsprechend handeln und verstanden werden kann[15]. Der Erwerb dieser Kompetenz soll ihm häufig durch die unterrichtliche Kommunikation in der Fremdsprache ermöglicht werden. Fraglos handelt es sich hierbei jeweils um die *Simulation* fremdsprachlicher Interaktion, von der man annimmt, daß sie zumindest ungefähr tatsächlich so abläuft. Wenn sich auch in der Praxis gezeigt hat, daß durch ein solches Vorgehen durchaus ansehnliche Erfolge erzielt werden können, so muß doch zwischen unterrichtlicher und realer Kommunikation strenger unterschieden werden. Das Bewußtsein des Schülers, daß es sich um Unterricht handelt, ist zweifellos ein Kennzeichen didaktischer Kommunikation[16]. Der Lerner weiß, daß es - wenn überhaupt - nur sekundär um die Inhalte geht, sondern vielmehr um die Produktion von Lerneräußerungen,

---

15) Wir beschränken uns hier bewußt auf dieses Motiv für den Besuch des Fremdsprachenunterrichts (zur Unterscheidung zwischen kommunikativer und informativer Verwendung der Fremdsprache vgl. exemplarisch Hartmann 1974, 146 und öfter).

16) Dieses Bewußtsein kann durch Rollenspiele z. T. verdrängt werden (vgl. Kleppin 1980, 111), setzt aber die Bereitschaft der Lerner zur aktiven Teilnahme voraus. Auch im Rollenspiel gibt es immer noch genügend Unterscheidungspunkte zur realen Kommunikationssituation, durch die eine Gleichsetzung unmöglich wird.

die den Lehrererwartungen (weitgehend) entsprechen müssen, von denen Krainz (1980, 16) annimmt, daß sie konstitutiv sind für die "normativen Implikationen und Machtkomponenten" des unterrichtlichen Kommunikationsprozesses. So wird der Lerner nicht selten in ein Dilemma zwischen unterrichtlicher Kommunikation auf der einen, individuellen (auch muttersprachlichen) Kommunikationsgewohnheiten auf der anderen Seite gebracht, ohne daß er selbst zum bestimmenden Faktor des Lernvorgangs werden kann. Vielmehr wird er (vgl. das Freire-Zitat oben S. 4) zum 'Anlageobjekt', dessen kleineres fremdsprachliches Repertoire, das für seine partielle "Sprachhandlungsnot" (Beneke 1979, 120) verantwortlich ist, zusammen mit der Lehrererwartung zum Steuerungsinstrument der Kommunikation wird. So entstehen unterrichtliche Sprachhandlungsnormen, die weder mit denen der fremdsprachigen Sprachgemeinschaft übereinstimmen müssen noch mit denen, die diese Sprachgemeinschaft gegenüber Sprechern mit anderer Muttersprache gelten lassen. Die stark normierende Kraft der Lehrerrolle wird noch deutlicher, wenn man Sandigs (1974, 37) Annahme folgt, wonach ein einwandfreier Gebrauch fremdsprachlicher Sprachhandlungsnormen nur durch die Sozialisation ermöglicht wird. Also liegen dem Fremdsprachenunterricht andere Normen zugrunde.

1.1.2.4 BEWUßTE EINSTELLUNGSMERKMALE ZUM VERHÄLTNIS VON UNTERRICHT UND NORM

Die besonderen Merkmale fremdsprachenunterrichtlicher Kommunikation, durch die sie sich elementar von natürlichen Kommunikationssituationen unterscheidet, finden ihren Niederschlag auch in den Einstellungen der am Unterrichtsablauf beteiligten Personen zum Unterricht, d. h. vor allem in den Erwartungen, die mit dem Unterricht verbunden werden. Wenn Rattunde (1974, 333) z. B. eine mißverstandene pädagogische Normnotwendigkeit kritisiert oder wenn Markmann (1977, 168) die "selektive, differenzierende und wertende Seite der Norm" als Kennzeichen des Fremdsprachenunterrichts herausstellt, so läßt sich daraus auf ein Selbstverständnis des Lehrers von seiner Rolle schließen,

das in der Tat dem von Freire skizzierten Bankiers-Konzept
nahekommt. Empfehlungen an den Lehrer, wie etwa die Kleineidams (1979 b, 295 f.), wonach der Fremdsprachenunterricht durch
die Vermittlung des verbindlichsten, neutralsten Registers bestimmt sein sollte, müssen den Lehrer in der Rolle der (be)wertenden, sanktionierenden Instanz noch bestärken, weil durch
eine strikte Festlegung des sprachlichen Materials die Möglichkeiten kreativer[17] und origineller Schüleräußerungen eingeschränkt werden. Dies soll freilich nicht heißen, daß wir der
z. B. von Rattunde (1974, 333) mit vollem Recht kritisierten
entstellenden Reduktion in der Darstellung sprachlicher Fakten
Vorschub leisten wollen. Wir plädieren vielmehr für einen am
lernenden Individuum orientierten Unterricht, in dem es nicht
mehr um bloße Beurteilung nach 'richtig' oder 'falsch' geht.
Wenn wir Fishmans (1975, 86) Ansicht übernehmen, wonach ein
Lerner nie den Kompetenzgrad des native speaker erreicht und
folglich auch nicht dessen Normbewußtsein entwickeln *kann*, so
müssen wir weiter folgern, daß auch der Lehrer in der Regel

das native speaker-Niveau nicht erreicht und somit bislang entweder Normsetzungen aus normativen Grammatiken übernehmen mußte
oder seinen eigenen Sprachgebrauch zur Norm im Fremdsprachenunterricht erhob. Die Konzeption der meisten Lehrwerke (vgl.
exemplarisch zu einer Kritik Rattunde 1974) legte die erste
Möglichkeit besonders nahe. Der sich daraus entwickelnde normative Grammatikunterricht leistete somit normativen Tendenzen
starken Vorschub (zu einer Kritik an einem solchen Grammatikunterricht vgl. exemplarisch für den Muttersprachenunterricht
Boettcher/Sitta 1978; für den Fremdsprachenunterricht Ettinger 1979, 311 f.).

Ein Unterricht, der wie gerade skizziert charakterisiert werden kann, wird den Lerner in der Ansicht bestärken, sich nur
bei vorhersehbarer Fehlerlosigkeit fremdsprachlich zu äußern;

---

[17] Unter 'Kreativität' soll hier allgemein die unterrichtsbezogene Möglichkeit und die lernerseitige Fähigkeit zum
selbständigen Umgang mit fremdsprachlichen Elementen zum
Zwecke der Simulation authentischen Sprachverhaltens verstanden werden.

dies wird ihm bei grammatisch bestimmten Übungstypen vergleichsweise leichter fallen[18] als in kommunikativ angelegten Übungen oder gar Rollenspielen. Spontane Äußerungen wird er dort eher unterdrücken; dies geschieht um so mehr, je weiter die Korrektur des Normsetzers in den Äußerungsprozeß eindringt und die Kommunikation unterbricht (vgl. zu empirischen Untersuchungen dazu Kleppin 1980, 121 ff.; auch Kleppin 1981). Daß Fehler – vor allem bei Lernergruppen mit gleicher Muttersprache – häufig erst das Verständnis ermöglichen (vgl. dazu das Beispiel in Kleppin 1980, 126), wird dabei übersehen. Durch Änderung des Lehrerverhaltens sollte es dagegen gelingen, die Einstellung des Lerners dahingehend zu verändern, daß er den Unterricht als einen Ort möglichst sanktionsfreier[19] fremdsprachlicher Kommunikation begreift. Die allenthalben bemerkbare, nicht zuletzt pragmatisch begründbare Neigung zur Fehlertoleranz (vgl. z. B. Kirstein 1978, 330) ist deshalb nur zu begrüßen, zumal Schüler nicht selten Fehler machen, obwohl sie die 'richtige' Form kennen (vgl. dazu z. B. Lübke 1977, 97). Durch Autokorrektur und durch Reflexion sowie mit Hilfe des Sprachgefühls/Sprachbewußtseins kann der Lerner an die Problematisierung[20] von (viel-

---

[18] Über die (positive und negative) Beeinflussung des Lernens durch korrigierende Äußerungen der Mitlerner, die erfahrungsgemäß bei derartigen Übungsformen besonders groß ist, gibt es u. W. noch keine empirisch abgesicherten Ergebnisse. Eigene Beobachtungen verstärken indes den Eindruck, daß erwachsene Lerner grammatisch ausgerichtete Übungen nicht zuletzt wegen ihrer genauen Vorhersagbarkeit und Übereinstimmung mit normativem Grammatikwissen bevorzugen, Korrekturen durch Mitlerner in der Regel in Kauf nehmen.

[19] Dies soll nicht heißen: 'Abschaffung der Zensuren' oder 'Verzicht auf Lehrerkorrekturen'. Dies soll vielmehr heißen: 'Über die unbelastende Kommunikation Einsichten in den Lernprozeß eröffnen und den Unterricht danach konzipieren, so daß die Zensuren keine unüberwindbaren Hürden darstellen'.

[20] Die Problematisierung von Normen ist sowohl ein soziologisches Postulat (vgl. z. B. Fishman 1975, 205) als auch eine Forderung an den Muttersprachen- (vgl. z. B. Boettcher/Sitta 1978) und den Fremdsprachenunterricht (vgl. z. B. Schlutz 1977, 115), wenngleich mit unterschiedlicher Gewichtung.

leicht a priori gesetzten) Normen herangeführt werden. Dies
geschieht nicht zuletzt deshalb vergleichsweise problemlos,
weil Sprache die Situationen beeinflußt und nicht umgekehrt
(vgl. Laitenberger-Wegener 1976, 452). Die Problematisierung
von Normen - und hier geht es primär um Kommunikationsnormen -
ergibt sich aus der sprachlich bestimmten Situation gleichsam
organisch. Gleichzeitig wird so sichergestellt, daß das Sprachmaterial nicht mechanisch vermittelt, sondern in seinem funk-
tionsgemäßen Kontext dargeboten wird. Künstliche Kommunikationssituationen können so 'naturalisiert' werden. Die Bedeutung
der expliziten Bewußtmachung sprachlicher Regularitäten, wie
sie z. B. Wolf(1978, 223) fordert, wird durch die situative
Einbettung relativiert, wenngleich keineswegs aufgehoben. Für
die Auswahl des Materials ist die situationelle Anbindung entscheidendes Kriterium. 'Problematisierung von Normen' sollte
deshalb immer Problematisierung 'bezüglich Situationen' bedeuten[21].

1.1.2.5 ZUR NORM IN MUTTERSPRACHEN- UND FREMDSPRACHEN-UNTERRICHT

Wenn wir im folgenden den Muttersprachenunterricht kurz in un-
sere Überlegungen einbeziehen, so tun wir dies nicht, um unse-
re obige Position aufzugeben. Wir sind vielmehr der Ansicht
Kirsteins (1978, 332), daß die Behandlung der Normenfrage im
Mutter- und Fremdsprachenunterricht nicht ohne gegenseitigen
Einfluß bleiben kann und soll.

Wir werden noch mehrmals auf die Eigenständigkeit des Gegenstandsbereiches 'Fremdsprachenunterricht' hinweisen und vor
der unreflektierten Übernahme von Maßstäben und Ansichten zu

---

[21] Dieser oben beschriebene situationelle Ansatz stellt die konsequente Weiterführung des von Kirstein (1978, 329) modifizierten Kriterienspektrums dar.

warnen haben, die auf den Unterricht in der Muttersprache bezogen waren. Gleichwohl war die bisherige wissenschaftliche Diskussion um die Beziehungen zwischen Sprachunterricht auf der einen und Normen auf der anderen Seite schwerpunktmäßig auf den Deutschunterricht bezogen. Dies mag nicht zuletzt aus der linguistischen Normdiskussion herrühren, deren Basis schlechthin das gesamte sprachliche System darstellt und deren unterrichtliche Umsetzung auf der weitgehenden Internalisierung dieses Systems durch die Schüler beruht.

Unsere oben erhobene Forderung nach Integration des zu erwerbenden Sprachmaterials in situativ adäquate Kontexte muß so lange ein in seiner Totalität unerfüllbares Postulat bleiben, wie die Situationsadäquatheit *aller* sprachlichen Äußerungen an tatsächlich feststellbaren native speaker-Reaktionen festgemacht wird/werden muß. Von daher erscheint uns die Charakterisierung von Muttersprachenerwerb und schulischem Fremdsprachenunterricht durch Beneke (1979, 115) realistisch: während der Erstsprachenerwerb[22] inhaltsorientiert ist und formale Aspekte eher nachordnet, konzentriert sich schulischer Fremdsprachenunterricht zunächst weitgehend auf die Form, erst in zweiter Linie auf den Inhalt. Für den Muttersprachenunterricht ergibt sich daraus eine stärkere Berücksichtigung der Stilvariation, die aufgrund mangelnder sprachlicher Kompetenz der Schüler im Fremdsprachenunterricht (zunächst) nicht von Bedeutung ist. Beiden Erwerbsvorgängen - dem zumeist außerunterrichtlich ablaufenden Erstsprachen*erwerb* und dem Zweitsprachen*lernen* - ist jedoch gemeinsam, daß das Sprachgefühl der den jeweiligen Erwerbsvorgang 'überwachenden' Personen und die in Teilen darauf fußende Normsetzung von nicht zu unterschätzender Bedeutung sind. Dies gilt selbst für den Muttersprachenunterricht, wo immerhin der Erwerbsvorgang (zumindest in großen Teilen) abgeschlossen ist. Die hierfür von Boettcher/Sitta (1978, 192 ff.)

---

[22] Zur terminologisch-begrifflichen Differenzierung zwischen Spracherwerb und Sprachlernen vgl. exemplarisch Wode (1974; 1978).

angeführten 'Normfehlbegriffe' (z. B. falsche Lehreransicht über tatsächlichen Sprachgebrauch; Selbsteinschätzung des Lehrers als alleiniger Normenverwalter) sind so im Fremdsprachenunterricht ebenso denkbar, wenngleich mit fataleren Konsequenzen für den Lerner. Denn dieser ist - zumindest zu Beginn des Lernvorganges - aufgrund mangelnder Sprachkompetenz dem Lehrer 'ausgeliefert'. Weiter können sich Lernerfahrungen des Schülers in stark normiertem Muttersprachenunterricht zu Lernbarrieren beim Fremdsprachenlernen 'auswachsen', die sich entweder in stark gehemmter Äußerungsbereitschaft in der Fremdsprache oder aber in ständigem Rückgriff auf die Muttersprache manifestieren können[23].

Unsere kurzen Überlegungen mögen als Beleg dafür genügen, daß eine Konzeption, die sich mit der Norm im Fremdsprachenunterricht auseinandersetzen will, den Muttersprachenunterricht nicht aus den Augen verlieren darf. Tut sie dies dennoch, stärkt sie die Verwalter von Sprachnormen, wie sie - nicht nur durch Polenz (1972, 82) und Boettcher/Sitta (1978, 194) - wohl zu Recht abgelehnt werden.

Unsere eher allgemeinen Betrachtungen des Gegenstandsbereiches haben gezeigt, daß es für den Fremdsprachenunterricht die Norm schlechthin nicht gibt und nicht geben kann. Forderungen nach aktiver Beherrschung *einer* fremdsprachlichen Standardvarietät (so etwa Kramer 1979) sind auf diesem Hintergrund ebenso wenig haltbar wie die Entwicklung typisierter Generalkonzepte (vgl. zur Kritik daran auch Hartmann 1974, 155). Geboten scheint uns vielmehr zu sein, die Komponenten des Fremdsprachenunterrichts zu betrachten, an denen ein Normkonzept, das es im einzelnen

---

[23] Dieses letzte Phänomen zeigte sich u. a. in einer erwachsenen Lerngruppe des Spanischen. Von 28 beobachteten Personen wurde bei 8 ein erhöhter Rückgriff auf die Muttersprache festgestellt. Gespräche mit diesen Personen ließen immerhin bei 5 von ihnen den obigen Schluß zu.

zu ermitteln und zu begründen gilt, wirksam wird. Die Gegenüberstellung verschiedener Normen sollte dabei nicht zu Unsicherheiten führen - Rattunde (1978, 61) wirft diese Frage gegen Ende seines Beitrages auf -, sondern kann zu einer differenzierteren und damit realistischeren Analyse des Fremdsprachenunterrichts beitragen. Methodologisch sollte dies durch einen eher integrativen Ansatz geschehen, wie er von der Sprachlehrforschung angestrebt wird. Die von Spillner (1977 a, 19) skizzierte bloße Kumulation verschiedener Normen im Sprachunterricht[24] überwindet zwar die beschränkte Annahme einer einzigen unterrichtlichen Norm, kann aber noch nicht konkret den Weg weisen.

1.2 FAKTORENKOMPLEXION

1.2.1 ZUR DISKUSSION UM DIE FAKTORENKOMPLEXION

Wer jemals unterrichtet oder Unterricht bewußt beobachtet hat, der weiß, daß Unterricht *nicht* ein eindimensionaler lehrerseitiger Planungs- und Durchführungsakt ist. Wie wäre sonst zu erklären, daß auch gut geplanter Unterricht inadäquat sein kann oder daß - bösartig formuliert - ein zu Unterrichtender trotz des Lehrers etwas lernt.

Die seit Mitte der siebziger Jahre sich als wissenschaftliche Disziplin etablierende Sprachlehr- und Sprachlernforschung betont die Bedeutung, die der Faktorenkomplexion bei der Erforschung des Fremdsprachenunterrichts zukommt (vgl. z. B. Koordinierungsgremium 1977; Bausch 1979 b, 4; Grotjahn/Kasper 1979, 98 f.; Koordinierungsgremium 1983). Schon vorher hatte Winnefeld (1970) mit diesem Begriff den gesamten 'pädagogischen Bereich' skizziert und die Notwendigkeit unterstrichen, jeden einzelnen unterrichtlichen Vorgang nur vor dem Hintergrund des Gesamtvorgangs

---

[24] Schon hinter Rattundes (1974) Beitrag steht - wenn auch noch unausgesprochen - die Frage, ob die sprachliche Norm den Unterricht unmittelbar beeinflussen kann.

'Unterricht' zu interpretieren, und Jakobovits (1970, 104)
erhebt mit seiner Auflistung von Faktoren - freilich ohne mit
dem Begriff der Faktorenkomplexion zu arbeiten - den Anspruch,
"to introduce in outline form an interaction model between
three sets of factors with which the language teacher must
concern himself in order to be an effective teacher". Entgegen
dieser - trotz des Titels von Jakobovits'Buch - eher lehrerori-
entierten Ausrichtung verzichtet Funke (1971; 1982, v. a. 43)
auf eine spezifische Gewichtung von Faktoren und nimmt stattdessen funktionale Interdependenz zwischen einzelnen Faktoren
an. Die augenblickliche Diskussion um die Faktorenkomplexion
konzentriert sich nicht so sehr auf die Frage nach ihrem möglichen Aussehen, sondern auf die nach der forschungsmethodi-
schen (und sicher auch forschungspolitischen) Zweckmäßigkeit
ihrer Annahme. Da wird mit Blick auf andere Disziplinen die
Faktorenkomplexion in einem Atemzuge als ebenso selbstverständlich wie forschungsstrategisch unrealistisch betrachtet (Heuer
1982, 60 f.); warum sie trotz ihrer Selbstverständlichkeit selten in den Blick konkreter Forschungsbemühungen genommen wurde,
bleibt dabei ebenso ungeklärt wie die Kriterien, nach denen sie
zum Zwecke der Operationalisierung vermindert werden soll. Genau in dieser doppelten Perspektive scheint uns ein nicht selten anzutreffendes Mißverständnis zu liegen. Die Annahme einer
Faktorenkomplexion, verstanden als Summe aller im Rahmen eines
sich vollziehenden Fremdsprachenunterrichts interagierenden
Faktoren, impliziert noch keineswegs automatisch ein Konzept zu
ihrer empirischen Validierung. Vielmehr muß es in einem ersten
Schritt um die *Erfassung* von Faktoren gehen; dies kann sowohl
durch hermeneutische Verfahren, durch Einzelfalluntersuchungen
als auch durch groß angelegte empirische Untersuchungen geschehen. Die (aktuelle) Schwierigkeit, durch entsprechende empirische Verfahren die Faktorenkomplexion zu überprüfen, sollte
nicht zum Verzicht auf die Annahme einer Faktorenkomplexion zur
Hypothesen- und Theoriebildung, sondern eher zur Entwicklung
neuer empirisch-statistischer Verfahren führen, mit deren Hilfe
Realisierungen von Fremdsprachenunterricht analysiert werden

können. Ein sich daran anschließender Schritt muß die Umsetzung dieser empirischen Verfahren in eine Form sein, die es auch dem Lehrenden möglich macht, damit umzugehen. Die Annahme einer Faktorenkomplexion schließt nicht nur eine nach vorn gerichtete *analytische*, sondern auch eine nach hinten gerichtete *diagnostische* Funktion ein.

1.2.2 FAKTORENKOMPLEXION UND DIDAKTISCHE GRAMMATIK

Die Charakterisierung der Faktorenkomplexion als auf die Erfassung *und* Verbesserung von Fremdsprachenunterricht gerichtetes Instrument rückt eine Diskussion in den Blick, die als zentral für die Erforschung des Fremdsprachenunterrichts angesehen wird: die Diskussion um die Didaktische Grammatik. Es liegt zunächst auf der Hand, daß beide - Faktorenkomplexion und Didaktische Grammatik - aufgrund des jeweils erhobenen Anspruchs in einem Verhältnis zueinander stehen müssen. Versuchen wir zunächst in aller Kürze und mit Blick auf das Normproblem eine kurze Skizze Didaktischer Grammatiken.

1.2.2.1 ALLGEMEINE VORÜBERLEGUNGEN ZU DIDAKTISCHEN GRAMMATIKEN: LEHR-/LERNZIELE

Die Frage, welches Lernziel dem Fremdsprachenunterricht zugrundeliegen sollte, ist keineswegs so eindeutig und allgemeinverbindlich zu beantworten, wie dies lange Zeit geschah. Dabei ist die historisch zu erklärende einseitige Ausrichtung auf Grammatikvermittlung ebenso fragwürdig wie die Konzentration auf die 'Kommunikative Kompetenz' schlechthin, deren außerunterrichtliche Entstehungsgeschichte nicht selten vorschnell und wenig hinterfragt auf den Fremdsprachenunterricht transponiert wurde. Zwar ist die frühere, ausschließlich (system-)linguistischen Kategorien folgende Lernzielfestlegung einer mehr am tatsächlichen Sprachgebrauch orientierten und damit auf Kommunikation zielenden Auffassung gewichen, doch impliziert diese Wende noch kein uniformes Einverständnis[25]. Die bloße metasprachliche Handhabung sprachlicher Regeln führt noch nicht zur Kommunikation selbst (Ebneter 1976, 246 spricht in diesem Fall von 'Pseudoperformanz'). Einmal wird der Sprachgebrauch als Maßstab für das linguistische Material einer anwendungsorientierten Grammatik herangezogen (Lindgren 1978), ein anderes Mal impliziert die Konzentration auf die Kommunikative Kompetenz die Fähigkeit des Sprachbenutzers zur selbständigen Lösung kommunikativer Probleme (Heringer 1978). Edmondson et al. (1977, 10) koppeln die Lernzielproblematik an drei verschiedene Faktoren und geben damit die einseitige Sichtweise auf. Für sie ist bei der Lernzielformulierung der Sprachgebrauch (relative Häufigkeit des jeweiligen grammatischen Items) ebenso von Bedeutung wie das lernende Individuum (relative Lernschwierigkeit des betreffenden Items) und seine kommunikativen Bedürfnisse (Grad, zu dem das betreffende Item wesentlich für die Kommunikation ist). Der z. B. von Hüllen (1976 b, 26)[26] vertretene und u. a. von Müller (1979 b, 22 f.)[27] kritisierte pragmadidaktische Ansatz hebt diese (scheinbare) faktorielle Gleichgewichtigkeit durch besondere Betonung der kommunikativen Bedürfnisse auf. Dagegen bleibt die von Börner/Vogel (1976, 11) in den Blick genommene 'Errichtung' einer Lernergrammatik,

---

[25] Selbst Corder (1973, 348) verhält sich der 'neuen Tendenz' gegenüber eher zurückhaltend: "But teaching the speaking rules is not part of a pedagogical grammar. Perhaps one day it will be, when we know a little more about how language is used."

[26] "Die Fähigkeit zur Führung eines situationsbezogenen Dialogs mit der Vielschichtigkeit seiner Kommunikationsakte ist bedeutsamer als Korrektheit der Syntax."

[27] "Das Ziel ist nicht, grammatisch, lexikalisch, phonologisch und orthographisch richtige Sätze bilden zu können, sondern in alltäglichen Situationen, die den Gebrauch der englischen Sprache verlangen, erfolgreich zu handeln. Dazu muß man nicht so sehr richtige Sätze bilden können als die Fähigkeit haben, die (richtigen) Sätze bei der richtigen Gelegenheit hervorzubringen und situationsrichtig zu verstehen."

d. h. eines vom Lerner internalisierten Regelsystems, das im Unterricht vorgegeben wird, zunächst auf der psychologischen Ebene stehen. Dabei erfolgt die Filterung von Daten der wissenschaftlichen (=linguistischen) Grammatik auch nach lernzielorientierten Annahmen, Kernstück und Ausgangspunkt bleibt jedoch die linguistische Beschreibung.

Mit Blick auf die vielfältigen Verwendungsmöglichkeiten für eine Fremdsprache auf der einen, unter Berücksichtigung des notwendig begrenzten Rahmens, in dem sich die Sprachkurse veranstaltenden Institutionen in der Regel bewegen, auf der anderen Seite, muß die Lernzielfrage, soweit es diese beiden extremen Pole erlauben, aus ihrer zu groben Verankerung gelöst werden. Der Tourist, der sich in Spanien eine Paella bestellen will, braucht einen anderen Kurs als der Englisch-Schüler, für den die Fremdsprache ein Kommunikationsmittel in *allen* Lebensbereichen sein soll, und dessen Fremdsprachenunterricht muß sich von demjenigen unterscheiden, in dem ein Historiker Französisch lernt, damit er französische Geschichtsquellen verstehen kann. Dies ist banal, weist aber gleichzeitig auf die unterschiedlichen Formen von Fremdsprachenunterricht hin. Neben der Zielsetzung, mit der Adressaten an Fremdsprachenkursen teilnehmen, beeinflussen die Lerner selbst durch ihre personalen Faktoren die Lernziele. Durch Berücksichtigung von Alter, Vorkenntnissen, Lernerfahrungen, Lernbedürfnissen und anderen Faktoren ergibt sich die Fixierung des Lernziels.

Das Normproblem stellt sich schon auf der Lernzielebene vielschichtig. Zum einen soll nur das sprachliche Material präsentiert werden, das - zusätzlich zu seiner Adressatenangemessenheit - korrekte, akzeptable und angemessene fremdsprachliche Äußerungen enthält. Gleichzeitig existiert das Normproblem jedoch auch von der Lernerseite her. Die Intention, mit der der Lerner den Fremdsprachenunterricht besucht, ist dabei normbestimmend. Der Spanien-Tourist wird kaum Wert auf mathematische Formelsprache im Spanischen legen. Seine Lernbereitschaft und -fähigkeit orientiert sich vielmehr an seinen (potentiellen)

Äußerungsbedürfnissen und ist damit eng an seine Erwartung gekoppelt. Neben der rein sprachlichen Lernerwartung gibt es die auf den Lehrer gerichtete Erwartung, daß er Fehler des Lerners sanktioniert, Lernhilfen und Erklärungen liefert, Zusammenhänge deutlich macht. Der Lehrer wiederum wird aufgrund von Erfahrungen und Beobachtung einen bestimmten Lernprozeß beim Lerner annehmen (vgl. Königs 1980). Das Wissen um solche Prozesse muß die Lernzielformulierung ebenso mitbestimmen wie die Erwartungshaltung der Lerner sowie die Analyse nicht-sprachlicher Bedingungen, unter denen der Lerner die sprachlichen Äußerungen anwenden können soll (vgl. zum letzten Punkt Scherfer 1977 a, 108). Die Einflußnahme von Lehrer, Lehrstoff und vor allem Lerner auf den gesamten Unterrichtsprozeß und damit auf die Norm im Unterricht sind natürlich komplexer; wir kommen darauf weiter unten noch zu sprechen. Im Augenblick wollen wir uns darauf beschränken festzuhalten, daß ein "fachdidaktisch zu explizierendes sprachkommunikatives [Lern-]Ziel" (Zimmermann 1977, 45) verschiedenen Normen unterliegt, die aufgrund der zentralen Bedeutung des Lernziels[28] für Fremdsprachenunterricht allgemein und von daher für die Erstellung Didaktischer Grammatiken auf letztere einwirken.

1.2.2.2 ALLGEMEINE VORÜBERLEGUNGEN ZU DIDAKTISCHEN GRAMMATIKEN: LERNERZUGANG

Aus den vorangehenden lernzieltheoretischen und -praktischen Überlegungen heraus bekommt die Beschäftigung mit dem Lernerzugang eine besondere Bedeutung. Dabei geht es um die Umsetzung der schlagwortartigen Lernerzentriertheit des sprachlehrforscherischen Ansatzes (vgl. unten) in die Benennung konkreter

---

[28] Das von Bausch (1981 a) angenommene Defizit, wonach die zentrale Bedeutung des Lernziels für den Fremdsprachenunterricht empirisch (noch) nicht nachgewiesen sei, ist nur ein theoretisches: Sowohl hermeneutisch als auch unter Einbeziehung fremdsprachenunterrichtlicher Praxis bei der Theoriebildung (vgl. zu dieser Forderung ebenfalls Bausch 1981 a) ist das Lernziel ein besonders relevanter Faktor im fremdsprachenunterrichtlichen Bedingungsgefüge.

Stellen im Unterrichtsablauf, an denen der Lerner zum richtungsweisenden Faktor wird.

Hierbei ist der Begriff des *Lernens* zentral. Es ist offensichtlich, daß die bloße Aufnahme und Reproduktion vorgesetzter Inhalte ein anderes 'Lernen' ist als die Aufnahme, selbständige Verarbeitung und Integration von präsentierten unterrichtlichen Inhalten in die schon vorhandene und gefestigte Wissens- und Erfahrungswelt. Eine Fremdsprachenlerntheorie, wie sie z. B. von Roulet (1971, 596), Sharwood-Smith (1976 a; 1976 b) oder Zimmermann (1977) gefordert und angestrebt wird, muß sich folglich mit den mentalen Prozessen im Lerner bei der Konfrontation mit der Fremdsprache auseinandersetzen. Sie darf dies freilich nicht im luftleeren Raum tun, sondern muß die Aufnahme beeinflussende Faktoren berücksichtigen. Erwartungen und Normen von Lehrer und Lerner(n) sind von daher notwendiger Bestandteil einer Fremdsprachenlerntheorie.

Lernprozesse lassen sich nicht unmittelbar beobachten, sondern lediglich durch die Ergebnisse, die sie hervorrufen, annehmen. Lerneräußerungen stellen von daher essentielle Faktoren einer Lerntheorie sowie der fremdsprachenunterrichtlichen Planung dar. Durch Isolierung von *Lernproblemen* wird die Erstellung einer Lerntheorie in entscheidendem Maße ermöglicht. Diese aus der kontrastiven Analyse und der Fehleranalyse hinlänglich bekannte Tatsache darf allerdings nicht zu einer Verkürzung führen von der Art 'Fehler = Lernproblem', wie sie als Kennzeichen der Kontrastivhypothese zu Recht u. a. von Bausch/Kasper (1979) kritisiert worden ist.

Die Erarbeitung einer Fremdsprachenlerntheorie basiert augenblicklich vielmehr auf der Untersuchung von Lernstrategien (vgl. z. B. Adjemian 1976; Tarone/Frauenfelder/Selinker 1976; Corder 1977) und Kommunikationsstrategien (vgl. z. B. Tarone/ Cohen/Dumas 1976; Tarone 1977; Faerch/Kasper 1980). In den diesbezüglichen Arbeiten und Untersuchungen blieben Norm-Aspekte weitgehend unberücksichtigt. Ähnliches gilt für den neuro-

funktionalen Ansatz, wie er von Selinker/Lamendella (1978) im
Anschluß an Lenneberg (1977) verfolgt wird. Die Analyse von
Lern- und Kommunikationsstrategien muß methodologisch zweifellos die Frage nach dem 'Warum' der Lerneräußerung nach sich
ziehen. Zwangsläufig muß die Beantwortung dieser Frage zumindest auf einige der den Fremdsprachenunterricht konstituierenden Faktoren und damit auf die dem Fremdsprachenunterricht inhärenten Normen führen. Eine so verstandene Lernerzentrierung
kann sich schwerpunktmäßig nicht mehr an den Eigenschaften der
betreffenden Fremdsprache orientieren, wie dies Adamczewski
(1975, 40 f.) annimmt, ebenso wenig an der ausschließlich linguistisch orientierten Charakterisierung von Lernproblemen
(Zydatiß 1975, 3), deren adäquate Beschreibung nicht eo ipso
zu einer angemessenen Darbietung des Sprachmaterials durch den
Lerner führen kann.

Konkrete Maßnahmen zu einem lernergerechten Unterricht können
demgegenüber in der Erfüllung von Lernererwartungen bestehen;
Wilkins (1974, 121) schlägt hier z. B. seinen notionalen Ansatz
zur Schließung von Wissenslücken beim Lerner vor, wobei dieser
Ansatz allerdings der Gefahr unterliegt, die linguistisch-sprechakttheoretische Beschreibung überzubetonen. Zimmermanns
(1977, 77 ff.) Lernerzugang über Sprachlerneignung und Motivation ist noch vielversprechender; die Konstituenten der Sprachlerneignung wie *phonetic coding, grammatical sensitivity, rote memorization ability* und *inductive learning ability* unterliegen
dabei der Norm dessen, der die Eignung feststellen will; wir
bewegen uns bei der Frage der Überprüfung der betreffenden
Konstituenten allerdings schon wieder in der Nähe des traditionellen Fehlerbegriffs, verstanden als pure Abweichung normativ
erwarteten Verhaltens. Lernerzentrierter und -gerechter Unter-

richt und die ihm eigene Normenvielfalt[29] verbietet jedoch
die bloße Kategorisierung nach 'richtig' und 'falsch'. Fehler
müssen vielmehr relativ zu den sie 'umgebenden' Normen und im
Hinblick auf den Lernprozeß gesehen werden (vgl. Königs 1980).
Sie sollten *von daher* lernprozeßregulierend und/oder -steuernd
sein und nicht aufgrund ihrer konstatierten Abweichung von einer außerunterrichtlich geschaffenen und bedingten, meist linguistisch basierten Norm. Wir kommen weiter unten noch darauf
zurück.

Die Lernerzentrierung fremdsprachlichen Unterrichts sowie die
Bedingungen, die für den Lernerzugang gelten, implizieren die
Konzentration auf eine ganz bestimmte Form Didaktischer Gramma-
tiken, denen wir uns im folgenden zuwenden wollen.

Es scheint uns von methodologischer Bedeutung zu sein, zuvor
darauf hinzuweisen, daß die Lernerzentrierung die *Gesamtheit*
des Fremdsprachenunterrichts bestimmt und nicht *ex post facto*
auf Didaktische Grammatiken als einem - wenn auch sehr wesent-
lichem - Teil des Gegenstandsbereich appliziert werden kann.

1.2.2.3 DEFINITIONEN VON DIDAKTISCHEN GRAMMATIKEN

Zwar stimmen wir mit Fink (1978, 5) und Lehmann (1979, 13)
darin überein, daß es *die* Didaktische Grammatik schlechthin
nicht geben kann; dies bedingt die jeweils unterschiedliche
Aufgabenstellung. Der oben skizzierte lernerorientierte Ansatz
schließt aber alle die Formen Didaktischer Grammatiken aus,
die den Lerner nicht unmittelbar im Auge haben: dies gilt vor
allem für die Konzepte, in denen der Versuch einer bloßen Ab-

---

[29] Wir verweisen auf unsere oben gemachten Aussagen (S. 17);
die von Schüle (1973) vorgenommenen Normierungen sind in
ihrer Beobachtung richtig, sollen hinsichtlich ihrer Wirkung auf fremdsprachlichen Unterricht auch keineswegs bestritten werden. Sie implizieren aber durch ihre Fokussierung auf den Inhalt die Abbildung außerunterrichtlicher
Wirklichkeit *im* Fremdsprachenunterricht; die Eigenständigkeit des Wirklichkeitsbereiches 'Fremdsprachenunterricht'
bleibt dabei notgedrungen unberücksichtigt.

leitung aus einer linguistischen Beschreibung vorgenommen wird
(vgl. neben zahlreichen Versuchen in einer wissenschaftsgeschichtlich ersten Phase jetzt auch wieder Mindt 1981, 32).
Dazu zählen aber auch Ansätze wie der Candlins (1973, 57), in
dem die Didaktische Grammatik als Filter zwischen linguistischer Beschreibung und Fremdsprachenunterricht[30] verstanden
wird oder wie der Emons' (1975, 345), wo die Didaktische Grammatik auf den linguistischen Teil des (immerhin als eigenständiger Gegenstandsbereich anerkannten) Fremdsprachenunterrichts
reduziert wird (so ähnlich auch Ebneter 1976, 235 ff.).

Didaktische Grammatiken als (lehrwerkorientierte) Lehrerhandbücher werden konzeptuell z. B. von Zimmermann (1977) und Edmondson/House (1979) sowie Hüllen (1979 b), in ihrer konkreten
Realisierung von Edmondson et al. (1977) vertreten. Sie stellen eine Art Handlungsanweisung für den Lehrer dar, die ihm
Hinweise für die Vermittlung sprachlicher Phänomene geben soll.
Der Lerner wird dabei ausschließlich durch die Brille des
Lehrenden in den Blick genommen. Letzter wird nicht selten
durch den Lerner als die entscheidende Sprachautorität gesehen
und damit selbst zur personalisierten Didaktischen Grammatik
(vgl. z. B. Corder 1973, 347).

Analoges geschieht bei einer Didaktischen Grammatik, die sich
an die Ersteller von Lehrmaterialien wendet (vgl. z. B. Noblitt 1972; Calvano 1980). Die Einflußnahme auf den *Lern*prozeß
geschieht durch Materialien, die den Vermittlungsprozeß betreffen. Ungeklärt ist dabei bislang, wie Lehrmaterialautoren
konkrete Vermittlungsbedingungen in für die allgemeine Verwendung vorgesehene Materialien einfließen lassen können; dies
geht natürlich dann, wenn der Lehrer gleichzeitig Materialersteller ist.

---

[30] Candlins Filter unterscheidet sich grundsätzlich von dem
Modell Börner/Vogels (1976). Während Candlin die Didaktische Grammatik selbst als Filter ansieht, stellt der
Didaktische Filter bei Börner/Vogel die Umsetzung der linguistischen Grammatik in eine Didaktische Grammatik sicher,
ist also vorgelagert.

Der erste Typ Didaktischer Grammatiken wird nicht selten als *Schulgrammatik* bezeichnet (vgl. z. B. für den Muttersprachenunterricht Boettcher/Sitta 1978, 11; mit Blick auf den Fremdsprachenunterricht Lehmann 1979, 15; Kleineidam 1980, 95), wobei sie als ein Grammatikbuch mit Vorbildcharakter zum 'richtigen' Sprachgebrauch angesehen wird. Demgegenüber werden Didaktische Grammatiken des zweiten Typs häufig als *Lehrergrammatiken* bezeichnet (Grotjahn/Kasper 1979, 103 ff. sprechen von *Vermittlergrammatiken*). Allerdings reicht die inhaltliche Füllung dieses Begriffs von referenzgrammatischem Verständnis (Kleineidam 1979 a, 188) über eine zentrale Mittlerinstanz zwischen Linguistik und Schülergrammatik (Leuschner 1971, 123) bis zu einem an Lehramtsstudenten gerichtetes, rezept*ähnliches* unterrichtliches Diagnoseinstrumentarium (Zentrales Fremdspracheninstitut 1976, 361 ff.).

Eine vierte Form Didaktischer Grammatiken ist unmittelbar lernerorientiert. Der Lerner als das Sprache erwerbende Individuum rückt ins Zentrum, wobei die Fixierung auf den Erwerb (vgl. z. B. Noblitt 1972, 316; Krumm 1979 b, 95) der linguistischen Rasterung von Lernproblemen (vgl. dazu Zydatiß 1975, 4; Rutherford 1980, 64) methodologisch übergeordnet ist. Der Lerner soll die Fremdsprache 'entdecken' und seine sprachlichen Fähigkeiten möglichst optimal zur Geltung bringen können. Dies ist für Corder (1974, 167) Anlaß zur Forderung nach Vermittlung ausschließlich korrekter Items, und Juhâsz (1978, 195) postuliert, daß eine solche Didaktische Grammatik das Weiterlernen ermöglichen muß.

Lernerorientierte Didaktische Grammatiken werden begrifflich nicht selten mit *Lernergrammatiken* gleichgesetzt. Während damit jedoch einerseits das mental gesammelte, auf Wunsch verfügbare fremdsprachliche Sprachverwendungspotential gemeint ist (so etwa bei Börner/Vogel 1976) und es sich so um ein eher psycholinguistisches Konstrukt handelt (vgl. Kielhöfer 1980, 167; vgl. zu empirischen Untersuchungen dazu Kielhöfer/Börner 1979), versteht Kleineidam (1979 a, 188 ff.) darunter eine lernergerechte Aufbereitung des fremdsprachlichen Materials in Form einer Referenz- und Resultatsgrammatik, deren einzelne sprachliche Phänomene ihre Auswahl der Zugrundelegung einer linguistischen Norm verdanken. Krumms (1979 b, 83 f.) Annahme einer *Lern*grammatik zielt demgegenüber schon eher auf die uns hier interessierenden Lernvorgänge und den Lerner selbst.

Wenn wir im folgenden von Didaktischen Grammatiken sprechen, so wollen wir darunter ein für die Hand des Lehrers gedachtes fremdsprachenunterrichtliches Handlungspotential verstehen, das seiner Strukturierung nach primär auf die Bedürfnisse des lernenden Individuums zugeschnitten ist, wobei unter 'Bedürfnisse' alle den die Fremdsprache erwerbenden Lerner bestimmenden und beeinflussenden Komponenten in ihrer gegenseitigen Abhängigkeit gefaßt werden[31]. Eine derart auf das Lehren und Lernen gerichtete Auffassung von Didaktischer Grammatik[32] sieht den Lehrer als unmittelbaren Benutzer an, der Planung und Durchführung seines Unterrichts an die durch die Didaktische Grammatik zur Verfügung gestellten Informationen koppelt. Eine so verstandene Didaktische Grammatik soll eine Entscheidungshilfe durch Relationierung lernergerichteter fremdsprachenunterrichtlicher Faktoren sein, nicht jedoch ein bloßes Lehrerhandbuch, in dem sich der Unterrichtende Patentrezepte erhoffen darf. Eine die fremdsprachenunterrichtliche Faktorenkomplexion widerspiegelnde Didaktische Grammatik wird

---

[31] Aufgrund der unterschiedlichen internen Schwerpunktsetzung unterscheidet sich dieser Ansatz von denen Krumms (1979 b, 83) und Hüllens (1979 b, 117).

[32] Die Doppelgleisigkeit hinsichtlich der Adressaten wird zwar schon von Kleineidam (1979 a) und noch weitgehender von Bieritz (1979) in den Blick genommen, jedoch wird die Konkretisierung dieser Doppelgleisigkeit entweder unberücksichtigt gelassen oder man geht von einer schriftlich vorliegenden Fassung aus, die gleichzeitig für Lehrer und Lerner bestimmt sein soll.

eine Fremdsprachenlerntheorie[33] (zumindest andeutungsweise)
ebenso zu beinhalten haben, wie sie die institutionelle Anbindung des Unterrichts mit daraus resultierenden Rahmenbedingungen berücksichtigen muß. Sie darf sich dabei nicht nur auf
(vermeintliche) Lernprobleme beschränken, sondern muß die Gesamtheit des zu vermittelnden Materials umfassen. Der Grad
ihrer sprachenspezifischen Ausrichtung hängt von der zugrundeliegenden Fremdsprachenlerntheorie und der dieser inhärenten
Sprachenspezifik ab.

1.2.2.4 CHARAKTERISTIKA EINER DIDAKTISCHEN GRAMMATIK

Eine Didaktische Grammatik als festgeschriebenes, allgemein-
gültiges Nachschlagewerk kann es nicht geben. Dies ergibt sich
schon aus ihrem Anspruch, den Fremdsprachenunterricht in seiner konkreten Manifestation positiv zu beeinflussen und den
Lerner in den Mittelpunkt zu stellen. Sie sollte vielmehr ein
an den fremdsprachenunterrichtlichen Faktoren ausgerichtetes,
spezifisches lernprozeßförderndes Instrumentarium sein, dessen konkrete Ausformung an lernergruppenspezifischen und/oder
lernerindividuellen Gegebenheiten orientiert ist. Daraus resultiert im Einzelfall eine unterschiedliche Betonung des einen
oder anderen fremdsprachenunterrichtlichen Faktors, ohne daß
diese Betonung sogleich zur Entstehung einer eigenen Didaktischen Grammatik werden kann; Czepluch/Janßen/Tuschinsky (1977,
223 ff.) nehmen die Summierung mehrerer im Hinblick auf fremdsprachenunterrichtliche Teilaspekte erstellte Didaktischer
Grammatiken als Konstituierung des Fremdsprachenunterrichts an.

---

[33] Eine Fremdsprachenlerntheorie schlechthin kann es derzeit
noch nicht geben. Wir wollen auf konzeptueller Ebene darunter die Theorie vom gesteuerten Erwerb einer fremden
Sprache verstehen, d. h. daß in diesem Kontext z. B. das
Problem der linguistisch-unterrichtlichen Beschreibung/
Darstellung eines sprachlichen Phänomens im Bezug zu seinem Erwerb ebenso thematisch werden muß wie die sprachen-
unabhängige (mentale) Disposition des Lerners.

Da eine Didaktische Grammatik sich jedoch auf den Fremdsprachenunterricht in seiner Gesamtheit beziehen soll, können derartige Teilaspekte nur Komponenten *einer* gesamthaften Didaktischen Grammatik sein.

Die Erstellung einer Didaktischen Grammatik muß sich an den Komponenten orientieren, die den Fremdsprachenunterricht determinieren. Dabei rückt die u. a. von Bausch/Raabe (1978) in die Diskussion gebrachte fremdsprachenunterrichtliche Faktorenkomplexion in den Blick. Da bei unserer Auffassung von Didaktischer Grammatik der Lehrer Produzent und unmittelbarer Benutzer in einer Person ist, konstituieren sich die Faktoren anders als bei Czepluch/Janßen/Tuschinsky (1977, 223). Zwar hat die Erforschung des Fremdsprachenunterrichts, aber auch die des Erst- und Zweitsprachenerwerbs eine Reihe von relevanten Faktoren mit sich gebracht. Eine fremdsprachenunterrichtliche Faktorensammlung sowie eine Darstellung der Interaktion einzelner Faktoren mit Blick auf eine spezifische Fragestellung ist u. W. noch nicht versucht worden.

1.2.2.5 GRUNDGEDANKEN ZUM VERHÄLTNIS VON FAKTORENKOMPLEXION UND DIDAKTISCHER GRAMMATIK

Aus den oben gegebenen groben Beschreibungen von Faktorenkomplexion und Didaktischer Grammatik ergibt sich für das Verhältnis der beiden zueinander eine Beziehung, die nur scheinbar linear ist. Zwar bildet die Faktorenkomplexion mit der Sammlung unterrichtsrelevanter Faktoren und deren empirischer Überprüfung eine Grundlage für die Erstellung Didaktischer Grammatiken, doch wirken die Ergebnisse aus der Konstituierung und Anwendung Didaktischer Grammatiken auch auf die Gestaltung der Faktorenkomplexion zurück. Das heißt, daß sowohl die Faktorenkomplexion als auch die Didaktische Grammatik in ihrer jeweiligen Ausgestaltung an tatsächlichem Fremdsprachenunterricht orientiert sind und nicht nur als theoretischer Überbau des Gegenstandsbereichs 'Fremdsprachenunterricht' schlechthin fungieren. Dabei soll gelten, daß nicht jeder einzelne Faktor seinen unmittelbaren Niederschlag in einer Didaktischen Grammatik findet, sondern daß erst das Ergebnis der Relation zwischen zwei oder mehr Faktoren sich auf die Ausformung einer Didaktischen Grammatik auswirken kann. Dies setzt freilich - hier nur als Perspektive für zukünftige Forschungen erwähnt - die Möglichkeit zur empirischen Absicherung *aller* potentiellen Faktoren*relationen* voraus.

Im folgenden soll nunmehr die Form der Faktorenkomplexion begründet werden, die wir im Anschluß vorstellen wollen.

1.2.3 KRITERIEN DER VORLIEGENDEN FAKTORENKOMPLEXION
1.2.3.1 AUSWAHL, EINTEILUNG UND HIERARCHIE DER FAKTOREN

Der konzeptuelle Grundgedanke der Faktorenkomplexion - die vollständige Erfassung aller den Fremdsprachenunterricht konstituierenden Faktoren - hat (derzeit noch) seine praktischen Grenzen. Trotz erheblicher Forschungsleistungen kann nicht behauptet werden, daß wir wirklich alle Faktoren kennen würden und daß wir über die bekannten Faktoren tatsächlich alles wüßten. Jede Faktorenkomplexion muß daher von vornherein unvollständig bleiben[34]. Dies gilt auch für die hier im folgenden vorgestellte; dabei sind auch zahlenmäßige Aussagen über den Grad der (Un-)Vollständigkeit nicht möglich, weil zum einen die tatsächliche Faktorenanzahl nicht bekannt ist, und weil zum anderen - dies ist der gewichtigere Grund - jeder Analysator Fremdsprachenunterricht anders sieht.

Eine große Anzahl von Faktoren verlangt nach einer Einteilung.

---

[34] So beklagt jüngst Zimmermann (1982, 128 f.) die bislang geringe Berücksichtigung affektiver Variablen und nennt als Stichworte <u>Empathiefähigkeit</u>, <u>Intro-</u> und <u>Extravertiertheit</u>, <u>Aggression</u>, <u>Autoritarismus</u> und <u>Neurotizismus</u>. Zu nennen wäre gleichfalls die Beziehung zwischen Fremdsprachenunterricht und Unterricht in nicht-sprachlichen Fächern, und zwar nicht nur auf der Ebene der Zensuren, sondern auf allen Ebenen.

Angesichts der vielfältigen Relationen zwischen den einzelnen, an der Konstituierung von Fremdsprachenunterricht beteiligten Faktoren kann eine Einteilung nicht leicht fallen. Das Koordinierungsgremium (1983, 6 ff.) diskutiert neuerdings exemplarisch drei Möglichkeiten der Differenzierung, nämlich erstens die Unterscheidung zwischen "selbst-aktiven" und "zugerichteten" Faktoren, zweitens die zwischen biologischen, kognitiven, motivationalen und emotionalen Faktoren und schließlich drittens die zwischen Eigenspracherwerb, außerschulischem natürlichem Zweitsprachenerwerb und gesteuertem Fremdsprachenerwerb. Diese Unterscheidungen bewegen sich nur auf unterschiedlichen Abstraktionsebenen, sie lassen darüber hinaus auch - wie das Koordinierungsgremium (1983, 8 f.) selbst einräumt - eine definitive Abgrenzung aufgrund des dialektischen Verhältnisses der Faktoren untereinander nicht immer zu.

Unsere Überlegungen gehen nun dahin, vier Grundelemente des Fremdsprachenunterrichts als konstitutiv zu benennen:

    1. der *Lerner*[35])   3. die *Sprache*
    2. die *Lernziele*   4. der *Lehrer*

---

[35]) Man kann sicher geteilter Meinung bezüglich des Begriffs 'Lerner' sein; wenn wir ihn im folgenden dem Begriff 'Schüler' vorziehen, so tun wir dies in dem Bewußtsein, damit das Individuum mit Blick auf die Tätigkeit des Lernens in den Mittelpunkt unserer Überlegungen zu stellen. Der Begriff 'Schüler' umfaßt diese Konzentration auf den Lernvorgang nicht in demselben Maße, sondern bezeichnet - nach allgemeinem Sprachgebrauch - die Einbindung in die Institution 'Schule', wobei man dabei zumeist eine bestimmte Altersgruppe im Auge hat; für die Volkshochschule spricht man z. B. von 'Kursteilnehmern'. Die von Schwerdtfeger (1982, 102) für den Begriff des Schülers gelieferte Begründung, er schließe das für die Schulsituation typische Phänomen des Vergessens ein, kann u. E. nicht überzeugen. Vielmehr schließt 'Lernen' nach unserer Auffassung das Vergessen als genuines Merkmal mit ein. Zum einen aufgrund des durch allgemeinen Sprachgebrauch belegten Schülerbegriffs, zum anderen wegen der teilweise institutionenübergreifenden Sicht auf den Fremdsprachenunterricht und schließlich mit Blick auf den zu erhellenden Lernvorgang scheint uns der Begriff 'Lerner' für unsere Zielsetzung der insgesamt geeignetere zu sein.

Auf eine gesonderte Benennung der *Institution* kann mit Blick
auf die Lernzieldiskussion (vgl. Kapitel 3) verzichtet werden.
Die Entscheidung, die *Methode* nicht besonders aufzuführen, erklärt sich aus der Tatsache, daß ihr Einsatz sich vor allem
am Lerner, noch mehr jedoch am Lehrer orientiert, in dessen
Verantwortung Auswahl, Einsatz und konkrete Durchführung liegen. Mit diesen vier genannten Elementen haben wir die grundlegenden Faktoren*komplexe* erfaßt, denen sich jeweils zahlreiche Faktoren zuordnen, wobei die Zuordnung gemäß dem Konzept
der Faktorenkomplexion Relationen zu anderen Faktoren(komplexen)
einschließt. Die Faktoren, die wir den einzelnen Faktorenkomplexen hier zuordnen, lassen sich aufgrund hermeneutischer *und*
empirischer Überlegungen und Verfahren ermitteln. Damit erfolgt
jedoch noch keine Hierarchisierung, die ohne empirische, dem
Konzept einer bestimmten Faktorenkomplexion verpflichtete Untersuchungen für die einzelnen Faktoren derzeit noch nicht
leistbar ist. Diese wird auf der Ebene der Faktorenkomplexe
durch die Forderung nach Lernerzentrierung erhoben (vgl. z. B.
Bausch 1974; Koordinierungsgremium 1977; Hüllen/Jung 1979;
Krumm 1979 a; 1979 b sowie die - z. T. kontroversen - Beiträge
in Bausch et al. 1982). Dabei führt die Diskussion um die Lernerzentrierung über die Faktorenkomplexe hinaus zu einer Diskussion über die an der Erforschung des Fremdsprachenunterrichts
beteiligten Disziplinen. Diese Diskussion ist auch und gerade
vor dem Hintergrund des Normproblems interessant.

1.2.3.2 EXKURS: AM FREMDSPRACHENUNTERRICHT INTERESSIERTE DISZIPLINEN UND IHR VERHÄLTNIS ZUEINANDER

Neben der Linguistik und der Angewandten Linguistik müssen wir
die Fremdsprachendidaktik und die Sprachlehr- und Sprachlernforschung als unmittelbar für die Vermittlung und den schulischen Erwerb von Fremdsprachen zuständige Wissenschaftsdisziplinen berücksichtigen. Dabei wird es neben einer Aufgabenbeschreibung v. a. der drei 'konkurrierenden' Wissenschaftsdisziplinen, nämlich Angewandter Linguistik, Fremdsprachendidaktik und Sprachlehr-/Sprachlernforschung, um ihre spezifischen

Ansätze gehen. Eine Entscheidung für einen möglichen Ansatz wird es uns erleichtern, das Problem der Norm im Fremdsprachenunterricht auf theoretischer und konkreter Ebene anzugehen.

Das originäre Erkenntnisziel *theoretischer* Linguistik scheint offensichtlich: die möglichst vollständige Beschreibung einer Sprache oder auch mehrerer Sprachen im Vergleich, wobei das traditionelle Vorgehen eher diachron war; seit de Saussure hat der synchrone Ansatz seinen festen Platz in der linguistischen Theorie. Dieses Erkenntnisziel richtet sich auf den Erkenntniszuwachs bezüglich des Wissens über die jeweilige(n) Sprache(n), nicht jedoch auf den Anwendungsbereich der Sprache und des Wissens über sie. Daraus ergibt sich die allgemeine Forderung an die Linguisten, bei ihrer Arbeit rein deskriptiv zu verfahren. Mit Chomskys Theorie der generativen Transformationsgrammatik trat wissenschaftsgeschichtlich insofern eine Zäsur ein, als der Blick von der Analyse des vorgefundenen Produkts, wie sie in der traditionellen und der strukturalistischen Schule jeweils üblich war, auf die Generierung von Sprache gerichtet wurde, d. h. auf die Formulierung von Regeln, mit deren Hilfe alle korrekten Sätze der jeweiligen Sprache gebildet werden können. Zwar hat Chomsky selbst nicht den Anspruch erhoben, seine Art der Sprachbeschreibung stelle gleichzeitig die psychologische Realität beim Produzieren von Sprache dar, doch ist mancherorts ungeachtet der expliziten Distanzierung Chomskys von einem solchen Verständnis die Produktbeschreibung zu einer Prozeßbeschreibung umfunktioniert worden, für deren gerechtfertigte Annahme es bislang keine Belege gibt. Gleichwohl hat dieses Verständnis zu einer Aufgabenausweitung der Linguistik allgemein geführt. Während so v. a. die Psycholinguistik neue und starke Impulse erhielt (vgl. jetzt v. a. dazu Hörmann 1981), der es um die Zusammenhänge zwischen der Sprache als dem ursprünglichen Beschreibungsgegenstand der Linguistik und den psychischen Prozessen im die Sprache gebrauchenden Individuum geht, kann die Entstehung und Etablierung der Soziolinguistik mit ihrem auf den Zusammenhang von Sprache und gesellschaftlichen Bedingungen gerichteten Erkenntnisinteresse auf die teilweise Unzufriedenheit mit theoretisch-linguistischen Ergebnissen zurückgeführt werden. Psycho- und Soziolinguistik ist gemeinsam, daß sie die Ebene der reinen Deskription des Produkts als Ausgangspunkt für die weitergehende Frage nach der Begründung für die jeweilige Produktion betrachten. Dabei hat die intensive Auseinandersetzung mit soziologischen und psychologischen Sprachbetrachtungen durch die Etablierung der Pragmalinguistik zu einer weiteren Ausdehnung des linguistischen Arbeitsfeldes geführt. Dabei stößt man eher zwangsläufig auf die Frage, ob und wieweit diese neuen Disziplinen noch als Bestandteil einer allgemeinen Linguistik vorstellbar sind. Corder (1973, 85) warnt vor der Überziehung des linguistischen Aufgabenbereichs in Richtung auf Einzelwissenschaften wie Psychologie oder Soziologie. Demgegenüber vertritt z. B. Heringer (1974 a) die Auffassung, daß sich Linguistik als Sozialwissenschaft verstehen müsse mit dem Gegenstandsbereich des menschlichen Handelns.

Wir werden weiter unten (Kapitel 4) noch sehen, daß bestimmte, von der Linguistik aufgeworfene Fragen durch eine sprachzentrierte Diskussion nicht befriedigend beantwortet werden können. Es ist zwar richtig, daß die Linguistik ihre ursprüngliche Aufgabe, nämlich die vollständige Beschreibung einer jeweiligen Sprache, noch nicht erfüllt hat[36]. Dies darf jedoch nicht dazu führen, daß der Blick für ein sich im Laufe der Zeit geändertes Verständnis von Sprache versperrt wird. Disziplinen wie Sozio-, Psycho- und Pragmalinguistik haben zwar in Teilen ihre eigenen Beschreibungs- und Analyseverfahren entwickelt; gemeinsam ist ihnen mit der theoretischen Linguistik jedoch das Ziel der *vollständigen* Sprachbeschreibung. Der systemlinguistische Normansatz krankt jedoch an der sprachzentrierten,

---

[36] Dabei spielt es für unsere Argumentation keine Rolle, ob dies auf die Komplexität der jeweiligen Sprache zurückzuführen ist oder auf die Unzulänglichkeit der bekannten Beschreibungsverfahren.

außersprachliche Faktoren ausschließenden Orientierung, die erst durch Hinzuziehung soziolinguistischer Fakten realistisch erweitert wird[37]. Durch diese zunächst auf theoretischer Ebene angesiedelte Erweiterung wird jedoch noch keine Anwendungsbezogenheit erreicht. Sozio- und Psycholinguistik können somit noch nicht per se zu 'angewandten' Disziplinen erklärt werden. Vielmehr bereiten sie durch häufig aus der Beobachtung gewonnene Erkenntnisse den Weg zur Anwendung vor.

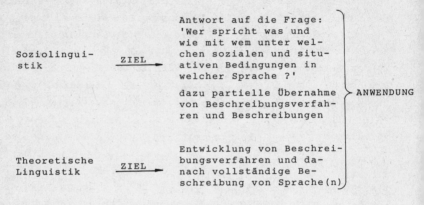

Die Soziolinguistik wendet Verfahren der theoretischen Linguistik zwar an - sie könnte von daher als angewandte theoretische Linguistik bezeichnet werden -, sie folgt dabei aber ihrem ureigenen, auf Sprache gerichteten Erkenntnisziel.

Vor allem aus der theoretischen Linguistik, aber auch aus der Soziolinguistik heraus entwickelte sich eine anwendungsorientierte Disziplin, die Angewandte Linguistik. Ihre Entwicklung in den letzten zwei Jahrzehnten ist zwar einerseits durchaus beeindruckend, andererseits ist es jedoch bis heute noch nicht gelungen, ihren Aufgabenbereich *allgemein verbindlich* zu beschreiben.

---

[37] Analoges gilt für Ergebnisse aus der Psycho- und Pragmalinguistik, auf die wir hier nicht näher eingehen wollen.

So beschreibt Back (1970, 24 f.) die angewandte Sprachwissenschaft als eine Disziplin,

> a) "die auf einem anderen - nicht-linguistischen- Wissensgebiet die Erkenntnis um der Erkenntnis willen fördern will: also als 'theoretisch angewandte Sprachwissenschaft'"
> b) "die darauf ausgerichtet ist, Aufgaben lösen zu helfen, welche sich aus einem mit Sprache zusammenhängenden Tätigkeitsgebiet in der Praxis ergibt"
> c) mit dem Ziel der "Anwendung sprachwissenschaftlicher Erkenntnisse in der Praxis" und somit eine "praktische Arbeit auf einem mit Sprache zusammenhängenden Tätigkeitsgebiet unter Anwendung wissenschaftlicher linguistischer Erkenntnisse."

Aus diesen drei potentiellen Auffassungen von angewandter Sprachwissenschaft heraus weist Back ihr eine Mittlerposition zwischen der theoriestrebenden, auf linguistischen Erkenntnisgewinn ausgerichteten deskriptiven Linguistik auf der einen Seite und der Zone der Praxis auf der anderen Seite zu, wobei ihr die Aufgabe zukommt, eine 'Theorie der Anwendung der reinen Theorie' zu liefern. Eine so verstandene angewandte Sprachwissenschaft muß freilich die mit der praktischen Anwendung intendierten Ziele kennen und mit in die eigene Theorie integrieren. Daß und wie dies geschehen soll, bleibt bei Back ungeklärt. Von daher ist die von ihm gemachte Differenzierung zwischen theoretisch angewandter und praktisch angewandter Sprachwissenschaft unverständlich, zumal die angewandte Sprachwissenschaft auch bei ihm nie die praktische Durchführung selbst impliziert (vgl. dazu auch Hüllen 1974, 18 sowie Timm 1979, 22). Während Back zur angewandten Sprachwissenschaft insgesamt 11 verschiedene Disziplinen - mehr oder weniger gleichberechtigt (so ähnlich verhalten sich Kühlwein 1975; 1980 a; Widdowson 1975; Bugarski 1980; mit bestimmten schwerpunktsetzenden Abstrichen Nickel 1973 b und Ebneter 1976) - zuordnet, setzt sich mehr und mehr das angelsächsische Verständnis der 'Applied Linguistics' als eine auf Sprachunterricht zentrierte Disziplin durch (vgl. exemplarisch Fraser 1974; Hüllen 1974; 1976 a; 1976 b; Corder 1975; Nickel 1975; Wilkins 1976; Timm 1979; Brumfit 1980; Heindrichs/Gester/Kelz 1980, v. a. 9). Damit wird der angewandten Sprachwissenschaft zum einen eine Aufgabe zugewiesen – nämlich Steuerung und Verbesserung des (Fremd-)Sprachenunterrichts-, die sie allein überhaupt nicht lösen kann; für die vielfach geforderte Zusammenarbeit mit anderen Disziplinen fehlt bislang die Koordination. Zum anderen bleiben Disziplinen wie die Übersetzungswissenschaft oder die Sprachpathologie bei einer einseitigen Orientierung der angewandten Sprachwissenschaft weitgehend unberücksichtigt. Die Zentrierung des Interesses auf Fragen des unterrichtlichen Umgangs mit Sprache(n) ist hierfür die Ursache. Das Problem der wissenschaftsmethodologischen Ausrichtung der Angewandten Linguistik stellt sich nach zwei Seiten: zum einen muß eine Abgrenzung zur theoretischen Linguistik geschaffen werden, zum anderen muß das Feld der angewandt-linguistischen Disziplinen abgesteckt und durch Rückbindung an wissenschaftstheoretische Prämissen definiert werden. Dies schließt wissenschaftsmethodologisch nicht aus, daß theoretische Linguistik und Angewandte Linguistik in einer permanenten Wechselbeziehung zueinander stehen (vgl. dazu Brown 1976 b).

> "The use of linguistic theory to describe language is not itself counted as an application of linguistics. If a language, or a text, is described with the sole aim of finding out more about language, or that particular language, this is a *use* of linguistic theory, but it is not an application of linguistics. Applied linguistics starts when a description has been made, or an existing description used, for a further purpose which lies outside the linguistic science."
>
> (Halliday/McIntosh/Strevens 1964, 138).

Während Halliday/McIntosh/Strevens das Kriterium der Anwendung funktionsgerichtet bestimmen und somit Sprache und ihre Beschreibung a priori als Aufgabenfeld der theoretischen Linguistik deklarieren, versteht Corder (1973, 137 und 144) zu-

nächst schon den Gebrauch linguistischer Beschreibungsmodelle
zur Deskription einer Sprache als Anwendung, eine Position,
die er später (1975, 6) stärker im Sinne von Halliday/McIntosh/
Strevens differenziert. Ausgehend von einem solchen Verständnis
gelangen wir zwangsläufig zu dem Schluß, daß nicht die 'innere'
Qualität linguistischer Beschreibung für ihre Qualifikation als
angewandt oder theoretisch verantwortlich ist, sondern das Ziel,
zu dessen Erreichen sie eingesetzt werden soll. Ein und dieselbe
Beschreibung kann demnach theoretisch-linguistisch und/oder angewandt-linguistisch sein. Dieser methodologischen Sackgasse
steht eine Vielzahl potentieller Anwendungsbereiche gegenüber,
denen der notwendige Rückbezug auf theoretisch-linguistische
Kenntnisse und Erkenntnisse gemeinsam ist, deren interne Einbettung der Linguistik in ihren eigenen wissenschaftsmethodologischen Kontext jedoch im Rahmen eines jeweils spezifischen
Geflechts mit anderen, nicht-linguistischen Disziplinen erfolgt.
Daraus resultiert, daß es *die* Angewandte Linguistik schlechthin
kaum geben kann (vgl. dazu auch Kühlwein 1975, 187), wohl aber
eine Reihe angewandt-linguistischer Einzeldisziplinen. Die Gewichtung dieser Einzeldisziplinen untereinander ergibt sich dabei nicht aus dem Maß an disziplineigener Wertigkeit. Angewandt-
linguistische Disziplinen haben ihren jeweiligen Stellenwert vor
allem den gesellschaftlichen Bedürfnissen und den daraus resultierenden Anforderungen an die Beschäftigung mit Sprache zu verdanken. Die sich daraus wiederum ergebende bildungspolitische
Konzentration auf den Sprachunterricht darf andererseits nicht
zu einer weitgehenden Außerachtlassung der anderen Disziplinen
führen. Dies gilt um so mehr, als das Verhältnis zwischen Linguistik und Fremdsprachenunterricht keineswegs geklärt ist
(siehe unten). Die Charakterisierung der Angewandten Linguistik
als themenbezogene Auswahl und Anordnung der Sprachbeschreibung
im Rahmen der Didaktik (Hüllen 1976 a, 22) scheint vor diesem
Hintergrund allerdings auch kritisierbar (vgl. zu warnenden Einwänden vor einer zu hohen Erwartung gegenüber der Angewandten
Linguistik Gosewitz/Krumm 1980, 831). Eine derartig einseitige
fremdsprachenunterrichtliche Ausrichtung ist vielmehr der angel-
sächsischen 'Applied Linguistics' zu eigen:

> "Applied linguistics is concerned with the identification and analysis of a certain class of problems which arise in the setting up and carrying out of language teaching programmes, and with the provision of the answer or part of the answers to them."
>
> (Corder 1975, 2; vgl. auch Brown 1976 b, 1).

So ähnlich äußert sich Widdowson (1975, 1):

> "We need a mediating area of enquiry which will interpret the results of theoretical and descriptive studies in such a way as to reveal their relevance to the language teacher. This mediating enquiry is generally known as applied linguistics."

Angewandte Linguistik sollte dagegen alle Disziplinen umfassen, die sich mit Sprache beschäftigen, ohne die Erkenntnis sprachlicher Zusammenhänge und ihrer Beschreibungen zum Selbstzweck zu haben. Der Fremdsprachenlehrer wäre[38] nach diesem Verständnis zwar Angewandter Linguist; der Angewandte Linguist jedoch nicht notwendig Fremdsprachenlehrer. Gutschows (1977, 1) Bedenken wegen einer Erschwerung der didaktischen Zuordnung liegen angesichts des skizzierten Ansatzes neben der Sache. Auch Krumms (1979 a, 306) in der Sache begründeter Vorwurf der mangelnden Lernerzentriertheit greift deshalb nicht. Es liegt nahe, daß eine *umfassende* Theorie der Angewandten Linguistik vor diesem Hintergrund (noch) nicht existieren kann.

Die Konzentration der Angewandten Linguistik auf den Fremdsprachenunterricht ist offensichtlich geworden. Arbeiten auf diesem Gebiet werfen immer wieder direkt oder indirekt die Frage nach der Beziehung zwischen der Linguistik und dem Fremdsprachenunterricht auf. Diese Frage impliziert gleichzeitig zwei weitere: Was kann die Linguistik bezüglich des Fremdsprachenunterrichts leisten ? Wie sieht das Verhältnis der Linguistik zu anderen, vor allem an der Erforschung und Verbesserung des Fremdsprachen-

---

[38] Auf das Verhältnis zwischen Angewandter Linguistik und Fremdsprachenunterricht gehen wir weiter unten ein.

unterrichts beteiligten und interessierten Disziplinen aus ?

> "Die Frage nach der Erstellung von Didaktischen
> Grammatiken meint im Grunde stets die Frage nach
> den Beziehungen zwischen Linguistik und Fremd-
> sprachenunterricht."
> (Bausch 1979 b, 2).

Fraglos kann man die Linguistik und ihre Ergebnisse nicht vom Fremdsprachenunterricht fernhalten. Dieser ist auf deskriptive Analysen der entsprechenden Sprache angewiesen und wird durch sie auch - zumindest indirekt - beeinflußt (vgl. dazu z. B. Helbig 1969; Bünting 1970; Corder 1973; 1975; Widdowson 1975; Figge 1978; Kleineidam 1978; Raupach 1978). Zwar liegt die Abhängigkeit von Erkenntnissen über den Lehr-/Lerngegenstand einerseits auf der Hand, doch bleibt andererseits schon im theoretischen Vorfeld der Angewandten Linguistik ungeklärt, inwieweit und wie die linguistische Deskription den Fremdsprachenunterricht steuert oder vielleicht steuern sollte. So wird seit langem z. B. vor der bloßen Übernahme linguistischer Verfahren und Ergebnisse in den Fremdsprachenunterricht gewarnt (vgl. exemplarisch Denninghaus 1971; Bausch 1974; Wilkins 1976; Heindrichs/Gester/Kelz 1980). Andererseits wird jedoch die Notwendigkeit für den Lehrenden betont, sich mit linguistischen Beschreibungs- und Analysemethoden vertraut zu machen (vgl. wiederum exemplarisch Corder 1973; Kufner 1973; aber auch Wilkins 1976, v. a. 47). Der Linguistik kommt somit die Beschreibung des fremdsprachlichen Input-Materials zu. Sie kann jedoch *nicht*, zumindest nicht allein, steuernde Selektionsinstanz für das Material sein, das dem Lerner schließlich angeboten wird. Dem steht die Zielsetzung des Fremdsprachenunterrichts - Vermittlung *kommunikativer* Fertigkeiten - ebenso entgegen wie die den Fremdsprachenunterricht beeinflussenden Faktoren und Randbedingungen. Die nicht nachgewiesene psychologische Realität linguistischer Beschreibungen verbietet die Annahme, linguistische Beschreibungen begünstigten eo ipso den Lernvorgang (so ähnlich äußern sich Bünting 1970, 77 und Hüllen 1976 a, 25

unter Rückbezug auf Wunderlich; dagegen spricht sich u. a.
Bausch 1974; 1979 b aus). Mag sein, daß sich vornehmlich Linguisten mit derartigen Annahmen anfreunden. Die Bedeutung der
Linguistik für den Fremdsprachenunterricht wird dadurch jedoch nachgewiesenermaßen nicht erhöht. Nicht zuletzt daraus
dürfte die allgemein gewachsene Skepsis der Praktiker gegenüber der Bedeutung der Linguistik für den Fremdsprachenunterricht herrühren (vgl. Kleineidam 1978; Raupach 1978; aber
auch Heindrichs/Gester/Kelz 1980; vorsichtige Zweifel melden
auch Nickel 1973, 15 f. und Anders 1974, 139 gegen ein Primat
der Linguistik an). An der linguistischen Orientierung des
Fremdsprachenunterrichts wird die mangelnde Berücksichtigung
didaktischer, (lern-)psychologischer und soziologischer Erkenntnisse kritisiert. Während Börner/Vogel (1976), Hüllen
(1976 a, 84), Kleineidam (1979 a, 189), Timm (1979, 11) und
mit anderer wissenschaftsmethodologischer Perspektivierung
auch Figge (1978, 107) die linguistischen Erkenntnisse gleichsam durch einen postdeskriptiven 'Filter' gehen und dann in
den Unterricht Eingang finden lassen wollen, fordert Emons
(1975) die Erarbeitung einer eigenen, die Linguistik und die
mit Unterricht befaßten Wissenschaften integrierenden Theorie.
Sehen wir in diesem Zusammenhang von Heringers (1974 a)
Extrempositionen[39] ab, so kann es also nur um eine Entscheidung zwischen den anderen Positionen gehen.

Kommen wir vor diesem Hintergrund auf unsere oben umrissenen
Leitfragen der Reihe nach zurück:

---

[39] Heringer definiert die Linguistik als sozialwissenschaftliche Disziplin. Infolge dieser Aufgabenausweitung plädiert
er für einen hohen linguistischen Anteil an fremdsprachenunterrichtlichen Konzeptionen. Auch wir werden zwar unten
der Linguistik nachweisen, daß sie nicht in der Lage ist,
das Normproblem befriedigend und realistisch zu lösen. Wir
haben jedoch nicht die prinzipielle Existenzberechtigung
der theoretischen Linguistik in Zweifel gezogen; Beschreibungsverfahren können durchaus ohne Rückgriff auf nichtlinguistische Fakten erfolgen. Erst die Anwendung der Beschreibungsverfahren macht die Einbeziehung z. B. sozialwissenschaftlicher Erkenntnisse unumgänglich.

Was kann die Linguistik bezüglich des Fremdsprachenunterrichts tatsächlich leisten ?

Wir wissen nicht erst seit Helbig (1969), daß linguistische Theorien ihre unmittelbaren Auswirkungen auf den Fremdsprachenunterricht (gehabt) haben. So verdankt z. B. der Audiolingualismus seine Entstehung zu großen Teilen dem damaligen starken Einfluß des Strukturalismus innerhalb der Linguistik[40]. Gemäß dem linguistischen Erkenntnisinteresse dürfen derartige Auswirkungen eher als Zufallsprodukte oder als Folge mangelnden fremdsprachenunterrichtlichen Bewußtseins interpretiert werden. Daß die Linguistik das Basismaterial liefert, darf unter der Voraussetzung als unbestritten gelten, daß damit die *Beschreibung* der zu lehrenden und zu lernenden Sprache gemeint ist; die Sprache als Faktum ist von der Linguistik weitgehend unabhängig. Es ist darüber hinaus Kennzeichen der Linguistik, die zur Beschreibung entwickelten Verfahren nach wissenschaftstheoretischen Prämissen zu diskutieren. Während die Adäquatheit linguistischer Beschreibungsverfahren nicht Ziel des Fremdsprachenunterrichts ist und sein kann, wäre die Abbildung derartiger Beschreibungen in Schulgrammatiken immerhin möglich; schließlich sind nach der traditionellen linguistischen Schule sowie im Gefolge des Strukturalismus zahlreiche Beschreibungen in Form von Grammatiken als Grundlage in den Fremdsprachenunterricht gelangt. Praktische Erfahrungen - und seien sie z. T. auch weniger empirisch als vielmehr hermeneutisch oder bestenfalls heuristisch fundiert (vgl. etwa Billows 1973) - haben schließlich zu der Einsicht geführt, daß es so nicht (weiter-) geht. Die Zentrierung angewandt-linguistischen Forschungsinteresses auf die Konzeption und Erstellung Didaktischer Grammatiken resultiert nicht zuletzt aus dieser Einsicht. Zahlreiche konzeptuelle Arbeiten, die sich als angewandt-linguistisch verstanden, sind daraufhin mit Blick auf den Fremdsprachenunterricht entstanden. Ihnen sowie den darauf aufbauenden

---

[40] Daß zur Entstehung der audiolingualen Methode eine Reihe weiterer Faktoren beigetragen hat, soll keineswegs bezweifelt werden. Sie sind im Augenblick hier jedoch nicht von Interesse.

konkreten Formulierungsversuchen ist jedoch gemeinsam, daß es
sich immer noch um *linguistische* Beschreibungen handelt, die -
wenngleich z. T. in vereinfachter Form dargeboten - an den
Platz der traditionellen Schulgrammatiken traten.

An dieser Stelle muß auf die Kontrastive Linguistik verwiesen
werden, deren weitergehender Anspruch, *Lern*schwierigkeiten
durch linguistische Kontrastierung prognostizieren zu können,
ebenso uneingelöst blieb wie der, *Lern*schwierigkeiten wenigstens nachträglich erklären zu können (zu *strong* und *weak
claim* der Kontrastiven Linguistik vgl. Wardhaugh 1970; zur
Kritik an ihr vgl. exemplarisch Nemser/Slama-Cazacu 1970;
K.-R. Bausch 1973; Bausch/Kasper 1979, v. a. 5 - 9).

Es wurde zunehmend deutlich, daß eine Disziplin wie die Angewandte Linguistik *allein* für den Fremdsprachenunterricht keine
befriedigenden Lösungsvorschläge erarbeiten konnte und kann.
Gleichwohl wird sie damit für den Fremdsprachenunterricht
nicht gänzlich überflüssig, wie wir weiter unten noch sehen
werden.

Wir stoßen somit aber auf die zweite oben aufgeworfene Frage:

> Wie sieht das Verhältnis der Linguistik zu anderen
> Wissenschaften aus ?

Solange sich die Linguistik auf eine inventarisierende Beschreibung einer Sprache beschränkt, kann sie weitgehend ohne Rückgriff auf andere Wissenschaften auskommen[41]. Sobald sie jedoch
nach Begründungen und Wertungen für das beschriebene Material

---

[41] Wir denken hierbei vor allem an die wissenschaftsinterne
Diskussion über das bestmögliche linguistische Beschreibungsmodell und die Anwendung vorhandener Modelle. Die Konstituierung von Wissenschaften wie Soziolinguistik und
Psycholinguistik belegt natürlich, daß auch die Linguistik
bei der Verfolgung ihres eigenen Erkenntnisinteresses nicht
ohne Bezug zu anderen Wissenschaften auskommt.

fragt und beabsichtigt, einzelne Elemente der Beschreibung zueinander in Beziehung zu setzen, muß sie unbedingt auf andere Disziplinen zurückgreifen bzw. nach Koordinierung mit ihnen streben. Wir werden dies unten (Kapitel 4) am Beispiel der Norm exemplarisch zu zeigen versuchen. Wenn aber schon die theoretische Linguistik ohne den Blick über die wissenschaftlichen Grenzen nicht auskommt, wie soll dies erst der Angewandten Linguistik möglich sein, die ihrem Wesen nach doch auf eine Anwendung ausgerichtet ist, deren Ziel eben nicht mehr der linguistische Erkenntniszuwachs ist, sondern die Operationalisierung linguistischer Verfahren und Erkenntnisse im Rahmen nicht-linguistischen Erkenntnisinteresses. Vor diesem Hintergrund können die Versuche nur als 'angewandt-linguistisches Mißverständnis' bezeichnet werden, linguistische Deskriptionen *ohne* oder höchstens mit unsystematischen nachgeordneten Veränderungen in den Fremdsprachenunterricht als einem eigenständigen, von spezifischen anderen wissenschaftlichen Disziplinen zu erforschenden Gegenstandsbereich einzubringen. Angewandte Linguistik kann nicht *Basis*wissenschaft für den Fremdsprachenunterricht sein; sie kann dort allenfalls das sprachliche Material für die Hand des Lehrers liefern[42]; ihm wird somit die Einarbeitung in die abstrakte, hochtheoretische Forschungslage der Linguistik erspart. Angewandte Linguistik behält so ihren Anwendungsbezug.

Die traditionelle Beeinflussung des Fremdsprachenunterrichts durch die Linguistik muß also ins Gegenteil verkehrt werden. Nicht die Linguistik darf den Fremdsprachenunterricht, sondern dieser muß mit seinen spezifischen Gegebenheiten die linguistischen Elemente in ihrer Auswahl und Darstellung beeinflussen[43].

---

[42] Auf die Frage, ob die Sprachvermittlung eher kognitiven oder behavioristisch-imitierenden Prinzipien folgen sollte, wollen wir an dieser Stelle nicht eingehen.

[43] R. M. Müller (1975, 145) unterstellt einem linguistisch zentrierten Fremdsprachenunterricht gar "Selbstmordabsichten".

Wenngleich linguistische Ergebnisse unentbehrlich sind (vgl. Zimmermann 1977, 37; Kleineidam 1978, 68), so sind sie jedoch nur so lange von Nutzen, als sie dazu beitragen, dem Lerner adäquaten fremdsprachlichen Sprachgebrauch optimal zu vermitteln. Letzteres wird nicht durch eine 'lerner- und lernzielorientierte' Linguistik erreicht, wie Raupach (1978, 104) sie fordert[44], sondern durch ein didaktisch basiertes Modell, das in den konkreten Bedingungen des Fremdsprachen*unterrichts* seinen Ausgangs- und Orientierungspunkt hat (vgl. Krumm 1974, 46; Bausch 1979 b, 9). Der Wert der Linguistik für den Fremdsprachenunterricht kann neben der Bereitstellung einer Beschreibung als rudimentäres Basismaterial vor allem 'vor' dem eigentlichen Fremdsprachenunterricht liegen, indem der Lehrer mit Hilfe linguistischer Verfahren vorliegende Beschreibungen lernzielgerecht analysieren und gegebenenfalls kritisieren kann (diese Forderung erhebt Figge 1978, 109).

Versuchen wir, aus unseren Überlegungen zum Verhältnis von Linguistik und Fremdsprachenunterricht ein Fazit zu ziehen, so müssen wir Bausch (1979 b, 16) zustimmen, der der Linguistik die dominierende Stellung abspricht und - nicht zuletzt von ihr selbst - fordert, daß ihre Ergebnisse *integrierbar* werden in den fremdsprachenunterrichtlichen Gesamtzusammenhang. Die Forderung Hüllens (1976 a, 27), wonach der Linguistik innerhalb der Didaktik ein zentraler Platz zukomme, ist vor diesem Hintergrund nur noch begrenzt haltbar. Gänzlich abzulehnen sind dagegen die Versuche, die Vorrangstellung der Linguistik im

---

[44] Nickel (1973 b, 10) erhofft sich zum einen durch linguistische Beschreibungen lernfördernde Einsicht in sprachliche Systeme, mißt aber gleichzeitig (1973 b, 13) der Linguistik insgesamt im Fremdsprachenunterricht eher geringe Bedeutung bei, die zudem dem Gegenstandsbereich 'Fremdsprachenunterricht' mit seinen Bedingungen insgesamt untergeordnet ist (vgl. dazu Nickel 1975, 36 f.). Auch Bieritz (1974, 86) warnt vor einem Primat der Linguistik, deren unmittelbaren Anwendungsvorteil er in außerlinguistischen Begleiterscheinungen sieht.

Fremdsprachenunterricht wissenschaftstheoretisch zu begründen
(Jung 1975; Hüllen/Jung 1979, 16 ff.), sowie die Annahme eines
mehrdimensionalen Linguistik-Einflusses auf der Prozeßebene
(Heindrichs/Gester/Kelz 1980, 43 ff.). In diesen Beispielen
ist die Eigenständigkeit des Gegenstandsbereichs 'Fremdsprachenunterricht' (noch) verkannt.

Für die Angewandte Linguistik ergibt sich die Forderung nach
Entwicklung eigener Methoden, die vor allem für den Anwender
handhabbar sind. Wenn Angewandte Linguistik 'nur' die 'bloße'
Anwendung linguistischer Methoden impliziert - Corder (1973,
7)[45] scheint dies zu glauben -, werden ihre Ergebnisse nur
begrenzt verwertbar sein, und sie selbst wird das Stadium
rein additiver Interdisziplinarität kaum überwinden können.
Das Entweder - Oder bezüglich theoretischer Linguistik und
Angewandter Linguistik (vgl. Haberland/Mey 1977, 4)[46] ist
(spätestens) dann gegenstandslos.

Während die Angewandte Linguistik zum einen durch ein weites
Feld anwendungsorientierter Disziplinen beschrieben werden
kann, zum anderen ihre Entstehung wissenschaftsgeschichtlich
aus der theoretischen Linguistik herleitet und im Augenblick
schwerpunktmäßig an Fremdsprachenunterricht interessiert ist,
hat sich die Fremdsprachendidaktik vor allem - keineswegs
ausschließlich - aus der allgemeinen Didaktik entwickelt[47],
deren Gegenstandsbereich determiniert wird durch Fragen be-

---

[45] "I am enough of a purist to believe that 'applied linguistics' presupposes 'linguistics'; that one cannot apply what one does not possess." Danach müßte jeder Lehrer gleichzeitig Linguist sein !

[46] "Strictly speaking, there is no distinction between 'applied' and 'pure' linguistics. 'Applied' linguistics and 'pure' linguistics are one and the same thing, namely linguistics: applied linguistics is nothing but 'pure' linguistics applied to certain problems...
There will be one linguistics, or there will be none."

[47] Die dort immer stärker stattfindende Diskussion über essentielle Probleme von Unterricht, Gesellschaft, Erziehung und Bildungswerten hat allerdings bislang (noch) nicht in dem Maße auf die Fremdsprachendidaktik durchgeschlagen (vgl. Dietrich 1979).

züglich "der *Ziele und Inhalte,* der *Organisationsformen* bzw. *Methoden* und *Medien* des Lehrens und Lernens" (Klafki 1974, 115). Betrachtet man einerseits den Aufgabenkatalog, der für die Fremdsprachendidaktik vorgeschlagen wird (vgl. z. B. R. M. Müller 1975, 147), und zieht man das Wissenschaftsverständnis von Fachdidaktik allgemein[48] heran, wie es von Jungblut (1973, 69 f.) thesenartig und prospektiv entworfen wird, so stellt sich die Fremdsprachendidaktik im wesentlichen aus der *Lehr*perspektive[49] dar, wobei sie explizit ihren Praxisbezug betont und doch gleichzeitig auf ihrer Bedeutung für die (fach-) wissenschaftliche Forschung besteht (vgl. zu diesem letzten Punkt Schröder 1977 b, 94). Im Gegensatz zur wissenschaftsgeschichtlich erklärbaren Position der Angewandten Linguistik sowie gemäß ihrem eigenen Selbstverständnis ist die Fremdsprachendidaktik ohne interdisziplinäre Zusammenarbeit mit anderen Disziplinen kaum denkbar, wobei die Art der Beziehung zu den einzelnen Disziplinen nicht unumstritten ist[50]. Ihr Ansatz ist methodologisch jedoch aus dem Fremdsprachenunterricht heraus zu erklären - wiederum im Gegensatz zur Angewandten Linguistik -, so daß ihre Aufgabe u. a. darin gesehen werden muß, die Wissenschaften zu integrieren, die ein originäres Interesse an der Verbesserung von Unterrichtsverfahren haben und

---

[48] Es scheint uns sehr wohl legitim, Fachdidaktik auf der einen, Fremdsprachendidaktik auf der anderen Seite in ihren Zielen miteinander zu diskutieren. Wenngleich Fremdsprachendidaktik natürlich eigenen Schwerpunktsetzungen gehorcht, ist sie dennoch als besondere Form der Fachdidaktik anzusehen. Die von Schröder (1977 a, 42) vorgestellte Differenzierung zwischen den beiden vermögen wir in dieser Form nicht nachzuvollziehen. Durch die Tatsache, daß es sich beim Fremdsprachenunterricht nicht um die Vermittlung einer Wissenschaft oder ihrer Ergebnisse handelt wie in anderen Unterrichtsfächern (vgl. dazu R. M. Müller 1972, 207), kann eine solche Differenzierung nicht begründet werden.

[49] Die explizite Lernerberücksichtigung (nicht Lernerzentrierung!) bei Arndt/Careless (1979, 54 ff.) ändert daran nichts.

[50] Während z. B. Arndt/Careless (1979, 54 und 56) einmal von Nachbardisziplinen, einmal von Hilfswissenschaften sprechen, scheint Piepho (1979, 65 f.) eher ein gleichberechtigtes Nebeneinander im Blick zu haben. R. M. Müller (1979 a, 142) weist der Fremdsprachendidaktik im Zweifelsfall die Koordination der beteiligten Wissenschaftsdisziplinen zu.

gleichzeitig diejenigen zu distanzieren, deren potentieller Beitrag nur auf die den Fremsprachenunterricht nicht zentral berührende Beanspruchung einer 'Spielwiese' zur Anwendung ihrer Erkenntnisse beschränkt ist.

Vor diesem Hintergrund ist das Verhältnis der Fremdsprachendidaktik zur Linguistik als Fachwissenschaft, aber auch zur Angewandten Linguistik als aus dieser heraus entstandenen Disziplin von besonderem Interesse. Nimmt man - wie Schröder (1977 b, 94) und Heindrichs/Gester/Kelz (1980, 42) es tun - an, daß jede Fachdidaktik zunächst einmal durch das Verhältnis zu der Fachwissenschaft bestimmt wird, so ergibt sich aus dieser - allen interdisziplinären Ansätzen zuwiderlaufenden, nichtsdestoweniger aber weit verbreiteten - Ansicht ein Primat der Linguistik. Dabei wird der 'Fach'didaktik allgemein eine Filterfunktion für die Linguistik zugestanden (siehe zu einer eher oberflächlichen Filterfunktion Jung 1975, v. a. 28 und Timm 1979, 22 f.; vgl. zu einem extensiven Filtervorgang Börner/Vogel 1976); im Zweifelsfall wird der Linguistik der Vorrang eingeräumt (vgl. Jung 1975, aber auch Heindrichs/Gester/Kelz 1980, 42[51]). Kühlwein (1975, 185) und Timm (1979, 22) ordnen die Angewandte Linguistik vor der Fremdsprachendidaktik als übergreifende Disziplin an. Sie treffen diese Entscheidung allerdings auf der Grundlage des disziplineigenen umfassenden Erkenntnisinteresses der Angewandten Linguistik; mit der Zielsetzung der Fremdsprachendidaktik setzen sie sich nicht auseinander.

Akzeptiert man unsere Analyse des Verhältnisses von Linguistik und Fremdsprachenunterricht zueinander (vgl. S. 43 f.), so muß die dominierende Bedeutung der Linguistik im Rahmen der Fremdsprachendidaktik zurückgewiesen werden. Auch eine auf den Fremdsprachenunterricht hin orientierte Angewandte Linguistik

---

51) Auch Heringer (1974 a, 130) räumt bei seinem 'weiten' Verständnis von Linguistik dieser Disziplin den Vorrang vor der Didaktik ein.

kann innerhalb der Didaktik nur dienende Funktion haben (vgl. dazu auch Zimmermann 1977, 37 f.), so daß damit die Fremdsprachendidaktik ihrer oben dargestellten Aufgabe gerecht werden und verhindern könnte, daß wissenschaftliche Disziplinen in der Fachdidaktik nur ihre Anwendung im Blick haben.

In der Differenz zwischen fremdsprachendidaktischer Theorie und Praxis liegt der erste Ansatzpunkt für Kritik. Die Fremdsprachendidaktik ist im wesentlichen linguistisch vorstrukturiert - hierin stimmen wir mit Krumm (1974, 45) voll überein. Dies läßt sich zum einen aus der Geschichte des Fremdsprachenunterrichts herleiten, zum anderen ist es der Fremdsprachendidaktik bis heute noch nicht in umfassendem Maße gelungen, ein über ihren Selbstanspruch hinausreichendes Modell zu erstellen, in dem *alle* am Fremdsprachenunterricht beteiligten Faktoren zueinander in Beziehung gesetzt werden. Ein solches Modell müßte im übrigen seine Praxistauglichkeit unter Beweis stellen[52].

Ebenso schwer wiegen die von Hüllen/Jung (1979, 12 f.) erhobenen Vorwürfe gegen die Fremdsprachendidaktik: mangelnde (praktische) Interdisziplinarität, zu starke Lehrerzentrierung, mangelnde 'kommunikative Interaktion' zwischen Lehren und Lernen. Während der erste Vorwurf eher ein methodischer - durchaus berechtigter - Vorwurf ist, stellen die beiden anderen Kritikpunkte Fragen an das konzeptuelle Selbstverständnis[53] der

---

[52] Arndt/Careless (1979, 57) schlagen vor, zwischen "wissenschaftsbezogener Fremdsprachendidaxis" und "praxisbezogener Fremdsprachendidaktik" zu unterscheiden. Wir vermögen uns dieser vorwiegend terminologischen Trennung nicht anzuschließen, da es sich hierbei lediglich um eine perspektivische Nuance handelt, die für die konzeptuelle Gestaltung der Fremdsprachendidaktik unwesentlich ist.

[53] Das von Dietrich (1979, 358 f.) beschriebene "defiziente Selbstverständnis der fremdsprachlichen Fachdidaktik" wollen wir uns allerdings nicht zu eigen machen. Die dort geübte Kritik, die sich weitgehend an der mangelnden Beteiligung der Fremdsprachendidaktik an außersprachlichen Wertediskussionen orientiert, ignoriert die von Müller (1979 a, 134) - auf den Dietrich im übrigen mehrmals Bezug nimmt - beschriebene Aufgabenbeschreibung der Fremdsprachendidaktik.

Fremdsprachendidaktik. Sie kann als lehrerorientierte Disziplin dem Lehrer durchaus von großem Nutzen sein, sie ist es zweifellos in weiten Teilen auch schon. Gleichzeitig müßte sie damit jedoch ihren Anspruch aufgeben, für die Gesamtheit des komplexen Gegenstandsbereichs 'Fremdsprachenunterricht' Bezugswissenschaft zu sein.

Die Unzufriedenheit mit den Ergebnissen der Fremdsprachendidaktik einerseits, das gesteigerte Forschungsinteresse an Problemen des Spracherwerbs andererseits trugen wesentlich zur Konstituierung einer neuen wissenschaftlichen Disziplin bei: der Sprachlehr- und Sprachlernforschung. Ihr Erkenntnisinteresse gilt *allen* die Sprachvermittlung, aber auch den Spracherwerb betreffenden Faktoren (vgl. Koordinierungsgremium 1977, 2). Sie ist damit - zumindest programmatisch - nicht ausschließlich mit Fremdsprachen*unterricht* befaßt (vgl. Anders 1974, 37), hat jedoch im Augenblick ihr Augenmerk vor allem darauf gerichtet[54]. Auch das von Bausch (1974, 7) skizzierte zweite Forschungsgebiet - das unterrichtlich gesteuerte Lehren und Lernen der Primärsprache - ist in seiner augenblicklichen Bedeutung eher nachgeordnet. Während man aus Bonnekamps (1973, 185 f.) Aufgabenbeschreibung noch einen eher lehrerzentrierten und damit der Fremdsprachendidaktik sehr ähnlichen Ansatz herauslesen kann, strebt Bausch (1974, 8 ff.) auf der Grundlage einer integrativen Verknüpfung von *Lehren* und *Lernen* die Konstituierung einer lernerorientierten Sprachlehr- und -lernforschung an, in der aus der Position des Lerners heraus Spracherwerbs- und -vermittlungsprobleme angegangen werden sollen. Die perspektivische und gleichzeitig forschungsmethodische Umkehr von einer Lehrer- auf eine Lernerzentrierung (vgl. dazu auch Bieritz 1974, v. a. 76; Hüllen/Jung 1979, 13 f.; Krumm 1979 a, 306 f.) bedingt die Eigenständigkeit die-

---

[54] Dies gilt vor allem stärker für die inzwischen in der Bundesrepublik etablierte Sprachlehrforschung, die sich diesbezüglich von der Sprachlehrforschung amerikanischer Prägung unterscheidet.

ses Forschungszweiges[55]), die sich darüber hinaus "aus der fortschreitenden Annäherung an den Unterrichtsprozeß selbst, aus der Identifikation und Unterscheidung von Methoden- und Interaktionsstrukturen" (Krumm 1974, 46) ergibt. Eine so verstandene Sprachlehr- und Sprachlernforschung kann damit nicht nur die Aufgaben der Didaktik und der Curriculumtheorie übernehmen, wie Hüllen (1974, 25) zunächst forderte, noch weniger besteht sie in der bloßen Übertragung von angewandt-linguistischen Erkenntnissen auf Sprachunterricht, wie Ebneter (1976, 10) behauptet, und sie darf auch nicht auf den Kompetenzerwerb beschränkt bleiben (vgl. zu dieser Annahme Schröder 1977 b, 97). Vielmehr muß sie zur fremdsprachenunterrichtlichen *Gesamt*problematik Hypothesen und Theorien liefern und diese empirisch absichern (vgl. zu einem Forschungsüberblick Bausch/Kasper 1979; als Beispiel für eigene empirische Untersuchungen jetzt Kasper 1981, auch Kleppin 1981).

Das Erkenntnisinteresse der Sprachlehr- und Sprachlernforschung impliziert die Entwicklung einer disziplinimmanenten Forschungsmethodologie. Kennzeichnend für die bisherigen Überlegungen ist die Forderung nach einem in jeder Hinsicht integrativen, d. h. alle an der Erforschung des Fremdsprachenunterrichts beteiligten Disziplinen und *alle den Fremdsprachenunterricht konstituierenden Faktoren* umfassenden Ansatz (Bausch 1974, 10; Bieritz 1974, 75; Koordinierungsgremium 1977, 19 f. und 22; Krumm 1979 a). Allerdings muß dabei zwischen einer fremdsprachenunterrichtlichen Metaebene und der unmittelbaren fremdsprachenunterrichtlichen Inhaltsebene insofern unterschieden werden, als die Berücksichtigung kulturellen Wissens innerhalb der Sprachlehrforschungstheorie (vgl. dazu

---

[55]) "Sprachlehrforschung kann also weder eine um einen psychologischen Anteil erweiterte Linguistik noch eine auf fachdidaktische Anteile ausgerichtete Philologie ('Fachwissenschaft') oder ähnliches sein, sondern <u>muß als ein vom Gegenstand (und von seiner Komplexität) her begründeter durchaus eigenständiger Wissens- und Arbeitsbereich</u> verstanden werden." (Koordinierungsgremium 1977, 31).

Göhring 1977; Vermeer 1977), mit dessen Hilfe Sprache vermittelt und erworben werden soll, nicht gleichzusetzen ist mit der Sprache und ihrem Vermittlungs- und Erwerbsprozeß selbst. Dies bedeutet nicht, daß kulturelles Wissen nicht in den integrativen Ansatz einfließen soll, solange sprachliche Erscheinungen nur durch dieses Wissen für den Lerner situierbar wird (vgl. etwa schichtenspezifischen Sprachgebrauch, Fachsprache etc.). Auf der fremdsprachenunterrichtlichen Metaebene werden dagegen zunächst die einzelwissenschaftlichen Ergebnisse interessant, wobei es derzeit noch ein Desiderat ist, einen die verschiedenen Einzelwissenschaften auf eine Gesamttheorie verpflichtenden Ansatz zu entwickeln. Dies klärt für uns die Frage nach dem Stellenwert der Linguistik innerhalb der Sprachlehr- und -lernforschung, denn eine bloße Übernahme rein linguistischer Verfahren ohne Ausrichtung auf andere wissenschaftliche Disziplinen verbietet sich ebenso von selbst wie die bloße Adaptation psychologischer Ergebnisse ohne deren Rückbindung an das Lehren und Lernen von Fremdsprachen. Von einem Primat der Linguistik kann innerhalb der Sprachlehr- und -lernforschung nicht mehr die Rede sein. Ausgangspunkt für die Umsetzung des theoretischen Postulats muß vielmehr der fremdsprachenunterrichtliche Kontext sein (vgl. dazu Bieritz 1974, 85; Bausch/Raabe 1978), der u. a. aus den am Unterricht beteiligten Personen mit ihren individuellen Erfahrungen und Eigenschaften und ihrem Verhältnis zueinander, aus der Situation, aus dem Thema besteht. Jeder den Gesamtkontext mitkonstituierende Faktor läßt sich dabei weiter zerlegen. Die Spezifik des lernerzentrierten Ansatzes liegt dabei in dem besonderen Gewicht, das den Lernerfaktoren zukommt. Die Sprachlehr- und Sprachlernforschung darf dabei jedoch nicht in das andere Extrem fallen und die Lehrperspektive aus dem Blick verlieren (als ein Beispiel für den *konzeptuellen* Versuch, Lern- und Lehrperspektive zu verbinden, vgl. Königs 1980). Vielmehr bieten sich Kooperationsmöglichkeiten mit der Fremdsprachendidaktik an.

Es liegt u. E. auf der Hand, daß eine in den Umrissen grob
skizzierte, wenngleich augenblicklich noch theoretisch-abstrakte Sprachlehr- und Sprachlernforschung sich ausführlich
mit allen Normen auseinanderzusetzen hat, die Einfluß auf den
Lehr-/Lernprozeß gewinnen können. Dabei darf sich eine solche
Auseinandersetzung nicht auf die Ebene institutionell vorgegebener Ausbildungsziele beschränken (Anders 1974, 39 und
Hüllen 1974, 25 beschränken ihre Forderung zunächst auf diesen Bereich); vielmehr müssen auch sprachliche bzw. sprachwissenschaftlich erarbeitete Normen mit Blick auf den Fremdsprachenunterricht hinterfragt werden. Es ist ein Kennzeichen
angewandt-linguistischer und fremdsprachendidaktischer Diskussion, daß die fremdsprachenunterrichtliche Norm bisher
kaum thematisiert wurde. Dies ist um so bemerkenswerter, als
die Register- und Varietätenfrage für den Fremdsprachenunterricht durchaus thematisiert worden ist (vgl. z. B. Corder 1973,
92; Hüllen 1976 a, 80; Heindrichs/Gester/Kelz 1980, 16; vgl.
in extenso z. B. Stourdzé 1969; Scherfer 1977 b). Die Ende der
sechziger Jahre einsetzende Diskussion um den Fehlerbegriff
hat zwar zu einer intensiven spracherwerbsorientierten Forschung geführt, in deren Verlauf das Normproblem jedoch weitgehend vernachlässigt wurde. Wenn wir im folgenden den Versuch
unternehmen wollen, die Bedeutung des Normbegriffs für Didaktische Grammatiken herauszuarbeiten, so wollen wir zuvor der
Vollständigkeit halber auf das Verhältnis der Sprachlehr- und
Sprachlernforschung zu Angewandter Linguistik und Fremdsprachendidaktik eingehen, soweit dies nicht aus den dargestellten
Positionen heraus schon geschehen ist. Dies ist nicht zuletzt
deshalb notwendig, weil Didaktische Grammatiken, vor allem in
ihrem Verhältnis zu wissenschaftlichen Grammatiken, nach weitläufigem Verständnis als grundsätzliches Problem der Angewandten
Linguistik aufgefaßt werden (Nickel 1975, 35).

Die Etablierung der Sprachlehr- und Sprachlernforschung hat
zwar zu vereinzelten Aussagen darüber geführt, wie denn ihr
Verständnis zu anderen am Fremdsprachenunterricht interessier-

ten Wissenschaften sei und/oder sein müsse[56]. Der Versuch
einer methodologischen Beziehungsbeschreibung ist allerdings
u. W. bisher noch nicht gemacht worden. Faßt man die Konstituierung der Sprachlehr- und Sprachlernforschung als bloße
wissenschaftsmethodologische Antwort auf die 'Linguistisierung'
des Fremdsprachenunterrichts auf (vgl. zu dieser Einschätzung
Krumm 1979 a, 306), so gelangt man zu einem Verständnis der
neuen Disziplin, das gekennzeichnet ist durch den disziplinübergreifenden Zugriff auf den gesamten Gegenstandsbereich, so
daß von daher die Angewandte Linguistik in den Teilen, die
sich unmittelbar auf Fremdsprachenunterricht beziehen, der
Sprachlehr- und Sprachlernforschung unterzuordnen ist. Dem
steht die umgekehrte Ansicht gegenüber, daß nämlich die Sprachlehr-/Sprachlernforschung in der Angewandten Linguistik aufgehe (vgl. dazu Vermeer 1977, 570; vor allem Kühlwein 1980 a,
763). Aus Kühlweins Begründungszusammenhang wird deutlich, daß
beide Disziplinen nur teilweise auf einer Bezugsebene - nämlich
Fremdsprachenunterricht - anzusiedeln sind. In den anderen
Applikationsfeldern der Angewandten Linguistik (z. B. Computerlinguistik oder Neurolinguistik) geht ihr Ansatz nicht über den
der Sprachlehr- und Sprachlernforschung hinaus, wie es Kühlwein
formuliert; sie richtet ihr Interesse vielmehr auf andere Gegenstandsbereiche. Die dabei gewonnenen und noch zu gewinnenden Ergebnisse haben keine unmittelbare Relevanz für die
Sprachlehr- und Sprachlernforschung. In den auf Fremdsprachenunterricht zentrierten Teilgebieten ist die Angewandte Linguistik der Sprachlehr- und Sprachlernforschung aufgrund ihres
gesamthaften gegenstandsbezogenen Ansatzes unterzuordnen.

Unter diesem Aspekt der Gesamthaftigkeit könnte die Sprachlehr-/
Sprachlernforschung auch als der Fremdsprachendidaktik übergeordnete Disziplin aufgefaßt werden. Eine derartige Hierarchie
bezöge ihre Begründung nicht zuletzt aus dem perspektivischen

---

[56] Hüllen/Jung (1979, 11) widmen dem Verhältnis der Sprachlehr-/
Sprachlernforschung zur Fachdidaktik immerhin ein Kapitel.

Wechsel von der Lehrerzentrierung auf die Lernerzentrierung, wobei die Beschäftigung mit der Lehrperspektive von unmittelbarer Relevanz für die lernergerechte Ausformung des Fremdsprachenunterrichts ist. Die perspektivische Umorientierung auf den Lerner hin kann dabei nicht - wie es Schröder (1977 b, 97) tut - als 'modische Erscheinung' abgetan werden. Die Notwendigkeit dieser Umorientierung auf den Lerner - vgl. dazu auch zahlreiche Beiträge in Hatch (1978) sowie nochmals Bausch/Kasper (1979) - gilt in weiten Teilen als unbestritten; darauf deutet nicht zuletzt auch die Position R. M. Müllers (1979 a) hin, der den Versuch unternimmt, die Fremdsprachendidaktik wissenschaftsmethodologisch um die Spracherwerbsforschung zu erweitern. Die Unmöglichkeit, die Lernerperspektive ohne Berücksichtigung der Lehrperspektive in den Griff zu bekommen, scheint dafür zu sprechen, Fremdsprachendidaktik und Sprachlehr-/Sprachlernforschung *nicht* als in einem Abhängigkeitsverhältnis stehende Disziplinen anzusehen (Hüllen/Jung 1979, 13; so ähnlich schon Schröder 1977 b, 98). Dagegen betrachten Gosewitz/Krumm (1980, 830) die Fremdsprachendidaktik als die weiterreichende Disziplin, weil sie nicht wie die Sprachlehr- und Sprachlernforschung auf die Erforschung von Lehr- und Lernprozessen beschränkt sei, sondern darüber hinaus mit der Vermittlung von literarischem, landes- und kulturkundlichem Wissen beschäftigt sei. Dem ist jedoch entgegenzuhalten, daß die Vermittlung dieser Inhalte nicht zum Selbstzweck geschieht, sondern als Teil der Sprachvermittlung angesehen wird, der über das primäre Ziel des Fremdsprachenlernens zusätzlich Wissensvermittlung einschließt. Von daher muß es auch und gerade Aufgabe der Sprachlehr- und Sprachlernforschung sein, den Anteil derartiger 'Wissensvermittlung' im Rahmen des Fremdsprachenlehrens und -lernens zu erforschen und auf der Basis diesbezüglicher Forschungsergebnisse Konzepte für lernerzentrierten

Fremdsprachenunterricht zu entwickeln[57].

Nun ist allerdings nicht allgemein verbindlich geklärt, was Lernerzentrierung denn eigentlich heißt. Wie die z. T. kontroversen Beiträge in Bausch et al. (1982) dokumentieren, reicht die Spanne an diesbezüglichem Verständnis sehr weit. Damit besteht die Gefahr, daß der Begriff zu einem sinnentleerten Schlagwort degeneriert.

Unserer Meinung bedeutet Lernerzentrierung eine Konzentration auf das lernende Individuum, die jedoch *nicht* dazu führen darf, daß andere Faktoren bei der Erforschung des Fremdsprachenunterrichts keine Rolle spielen. Vielmehr schließt gerade die Beschäftigung mit dem Faktorenkomplex 'Lehrer', über den wir aufgrund pädagogischer und fremdsprachendidaktischer Forschungen sehr viel wissen, das stetige Bemühen um den Lerner mit ein, solange diesbezügliche Überlegungen darauf gerichtet sind, durch den Lehrer auf die Probleme des Lernenden zu schauen, und nicht bei bloßen rollenbezogenen Handlungsanweisungen und -empfehlungen für den Lehrer stehenzubleiben. Exemplarisch sei dazu vor allem auf Kapitel 5.3 und 5.4 dieser Arbeit verwiesen. Auch die Beschäftigung mit dem Faktorenkomplex 'Sprache' als einem zunächst und isoliert betrachtet vom Lerner völlig losgelösten Gegenstand bekommt ihren lernergerichteten Wert durch die Integration in die gesamte Faktorenkomplexion (vgl. Kapitel 4). Im Rahmen des Faktorenkomplexes 'Lernziel' schließlich treffen neben lerner- und lehrerspezifischen Perspektiven auch Einflüsse von 'außerhalb' des konkreten fremdsprachenunterrichtlichen Geschehens aufeinander. Auch hier hieße es, die Realität zu verkennen, wollte man

---

57) Damit wird in keiner Weise der prinzipielle Sinn des Literaturunterrichts bezweifelt, noch wird versucht, literaturwissenschaftlichen Überlegungen das 'Wasser abzugraben'; vielmehr soll die Verpflichtung auf den gemeinsamen Gegenstand betont werden.

außer der Lernperspektive alle anderen entweder ignorieren
oder nachordnen. Lernerzentrierung vollzieht sich hier vielmehr als Hinwendung der *Ergebnisse* einer mehrspektivischen
Diskussion auf den Lerner (vgl. Kapitel 3). Daß schließlich
der Lerner selbst - analog zur Person des Lehrers - einen
Faktorenkomplex ausmacht, ist im Rahmen der bisher diskutierten Konzeption selbstverständlich (vgl. Kapitel 2). Dabei
kommt es uns darauf an, den 'Lerner' von möglichst vielen
Seiten her anzugehen, um damit den für Unterricht Verantwortlichen *mögliche* Hinweise für eine lernerzentrierte Unterrichtsplanung und -gestaltung zu liefern.

Allgemeines Kennzeichen der Faktorenkomplexion ist - wie gesagt - die Verzahnung und gegenseitige Determinierung verschiedener Faktoren. Dabei ist zu unterscheiden zwischen einer annähernd gleichrangigen gegenseitigen Einflußnahme und einer im
wesentlichen unidirektional erfolgenden. Art und Richtung der
Einflußnahme sind aber nicht nur auf der Ebene der Faktorenkomplexe angebbar[58], sondern ebenso auf der den Faktorenkomplex im einzelnen konstituierenden Stufe. Unser derzeitiger
Kenntnisstand erlaubt uns zum einen, die potentielle Relevanz
aller aufgeführten Faktoren für den Fremdsprachenunterricht
anzunehmen[59]. Das genaue Maß der Beziehung zwischen zwei oder
mehreren Faktoren kann allerdings derzeit noch nicht empirisch
exakt angegeben werden. Hier ist vor allem die Sprachlehr- und
Sprachlernforschung zum Entwurf von Untersuchungsdesigns und
ihrer empirischen Überprüfung aufgerufen. Zum anderen gestattet uns das Wissen über Fremdsprachenunterricht und die ihn
bedingenden Faktoren, die Normfrage für den Fremdsprachenunterricht neu (oder überhaupt erst systematisch) zu stellen und
einer konzeptuellen Lösung näherzubringen. Allerdings kommen

---

[58] Wir haben uns lediglich wegen der Übersichtlichkeit in
der konzeptuellen Darlegung bislang darauf beschränkt.

[59] Es scheint uns auf der Hand zu liegen, daß nicht in jedem
Fall alle genannten Faktoren wirksam werden.

wir augenblicklich nicht umhin, mangelnde empirische Befunde
durch hermeneutisch bestimmte Analyseprozeduren zu ersetzen.
Wir halten ein solches Verfahren methodologisch trotz der propagierten Lernerzentrierung und der damit verbundenen multifaktoriellen Verzahnung für angemessen; einerseits wird der
Lernerzentrierung auf der Ebene der Faktoren Rechnung getragen;
die Analyse der Faktoren wird dies zu berücksichtigen haben.
Andererseits haben wir oben (S. 16) gesehen, daß der Fremdsprachenunterricht durch Normenvielfalt gekennzeichnet ist.

Unser Modell unterscheidet sich etwa von dem von Raasch (1981 a,
17 ff.) vorgestellten Ansatz durch die Annahme, daß nicht *alle*
unterrichtlichen Komponenten als auf der gleichen Ebene stehend anzusehen sind. Die Beziehungen, die von jedem Faktor zu
jedem anderen Faktor markierbar sind, können nicht von gleicher Qualität sein. Ein Faktor wie 'Methode' betrifft so z. B.
zwar in seiner Ausformung/Realisierung den Lernprozeß und damit den Lerner, seine Ausformung wird aber durch den Lehrer bestimmt, d. h. aufgrund seines Wissens über den Zusammenhang
zwischen Lernprozeß und Methode sowie aufgrund der Vertrautheit des Lehrers mit ihr als demjenigen, der diese Methode
'praktizieren' *muß* und aufgrund organisatorisch-institutioneller Bedingungen praktizieren *kann*.

Wir halten die Annahme von *Faktorenkomplexen* insofern für realistisch, als jeder Komplex durch die Ansammlung derjenigen
Faktoren gekennzeichnet ist, die in erster Linie für die hinter dem Konzept stehende Begrifflichkeit konstitutiv sind. Da
damit jedoch gleichzeitig die unmittelbare Beziehung zwischen
einzelnen Faktoren aus unterschiedlichen Faktorenkomplexen
keineswegs geleugnet werden soll, haben wir es mit zwei potentiellen Qualitäten fremdsprachenunterrichtlicher Determinierung
zu tun: die interfaktoriellen Beziehungen zwischen verschiedenen Komplexen tragen ebenso zur Realisierung der hinter den
Komplexen stehenden Begrifflichkeiten bei wie jeder Faktor den
ihm übergeordneten Komplex determiniert und damit für die Beziehung zu anderen Komplexen mit verantwortlich ist.

Wenn wir versuchen, aus der Abgrenzungsdiskussion zwischen
den einzelnen Disziplinen und unserem skizzierten Vorgehen
ein Fazit zu ziehen, so können wir festhalten, daß auf programmatischer Ebene sich die Sprachlehr- und Sprachlernforschung gegenüber Angewandter Linguistik und Fremdsprachendidaktik aufgrund ihres umfassenderen *fremdsprachenunterrichtlich zentrierten* Ansatzes als überlegen erweist; dies schließt
keineswegs die 'Überlegenheit' dieser Disziplin im Sinne des
wissenschaftlichen Eigenwertes ein. Es soll noch einmal betont werden, daß Angewandte Linguistik und Fremdsprachendidaktik sehr wohl für sich selbst *und* auch für die Sprachlehr- und
Sprachlernforschung von großem Wert sind. Auf konzeptueller
Ebene hat die Sprachlehr- und Sprachlernforschung sich bemüht,
den Lerner betreffende Theorien zu entwickeln (denken wir an
das *Interlanguage*-Konzept und damit zusammenhängende bzw. daraus resultierende Überlegungen), die sich im Augenblick im
Stadium empirischer Überprüfung befinden (vgl. dazu den Bericht
sowie die ausführlichen Literaturhinweise in Bausch/Kasper 1979;
vgl. als eine solche empirische Überprüfung Kasper 1981). Dabei
handelt es sich aber bislang lediglich um Einzelphänomene; die
konkrete konzeptuelle Umsetzung programmatischer Forderungen
in Handlungsanweisungen für einen lernerorientierten Fremdsprachenunterricht fehlt bislang. Aufgrund ihres umfassenden Forschungsansatzes ist die Sprachlehr- und Sprachlernforschung in
besonderem Maße auf wissenschaftliche Interdisziplinarität angewiesen.

Wir wollen im folgenden die Kriterien für eine im Rahmen der
Sprachlehr- und Sprachlernforschung anzustrebende Interdisziplinarität diskutieren. Das Ergebnis dieser Diskussion soll
uns helfen, das Normproblem in einer sprachlehr-/sprachlernforschungsorientierten Didaktischen Grammatik adäquat darstellen zu können.

Die forschungsmethodologische Diskussion im fremdsprachenunterrichtlichen Bezugsfeld ist für die Angewandte Linguistik und
die Fremdsprachendidaktik ebenso wie für die Sprachlehr- und

Sprachlernforschung weithin gekennzeichnet durch die Forderung nach Interdisziplinarität. Der gemeinsamen Verpflichtung auf diesen Begriff entspricht aber noch lange nicht die Verpflichtung auf dasselbe hinter dem Begriff stehende Konzept. Vermeer (1977, 570) unterscheidet zwischen einer Interdisziplinarität bei Wahrung eines fachwissenschaftlichen Primats auf der einen Seite und einer alle beteiligten Disziplinen auf ein gemeinsames Konzept ohne fachwissenschaftliche 'Bevormundungen' verpflichtende Interdisziplinarität auf der anderen Seite. Die erste Position berücksichtigt zwar, daß die Erforschung des Fremdsprachenunterrichts auf Erkenntnisse aus den Einzelwissenschaften angewiesen ist (vgl. exemplarisch Nickel 1973 b, 15; Widdowson 1975, 4); doch wird aus einem disziplinären Selbstverständnis heraus der Linguistik das Primat zuerkannt. So sieht Brown (1976 b, 6) die Notwendigkeit einer Interdisziplinarität lediglich zwischen theoretischer und Angewandter Linguistik, und Widdowson (1975, 6) unterscheidet zwischen einer Mikrolinguistik - der traditionellen theoretischen Linguistik - und einer Makrolinguistik, die aufgefaßt werden kann als eine *Erweiterung* der Linguistik um die Kriterien, die den Fremdsprachenunterricht als über die Linguistik hinausreichendes Forschungsfeld ausmachen. Analog zu der Unterscheidung Widdowsons differenziert Kühlwein (1980 b, 19) zwischen Interdisziplinarität auf der Mikroebene - zwischen den einzelnen Teilgebieten der Angewandten Linguistik - und auf der Makroebene - zwischen der Angewandten Linguistik und Nachbardisziplinen. An anderer Stelle spricht Kühlwein (1980 a, 761) von der "integralen Interdisziplinarität der Angewandten Linguistik". Dabei handelt es sich offensichtlich um eine Schwerpunktverlagerung innerhalb des angewandt-linguistischen Selbstverständnisses, denn die Erfüllung eines solchen Anspruchs - der im übrigen wesentlich früher von der Sprachlehr- und Sprachlernforschung formuliert wurde (vgl. Bausch 1974, 10 f.; Koordinierungsgremium 1977, 6 f. und öfter; Schwerdtfeger 1978, 4; Krumm 1979 a, 307) - macht die Angewandte Linguistik zu einer übergeordneten, alle an der Beschäftigung mit Sprache beteiligten Wissenschaften koordinierenden Disziplin, die sich unter diesen Bedingungen der Steuerung wissenschaftlicher Forschung durch den Mangel an einem fest umreißbaren Forschungsfeld selbst beraubt. Daß integrale Interdisziplinarität für eine übersetzungswissenschaftliche Fragestellung mit anderen wissenschaftsinternen Gewichtungen angestrebt werden muß als eine patholinguistische oder fremdsprachenunterrichtliche Fragestellung, bedarf keiner weiteren Explizierung. Mit ausdrücklicher Beschränkung auf das Gegenstandsfeld 'Fremdsprachenunterricht' reklamiert die Fremdsprachendidaktik die Koordination interdisziplinärer wissenschaftlicher Vorgehensweise für sich (vgl. R. M. Müller 1979 a, 142). Eine so verstandene Disziplin geht über die von Zimmermann (1977, 33) prospektiv beschriebene interdisziplinäre Kooperation hinaus, ohne allerdings Kriterien oder zumindest die wissenschaftlichen Erkenntnisinteressen zu benennen, die die Koordinierungsfunktion ausüben, zumindest aber schwerpunktmäßig beeinflussen sollen und können. Plakative Forderungen, wie die, daß die Fremdsprachendidaktik bei Versagen anderer an der Erforschung des Fremdsprachenunterrichts beteiligten Wissenschaften deren 'Dienstleistung' mitzuerbringen habe (R. M. Müller 1979 a, 142), scheinen u. E. für eine weitgehende Selbstüberschätzung einer ihrem Wesen nach anders perspektivierten Wissenschaftsdisziplin zu sprechen.

Demgegenüber ist die Notwendigkeit interdisziplinärer Forschung unbestritten; zum einen ist nur sie in der Lage, alle die tatsächliche sprachliche Kommunikation regelnden Faktoren zu analysieren (vgl. z. B. Corder 1973, 122 f. und öfter); zum anderen hat Fremdsprachenunterricht die Vermittlung und das Erlernen (fremd-)sprachlicher Kommunikation zum Ziel. Sein Schwerpunkt liegt somit nicht - wie lange Zeit vermutet - auf der bloßen Weitergabe linguistischer Analysen. Hinzu kommt, daß Fremdsprachenlernen *nicht* getrennt vom Erwerb übriger Kenntnisse erfolgt und in Anbindung an Sozialisations- und Situationsbedingungen zu sehen ist. Erziehungswissenschaftliche Theorien sind von daher mindestens gleichrangig, wenn nicht übergeordnet (vgl. z. B. Bonnekamp 1974). Die Sprachlehr- und Sprachlernforschung mit ihrer expliziten Lernerzentrierung als forschungsmethodischem Ansatz versucht durch die Forderung nach einem *integrativen Forschungsansatz* (vgl. die oben S. 61 genannten Autoren; vgl. auch Göhring 1977, 171 und Gosewitz/ Krumm 1980, 831)[60] alle beteiligten Wissenschaften auf den gemeinsamen Forschungsgegenstand zu verpflichten. Dabei müssen fachwissenschaftliche Ergebnisse im Kontext von Sprachlernen und Spracherwerb einerseits interpretierbar bleiben (Koordinierungsgremium 1977, 32 und öfter); andererseits müssen Forschungs- und Untersuchungsdesigns neu entworfen werden. Integrativität impliziert also Interdisziplinarität; Interdisziplinarität kann den Weg zur Integrativität ebnen. Kleineidams (1978, 63) Ansicht, wonach der integrative Ansatz derzeit eher Programm als Realität sei, stimmt bedingt. Jede sich neu konstituierende Disziplin wäre hoffnungslos überfordert, wollte sie neben der Entwicklung eines forschungspolitischen und -methodologischen Programms *gleichzeitig* die in die Praxis umgesetzte Theorie in allen Ebenen mitliefern. Unübersehbar sind jedoch die Ansätze zu einer praxisorientierten Theorieumsetzung (vgl. z. B. Kleppin 1980; Königs 1980; Kasper 1981; auch Kleppin 1981).

Wir verstehen unseren eigenen Beitrag schließlich in diesem Zusammenhang. Auf der Grundlage des hier entwickelten und vertretenen forschungsmethodologischen Konzepts wollen wir nun die Bedeutung des Normbegriffs in Didaktischen Grammatiken erarbeiten.

1.2.3.3 KONSEQUENZEN FÜR DAS METHODISCHE VORGEHEN IN DIESER ARBEIT

Die Grundannahme dieser Arbeit besteht in der Vermutung, daß es *die* Norm im Fremdsprachenunterricht nicht gibt. Bestehende

---

[60] Selbst Ebneter (1976, 10 ff.) verfolgt bei seinem Entwurf der 'Intersektionswissenschaft' diesen Ansatz, fällt jedoch in seiner sich anschließenden zweibändigen Darstellung weitgehend hinter sein selbst formuliertes Ziel zurück.

(zumeist linguistische) Normkonzepte sind von daher nicht dazu geeignet, mit ihrer Hilfe Aussagen über den Gesamtbereich 'Fremdsprachenunterricht' zuzulassen. Diese Aussagen scheinen eher unter Rückgriff auf die Faktorenkomplexion möglich, die es aber zunächst theoretisch zu entwickeln gilt. Im Rahmen der vorliegenden Arbeit beschränken wir uns bewußt auf die *theoretische* Diskussion. Untersuchungsdesigns liegen zu dem hier untersuchten Bereich nicht vor, lassen sich aber u. U. aus den Ergebnissen dieser Arbeit mit herleiten, vorausgesetzt, daß entsprechend komplexe empirische Verfahren entwickelt werden. Die Beschränkung auf die Theorie impliziert zwangsläufig den weitgehenden Verzicht auf konkrete Unterrichtsbeispiele; dennoch wird versucht, so praxisnah wie möglich zu argumentieren. Bei der Abhandlung der einzelnen Faktoren wird so vorgegangen, daß auf (möglichst viele) Überlegungen in der fachwissenschaftlichen Literatur zurückgegriffen[61] und aufbauend auf der Diskussion der dort vorgefundenen Argumentationen und Ergebnisse versucht wird, die Bedeutung des betreffenden Faktors im Rahmen der Faktorenkomplexion zu belegen. Von da aus wird versucht, das Normproblem anzugehen.

---

61) Es liegt auf der Hand, daß die entsprechende Literatur aus einem jeweils anderen als dem hier aufgebauten Kontext stammt. Dennoch erscheint uns gerade die Diskussion verschiedener Ansätze aus unterschiedlichen Kontexten für den Gegenstandsbereich 'Fremdsprachenunterricht' in seiner ganzen Breite hilfreich. Daß soll freilich nicht heißen, daß dabei jeweils 'Äpfel', 'Birnen' und 'Erbsen' wahllos in einen Topf geworfen werden!

2. DER LERNER

2.1 AUßERUNTERRICHTLICHE LERNERFAKTOREN UND NORMEN

Unter außerunterrichtlichen Lernerfaktoren wollen wir die Faktoren verstehen, die sich völlig losgelöst von Unterricht entwickeln, deren Existenz und Grad der Ausprägung den Unterricht aber nachhaltig beeinflussen.

2.1.1 SOZIOÖKONOMISCHER HINTERGRUND

Der sozioökonomische Hintergrund (vgl. z. B. Roeder 1968; Robinson 1971) des Lerners trägt zu dessen Einordnung in eine gesellschaftliche Gruppe mit ihren gruppenspezifischen Normen bei. Die jeweiligen sozioökonomischen Verhältnisse sind dabei äußerer Maßstab für die Gruppenzugehörigkeit; die von der Gruppe angesetzten Normen entstammen gruppeninternen expliziten oder stillschweigenden Vereinbarungen. Auf den Fremdsprachenunterricht, der von Mitgliedern dieser Gruppe besucht wird, wirken sie mindestens in zweifacher Hinsicht ein: erstens wird es zur betonten Distanzierung von Gruppen eines anderen sozioökonomischen Hintergrundes kommen. Dies kann zur Beeinträchtigung/Beeinflussung der Lerngruppe insgesamt führen. Zweitens prägen sie die Erwartungen und Forderungen der einzelnen Gruppenmitglieder an den Fremdsprachenunterricht.

Neben diesen unmittelbar wirksam werdenden Phänomenen beeinflußt der sozioökonomische Hintergrund andere unterrichtliche Faktoren. So kann er zum einen Basis und/oder 'Auslöser' für schon gemachte Lernerfahrungen oder gar Vorkenntnisse sein und von daher die Motivation des Lerners bestimmen. Er kann aber auch wichtiger Faktor für die Ausprägung muttersprachlicher Sprachgewohnheiten sowie mitbestimmend für die Einstellung zum Fremdsprachenunterricht insgesamt sein, und von daher Anstoß für die Zielsetzung, mit der man den Kurs überhaupt besucht.

Die sozioökonomisch bestimmte Gruppe kennt und akzeptiert in der Regel eine gruppenspezifische Norm, die sich auswirkt auf eine Reihe von Bereichen: z. B. auf

- Sprache,
- individuelles Verhalten,
- Interaktionsbedingungen,
- Stellung zum gesellschaftlichen System,
- Einordnung von Wissen sprachlicher und nichtsprachlicher Art in gesamthaftere Zusammenhänge.

Je nach Rang der jeweiligen sozioökonomisch determinierten Gruppe können alle am Unterrichtsprozeß beteiligten Gruppen aufgrund interner Hierarchiemechanismen zur Anerkennung einer Gruppe als der führenden gebracht werden, deren Normen und Erwartungshaltungen auf alle anderen Gruppen übertragen werden. Von daher beeinflussen die konkreten sozioökonomischen Bedingungen den Fremdsprachenunterricht auch durch ihr Einwirken auf andere Faktoren. Dabei werden - wie die Erfahrung zeigt - häufig so verankerte Einstellungen auf eigenes fremdsprachliches Verhalten, Sprachverhalten von Mitlernern und sogar auf das zielsprachengemeinschaftliche Verhalten übertragen[1].

2.1.2 GRUPPENSOZIALISATION

Hinsichtlich der Gruppensozialisation muß zunächst stärker differenziert werden. In unserem Kontext wollen wir darunter die Integration des Individuums in eine Gruppe sowie die Eta-

---

[1] Als Beispiel sei auf einen deutschen Spanischlerner verwiesen, der sich alle Mühe gab, que-Sätze im Spanischen zu vermeiden. Darauf angesprochen, führte er zu seiner Rechtfertigung stilistische Gründe im Deutschen an; schließlich sei sein Bruder Prokurist und habe täglich viele Briefe zu diktieren; dabei vermeide er daß-Sätze so oft wie möglich, und er müsse es ja schließlich wissen. Im vorliegenden, keineswegs singulären Fall, ging die Übertragung sogar soweit, daß eine lexematische Wendung wie tener que (müssen) zu einer Lernschwierigkeit wurde, da häufig das que fehlte (*Tiene hacer trasbordo.).

blierung einer Beziehung zwischen dieser Gruppe und der Gemeinschaft im außerunterrichtlichen Beziehungsrahmen verstehen. Beide Sozialisationsprozesse implizieren Konfrontation und Auseinandersetzung mit geltenden Normen[2] sowie deren Überprüfung; die Normen können - ähnlich dem vorangegangenen Faktor - sowohl sprachlicher als auch nicht-sprachlicher Natur sein. Sie können nach Fichter (1969, 104 f.) entweder bewußt formulierte "Gesetze, Prinzipien, Regeln und Maximen" darstellen, die als anzustrebende Verhaltensmaßstäbe postuliert werden; oder sie können "unbewußt bejahte Normen [sein], die in die wiederkehrenden Gleichförmigkeiten des gesellschaftlich gebilligten Handelns eingebettet sind". Von der zweiten Art nimmt Fichter (wohl zu Recht) an, daß sie tatsächliches Verhalten stärker beeinflussen und vor allem für Kleingruppen Geltung haben. Kennzeichen dieses Sozialisationsprozesses ist jedoch nicht die sozioökonomische Grundlage, sondern die Persönlichkeitsstruktur des Individuums bzw. der sich sozialisierenden Gruppe. Das Finden der eigenen 'Rolle' beeinflußt dabei das sprachliche Verhalten und beinhaltet damit den Grad metasprachlicher Aktivitäten, indem durch die gruppenspezifische Rolle das Maß an notwendigem sprachlichem Bewußtsein bestimmt wird. Gleichzeitig bestimmt die gesellschaftliche Sozialisation den *unterrichtlichen* Sozialisationsprozeß und damit die Stellung zu Normen, seien es vom Lehrer vorgegebene oder von anderen Lernern akzeptierte oder propagierte. Der Lerner macht einen neuen Sozialisationsprozeß in der Lerngruppe durch, in den er seine Sozialisationserfahrung mit einbringt. Die Insti-

---

[2] Dies gilt in nicht ganz so starkem Maße für die Primärsozialisation des Kindes, in der mehr die 'Übernahme' als die Auseinandersetzung mit Normen im Mittelpunkt steht: "Im Zusammenhang mit den Techniken der Lebensbewältigung, die das Kind innerhalb der Familie lernt, übernimmt es auch Interpretationsweisen seiner Schicht (Kategorien und Bewertungen) für gesellschaftliche Zusammenhänge. Die sozialen Bedeutungsinhalte und Normen, die im jeweiligen Beziehungsystem der Familie thematisiert und verstärkt werden, bestimmen weitgehend die Aufnahmefähigkeit und -bereitschaft des heranwachsenden Kindes für neue Bewußtseinsinhalte." (Heinz 1976,101).

tution, in der Fremdsprachenunterricht erteilt wird, steckt
dabei den äußeren Rahmen für den neuen Sozialisationsvorgang
ab; der innere wird von der jeweiligen Lerngruppe determiniert
(vgl. zum Problem der 'Gruppe' im Unterricht und in der Gesellschaft exemplarisch Graumann 1974 a; 1974 b). Vor diesem, auf
jeden Unterricht zutreffenden Hintergrund gilt es im Fremdsprachenunterricht in besonderem Maße, Sozialisationsprozesse im
Auge zu halten, denn Fremdsprachenunterricht versetzt den Lerner - je nach Methode in mehr oder weniger großem Ausmaß - in
einen sprachlosen Zustand zurück, der erst langsam abgebaut
wird/werden kann. Demgegenüber behält er seine Sozialisationserfahrungen und -erwartungen bei, da eine Abstraktion davon
nicht verlangt ist. Für die Gruppensozialisation resultieren
aus diesem Faktum zwei mögliche Konsequenzen: entweder gibt
der Lerner seine Sprachlosigkeit auf und wechselt in die Muttersprache, sobald er es für 'seinen Sozialisationsprozeß' für
angemessen hält, oder er fügt sich in die Sprachlosigkeit bzw.
Spracharmut, verzichtet damit aber (bewußt) darauf, den Sozialisationsprozeß im eigenen Interesse zu beeinflussen. Die daraus möglicherweise subjektiv resultierenden negativen Sozialisationsprozesse bleiben nicht ohne Wirkung auf den Lernvorgang.

Die Erfahrungen des Lerners mit seiner außerschulischen Sozialisation beeinflussen zahlreiche andere am Unterricht beteiligte Faktoren. Sie wirken unmittelbar auf Lernerfahrungen,
auf Motivation, Lernklima, muttersprachliche Sprachgewohnheiten, Einstellung zum Fremdsprachenunterricht, auf das Selbstverständnis des Lerners. Eine wechselseitige Beziehung besteht
zur Sozialisation in der Lerngruppe, die ihrerseits Veränderungen in der außerschulischen Sozialisation bewirken kann.
Lernziele werden sich ebenfalls an den spezifischen inner-
und außerschulischen Sozialisationsbedingungen mit zu orientieren haben. Das fremdsprachliche Sprachmaterial wird zwar
durch die Lernersozialisation(en) nicht in seiner Substanz berührt, jedoch kann die Analyse der Lernerbedingungen die Auswahl des im Unterricht zu präsentierenden Sprachausschnitts
beeinflussen, sei es durch die sich aus der Sozialisation di-

rekt ergebenden spezifischen Sprachbedürfnisse, sei es durch
das durch die Sozialisation mitgeprägte Ziel für den Besuch
des Fremdsprachenunterrichts[3].

2.1.3 KULTURELLE DISTANZ ZUR ZIELSPRACHENKULTUR

Die Bedeutung, die eine kulturelle Distanz zur Zielsprachenkultur für den Fremdsprachen*erwerb* haben kann, ist vor allem
von Paulston (1975) und Schumann (1976) hervorgehoben worden.
Überlegungen und empirische Untersuchungen auf diesem Gebiet
haben sich allerdings meist auf bilinguale Gemeinschaften bezogen, in denen Mutter- und Fremdsprache in ihrem spezifischen
Verhältnis zueinander in stärkerem Maße und zudem in einem
realen Umfeld in die Sozialisation der Sprecher eingebunden
sind. Mit Blick auf den Fremdsprachenunterricht ist dieser Faktor zwar von Bausch/Raabe (1978, 67) ansatzweise in die Diskussion gebracht worden, eine nähere (hermeneutische und/oder empirische) Analyse steht jedoch u. E. derzeit noch aus.

Der moderne Fremdsprachenunterricht in der Bundesrepublik
Deutschland ist gekennzeichnet durch eine Fokussierung auf das
Englische als erste Fremdsprache sowie auf das Französische
als zweite oder dritte Fremdsprache; die sogenannten Tertiärsprachen - Russisch, Spanisch, Italienisch, teilweise Niederländisch und Dänisch - spielen eine dem nachgeordnete Rolle,
wenngleich z. T. ansteigender Bedarf in diesen Sprachen durchaus zu verzeichnen ist. Die Bedeutung der genannten Sprachen
resultiert nicht zuletzt aus politisch-wirtschaftlich-kultu-
rellen Bindungen her; die Länder, in denen diese Sprachen ge-

---

[3] So lehnte z. B. eine ältere Spanischlernerin den Erwerb der
verschiedenen Verwandtschaftsbezeichnungen rundweg ab; in
einem Gespräch außerhalb des Unterrichts stellte sich heraus,
daß sie keine Verwandten hatte und von daher - natürlich -
keine Veranlassung sah, sich Sprachmaterial anzueignen, das
sie von sich aus nie gebrauchen würde und wollte. Als Gegenbeispiel mag ein junger Französischlerner dienen, der sich
gerade im Hinblick auf einen Austauschbesuch nach allen Verwandtschaftsbezeichnungen erkundigte.

sprochen werden, sind i. a. kein kulturelles 'Neuland' für
den Lerner. Diese Tatsache trägt mit dazu bei, daß Fremdsprachenunterricht in diesen Sprachen für den Lerner eine 'Anwendungsperspektive' hat, so daß die Sprachen nicht als wenig
funktionale Systeme erlernt werden (müssen). Die Tatsache, daß
diese Sprachen in Kulturkreisen gesprochen werden, die denen
der Lerner sehr verwandt sind, unterscheidet sie z. B. von
Sprachen wie Chinesisch, Japanisch oder auch Türkisch. Gleichwohl können spezifische ethnographische Besonderheiten einer
Sprachgemeinschaft zu einer Distanzierung des deutschen Lerners von der Zielsprachenkultur führen. Dies wird um so eher
der Fall sein, wenn Sprachen durch pauschale Vorurteile innerhalb der eigenen Gemeinschaft 'abklassifiziert' werden.

Kulturelle Distanzierung äußert sich im Fremdsprachenunterricht außerhalb des fremdsprachigen Auslands häufig z. B. durch

- mangelnde Bereitschaft zur Aufnahme zielsprachlicher
  Konzepte aus prinzipiellen Haltungen heraus
- kritische Position zu fremden Sitten und Gebräuchen
  durch Zugrundelegung eigener Wertnormen
- Hang zur kritischen Beurteilung aller das fremde
  Land betreffenden Ereignisse und Aussagen
- 'Konfrontationskurs' zur Lehr(er)meinung
- Klagen über die angenommene Unerreichbarkeit
- Übertragung (vermeintlicher) sprachlicher Schwierig-
  keiten auf außersprachliche Aspekte der Zielsprach-
  kultur
- ungeprüfte Übernahme bestehender weitverbreiteter
  Vorurteile.

Kulturelle Distanzierungen beruhen also weitgehend auf der
Annahme von Normen durch den Lerner. Gerade hier sollte der
Fremdsprachenunterricht zur kritischen Überprüfung von Normen
beitragen, indem er durch sachlich begründete Information und
größtmögliche Objektivität *außersprachliche* Hemmschwellen beim
Erlernen der Fremdsprache beseitigt. Je mehr der Lerner seine
außersprachlichen Normvorstellungen unhinterfragt in den Lernprozeß einbringen kann, desto weniger wird er bereit und in

der Lage sein, sprachliche Normen - seien sie durch die zielsprachliche Gemeinschaft oder den Lehrer gesetzt - als Grundlage für erfolgreiches Lernen zu akzeptieren. Schumanns (1976) Analyse natürlicher Erwerbssituationen läßt diese Übertragung auf gesteuerten Fremdsprachenerwerb zu.

Der Grad kultureller Distanz zur Zielsprachenkultur beeinflußt also den Lernprozeß. Dies kann zum einen unmittelbar geschehen, dies kann zum anderen aber auch über Einwirkung auf andere Faktoren geschehen: Motivation - denken wir gerade in diesem Zusammenhang an die Bedeutung der integrativen Motivation im Gegensatz zur instrumentellen (Gardner/Lambert 1972) -, Sozialisation in der Lerngruppe, Lernklima, Einstellung zum Fremdsprachenunterricht. Neben diesen direkt im Lerner verankerten Faktoren besteht noch eine Reihe von Interrelationen zu anderen Faktoren. Die Orientierung der Lernziele (vgl. 3.9) bestimmt den Grad kultureller Distanz ebenso mit wie die landeskundlichen 'Lehrerfaktoren' (vgl. 5.2.1.7). Der Normenkonflikt, der sich im Aufeinandertreffen von Lehrer- und Lernernormen manifestiert, *kann* dem Lernprozeß *förderlich* sein, wenn andere fremdsprachenunterrichtliche Faktoren ihn begünstigen; er *kann* ihm *hinderlich* sein, wenn andere Faktoren den Konflikt an die Oberfläche tragen und den Lerner in diesem Konflikt auf sich allein gestellt lassen.

2.1.4   ALTER

Wie Lerner im zweiten, ungünstigeren Fall reagieren, ist u. a. auch eine Frage des Alters. Die Beobachtungen über die weitgehend vollständige Aneignung eines zweiten sprachlichen Systems durch junge Kinder in überwiegend natürlichen Erwerbssituationen haben auch die Frage nach dem besten Alter für den Beginn des Fremdsprachenunterrichts aktuell werden lassen. Schul- und sprachpolitische Bedingungen auf der einen Seite, aber auch das weitgehende Fehlen empirisch sauberer und abgesicherter Ergebnisse der (Fremdsprachen-)Lernpsychologie auf der anderen Seite stehen einer Beantwortung dieser Frage bis heute noch im

Wege. Während Titone (1964, 43 ff.) beispielsweise sein Plädoyer für einen Frühbeginn des Fremdsprachenunterrichts, den er um das vierte und fünfte Lebensjahr für wünschenswert hält, mit Faktoren des natürlichen, weitgehend ungesteuerten Erwerbsprozesses begründet, differenziert Bühler (1972) stärker nach Lernarten, die er in Beziehung zu realen Unterrichtsabläufen setzt; so gelangt er zu der Feststellung, daß in "... derart modifizierten Lernbedingungen unserer Schulen ... die älteren Schüler bessere Leistungen als die jüngeren" aufweisen (Bühler 1972, 177). Bei allem bleibt unbestritten, daß junge Lerner *anders* lernen als erwachsene[4] oder gar als Senioren (vgl. zu dem letzten Punkt Lütjen 1980). Hinzu kommt, daß die Frage nach dem günstigsten Lernalter nicht ausschließlich von einem neurophysiologischen, entwicklungspsychologischen und psycholinguistischen Standpunkt aus beantwortet werden kann. Christ (1980, 47) macht zu Recht darauf aufmerksam, daß auch schulsprachenpolitische Überlegungen Berücksichtigung finden müssen[5].

Einer der zentralen Begriffe in der Diskussion um den Faktor 'Alter' ist ohne Zweifel von Lenneberg (1977) eingebracht worden. Er nimmt sog. *kritische Perioden des Spracherwerbs* an, nach deren Überschreiten vollständiger Spracherwerb - auch und gerade in der Fremdsprache - nicht mehr möglich sei. Lenneberg begründet dies mit der begrenzten Plastizität des menschlichen Hirns, die die Übernahme weiterer neuer Aufgaben verhindere. Ohne sich definitiv auf ein bestimmtes Alter festzulegen, geht er (1977, 196) davon aus, daß diese kritischen Perioden spätestens nach der Pubertät einsetzen. Diese These wird von mehreren Seiten angefochten. In einer Studie weist Neufeld (1978) nach, daß Erwachsene sehr wohl - zumindest im Bereich proso-

---

[4] Vgl. dazu einige Ergebnisse in Fathmann (1975) sowie die empirisch belegte Annahme von Scarcella/Higa (1981), wonach ältere Lerner mehr "conversational negotiation devices and techniques"einsetzen und dadurch gegenüber jüngeren Lernern im Vorteil sind.

[5] Wir können uns jedoch an dieser Stelle nicht mit diesem Komplex beschäftigen.

discher und artikulatorischer Elemente und als Ergebnis eines
eher unüblichen spezifischen Fremdsprachenunterrichts -
native speaker-Qualität erreichen können. Snow/Hoefnagel-Höhle
(1978) haben unter ihren Probanden zwar niemanden, der im
phonetischen Bereich native speaker-Qualität erreichte, ermitteln bezüglich der verschiedenen Altersgruppen aber Ergebnisse,
die insgesamt die Gruppe der Zwanzigjährigen am erfolgreichsten erscheinen läßt und die den Erwachsenen insgesamt Vorteile im regelgeleiteten Morphologie- und Syntaxerwerb bescheinigen. Auch die Untersuchung von Ramírez/Politzer (1978)
weist die Probanden im High-School-Alter als den jüngeren Lernern eher überlegen aus.

Eine Antwort auf die Frage nach dem günstigsten Alter kann hier
nicht gegeben werden, aber Konsequenzen aus einer möglichen Beantwortung für das Normproblem lassen sich skizzieren. Träfe
Lennebergs Annahme wirklich zu, und wäre dies dem vorpubertären Lerner auch noch bewußt, so wären Normaufweichungen aus der
Sicht des Erwachsenen wohl kaum vermeidbar. Aus einer mehr oder
weniger ausgeprägten Resignation heraus würde er sprachliche
und metaunterrichtliche Normen - verstanden als Erwartungshaltungen bezüglich der Planung und Durchführung von Unterricht -
abwerten. Dem vorpubertären Lerner würde man dagegen ohne Berücksichtigung sprachlicher, didaktischer und methodischer, auf
den spezifischen Fall ausgerichteter Überlegungen eine rigide
Norm vorlegen. Hätten dagegen die Kritiker Lennebergs recht, so
stellte sich u. U. eher das Gegenteil ein, und der Versuch, das
Lernerbewußtsein Erwachsener statt auf Normaufweichungen auf
Norm*erfassung* und *-zusammenhänge* zu lenken, könnte vielversprechend sein.

Unabhängig davon, wie die Frage nach dem 'günstigsten' Alter
letztlich entschieden wird (vgl. zu einem kursorischen Überblick Krashen/Long/Scarcella 1979), schließt die alltägliche
Realität des Fremdsprachenunterrichts natürlich zahlreiche
Altersgruppen von Lernern ein. Die Einstellung zu und der Umgang mit Normen ist dementsprechend verschieden. Einem jungen

Lerner werden Normen 'nur' implizit bewußt zu machen sein;
sein - vorwiegend imitativ ausgerichtetes - Lernen kommt dem
entgegen, während Erwachsene eher zu Abstraktionen aus dem
Lernmaterial heraus neigen (die von Fathmann 1975 vorgelegten
Ergebnisse lassen diesen Schluß zu). Fragen wie "Versteht
mich der Franzose, wenn ich ... ?" oder "Sagt der Spanier
so ... ?" und "Kann ich auf Englisch dies noch sagen ?" sind
Ausdruck eines Normbewußtseins auf seiten des Lerners.

Neben diesem rein sprachlichen beeinflußt auch das außersprachliche Normbewußtsein den Fremdsprachenunterricht, v. a.
durch die oben angesprochene Distanz zur Zielsprachenkultur.
Lambert/Klineberg (1967) verweisen z. B. darauf, daß kulturelle
Differenzen von Schülern zwischen etwa dem 10. Lebensjahr und
dem Abschluß der Pubertät häufig mit 'schlechter' assoziiert
werden und leiten von daher die Forderung nach einem Frühbeginn ab.

Die verschiedenen, an das Alter der Lerner gebundenen, impliziten und expliziten Normen beeinflussen darüber hinaus vor
allem die Motivation und sind mitbestimmend für die Erwartungshaltung der Lerner an den Unterricht und für die Einstellung
zur Zielsprache.

2.1.5 EINSTELLUNG

Nicht selten werden Einstellung und Motivation als Synonyme
oder doch immerhin fast als Synonyme aufgefaßt; der allgemeine
Sprachgebrauch leistet dieser Tendenz noch Vorschub. Demgegenüber unterscheidet die Psychologie streng zwischen beiden Begrifflichkeiten. Nach Roth (1967, 43 und passim) beziehen sich
Einstellungen auf Objekte und kristallisieren sich erst aufgrund von Erfahrungen heraus; von daher bestimmen sie das Verhalten. Die Objektbezogenheit von Einstellungen führt dann bei
Triandis (1975, 4) zur Unterscheidung zwischen deren kognitiven und affektiv-kognitiven Komponenten. Einstellungen haben auf der einen Seite Alibi-Funktion, indem sie zur Rechtfer-

tigung für Handlungen (oder ihr Ausbleiben) herangezogen werden können - dies gilt besonders dann, wenn das handelnde Subjekt *bewußt* über Einstellungen verfügt -; auf der anderen Seite sind Einstellungen auf ein größtmögliches Maß positiver Rückmeldungen durch die Umwelt angelegt. Dies impliziert, daß sie sich an den Normen der Umwelt ausrichten.

Die Bedeutung von Einstellungen zur Fremdsprache und zum Fremdsprachenunterricht für den tatsächlichen Unterrichtsablauf ist lange Zeit unbeachtet geblieben. Empirische Untersuchungen zu diesem Problembereich sind jüngeren Datums (vgl. z. B. Macht/ Schröder 1976; Dirven/Goergen/Hennchen 1977; Düwell 1979; Solmecke 1979) und beschränken sich auf Teilaspekte von Einstellungen. Die Gesamtbedeutung von Einstellungen für den Fremdsprachenunterricht ist empirisch u. W. noch nicht, theoretisch erst ansatzweise (vgl. Düwell 1979, 2 ff.) ermittelt worden. Einstellungen sind außerunterrichtliche Lernerfaktoren, weil ihr Ursprung außerhalb fremdsprachlicher Vermittlung liegt, wenngleich sie den Unterricht nachhaltig beeinflussen (müssen). Düwell (1979, 21) schlägt vor, zwischen Einstellungen zur betreffenden Fremdsprache, zu den Mitgliedern der anderen Sprachgemeinschaft, zur Person des Lehrers[6] und zum Fremdsprachenunterricht zu unterscheiden.

Lernereinstellungen zur Fremdsprache können viele Gründe haben. Sie lassen sich u. U. zurückführen auf das 'Prestige' der betreffenden Sprache im Kulturraum des Lerners, auf politische oder wirtschaftliche Ereignisse von Bedeutung (darauf macht Christ 1980, 63 zu Recht aufmerksam), auf sprachpolitische Gegebenheiten, wobei diese sowohl eine persönliche, nach außen gerichtete Perspektive (bilinguale Sprachgemeinschaften wie

---

[6] Wir überschreiten mit dieser Relation bewußt die Grenze der außerunterrichtlichen Lernerfaktoren. Dies erscheint uns aber unvermeidlich sowohl in Bezug auf die Komplexität des Faktors 'Einstellung' als auch auf die Darstellung der Charakteristika des selbständigen Gegenstandsbereichs 'Fremdsprachenunterricht'.

z. B. die Schweiz, Kanada oder Belgien sind dabei im Blick)
als auch eine nach innen gerichtete, soziale orientierte Perspektive ('welche Sprache soll als wievielte Fremdsprache ab wann gelernt werden ?') haben; auf persönliche Kontakte zu Sprechern der betreffenden Sprache, auf Einstellungen der Eltern oder der Mitlerner. Neben diesen nicht selten emotional begründbaren, zumindest weitgehend *außersprachlichen* Gründen können auch eher *sprachliche* 'Argumente' für die jeweilige Einstellung verantwortlich sein, z. B.:

- bestimmte Sprachen gelten als 'schwer' oder 'leicht' erlernbar
- bestimmten Sprachen unterstellt der Lerner eine besondere kommunikative Reichweite
- bestimmte Sprachen sind als die Originalsprache literarischer Werke für die Rezeption dieser Werke trotz Übersetzung unabdingbar.

Während sich außersprachlich bedingte Einstellungen an außersprachlichen Wertvorstellungen orientieren, die z. T. individuell und z. T. sozial begründbar sind, stehen sprachlich bedingte Einstellungen in engem Zusammenhang mit sprachlichen Normen und Normvorstellungen. Im ersten Fall werden nichtsprachliche Normen zur Grundlage von Einstellungen, die ihrerseits Fremdsprachenunterricht beeinflussen; sie determinieren von daher fremdsprachliche und fremdsprachenunterrichtliche Normerwartungen des Lerners.

Sprachliches Fehlverhalten des Lerners kann seinen Grund in außersprachlich bedingten Einstellungen haben. Korrekturen eines objektiv so begründbaren Fehlverhaltens sollten u. a. über eine Diskussion der Einstellungen vorgenommen werden[7].

Im zweiten Fall existieren auf den Lerngegenstand unmittelbar bezogene Normerwartungen seitens des Lerners, die durch die

---

[7] Es sollte im Blick bleiben, daß Einstellungen natürlich bei weitem nicht der einzige Unterrichtsfaktor sind.

Einstellung(en) mitbestimmt werden. Die Klassifizierung einer
Sprache als 'leicht' oder 'schwer' läßt sich ebenso auf Urteile anderer wie auf vorangegangene Lernerfahrungen sowie auf
aktuelle unterrichtliche Erfahrungen mit der Fremdsprache zurückführen. Dabei kommt den individuellen Erfahrungen eine
größere Bedeutung zu. Ausschlaggebend für diese Erfahrungen
ist v. a. das Korrekturverhalten des Lehrers sowie die adäquate,
den Lernerbedürfnissen entsprechende Präsentation des Sprachmaterials. Sprachlich bedingte Einstellungen werden durch die
Differenz zwischen Lernererwartung bezüglich fremdsprachlicher
Fakten und Lehrerverhalten auf der einen Seite und tatsächlichen Fakten und Verhaltensweisen auf der anderen Seite bestimmt. Der Lerner sieht dabei im Lehrer (zwangsläufig) die
Instanz, die über die Akzeptabilität von Lerneräußerungen im
Unterrichtskontext entscheiden kann und wird. Die (angenommene)
kommunikative Reichweite einer Fremdsprache wiederum beeinflußt
die Akzeptabilitätsbeurteilung. So ist z. B. die spanische
Sprache außerhalb der Iberischen Halbinsel in den meisten Ländern Lateinamerikas anzutreffen. Dabei unterscheidet sich das
südamerikanische Spanisch vom 'castellano', in einigen Punkten
sogar nicht unerheblich, jedoch in der Regel nicht so stark,
daß permanente Kommunikationsstörungen bzw. Kommunikationsabbrüche die unbedingte Folge wären. Mit den wichtigsten grammatischen Differenzen wird ein Lerner beizeiten vertraut gemacht
werden müssen. Unter Berufung auf die kommunikative Reichweite
wird sich der Lerner zur - bewußten oder unbewußten - Lernerleichterung in einigen Fällen auf eine 'Mischvarietät' beziehen, die sich *nicht* an präskriptiv- oder deskriptiv-normativen
linguistischen Beschreibungen orientiert. Als Beispiel sei auf
die Pronominalisierung verwiesen - Bsp.: *Dónde están los niños?
- No los/les veo.* -, deren lateinamerikanische Variante *los* mit
Blick auf die Formen des bestimmten Artikels für den Lerner

leichter zugänglich ist[8].

Einstellungen zur fremdsprachigen Sprachgemeinschaft lassen sich sowohl durch 'veröffentlichte' Meinungsbildung und politisch-wirtschaftliche Tagesereignisse festigen als auch durch persönliche Kontakte zu Mitgliedern der anderen Sprachgemeinschaft. Ihnen liegen somit entweder soziale oder individuelle Bezugsnormen zugrunde. Diese - empirisch inzwischen auch in ihrer Auswirkung auf Fremdsprachenlernen nachgewiesenen (Solmecke 1979) - Einstellungen müssen zunächst im Fremdsprachenunterricht ermittelt und in ihrer Steuerung des Lernprozesses lernfördernd integriert werden. Dies kann z. B. anhand von einer pädagogisch behutsamen Infragestellung der diesen Einstellungen zugrundeliegenden Normen geschehen, wobei auch positive Einstellungen nicht unberücksichtigt bleiben sollten (vgl. dazu insgesamt auch den vorangehenden Abschnitt über kulturelle Distanz zur Zielsprachenkultur). Einstellungen zur Sprachgemeinschaft sind darüber hinaus vielfach ein entscheidendes Motiv für die Fremdsprachenwahl (vgl. zu empirischen Ergebnissen dazu exemplarisch van Deth 1975; Christ 1977).

Ebenso wie die anderen Relationen sind die Einstellungen bezüglich der Person des Lehrers nicht ohne Rückbindung an andere Unterrichtsfaktoren. Charakterisierte man Einstellungen schlechthin als handlungsbestimmende Dispositionen des Individuums, die auf die Erreichung eines Höchstmaßes an positiver Rückmeldung durch die Umwelt ausgerichtet sind (vgl. so ähnlich Triandis 1975, 6), so müßte der Fremdsprachenlerner ohne

---

[8] Das Lehrbuch ¡Eso Es! markiert zwar den Unterschied zwischen den Varianten, konzentriert sich in Texten und Übungen in diesem Punkt aber auf die lateinamerikanische Varietät. Für das Verhältnis zwischen Britischem und Amerikanischem Englisch gilt das oben diskutierte Phänomen (noch) nicht. Dirven/Goergen/Hennchen (1977, 110 f.) stellen fest, daß Amerikanisches Englisch zwar für fortschrittlicher, jedoch auch für weniger rein und akzeptabel von den Lernern gehalten wird; es darf vermutet werden, daß diese Lernereinstellung kulturelle Gründe sowie in der Darstellung der beiden Varietäten in Lehrmaterialien liegende Ursachen hat.

unmittelbaren Bezug zum Lerngegenstand sein Handeln *ausschließlich* an den Lehrererwartungen orientieren; sein Interesse an
der Sprache als Lerngegenstand wäre mittelbar. Freires Bankiers-Konzept (vgl. oben S. 4) entspräche dann voll der Wirklichkeit. Annahmen und Untersuchungen aus dem Bereich der Pädagogischen Psychologie schienen eine Zeitlang diese *absolute*
Dominanz des Lehrers zu bestätigen; erinnert sei hier nur an
den 'Pygmalion-Effekt' (Rosenthal/Jacobson 1971). Neuere Untersuchungsergebnisse (Feldmann/Prohaska 1979) dokumentieren jedoch, daß die Erwartungen der Lerner auf die Handlungen und das
Verhalten des Lehrers nicht ohne Auswirkung bleiben und daß die
Lernsituation *nicht* ausschließlich durch den Lehrer bestimmt
wird[9]. Folglich ist der Lehrer nicht die einzige Normen setzen-
de oder verkörpernde Instanz im Rahmen des Unterrichtsprozesses;
vielmehr prallen verschiedene Normhaltungen aufeinander, die
sich gegenseitig mitbestimmen. Bei diesen Einstellungen und den
aus ihnen erwachsenden Normen und Erwartungshaltungen handelt
es sich um rollengebundene Erscheinungen. Sie könne durch emotional bestimmte Einstellungen verstärkt oder aber in entgegengesetzter Richtung verändert werden. Dabei kann es u. U. zu
'Machtkämpfen' zwischen Lehrer und Lerner kommen. Diese aus dem
allgemeinen Unterricht bekannte Tatsache gilt auch für den
Fremdsprachenunterricht. Zwar wird der Lehrer als die sprachliche Normen vorgebende Instanz respektiert; Fragen wie 'Wie
sagt man auf Französisch ... ?' dokumentieren dies. Jedoch
läßt die Vermittlungsmethode - sei sie nun 'habit'-orientiert
oder metasprachliches Wissen in Form von Regeln liefernd oder
aber rein kommunikativ[10] ausgerichtet - Situationen zu, in

---

[9] Dies wird auch aus den bei Dirven/Goergen/Hennchen (1977, 109 f.) vorgelegten Zahlen deutlich. Die Autoren belegen einerseits den hohen Anteil der Lehrersympathie an der Motivation, stellen aber gleichzeitig fest, daß zwischen Erwartungen und Wirklichkeit des Fremdsprachenunterrichts (ermittelt in dem Grad der Unzufriedenheit mit der Notengebung) große Diskrepanzen liegen. Über Konsequenzen daraus machen die Autoren jedoch keinerlei Angaben.

[10] Darunter wollen wir ganz grob die Methoden subsumieren, die durch das Primat kommunikativ-situativ adäquaten Verhaltens gekennzeichnet sind.

denen der Lerner neue Lerninhalte nicht in die bis dahin erworbenen Wissensstrukturen ohne weiteres einordnen kann. Lernererwartungen und -normen können sich dabei sowohl auf die Sprache als auf die mit Sprache ausgedrückten Inhalte beziehen. Inhaltlich begründbare Konflikte lenken einerseits nicht selten die Aufmerksamkeit des Lerners von der Sprache ab und führen zu Lerneräußerungen, die keinen direkten Aufschluß über den erworbenen Sprachstand zulassen; andererseits hilft inhaltliches Engagement des Lerners im Fremdsprachenunterricht die weithin feststellbare Scheu vor fremdsprachlichen Äußerungen zu überwinden, wobei das Bewußtsein bezüglich der Einhaltung sprachlicher Normen überlagert wird. Gegenüber so begründbaren Fehlern ist Toleranz seitens des Lehrers geboten (Kleppin 1981 hat dies für eine spezifische Lerngruppe exemplifiziert), um Inhalte nicht in den Augen des Lerners zum bloßen Mittel des Spracherwerbs zu 'degradieren' und damit den Lernprozeß zu stören. Lernereinstellungen gegenüber dem Lehrer sollten daher nicht von der Doppelfunktion des Lehrers als Gesprächspartner und sprachbewertender und -korrigierender Instanz geprägt sein, in der letztere in jedem Fall überwiegt. Bei erwachsenen Lernern läßt sich dies durch Gespräche[11] zwischen den am Unterrichtsablauf beteiligten Personen erreichen; bei jüngeren Lernern ist dies eher durch die Art der Unterrichtsführung zu erzielen.

Allerdings sollten Lernereinstellungen zur Person des Unterrichtenden nicht zu weit in Richtung auf einen 'herrschaftsfreien Diskurs' entwickelt werden, wie ihn Habermas (1971) als Bestandteil einer idealen Lebensform postuliert. Die Übernahmen dieser Vorstellungen in die Fremdsprachendidaktik (Piepho

---

[11] Hier ist zu unterscheiden zwischen Lernern im schulischen Fremdsprachenunterricht, denen aufgrund institutioneller Bedingungen eine geringere personelle 'Auswahl' zur Verfügung steht, und Teilnehmern an Volkshochschul- und auch universitären Kursen, denen das personelle Angebot und die Erfahrungen mit der entsprechenden Institution eine diesbezügliche Wahlmöglichkeit eröffnet.

1974 a; 1974 b) sind zu Recht u. a. von Hüllen (1976 b, 45 ff.)
kritisiert worden, weil herrschaftsfreier Diskurs die Diskurstüchtigkeit aller am Diskurs Beteiligten impliziert, die ja
erst Ziel des Fremdsprachenunterrichts ist (vgl. auch unsere
Ausführungen zur emanzipatorischen Sprachdidaktik weiter unten im Kapitel 4).

Es liegt auf der Hand, daß die bislang angesprochenen verschiedenen Einstellungen die Gesamteinstellung zum Fremdsprachenunterricht mitbestimmen. Darüber hinaus wird diese Einstellung durch den 'institutionellen Wert' des Fremdsprachenunterrichts in den Augen des Lerners geprägt. Fremdsprachenunterricht als *Pflicht*fach in der Schule wird anders empfunden
als der freiwillige Besuch z. B. von Kursen in der Volkshochschule oder von Veranstaltungen im Bereich beruflicher und/
oder betrieblicher Weiterbildung. Hinzu kommt das sprachenpolitische 'Klima'. Diskussionen über ein Mehr oder Weniger an
Fremdsprachenunterricht zuungunsten oder zugunsten anderer
Fächer, wie sie nicht nur von denen geführt werden, die beruflich mit kulturpolitischen Problemen im allgemeinen und Fremdsprachenunterricht im besonderen befaßt sind, sondern wie sie
in breiten Teilen der Öffentlichkeit erfolgt, bestimmen Einstellungen zum Fremdsprachenunterricht in entscheidendem Maße
ebenso mit wie die Initiativen, die die Begründung für verstärkten Fremdsprachenunterricht (hinsichtlich *mehr* als einer Fremdsprache) aus politisch-organisatorischen Notwendigkeiten ableiten (vgl. dazu Zapp 1979; 1980; Christ 1980). Insgesamt scheint
uns dabei die Hypothese nicht zu kühn, *daß bei wachsender positiver Einstellung zum Fremdsprachenunterricht auch die Bereitschaft zur Unterordnung unter die angetroffenen (sprachlichen
und nicht-sprachlichen) Normen zunimmt*, wobei 'Unterordnung'
nicht mit 'Beugen vor Macht' gleichgesetzt werden darf, sondern
mit Toleranz gegenüber Bestehendem und andernorts Etabliertem.
Sprachliche Register sollten dagegen der Situation, dem Unterrichtsziel und dem Lerner gemäß als erweiterungsfähiges Basismaterial ausgewählt werden.

Wir haben also gesehen, daß Einstellungen insgesamt eine wichtige Rolle im Rahmen des gesteuerten Erwerbsprozesses spielen, und zwar sowohl durch unmittelbare Einwirkung auf den Erwerb als auch mittelbar über andere Faktoren. Sie unterliegen in der Regel Veränderungen, und damit wird auch der Lernprozeß - so darf vermutet werden - beeinflußt. Für den Lehrer ist es, wie andeutungsweise gezeigt, sehr wichtig, Einstellungen der Lerner zu kennen und in angemessener Form zu berücksichtigen. Dies wird ihm vor allem dann möglich sein, wenn er das soziale Umfeld seiner Lerner begreift und auf die Einstellungen bezieht. Methodologisch gesehen erinnert ein solches Lehrerverhalten an den Ansatz der Soziolinguistik, die die isolierte linguistische Betrachtungsweise eines vorgefundenen sprachlichen Systems durch Integration einer Analyse der Sprachgebrauchsbedingungen zu überwinden versucht.

2.1.6 GESCHLECHT DES LERNERS

Untersuchungen, die sich mit den Beziehungen zwischen dem Geschlecht der Lerner und ihren fremdsprachlichen Leistungen, Noten und Einstellungen befassen, kommen meist zu dem Ergebnis, daß weibliche (vor allem jüngere) Lerner ihren männlichen Mitlernern diesbezüglich überlegen sind (vgl. exemplarisch zum Lernen allgemein Knoche 1969; zum Fremdsprachenlernen Burstall 1975; Carroll 1975; Steltmann 1981; eingeschränkt auf das Französische Düwell 1979). Soweit wir sehen, kann über die Gründe dafür nur spekuliert werden, zumal die biologisch-neurolinguistischen Dispositionen zum Spracherwerb/Sprachenlernen *nicht* geschlechtsspezifisch sind[12]. Steltmann (1981, 116) nennt als potentielle Gründe erstens den Halo-Effekt, demzufolge "die bessere Anpassungsfähigkeit der Mädchen, ihre Lernwilligkeit, ihre geringere Tendenz zu Disziplinschwierigkeiten und Rebellion gegen die Zwänge des Schulalltags" *durch die Lehrer* mit besserer Leistung gleichgesetzt wird, und zweitens die Möglich-

---

[12] Dies wird durch neuere Arbeiten auf diesem Gebiet bestätigt (vgl. Heeschen/Reischies 1981, 56).

keit, daß die erhöhte Anpassung *tatsächlich* zu besseren Leistungen führt; Steltmanns Ergebnisse stützen eher die zweite Vermutung. Wenn dem wirklich so ist, dann bedeutet dies eine Zurückdrängung der Lernererwartungen und -normen zugunsten der vom Lehrer vorgegebenen 'Spielregeln'. Vorstellungen der Lerner können nur eingebracht und berücksichtigt werden, wenn sie mit denen des Lehrers übereinstimmen. Dagegen haben wir schon oben mehrfach Stellung bezogen.

Geschlechtsspezifisches Lernerverhalten wird häufig in bezug auf das Französische untersucht. Für diesbezügliche Arbeiten aus dem anglophonen Sprachraum ist dies auch sehr naheliegend. Interessant ist, daß das Französische auch bei Untersuchungen in Ländern die Zielsprache ist, in denen Englisch *nicht* die Muttersprache ist (vgl. hierzu den Literaturbericht bei Düwell 1979, 35 ff. sowie Carroll 1975). Verkürzt gesprochen könnte man also empirisch belegte bessere Lernerleistungen der Mädchen auf bestimmte 'Qualitäten' der französischen Sprache sowie auf rollenspezifische Einstellungen (Burstall 1975, 8) zurückführen. Düwell (1979, 37) berichtet von Untersuchungsergebnissen, wonach Mädchen beim Erwerb der Muttersprache bessere Leistungen erzielen als Jungen und diesen 'Vorsprung' noch bis in die sprachliche Maturationsphase hinein behaupten. Die Suche nach Gründen hierfür könnte im Augenblick über Spekulationen (Halo-Effekt, Reife, rollenspezifische Erziehung u. ä.) nicht hinausgehen.

Unter der Voraussetzung, daß die angesprochenen Untersuchungen 'korrekte' Ergebnisse liefern, können wir für unser Normproblem immerhin folgende vorläufige Folgerung ableiten: Das Bewußtsein Sprache gegenüber scheint geschlechtsspezifisch unterschiedlich zu sein. Für den Fremdsprachenunterricht ergeben sich somit verschiedene Einstellungen und Motivationen sowie auch u. a. geschlechtsbedingte unterschiedliche Erwartungshaltungen. Der Lehrer sollte versuchen, diese so weit wie möglich zu erkunden und in den Unterrichtsablauf zu integrieren, z. B. durch verschiedene Formen der Binnendifferenzierung.

Auf einen Umstand wollen wir in diesem Zusammenhang noch aufmerksam machen: Geschlechtsspezifisches Lernerverhalten ist größtenteils an *Schülern* untersucht worden. Erwachsene Lerner wurden dagegen meistens nicht berücksichtigt, der tertiäre und vor allem der quartäre Bildungssektor fanden diesbezüglich wenig Beachtung. Gibt es z. B. in der Volkshochschule keine auf das Geschlecht zurückführbare Lernerbesonderheiten, oder gilt hier noch dasselbe wie für den Primar- und Sekundarbereich? Nach Quetz/Bolton/Lauerbach (1980, 11 ff.) sind Hausfrauen mittleren Alters immer noch die stärkste Gruppe in Volkshochschulkursen, nicht selten ohne Sprachlernerfahrung, deren tatsächliche Motivation für den Kursbesuch nicht selten hinter im konkreten Einzelfall für den Kursleiter kaum aufschlußreichen Allgemeinplätzen wie 'Sprachliches Interesse', 'Allgemeinbildung' etc. verborgen bleibt. Ihre männlichen Mitlerner, in der Regel im Beruf stehend, verbinden den Besuch von Sprachkursen eher mit praktischen, häufig berufsorientierten Zielsetzungen. Wie schon im Sekundarbereich (s. o.) prallen dabei die verschiedenen Erwartungen aufeinander; in der Erwachsenenbildung dürfte die diesbezügliche Heterogenität sogar bei weitem größer sein. Hierin mag auch ein Grund für die allgemein hohe Schwundrate in Volkshochschulkursen liegen. Lernererwartungen und -normvorstellungen müssen also in stärkerem Maße Berücksichtigung finden; die Forschung ist aufgerufen auch gerade in diesem Anwendungsfeld von Fremdsprachenunterricht praxisrelevante Ergebnisse zu liefern.

2.1.7 BEZUGSPERSONEN

Die Beschäftigung mit der Rolle der Bezugspersonen im Rahmen fremdsprachenunterrichtlicher Analysen hat sich zumeist auf die Diskussion um den Einfluß der Eltern auf Sprachenwahl und Sprachlernverhalten beschränkt. Es kann ohne Einschränkung davon ausgegangen werden, daß Einstellungen der Eltern die Einstellung der Kinder beeinflussen. Die Schülereinstellungen können dabei ebenso durch die weitgehende Übernahme der Elterneinstellungen charakterisiert sein wie durch die bewußte Ab-

kehr von Elterneinstellungen. In Fragen der Sprachenwahl z. B.
werden Eltern in der Regel ihre eigenen Erfahrungen in die
Diskussion einbringen sowie ihre eigenen Überzeugungen - diese
Feststellung ist trivial. Sie macht aber zugleich deutlich,
daß Erwartungshaltungen der Schüler gegenüber der Fremdsprache
sowie gegenüber dem Fremdsprachenunterricht verschiedene Ursachen und Ausgangspunkte haben können. Dies gilt freilich
nicht nur für den Einfluß der Eltern, sondern gleichermaßen
für alle Bezugspersonen (Freunde, Bekannte, Ehepartner etc.)
und macht sich folglich auch bei erwachsenen Lernern bemerkbar[13].
Der Lerner befindet sich auf diese Weise in einem *vorunterricht-
lichen* Normenkonflikt, der für ihn selbst zunächst gelöst werden muß, *bevor* der eigentliche Unterricht beginnt. Die Intensität der 'Beeinflussung' durch die Bezugspersonen ist nicht selten ausschlaggebend für die 'Festigkeit', mit der der Lerner
seine einmal gewonnene Erwartungshaltung gegenüber dem tatsächlichen Unterricht vertritt. Daraus läßt sich die (empirisch
noch zu überprüfende) Hypothese ableiten: *Je größer die Festigkeit der Erwartungshaltung ist, desto schwieriger wird es für
den Lehrer, Diskrepanzen zwischen vorunterrichtlicher Erwartung
und Realität überbrücken zu helfen, um Lernhemmnisse aus dem
Weg zu räumen.* Lernstörungen allgemein als Folge von bestimmten
Einstellungen können nach Correll (1976, v. a. 130 ff.) durch
eine zweiseitige Lehrermaßnahme angegangen werden: Zum einen
müsse nicht jeden alles gelehrt werden, zum anderen können Ler-

---

[13] Als exemplarisches Beispiel wollen wir auf einen Spanischlerner an einer Volkshochschule verweisen, der die im Unterricht vorkommenden Arbeits- und Übungsformen mit denen
zu vergleichen pflegte, die im Französischunterricht praktiziert wurden, den seine Frau besuchte. Der offensicht-
liche Erfahrungsaustausch zwischen den Ehepartnern führte
dazu, daß er ständig - meist außerhalb des Unterrichts -
um Begründungen für die gewählten Formen und für die Nicht-
Wahl anderer Formen bat, diese Begründungen für sich abwog
und offensichtlich in die häusliche Diskussion miteinbezog.
Auf diese Weise kam es zu einem regelmäßigen metadidak-
tischen Dialog.

ner an die Überprüfung ihrer Einstellungen herangeführt werden[14]. Vor allem die erste Maßnahme scheint uns für den Fremdsprachenunterricht so nicht anwendbar. Eine konzentrische, den vorangehenden Lernstoff miteinbeziehende Progression steht dem entgegen. Dennoch läßt sich daraus eine Lösung, wenn auch mit umgekehrter Stoßrichtung, ableiten, die in der allgemeinen und in der Fremdsprachendidaktik nicht unbekannt ist, nämlich die Vermittlung neuer, nicht unmittelbar im Curriculum vorgegebener Inhalte und Formulierung von Aufgaben an die Lernstärkeren, während die Lernschwächeren die Gelegenheit zum Erwerb der betreffenden Grundlagenkenntnisse erhalten. Die zweite, von uns schon mehrfach angedeutete Maßnahme erfordert nicht nur pädagogisches Geschick des Lehrers, sie kollidiert auch - soll sie auf viele Einzelfälle innerhalb der Lernergruppe angewendet werden - in der Regel mit den institutionell vorgegebenen Bedingungen.

Es bedarf u. E. keiner weiteren Erklärung, daß Lernschwächen nicht zwangsläufig aus dem Verhältnis des Lerners zu seinen Bezugspersonen resultieren. Wichtig ist uns vielmehr der Hinweis auf die Bedeutung, die diesen Bezugspersonen im Rahmen außerunterrichtlicher Faktorenbildung und bei der Konstituierung von Erwartungshaltungen und Lernernormen zukommt.

2.1.8 SPRACHENPOLITIK AUS DER LERNERWARTE

Auf den ersten Blick mag es so scheinen, als hätte Sprachenpolitik mit dem Lerner nicht unmittelbar etwas zu tun, als sei sie im wesentlichen ein von den entsprechenden Fachverbänden gesteuerter Versuch, dem eigenen Fach im Rahmen der schulischen Fächerkanons mehr Geltung und Gewicht zu verschaffen (Schulsprachenpolitik), oder als sei sie der Versuch, von

---

[14] Auch hier liegt wieder auf der Hand, daß dies nicht ohne Berücksichtigung anderer Faktoren (z. B. emotionales Verhältnis zum Lehrer) möglich ist.

'oben herab' Fremdsprachenbedürfnisse festzusetzen. Dieser
Auffassung treten die Arbeiten von Christ (1977; vor allem
1980), Haarmann (1975) und zahlreiche Autoren der Sammelbände
von Haarmann/Värri-Haarmann (1976) sowie Zapp (1979) entgegen,
bei denen Sprachenpolitik nicht als Selbstzweck betrieben
wird, sondern mit dem Ziel, das soziale Miteinander innerhalb
von Grenzen, aber auch über sie hinweg, zu erleichtern und die
Schulsprachenpolitik an den späteren beruflichen und gesellschaftlichen Bedürfnissen auszurichten. Obwohl sich Sprachenpolitik weder anthropogenen Faktoren wie Alter und Geschlecht
noch individual- oder sozialpsychologisch orientierten Faktoren wie Einstellungen oder Gruppensozialisation zuordnen läßt,
zählt sie von daher zu den außerunterrichtlichen Lernerfaktoren.

Sprachenpolitische Argumente kommen für den Lerner besonders
dann ins Spiel, wenn es um die Entscheidung für oder gegen
das Erlernen einer Fremdsprache geht, eine Entscheidung, die
sowohl innerhalb der Schullaufbahn als auch im Rahmen der
Erwachsenenbildung ansteht. Dabei kann sich der Lerner nicht
durch bloße Übernahme von Standpunkten - und damit auch von
Wertvorstellungen - aus der Affaire ziehen, da jedes Für ein
Wider nach sich zieht. Er muß vielmehr *selbst* entscheiden.
Das bedeutet, er muß sich u. a. über die Erwartungen z. B. an
Französisch oder Latein als zweiter Fremdsprache klar werden,
sowohl hinsichtlich der Sprache als auch hinsichtlich der späteren Verwendungsbedingungen und -möglichkeiten des Gelernten.
Der Lerner schafft sich somit ein individuelles sprachenpoli-
tisches Bewußtsein über Stellenwert und Nutzen der betreffenden Sprache sowie - daraus resultierend - eine Vorstellung
über den Unterricht in dieser Sprache; er gewinnt oder modifiziert gleichzeitig seine Einstellungen (vgl. oben S. 74 ff.).
Daraus resultiert für die Sprachenpolitik bzw. für die, die
sie engagiert betreiben, eine Verpflichtung gegenüber dem Lerner, die darin zum Ausdruck kommt, daß überzogene, einseitige,
bewußt falsche oder schiefe Informationen nicht nur die Informationsaufnahme seitens der Lerner behindern, sondern darüber

hinaus die Gefahr bergen, daß spätere (notgedrungene) Entscheidungen für einen Fremdsprachenunterricht in einer 'abqualifizierten' Fremdsprache mit einer geringeren Motivation zum Besuch des Unterrichts und mit einer Lernbehinderung einhergehen. Daß solche Mechanismen funktionieren, läßt sich z. B. aus der Reaktion von Studenten entnehmen, die im Zuge ihres (nicht nur philologischen) Studiums Kenntnisse in bestimmten, bis dahin eher ungeliebten Fremdsprachen nachweisen müssen und die sich bisweilen recht schwer mit diesem Unterricht tun (vgl. zum letzten Punkt auch Macht/Schröder 1976, 278). Konzeptionen wie die "Homburger Empfehlungen für eine sprachenteilige Gesellschaft in Deutschland und Europa" (abgedruckt in Christ 1980, 171 ff.) können mit ihrem Anspruch, zahlreiche Sprachen als notwendig und 'lernenswert' in das Bewußtsein einer größeren Öffentlichkeit zu rücken, ein Schritt in die richtige Richtung sein. Die Sprachenpolitik ist von daher für eine freiere Öffnung lernerseitiger Erwartungshaltungen gegenüber Fremdsprachen unabdingbar.

Die Beschäftigung mit außerunterrichtlichen Lernerfaktoren erlaubt uns das Fazit, daß die einzelnen Faktoren dieses Faktorenkomplexes in zwei Gruppen unterteilbar sind. Die eine Gruppe bilden diejenigen Faktoren, die lediglich einen indirekten Zugang zur Sprache, d. h. über durch sie beeinflußte Fähigkeiten, Gewohnheiten, Mechanismen gestatten; hierzu zählen der sozioökonomische Hintergrund, das Geschlecht und das Alter der Lerner. Die andere Gruppe besteht dagegen aus den übrigen Faktoren, die sowohl einen indirekten als auch einen direkten Zugang zur Sprache haben. Da die fremdsprachenunterrichtliche Faktorenkomplexion sich von der allgemein unterrichtlichen Faktorenkomplexion durch die explizitere Orientierung am Lerngegenstand 'Sprache'/'Fremdsprache' unterscheidet, sind vor allem die Faktoren der zweiten Gruppe in Interdependenz zu anderen Faktoren und Faktorenkomplexen zu sehen. Bezüglich der Norm und den Erwartungshaltungen der Lerner hat sich die Annahme einer fremdsprachenunterrichtlichen Normenvielfalt (vgl. oben S. 16) voll bestätigt.

2.2 UNTERRICHTLICHE RAHMENBEDINGUNGEN UND NORMEN

Die unterrichtlichen Rahmenbedingungen bestehen aus Faktoren, die sich auf Unterricht im allgemeinen beziehen, also nicht typisch nur für Fremdsprachenunterricht sind. Es handelt sich dabei um Faktoren, die in jedem Unterrichtsfach gleiches oder ähnliches Gewicht haben, die aber hier natürlich mit Blick auf den Lerngegenstand 'Fremdsprache' analysiert werden.

2.2.1 GESAMTINSTITUTIONELLER RAHMEN UND KURSBESUCH

Fremdsprachenunterricht unterliegt - sieht man einmal von Englisch ab - in den meisten Bildungsinstitutionen einer gewissen Auswahl durch den Lerner; dieser kann sich z. T. gegen Fremdsprachen überhaupt entscheiden, und er kann aus dem Angebot mehrerer Fremdsprachen wiederum seine Auswahl treffen. Im Sekundarbereich orientiert sich die Entscheidung für eine Fremdsprache neben Gründen, die am Lerngegenstand festzumachen sind, an 'institutionellen' Bedingungen, wie potentielle Unterrichtszeit[15], überhaupt Vorhandensein entsprechender Fachlehrer, sei es an der eigenen oder an einer benachbarten Schule, an 'Erfahrungen' älterer Mitschüler mit Fach und/oder Lehrer sowie an der individuellen 'Qualitätsbeurteilung' des Lehrers durch den wählenden Schüler. In nicht wenigen Fällen - so darf vermutet werden -, wird die Qualität des Lehrers an der Leichtigkeit gemessen, mit der gute, dem *eigenen* Anspruch genügende Zensuren erreicht werden können; Nichterfüllung der diesbezüglichen Erwartung wird dabei häufig dem Fach 'angelastet'; Urteile wie 'Französisch ist schwer' haben z. T. hier ihre Ursache. Fremdsprachen - und Schulfächer insgesamt - werden meist dann zweckrationalen Beurteilungen unterliegen,

---

[15] Damit ist die Tatsache gemeint, daß bestimmte Kurse in der Sekundarstufe, vor allem die, bei denen unmittelbare Kooperation mit anderen Schulen besteht, an Nachmittagen, d. h. zu für Schüler 'ungünstigeren' Zeiten stattfinden.

wenn kein am Lerngegenstand festzumachendes Schülerinteresse existiert, sondern das Fach als Notwendigkeit im Rahmen der Schullaufbahn verstanden wird[16]. Die Einstellungen, die das Fach im Rahmen der Gesamtinstitution betreffen, bestimmen die Erwartungshaltung des einzelnen Schülers und sein Verhalten gegenüber den im Fremdsprachenunterricht gesetzten Normen sprachlicher und nicht-sprachlicher Art. Sie bestimmen von daher das Lernklima, das Verhältnis zum Lehrer, das Selbstverständnis des Lerners, die Einstellung zur Sprache; sie determinieren aber auch die Bedeutung des Sprachmaterials bezüglich des Lerners und sind damit Bestandteil der Lerntheorie.

Fremdsprachenunterricht in der Erwachsenenbildung, vornehmlich in der Volkshochschule, unterscheidet sich diesbezüglich von der Sekundarstufe. Die Volkshochschule macht 'lediglich' Angebote, deren Nichtwahrnehmung keine institutionell vorgeschriebenen Sanktionen nach sich zieht[17]. Der Lerner entscheidet sich nicht aus institutionell-organisatorischen Gegebenheiten für eine Fremdsprache, sondern aus Motivationen heraus, die den Lerngegenstand direkt oder indirekt betreffen. Positive eigene Erfahrungen oder die seiner Bezugspersonen - z. B. auch mit Kursen in anderen Fächern - mögen dabei seine Entscheidung erleichtern; gleichzeitig prägen sie seine Erwartungen zusammen mit den Unterrichtserfahrungen aus der eigenen Schulzeit.

2.2.2 DIENSTLEISTUNGSFUNKTION

Die unterrichtlichen Rahmenbedingungen sehen im allgemeinen

---

[16] Eine ähnliche Auffassung war in den traditionellen Gymnasien mit Schwerpunktbildung ('altsprachlich', 'neusprachlich', 'mathematisch-naturwissenschaftlich') gleichsam im System institutionalisiert.

[17] Vogel/Solle (1981, 68) vertreten die Auffassung, daß hierin ein wesentlicher Grund für den Motivationsschwund liegt, im Gegensatz zur Situation auf der Sekundarstufe, wo der Lerner dem institutionellen Zwang unterliegt.

so aus, daß jedes Fach relativ 'isoliert' unterrichtet wird. Projektunterricht, an dem mehrere Fächer beteiligt sind und in dem der Versuch unternommen wird, Inhalte in einen größeren Zusammenhang zu stellen, sind auch heute eher noch die Ausnahme als die Regel. Dabei liegt es auf der Hand, daß moderne Fremdsprachen in ihrer Funktion als sprachlich intakte Systeme der Kommunikation auch in andere Fächer Eingang finden könnten. Die von Christ (1980, 187 f.) angesprochene Dienstleistungsfunktion der Fremdsprachen, dergestalt, daß Sach- und Fachtexte in der betreffenden Fremdsprache von den Schülern erarbeitet werden können, wäre eine geeignete Möglichkeit, dem Lerner durch die Aussicht, Gelerntes anzuwenden, die Funktionstüchtigkeit des Lerngegenstandes vor Augen zu führen; die Anwendungsperspektive rückte so näher. Durch die 'Querverbindungen' zwischen einzelnen Fächern würden die oben erwähnten institutionell-organisatorisch bestimmten Einstellungen abgebaut. Lernererwartungen konzentrierten sich mehr auf den Lerngegenstand. Normative Erwartungshaltungen gegenüber Fremdsprachenunterricht als 'l'art pour l'art' könnten so auf der Seite des Lerners vermieden werden.

2.2.3   INSTITUTIONELLE BEDINGUNGEN

Damit sind wir bei den institutionellen Bedingungen, mit denen der Lerner konfrontiert wird. Hierzu zählen wir

- die *Unterrichtszeiten,*
- die *Unterrichtsdauer* (in Bezug auf das Fach pro Tag und pro Wochenstunden),
- die *Räumlichkeiten*, in denen der Unterricht stattfindet,
- die *Ausstattung* mit und der Zustand der *Medien* sowie
- das institutionelle Gewicht der *Leistungsüberprüfung.*

2.2.3.1 ORGANISATORISCHE BEDINGUNGEN

Unterrichtszeit und -dauer können den Lerner positiv beeinflussen, wenn sie seinen persönlichen Arbeits- und Lerngewohnheiten möglichst nahekommen und umgekehrt. Wir wissen, daß es im Laufe eines Tages aktiv-produktive und weniger aktiv-produktive Phasen gibt. Zwar versuchen Stundenplangestalter dem dadurch Rechnung zu tragen, daß die 'schwereren'/'wichtigeren' Fächer möglichst zu den produktiveren Zeiten unterrichtet werden, doch gelingt dies aus organisatorischen Gründen längst nicht immer. Wir können davon ausgehen, daß Lerner sich der 'Qualität' ihrer jeweiligen Arbeitsphase durchaus bewußt sind; wenngleich man eine Art egozentrischen Pygmalion-Effekt, gekennzeichnet durch eine self-fullfilling-prophecy bezüglich der eigenen Leistung zu bestimmten Tageszeiten, vermuten kann, so ist die Konsequenz daraus doch die - gegenüber fiktiven, im 'luftleeren Raum' angesiedelten Unterrichtsplanungen und Lernzielvorgaben - absinkende Aufnahme-, Speicherungs-, Verarbeitungs- und Wiedergabekapazität. Lernererwartungen und -normen beinhalten derartige Kriterien ohne Zweifel. Ob eine Unterrichtseinheit zweckmäßigerweise 45, 60 oder 90 Minuten dauern sollte, ist ebenso weitgehend individuellen Lern(er)bedingungen und -gewohnheiten unterworfen.

Die räumlichen Bedingungen des Unterrichtsraumes - Mobiliar, Lage, Größe u. ä. - bestimmen die äußerlichen Voraussetzungen für 'angenehmes', äußeren Störungen entzogenes Lernen. Ein Raum mit vielen Variationsmöglichkeiten läßt mehrere unterrichtsorganisatorische Varianten (Gruppenarbeit, Rollenspiel etc.) zu. Er verhindert dadurch einseitige Schülererwartungen hinsichtlich der Unterrichtsorganisation.

Medien als Instrumente zur Veranschaulichung, Lehr- und Lernhilfen sind aus dem modernen Unterrichtsgeschehen kaum wegzudenken. Unabhängig von ihrem methodischen Platz im Unterricht schafft ihr 'Vorhandensein' für den Schüler prinzipiell das Gefühl, effizienten, weil methodisch geplanten Unterricht zu erhalten (vgl. dazu ausführlicher 5.4.6).

2.2.3.2 IDEOLOGISCHE BEDINGUNGEN

Die ideologischen Bedingungen unserer Bildungsinstitutionen
sind v. a. durch einen Begriff gekennzeichnet: *Leistung*. Ihre
wirtschaftlichen, politischen und - darauf aufbauend - psychologischen Aspekte (vgl. Nipkow 1978, 8) haben dazu geführt,
daß sich der traditionelle Schulleistungsbegriff auf die bloße
*Produkt*orientierung beschränkt (Lüttge 1978, 149) und das ebenfalls mögliche Verständnis von Leistung als *prozeß*orientiert
weitestgehend ausgeklammert hat. Wissenschafts- und kulturpolitische und -organisatorische Entscheidungen in den sechziger
und siebziger Jahren (Numerus Clausus, Oberstufenreform) haben diesen Trend eher verstärkt. Lernen besteht nicht in einem
qualitativ bestimmbaren Erkenntnisgewinn, sondern stellt vielmehr einen Selbstzweck dar, der sich - wie Nipkow (1978, 11)
darstellt - in einer doppelten Gleichung niederschlägt:
Lernen = Leistung = konkurrierende Leistung. Diese Gleichung
wird gestützt durch die überall feststellbare, schon von Beckmann (1978 a, 37) kritisierte Einmischung 'von oben', die zu
einer verstärkten "Normierung der schulischen Arbeit und damit
[zu einer] Einengung der pädagogischen Möglichkeiten der einzelnen Lehrer" führt. Ein potentielles autonomes Leistungsmotiv wird zugunsten eines sozialen, normativ bestimmten aufgegeben[18]. Die allgemeine Unzufriedenheit mit dieser leistungsorientierten Ausrichtung im Erziehungsbereich dokumentiert
sich einerseits in dem Versuch, Lern- und Leistungsmotivation
als charakteristische Wesensmerkmale des menschlichen Individuums zu beschreiben (so z. B. Heckhausen 1974 c), aus denen
heraus die Etablierung des jetzigen gesellschaftlichen Stellenwerts von Leistung allein erklärt werden kann, anderer-

---

[18] Dieser Konflikt spiegelt sich z. B. im Bereich der Lernzielfestlegung wider (vgl. curriculare Lernzielfixierung
vs. unterrichtsgruppenspezifische Lernzielfestsetzung).

seits in alternativen Schulmodellen mit differenzierter Leistungsauffassung (vgl. dazu Becker 1978; Fucke 1978; Dietrich 1979, v. a. 362 ff.).

Dem Schüler der Sekundarstufe ist diese Leistungsorientierung der Schule bewußt. Er wird versuchen, sich darauf einzustellen. Eine positive Einstellung zum sozialen Leistungsmotiv zieht automatisch die optimale Anpassung an das Herrschende nach sich: der Schüler übernimmt Normen und Erwartungen des Lehrers - die dieser z. T. auch nur vorgegeben bekommt - und versucht durch seine Anpassung die Bestätigung durch gute Noten zu erlangen. Inhalte werden so seltener diskutiert, der Lehrer in seiner 'Doppelrolle' als Aufgabensteller und -bewerter sowie Wissensvermittler wird widerspruchslos akzeptiert. Nur in seltenen Fällen wird der Schüler über ein soziales Leistungsmotiv zum autonomen, d. h. aus sich selbst heraus entstandenen, eigenen Zielen und Interessen untergeordneten Leistungsmotiv gelangen; dies scheint nur dann möglich, wenn das soziale Leistungsmotiv schnell zum intendierten Ergebnis führt und der Großteil der Lerngruppe noch nicht so weit ist, so daß der betreffende Schüler in dem so entstandenen Freiraum sein autonomes Leistungsmotiv u. U. langsam entwickeln kann.

Im Fall der negativen Einstellung zum normativen Leistungsmotiv erscheint Ablehnung die natürliche Konsequenz. Der Schüler setzt sich damit Versuchen des Lehrers aus, ihn auf dieses normative Leistungsmotiv zu verpflichten. Dies kann im schlimmsten Fall über die Zensuren geschehen, aber auch über didaktisch-methodische Maßnahmen. Folglich steht der Schüler zwischen dem Streben nach einer selbstbestimmten Leistung und dem Versuch von 'außen', ihn durch Sanktionen davon abzubringen. Aus diesem Zwiespalt heraus wird seine Einstellung zur Leistungsüberprüfung bestimmt. Angst hat nicht selten hier ihre Ursache (vgl. zum Problem schulischer Angst exemplarisch Schwarzer 1975; Walter 1977; Esser 1978; zur Prüfungsangst aus psychologischer Sicht Krohne 1980) ebenso wie die Lehrereinstellung zum Leistungsvermögen des Schülers (vgl. Brophy/ Good 1976, 29 und öfter; auch Heckhausen 1974 b, 559 ff.). Andererseits weisen Heckhausen/Rheinberg (1980, 23) darauf hin, daß zweckgerichtete Lernanstrengungen für den Aufbau und den Erhalt einer intrinsischen, am Lerngegenstand selbst unmittelbar verankerten Motivation unabdingbar sind. Das normative Leistungsmotiv dient demzufolge als Vorbereitung für das autonome Leistungsmotiv. Offen bleibt allerdings, wann konkret die Aufgabe zweckgerichteter Lernanstrenungen sinnvoll ist und wie sie mit dem derzeitigen schulischen System vereinbar ist. Ein unabdingbares Desiderat scheint uns nämlich zu sein, daß trotz partieller Zweckgerichtetheit von Lernanstrengungen sich der Schüler in seinem Tun wiederfinden sollte.

Während im Rahmen der allgemeinbildenden Schulen die institutionelle Leistungsorientierung dominiert, ist diese Tendenz im Bereich der Volkshochschulen (noch) nicht feststellbar. Dies mag zum einen an der Leitidee dieser Institution liegen, zum anderen an den Einstellungen der Lerner, ihren Lernerfahrungen und vor allem an den Gründen für einen Kursbesuch[19]. Leistung wird mit Blick auf eine "sinnerfüllte befriedigende Tätigkeit in sich selbst" (Nipkow 1978, 27) erbracht. Daraus resultiert eine differenzierte Einstellung der Volkshochschullerner, gekennzeichnet durch andere Erwartungen gegenüber dem Lehrer und dem Unterricht sowie durch damit verbundene andere Normen für eigenes und fremdes Handeln.

2.2.4 ALLGEMEINE LERNERFAHRUNGEN

Die mit der Erforschung von Fremdsprachenunterricht befaßten Wissenschaften sind von der Erarbeitung einer - hermeneutisch

---

[19] Es muß allerdings erwähnt werden, daß der allgemein feststellbare hohe Teilnehmerschwund - besonders im Bereich der Fremdsprachen - seinen Grund u. a. in einer Form von Leistungsdruck haben könnte (Untersuchungsergebnisse zu diesem Bereich liegen u. W. noch nicht vor). Die Einführung von Zertifikatsprüfungen und die äußerst heterogene Teilnehmerstruktur könnten diese Einstellung begünstigen.

und/oder empirisch abgesicherten - Fremdsprachenlerntheorie noch mehr oder minder weit entfernt; ihre Entwicklung ist derzeit ein Forschungsdesiderat (vgl. Bausch/Kasper 1979; Bausch 1981 a; Vollmer 1981). Demgegenüber liefert die Psychologie verschiedene Lerntheorien bzw. lerntheoretische Ansätze, die zumindest *auf der Metaebene* für den Fremdsprachenunterricht bedeutsam sein können[20].

Ganz allgemein kann man Lernen als bewußte oder unbewußte Verhaltensänderung definieren. Diese vollzieht sich auf der Grundlage eines Lernprozesses, der u. a. gekennzeichnet ist durch die Beziehung des Lernenden zum Lerngegenstand[21] sowie die situationellen Bedingungen, in denen Lernen erfolgt. Da der Mensch ständig Neues lernt - nämlich *dazulernt* -, ist er folglich in der Lage, nicht nur sukzessive, in sich und nach außen abgeschlossene Lernprozesse zu bewältigen, sondern auch neu Gelerntes in das bis dahin Gelernte - bewußt oder unbewußt - zu integrieren, Korrekturen und Erweiterungen im Wissensstand vorzunehmen. Van Parreren (1974, 37 ff.) erklärt dies im Rahmen seiner *Systemtheorie* durch die Strukturierung des Gedächtnisses in Form aktiver und passiver Spurensysteme, wobei er die *funktionelle Kenntnis* eines Lerners dafür verantwortlich macht, daß neues Wissen über die Grenzen des augenblicklich aktivierten Systems hinaus in bestehende Systeme sinnvoll eingeordnet werden kann. Dieser Vorgang wird erleichtert durch das Interesse, das Lerner dem Gegenstand entgegenbringen. Piaget

---

[20] Wir können hier nicht auf alle Theorien eingehen, noch die wenigen, die wir herausgreifen, erschöpfend darstellen und diskutieren. Vielmehr beschränken wir uns auf die Elemente, die uns einen - im Rahmen der Analyse fremdsprachenunterrichtlicher Faktorenkomplexion auch nur vorläufigen - Zugang zur potentiellen Bedeutung von Lernerfahrungen ermöglichen.

[21] Hieraus leitet sich u. a. das oben kritisierte (vgl. S. 40 ff.) Primat der Linguistik im Rahmen der Angewandten Linguistik - soweit sie sich auf Fremdsprachenunterricht konzentriert - und im Rahmen der Fremdsprachendidaktik ab.

(1969) bezeichnet die Hereinnahme neuen Wissens in vorhandene
Konzepte als *Assimilation*, die dann zur *Akkomodation* wird,
wenn das vorhandene Konzept tatsächlich geändert wird. Denselben Vorgang nennen Ausubel/Novak/Hanesian (1980, 84 f.) in
einer der Theorie Piagets ähnlichen *derivative Subsumtion*
(ungefähr: Assimilation) und *korrelative Subsumtion*[22] (ungefähr: Akkomodation). Gage/Berliner (1977, 79 ff.) schließlich
unterscheiden zwischen *respondentem, operantem* und *observationalem* Lernen, d. h. zwischen klassischem Konditionieren, Lernen durch Verstärkung und Lernen durch Beobachtung. Während
die ersten beiden Arten mehr oder weniger stark auf dem Verhältnis von Reiz und Reaktion beruhen (vgl. auch Skinner 1957
und die Kritik Chomskys 1959 daran sowie exemplarisch die Kritik Rosemanns 1974, 13 ff., 20 und öfter), ist operantes Lernen als ein Prozeß gekennzeichnet, der "vor der Umsetzung des
dabei Gelernten in ein wahrnehmbares Verhalten geschieht –
also ohne daß der Beobachter [d. h. der Lernende, F.G.K.] das
gelernte Verhalten selbst produziert" (Gage/Berliner 1977, 92).
Poelchau (1980, 5) schließlich betont – und hier unterscheidet er sich u. E. graduell von Ausubel/Novak/Hanesian (1980) –,
daß das lernende Individuum fortwährend Reduktions- und anschließend darauf aufbauende Adaptationsleistungen vollbringt.
Dabei besteht die Reduktionsleistung in der (zumindest teilweisen) Tilgung aller im Hinblick auf die Einordnung (Adaptation) in bestehendes Wissen redundanten Informationen des neuen 'Wissens'. Unabhängig davon, welcher Theorie man den Vorzug
gibt, ist in den hier erwähnten Richtungen der Begriff der
Lernerfahrung nicht explizit thematisiert. Dabei liegt es u. E.
nahe, ihn im Zusammenhang mit der Eingliederung neuen Wissens
in die bestehende Wissensstruktur zu sehen, da der Prozeß der
Integration von Wissen u. a. an Erfahrungen gekoppelt ist, zumindest sein kann. Lernerfahrungen können sich dabei sowohl

---

[22] "Der neue Lernstoff ist in diesem Fall eine Erweiterung,
Ausarbeitung, Modifizierung oder Einschränkung von vorher
gelernten Lehrsätzen." (1980, 85).

auf den gleichen Lerngegenstand als auch verschiedene[23] Lerngegenstände beziehen; bezüglich des gleichen Lerngegenstandes läßt sich zwischen wiederholendem, also auf exakt das gleiche Phänomen bezogenes Lernen, und neuem Lernen unterscheiden. Der Begriff der Lernerfahrung ist damit zweidimensional zu sehen: zum einen unmittelbar an den Ler*ngegenständen* selbst, zum anderen - auf einer Metaebene - am Lern*vorgang*. Analog zum Lernen selbst kann Lernerfahrung bewußt oder unbewußt erworben werden.

Die Bedeutung der allgemeinen Lernerfahrung für die fremdsprachenunterrichtliche Faktorenkomplexion beruht auf der durch sie geprägten Prädisposition des Lerners zur Aufnahme neuen Materials in die bestehende Wissensstruktur in Form von Erwartungen an die individuelle 'Lernbarkeit' und darauf aufbauend von individuellen (bewußten oder unbewußten) Normen, wie das angebotene Material gelernt werden soll und kann. Ein Schüler, der mit dem 'sturen' Auswendiglernen römischer Geschichtsdaten Erfolg[24] hatte, wird u. U. fremdsprachige Vokabeln und Satzmuster genauso lernen wollen; wer Latein in Paradigmen - u. U. in schulischem Sinn erfolgreich - gelernt hat, wird dies auch auf lebende Fremdsprachen übertragen wollen; und wer beim ersten Lernversuch zum konditionalen Satzgefüge im Französischen an abstraktem Regellernen gescheitert ist, wird auf dieses bewußt verzichten und für andere Lernhilfen dankbar sein.

Allgemeine Lernerfahrungen determinieren Lerngewohnheiten. Sie gilt es für den Lehrer zu entdecken und soweit wie möglich im Unterricht zur Entfaltung kommen zu lassen. Nicht zuletzt mit

---

[23] Hier liegt u. a. einer der Gründe, warum die wissenschaftliche Beschäftigung mit Fremdsprachenunterricht - will sie dem integrativen Konzept folgen - außer auf eine (noch zu erstellende) Fremdsprachenlerntheorie auch auf eine Allgemeine Lerntheorie rekurrieren muß.

[24] Wir wollen offen lassen, ob 'Erfolg' tatsächlich Verfestigung neuen Materials und Einordnung in die Wissensstruktur bedeutete oder Vermeidung von Sanktionen.

Blick auf verschiedene Lerngewohnheiten haben Differenzierungsmaßnahmen im Unterricht ihren Platz. Lernerfahrungen determinieren die Einstellung des Lerners zum Unterricht, zum Lerngegenstand, zum Lehrer; sie beeinflussen die Motivation und tragen in nicht unerheblichem Maße zum Selbstverständnis des Lerners im Rahmen des Unterrichtsprozesses bei. Gleichzeitig bestimmen sie die Bereitschaft des Lerners mit, sich späteren unterrichtlich gesteuerten Lernprozessen (durchaus mit völlig verschiedenen Lerngegenständen) 'auszusetzen', mit anderen Worten: schulisches Lernen legt den Grundstein für die Lernbereitschaft des Erwachsenen.

2.2.5 DAS EMOTIONALE VERHÄLTNIS ZUM LEHRER

Das emotionale Verhältnis des Lerners zum Lehrer ist für den Lernerfolg und den Unterrichtsablauf von Bedeutung. Wir haben schon oben (vgl. S. 79) auf einen 'umgekehrten' Pygmalion-Effekt' verwiesen, demzufolge auch Schüler ihrem Lehrer nicht 'objektiv' gegenübertreten, sondern Erwartungen hinsichtlich seines Lehrverhaltens auf die Person selbst und damit ihre 'Beurteilung' projizieren. Die affektive Komponente des Lernens rührt ebenso von dort her wie von den affektiv bestimmten Einstellungen zum Lerngegenstand. Der Lerner bindet das Unterrichtsgeschehen und die angebotenen Lernhilfen an die Person des Lehrers und sieht sie nicht mit ausschließlicher Zielrichtung auf den Lerngegenstand. Einerseits entwickelt sich aus dem emotionalen Verhältnis des Lerners zum Lehrer heraus ein Potential von Erwartungen mit Blick auf den Unterricht. Andererseits bestimmen auch die an den Unterricht und an die rollenspezifischen Verhaltensweisen individuell-normativ gestellten Erwartungen das emotionale Verhältnis zum Lehrer; entspricht der Lehrer diesen Erwartungen, gestaltet sich das emotionale Verhältnis eher positiv, entspricht er ihnen nicht, eher negativ. Die emotionalen Verhältnisse gegenüber vorangehenden Lehrern desselben Faches spielen dabei ebenfalls eine Rolle.

2.2.6 LERNKLIMA

Ebenso wie die angesprochenen emotionalen Komponenten des Unterrichts ist auch die Bedeutung des Lernklimas lange Zeit unerkannt geblieben. Nicht selten taucht der Begriff 'Unterrichtsklima' auf, der sowohl die Lehr- als auch die Lernposition mit einschließt. Es ist zwar richtig, daß Unterricht vom *Unterrichts*klima mit beeinflußt wird, nicht zuletzt, weil Lehr- und Lernklima partiell interdependente Faktoren sind. Jedoch stellt sich aus der Lernerperspektive die Frage nach dem Lernklima eher, weil erstens das Lernklima dem Lerner und seinem Verhaltensrepertoire zugänglicher ist, und weil zweitens Unterrichtsziel - und damit Ziel des Lehrens - das *Lernen* ist. Unter diesem Aspekt ist die von Dreesmann (1980, 247 f.) vorgestellte Liste von Korrelationen zwischen den für die Lernmotivation bedeutsamen Variablen und Klimamerkmalen aus einer neutralen Beobachter- und Beschreibungsposition von Unterricht von großem Wert, sie berücksichtigt die *Lerner*position aber nur in dem Maße, wie sie durch die *Lehr*position determiniert ist; lediglich für zwei der dort genannten Klimamerkmale trifft diese Interdependenz nicht ('Kameradschaft') oder in geringerem Umfang ('Konkurrenz') zu. Darüber hinaus scheinen uns Faktoren wie

- Leistungsdruck[25] aus eigenem sozial bedingtem Antrieb (z. B. durch Eltern, Freunde etc.)
- institutionelle Vorgaben (jeweilige Unterrichtszeit, Räumlichkeit u. ä.)
- Inhalte[26], die den Lernstoff entweder ausmachen oder an ihn gekoppelt sind
- Lerngewohnheiten
- individuelle Persönlichkeitsmerkmale der Lerner

---

[25] Der von Dreesmann angeführte Begriff der Konkurrenz ist tendenziell anders gelagert.

[26] Wir meinen damit keineswegs 'Schwierigkeiten', sondern beziehen uns mehr auf die affektive Wahrnehmungsebene zwischen Inhalt und Lerner.

- situationeller Kontext des Lernens (z. B. außerunterrichtliche psychische und/oder physische Beanspruchung)
- Sozialisation in der Lerngruppe

für das Lernklima ebenfalls von Bedeutung zu sein, wobei ihre exakte empirische Analyse noch zu leisten ist.

Dort, wo sich Klimamerkmale aus der Interdependenz von Lehr- und Lernperspektive konstituieren, kommt es zum Aufeinandertreffen zweier oder mehrerer Normen. Sind Lehrer- und Lernernorm identisch, wirkt sich dies auf das Lernklima positiv aus; sind sie nicht identisch, kommt es zu einem Normenkonflikt. Es läßt sich folgende Hypothese wagen: *Die Ausprägung des Lernklimas wird dann ungünstig beeinflußt, wenn der Lernende auf die Verwirklichung seiner Normvorstellung unfreiwillig verzichten muß. Verzichtet er hingegen aus Einsicht und Überzeugung auf ihre Realisierung, wird das Lernklima kaum in Mitleidenschaft gezogen werden.*

Klimamerkmale, die nicht aus der Lehrperspektive mit konstituiert werden, sind individuell bestimmt. In ihnen spiegeln sich Faktoren wider, die unmittelbar dem Lehrer zunächst verborgen bleiben, da sie nicht *originär* den Unterricht betreffen - wie dies für die von Dreesmann (1980, 247 f.) genannten gilt -, sondern sich im außerschulischen Kontext gebildet und verfestigt haben. Sie werden in Form von Erfahrungen bzw. auf Erfahrung beruhenden individuellen Normen eingebracht und sind - v. a. bei erwachsenen Lernern - schwer außer Kraft zu setzen.

Das Lernklima stellt eine wichtige Bedingung für die Lernmotivation dar (vgl. Dreesmann 1980), bestimmt darüber hinaus aber auch noch andere Faktoren mit (z. B. die Einstellung zum Lerngegenstand, das Selbstverständnis des Lerners). Es muß also so gestaltet werden, daß Normenkonflikte zwar nicht um jeden Preis vermieden, aber doch so gelöst werden, daß die Lernmotivation und damit der Lernvorgang nicht beeinträchtigt werden.

2.2.7 SOZIALISATION IN DER LERNGRUPPE

Die meisten der von uns als konstitutiv für das Lernklima benannten Faktoren haben gleichzeitig ein faktorielles Eigengewicht im Rahmen der gesamten Faktorenkomplexion; dies unterscheidet sie von der Mehrzahl der bei Dreesmann genannten Faktoren, deren Funktion zumeist in der Schaffung eines günstigen Unterrichtsklimas und erst darauf aufbauend in einer Optimierung von Lehren und Lernen besteht. Als ein ebenfalls eigenständiger Faktor ist innerhalb der Faktorenkomplexion die *Sozialisation in der Lerngruppe* zu betrachten. Sie entspricht nur z. T. dem bei Dreesmann aufgeführten Begriff der 'Kameradschaft'; diese ist u. E. *nicht* automatisch als Integration in gruppenspezifische Mechanismen und Prozesse aufzufassen, sondern als die Anerkennung von Mitlernern als weitgehend mit gleichen Rechten ausgestattete Teilnehmer einer zweckbestimmten Gemeinschaft. Außer durch die Integration in die Lerngruppe - und von daher durch ihr Einwirken auf das Lernklima - ist die Sozialisation hier dadurch gekennzeichnet, daß sie im engen Zusammenhang zu sehen ist mit der Gruppensozialisation (s. o. S. 66)[27], da ihre Konstituierung auf den außerhalb der Lerngruppe gemachten Sozialisationserfahrungen beruht und diese wiederum mitprägt, um von daher Einfluß auf spätere Sozialisationen oder Sozialisationsphasen zu nehmen.

Im Gegensatz zur Gruppensozialisation erfolgt die Sozialisation in der Lerngruppe

      a) unter unmittelbarer Zielgerichtetheit, nämlich dem gezielten Erwerb von Wissen[28]

---

[27] Dies wird u. a. durch die von Höhn (1967) vorgelegten Ergebnisse empirisch bestätigt; vgl. dazu auch Correll (1976).

[28] Wir lassen hier bewußt unberücksichtigt, ob dieser Erwerb freiwillig oder aufgrund vorgegebener Zwänge erfolgt; wir sind uns allerdings darüber im klaren, daß davon die Qualität der Sozialisation mitbestimmt wird.

b) unter der Voraussetzung einer zeitlichen Befristung für die Existenz einer Lerngruppe[29]
c) angesichts der Tatsache, daß die personelle Zusammensetzung der Lerngruppe gar nicht oder nur kaum verändert werden kann, zumindest nicht auf Initiative der Lerner hin[30]
d) mit einer bipolaren 'Autoritäts'orientierung.

<u>Zu a)</u>: Der Lerner transplantiert einerseits zwar seine außerunterrichtlichen Erfahrungen - und auch die aus anderem Unterricht - auf den Sozialisationsprozeß; andererseits führt die Zielgerichtetheit, die der Konstituierung der Lerngruppe zugrundeliegt - nämlich der zeitlich befristete, gesteuerte Erwerb eines Lerngegenstandes (z. B. einer Fremdsprache) -, zu einer bewußten Modifikation der aus der Erfahrung abgeleiteten Sozialisationsnorm[31]. Dabei kann die Zielgerichtetheit der Lerngruppenkonstituierung zu fachspezifischen[32] Sozialisationsformen führen; dieselbe Lerngruppe weist dabei bei unterschiedlichen Lerngegenständen u. U. unterschiedliche Sozialisationsphänomene und -prozesse auf. Die starke Orientierung am Lerngegenstand kann somit zu einem sich immer in Bewegung befindlichen Sozialisationsprozeß führen. Hier spielen zweifellos auch Faktoren wie Einstellung, Konkurrenz, emotionales Verhältnis zum Lehrer und Motivation eine wichtige Rolle.

---

[29] Die Oberstufenreform und die damit verbundene Einführung eines Kurssystems haben somit die Sozialisationsbedingungen in erheblichem Maße verändert. Dies ist von den Gegnern der Reform auch meist als Argument gegen ihre Einführung angeführt worden.

[30] Volkshochschulkurse unterscheiden sich auch hier von Schulklassen und schulischen Wahlkursen, weil der hohe Teilnehmerschwund aus organisatorischen Gründen zu häufigeren Umstrukturierungen der Lerngruppe führt und weil darüber hinaus die Teilnehmerstruktur heterogener und damit der Sozialisationsprozeß komplizierter ist.

[31] Darunter verstehen wir die bewußte oder unbewußte Erwartungshaltung, die der Lerner gegenüber dem Sozialisationsprozeß hat.

[32] Dreesmann (1980, 245) belegt, daß das Unterrichtsklima ebenfalls fachgebunden ist.

Zu b): Aus der Zielgerichtetheit, unter der sich Lerngruppen konstituieren, ergibt sich als Konsequenz, daß diese Konstituierung - bewußt oder unbewußt - mit Blick auf eine zeitliche Befristung erfolgt. Denn die Bedingung für die Existenz der Lerngruppe ist dann nicht mehr gegeben, wenn der Erwerb des Lerngegenstandes abgeschlossen ist oder als abgeschlossen gilt. Ulich (1971, 93) spricht übrigens in diesem Zusammenhang von einer "Zwangsgemeinschaft im Sinne einer fremdbestimmten Konkurrenzgruppe mit kopflastigen Kommunikations- und Autoritätsstrukturen".

Zu c): Im Gegensatz zur außerschulischen Gruppensozialisation, die in nicht unerheblichen Maße von personeller Fluktuation gekennzeichnet ist, sind Lerngruppen personell relativ konstant. Dies bedeutet zum einen, daß Einstellungen zur Lerngruppe diesen Umstand beinhalten. Die Übernahme von Rollen wird davon ebenfalls beeinflußt, und der Sozialisationsprozeß insgesamt trägt dieser Tatsache Rechnung. Zum anderen bedeutet die personelle Immobilität zumeist eine Verfestigung (im schlimmeren Fall sogar eine Verhärtung) gruppeninterner Regeln und Normsetzungen, die das Einstellen auf einen neuen Lehrer oder ein anderes Lehrerverhalten erschwert. Je länger eine Lerngruppe Bestand hat, desto stärker machen sich Normkonflikte zwischen Lerner und Lehrer bemerkbar. Daß dabei der Lehrer nicht unbedingt aufgrund seiner Rolle dominant ist, belegen z. B. die Ergebnisse von Feldman/Prohaska (1979). Dies gilt zum einen für die Lerngruppe insgesamt, zum anderen aber auch für Gruppen innerhalb der Lerngruppe (vgl. zum Problem der Klasse als Gruppe Graumann 1974 a; vgl. zur Ausnutzung derartiger Gruppenstrukturen für eine Optimierung des Unterrichts das adaptive Gruppenunterrichtskonzept von Schwerdtfeger 1977).

Erwachsene Lerngruppen, vornehmlich aus dem Bereich der Volkshochschule, unterscheiden sich davon durch den höheren Grad an Mobilität (durch Teilnehmerschwund und Kurszusammenlegungen) sowie den potentiell höheren Grad an Flexibilität bezüglich ihrer Erwartungen in gruppenspezifischen Normen. Empi-

rische Untersuchungen zu diesem Bereich stehen u. W. noch
aus.

Zu d): Die Sozialisation in der Lerngruppe ist - aus der Sicht
des Einzelnen - zum einen geprägt durch die außerschulischen
Sozialisationserfahrungen (s. o.), zum anderen durch die Beziehung zum Lehrer, der seinerseits in einem potentiellen Konflikt zwischen individuellen Sozialisationserfahrungen und
-vorstellungen und durch die Gesellschaft oder das System vorgegebene Leistungsorientierung und daran orientierte Sozialisationsmechanismen andererseits steht (vgl. Hurrelmann 1973,
148 ff.). Wenn sich die letzte Komponente im Lehrer - bewußt
oder unbewußt - durchsetzt, sind meist sanktionierende Eingriffe die automatische Folge; die Lernersozialisation muß davon beeinflußt werden.

Wir haben in diesem Kapitel versucht, die Bedingungen kurz zu
analysieren, die nicht fremdsprachenunterrichtsspezifisch sind,
sondern gleichsam den gesamten institutionellen Rahmen betreffen, in dem u. a. auch Fremdsprachenunterricht situiert
ist. Dabei haben wir gesehen, daß sich einerseits außerunterrichtliche Lernerfaktoren bemerkbar machen, indem sie bestimmte
Lernererwartungen und -normen beeinflussen. Andererseits sind
wir auf unterrichtlich bedingte Faktoren gestoßen, wie sie in
den meisten Unterrichtsfächern aufzufinden sein dürften; dabei haben wir erneut Belege für die fremdsprachenunterrichtliche[33] Normenvielfalt gefunden, wenngleich die dabei diskutierten Faktoren kaum auf einen bestimmten Lerngegenstand
beschränkt sind.

---

[33] Da es sich um allgemein unterrichtliche Bedingungen handelt, können wir sie auch auf Fremdsprachenunterricht
speziell beziehen.

2.3 FREMDSPRACHENUNTERRICHTLICH-SPEZIFISCHE LERNER-FAKTOREN UND NORMEN

Unter *fremdsprachenunterrichtlich-spezifischen* Lernerfaktoren wollen wir diejenigen Faktoren verstehen, deren Ursache nicht mehr im außerunterrichtlichen Kontext (vgl. 2.1) oder in allgemeinen unterrichtlichen Lernbedingungen (vgl. 2.2) zu situieren sind, sondern deren Ursache und Ausprägung entweder direkt abhängig vom Lerngegenstand oder zumindest im engen Zusammenhang mit ihm zu sehen sind.

2.3.1 MOTIVATION

Ohne Zweifel verbindet sich mit dem Begriff der Motivation nicht selten die Vorstellung von einem 'Zauberwort'. Dies äußert sich in der häufig zu findenden Annahme, daß sich hinter diesem Wort der Schlüssel verbirgt, mit dessen Hilfe man Störungen des (lehrerseitig wahrgenommenen) Lernprozesses verhindern, zumindest aber erklären zu können hofft. Dabei bewegt die Erforschung der Motivation die Forscher seit mehreren Jahrzehnten. Die Etablierung eines eigens damit befaßten Wissenschaftszweiges, der Motivationspsychologie, hat zu einer Menge meist theoretischer Überlegungen geführt. Demgegenüber sind fremdsprachenunterrichtlich orientierte Aussagen zur Motivation neueren Datums; da sie zudem meist auf allgemeinunterrichtlichen Annahmen beruhen, scheint es uns legitim zu sein, trotz der fremdsprachenunterrichtlichen Spezifik dieses Abschnittes allgemeine Überlegungen zur Motivation anzureißen und zu diskutieren.

> "Erkenntnisse der Motivationstheorie haben bislang in der Pädagogischen Psychologie und in der Lehrerausbildung kaum eine Rolle gespielt. Dies gilt, so verwunderlich es erscheinen mag, auch für die zentrale Frage, wie man Kinder besser für etwas motivieren kann, dem sie - wie dem Lernen in der Schule - häufig wenig abgewinnen können. Das heißt aber nicht, daß es nicht eine traditionelle und ausgebaute Praxis der Motivierung von Schülern gäbe. Es gibt sie selbstverständlich, und wir alle verwenden sie wie das Natürlichste von der Welt. Jeder kennt solche Mittel der Motivierung, vor allem Lob und Tadel." (Heckhausen 1974 a, 579).

Einerseits darf der erste Teil der Feststellung Heckhausens
getrost als überholt gelten; die zahlreichen, z. T. empirischen Arbeiten und Befunde zur Rolle der Motivation beim
Fremdsprachenlernen (vgl. exemplarisch Gardner/Lambert 1972,
die Arbeiten in Solmecke 1976 sowie Düwell 1979, jetzt auch
Solmecke/Boosch 1981) sprechen da ebenso für sich wie die Tatsache, daß kaum ein Handbuch für den Fremdsprachenunterricht
die Motivation unerwähnt läßt. Andererseits fehlt bis heute
u. W. der Versuch, die Bedeutung der Motivation im Rahmen der
fremdsprachenunterrichtlichen Faktorenkomplexion dergestalt
festzuschreiben, daß Aussagen möglich werden, die über ein
'Motivation ist wichtig beim Lernen' entscheidend hinausreichen.

Der zweite Teil des Heckhausen-Zitates macht deutlich, daß
wir alle gewisse theoretische und praktische Vorstellungen
von Motivation haben, uns jedoch über ihre Funktion, vor allem aus der Lernperspektive, nur selten im klaren sind; Lob
und Tadel sind nämlich Lehrerverhaltensweisen, die den Lerner
motivieren (sollen), sie lassen aber die unmittelbare Beziehung zwischen Lerner und Lerngegenstand außer acht. Wir wollen daher im folgenden versuchen, auf der Basis der allgemeinen psychologischen Fundierung der Motivation ihren Platz in
der Faktorenkomplexion des Fremdsprachenunterrichts zu bestimmen und darauf aufbauend der Frage nachzugehen, was Norm
und Motivation miteinander zu tun haben.

Gemeinhin wird zwischen *intrinsischer* und *extrinsischer Motivation* unterschieden. Beiden Arten liegen jeweils *Motive* zugrunde, d. h. "Bedingungen des zielgerichteten Verhaltens,
die unabhängig von den Anregungsbedingungen der Situation als
persönliche Besonderheiten im Lernprozeß behandelt werden ..."
(Vogel/Vogel 1975, 44). Die Motive als individuelle, situa-
tions- und lernstoffspezifische Variablen bestimmen, ob ein
Lerner (Lern-) Handlungen ausführt, weil er unmittelbar an
den Folgen seines Handelns interessiert ist (intrinsisch) oder
ob er diese (Lern-) Handlungen aus anderen, *nicht* im (Lern-)

Handlungsgegenstand selbst liegenden Gründen vollzieht[34]. Motivation erwächst somit aus einer Handlungsepisode, bestehend aus einer Aneinanderreihung von *Situation, Handlung, Ergebnis* und *Folgen* und den sich daraus ergebenden Arten von Erwartung (vgl. Heckhausen/Rheinberg 1980, 15 ff.), wobei die Auslöser der Motivation zunächst jeweils individuell feststellbar sind, d. h. ohne jede supraindividuelle *Verbindlichkeit* funktionieren (vgl. Heckhausen 1974 a, 588). Das bedeutet, daß die Bereitschaft zum Lernen (z. B. einer Fremsprache) zunächst einmal dem Willen des Einzelnen unterliegt. Nun wissen wir aber seit Heckhausen (1974 c), daß die Folgen (als letztes Glied der Handlungsepisode) in einer vom (Lern-) Handelnden selbst vorgenommenen Bewertung des Ergebnisses der durch die Situation mit evozierten Handlung bestehen. Diese Bewertung kann nun an *unterschiedlichen* Bezugsnormen orientiert sein: sie kann ebenso aufgrund von Standards erfolgen, die durch die Sache selbst vorgegeben sind, sie kann aufgrund einer individuellen Norm, die aus früheren Ergebnissen resultiert, erfolgen oder aus einer sozialen, die sich aus dem Vergleich der Ergebnisse mehrerer Personen ergibt. Ein konkretes Beispiel: der fremdsprachliche Fehler kann als Abweichung vom System, als (positive oder negative) Veränderung gegenüber früheren fremdsprachlichen Produktionen oder im Vergleich zu anderern Lerneräußerungen bewertet werden. Wenn also die Motivierung durch individuelle Gütekriterien gesteuert wird, so liegt die Vermutung nahe, daß Unterrichtsprozesse mit indivi-

---

[34] Heckhausen/Rheinberg (1980, 2o ff.) weisen auf unterschiedliche Konzeptionen hin, die sich im Bereich der Psychologie hinter dem Begriff 'intrinsisch' verbergen; mit Bezug auf den gesteuerten Fremdsprachenerwerb unterscheiden Zimmermann (1976) zwischen primärer und sekundärer Motivation, Dirven/Goergen/Hennchen (1977) zwischen direkter (=Lehrersympathie oder Zufriedenheit mit Noten) und indirekter Motivation (="weiterreichende Gründe für das Erlernen einer Fremdsprache, Erwartungen, usw." 1977, 106). Trotz der in der Sache prinzipiell wichtigen Unterscheidung zwischen den verschiedenen Begrifflichkeiten soll in der Folge die obige Terminologie beibehalten werden, da sie für unseren Zweck ausreichend ist.

dueller Bezugsnorm-Orientierung das lernende Individuum stärker motivieren als solche mit sozialer Bezugsnorm-Orientierung. Letztere Bezugsnorm beeinflußt zwar über die Gütestandards die Ausprägung der individuellen Bezugsnorm, doch diese wird vom Lerner selbst gesetzt, so daß die individuelle Bezugsnorm-Orientierung den höchsten Motivationsgrad erwarten läßt. Heckhausen/Rheinberg (1980, 34) berichten, daß dies inzwischen auch empirisch belegt sei.

Die teilweise Interdependenz zwischen sozialer und individueller Bezugsnorm bringt uns wieder auf das Verhältnis von intrinsischer und extrinsischer Motivation zueinander; die soziale Bezugsnorm kann die Zweckgerichtetheit ('man will gelobt werden') über die Sachgerichtetheit ('Lösen einer Aufgabe um des Wissenzuwachses willen') heben. Man war sich lange Zeit in der Annahme einig, daß intrinsische Motivation als die durch Interesse am (Lern-)Gegenstand hervorgerufene Form der Anregung die bessere sei, um einen Lernprozeß erfolgreicher abzuschließen bzw. um diesen Lernprozeß nicht abbrechen zu lassen. Hält man sich dagegen vor Augen, daß die Motive zur Bewältigung einer Aufgabe in der allem Anschein nach korrigierbaren Lückenhaftigkeit zwischen dem Wissen des Handelnden und der Aufgabenstellung liegen, so bedeutet das Übertragen etwa auf den unterrichtlich gesteuerten Lernprozeß, daß intrinsische Motivation dann *nicht* mehr vorliegt, wenn die Wissenslücke geschlossen ist. Die unterrichtliche Erfahrung zeigt aber, daß (Grundlagen-)Wissen nicht sofort und damit dauerhaft durch die Lerngruppe erworben wird/werden kann. Das bedeutet nun wiederum, daß intrinsische Motivation im schulischen Lernprozeß nicht ohne extrinsische Motivation (zumindest in Teilen) wirksam werden kann und daß letztere nicht selten als Basis für spätere intrinsische Motivation dient; denken wir dabei etwa an einen Schüler, dessen (Lern-)Handeln durch das Erfolgs- und/oder Leistungsmotiv bestimmt ist und der erst über gute Noten (als Resultat einer *zweckgerichteten* Lernmotivation) zum Interesse am Lerngegenstand selbst gelangt. Hier zeigt sich ein erster Mangel des Konzepts von extrinsischer und intrinsischer Motivation.

Im gerade genannten Beispiel ist die positive *Erfahrung* des Lerners mit dem Lerngegenstand ausschlaggebend für die Motivation. Gegenteilige Beobachtungen und Annahmen, wonach der Lernvorgang und damit die Motivation durch Frustrationen und Mißerfolge[35] behindert werden, haben die Entstehung der These begünstigt, daß 'störungsfreies' Lernen in höchstem Maße durch Motivation gekennzeichnet sei! Vogel/Vogel (1975, 47) warnen allerdings mit Recht davor, konfliktfreie Lernsituation um jeden Preis schaffen zu wollen; dies verhindert nämlich, daß der Lerner sich aus Neugier mit dem Lerngegenstand auseinandersetzt.

Die Motivationspsychologie bemüht sich, die für den Lernprozeß konstitutiven Auslöser zu ermitteln, ihre genaue Funktion zu erkennen und Hinweise für die unterrichtliche Praxis zu liefern[36]. Wenngleich sie in dieser letztgenannten Zielsetzung dem *Lehrer* Hilfen anbieten will, so bleibt sie doch ihrem Wesen nach eine *lerner*orientierte Disziplin. Die von der Motivationspsychologie angebotene Theorie hat auch Eingang in die Erforschung des Fremdsprachenerwerbs/-lernens gefunden. Vor allem Gardner/Lambert (1972) haben darauf aufbauend eine sozialpsychologisch fundierte Motivationstheorie entwickelt:

> "The learner's ethnocentric tendencies and his attitudes toward the members of the other group are believed to determine how successful he will be, relatively, in learning the new language. His motivation to learn is thougt to be determined by his attitudes toward the other group in particular and toward foreign people in general and by his orientation toward the learning task itself." (1972, 3).

---

[35] "Je motivierter ein Schüler ist, desto größer ist die Frustration, wenn seinen Bemühungen etwas in den Weg gelegt wird." (Mager 1974, 68). Heckhausen/Rheinberg (1980, 23) sehen durch "Schwierigkeiten, Mißerfolge oder Störungen von außen" primär intrinsische Motivation gefährdet.

[36] Die von Heckhausen (1974 a, 577 f.) konstatierte Praxisferne bisheriger motivationstheoretischer Überlegungen scheint u. E. wenigstens teilweise überwunden.

Die Autoren leiten aus dieser Annahme ihre Hypothese ab, derzufolge intrinsische[37] Motivation eher und 'besser' zu erfolgreichem Erwerb eines zweiten sprachlichen Systems führt als extrinsische Motivation. Sie versuchen diese Hypothese durch z. T. umfangreiche empirische Untersuchungen zu bestätigen. Im Verlauf ihrer Untersuchungen gelangen sie zu einer immer mehr an die sozioökonomischen und -kulturellen Bedingungen geknüpften Auffassung der intrinsischen Motivation, deren Wirksamwerden danach an die außersprachlichen Gegebenheiten der eigenen Sprachumgebung gekoppelt ist (Gardner et al. 1976).

An den Untersuchungen Gardner/Lamberts ist berechtigte Kritik geübt worden (vgl. exemplarisch Düwell 1979, 15 ff.). Sie umfaßt das letztlich empirisch nicht abgesicherte Verhältnis[38] zwischen beiden Motivationsarten sowie vor allem den methodologischen Mangel an Übertragbarkeit von Daten aus z. T. *bilingualen* Sprachumgebungen auf den Unterricht in *monolingualer* Umgebung. In unserem Kontext wollen wir uns auf zwei Aspekte beschränken:

a) die Anbindung der fremdsprachenunterrichtlich gerichteten Motivationstheorie an sozioökonomische und -kulturelle Bedingungen und damit auch an soziolinguistische Normen;

b) die Auswirkung der Tatsache auf das fremdsprachenunterrichtliche Bedingungsgefüge, daß intrinsische Motivation per definitionem an zukünftige, natürliche Sprachverwendung und nicht an den 'künstlicheren' unterrichtlichen Dialog gebunden ist (vgl. hierzu die Kritik Macnamaras 1973 bzgl. der auf Fremdsprachenunterricht adaptierten Theorie von intrinsischer und extrinsischer Motivation).

---

[37] Gardner/Lambert sprechen von <u>integrativer</u> und <u>instrumentaler</u> Motivation. Auf eine nähere Ausdifferenzierung gegenüber dem Begriffspaar 'intrinsisch-extrinsisch' wollen wir hier verzichten.

[38] Gardner/Lambert (1972, 43 f.) haben selbst ihre Annahme nicht immer bestätigt gefunden; auch Düwell (1979, 109 f.) findet diese Annahme nicht in seinen Daten bestätigt.

Zu a): Motivation ist nicht (nur) das Ergebnis eines individuellen Gerichtetseins auf eine (Lern-)Handlung, sondern (auch) die Folge von Bemühungen von 'außen', das Individuum für eine (Lern-)Handlung zu interessieren. Motiviert sein heißt damit nicht unbedingt, eigenen bzw. ureigenen Interessen zu folgen, sondern kann ebenso gut - bewußte oder unbewußte - Unterwerfung unter die Interessen anderer bedeuten. Das Konzept intrinsischer und extrinsischer Motivation berücksichtigt diese Tatsache nicht, denn auf den Lerngegenstand bezogene, nicht zweckgerichtete Motivation kann durchaus 'fremdbestimmt' sein, wenn sie z. B. durch soziologische Normvorstellungen ausgelöst wird, die ihrerseits wiederum das Ergebnis von Sozialisationsprozessen sind. Während in diesem Fall existierende Normen gleichsam 'manipulierend' v o r der Motivation anzusiedeln sind, können derartige Normen die schon konstituierte (individuelle) Motivation im nachhinein beeinflussen. Daraus resultiert eine nicht unmittelbar an den Bedingungen der Beschäftigung mit einer (Lern-)Handlung sich verändernde Motivation - z. B. sinkende Motivation bei undurchführbar scheinender Bewältigung einer (Lern-)Aufgabe -, sondern eine Veränderungen von außen unterliegende Motivation. Die auf die Sprache selbst gerichtete Motivation zum schulischen Erwerb von Spanisch z. B. kann durch soziologische Normen, die sich in der Abwertung der spanischen Sprache gegenüber anderen ebenso manifestieren können wie in der untergeordneten Berücksichtigung dieser Sprache im schulischen Fächerkanon[39], wenigstens teilweise abgebaut werden.

Intrinsische Motivation setzt Interesse am Lerngegenstand als ganzem voraus. Wir werden weiter unten (Kapitel 4.2) sehen, daß die Einbindung von Sprache in die gesellschaftlichen Prozesse zur Etablierung bestimmter soziolinguistischer Normen führt. Gleichzeitig ist die Fremdsprache als Lerngegenstand aber nur partiell etwas Neues, nämlich insofern, als der Ler-

---

[39] Die von Hurrelmann (1973, 148 ff.) skizzierte Zwitterstellung des Lehrers bezüglich des schulischen Sozialisationsprozesses manifestiert sich auch in diesem Bereich.

nende neue Ausdrucksmöglichkeiten für das lernt, was er in seiner Muttersprache schon längst bezeichnen kann. Die Divergenz zwischen soziolinguistischen Normen in Mutter- und Fremdsprache kann in den Fällen zum Absinken der Motivation führen, in denen zielsprachliche Konzepte für den Lerner nicht mehr einzuordnen sind[40]; darüber hinaus impliziert die enge Verbindung von Sprache, Inhalt und Situation, daß Sprache - vor allem, wenn ihre Automatisierung angestrebt wird - nicht isoliert als starres System betrachtet werden kann. Die Präsentation verschiedener, soziolinguistisch bestimmbarer zielsprachlicher Register setzt - soll die Motivation erhalten bleiben - muttersprachliches Bewußtsein, zumindest aber muttersprachliche Bewußtmachung voraus. Eine (möglichst nachhaltige) Motivierung des Fremdsprachenlerners darf sich also nicht auf ein eindimensionales Neugiermotiv einerseits und ein eindimensionales 'Bekanntheitsmotiv' andererseits beschränken, sondern muß bei beiden Motiven zunächst die Kombination von Sprache und Inhalt berücksichtigen, ohne die Sprache undenkbar wäre, und muß in einem weiteren Schritt die Situation im Blick haben, in der eine bestimmte sprachliche Äußerung zu einem ganz bestimmten Zweck getan werden soll.

Zu b): Damit sind wir schon insofern beim zweiten Aspekt, als die Berücksichtigung der Situationsangemessenheit von Äußerungen in der Regel auf eine 'natürliche' außerunterrichtliche Sprachäußerung abgestellt ist, fremdsprachenunterrichtliche Kommunikationssituationen diese Natürlichkeit aber im allgemeinen nicht haben[41]. Die Annahme intrinsischer Motivation beim Fremd-

---

[40] Kontrastive Vorgehensweisen im Fremdsprachenunterricht stützen sich gerade darauf.

[41] Dies gilt nicht für unterrichtliche Kommunikationssituationen, die speziell auf andere nicht natürliche Zielsituationen hin evoziert werden. Kleppin/Parent (1982) berichten z. B. über einen von ihnen entwickelten Kommunikationskurs, dessen Ziel die Vorbereitung von Romanistik-Studenten auf den fremdsprachlichen Teil der Staatsprüfung ist.

sprachenlerner scheint damit ungerechtfertigt zu sein. Nun weist Macnamara (1973, 64 f.) am Ende seines Beitrages darauf hin, daß sich intrinsische Motivation seitens des Lerners nur auf den Wunsch beziehen kann, zukünftig, in aktuellen, für ihn wichtigen Situationen seinen Sprachbedürfnissen entsprechend zu handeln. Damit ist nicht mehr die Sprache als ganzes Lerngegenstand.

Für die Annahme Macnamaras spricht, daß Lerner tatsächlich Vorstellungen darüber entwickeln, zu welchem Zweck sie die Fremdsprache später einsetzen wollen (vgl. z. B. Macht/Schröder 1976; Schröder 1977 c; Stedtfeld 1978; Bigalke 1981). Die immer mehr in den Vordergrund tretende Entwicklung fachspezifischer Kurse belegt dies ebenfalls.

Gegen die Annahme Macnamaras kann geltend gemacht werden, daß Lerner zwar Gründe für die Sprachenwahl angeben können, damit jedoch nicht verbindlich die Situation vorhersagen können, in denen sie zukünftig gezwungen sein werden, sprachlich (angemessen) zu reagieren. Da die Inhomogenität von Lerngruppen und Lernerinteressen zu einem 'Kompromiß' bezüglich der Lerninhalte zwingt, nehmen Lerner zwangsläufig immer mehr an Informationen auf, als sie für die tatsächliche Bewältigung der ihnen vorschwebenden Situationen brauchen. Deshalb muß die Motivation jedoch nicht nachlassen, es kann sogar ein entgegengesetzter Effekt im Sinne einer Motivationsstärkung auftreten. Ein nachhaltiger Motivationsverlust tritt erst dann ein, wenn der Lerner seine Motive für die Fremdsprachenwahl bzw. die mit Fremdsprachenunterricht nach seinem Verständnis verbundenen Lerninhalte im aktuellen Unterricht nirgendwo wiederfindet und wenn er gleichzeitig von anderen, seinen Vorstellungen zuwider laufenden Begründungen nicht zu überzeugen ist.

Die 'Künstlichkeit' unterrichtlicher Kommunikationssituationen - und dabei gehen wir hier von Fremdsprachenunterricht in muttersprachlicher Umgebung aus - ist dennoch ein Problem, auch für die Motivation des Lerners. Um ihn zu motivieren, reicht die individuelle Motivation in Form des Interesses an der jeweiligen Fremdsprache nicht immer aus. Wie sonst sollte man erklären, daß z. B. Kursteilnehmer in Volkshochschulen ihr Interesse an der Sprache durch freiwilligen Kursbesuch, z. T. durch Nachbereitung von Unterrichtsstunden und aktive Mitarbeit bei bestimmten Übungsformen dokumentieren, bei Dialogsituationen und Rollenspielen aber häufig blockieren ? Zu der am Lerngegenstand orientierten, im Lerner selbst etablierten Motivation muß also noch die Motivierung von außen kommen. Sie kann entweder durch die Lerngruppe, ihre innere Struktur und ihre Sozialisationsmechanismen erfolgen oder durch den Lehrer, der unter Berücksichtigung anderer unterrichtlicher Faktoren wie z. B. möglichst aller außerunterrichtlichen Lernerfaktoren oder unterrichtlicher Rahmenbedingungen eine adäquate Lerngruppen- und Lernermotivierung anstrebt.

Über alle diese Zusammenhänge wissen wir mit Bezug auf den Fremdsprachenunterricht noch recht wenig. Schwerdtfeger (1981) schlägt vor, Fremdsprachenunterricht als mehrdimensionales Handlungsfeld aufzufassen - nämlich in Bezug auf unterrichtliches Handeln, auf fremdsprachliches Handeln und auf sprachliches Handeln in ungeschützten Handlungsbezügen -, und ihn dann mit der von Schiefele/Hausser/Schneider (1979) und Schneider/Hausser/Schiefele (1979) vorgestellten *Theorie des Interesses* zu untersuchen. Mit dieser Theorie wird vor allem die Beziehung zwischen Lerner und Lerngegenstand in den Blick genommen, wobei dem Lerner die Fähigkeit zur selbständigen Erkenntnis und zum eigenständigen Handeln zuerkannt wird, aufgrund deren sich das Interesse, d. h. die Bereitschaft zur Beschäftigung mit dem Lerngegenstand entwickelt. Der Vorteil dieser Theorie gegenüber dem Ansatz von Gardner/Lambert (1972) beispielsweise liegt darin, daß außerunterrichtliche fremdbestimmte, nicht zweckgerichtete Motivation (vgl. oben S. 111) nicht mehr zu berücksichtigen ist. Offen bleibt dagegen, wie der Einfluß des Lehrers zum Interesse in Beziehung gesetzt werden kann. So weist z. B. Düwell (1982, 245) mit Recht auf die Notwendigkeit hin, die Untersuchung individueller Dispositionen des Lerners durch Berücksichtigung der "vom Unterricht ausgehenden Anregungsfaktoren" miteinzubeziehen. Vor diesem Hintergrund und mit Blick auf die Rolle des Lehrenden insgesamt (vgl. Kapitel 5) scheint uns eine Kombination des von Schwerdtfeger (1981) und Düwell (1982) vorgeschlagenen Ansatzes sinnvoll, zumal die von Düwell (1982, 251) angestrebte synthesenartige Betrachtung affektiver, kognitiv-fachgebundener und allgemeiner Lernziele im Konzept der 'Interessentheorie' genuin enthalten ist.

Versuchen wir, uns die fremdsprachenunterrichtliche Normenvielfalt, wie wir sie bisher erarbeitet haben, zu vergegenwärtigen, so stellt sich die Frage, wie es um das Verhältnis zwischen der Motivation bzw. dem Interesse und den Normen bestellt ist. Mehrmals haben wir angedeutet, daß fortdauernde Enttäuschung von Erwartungen und unbegründeter Verstoß gegen individuell gesetzte, als allgemeingültig vermutete Normen das Verhältnis des Lerners zum Fremdsprachenunterricht und zum Lerngegenstand negativ beeinflußt. Auch die schon mehrfach angesprochene, von Kleppin (1981) für einen bestimmten Lernerkreis empirisch belegte negative Auswirkung von zu häufigen, redeunterbrechenden Lehrerkorrekturen belegt dies. Damit reden wir freilich nicht einer absoluten Fehlertoleranz das Wort. Im Gegenteil. Wir weisen vielmehr darauf hin, daß nicht die Fehler selbst die Motivation/das Interesse beeinträchtigen (müssen), sondern die Art und Weise, wie der Lerner zu der Erkenntnis geführt wird, daß die von ihm angenommene fremdsprachliche und metaunterrichtliche Norm in diesem oder jenem Fall nicht der tatsächlichen Norm entspricht. Daraus ergibt sich, daß Motivation/Interesse und Normen nicht zwei sich jeweils ausschließende Begriffe sind. Es müßte allerdings sichergestellt werden, daß entsprechend dem oben nach Schwerdtfeger (1981) skizzierten dreidimensionalen Handlungsfeld 'Fremdsprachenunterricht' der Lerner sensibilisiert wird für dementsprechend *verschiedene* Normen und Erwartungshaltungen, die es für ihn zu entwickeln gilt, die es aber auf der Seite der anderen Menschen (Lehrer, native speaker), die auf die Ausprägung seiner Motivation/seines Interesses einwirken, schon gibt.

2.3.2 INTENDIERTE FREMDSPRACHENANWENDUNG

Fremdsprachenunterricht hat, wie wir mehrmals festgestellt haben, die Anwendung der Fremdsprache im Blick. Dabei kann Anwendung zunächst nicht 'Gebrauch der Fremdsprache in allen Situationen ähnlich dem Gebrauch der Muttersprache' heißen. Unterrichtliche, lernpsychologische und institutionelle Bedingungen stehen diesem Ziel als unmittelbar anzustrebendem Lernziel ebenso entgegen wie der teilweise mangelnde Kontakt mit fremdsprachigen Muttersprachlern in der Erwerbs-/Lernphase, der eine praktische Anwendung des Gelernten erstens fördern und zweitens für den Lerner einsichtiger machen würde. Die hinter dem Fremdsprachenunterricht stehende Intention des Lerners hinsichtlich der Anwendung betrifft zum einen die Frage der Sprachenwahl, zum anderen die skillspezifische Ausrichtung von Fremdsprachenunterricht und die sich daraus ergebenden Normen und Erwartungen.

2.3.2.1 SPRACHENWAHL

Die Sprachenwahl ist eng mit Fragen der Motivation und Einstellung gekoppelt. Dementsprechend kann auch bei der Sprachenwahl zwischen direkten, d. h. am Lerngegenstand selbst orientierten Gründen, und eher indirekten, d. h. an nicht am Lerngegenstand selbst, sondern an äußeren Bedingungen des Unterrichts (Zensurenerwartung, Wahl zwischen zwei 'Übeln', Person des Lehrers, Lerngruppe usw.) ausgerichteten Gründen unterschieden werden. Daneben muß differenziert werden zwischen dem Pflichtbereich (dieser umfaßt im Sekundarbereich gemeinhin das Englische), einem Wahlpflichtbereich, innerhalb dessen sich der Lerner zwischen zwei oder mehreren Fremdsprachen entscheiden muß, und einem Wahlbereich, in dem die Entscheidung für eine Fremdsprache allein auf den Willen des Lerners zurückzuführen ist (dieser Bereich umfaßt außer der Sekundarstufe II vor allem den tertiären und quartären Bildungsbereich). Schließlich muß darauf verwiesen werden, daß zahlreiche europäische Fremdsprachen sowohl durch institutionelle Gegebenheiten als auch durch das in der Folge entstandene Bewußtsein sowie durch Verwendungsbedingungen in einer Art Rangfolge darstellbar sind: Englisch liegt dabei unangefochten an der Spitze; Französisch rangiert an zweiter Stelle, allerdings derzeit mit Abwärtstrend; das Feld der sogenannten Tertiärsprachen besteht vor allem aus Spanisch, Italienisch und Russisch, in grenznahen Gebieten spielen z. T. Niederländisch und Dänisch eine Rolle (vgl. zum Wahlverhalten bezüglich der modernen Fremdsprachen Christ 1977, zu Tertiärsprachen Schröder 1977 c; 1979; zu Motiven für die Sprachenabwahl exemplarisch Söhngen 1979).

Erfolgt die Sprachenwahl aufgrund allgemeinen *Interesses* am Lerngegenstand, so ist sie als Produkt der oben skizzierten Bedingungen zu sehen, d. h. bezogen auf die Normfrage korrespondiert sie nicht mit der Sprache selbst, sondern mit den aus dem Interesse resultierenden Erwartungen und Normen. Eine Sprachenwahl, die dagegen unter der unmittelbaren Perspektive der Anwendung[42] des Gelernten vorgenommen wird, impliziert gleichzeitig die Erwartungen gegenüber den Anwendungsbedingungen. Wer Französisch lernt, um historische Quellen lesen zu können, trifft eine Wahl in der Hoffnung, daß der Fremdsprachenunterricht ihm die Kenntnisse vermittelt, die er zur Bewältigung seiner Aufgabe benötigt. Hier wird es Aufgabe eines emanzipatorisch orientierten Unterrichts sein, die Vielfalt der Anwendungsperspektiven zu integrieren; dies bedeutet gleichzeitig, dem Lerner die Einsicht für verschiedene Erwartungen und an individuellen Intentionen orientierte Normen zu vermitteln und ihm Kooperation abzuverlangen.

---

[42] Hierunter fassen wir die Lernereinstellungen, die <u>nicht</u> nur durch bloßes prinzipielles Interesse am Lerngegenstand gekennzeichnet sind (Neugiermotiv), sondern die sich durch Konzentration auf die praktische Anwendung des zu Lernenden in natürlichen Situationen auszeichnen.

2.3.2.2 SKILLSPEZIFISCHE AUSRICHTUNG

Dem oben erwähnten Historiker wird man - entsprechende Angebote vorausgesetzt - nahelegen, einen Lesekurs, möglichst für Fachwissenschaftler, zu besuchen. Die traditionelle Fremdsprachendidaktik unterscheidet vier verschiedene Skills, nämlich Sprechen, Hören, Schreiben und Lesen, die je nach methodischem Ansatz im 'allgemeinen', d. h. nicht skillspezifischen Fremdsprachenunterricht unterschiedliche Gewichtungen erfahren, jedoch zumeist allesamt Berücksichtigung finden. Nicht unerwähnt bleiben darf in diesem Zusammenhang das Übersetzen, dessen Einordnung als fünfte Fertigkeit in den Fremdsprachenunterricht durchaus unterschiedlich gesehen wird (vgl. als Überblick Königs 1979, 76 ff. sowie die in Königs 1981 a genannten Titel), dessen Behandlung aber hinsichtlich seines systematischen curricularen und konzeptuellen Einbaus in den Fremdsprachenunterricht über einige wenige Ansätze noch nicht hinausgekommen ist (vgl. dazu Ettinger 1977; Königs 1979, v. a. 100 ff.; Königs 1981 b; Weller 1981).

Zu diesen fünf im allgemeinen Bewußtsein verankerten Fertigkeiten sollte u. E. noch eine sechste in den Blick gerückt werden, nämlich die fachsprachliche Kommunikation[43]. Zwar steckt die fachsprachliche Forschung teilweise, vor allem jedoch die Nutzbarmachung ihrer Ergebnisse für den Fremdsprachenunterricht, noch in den Anfängen, doch ist heute ebenso banal wie evident, daß Fachsprache nicht bloß mit fachlich orientiertem Vokabular gleichgesetzt und damit auf den Bereich der Lexik beschränkt werden kann. Vielmehr legt die fachsprachliche Forschung neben der Analyse sprachlicher Besonderheiten der Fachsprachen auch die Beschäftigung mit dem Verhältnis von Fach- und Gemeinspra-

---

[43] Es soll hier nicht weiter diskutiert werden, ob die Annahme der fachsprachlichen Kommunikation einen sechsten Skill rechtfertigt oder nicht. Betont werden soll nur die Notwendigkeit, skillspezifisch ausgerichteten Unterricht an den ihn konstituierenden ureigenen Bedingungen zu messen.

chen zueinander dringendst nahe (vgl. hierzu exemplarisch
Fluck 1980, 160 ff.; vgl. zu einem anders orientierten Ansatz
Hoffmann 1976, 165 sowie 186 f.). Dabei ist fachsprachlicher
Fremdsprachenunterricht keineswegs (traditionell) skillspezifisch; er kann es aufgrund der Bedarfsanalysen auch gar nicht
sein (vgl. dazu Bausch et al. 1978, 147 ff.; Bausch et al.
1980). Er stellt vielmehr eine eigene Form skillspezifischen
Fremdsprachenunterrichts dar.

Skillspezifische Sprachkurse sind durch besondere Betonung
einer Fertigkeit gekennzeichnet, wobei die Berücksichtigung
anderer Skills und durch sie bedingte Normen weitgehend ausgeschlossen werden soll bzw. wird (vgl. exemplarisch das Projekt von Nehr 1981). Von daher unterliegen sie spezifischen
Eigengesetzlichkeiten bezüglich ihrer Norm und ihrer Normsetzung; sie haben in ihrer Konzeption stärker die Anwendung
im Blick als dies im 'allgemeinen' Fremdsprachenunterricht
der Fall sein kann, nicht zuletzt, weil simulierte fremdsprachliche Situationen hier weniger künstlich wirken als im alle
Fertigkeiten in mehr oder minder starkem Umfang einschließenden 'allgemeinen' Fremdsprachenunterricht. Umgekehrt heißt dies
aus der Lernerperspektive, daß differenziertere Normen und Erwartungen an den Unterricht herangetragen werden als im nichtskillspezifischen Fremdsprachenunterricht, da potentielle spätere Lerneraktivitäten von vornherein begrenzt sind. Der oben
zitierte Historiker braucht eher die nötigen Kenntnisse, um den
Code Napoléon oder Augenzeugenberichte über die Französische
Revolution zu entschlüsseln, als das sprachliche Wissen darüber, wie er sich mit einem Franzosen über Probleme des Nahverkehrs oder der Energieversorgung in der Fremdsprache verständigen kann, und selbst der Besucher eines skillspezifischen Fremdsprachenunterrichts *ohne* wissenschaftliche Ausrichtung wird differenzierte, an die Fertigkeit gebundene Normen
und Erwartungen in den Unterricht einbringen.

Neben der engen Rückbindung der beiden in diesem Abschnitt angesprochenen Faktoren an die Motivation sind diese in enger

Verknüpfung mit Lernervorkenntnissen, fremdsprachlichen Lernerfahrungen, Konstituenten der Sprachbegabung und -eignung sowie der Einstellung zur Sprache als 'Medium' zu sehen; so können z. B. Lernervorkenntnisse hinsichtlich der Sprache für die Sprachenwahl ebenso entscheidend sein wie für die Entscheidung zum Besuch eines skillspezifischen Kurses, wenngleich freilich auf jeweils anderer Ebene. Daneben sollten aber bei der Analyse des Sprachwahlverhaltens die außerunterrichtlichen Faktoren sowie unterrichtliche Rahmenbedingungen in keinem Fall. außer acht gelassen werden; die Entscheidung zum Besuch eines skillspezifischen Kurses und die daraus erwachsenden Normvorstellungen hängen dagegen stärker von außerunterrichtlichen Lernerfaktoren ab.

2.3.3   VORKENNTNISSE

Fremdsprachliche Vorkenntnisse können zum einen das Motiv auf seiten des Lerners sein, sich für einen Kurs bzw. für eine Sprache zu entscheiden. Dabei steht für den Lerner das noch so geringe Vorwissen für die vermeintliche Erfahrung mit dem Lernstoff, aber auch mit dem Unterricht. Vorkenntnisse bestimmen von daher in nicht geringem Maße die normativen Erwartungen an den Fremdsprachenunterricht. Mögen Vorkenntnisse im Sekundar- und Tertiärbereich häufig der Auslöser für Wahl und Besuch des Fremdsprachenunterrichts mit dem Ziel sein, die vorhandenen Kenntnisse zu erweitern, indem man mehr von der Fremdsprache erfahren will, so spielen Vorkenntnisse im Bereich der Volkshochschule offensichtlich eine andere Rolle. Zwar dienen auch hier Vorkenntnisse als Motiv zum Kursbesuch, und zwar allem Anschein nach in stärkerem Maße als im oben genannten Bereich, doch wird bei der Einstufung der Lerner in die verschiedenen Kurs-Niveaus bewußt tiefgestapelt, um in einen Kurs eingestuft zu werden, in dem man schon aufgrund der Vorkenntnisse gut dem Unterricht folgen kann. Vorkenntnisse werden in diesem Fall also dazu genutzt, persönliche Unsicherheit zu überspielen, damit die eigene Lernerpersönlichkeit zu stabilisieren und u. U. über das Mehr an Wissen gegenüber den Mitlernern eine dominante Rolle im Rahmen des Sozialisationsprozesses der Lernergruppe einzunehmen.

Nicht ausschließlich, aber besonders im letztgenannten Fall bringt der Lerner neben seinem fremdsprachlichem Vorwissen als solchem normative Erwartungen bezüglich des Lerngegenstandes in den Unterricht mit ein. Solange sich diese normativen Erwartungen mit dem tatsächlich im Unterricht Vermittelten decken, gibt es keine Schwierigkeiten. Anders dagegen verhält es sich, wenn Beschreibungen und/oder Regeln[44] sowie fremdsprachliches Beispielmaterial sich von dem im Vorwissen verankerten Material unterscheiden, ohne daß der Lerner in der Lage ist, die Diskrepanz zwischen den verschiedenen Beschreibungen und/oder Beschreibungsverfahren zu verstehen. Der Lerner ist darauf angewiesen, die Information über die Fremdsprache als sprachliche Norm zu übernehmen, da ihm zumeist die Möglichkeit der unmittelbaren Rückbindung sprachlicher Beschreibungen an natürlichen Sprachgebrauch fehlt. Forderungen, alternative grammatische, lexikalische oder sprechakttheoretische Äußerungen in den Unterricht einzubauen, würden bei ihrer Erfüllung einerseits ohne Zweifel die Fixierung des Lerners auf die *Beschreibung* der Sprache mildern; andererseits würde der Fremdsprachenunterricht im Hinblick auf sein inhaltliches und zeitliches Volumen eine nicht unerhebliche Ausweitung erfahren. Letztere Konsequenz steht aber gerade im Gegensatz zu den Bemühungen, Fremdsprachenunterricht durch Orientierung an Sprechaktkategorien und Handlungsabsichten zu verändern und dadurch zu effektivieren.

Daraus folgt u. E., daß Vorkenntnisse auf seiten der Lerner zwar in den Fremdsprachenunterricht integriert werden *müssen* - erinnern wir uns an das oben angesprochene Verständnis von Lernen als Interdependenz von altem und neuem Wissen (vgl.

---

44) Wir abstrahieren hier von der Frage, ob und in welchem Umfang Regeln Bestandteil fremdsprachlichen Unterrichts sein sollten.

oben S. 97) -, daß der Lerner aber andererseits zur Fähigkeit
erzogen werden muß, Gelerntes zu modifizieren oder gar infragezustellen. Die inhaltlichen Anlässe dazu müssen deshalb
so gewählt werden, daß eine eventuelle Modifikation des bisherigen Wissens sich folgerichtig für den Lerner ergibt. Unterrichtliche Progression wird von daher nicht umhin können,
fremdsprachliche Lernernormen als ihren genuinen Bestandteil
zu berücksichtigen.

2.3.4 FREMDSPRACHENUNTERRICHTLICHE LERNERFAHRUNGEN

Wir haben schon oben auf die Auswirkung des Vorwissens auf
die mentalen Lern*prozesse* andeutungsweise verwiesen. Vom Lerner wird verlangt, sein vorher erworbenes explizites oder implizites fremdsprachliches Wissen mit dem neuen Material zu
'koordinieren'. Für die Planung und Durchführung von Fremdsprachenunterricht ist es von unabdingbarer Bedeutung, zu wissen,
w i e der Lerner fremdsprachliches Material verarbeitet. Damit sind wir sowohl bei den fremdsprachenunterrichtlichen Lern*erfahrungen* als auch bei Überlegungen zu einer *Fremdsprachenlerntheorie*.

2.3.4.1 LERNERFAHRUNGEN

Fremdsprachenunterrichtliche Lernerfahrungen sind mehrdimensional zu betrachten: einerseits sind sie gekoppelt an den
Lerngegenstand 'Fremdsprache' allgemein sowie an einzelne Teile dieses Lerngegenstandes (z. B. Temporagebrauch im Französischen; Verbmorphologie im Italienischen oder Spanischen etc.)
und ihre praktische Umsetzung; sie beziehen sich von daher auf
markante Ereignisse und Phänomene im Lern*prozeß*. Daraus resultiert andererseits, daß sie sich sowohl auf den Lerngegenstand
als auf den Lernprozeß erstrecken (vgl. oben den Abschnitt zu
allgemeinen Lernerfahrungen). Im Gegensatz zu den meisten Unterrichtsfächern ist der Unterricht in den modernen Fremdsprachen dadurch gekennzeichnet, daß erstens der Lerner ein neues
Kommunikationsmittel erwerben muß, grob gesprochen also eine

'Verarmung' seiner sprachlichen Ausdrucksmöglichkeiten durch
Wechsel von einem (fast) vollständig erworbenen System auf
ein für ihn neues System erlebt, und daß er zweitens mit einem Lerngegenstand konfrontiert wird, dessen natürliche praktische Anwendbarkeit sich außerhalb des Klassenzimmers in seinem Alltag in der Regel in geringem Maße zeigt. Sieht man einmal von der Bedeutung ab, die das Englische in unseren Medien hat, so erlaubt gesteuerter Fremdsprachenerwerb in weit geringerem Maße, Ergebnisse des Unterrichts mit außerunterrichtlichen Erfahrungen des täglichen Lebens zu korrelieren[45]) und sie in die Gesamtstruktur des Wissens und der Erfahrung einzuordnen, als dies bei anderen, nicht fremdsprachlichen Lerngegenständen der Fall ist. Das Bewußtsein hinsichtlich der Unnatürlichkeit der Kommunikationssituation im Fremdsprachenunterricht bestimmt die Lernererwartungen in bezug auf den Fremdsprachenunterricht mit.

2.3.4.2 LERNTHEORETISCHE ÜBERLEGUNGEN

Neben diesen organisatorisch-institutionell bedingten Lernerfahrungen determiniert der Vorgang des *fremdsprachlichen Lernens* selbst die Lernerfahrungen in weit stärkerem Umfang. Dabei bietet der derzeitige Forschungsstand noch keine Fremdsprachenlerntheorie an; vielmehr kann es im Augenblick erst darum gehen, mögliche Aspekte einer solchen Theorie zu benennen, zu diskutieren und ihren möglichen Stellenwert im Rahmen einer Fremdsprachenlerntheorie anzugeben.

---

[45]) Dies gilt natürlich nicht für Fremdsprachenunterricht, der mit Blick auf eine parallel laufende (berufliche) Tätigkeit besucht wird und von daher durch Rückbindung an die Praxis gekennzeichnet ist; es gilt auch nicht für skillspezifischen Fremdsprachenunterricht, dessen Ziel ein 'reduzierter' Umgang mit Sprache ist und der häufig an unmittelbaren fremdsprachlichen Verwertungszusammenhängen orientiert ist. Zwar gibt es u. W. keine diesbezüglichen statistischen Erhebungen für alle Formen von Fremdsprachenunterricht, doch darf vermutet werden, daß große Teile des Fremdsprachenunterrichts der Sekundarstufe, des Tertiärbereichs und auch der Erwachsenenbildung nicht durch unmittelbare praktische Rückbindung beschrieben werden können.

Ziel des Lernens fremder Sprachen ist es - und zwar sowohl aus
der Lehr- wie aus der Lernperspektive -, den Lerner zu befähigen, sich seinen Bedürfnissen entsprechend fremdsprachlich
(korrekt) zu äußern. Dabei kann der Grad des erfolgreichen Lernens sowohl an der Verwirklichung der eigenen Intentionen gemessen werden als an der 'Akzeptierung' des Lerners durch fremdsprachige native speaker (vgl. zum letzten Punkt 4.4); Kennedys (1973, 77) Annahme, wonach zwischen beidem eine unmittelbare Abfolge besteht, läßt die Selbstansprüche des Lerners hinsichtlich seiner sprachlichen Leistungen außer acht. Eine Fremdsprachenlerntheorie muß daher neben subjektiv-normativen Erwartungen gegenüber dem Lerngegenstand die subjektiven Lernererwartungen bezüglich der eigenen 'Äußerungstüchtigkeit' ebenso miteinbeziehen wie die Untersuchung der Frage, in welchem Maße und
unter welchen Bedingungen die Äußerungsintention die Ausformung der fremdsprachlichen Äußerung beeinflußt. Dabei stimmen
wir mit Fathman (1977, 33) darin überein, daß die Komplexität
sprachlicher Äußerungen auf elementare Lernerbedürfnisse zurückgeführt werden kann[46], wenngleich wir - diesmal im Gegensatz
zu Fathman - annehmen, daß (auch gesteuerter) Fremdsprachenerwerb in bestimmten, nicht unbedingt gleichmäßigen Sequenzen erfolgen kann, die ihrerseits mentalen Prozessen unterliegen
(vgl. Königs 1980).

---

[46] Auf die Schwierigkeiten, die sich dabei vor allem vor dem
Hintergrund der Diskrepanz zwischen unterrichtsgebundener
und freier Äußerung für die Analyse von Lerneräußerungen
ergeben, weist Richards (1973, 128) hin: "This may seem an
extreme example, but in any situation where the second language actually has to be used outside the classroom in real
situations, inevitably the learner finds himself having to
cope with circumstances that the school syllabus has not
covered or for which he may not have the linguistic resources available. Looking at such language samples, we are
often not able to say whether a particular error is attributable to a strategy of communication, or to a strategy
of assimilation, that is, an identifiable approach by the
learner to the material being learned."

Die Spracherwerbsforschung hat sich vor allem mit Fragen des
Erstsprachenerwerbs befaßt, erstens in dem Bewußtsein, daß
Erst- und Zweitsprachenerwerb sich w a h r s c h e i n l i c h
unterscheiden, zweitens in der (u. E. prinzipiell berechtigten)
Hoffnung, daß Ergebnisse der Erstsprachenerwerbsforschung Rückschlüsse auf den Zweitsprachenerwerb zulassen; eine Hoffnung,
die immerhin dahingehend eingeschränkt werden mußte, daß es
sich dabei um unterschiedliche Lernerbedingungen hinsichtlich
des Alters und der damit verbundenen kognitiv-mentalen Kapazität, des schon vorhandenen Sprachbesitzes und der Bedingungen
des 'Sprache-ausgesetzt-Seins' handelt (zum Verhältnis Erst-
und Zweitsprachenerwerb vgl. exemplarisch Cook 1969, etwas vorsichtiger Ervin-Tripp 1974). Gleichwohl liefert uns die (Erst-)
Spracherwerbsforschung für unseren Zusammenhang wichtige Informationen. Die Beobachtung Macnamaras (1973, 6o f.), wonach Eltern ihrem die Erstsprache erwerbenden Kind gegenüber stärker
auf die inhaltliche Information achten und syntaktisch-grammatische Fehlleistungen nicht direkt, sondern höchstens indirekt
durch korrekte Eigenproduktion 'korrigieren', bringt uns an
einen für die Psycholinguistik wichtigen Punkt insofern, als
damit dem Informationsaustausch im Rahmen der mentalen Sprachproduktionsprozesse das Primat vor der sprachlichen Korrektheit eingeräumt wird (vgl. dazu auch auf methodologischer Ebene
exemplarisch Leont'ev 1974, 7o; Engelkamp 1974, 57; Hörmann
1977, 154; im Rahmen praktischer Analysen Fathman 1977, 36;
Kielhöfer 1977, 332). Gleichzeitig bestätigt uns die Beobachtung Macnamaras auf einer allgemeineren Ebene das Analyse-
Ergebnis Ervins (1961); sie hatte nämlich festgestellt, daß
Kinder eher zu syntagmatischen, satzzentrierten Assoziationen
fähig sind im Gegensatz zu Erwachsenen, bei denen Assoziationen meist paradigmatisch erfolgten. Wenn uns die dort verglichenen Erwerbskontexte auch nicht ohne weiteres vergleichbar
erscheinen[47], so deuten diese Ergebnisse doch darauf hin,
daß Erwachsene Sprache a n d e r s erwerben, ohne daß damit

---

[47] So scheint es vor allem problematisch, Erst- und Zweitsprachenerwerb <u>direkt</u> miteinander zu vergleichen.

schon geklärt würde, w i e sie sie erwerben.

Wissenschaftsmethodologisch ist es das Erkenntnisinteresse der Psychologie, noch mehr das der Psycholinguistik, den Spracherwerbsvorgang zu erforschen. Sie stützt sich dabei jedoch in der Regel auf korrekte sprachliche Äußerungen (vgl. erst jüngst die Beispiele in Hörmann 1981, 103 ff. sowie List 1981, 107 ff.). Dies ist nicht nur legitim, sondern zweifellos notwendig, will man den (primärsprachlichen) *Erwerbs*vorgang untersuchen. Aus den bisher dargestellten Faktoren der fremdsprachenunterrichtlichen Faktorenkomplexion läßt sich aber schon ableiten, daß die Sprache des Fremdsprachen*lerners* einer Vielzahl von Einflußvariablen unterliegt sowie - trotz zu Recht erfolgter Kritik an der meist mit zu weitreichendem Anspruch versehenen Kontrastivhypothese (vgl. dazu exemplarisch Nemser/Slama-Cazacu 1970; Bausch/Kasper 1979) - der wie auch immer ausgeprägten Kontrastivität zur Muttersprache. Die systematische Beschäftigung mit lernersprachlichen Abweichungen von der zielsprachlichen Gebrauchsnorm ist es gerade, die uns Erkenntnisse über den gesteuerten Zweitsprachenerwerb bringen kann.

Neben den altersbedingten Differenzen spielt in der Fremdsprachenerwerbsforschung die schon oben angesprochene Differenzierung zwischen Erst- und Zweitsprachenerwerb eine entscheidende Rolle. Dabei gilt es, von den an der Oberfläche produzierten Sprachdaten auf tiefer liegende mentale Prozesse zu schließen und diese auf das Verhältnis zwischen Erst- und Zweitsprachenerwerb abzubilden. Allerdings scheint es uns ein unabdingbares Desiderat zu sein, dabei streng zwischen gesteuertem und ungesteuertem Fremdsprachenerwerb zu unterscheiden, da nach unserer Auffassung die den Fremdsprachenunterricht determinierende Faktorenkomplexion in ihrer Gesamtheit Einfluß auf die Qualität (und übrigens auch Quantität) der produzierten fremdsprachlichen Daten haben muß. Wir werden uns daher zunächst mit essentiellen Fragen zu beschäftigen haben, deren Beantwortung zu einer anzustrebenden Fremdsprachenlerntheorie führen sollen, und uns im Anschluß daran mit der Einbindung der

lernersprachlichen Analysen in das fremdsprachenunterrichtliche
Bedingungsgefüge auseinandersetzen.

2.3.4.2.1 MENTALE PROZESSE

Es besteht weitgehend Einigkeit darüber, daß sprachliche Äußerungen *Ergebnisse* mentaler Prozesse sind. Es kommt nun darauf
an, aus den an der Oberfläche liegenden Sprachproduktionen
Rückschlüsse auf die Vorgänge zu ziehen, die dafür verantwortlich sind, daß eine sprachliche Äußerung so und nicht anders
getan wurde[48]. Eine Zeitlang war man der Auffassung, daß dazu
eine Analyse der Erwerbssequenzen an sich schon ausreichen
könnte; so ermittelten z. B. Richards (1973, 116) oder Dulay/
Burt (1974)[49] für den Erst- und Zweitsprachenerwerb jeweils
andere Erwerbssequenzen, Bailey/Madden/Krashen (1974) und
auch Cook (1977)[50] tendierten eher zu der Annahme gleicher
oder ähnlicher Sequenzen. Nun ist die Kenntnis der Erwerbsfolge zwar von Bedeutung - auch für die Norm im Fremdsprachenunterricht (vgl. Königs 1980) -, doch wird durch sie noch nichts
über das Wie der den Sprachproduktionen zugrundeliegenden Prozesse ausgesagt. Dies wiederum ist eine Frage, die die Psycholinguistik - losgelöst vom *Fremd*sprachenerwerb - schon lange
interessiert. Schon Yngve (1960) versuchte durch seine Theorie

---

[48] Lenneberg (1977, 457) definiert in diesem Zusammenhang die
Sprachbereitschaft als einen Zustand der von ihm angenommenen <u>latenten Sprachstruktur</u>, die im Rahmen der Aktualisierung in eine realisierte Struktur überführt wird.

[49] Gerade zum methodologischen Vorgehen von Dulay/Burt lassen
sich viele kritische Einwände machen, die im wesentlichen
die Generalisierung der dort erzielten Ergebnisse von selbst
verbieten (vgl. exemplarisch Kennedy/Holmes 1976 ; Bausch/
Kasper 1979, v. a. 11 ff.). Uns geht es an dieser Stelle
im Augenblick nur darum, festzuhalten, daß es - wie auch immer ermittelte - Ergebnisse gibt, die weitere Forschungen
in nicht unerheblichem Maße mitbestimmt haben.

[50] Einschränkend muß hinzugefügt werden, daß Cook (1977, 17)
allerdings selbst einräumt, daß Erwerbssequenzen u. U. auf
allgemein psychologischen Prozessen beruhen könnten; dann
sei der Grad der Gleichheit zwischen Erst- und Zweitsprachenerwerbsprozeß wesentlich geringer.

der Durchführung sukzessiver mentaler Operationen durch die
Kombination gedächtnispsychologischer und linguistischer
Theorieansätze die psycholinguistische Relevanz des generativ-
transformationellen Modells nachzuweisen, ließ dabei aber kon-
textuelle Bedingungen ebenso außer acht wie lexikalische und
vor allem semantische Kriterien und befaßte sich zudem ausschließlich mit Oberflächenstrukturen. Eine etwas 'gemäßigtere'
Auffassung (Fodor/Bever/Garrett 1974) nimmt zwar die psycholinguistische Relevanz von Oberflächen- und Tiefenstruktur an,
leugnet aber die Gleichheit zwischen den mentalen Operationen
und den linguistischen Transformationen. Diese Annahme wird
durch Ergebnisse bestätigt, wonach sogenannte 'Kernsätze' am
einfachsten gelernt werden (vgl. Engelkamp 1974, 63 f.). U. a.
Hörmann (1977, 154) schließlich weist darauf hin, daß semantische Komponenten bei der Produktion sprachlicher Äußerungen
eine entscheidende Rolle spielen, ein Ergebnis, daß nicht zuletzt aus Untersuchungen im Zusammenhang mit Fillmores (1968)
linguistischer Theorie resultiert, in der das Prädikat im Mittelpunkt steht. Dies würde bedeuten, daß im Kopf des Menschen
kein Abdruck des Sprachsystems existiert, sondern ein an bestimmte Bedingungen gebundener Spracherzeugungsmechanismus;
diese Ansicht vertritt auch Leont'ev (1974, 64 ff.). Er sieht
darin allerdings einen intellektuellen, nicht auf Sprache ausschließlich fixierten Akt, bestehend aus Planung, Programmie-
rung, Realisierung und Vergleich, einen Akt, der darüber hinaus *nicht* an die Satzgrenze gebunden ist (vgl. im Gegensatz
dazu Hörmann 1977, 143, der die linguistische Phrase zumindest
als eine psychologische Einheit für bewiesen hält)[51].

Mit Blick auf den Erwerb eines zweiten oder weiteren Systems
mußten diese psycholinguistischen Ansätze in ihrer ursprünglichen Form insofern aufgegeben werden, als die Ausgangsposi-

---

[51] Wir haben an anderer Stelle nachgewiesen (Königs 1981 c),
daß die Annahme einer - z. B. an die Satzebene gebundenen -
Übersetzungseinheit nicht haltbar ist. Von daher stimmen
unsere Ergebnisse mit Leont'evs Annahme überein.

tion für den Erwerbenden durch den potentiellen Rückgriff auf
ein anderes erworbenes System eine andere war. Gleichwohl wurden sie Bestandteil von Hypothesen (zur Diskussion der 'großen'
Fremdsprachenerwerbshypothesen vgl. in extenso Bausch/Kasper
1979). So wurde im Rahmen der *Kontrastivhypothese* angenommen,
daß die linguistische Beschreibung struktureller Unterschiede
zwischen zwei Sprachen zur Vorhersage von Lernschwierigkeiten
führe, mindestens aber im nachhinein deren Begründung impliziere. Linguistischen Beschreibungen wurde psychologische Realität unterschoben. Demgegenüber formulierte man in der *Identitätshypothese*, die ausschließliche Begründung für fremdsprachliche Fehler und Lernschwierigkeiten liege in der Fremdsprache
und ihren internen Gesetzmäßigkeiten. Dabei hängt folglich der
Schwierigkeitsgrad von der Art der linguistischen Beschreibung
ab, die ihrerseits dann Abbild für einen psychologischen Prozeß
sein soll. Des weiteren wird ein Einfluß der Muttersprache auf
den Fremdsprachenerwerb für weitgehend unbedeutend erachtet
– eine Annahme, die nicht nur der Auffassung Leont'evs (1971)
sowie fremdsprachenunterrichtlichen Erfahrungen widersprach[52],
sondern die darüber hinaus immerhin zu einer Differenzierung
zwischen unterrichtlich gesteuertem und ungesteuertem Erwerb
führte (vgl. z. B. Krashen 1976; Felix 1977; Taylor 1978; vgl.
auch die explizite Dateneingrenzung auf ungesteuerte Erwerbskontexte bei Corder 1976). Die psychologisch orientierte Beschäftigung mit der Sprache des erwerbenden Individuums rückte
den Begriff der *Interlanguage* (vgl. exemplarisch Selinker 1972)
stärker in den Blick, verstanden als ein eigenes Sprachsystem,
in dem neben mutter- und fremdsprachlichen Merkmalen auch *spezifische* sprachliche Eigenschaften vorhanden sind und das besonders durch eine Art von Variabilität gekennzeichnet ist,
die mit dem bisherigen Systembegriff nicht in Einklang zu bringen ist (zur Diskussion über den Systematizitätsbegriff in der

---

[52] Man denke z. B. an die Zusammenstellung der 'faux amis'
von Klein (1968), der im Rahmen der Identitätshypothese
die Berechtigung entzogen wäre.

Zweitsprachenerwerbsforschung vgl. exemplarisch Bertkau 1974;
Selinker/Swain/Dumas 1975; Adjemian 1976; Brown 1976 a; Tarone/
Frauenfelder/Selinker 1976; Sampson 1978)[53]. Die Diskussion
über den Systembegriff führte u. a. zu einer intensiven Beschäftigung mit den Prozessen und Strategien, die den zweitsprachlichen Produktionen zugrundeliegen.

Für unseren Zusammenhang interessant ist die Tatsache, daß
zwar *teilweise* zwischen unterrichtlich gesteuerter und ungesteuerter Erwerbssituation unterschieden wird - und zwar in
theoretischer und empirischer Hinsicht -, daß aber bislang
kaum der Versuch gemacht worden ist, Hypothesen und empirische
Ergebnisse mit den daraus resultierenden Konsequenzen in die
fremdsprachenunterrichtliche Planung einzubeziehen[54]. Die von
Bausch (1981 b, 214 f.) erhobene Forderung nach einer Interimsprachenhypothese versucht, programmatisch diesem Umstand Rechnung zu tragen, wobei eine solche Hypothese erstens nicht ohne
terminologische Verständigung (vgl. dazu Königs 1980, 38 ff.)
und zweitens nicht ohne festen Rückbezug auf die fremdsprachenunterrichtliche Faktorenkomplexion auskommen kann. Kritik an
den drei erstgenannten Hypothesen befindet sich jeweils zumeist
noch im Stadium der internen wissenschaftsmethodologischen Auseinandersetzung. Noch zu selten werden fremdsprachliche Äuße-

---

[53] Sampson unterscheidet sich hierbei insofern, als sie das Modell der approximativen Systeme der Interlanguage-Hypothese vorzieht. Letztere kennzeichnet sie (1978, 442) als regelgeleitet, nicht am L_2-als Muttersprachen-Erwerb orientierte Hypothese ohne allzu starken Bezug zur Muttersprache an der sprachlichen Oberfläche, wohingegen 'ihr' System (1978, 445) "... postulates a series of systems, unknown in number, which range from minimal knowledge of L_2 to knowledge approximating that of a native speaker of L_2 " und in dem "<u>variation is the overt manifestation of function</u>" (1978, 447). Ein ähnliches Modell stellt Nemser (1979, 289) vor.

[54] Vgl. als eine Ausnahme dazu Königs (1980). Dort ist versucht worden, auf der Basis angenommener fremdsprachlicher Erwerbssequenzen ein Modell zu entwickeln, mit dessen Hilfe der Lehrer einen besseren Einblick über den Kenntnisstand der Lerner gewinnen soll.

rungen im Rahmen des situationell-interaktionellen Kontextes interpretiert; die Erwartungslage des Sprechers - aber auch die des Hörers -, die ja in entscheidendem Maße dafür verantwortlich ist, welche Sachverhalte kognitiv aufgegriffen werden und welche sprachliche Produktion am Ende dabei herauskommt, wird noch zu selten berücksichtigt (vgl. als Ausnahme und ersten Ansatz in diese Richtung Edmondson/House 1981).

Ein wichtiges Resultat der Zweitsprachenerwerbsforschung ist es ohne Zweifel, das Forschungsinteresse von der sprachlichen Oberfläche weg auf die ihrer Entstehung zugrundeliegenden Prozesse und Strategien gelenkt zu haben. Aufgrund der von uns skizzierten fremdsprachenunterrichtlichen Faktorenkomplexion scheint es uns besonders wichtig, die diesbezüglichen Forschungsergebnisse in ihrem Kontext zunächst anzudiskutieren und gleichzeitig Überlegungen darüber anzustellen, welche Bedeutung Prozesse und Strategien im fremdsprachlichen Unterricht haben können.

Die Annahme Selinkers (1972), daß der Mensch über eine latente Psychostruktur verfüge, analog zu der von Lenneberg (1977)[55] angenommenen latenten Sprachstruktur, implizierte die Hypothese von fünf psycholinguistischen Prozessen (language transfer, transfer-of-training, strategies of second-language learning, strategies of second-language communication, over-generalization), von denen vor allem die Lern- und die Kommunikationsstrategien in der Folge Gegenstand der Forschung wurden. Schon hier ist von Strategien und Prozessen die Rede, einem Begriffspaar, das in der Folgezeit von verschiedenen Autoren verschieden gebraucht worden ist (vgl. zu einem Überblick hierzu Faerch/ Kasper 1980, 51 ff.). Während wir *Prozesse* mit Brown (1976 a, 136) als eine Entwicklungsfolge im Laufe des Zweitsprachenerwerbs verstehen wollen, einschließlich ihrer Veränderungen, fas-

---

[55] Lennebergs Werk ist in englischer Sprache schon 1967 unter dem Titel <u>Biological Foundations of Language</u> erschienen.

sen wir *Strategien* mit Selinker (1972), Selinker/Swain/Dumas (1975) und Tarone/Frauenfelder/Selinker (1976) im Gegensatz zu Jordens[56] (1977, 85) als bewußte oder unbewußte, auf das Lösen von Problemen gerichtete Verhaltensweisen auf. Nicht zuletzt dem uneinheitlichen Sprachgebrauch ist es zu verdanken, daß wir es - zumindest begrifflich - mit Lern- und Kommunikationsstrategien und Lern- und Kommunikationsprozessen zu tun haben, deren inhaltliche Bestimmung im einzelnen zwar schon weit reicht, deren Beziehung zueinander jedoch noch nicht geklärt ist.

2.3.4.2.2 KOMMUNIKATIONSSTRATEGIEN

Kommunikationsstrategien werden von Tarone/Cohen/Dumas (1976, 78) definiert als "a systematic attempt by the learner to express or decode meaning in the target language, in situations where the appropriate systematic target rules have not been formed". Das eine Zweitsprache erwerbende Individuum entwickelt also ein Problemlöseverhalten, um seinen eigenen kommunikativen Bedürfnissen gerecht zu werden. Die Bedeutungsorientiertheit sprachlicher Äußerungen (vgl. auch oben S. 126) führt dazu, daß der Sprecher oder Hörer im Rahmen der von ihm angewandten Strategie eben nicht unbedingt auf linguistische Regeln zurückgreift, wie dies Adjemian (1976, 309) zu vermuten scheint. Vielmehr konzentriert er sich auf eine Reihe von Verfahren, die es ihm ermöglichen, Lücken im sprachlichen Können soweit zu überspielen, daß die Kommunikation nicht darunter leidet.

Nach Tarone/Cohen/Dumas (1976, 78 ff.) und Faerch/Kasper (1980, 85 ff.) können wir folgende Kommunikationsstrategien unterscheiden:

- formale Reduktionsstrategien
- funktionale Reduktionsstrategien wie z. B.

---

[56] Jordens' Annahme, Strategien seien ausschließlich bewußt, läßt sich aufgrund der bisher ermittelten Kommunikationsstrategien kaum aufrechterhalten.

-- Vermeidungsstrategien hinsichtlich des Themas, der Semantik einzelner Lexeme und hinsichtlich der Äußerungsabsicht
-- Paraphrasieren
-- Kodewechsel
-- Anrufen einer sprachlichen Autorität
-- Modalitätsreduktion (vgl. dazu Kasper 1979)
-- Persönlichkeitsreduktion
- interlingualer Transfer
- Entlehnung
- (Über-) Generalisierung von Interlanguage-Regeln
- Wortprägung
- Umstrukturierung der ursprünglich geplanten Äußerung
- 'overelaboration' (zur Hyperkorrektion neigende Anwendung zielsprachlicher Regeln wie frz. j'ai cherché *les cléfs,* puis j'ai trouvé *les cléfs* et enfin j'ai donné *les cléfs* à la concierge oder span. *yo quiero ir a la estación*)
- 'epenthesis' (Überziehung und Unfähigkeit zur annähernd adäquaten Produktion zielsprachlicher Laute; vgl. z. B. die französischen Nasallaute, die *bewußt* unnasaliert artikuliert werden: [pʁɛngtang] für [pʁɛ̃tɑ̃] oder vgl. das span. [θ] in estación, das wie [ɛstatzioːn] ausgesprochen wird)
- Gestik und Mimik
- Einsatz von pattern an der falschen Stelle (Bsp.: frz: Qu'est-ce que tu veux ? -* Je me demande qu'est-ce que tu veux. Tu fais qu'est-ce que tu veux.)

Applizieren wir diese Befunde auf den Fremdsprachenunterricht, so gilt es als erstes festzuhalten, daß sich die dort abspielende Kommunikation von natürlichen Kommunikationssituationen durch ihre auf den Lerngegenstand zentrierte Zweckgerichtetheit unterscheidet. Der Lerner will und soll möglichst so sprachlich handeln, daß er keine Sanktionen durch den Lehrer zu erwarten hat. So wird der Lerner formale Reduktionsstrategien bewußt nur dann anwenden, wenn die reduzierten Elemente nicht gleichzeitig

sprachlicher Schwerpunkt der betreffenden Unterrichtseinheit
sind. Ital.* *Io vedo uomini che vanno in strada* wird z. B.
kaum geäußert werden, wenn die Pluralform des Artikels vor
vokalisch anlautenden Nomina bzw. die Amalgamierung von bestimmten Präpositionen mit der Artikelform im Unterricht thematisch sind. Hier scheint eher ein Ausweichen auf andere
Strategien (u. U. interlingualer Transfer; wahrscheinlicher
Umstrukturierung der geplanten Äußerung, soweit die Aufgabenstellung dies zuläßt, sonst wohl eher Anrufen der sprachlichen
Autorität des Lehrers) zu erfolgen. Anwendung von Vermeidungsstrategien hinsichtlich des Themas sind nur bei entsprechender
Aufgabenstellung überhaupt möglich, etwa in Nacherzählungen
(bedingt) oder in Berichten und Erörterungen. Während die
'semantische' Vermeidungsstrategie im Unterrichtsverlauf eher
möglich ist - erfahrungsgemäß wird die Text- oder Satzproduk-
tion als wichtiger betrachtet -, ist die Änderung der Äußerungsabsicht nicht selten unmöglich, da die unterrichtliche 'Schein-
kommunikation' die vorgeplanten Inhalte als wichtigen Stimulus
für die Elizitation benötigt und die reale Äußerungsabsicht
des Lerners erst in einem fortgeschritteneren Stadium zuläßt.
Auch der Kodewechsel - das kurzfristige Springen in ein anderes
Sprachsystem - kann für den Lerner nur dann eine erfolgreiche
Strategie darstellen, wenn er anders den Textproduktionsprozeß
nicht mehr aufrechterhalten zu können glaubt, wobei der Kodewechsel im unterrichtlichen Kontext entweder zu unbewußten Ent-
lehnungen führen kann oder noch eher zu Wortprägungen - dies
gilt besonders für verwandte Sprachenpaare - oder ohnehin als
Anruf der sprachlichen Autorität des Lehrer verstanden wird.
Der Lehrer ist - und das ist ein wesentlicher Unterschied zur
natürlichen Kommunikationssituation - in einer Person Gesprächspartner und korrigierend eingreifende sprachliche Autorität,
der öfter und anders korrigierend eingreift als ein 'realer' Gesprächspartner. Auch die Persönlichkeitsreduktion manifestiert
sich im Unterricht anders: zum einen unterliegt der individuelle
Äußerungswille der unterrichtlichen Aufgabenstellung; eine Reduktion der individuellen Selbstdarstellung ist von daher nicht
auf den Mangel an sprachlichen Äußerungsmöglichkeiten zurückzu-

führen, sondern auf die Diskrepanz zwischen der individuellen Selbstdarstellung und den unterrichtlichen Vorgaben und Zwängen. Zum anderen ist die soziale Eingliederung nicht so sehr von der *fremd*sprachigen Äußerungsfähigkeit abhängig als vielmehr von anderen sozialen Faktoren und bestenfalls von der Bewertung der fremdsprachigen Leistung durch Lehrer und Mitlerner.

Das Paraphrasieren zum Ausgleich lexikalischer Lücken in der fremdsprachlichen Kompetenz dürfte im Fremdsprachenunterricht genauso üblich sein wie im natürlichen Zweitsprachenerwerb. Bestimmte Formen der Semantisierung dürften die Anwendung dieser Strategie noch begünstigen. Der interlinguale Transfer hat auch im Fremdsprachenunterricht seinen Platz, wobei neben der Muttersprache auch andere, schon gelernte/erworbene Fremdsprachen herangezogen werden[57]. 'Transfer' meint in diesem Zusammenhang sowohl den mentalen Prozeß als auch das sprachliche Produkt als Ergebnis des Prozesses. Die begriffliche Zweideutigkeit, wie sie z. B. von Knapp (1980, 33 f.) in analoger Weise für den Interferenzbegriff beklagt wird, kann in diesem Fall in Kauf genommen werden. Transfer kann aber auch als Entlehnung aufgefaßt werden, insbesondere dann, wenn ein Lexem ohne Zweifel als Bestandteil der entsprechenden Fremdsprache angenommen und gebraucht wird, ein bewußter oder halb bewußter Rückgriff auf ein anderes sprachliches System nicht stattfindet[58]. Der Einsatz von Pattern an Stellen, an die sie vom System her nicht gehören, ist durch Lerner im Fremdsprachenunterricht durchaus üblich (vgl. das obige französische Beispiel S. 134). Im Unterschied zum natürlichen Zweitsprachen-

---

[57] Vgl. als Beispiel einen deutschen Spanischlerner, der das spanische Verb planchar (bügeln) nicht kannte, es jedoch mit frz. le plancher (der Fußboden) - obwohl Substantiv - in Verbindung brachte.

[58] Der Satz * Manuel va a tocar la guitarra y canta una canción <u>tedesca</u> ist von einem deutschen Spanischlerner lange Zeit nicht als fehlerhaft angesehen worden; erst der explizite Hinweis des Lehrers auf das italienische '<u>tedesca</u>' anstelle des spanischen 'alemana' machte ihn auf den Fehler aufmerksam.

erwerb kann die Ursache hierfür aber in der Anordnung und Gewichtung des Lernmaterials liegen; Strukturen, die aufgrund ihres vermeintlichen Schwierigkeitsgrades zu häufig benutzt und geübt werden im Gegensatz zur unterrichtlichen Anwendung oder auch zum fremdsprachlichen Gebrauch, sind auch in der Sprache des Lerners häufig überrepräsentiert (zu diesem Phänomen vgl. Levenston 1972; Selinker 1972 spricht an dieser Stelle von transfer-of-training). Hierbei handelt es sich um eine bestimmte Form von Übergeneralisierung, nämlich die von bestimmten Items. Darüber hinaus sind nicht selten Übergeneralisierungen von Interimsprachen-Regeln festzustellen, denken wir an Beispiele wie * *j'ai ouvri* in Anlehnung an z. B. *j'ai fini*. Die Gründe für diese Übergeneralisierungen werden zumeist in den Wissenslücken des Lerners im Bezug auf sprachliche Phänomene vermutet. Demgegenüber möchten wir die Vermutung äußern, daß dieses Nicht-Wissen als 'Strategieauslöser' ergänzt wird durch den Hang des Lerners zur 'overelaboration', d. h. zum zweifelsfreien Beweis dafür, daß zuvor gelernte Items, Regeln und Lexeme noch sehr wohl im Bewußtsein sind und bei der Sprachproduktion Berücksichtigung finden. Auch hier ist die Unterrichtssituation dafür verantwortlich, daß eine ursprünglich im Rahmen des natürlichen Zweitsprachenerwerbs festgestellte Strategie durch den Lerner modifiziert wird. Ähnliches gilt für die Wortprägung. Zwar neigen auch Schüler zu Wortprägungen (vgl. z. B. frz. * *tire-fil de fer* für *Drahtzieher* statt *instigateur*), jedoch setzt diese Strategie eine gewisse Sicherheit im Umgang mit der Fremdsprache voraus - in unserem Beispiel ist zu vermuten, daß der Lerner *tire-bouchon* kannte, so daß ihm eine Form der französischen Wortbildungslehre bekannt war -, die in den schulischen Kommunikationssituationen durch die Möglichkeit, den Lehrer zu befragen, meist ersetzt wird. Fällt diese Möglichkeit fort, z. B. in Tests, dürfte die Zahl der unterrichtlichen Wortprägungen steigen.

Für die Modalitätsreduktion gilt, daß es sich hierbei (nach Kasper 1979, auch 1981) um eine pragmatisch orientierte Strategie handelt. Im Fremdsprachenunterricht kann die Neigung des Lerners zum Verzicht auf die Wahl einer geeigneten Sprechaktmodalität nicht nur auf eine Lücke in der Interlanguage zurückgeführt werden, sondern auch auf das Bestreben, Fehler und damit Sanktionen durch den Lehrer zu vermeiden; die Motivation für diese Vermeidungsstrategien ist also eine etwas andere.

Fassen wir unsere Überlegungen zur Rolle der Kommunikationsstrategien im fremdsprachlichen Unterricht zusammen, so kommen wir zu dem Ergebnis, daß sie sich - vor allem hinsichtlich ihrer 'Auslöser' bzw. ihrer sie ingangsetzenden Motive - von den empirisch belegten Strategien unterscheiden; terminologisch sollte man dieser Tatsache dadurch Rechnung tragen, daß man von *unterrichtlichen Kommunikationsstrategien* spricht. Es muß als eine Aufgabe der Sprachlehr- und Sprachlernforschung angesehen werden, entsprechende Untersuchungen darüber im Design zu skizzieren und anschließend durchzuführen, die sich auf die Nutzbarmachung bewußter und unbewußter Kommunikationsstrategien für das gesteuerte Lernen und das Lehren beziehen. Vor dem Hintergrund des skizzierten 'Forschungsstandes' und der Einbettung in die Faktorenkomplexion scheint es uns auf der Hand zu liegen, daß zumindest einige Strategien in ihrem unterrichtlichen Anwendungsbereich auf ihren Einfluß auf den gesteuerten Fremdsprachenunterricht hin *eigens* untersucht werden müssen, um zu Erkenntnissen darüber zu gelangen, inwieweit Strategien selbst Gegenstand des unterrichtlichen Vermittlungsprozesses sein können[59].

Das unterrichtliche Normproblem wird mit Blick auf unterrichtliche Kommunikationsstrategien in eine eigene Richtung gedrängt. Dazu greifen wir die oben erwähnte Unterscheidung zwischen bewußten und unbewußten Strategien wieder auf. Folgende unterrichtlichen Kommunikationsstrategien können als *ausschließlich bewußt* eingestuft werden:

---

[59] Eine ähnliche Frage resultiert aus der Analyse von 'gambits' und ihrer Stellung im Fremdsprachenunterricht (vgl. Edmondson 1977).

- Themavermeidung
- Änderung der Äußerungsabsicht
- Kodewechsel
- direkter Autoritätsanruf[60]
- 'overelaboration'
- Wortprägung
- Modalitätsreduktion.

Aus der Tatsache, daß diese Strategien bewußt eingesetzt werden, kann der Schluß gezogen werden, daß der Lerner mit ihrem Einsatz bestimmte Erwartungen verbindet, nämlich zumindest die, Korrekturen seitens des Lehrers zu umgehen und Lücken in der eigenen Interlanguage zu überspielen, ohne daß der unterrichtliche Kommunikationsprozeß darunter leidet. War der Lerner mit seinen Strategien mehrmals erfolgreich, so wird er zukünftig die Anwendung dieser Strategien als Basis für seine interimsprachliche Norm betrachten; Strategien, deren Anwendung häufiger erfolglos geblieben ist, wird er weniger oder gar nicht verwenden. Für den Lehrer ist es von daher wichtig, aus Leräußerungen Rückschlüsse auf die Strategien des Lerners zu ziehen und aus der Lehrperspektive zu beurteilen, welche Strategien über kurz oder lang den Lernvorgang positiv beeinflussen und welche negativ (auch hier muß die Sprachlehr- und Sprachlernforschung noch geeignete Meßverfahren und Beurteilungsinstrumentarien entwickeln). Die vom Lehrer so ermittelte Norm schließt also Lernererwartungen und -normen ebenso ein wie Lernzielüberlegungen und zielsprachlich feststellbare Normen.

Folgende unterrichtliche Kommunikationsstrategien können *sowohl als bewußt als auch als unbewußt* eingestuft werden:

---

[60] Darunter verstehen wir die direkte Frage an den Lehrer oder auch an den Mitlerner zur Schließung einer aktuellen Lücke in der Interimsprache. Im Gegensatz dazu besteht der indirekte Autoritätsanruf in fremdsprachlichem Verhalten, aus dem die jeweilige Autorität den Anlaß zur Hilfestellung selbst herleitet, z. B. in längeren Pausen oder in Anakoluthen.

- formale Reduktionsstrategien
- semantische Vermeidungsstrategien
- indirekter Autoritätsanruf
- Persönlichkeitsreduktion
- Paraphrase
- interlingualer Transfer
- Einsatz vorgefertigter Pattern
- Übergeneralisierungen.

Ihnen liegen teils bewußte, teils unbewußte Lernernormen und -erwartungen zugrunde. Daher handelt es sich dabei bezüglich der unbewußt angewandten Strategien um Verfahren, durch die nicht unmittelbar auf Lernererwartungen geschlossen werden kann, sondern um Verfahren, die den Blick auf die sprachlichen Lernererwartungen durch ihren unbewußten Einsatz zunächst verstellen. Eine unbewußte Übergeneralisierung läßt eher Schlüsse auf die Lern*prozesse* zu als auf Lerner*normen*. Vor allem die - noch zu leistende - Analyse unbewußter unterrichtlicher Kommunikationsstrategien ist hinsichtlich ihrer Integration in unterrichtliche Erwerbssequenzen erforschungsbedürftig (vgl. zu einem theoretischen Modell dazu Königs 1980). Die hier aufgeführten unterrichtlichen Kommunikationsstrategien sind also durch ihre Doppelbedeutung gekennzeichnet, die sie für den Lehr- und Lernprozess haben. Sie führen zum einen direkt zu lernerorientierten Normen - soweit sie bewußt sind - und führen zum anderen durch die Lernprozesse zu Rückschlüssen auf lernerorientierte Unterrichtsnormen, wie sie vom Lehrer als Analysator der Lernprozesse in den Unterricht integriert werden müssen.

Die einzige unserer Meinung nach ausschließlich unbewußte unterrichtliche Kommunikationsstrategie ist die Entlehnung, wie wir sie oben (S. 136) anhand des spanisch-italienischen Beispiels beschrieben haben. Sie läßt vor allem Rückschlüsse auf den Lernprozeß zu und ist von daher für die durch den Lehrer formulierte lernerorientierte Unterrichtsnorm mitverantwortlich.

Schematisch läßt sich das Verhältnis zwischen unterrichtlichen Kommunikationsstrategien und Normen so darstellen:

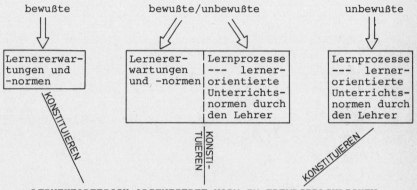

LERNTHEORETISCH ORIENTIERTE NORM IM FREMDSPRACHLICHEN UNTERRICHT

Die Annahme der oben angesprochenen Unterscheidung zwischen Lern- und Kommunikationsstrategien ist im Rahmen der Zweitsprachenerwerbsforschung durchaus sinnvoll, zumal dann, wenn man Lernen nicht nur als Prozeß und Produkt eines eindimensional gerichteten Vermittlungsversuchs ansieht, sondern auch als selbständige Aneignung neuer Kenntnisse. Natürliche Anwendung von Fremdsprachen kann daher neben der Befriedigung kommunikativer Bedürfnisse *gleichzeitig* auf die Erweiterung des bis dahin internalisierten sprachlichen Systems ausgerichtet sein. Nun scheint uns jedoch eine Lücke im Bereich der Zweitsprachenerwerbsforschung dafür verantwortlich zu sein, daß wir über spezielle Lernstrategien noch sehr wenig wissen. Und auch das Verhältnis von Kommunikations- und Lernstrategien, das sicher kein ausschließliches sein kann, ist u. W. kaum behandelt worden. Zwar besteht Einigkeit dahingehend, unter Lernstrategien bewußte, vom Lerner systematisch eingesetze Verfahren zur Veri-

fizierung von Hypothesen bezüglich der Zweitsprache anzusehen
und sie von daher explizit von linguistischen Regeln zu unterscheiden (vgl. z. B. Adjemian 1976, 302 f.; Tarone/Frauenfel-
der/Selinker 1976, v. a. 99 f.); ihre konkrete Erforschung indes steht weitgehend noch aus. Die lange Zeit verbreitete Annahme, wonach die Simplifizierung - verstanden als die bewußte
Vereinfachung fremdsprachlichen Materials - die wichtigste
Lernstrategie sei (vgl. zu dieser Annahme Richards 1975; Se-
linker/Swain/Dumas 1975; Fathman 1977), wird von Corder (1977;
1978) zurückgewiesen. Stattdessen beschreibt er den Zweitsprachenerwerbsprozeß als eine Komplexierung, also als ein sich
ständig erweiterndes, internalisiertes Sprachsystem im Lerner.

Anders stellt sich die Situation dagegen für die unterrichtlichen Kommunikationsstrategien dar. Wenn wir die bislang mehrmals geäußerte Annahme weiter vertreten, wonach (fremdsprachen-)
unterrichtliche Kommunikationssituationen 'unnatürlich' sind
und nur zu dem Zweck entstehen, die Fremdsprache zu erwerben,
so kann es reine Kommunikationsstrategien mit dem Ziel, eine
Kommunikation trotz akuter sprachlicher Mängel aufrechtzuerhal-
ten, im Fremdsprachenunterricht nicht geben. Wir haben schon
oben darauf verwiesen, daß der Lehrer - vor allem aufgrund
seiner Doppelfunktion als Gesprächspartner und Korrektor -
kein echter Kommunikationspartner sein kann; wohl von daher
binden Faerch/Kasper (1980, 105) Lernstrategien an die Methode
des Lehrers, den Lerner für Lernprobleme zu sensibilisieren.
Die Anwendung unterrichtlicher Kommunikationsstrategien - seien
sie nun bewußt oder unbewußt - läßt sich somit auf das Lernbedürfnis auf seiten des Lerners zurückführen; sie stellen daher
gleichzeitig Strategien dar, mit deren Hilfe er hofft, fremdsprachliches Material leichter und möglichst vergessensresi-
stent zu internalisieren: unterrichtliche Kommunikations- und
Lernstrategien sind daher nicht voneinander zu trennen. Faerch/
Kasper (1980, 108) meinen, daß "learning strategies are what
will enable learners to develop a specific *linguistic* competence relative to those types of communicative situations in
which they need their FL (= Foreign Language, F.G.K.) outside

the classroom". Dies scheint uns eine eher idealtypische Annahme zu sein, da der Lerner in der aktuellen Lernsituation mit den *unterrichtlichen* Kommunikationssituationen konfrontiert wird. Diese Lernsituation ist es aber, die die mentalen Prozesse determiniert.

2.3.4.2.3 PROZESSE

Die oben angedeutete Differenzierung im Rahmen der Zweitsprachenerwerbsforschung zwischen Prozessen und Strategien leidet augenblicklich u. E. noch an einem Mangel an Forschungsergebnissen zu zweitsprachenerwerbsspezifischen Prozessen im Gegensatz zur Strategieforschung. Hinzu kommt, daß die beiden Begrifflichkeiten *nicht* auf derselben Ebene anzusiedeln, sondern eher als eine Abfolge zu beschreiben sind. Dabei wird *Prozeß* meist als der den Strategien übergeordnete Begriff definiert und angesehen, wenngleich mit unterschiedlichen Akzentuierungen (vgl. z. B. Brown 1976 a, 136; Jordens 1977; Corder 1978). Demnach sind aber Prozesse in jedem Fall die ungeordnete Summe oder systematische Abfolge von Strategien, wobei man ihnen - im Gegensatz zu letzteren - in keinem Fall Bewußtheit seitens des Lerners zuschreiben kann. Gehen wir davon aus, daß Prozesse generell in Abhängigkeit von Strategien definiert werden, so ergibt sich, daß sie jeweils nur durch die Analyse der Strategien bestimmbar werden. Daraus resultiert wiederum, daß Prozesse aufgrund ihrer spezifischen Strategienabfolge in größerem Maße individuenspezifisch sind als Strategien. Kommunikationsprozesse sind damit zu verstehen als eine bestimmte Abfolge zumeist verbaler, interaktioneller Strategien; sie richten sich im Fokus auf die von den Interaktanten bestimmten kommunikativ-thematischen Bedürfnisse. Demgegenüber stellen Lernprozesse eine bestimmte Abfolge von bewußten und unbewußten Lernstrategien dar, an deren Ende eine feststellbare Verhaltensänderung steht.

Wie oben dargelegt, ist für den gesteuerten Fremdsprachenerwerb eine Unterscheidung zwischen unterrichtlichen Kommunikations- und Lernstrategien nicht sinnvoll. Für Prozesse gilt aufgrund ihrer Konstituierung durch Strategien dasselbe.

2.3.4.2.4 PSYCHOLOGISCHE RELEVANZ GRAMMATISCHER BESCHREIBUNGEN

Aus dem Vorangehenden leiten wir die Frage nach der psychologischen Relevanz grammatisch-linguistischer Beschreibungen ab. Dem im Gefolge der Entwicklung einer generativen Sprachtheorie aufkommenden Enthusiasmus, der in der Annahme seinen Höhepunkt hatte, daß generative Regeln psychologische Realität besäßen, ist von vielen Seiten, auch von Chomsky selbst (1965, 9), energisch entgegengetreten worden:

> "When we say that a sentence has a certain derivation with respect to a particular generative grammar, we say nothing about how the speaker or hearer might proceed, in some practical or efficient way, to construct such a derivation. These questions belong to the theory of language use - the theory of performance."
> (Vgl. auch die explizite Warnung Leont'evs 1974, 68 vor der Übertragung linguistischer Ergebnisse auf die Psyche).

Mit der Feststellung der psychologischen Inadäquatheit linguistischer, insbesondere generativer Beschreibungen ist natürlich noch keine Klärung der Frage verbunden, welche Teile grammatischer Beschreibungen u. U. psychologisch real sind. Damit schließen wir uns der Meinung an, wie sie u. a. von Schneider (1978, 194) vertreten wird:

> "Die lernpsychologische 'Schichtung' entspricht *nur teilweise* den linguistischen Beschreibungsebenen, insbesondere kann eine auf interne Systematik ausgerichtete Grammatiktheorie die zahllosen und individuellen Übergänge und Gradationen zwischen Analysierbarkeit und Nichtanalysierbarkeit bzw. bewußtem und unbewußtem Konstruieren innerhalb der syntaktischen Ebene nicht wiedergeben." (Hervorhebungen durch uns).

In der Tat hat die Psycholinguistik festgestellt, daß z. B.
die Rückführung auf Kernsätze der Sprecherzeugung eigentümlich
sein kann, nicht sein muß (vgl. dazu Leont'ev 1974, 67), daß
die generative Regel S → NP + VP psychologisch relevant ist
(Engelkamp 1974, 39) und daß allgemein die linguistisch definierte Phrase als psychologische Einheit aufgefaßt werden kann
(Hörmann 1977, 143). Gleichzeitig verdanken wir ihr aber auch
die Erkenntnis, daß semantische Komponenten im Gedächtnis ganz
offensichtlich Priorität vor syntaktischen haben (vgl. z. B.
Leont'ev 1974, 70; auch Engelkamp 1974, 57), und wir wissen
auch, daß Lernstrategien nicht mit linguistischen Regeln gleichgesetzt werden dürfen (Adjemian 1976, 302), zumal - und hierin
ist z. B. Poelchau (1980, 81) voll zuzustimmen -, Sprachverhalten nicht isoliert von allgemeinem Verhalten untersucht werden
sollte.

Für den Fremdsprachenunterricht und die an ihm interessierten
wissenschaftlichen Disziplinen - insbesondere für die Entwicklung Didaktischer Grammatiken - resultiert aus dieser Tatsache
die Notwendigkeit, die Frage nach der Art der Beschreibungen
zu stellen und zu diskutieren, die für den Lerner die günstig-
ste wäre. Diese Diskussion muß (zwangsläufig) auf dem skizzierten unbefriedigenden Kenntnisstand aufbauen und Vorschläge zur
wissenschaftlichen Evaluierung dieses Problembereichs anbieten.
Da wir oben bereits ausgeführt haben, daß die Eigenständigkeit
des Gegenstandsbereichs 'Fremdsprachenunterricht' die Konzi-
pierung von Didaktischen Grammatiken bedingt, die These von der
psychologischen Realität grammatischer Beschreibungen aber die
lineare Abfolge von Beschreibung - Intake - Output suggeriert,
ergeben sich folglich zusätzlich zu den obigen lerntheoretischen Überlegungen Leitfragen, deren annäherungsweise Beantwortung Hinweise auf den Grad psychologischer Realität von
grammatischen Beschreibungen liefern könnten:

   1. In welchem Verhältnis stehen Wissenschaftliche
     Grammatik und Didaktische Grammatik zueinander ?

2. Welche Rolle spielt die Wahl des Beschreibungsverfahrens für die Didaktische Grammatik ?
3. Welchen Stellenwert hat die 'Grammatik' innerhalb des Fremdsprachenunterrichts ?

2.3.4.2.4.1 IN WELCHEM VERHÄLTNIS STEHEN WISSENSCHAFTLICHE GRAMMATIK UND DIDAKTISCHE GRAMMATIK?

Mit dieser Frage knüpfen wir zum einen an unser oben dargelegtes Verständnis von Didaktischer Grammatik an (vgl. S. 25 ff.). Zum anderen soll an dieser Stelle, d. h. im Rahmen der Diskussion der einzelnen fremdsprachenunterrichtlichen Faktoren, ein Bogen geschlagen werden zur Einbettung Didaktischer Grammatiken in den wissenschaftlichen Kontext, einer wissenschafts-'historisch' wie wissenschaftsmethodisch gleichermaßen interessanten und wichtigen Frage. Drittens schließlich steht diese Frage in unmittelbarer Verbindung mit dem Problem der psychologischen Relevanz grammatischer Beschreibungen, wobei der Begriff 'Grammatik' hier in jeder seiner potentiellen Vorkommensweisen (vgl. dazu v. a. Bünting 1979) verstanden werden kann. Dieser dritte Aspekt beinhaltet nun allerdings das Problem, das sowohl aus der scheinbar unabhängigen Konstituierung von grammatischen Beschreibungsmodalitäten auf der einen Seite, als auch aus der - noch zu leistenden empirisch abgesicherten - Beobachtung der lernpsychologischen Umsetzung von Beschreibungen einer fremden Sprache auf der anderen Seite jeweils Rückschlüsse aufeinander resultieren, obwohl die lernpsychologische Umsetzung sich natürlich nicht nach dem richten kann, was die wissenschaftlich-linguistische Diskussion um Formen der adäquaten Sprachbeschreibung als Ergebnis bringt. Gleichwohl kann nicht geleugnet werden, daß es mit Blick auf den Fremdsprachenunterricht notwendig eine Interdependenz zwischen den beiden Problemfeldern gibt. Diesem Dilemma, zwei sich nur teilweise überlappende Problemfelder, die sich zudem noch im Stadium der Konstituierung befinden, in ein *realistisches* Maß zueinander zu bringen, versuchen wir deshalb dadurch entgegenzutreten, daß wir die Diskussion auf einer übergeordneten konzeptuellen Ebene führen; denn

was eine Didaktische Grammatik *in conceptu* leisten *soll*, kann
hinterfragt werden; was sie realiter leistet, muß solange
ungeklärt bleiben, bis es die Realisierung eines umfassenden
Konzepts von Didaktischer Grammatik gibt. Auf dem Weg zu einer
solchen prospektiven Realisierung will und kann die Darstellung, Beschreibung und Analyse der fremdsprachenunterrichtlichen Faktorenkomplexion *ein* wichtiger Schritt sein.

Das Verhältnis zwischen Wissenschaftlichen und Didaktischen
Grammatiken ist zunächst - nicht zuletzt aus historischen Gründen - bestimmt durch eine allgemein verfestigte, aus der Linguistik herrührende Vorstellung von sogenannten 'Wissenschaftlichen' Grammatiken als bestimmten linguistischen Kriterien
wie *Einfachheit, Vollständigkeit, Widerspruchsfreiheit* u. ä.
(vgl. dazu z. B. Jung 1975, 7 ff.; Börner/Vogel 1976, 14 ff.;
vor allem aber Bense 1978) genügenden Beschreibungen eines
sprachlichen Systems. Dabei suggeriert die Bezeichnung 'wissenschaftlich', daß Didaktische Grammatiken eben nicht wissenschaftlich seien, ein Vorurteil, dem man wohl am wirkungsvollsten
durch die Opposition 'linguistisch - didaktisch' entgegenwirkt
(so z. B. Jung 1975; vgl. im Gegensatz dazu Börner/Vogel 1976).
Die Tatsache, daß der Fremdsprachenunterricht immer mehr in den
Blickpunkt des Interesses von Wissenschaftlern rückte, die sich
fast ausschließlich mit linguistischen Fragestellungen befaßten
- denken wir z. B. an den Auftrag an amerikanische Strukturalisten wie Bloomfield oder Fries zur Entwicklung von Programmen für Sprachkurse -, trug wohl entscheidend dazu bei, daß
fremdsprachenunterrichtliche Fragestellungen in starkem Maße
als 'Verlängerungen' linguistischer Problemstellungen angesehen
wurden. Die wissenschaftshistorische Entwicklung hinsichtlich
der Konzeption Didaktischer Grammatiken läßt sich von daher
grob beschreiben als das sukzessive Durchlaufen mehrerer Stadien, angefangen bei der weitgehend unveränderten Übernahme
vorliegender linguistischer Beschreibungen in den Unterricht
bis zur Einschätzung der linguistischen Komponente als eine
unter vielen (vgl. als Überblick zu dieser Entwicklung und der
daraus resultierenden Kategorisierung Didaktischer Grammatiken

Bausch 1979 b, 3 ff.). Einschränkend muß allerdings ergänzt
werden, daß sich diese Entwicklung (noch) nicht auf voller
Breite manifestiert; vielmehr lassen auch Stellungnahmen neueren Datums noch explizit oder implizit erkennen, daß die vermeintlich älteren Positionen durchaus aktuell sind. So läßt
sich aus den Beiträgen von Nickel (1967) und Ungerer (1974)
indirekt auf eine Gleichsetzung von linguistischer Beschreibung und Didaktischer Grammatik schließen, wie sie auch von
Candlin (1973) und Lindgren (1978, 175) angestrebt wird. Emons
(1975, 345) geht sogar so weit, den linguistischen Anteilen
einer Theorie des Fremdsprachenunterrichts den Status einer
eigenständigen *linguistischen* (!) Theorie zu verleihen, ohne
dabei wissenschaftstheoretische Kriterien der oben angedeuteten Form zu berücksichtigen. Von dieser extremen Position abweichende Vorschläge, wonach linguistische Beschreibungen die
Basis darstellen, von der aus man durch Verfahren wie 'Vereinfachung'[61] (z. B. Gutschow 1973, 57) - was immer das, gerade
im Hinblick auf das wissenschaftstheoretische Kriterium der
linguistischen Einfachheit, auch heißen mag - oder auf die Anordnung bezogene Umstrukturierung von Elementen der linguistischen Grammatik (vgl. z. B. Helbig 1972; Engels 1973, 5 f.;
Ponten 1978, 205; Bünting 1979, 28) zu Didaktischen Grammatiken
gelangen will, kranken daran, daß sie stillschweigend von der
Annahme *Sprachtheorie = Lerntheorie* ausgehen, vor der Corder
(1973, 334) schon gewarnt hatte, und daran, daß für diese Verfahren keine objektiven und objektivierbaren Kriterien angegeben werden können. Die Einführung eines Didaktischen Filters
(Börner/Vogel 1976) systematisiert zwar auf theoretischer Ebene
das Ingangsetzen von Verfahren, tut dies aber - zwangsläufig -
unter teilweiser Aufgabe des linguistischen Primats, wobei dann
allerdings die Lehrperspektive gänzlich unberücksichtigt bleibt
(vgl. zu dieser Kritik Grotjahn/Kasper 1979, 111 f.) und wo-

---

[61] 'Vereinfachung' darf hier <u>nicht</u> mit der im Rahmen fremdsprachenlerntheoretischer Überlegungen genannten <u>Simplifizierung</u> gleichgesetzt werden !

durch gleichzeitig die den Fremdsprachenunterricht konstituierenden Komponenten nicht mit letzter Systematik berücksichtigt werden. Dies ist konzeptuell hingegen bei Hüllen (1973 a, 9), Czepluch/Janßen/Tuschinsky (1977, 221), Zimmermann (1977, 89 und 101) und Bieritz (1979, 72) intendiert und kommt durch die Forderung zum Ausdruck, den Fremdsprachenunterricht als eigenständiges, d. h. nicht mehr nur *einer* wissenschaftlichen Disziplin zurechenbares Gegenstandsfeld anzusehen. Das bedeutet:

> "Probleme von LDn (=linguistischen Deskriptionen, F.G.K.) können nicht vorab, 'verselbständigt' und isoliert vom FU-Kontext gelöst und über postdeskriptive Umsetzungsverfahren (mehr oder weniger) 'didaktisiert' werden; sie können nur noch - sozusagen in gewandelter Form, z. B. als FU-relevante Fragen und Aufgaben *linguistischer Prägung* - in einem eigenständigen didaktischen Begründungszusammenhang angewiesen, d. h. als integrierte Komponenten der übergreifenden Sprachlehr- und Sprachlernforschung eingebracht werden..."
>
> (Bausch 1979 b, 16).

Unabhängig davon, daß die Diskussion über das Verhältnis zwischen linguistischer und Didaktischer Grammatik nicht ohne eine Behandlung der in der zweiten Leitfrage angesprochenen Beschreibungsproblematik auskommt und so auf eine etwas konkretere Ebene gelangt, muß auch und gerade die generelle Diskussion von Konzeptionen Auswirkungen auf die Beantwortung der Frage nach der psychologischen Realität von Grammatiken haben, da doch die Auffassung von Didaktischen Grammatiken als 'irgendwie' lehr- und lerngerecht veränderte linguistische Beschreibung die psychologische Verarbeitung von Beschreibungen und ihre Umsetzung in Sprachhandeln wesenskonstituierend beinhaltet.

Durch die bloße Übernahme linguistischer Beschreibungen als didaktisch adäquate Vermittlungsschritte im Rahmen des Fremdsprachenunterrichts wird den Beschreibungen, deren ursprüngliche Aufgabe darin besteht, das System einer Sprache vollständig wiederzugeben, eine Qualität *nachträglich* unterschoben, die sie aufgrund des Erkenntnisinteresses und der Aufgabenstellung, auf

deren Grundlage hin sie entstanden sind, nicht haben können.
Die Weiter- und Neuentwicklung linguistischer Theorien ist
ebenfalls *nicht* gleichzusetzen mit einem Wechsel in der Annahme
über die psychologische Verarbeitung sprachlicher Beschreibungen. Die Bestrebungen, linguistische Grammatiken im oben beschriebenen Sinne zu vereinfachen, bedeuten zwar die Aufgabe
der Gleichung *linguistische Beschreibung = Abbild psychologischer Realität,* geben aber keinesfalls - auch nicht andeutungsweise - die Tatsache und das Maß an, mit dem psychologische Erkenntnisse in die Konzeption einfließen. Demgegenüber kennt das
Konzept des Didaktischen Filters als einen selbständigen Faktor
die lernpsychologische Adaptation (Börner/Vogel 1976, 19 ff.,
vor allem 24 f.), wobei hier allerdings keine Aussagen - weder
in konzeptueller noch in empirischer Hinsicht - bezüglich des
Umfangs und des Stellenwerts lernpsychologischer Überlegungen
gemacht werden.

Für ein integratives Konzept, wie es hier durch die Faktorenkomplexion angestrebt wird, sind dagegen folgende Punkte charakteristisch:

- die Beschreibung der den Fremdsprachenunterricht konstituierenden Faktoren, auch und gerade hinsichtlich ihrer Reaktionen untereinander;
- als Grundlage dafür die Erarbeitung oder der Rückgriff auf Beschreibungen der entsprechenden sprachlichen Phänomene und Erkenntnisse über mentale Verarbeitungsprozesse von fremdsprachlichen Beschreibungen;
- die Rückbindung dieser Beschreibungen an den sprachlichen und situationellen Kontext und die sprachliche und situationsbezogene Erfahrung des Lerners;
- daraus resultierend schließlich die Ermittlung bewußter und unbewußter mentaler Prozesse, wobei besondere Aufmerksamkeit den bewußten Prozessen zukommt, da sie in erhöhtem Maße Einflüssen außer-

halb des Lerners unterliegen[62].

Daraus resultiert, daß die unterrichtliche Beschreibung fremdsprachlicher Phänomene nicht mehr am sprachlichen System selbst und dessen Beschreibung ausgerichtet ist, sondern an der Kombination lerner- und unterrichtsspezifischer Bedingungen. Dies bedeutet gleichzeitig, daß die der Transformationsgrammatik im nachhinein unterschobene psychologische Realität, die nicht zuletzt den höheren linguistischen (!) Wert der neuen Beschreibungsmethode untermauern sollte, im Rahmen eines integrativen Ansatzes Didaktischer Grammatiken ersetzt wird durch einen weniger weitreichenden Anspruch. Ziel solcher Grammatiken kann es nämlich nicht sein, exakt die metasprachliche Beschreibung zu liefern, die den psychologischen Bedingungen des Lerners *genau* entspricht; dies muß an mehreren Bedingungen scheitern:

- erstens setzt dies die jeweils gleiche psychologische Struktur und die jeweils gleichen mentalen Basisdaten (Erfahrung, Intuition, Vorkenntnisse, Aufnahmefähigkeit etc.) bei jedem Lerner voraus; der Unterrichtsalltag hingegen lehrt uns - glücklicherweise -, daß wir es eben nicht mit gleichgeschalteten Lernmaschinen zu tun haben;

- zweitens setzt dies exakte Kenntnis darüber voraus, welche Beschreibung warum der psychologischen Struktur des Lerners am ehesten entspricht; wie schon mehrfach gesagt, gibt es aber eine Fremdsprachenlerntheorie (noch) nicht, die auf eine solche Frage wenigstens annäherungsweise eine Antwort geben könnte;

- drittens setzt das Wissen um die fremdsprachlichen psychologischen 'Mechanismen' die Existenz einer Beschreibungssprache voraus, die so klar ist, daß der Lerner durch sie nicht verwirrt

---

[62] Nicht zuletzt daher ist die - zudem noch unbewiesene - Annahme generativ-transformationeller mentaler Verarbeitungsprozeduren analog zu den entsprechenden linguistischen Beschreibungsmethoden wenig sinnvoll, da ihr generative Transformationen als unabänderliches Muß zugrundeliegen, Aussagen über das Verhältnis solcher Beschreibungen auf der metasprachlichen Ebene zu den mentalen Prozessen aber ebenso unterbleiben wie motivations- und gedächtnispsychologische Aspekte.

wird; wir wissen - wiederum aus der Transformationsgrammatik -, daß Adäquatheit einer sprachlichen Beschreibung und ihre allgemein verständliche Darstellung nicht automatisch dasselbe sind;

- viertens schließlich setzt der bisherige Gebrauch von 'linguistischer Beschreibung' die explizite Grammatikvermittlung voraus (siehe dazu auch Leitfrage 3); induktives Vorgehen wird dadurch nicht erfaßt, da in der bisherigen Diskussion in der Literatur kaum auf die Fähigkeit des Lerners zur Internalisierung sprachlicher Phänomene aus objektsprachlichem Material abgehoben wird. Die vom Lerner in einem solchen Fall verlangte Abstraktionsfähigkeit konnte bislang nur andeutungsweise gemessen werden; eine Verallgemeinerung erlauben diese Ergebnisse nicht.

Von daher können sprachliche Beschreibungen in Didaktischen Grammatiken derzeit 'nur' insofern auf die psychologischen Bedingungen des Lerners eingehen, als sie *auch* an psychologischen Überlegungen ausgerichtet sind und von daher dazu beitragen sollen, den Lernprozeß zu initiieren, jedoch nicht als Abbild psychologischer Strukturen verstanden werden. Eine Lernmotivierung durch Konzentration auf mehrere lernproze*ßauslösende* Faktoren (-kombinationen) scheint beim derzeitigen Kenntnisstand allemal erfolgversprechender, zumal auch sie zur Konstituierung einer als Fernziel nach wie vor notwendigen Fremdsprachenlerntheorie einen sehr wertvollen Beitrag leisten kann.

2.3.4.2.4.2 WELCHE ROLLE SPIELT DIE WAHL DES BESCHREIBUNGSVERFAHRENS FÜR DIE DIDAKTISCHE GRAMMATIK ?

Die wissenschaftsgeschichtliche Anbindung der Didaktischen Grammatik an linguistische Grammatiken ist mit dafür verantwortlich, daß sich die Diskussion um die Beschreibungsverfahren auf die Entscheidung für oder gegen einen grammatiktheoretischen Eklektizismus konzentrierte. Dabei spricht sich eine deutliche Mehrheit von Autoren mit den z. T. unterschiedlichsten Ansätzen für ein - teils 'rigides', teils 'systematisches' - eklektisches Vorgehen aus (vgl. z. B. Arndt 1969; Roulet 1971, 598; Noblitt

1972; Candlin 1973, 58; Zydatiß 1975; Börner/Vogel 1976, 14; Boettcher/Sitta 1978; Lindgren 1978; Ponten 1978; Bünting 1979; Calvano 1980; Rutherford 1980). Die Zahl der Eklektizismus-Gegner ist demgegenüber wesentlich geringer (vgl. z. B. implizit Nickel 1967; deutlicher Helbig 1972, 14; Ebneter 1976, 236; Eisenberg 1976, 14), wobei sich diese Ablehnung zumeist aus linguistisch-methodologischen Erwägungen heraus ergibt und von daher wohl als Indiz für die Annahme der Gleichung *linguistische Grammatik = Didaktische Grammatik* gewertet werden kann. Von einer anderen Seite gehen Hüllen (1973 a) und Zimmermann (1977) dieses Problem an. Während Hüllen (1973 a, 14) allgemein fordert, daß der Beschreibungs*zweck* die Beschreibungs*methode* bestimmen muß, leitet Zimmermann (1977, 44) daraus eine konkrete Folgerung für die Erstellung unterrichtlich relevanter Sprachbeschreibungen ab:

> "Dabei spielt die Inkompatibilität von wissenschaftlichen Theorien, auf die die didaktische Grammatik rekurriert, keine Rolle, weil dabei nicht auf einer linguistischen, sondern auf einer fachdidaktisch-theoretischen Ebene argumentiert wird."

Es stellt sich also nicht so sehr die Frage, *welches* Beschreibungsverfahren zu wählen ist; vielmehr muß gefragt werden, *was* ein Beschreibungsverfahren im *Fremdsprachenunterricht* leisten soll und kann. Mit Blick auf Zielsetzung und konstitutive Bedingungen muß ein adäquates Beschreibungsverfahren

- den betreffenden Sprachausschnitt umfassen und von anderen, nicht unmittelbar relevanten trennen
- hinsichtlich der Funktion des Sprachausschnitts für den Lerner und hinsichtlich der Zielsetzungen des Unterrichts vollständig sein
- vorhandene und internalisierte Kenntnisse des Lerners angemessen berücksichtigen
- die lernerspezifische Internalisierung des betreffenden sprachlichen Phänomens ermöglichen, sei es explizit in Form von Regeln oder implizit durch Präsentation entsprechenden fremdsprachlichen Materials

- so beschaffen sein, daß es spätere Erweiterungen und/oder Modifikationen gestattet ohne den Lerner in Konflikte mit dem bisher Internalisierten zu bringen
- auf Kenntnisse der Lerner aus anderen Sprachen dann zurückgreifen, wenn es lernerleichternd ist.

Wir sehen also, daß die Frage nach *dem* optimalen Beschreibungsverfahren für den Fremdsprachenunterricht falsch gestellt ist. Es kann lediglich darum gehen, Kriterien für ein solches Verfahren zu erstellen, aufgrund deren lernergruppenspezifische Beschreibungen fußen können. Diese können dann streng genommen nicht eklektisch sein, denn kennzeichnend für Eklektizismus ist die Zusammenstellung von Teilen aus mehreren verschiedenen methodischen Vorgehensweisen, wobei der Beschreibende jeweils die Auswahl nach seinen Intentionen trifft. Ein angemessenes fremdsprachenunterrichtliches Beschreibungsverfahren kann sich jedoch nur an den Intentionen und Dispositionen der Lerner orientieren, die freilich in Teilen durch lernerunabhängige Entscheidungen auf der Lernzielebene mitbestimmt werden. Aufgabe des Beschreibenden ist es dabei, die Intentionen und Dispositionen der Lerner zu ermitteln. Dies kann wiederum nur der Lehrer tun (vgl. auch oben S. 28 unsere Definition von Didaktischer Grammatik). Für eine Didaktische Grammatik im hier beschriebenen Sinne ist das Beschreibungsverfahren nicht mehr bloßer Teilaspekt eines übergeordneten Ganzen, sondern es ist unmittelbar konstituierend: die Didaktische Grammatik ist eine vom Lehrer durchgeführte lerner- und/oder lerngruppenspezifische Beschreibung. Sie kann nicht den (hohen) Anspruch haben, psychologisch reale Beschreibungen zu liefern, hat sich aber das (ebenfalls hochgesteckte) Ziel gesetzt, durch ihre Beschreibung Lernprozesse nicht nur in Gang zu setzen, sondern auch zu erleichtern und die Vergessensrate möglichst gering zu halten.

2.3.4.2.4.3 WELCHEN STELLENWERT HAT DIE 'GRAMMATIK' INNERHALB DES FREMDSPRACHENUNTERRICHTS ?

Die Diskussion um den Stellenwert der 'Grammatik' im Fremdsprachenunterricht ist nicht neu und wird nach wie vor intensiv geführt. Sie bildet häufig den Ausgangspunkt für die Entwicklung neuer Methoden. Dabei wird unter 'Grammatik' fast immer die Vermittlung expliziten Sprachwissens verstanden. Die Diskussion zentriert sich also auf die Frage, ob und wieviel explizite Grammatikvermittlung sein muß, um dem Lerner die Internalisierung fremdsprachlicher Strukturen so leicht wie möglich zu machen. Im Zuge dieser Diskussion wird nicht selten von *Grammatikunterricht* gesprochen (diesen Terminus verwenden z. B. Zimmermann 1977; Boettcher/Sitta (für den Unterricht in der Muttersprache); Lindgren 1978). Zwar scheint die Phase, in der Grammatikunterricht um seiner selbst willen betrieben und gefordert wurde, überwunden, doch ist der Grammatikunterricht damit keineswegs tot. Im Gegenteil: die Zahl derjenigen, die am Grammatikunterricht als einem essentiellen Bestandteil des Fremdsprachenunterrichts festhalten, ist durchaus beachtlich. Die Motive dafür sind unterschiedlich. So hält Lindgren (1978, 178) Grammatikunterricht für lernerleichternd, und Engels (1977, 1) scheint gar das Wesensmerkmal einer Didaktischen Grammatik in der expliziten Grammatikvermittlung zu sehen. Müller (1979 b) und Kleineidam (1980) befürworten eine starke Stellung des Grammatikunterrichts eher aus prinzipiellen, leider nicht näher explizierten Erwägungen heraus. Boettcher/Sitta (1978, 141 f.) schließlich finden 20 (z. T. gute) Gründe für Grammatikunterricht (allerdings mit Blick auf den Muttersprachenunterricht) und betrachten Grammatikwissen als Grundlage für Sprachroutinehandeln (1978, 157). Demgegenüber ordnet Roulet (1971, 599) den Stellenwert und damit die Funktion der Grammatikvermittlung dem Lernziel unter. Zimmermann (1977, 46) läßt bei den Zielen des Grammatikunterrichts den Konstruktionsvorgang Didaktischer Grammatiken beginnen, verzichtet auf explizite Grammatikvermittlung aber vor allem zugunsten einer Signalgrammatik (Zimmermann 1969; 1977, 123 ff.), in der die explizite Vermittlung von Sprachwissen aufgegeben wird zugunsten einer psychologisch basierten Anordnung sprachlichen Materials, in der der Lerner dazu gebracht werden soll, bestimmte sprachliche Phänomene als Signal für bestimmte sich daraus ergebende sprachliche Konsequenzen anzusehen und dementsprechend fremdsprachlich zu reagieren. Auch Rutherford (1980, 70) warnt davor, Grammatik um ihrer selbst willen zu lehren und betont ihre Funktion als "vehicle of communication". Aufgrund des skizzierten Diskussionsstandes ist es keine Überraschung, wenn Nold (1981, 149) zu dem Ergebnis kommt:

> "Eine Ablehnung der Regelgrammatik ist in dieser Lage ebenso verfrüht wie die generelle Befürwortung einer Signalgrammatik."

An dieser Stelle stoßen wir auf drei Problembereiche, die auch zuvor - zumindest implizit - in der Diskussion berührt worden sind:

1. Was heißt Grammatikvermittlung im Fremdsprachenunterricht ?
2. Welche Bedeutung hat der Regelbegriff dabei ?
3. In welchem Verhältnis steht der Lerner zur Grammatikvermittlung ?

Zu 1.: Aus der Literatur läßt sich entnehmen, daß unter Grammatikvermittlung im allgemeinen die explizite unterrichtliche Darstellung sprachlicher Phänomene verstanden wird. Dabei findet diese Vermittlung zumeist auf der Metaebene statt, d. h. es werden Regeln entweder vorgegeben oder aus ausgewähltem objektsprachlichem Material erschlossen. Der Lerner wird mit der Aufgabe 'betraut', diese metasprachliche Beschreibung mental so zu verarbeiten, daß er die entsprechenden sprachlichen Phänomene bei Bedarf automatisch korrekt anwendet. Dabei kann zwischen deduktivem und induktivem Vorgehen unterschieden werden, je nach dem, ob die grammatische Beschreibung vor der Beschäftigung mit entsprechendem objektsprachlichem Material dem Lerner an die Hand gegeben wird (deduktiv) oder ob dieser, u. U.

in Zusammenarbeit mit dem Lehrer, diese Beschreibung aus zuvor
präsentiertem Sprachmaterial ableiten muß (induktiv). Nun ist
es zumindest bemerkenswert, daß der Terminus 'Grammatikvermittlung' fast ausschließlich in Verbindung mit expliziter Darstellung grammatischer Phänomene assoziiert wird, obwohl wir doch
u. a. aus Psychologie und Psycholinguistik längst wissen, daß
der Mensch angebotene sprachliche Informationen *selbständig*
weiterverarbeitet und in seinen Wissensbestand eingliedert.
Allem Anschein nach ist diese Erkenntnis für den Bereich des
Sprachlernens kaum berücksichtigt worden. Selbst amerikanische
Arbeiten, in denen der Lerner als Hypothesentester und Benutzer
von Lernstrategien beschrieben wird (vgl. z. B. Adjemian 1976;
Tarone/Frauenfelder/Selinker 1976) ziehen die Konfrontation des
Lerners mit objektsprachlichem Material und die sich daraus ergebende interne - bewußte oder unbewußte - Formulierung von
'Regeln' nicht diesbezüglich ins Kalkül. Diese Unterlassung
macht sich vor allem dann bemerkbar, wenn der betreffende Fremdsprachenunterricht in seiner Gesamtheit Phasen enthält, in denen die explizite metasprachliche Betrachtung und Analyse eingeplant und von daher dafür verantwortlich ist, daß der Lerner
mit solchen Verfahren oder Vorgehensweisen im Bezug auf die Behandlung von Sprache vertraut ist. Mit anderen Worten: Mit der
Entscheidung, explizite Grammatikvermittlung im Unterricht partiell zu verwenden, legt der Lehrer selbst den Grundstein dafür, daß der Lerner aus dem ihm begegnenden Material[63] selbständig und für den Lehrer schwerer kontrollier- und steuerbar
grammatische Beschreibungen und 'Regeln' ableitet; dies hängt
zusammen mit den mentalen unterrichtlichen Erfahrungen des
Lerners, aber auch mit den Erwartungen, die er dem Lehrer bezüglich seines eigenen Umgangs mit der Fremdsprache unterstellt.
Die partielle Eignung expliziter grammatischer Beschreibung zur

---

[63] Es sollte an dieser Stelle noch einmal darauf verwiesen
werden, daß Lerner nicht nur im Fremdsprachenunterricht gezielt und bewußt lernen (vgl. z. B. Königs 1980, 39 f.;
vgl. ansatzweise auch d'Anglejan 1978 sowie in extenso Savignon 1981).

Lösung bestimmter Übungen bedeutet nicht, wie d'Anglejan (1978, 226) richtig feststellt, daß damit der Transfer auf sprachliche Interaktionen mit native speakers erleichtert wird. U. E. tut sich hier ein fremdsprachenunterrichtliches Dilemma auf: Für die Bewältigung bestimmter Übungsformen kann explizite Grammatikvermittlung durchaus sinnvoll und hilfreich sein. Da diese Übungsformen jedoch nur die Aufgabe haben, spätere natürliche Kommunikationssituationen sprachlich vorzubereiten, bringt explizite Grammatikvermittlung den Lerner kaum über das vordergründige Lösen dieser Aufgaben hinaus. Die Kritik trifft somit eher die Übungsformen als die Grammatikvermittlung selbst[64].

Zu 2.: Die Diskussion um das Für und Wider von Grammatikvermittlung wird in großen Teilen unter Bezug auf den Regelbegriff geführt. Dabei müssen verschiedene Regelbegriffe unterschieden werden, je nach dem, ob damit die deskriptive Linguistik, die Soziolinguistik, die Handlungsforschung oder Fremdsprachenunterricht gemeint ist. So spricht etwa Fries (1927, 231) im Rahmen seiner Untersuchung englischer Grammatiken aus dem 18. Jahrhundert von Regeln als absoluten Meßinstrumenten, mit deren Hilfe Äußerungen auf ihre grammatische Korrektheit hin überprüft werden können. Chomsky (1964 b) dagegen fordert von Regeln innerhalb des generativen Sprachmodells, daß sie erstens nicht zu falschen Sätzen führen dürfen und zweitens dem generativen Prozeß entsprechen müssen. Fraglos ist mit diesen beiden Positionen die Palette linguistischen Regelverständnisses längst nicht abgeschlossen. Es wird an ihnen aber deutlich, daß linguistische Regeln *metasprachliche* Deskriptionen eines

---

[64] Anzumerken ist dabei der Vollständigkeit halber, daß prinzipiell berechtigte Forderungen wie die von Richards (1978 a, 94), wonach "grammatical well formedness" ein Aspekt der "language proficiency" ist, potentiell eine Quelle für Mißverständnisse sind. So meint Richards z. B., daß Äußerungen auf ihre Korrektheit hin beurteilt werden sollen; er meint nicht, daß Lehrer diese Beurteilung im Klassenzimmer mit den Lernern zusammen durch Anlegen an eine metasprachliche Beschreibung vornehmen sollen.

sprachlichen Systems sind mit dem Anspruch, in ihrer Gesamtheit vollständige und widerspruchsfreie Aussagen über die Beziehungen einzelner Elemente dieser Sprache zu machen. Die *objektsprachlichen* Regelmäßigkeiten bezeichnet Barth (1972) als *linguale* Regeln. Diese Unterscheidung greift u. a. Keller (1974, 22) wieder auf, wenn er betont, "daß eine Regel nicht identifiziert werden kann mit der Bedeutung ihrer Formulierung, d. h. mit der Bedeutung des Satzes, der verwendet wurde, um sie zu formulieren". Wie wichtig die von Barth (1972) als einem der wenigen vorgenomme explizite Unterscheidung verschiedener Regelbegriffe im Hinblick auf ihre Funktion ist, wird deutlich, wenn man z. B. mit Blick auf das Kommunizieren als regelgeleitetem Handeln (Wimmer 1974, 146) *soziale* Regeln in die Überlegungen einbezieht, die von Barth (1972, 308) als komplementär zu lingualen Regeln angesehen werden. Wenn schließlich noch das Bewußtsein als Bedingung für die Konstituierung von regelgeleiteten Handlungen angeführt wird - "eine regelmäßige Bewegung macht noch keine regelgeleitete Handlung aus" (Keller 1974, 11), so ähnlich auch Caillieux (1974, 43) -, dann wird deutlich, welche Probleme sich zwangsläufig bei der undifferenzierten Übertragung des Regelbegriffs in den fremdsprachenunterrichtlichen Kontext ergeben müssen. Eingedenk dieser Problematik entwerfen Lawler/Selinker (1971) eine Typisierung von Regeln, die sie an eine Typisierung von Lernern und ein differenziertes Performanzverständnis (1971, 38 f.) anlegen. Sie kommen schließlich zu folgendem Ergebnis (1971, 41):

> "Language is rule-governed behavior and learning a second language involves, *among other things,* internalizing language rules of various kinds, coded in any one of several possible intellectual structures. Successful internalization is demonstrated by being able to bring these rules to bear on desired performance. When performance involving automatic application of rules is desired, the ability or inclination to formulate rules *does not necessarily guarantee* the performance which is supposed to lead to making the application of these rules automatic."

Nun kommt es für den Lerner im Fremdsprachenunterricht im allgemeinen darauf an, die der fremden Sprache zugrundeliegenden Gesetzmäßigkeiten zu internalisieren. Ein dem lingualen Regelbegriffs Barths ähnliches Verständnis von Regeln als unterrichtliches Instrument zur Abbildung dieser Gesetz- und Regelmäßigkeiten kann dabei nur die Funktion haben, die zu lernenden Elemente zu benennen und die zwischen ihnen bestehenden Relationen aufzuzeigen; mehr können sie selbst und unmittelbar zunächst nicht leisten. In dieser Funktion sind sie zudem für die Hand des Lehrers bestimmte, vermittlungsunterstützende Hilfsmittel. Aus der Lernperspektive kommt es nun darauf an, Regelmäßigkeiten im fremdsprachlichen System mental zu stabilisieren und zu jeder gewünschten Zeit auf der objektsprachlichen Ebene anwendbar zu machen. Hiermit sind wir bei der Frage nach der Präsentation sprachlicher Daten angelangt und damit bei den verschiedenen psycholinguistischen Grundannahmen, die sich den verschiedenen Präsentationsformen der einzelnen fremdsprachenunterrichtlichen Methoden zuordnen lassen, wobei diese Zuordnung keineswegs immer explizit erfolgte, zumal Auslöser für neue Methoden nicht selten neue linguistische Theorien waren. Diese waren wiederum in ihrer Genese nicht so sehr an psychologischen Prozessen, sondern vielmehr an deskriptiv-linguistischen Verfahren interessiert. Bis zum heutigen Tag scheinen wir jedoch im wesentlichen über zwei einander diametral gegenüberstehende mentalistische Grundpositionen[65] nicht herausgekommen zu sein: Entweder funktioniert das menschliche Gehirn beim gesteuerten Erwerb einer fremden Sprache mechanistisch dergestalt, daß bestimmte 'Eingaben' sowohl bezüglich der Form als auch bezüglich des Inhalts bei jedem Menschen nur in ganz bestimmter Weise verarbeitet werden können oder aber es funktioniert eher individuenspezifisch in dem Sinne, daß es mit Blick auf den einzelnen Lerner jeweils nur gemäß den ihn bestimmenden

---

[65] Wenn wir über sie hinauskämen, hätten wir auf dem Wege zu einer - hier schon mehrfach als Zielprojektion geforderten - Fremdsprachenlerntheorie einen großen Schritt vorwärts getan.

Faktoren arbeitet. Trifft ersteres zu, so muß es darum gehen, die Verbindungen zwischen Sprache und Gehirn zu systematisieren; trifft letzteres zu, so muß es darum gehen, die Lernerfaktoren zu erfassen, in Beziehung zueinander zu bringen und letztlich auch ihre Beziehung zu allen Faktoren zu ermitteln, die die gesteuerte Erwerbssituation determinieren. Die Annahme einer unterrichtlichen Faktorenkomplexion - wie sie dieser Arbeit zugrundeliegt - favorisiert demzufolge eher die zweite Grundannahme, kann dies jedoch nicht mit der Ausschließlichkeit tun, wie es kognitiven Ansätzen zuweilen zu eigen ist. Dagegen sprechen nämlich sowohl die unterrichtlichen Erfahrungswerte (bestimmte Dinge werden *allgemein* besser/schlechter gelernt als andere) als auch die institutionell vorgegebene Tatsache, daß der Lernerfolg - was immer man darunter im einzelnen verstehen mag - an bestimmte Prozentzahlen gekoppelt und dadurch ohnehin 'verallgemeinert' ist. Der Vollständigkeit halber sei drittens auf die - allerdings fast ausschließlich muttersprachlich orientierte - Aphasieforschung verwiesen. Aus der neurolinguistisch relevanten prinzipiellen linkshemispherischen Sprachlokalisierung (vgl. dazu den Überblicksaufsatz von van der Geest 1981) könnte man immerhin als Arbeitshypothese ableiten, daß dadurch mentale Operationen von Sprache vorgeprägt sind, wenngleich die Lateralisierung nicht so unabänderlich ist (vgl. Heeschen/Reischies 1981), wie lange angenommen wurde.

Unsere Vermutung, wonach das menschliche Gehirn zwar prinzipiell individuenspezifisch arbeitet, jedoch teilweise durch intersubjektive Arbeitsweisen charakterisierbar ist, mag schließlich noch mit Bezug auf die unterrichtliche Konfrontierung des Lerners mit fremdsprachlichem Material diskutiert werden. Wir wissen aus der alltäglichen Unterrichtserfahrung, daß Übungsformen - seien es nun der behavioristischen Lerntheorie verpflichtete Pattern Drills oder kommunikative Übungen - zu einem relativ gleichen Sprachbestand bei zumindest einem Teil der jeweiligen Lerngruppe führt. Dieser trivial anmutende Tatbestand ermöglicht immerhin die Annahme produktiv-fehlerfester Regeln (Müller 1980) als eine intersubjektiv funktionstüchtige, Fehler vermeidende lernpsychologische Sprachproduktionsanweisung, die allerdings die rezeptive Seite sprachlicher Handlungen unberücksichtigt läßt. Über die produktiv-fehlerfesten Regeln hinaus reichen die operationellen Regeln, wie sie von Timm (1979, 120 ff.; 1982) vorgestellt werden. Auf der Suche nach psychologischen Äquivalenten linguistischer Kategorien, Relationen und Regeln, die gleichzeitig dem Anspruch genügen sollen, didaktisch brauchbar zu sein, greift Timm auf die Lerntheorie Gagnés (1973) zurück. Aus dessen achtstufiger Lerntypenhierarchie bezieht er sich bei seinen Überlegungen auf das *diskriminatorische Lernen*, das *Konzept-Lernen* und das *Regellernen*. Auf der Grundlage dieser Lerntypen sowie unter Rückgriff auf Überlegungen Zimmermanns (1969) zu einer Signalgrammatik und auf der Basis der generativen Transformationsgrammatik strebt er die lernergerichtete Verbindung von Konzepten und Konzept-Verknüpfungen (im Sinne Gagnés) über systematisierte Diagramme an; die so entstehenden operationellen Regeln sollen dem Lerner das Erkennen von Strukturzusammenhängen erleichtern. Über die Möglichkeit, auf diese Art mentale Prozeduren in den Griff zu bekommen, macht sich Timm (1979, 129) keine Illusionen:

> "Wir müssen uns natürlich bewußt bleiben, daß solche auf psychologischen 'Konzepten' und 'Regeln' beruhenden 'operationellen Regeln' ebensowenig aussagekräftig sind hinsichtlich der tatsächlich ablaufenden neurophysiologischen Performanzprozesse wie die linguistischen Regeln, auf denen sie basieren."

Die von Timm (1981; 1982) vorgelegten empirischen Befunde für die Tauglichkeit der operationellen Regeln lassen freilich offen, inwieweit andere Faktoren, wie z. B. die Lehrerpersönlichkeit, fachlicher Kontext usw., den erfolgreichen Einsatz dieser Regeln bestimmen; auch die von ihm dargestellte schrittweise Herleitung zweier syntaktischer Elemente des Englischen (1979, 126 ff.) scheint aufgrund mangelnder Einbettung in den unterrichtlichen Kontext zunächst nur bedingt verallgemeinerungsfähig. Die Tatsache, daß das Konzept der operationellen Regeln a priori bewußtes Sprachwissen anstrebt - wenn auch nicht im

traditionellen Sinne eines Wissens um linguistisch (!) adäquate
Deskriptionen - und daß damit eine *explizite* Grammatikvermittlung als unabänderliches Kennzeichen fremdsprachlichen Unterrichts nahegelegt wird, sollte aber nicht den Blick dafür verstellen, daß hier zum ersten Mal *didaktische Regeln* systematisch
erarbeitet und zumindest ansatzweise an unterrichtlicher Wirklichkeit gemessen wurden. An dieser Stelle der Diskussion muß
nunmehr auf die oben definierten und andiskutierten Lernstrategien (vgl. S. 142) verwiesen werden, wobei deutlich wird, daß
Lernstrategie und didaktische Regel nur im Idealfall identisch
sind. Allerdings stellen didaktische Regeln, z. B. operationelle
Regeln (wie die exemplarische Darstellung bei Timm zeigt), potentielle Auslöser für Lernstrategien dar. Es muß in der Erforschung des gesteuerten Fremdsprachenerwerbs zukünftig darum gehen, didaktische Regeln dahingehend zu entwickeln und daran anschließend zu systematisieren, daß Lernstrategien als daraus
ableitbare mentale Operationen beschreibbar und für den Lehrenden planbar werden.

Zu 3.: Ein wesentliches Kennzeichen der Diskussion um die Stellung der Grammatikvermittlung im Rahmen des Fremdsprachenunterrichts scheint uns die fehlende Berücksichtigung der Lernererwartung zu sein. Dadurch wurde die Entwicklung einer lernerzentrierten Unterrichtsforschung gleichsam halbseitig dadurch
blockiert, daß Lernerzentrierung fast immer 'nur' Berücksichtigung des Lerners aus der Sicht des Lehrenden bedeutete;
meistens blieb die vom Lerner eingebrachte Erwartungshaltung
unberücksichtigt. Aus der Erkennung dieses Mißverhältnisses
heraus fordert Krumm (1981) nicht nur zu Recht die Einbeziehung
der Lernererwartung und der Lerner-Interpretation des Unterrichtsgeschehens (vgl. zu einem solchen Ansatz in der Praxis
Wagner et al. 1981), sondern er stellt überrascht fest, daß die
von ihm untersuchten Schüler von 5. und 7. Klassen nicht selten
für Grammatikunterricht sind und dafür auch eine Reihe guter
Gründe haben. Um so weniger kann es vor diesem Hintergrund
überraschen, wenn erwachsene Lerner (etwa im Volkshochschulbereich) auf mehr explizite Grammatikvermittlung drängen. Dies

steht einerseits gegen die fremdsprachenmethodische Entwicklung der letzten acht bis neun Jahrzehnte, die nach der Abkehr von der Grammatik-Übersetzungsmethode weitgehend ohne explizite Grammatikvermittlung auskommen zu können glaubte. Dies läßt andererseits die Frage aufkommen, in welchem Maße unterrichtliche Methoden in ihrer Wirksamkeit durch den Lernerwillen eingeschränkt werden und ob nicht gerade hier die Ursache dafür liegt, daß Methoden in freier praktischer Anwendung selten in Reinkultur praktiziert werden. Für die Entwicklung einer Fremdsprachenlerntheorie kann dies nur bedeuten, daß zukünftige Untersuchungsdesigns den Einfluß des Lernerwillens - und dieser ist im übrigen Resultat eines komplizierten Interagierens von zahlreichen Faktoren - einbeziehen müssen.

2.3.4.3 FREMDSPRACHENUNTERRICHTLICHES LERNEN UND NORMEN

Vor dem Hintergrund unserer vorangegangenen Überlegungen bestätigt sich die oben angesprochene Normenvielfalt (vgl. S. 16) in besonderer Weise, da eine Fremdsprachenlerntheorie Normen auf mehreren Ebenen implizieren muß. Dies liegt schon im hier vertretenen und explizierten Ansatz einer fremdsprachenunterrichtlichen Faktorenkomplexion. Wichtig scheint uns dabei freilich die Frage zu sein, wie die verschiedenen Normen - denken wir an Lernererwartungen, (Lern-) Gruppennormen, soziale Normen, institutionelle Normen, sprachliche Normen, Lehrererwartungen - tatsächlichen Eingang in eine solche Lerntheorie finden können. Mit Blick auf die Zielsetzung dieser Arbeit sowie auf den Mangel an dementsprechenden Forschungsdesigns und empirischen Studien können an dieser Stelle lediglich Fragen aufgeworfen werden, die nichts weiter als spekulativen Charakter haben können:

1. Integriert eine zukünftige Fremdsprachenlerntheorie bestehende Normen oder setzt sie aus lernorganisatorischen Gründen neue ?

Eine Fremdsprachenlerntheorie ist die Theorie von der Art und
Weise der Aufnahme fremdsprachlichen Materials *durch den Lerner*. Von daher kann nur der Lerner die Instanz sein, die - bewußt oder unbewußt - Normen setzt. Diese Normen sind zu verstehen als Kombination von unabdingbaren dispositorischen Vorgaben (z. B. Speicherkapazität des Gehirns; Arbeits- und Funktionsweise des Gehirns beim Erwerb einer zweiten Sprache; verfestigte und durch die Muttersprache vorgegebene Sprechergewohnheiten und Artikulationsmodalitäten; Konfrontation mit bestimmten Ausschnitten des fremdsprachlichen Systems) und individuellen Normeinstellungen, die sich aus einer Vielzahl von
Lernerfaktoren heraus ergeben. Das heißt also, daß Normen sich
auf die Theoriebildung auswirken müssen, da die Theorie eine
möglichst objektive Beschreibung der Wirklichkeit anstreben
muß. Dies alles scheint ohne Zweifel trivial. Um so erstaunter
ist man, wenn man sich vergegenwärtigt, daß fremdsprachenunterrichtliche Theorien - und dahinter steht ja im Grunde die Suche
nach einer Fremdsprachenlerntheorie - häufig versucht haben,
Lehr- und Vermittlungsprobleme in den Vordergrund zu rücken.
Daraus mußte zwangsläufig resultieren, daß der Vermittelnde
seine Normen in die Theorie einbrachte und auf den Lernenden
projizierte, ohne dessen Normen gebührend zu berücksichtigen.
Eben diese letztgenannte, den Lerner in den Mittelpunkt rückende
Normenberücksichtigung muß aber genuiner Bestandteil einer Fremdsprachenlerntheorie sein, die den Anspruch erhebt, den fremdsprachlichen Erwerbs- und Lernvorgang wirklichkeitsbezogen zu
beschreiben.

> 2. *Integriert eine zukünftige Fremdsprachenlerntheorie die verschiedenen (Lerner-) Normen nebeneinander oder beschränkt sie sich (notgedrungen) auf ein 'Konglomerat' von Normen ?*

Eine Fremdsprachenlerntheorie, die sich auf Beschreibung der
Realität konzentriert, kann sich nicht mit einem Normenkonglomerat zufriedengeben, verstanden als Reduzierung aller am Lernvorgang beteiligten Normen auf einen einzigen Normbegriff. Dies

geht u. E. auch zur Bildung einer Arbeitshypothese nicht dauerhaft, da es bedeuten würde, daß verschiedene den Lerner betreffende Aspekte unberücksichtigt blieben. Sie muß vielmehr bemüht sein, die verschiedenen Normen in Beziehung zueinander zu setzen und zu einer *Normenhierarchie* zu gelangen. Erst dann ist es unter Umständen möglich, die eine oder andere Norm *vorläufig* aus den Überlegungen auszuschließen, und auch dies nur, um die Überprüfung der Theorie nicht aufgrund des Mangels an Überprüfungsmethoden vorzeitig zu gefährden. Um zu einer solchen Normenhierarchie zu gelangen, sind empirische Einzeluntersuchungen notwendig, die von den bis dahin ermittelten Normen auszugehen haben, wie wir sie bislang aus der Lernerperspektive schon beschrieben haben und noch weiter zu beschreiben versuchen.

3. Integriert eine Fremdsprachenlerntheorie nur Lernernormen oder berücksichtigt sie auch Lehrernormen ?

Wir haben uns schon oben klar für einen lernerzentrierten Normbegriff ausgesprochen und dies mit der Tatsache begründet, daß es sich um eine *Lern*theorie handelt, die es zu entwickeln gilt. Unmittelbar können Lehrernormen für eine solche Theorie keine Bedeutung haben, wohl aber mittelbar. Wie schon oben dargelegt, ist der Eintritt des Lerners in den gesteuerten Fremdsprachenerwerbsprozeß u. a. gekennzeichnet durch Faktoren wie Einstellung zu institutionellen Bedingungen, allgemeine und fremdsprachenunterrichtsspezifische Lernererfahrungen, durch ein emotionales (gutes oder schlechtes) Verhältnis zum Lehrer, durch das Lernklima und durch die Sozialisationserfahrungen. Wir haben schon anhand dieser Faktoren gesehen, daß der Lehrer mit seinen Erwartungen und Normen vom Lerner ins Kalkül gezogen wird. Je nach Persönlichkeitsstruktur des Lerners werden dabei Lehrernormen mehr oder weniger stark berücksichtigt. Hinzu kommt, daß der Lehrer als die fremdsprachliche Autorität im Klassenzimmer und als Bewerter sprachlicher Lernerleistungen auch im Lernprozeß eine zentrale Rolle spielt, wenn auch nur indirekt dadurch, daß der Lerner durch möglichst weitgehende Annäherung an diese vorgegebene Norm Sanktionen zu vermeiden sucht.

Freilich tut sich nun hier ein Widerspruch auf. Eine Fremdsprachenlerntheorie als Bestandteil einer Didaktischen Grammatik im oben beschriebenen Sinne (vgl. S. 25 ff.) strebt eine Verbesserung der Unterrichtswirklichkeit an; dabei wird Lernen nicht selten als ausschließlich sachorientierter Vorgang beim Lerner verstanden, den es nur zu entdecken gilt - etwa in Form fester, am Lerngegenstand orientierter Sequenzen -, der dann dem Lerner nur präsentiert werden muß, und der dann zum gewünschten Resultat führt. Als Widerspruch kann nun verstanden werden, wenn eine solche, gleichsam im luftleeren Raum stehende Lerntheorie mit Faktoren korreliert wird, die in herkömmlichem Unterricht tagtäglich beobachtbar sind, in einem Unterricht also, den es ja gerade mit Hilfe der Fremdsprachenlerntheorie zu verbessern gilt. Doch dieser Widerspruch ist nur scheinbar und wäre ein Mißverständnis. Eine Fremdsprachenlerntheorie kann eben nicht im luftleeren Raum angesiedelt werden, sondern muß die äußeren Bedingungen des Lernens originär enthalten. Sie beinhaltet folglich unterrichtsspezifische 'Störvariablen'[66] ebenso wie die Erkenntnisse der Neurophysiologie über die menschlichen Dispositionen zur Ausführung mentaler sprachbezogener Operationen. Damit wiederum mag deutlich werden, daß *Lehrer*normen in einer *Lern*theorie ihren Platz durchaus haben, aber eben aus der Perspektive des Lerners.

4. Welche Rolle spielt der Begriff des Fehlers in einer Fremsprachenlerntheorie ?

Die Beziehung zwischen Lernen und Norm(en) ist lange dahingehend verkürzt worden, daß Normen immer automatisch als sprachliche Normen aufgefaßt wurden. Die Beschäftigung mit fremdsprachlichem Lernen bedeutete deshalb in vielen Fällen die Beschäftigung mit Fehlern. So berechtigt und notwendig es ist,

---

[66] Der Ausdruck 'Störvariablen' entspringt nicht der Ansicht, daß Unterricht im allgemeinen nur den Lernvorgang störende Elemente enthielte; er bezieht sich vielmehr auf das oben beschriebene idealistische Verständnis von Lernen.

sich mit ihm zu befassen, so falsch wäre es, die Erforschung
fremdsprachlichen *und* fremdsprachenunterrichtlichen Lernens
darauf zu beschränken.

Der Fehler ist im Rahmen der Entwicklung einer Fremdsprachenerwerbsforschung von zentraler Bedeutung gewesen. Schließlich
waren es Arbeiten wie die Corders (1967) sowie die Arbeiten in
Svartvik (1973) und Richards (1974), die die allgemeine Aufmerksamkeit (wieder) auf die Bedeutung sprachlicher Abweichungen als Indizien für die ihnen zugrundeliegenden psychologischen Prozesse und damit auch auf ihre Bedeutung für den Fremdsprachenunterricht lenkten, nachdem frühe Arbeiten wie die von
Weimer (1925) und Frei (1929) lange Zeit dem Vergessen anheim
gefallen waren, zumal ihr primäres Erkenntnisinteresse auch
ein anderes war, als gesteuerte Fremdsprachenerwerbsprozesse
zu ermitteln. Nun ist dies nicht der Ort für eine Skizze der
Fehlerrolle im gesteuerten und ungesteuerten Fremdsprachenerwerb (vgl. dazu exemplarisch Raabe 1980). Es scheint uns vielmehr interessant, den Stellenwert zu diskutieren, den ein Fehler
als Abweichung von einer Norm innerhalb einer Fremdsprachenlerntheorie über den diagnostischen Wert hinaus als konstitutives
Element einer solchen Theorie haben kann. Damit setzen wir bereits voraus, daß ein Fehler mehr indiziert, als bloßes sprachliches Fehlverhalten. Und dies ist der Fall, wenn er nicht mehr
in bloßer Relation zu einem sprachlichen System gesehen wird,
sondern wenn er *gleichzeitig* in Abhängigkeit vom sprachlichen
Entwicklungsstadium und vom Äußerungskontext (Situation, sprachlicher Kontext, inhaltliches Engagement, früheres Sprachverhalten) betrachtet wird. Damit soll keineswegs an der Tatsache ge-
zweifelt werden, daß der Fehler eine objektive Abweichung darstellt; es soll vielmehr mitberücksichtigt werden, inwieweit
ein Fehler nichts anderes ist, als die Aktualisierung des bis
dahin lernbaren Materials, wobei sich Lernbarkeit eben auf den
Umfang bezieht, in dem fremdsprachliche Informationen überhaupt
so weit - mental und physiologisch - haben verarbeitet werden
können, daß Fehler unter 'normalen' Umständen hätten ausgeschlossen werden können. Eine Fremdsprachenlerntheorie wird

Hinweise auf die fremdsprachliche Entwicklungsfolge, und zwar
in Abhängigkeit von den Bedingungen des Lernens, und darüber
hinaus ein Instrumentarium zur Verfügung stellen müssen, mit
dessen Hilfe lernersprachliche Äußerungen innerhalb dieser Entwicklungsfolge situierbar sind. 'Entwicklungsfolge' soll dabei
nicht als strikte Abfolge sprachlicher Entitäten aufgrund ihrer
innersystematischen Komplexität verstanden werden, sondern als
Folge von Spracherwerbsschritten, die sich aus der Kombination
von sprachlichem Material und zerebralem Vermögen organisch
ergibt. In einer so verstandenen Fremdsprachenlerntheorie müssen die von uns früher vorgestellten Fehlerarten (Königs 1980,
50 f.) zwangsläufig ihren Platz haben, vor allem der *Scheinfehler* und der *Erwerbsfehler*. Den dort vorgestellten Fehlerarten ist mit Ausnahme des *systemlinguistischen Fehlers* gemeinsam, daß das ihnen zugrundeliegende *tertium comparationis* nicht
mehr das sprachliche System ist, sondern die Beziehung des eine
Fremdsprache lernenden Individuums zu diesem System.

2.3.5 SPRACHBEGABUNG UND SPRACHEIGNUNG

Im Zusammenhang mit Versuchen, Lernerfolge und -mißerfolge zu
erklären, ist häufig auf Begriffe wie Sprachbegabung und Spracheignung zurückgegriffen worden.

Allgemein ist es wohl nicht übertrieben, diese beiden Begrifflichkeiten als schillernde und nicht immer intersubjektiv nachprüfbare Größen zu charakterisieren. Sie stellen nicht selten
die 'black box' dar, die dann herangezogen wird, wenn fremdsprachliche Leistungen eines Lerners relativ zu anderen Lernern
nicht mehr anders erklärt werden können. Dabei finden wir in
der Pädagogik schon die begriffliche Abgrenzung zwischen *Begabung* als Fähigkeit des Lernens gegenüber der *Intelligenz* als
Fähigkeit des Denkens (vgl. die Beiträge in Roth 1969). Zwar
läßt sich die Begabung aufgrund ihrer Ausdehnung auch auf den
intellektuellen Bereich als ein der Intelligenz übergeordnetes
Phänomen auffassen, beiden ist jedoch gemeinsam, daß sie nicht
einer unmittelbaren Beobachtung zugänglich sind, sondern eher

erschließbare Konstrukte aus beobachtbaren Leistungen darstellen. Sprachbegabung ist somit die Fähigkeit, die vom Sprachsystem zur Verfügung gestellten Möglichkeiten intentionsadäquat und kommunikativ-situativ wirkungsvoll zu handhaben. Eine so verstandene Sprachbegabung ist demnach nicht nur an den sprachlichen Leistungen eines Individuums ablesbar, sondern darüber hinaus aus dem Verhältnis von Sprecherintention - Sprachleistung und dem Einfluß dieser beiden Größen auf die (Sprach-) Handlungen von Dritten[67]. Aus dem Unterschied zwischen Erst- und Zweitsprachenerwerb ergibt sich zwangsläufig, daß Fremdsprachenbegabung anders zu fassen ist als Sprachbegabung im gerade beschriebenen Sinne. Wenn wir sie mit Schütt (1974, 20) im weiteren Sinne verstehen als "die in den Tests unter Heranziehung anderer Aspekte des Lernens (z. B. Motivation, Schulleistung) gemessene Eignung für den Fremdsprachenunterricht", so resultieren daraus mindestens zwei wichtige Konsequenzen: Erstens wird Fremdsprachenbegabung beschränkt auf den gesteuerten Erwerb einer fremden Sprache und damit auf den Vermittlungs*prozeß* und nicht auf die unmittelbare Anwendung des fremdsprachlichen Systems. Zweitens kommt damit der Begriff der *Eignung* ins Spiel, der nach Jakobovits (1970, 229) operationalisierbar wird hinsichtlich der Zeit, in der etwas gelernt wird, und hinsichtlich der Aufgabe, die es für den Lerner zu bewältigen gilt. Eignung dient danach als Gradmesser für das Erreichen einer gewissen Form von fremdsprachlicher Kompetenz und besteht - nach Jakobovits (1970, 242) - neben sozio- und psycholinguistischen Faktoren auch aus paralinguistischen und kinetischen Faktoren (Gestik, Mimik). Der Begriff 'Eignung' ist folglich bei Jakobovits ein Diagnoseinstrument, mit dessen Hilfe er immerhin zu 33 % den Lernerfolg erklären zu können glaubt (Jakobovits 1970, 98)[68].

---

[67] Der Einfachheit halber gehen wir hier von gleichberechtigten Interaktanten aus und lassen Abhängigkeiten und affektive Komponenten aus der Betrachtung heraus. Weiterhin unterscheiden wir uns von Mierke (1969, 106 f.), der Sprachbegabung offenbar an der inneren Strukturiertheit des Systems, nicht aber an der Verwendungsfertigkeit des Sprachbenutzers mißt.

[68] Ausdauer/Motivation liegen ebenfalls bei 33 %, Intelligenz bei 20 % und andere Faktoren bei 14 % Erklärungsgehalt.

Schon vor Jakobovits hatte Carroll (1962) fünf Variablen als
für den Fremdsprachenerwerb - allerdings in Intensivkursen -
zentral benannt, von denen eine, die Sprachlerneignung, von
ihm näher untersucht wurde. Er splitterte sie auf in *phonetic
coding, grammatical sensitivity, rote memorization ability*
und *inductive language learning ability* und gelangte von daher zu einer mehr auf die Sprachverwendung als auf die Sprachvermittlung bezogenen Auffassung von Sprach*ler*neignung, wenngleich Wienold (1973, 27) in seiner Kritik insofern zuzustimmen ist, daß Carrolls Ergebnisse nur auf einen ganz speziellen
Fall von Fremdsprachenunterricht hin angelegt sind, und es
bleibt offen, ob es sich dabei um antrainierte oder angeborene
Fähigkeiten handelt.

In letzter Zeit ist die Diskussion um Konzeption und Stellenwert einer Fremdspracheneignung weitgehend ersetzt worden durch
die Diskussion um Existenz und Ausformung eines allgemeinen
Sprachfähigkeitsfaktors. Oller (1976, 166 f.) definiert den
general factor of language proficiency als

> "... a factor which could be explained on indepen-
> dent theoretical grounds. I proposed the term
> *expectancy grammar* (Oller 1971, 1974) as a con-
> venient label for the psychologically real inter-
> nalized grammar of normal language learners in
> general, and second language learners in particular."

Dabei ist die Erwartungsgrammatik als allen normalen sprachlichen Äußerungen zugrundeliegendes psychologisches Konstrukt gekennzeichnet durch die Fähigkeit der jeweiligen Interaktanten,
Hypothesen über eigene und fremde Sprachplanungsvorgänge anzustellen und in konkrete Sprache umzusetzen. Wenn zwischen er-
wartetem und tatsächlichem Sprachverhalten kein Unterschied mehr
besteht, ist die Kommunikation am effektivsten. Grundlage einer
solchen Erwartungsgrammatik ist nach Oller ein allgemeiner
Sprachfähigkeitsfaktor. Neben Oller haben sich z. B. Sang/Voll-
mer (1978) um den empirischen Nachweis eines solchen Faktors bemüht. Wenngleich ihr theoretischer Zugriff etwas anders als bei

Oller ist und sie seinen Daten und Ergebnissen gegenüber eher skeptisch eingestellt sind, führt die Auswertung ihrer Daten jedoch ebenfalls zur Annahme eines Generalfaktors, den sie allerdings explizit (1978, 46) als "durch die konkreten Bedingungen des Fremdsprachenunterrichts verursacht" deuten. Folglich ist der allgemeine *factor of language proficiency* keine Eingangsvariable, auf dem Fremdsprachenunterricht aufbauen kann, sondern er ist das Ergebnis fremdsprachenunterrichtlicher Bemühungen, aufgrund dessen lernerseitiges fremdsprachliches Handeln erst initiiert wird. Von daher mißt er eher die 'Qualität' des Fremdsprachenunterrichts als die tatsächliche Lernerdisposition.

Es ist also keineswegs verbindlich geklärt, was unter Fremdsprachenbegabung und Fremdspracheneignung[69] letztlich zu verstehen ist. Wenn wir beide Begriffe trotz ihrer konzeptuellen Unschärfe zur fremdsprachenunterrichtlichen Norm in Beziehung setzen wollen, so scheint uns eine Differenzierung zwischen den Begrifflichkeiten als Eingangsvoraussetzung für Fremdsprachenunterricht auf der einen Seite und als Produkt des Fremdsprachenunterrichts auf der anderen Seite unvermeidlich.

Als Eingangsvariablen können Fremdsprachenbegabung und -eignung als vor dem Fremdsprachenunterricht liegende Dispositionen des Lerners zum Erwerb einer Fremdsprache verstanden werden. *Tertium comparationis* für die Ausprägung kann dabei nur das sprachliche System bzw. dessen allgemeine Norm (Standard) sein. Diese Dispositionen abstrahieren noch von einer spezifischen, vom Lerner möglicherweise angestrebten Sprachverwendung, sowohl mit Blick auf die Sprachebenen als auch hinsichtlich bestimmter Fertigkeiten. Als Eingangsvariablen bleiben sie damit zunächst bis zu einem gewissen Grad nicht weiter bestimm- bzw. objektivierbar.

---

[69] Sicherlich sind diese beiden Termini nicht befriedigend, zumal durch die Diskussion um den allgemeinen Sprachfähigkeitsfaktor noch eine neue Dimension hinzugekommen ist. Aus Ermangelung eindeutiger und damit besserer Begriffe behalten wir sie jedoch im folgenden bei.

Sie manifestieren sich in der Leichtigkeit, mit der der Lerner
vor dem Fremdsprachenunterricht erfolgten Kontakt mit der fremden Sprache und mit dem im Unterricht vermittelten Material
verbindet, wie sich dies z. B. in spezifischen Lernerfragen
zeigt, in denen der Lerner versucht, neues fremdsprachliches
Material zu dem in Beziehung zu setzen, das er selbst in ihm
vergleichbar erscheinenden Situationen angetroffen hat. Beispiel: "Geht für ¿*cuánto vale* ? auch ¿*cuánto cuesta* ?" Anschließend werden die Eingangsvariablen zu den Zielen und Bedingungen des Fremdsprachenunterrichts in Beziehung gesetzt und
danach beurteilt, inwieweit sie die Mitarbeit im Unterricht sowie das Erreichen institutionell und individuell vorgegebener
Ziele erleichtern. Komponenten wie Auffassungsgabe, Erinnerungsvermögen, sprachliche Erfahrung, Lernerfahrung, Sprachgefühl u.
v.a. spielen in erster Linie mit Blick auf das unterrichtliche
Material und den Umgang damit eine Rolle. Die Sprachbegabung/
-eignung eines Französischlerners, der aus dem außerunterrichtlichen Kontakt mit französischsprachigen native speakers das
umgangssprachliche [ʃepa] anstelle des [ʒənsɛpa] als habitualisierte Form in den Unterricht einbringt, wird wohl eher daran
gemessen werden, wie schnell und reibungslos er die standardsprachliche Form im Unterricht adäquat zu verwenden weiß, als
daran, daß er durch außerunterrichtlichen Kontakt mit dem Französischen eine gewisse sprachlich angemessene Handlungs- und
Äußerungstüchtigkeit gewonnen hat, wofür das [ʃepa] ein Anzeichen
sein kann (nicht sein muß). Dieses Beispiel belegt allerdings
die fließenden Grenzen zwischen Fremdsprachenbegabung und -eignung als Eingangsvariablen und als fremdsprachenunterrichtliches
Produkt. Im letzteren Fall wird beides nämlich an der Fähigkeit
des Lerners gemessen, die unterrichtlich erworbenen Kenntnisse
selbst zu erweitern und aus dem Unterricht selbst ein Maximum
an verwert- und anwendbaren Informationen zu holen. Kriterium
für die Messung ist damit das möglichst schnelle Erreichen unterrichtlicher Lernziele und die möglichst sanktionsfreie Bewältigung von Tests. Fremdsprachenbegabung/-eignung wird in diesem
Fall an den dem Lerner vorgegebenen unterrichtlichen Normen
(Progression, Sprachmaterial, Testform, Stellenwert des Fremd-

sprachenunterrichts im schulischen Gesamtzusammenhang u. ä.)
gemessen; fremdsprachliche Selbständigkeit und Kreativität
außerhalb der gesteckten Ziele sind dabei nicht immer wünschenswert (vgl. zur Abhilfe dieses angenommenen Mißstandes im übrigen Göbel 1978), vor allem dann nicht, wenn die gesteckten Ziele
noch nicht oder nur unvollständig erreicht, darüber hinausreichende, noch nicht anvisierte Ziele aber schon erreicht wurden.

Fraglos haben wir hier weder eine endgültige Begriffsklärung
von Fremspracheneignung und Fremdsprachenbegabung vorgenommen
noch eine genaue Analyse dieser beiden Begrifflichkeiten im
Rahmen der fremdsprachenunterrichtlichen Faktorenkomplexion
durchführen können. Es kam uns an dieser Stelle vielmehr darauf
an, die unterschiedlichen Positionen wenigstens anzudeuten, die
sich mit diesen Begrifflichkeiten im Rahmen einer Beschäftigung
mit Fremdsprachenunterricht verbinden, und die dahinter stehenden Normen offenzulegen.

2.3.6   MUTTERSPRACHLICHE EINFLÜSSE

Die Leistungsfähigkeit der Kontrastiven Linquistik für den Fremdsprachenunterricht wird mittlerweile nicht (mehr) sehr hoch eingeschätzt (vgl. u. a. Nemser/Slama-Cazacu 1970; K.-R. Bausch
1973; Bausch/Kasper 1979). Ihr Anspruch, aus der Strukturdivergenz zwischen Mutter- und Fremdsprache Lernschwierigkeiten und
Fehler vorhersagen, wenigstens aber begründen zu können (Wardhaugh 1970), hat sich in der Realität meist als zu hoch gesteckt
erwiesen. Neuere Untersuchungen hingegen lassen überraschenderweise z. T. wieder den Schluß zu, daß der explizite Rückgriff
des Lerners auf das muttersprachliche System doch häufiger und
damit für die Interpretation von Lernersprachdaten interessanter
ist, als es die Welle der Kritik am kontrastivlinguistischen Erklärungsansatz glauben machte. So berichtet Raabe (1981) z. B.
von einer Analyse von Lernerfragen, die sich auf explizite Grammatikvermittlung erstreckten. Diese Analyse führte immerhin zu
dem Ergebnis, daß Lerner wahrscheinlich doch ihr muttersprachliches System ins Spiel bringen - sei es durch *bewußte* Kontra-

stierung oder sei es als hypothetisches Erklärungsinstrumentarium für fremdsprachliche Strukturen -, wenn ein grammatisches Phänomen ihnen im Rahmen der Vermittlung nicht klar geworden ist[70]. Wenn auch vor einer vorschnellen Verallgemeinerung der genannten Befunde und Erfahrungswerte gewarnt werden muß, so möchten wir daraus dennoch die These ableiten, daß Fremdsprachenlerner beim Versuch, ein fremdsprachliches System kognitiv zu erfassen, vorhandenes Wissen über andere sprachliche Systeme einbringen, wobei das Bewußtsein über die Affinität zweier Systeme sowie der Grad der Vertrautheit mit den anderen, im Augenblick nicht im Mittelpunkt stehenden Sprachen, die Wahl des Systems entscheidend beeinflußt, auf das der Lerner auf der Suche nach Erklärungsmöglichkeiten zurückgreift.

Die von Raabe gemachten Beobachtungen werden von seiten der Fremdsprachenmethodik partiell auch theoretisch untermauert. Das Problem der *Semantisierung* im Fremdsprachenunterricht wird ja gerade auf der Grundlage des Verhältnisses von Mutter- und Fremdsprache diskutiert. Erfahrungen wie die von Lübke (1971), wonach - häufig trotz einsprachigen Unterrichts - die Muttersprache für den Lerner selbst das Medium ist, das ihm den Zugang zur Fremdsprache öffnet, sind kein Einzelfall (vgl. z. B. auch Strecker 1975; Vielau 1975 b; Kielhöfer 1978; Butzkamm 1980, v. a. 115 ff.). Es kann also nicht darum gehen, die Muttersprache um jeden Preis auszuschalten. Die dafür zur Verfügung stehenden unterrichtsmethodischen Verfahren für den Bereich der Semantisierung sind dafür auch ungeeignet (vgl. Lübke

---

[70] Eigene Erfahrungen in der Vermittlung von Spanisch im Bereich der Erwachsenenbildung sprechen im übrigen dafür, als potentielles Bezugssystem für Lernerfragen auch eine andere Fremdsprache anzunehmen, vor allem, wenn die strukturelle und lexematische Verwandtschaft zwischen zweiter und dritter Fremdsprache auch dem Lehrenden bekannt ist. So ziehen Spanischlerner offensichtlich häufig Parallelen zum Französischen. Ein Beispiel: bei der Einführung des Partizips mit vorangehenden Pronomen in der Funktion eines direkten Objekts - Typ: Las (für las chicas) he visto - kommt häufig - unter Bezug auf das Französische je les ai vues (les jeunes filles) - die Frage nach der Veränderlichkeit des Partizips, die es im Spanischen abweichend vom Französischen nicht gibt.

1972, etwas abgeschwächt Strecker 1975). Sinnvoller und erfolgversprechender scheint es vielmehr, Verfahren zu entwickeln, in denen die Muttersprache als eingeplantes Element einer auf den Erwerb gerichteten Strategie fungiert und somit den natürlichen Bedingungen Rechnung trägt. Solche Verfahren sind z. B. von Bol/Carpay (1972) oder von Vielau (1975 a) vorgestellt worden. Letzterer strebt auf der Basis der Interiorisierungstheorie Gal'perins die Ausbildung einer kognitiven Handlungsstruktur an, wobei er versucht, den Weg "von der gegenständlichen Handlung über die verschiedenen Formen der sprachlichen Handlung zur kognitiven Handlung - und entsprechend: den Weg von der (anschaulichen) Gegenstandsbedeutung zum ausgebildeten (situationsabstrakten) Begriff" (1975 a, 80) zu gehen.

Eine andere, bislang weitgehend vernachlässigte Problematik im Zusammenhang mit der Semantisierung bringt B.-D. Müller (1980) zur Sprache, indem er interkulturelle Verstehensprobleme aufzeigt. Probleme also, die aus der Verbindung von Begriffen mit ihrem lebensweltlichen/gesellschaftlichen Kontext resultieren; seine Forderung nach unterrichtspraktischen Konsequenzen zielen in die Richtung, den Lerner mit der 'sozialen Einbettung' von auf der Oberfläche sich scheinbar entsprechenden Begriffen in Mutter- *und* Fremdsprache expliziter vertraut zu machen und von daher für eine fremdsprachengerechte Verwendung dieser Einheiten zu sensibilisieren.

Den Diskussionsbeiträgen zur Semantisierung im Fremdsprachenunterricht (im weiteren Sinne) ist - soweit sie die Muttersprache als nicht auszuschaltendes Element akzeptieren - gemeinsam, daß sie implizit um - jeweils verschiedene - Formen kreisen. Dies gilt für die entwicklungsorientierte Verknüpfung von sprachlichen und kognitiven Handlungen bei Vielau (1975 a; 1975 b) ebenso wie für Butzkamms (1980, 111 ff.) Auffassung, wonach sogar unkorrekte muttersprachliche Sätze geplanter Bestandteil des Unterrichts sein können, wenn es darum geht, dem Lerner markante Hilfskonstruktionen anzubieten, um fremdsprachenspezifische Strukturen vergessensresistenter erfassen zu

können (Beispiel: *Tut Judy sprechen Deutsch* ? als Lehrerfrage,
um die Lernerreaktion *Does Judy speak German* ? zu erhalten).
Und auch B.-D. Müllers (1980) Ansatz impliziert Normen auf
wenigstens zwei Ebenen: Erstens steht die Gefahr der klischee-
haften Verknüpfung von Wörtern und Inhalten latent immer im
Raum, und das Klischee droht zu einer präskriptiv normativen
Auflistung von Äquivalenzen zu führen, wobei zumindest untersucht werden müßte, inwieweit die *obligatorische Übernahme* der
emotionalen und einstellungsmäßigen Aspekte des sprachlichen
Zeichens, wie sie von Hörmann (1977, 113)[71] im Anschluß an
Osgood zu Recht als zeichenkonstituierend beschrieben werden,
tatsächlich im Fremdsprachenunterricht angestrebt werden sollte. Zweitens knüpft daran die notwendige Berücksichtigung von
Wortassoziationen an: "Die umgangssprachlichen Assoziationen
reproduzieren sich in den Inhalten sowie in den Stärken der
zielsprachlichen Assoziationen ..." (Heuer 1973, 81). Die von
Heuer (1973, 82) daraus abgeleitete Forderung nach einem psychologisch akzeptablen Assoziationswörterbuch beinhaltet das Normproblem explizit:

> "Wenn dem Prinzip der Optimierung der Lernvorgänge
> gefolgt werden soll, dann können auch zielsprach-
> liche Assoziationen mit ausgangssprachlicher Fär-
> bung geduldet und, wenn auch nicht gefördert, so
> doch benutzt werden, weil sie in der Tat einen
> wesentlichen Teil der assoziativen Kohäsion des
> gelernten Wortschatzes darstellen. Zwischen der
> Skylla der linguistischen Norm und der Charybdis
> der psychologischen Norm haben Theorie und Praxis
> des Fremdsprachenunterrichts einen spezifischen
> didaktischen Kurs zu steuern."

Was folgt nun aus all dem für die fremdsprachenunterrichtliche
Norm aus der Perspektive des Lerners ? Die Tatsache, daß man
die Muttersprache nicht ausschalten kann, während der Lerner

---

[71] "Zeichen erlangen Bedeutung nicht nur durch ihre Verbunden-
heit mit den mit ihnen assoziierten Wörtern, sondern auch
und vor allem durch Verbindung mit nicht primär verbalen,
sondern emotionalen einstellungsmäßigen Beständen."

unter gesteuerten Bedingungen eine Fremdsprache erwirbt, bedeutet zunächst einmal, daß ein wie auch immer orientierter Normbegriff die Muttersprache und das Verhältnis des Lerners zu ihr integrieren muß. Hierbei kommt zunächst vor allem auch der soziolinguistische Normbegriff ins Spiel (siehe unten Kapitel 4.2). Das bedeutet aber auch, daß ein Verfahren, wie es Butzkamm (1980, 111 ff.) vorgeschlagen und praktiziert hat, zumindest nicht ohne Risiken ist, denn die Deformation des eigenen beherrschten sprachlichen Systems zu provozieren, nur um den fremdsprachlichen strukturellen Aufbau verständlich zu machen, heißt erstens, Sprache aus ihrer Einbettung in Handlung und Handeln zu lösen, da dem Lerner unterstellt wird, daß er die funktionale Verwendung der Sprache (wenigstens im Augenblick) nicht anvisiert. Es heißt zweitens, den Lerner darüber im Ungewissen zu lassen, welcher Sprachebene die entsprechende Zielsprachenstruktur angehört, denn * *Tut Judy sprechen Deutsch ?* wird vom Lerner erstens als auf das Deutsche bezogen eindeutig falsch ermittelt und für den Fall, daß es tatsächlich geäußert wird, einer sozial niedrigen Stufe zugeordnet. Drittens könnte es schließlich bedeuten, daß es gerade weil dem Lerner eine psychologische 'Eselsbrücke' gebaut werden soll, der Blick für sprachliche Alternativen verstellt wird, weil der Lerner in Zusammenhang mit bestimmten notionalen Kategorien z. B. auf diese Eselsbrücke fixiert ist. Dagegen scheint uns das von Butzkamm angeregte Verfahren als eine Art didaktischer Trick geeignet zu sein, Lerner, die bei der Konfrontation mit fremdsprachigen Texten im Zuge der Semantisierung immer[72] eine möglichst wortgetreue Übersetzung anstreben, von der Unmöglichkeit dieses Vorgehens zu überzeugen. Sinnvoll und praktikabel scheint mir an Butzkamms Ansatz weiterhin der Versuch, dem Lerner funktionale Äquivalenzen - allerdings erst etwas später - vorzustel-

---

[72] U. W. gibt es über diese Gruppe von Lernern (noch) keine Untersuchungen. Eigene Erfahrungen lassen indes die Vermutung aufkommen, daß diese Gruppe besonders stark im Fremdsprachenunterricht mit Erwachsenen vertreten ist.

len; Beispiel nach Butzkamm (1980, 107): *The bell is ringing
- Es schellt*. Hierbei wird der durch die ausgangssprachliche,
statistisch-deskriptive Norm - *man* sagt im Deutschen *meistens*
es schellt - bestimmte Ausdruck mit dem entsprechenden zielsprachlichen, durch die statistisch-deskriptive Norm markierten Ausdruck gleichgesetzt.

Aus den exemplarisch benannten Punkten sollte hervorgehen, daß
durch die gemeinsame Berücksichtigung von Mutter- und Fremdsprache die sprachlichen Möglichkeiten, die das muttersprachliche System anbietet, nicht persifliert werden dürfen. Dagegen sollte das Bewußtsein für die Leistungsfähigkeit des
Systems, aber auch für die eigene sprachliche Leistungsfähigkeit des Lerners gefördert werden. Der Lerner darf nicht in dem
von ihm beherrschten sprachlichen System verunsichert werden,
sondern muß auf der Grundlage der muttersprachlichen Bewußtmachung über die Einsicht in Sprachfunktionen im Sinne Busses
(1975, 211) an die fremdsprachlichen Möglichkeiten herangeführt
werden. Dann ist es möglich, auf der Basis fremdsprachlicher
Strukturen, die ihrerseits nicht mehr unbedingt durch muttersprachliche Äquivalenzen erklärt werden müssen, den Lerner mit
den semantischen Funktionen in der Fremdsprache vertraut zu
machen und ihm auf dieser Grundlage die Einsicht in verschiedene
Sprechakte zu vermitteln (vgl. zu diesem Ansatz in extenso Hüllen 1979 b, v. a. 128 ff.).

Der Vollständigkeit halber wollen wir noch kurz auf das Problem
der Übersetzung im Fremdsprachenunterricht eingehen. Es darf
heute als weitgehend akzeptiert gelten, daß Übersetzen eine besondere sprachliche Fertigkeit darstellt, die im Fremdsprachenunterricht nur unter bestimmten Bedingungen ihren Platz haben
kann (vgl. Königs 1979, 76 ff.; vgl. dazu zahlreiche Beiträge
in Bausch/Weller 1981). Sie ist damit für den gesteuerten Fremdsprachenerwerb nur bedingt geeignet, da sie vom Lerner in erster
Linie die Entwicklung und den Einsatz gezielter Übersetzungsmechanismen von L_1 nach L_2 verlangt; dahinter treten andere, im
fremdsprachenunterrichtlichen Kontext denkbare Zielsetzungen,

wie die Schaffung muttersprachlichen Bewußtseins so weit zurück, daß sie auf andere Art wirksamer erreicht werden können. Dort, wo Übersetzungen integraler Bestandteil fremdsprachenunterrichtlicher Zielsetzungen sind (vgl. Königs 1979, 100 ff.; Weller 1981), stellen sich zusätzliche Normprobleme über den hier angesprochenen Rahmen hinaus ein. So wird es dabei um die Erhellung übersetzerischer Analyse-, Umsetzungs- und Produktionsprozesse gehen sowie um die Frage nach der Übersetzungsäquivalenz. Die Ausgangssprache übernimmt dabei die Rolle des 'Auslösers'. Auf die darin enthaltenen Normprobleme soll hier nicht näher eingegangen werden.

Wenn bisher in diesem Abschnitt der Eindruck entstanden ist, daß muttersprachliche Einflüsse ein aus der Lernerperspektive isolierter Faktor seien, so gilt es, diesem Eindruck entgegenzutreten. Sicher ist, daß das Maß des muttersprachlichen Einflusses schwer (oder gar nicht) exakt angebbar ist. Genauso sicher scheint uns aber zu sein, daß andere Faktoren dieses Maß mitbestimmen. So markiert z. B. die Einstellung zur Fremdsprache einen Faktor, der u. a. die Lernererwartungen in bezug auf die Lernbarkeit der betreffenden Fremdsprache im Kontrast zur Muttersprache oder zu anderen Fremdsprachen determiniert. Die Rolle von Bezugspersonen, mit denen der Lerner u. U. über sprachliche Inhalte spricht, und die dann vielleicht durch Rückgriff auf die Muttersprache Lernhilfen geben wollen, scheint uns ebenso wichtig zu sein, wenngleich sie u. W. bislang nicht untersucht wurde. Das sprachenpolitische Bewußtsein für die gesellschaftliche Notwendigkeit zur Erlernung einer Fremdsprache mag ebenfalls dazu beitragen, daß der muttersprachliche Einfluß niederländischer oder dänischer Lerner auf den gesteuerten Fremdsprachenunterricht ein anderer sein kann als der deutscher Fremdsprachenlerner. Ebenso kann die intendierte oder auch nur angenommene Fremdsprachenanwendung den Grad des muttersprachlichen Zugriffs durch den Lerner determinieren; ob der Lerner sich zukünftig in Dolmetscherfunktion, als Rezipient fremdsprachlicher Literatur oder integriertes Mitglied der fremdsprachigen Gemeinschaft sieht, muß deshalb seine Auswirkungen haben.

Schließlich bestimmen auch unterrichtliche Lernerfahrungen
mit anderen Fremdsprachen, ob und inwieweit der Rückgriff auf
die Muttersprache aus der Lernerperspektive als notwendig erachtet wird.

2.3.7 EINSTELLUNG ZUR SPRACHE ALS MEDIUM: DIE FREMDSPRACHENUNTERRICHTLICHE KOMMUNIKATION

In welchem situativen und/oder institutionellen Kontext ist
Sprache im Fremdsprachenunterricht eigentlich zu sehen ? Mit
dieser scheinbar so banalen Frage gewinnen wir einen Zugang
zur Beantwortung einer anderen Frage aus der Lernerperspektive,
nämlich der nach dem Grad der Selbstverwirklichung des Lerners
im Rahmen des Gebrauchs der Fremdsprache. Dabei wiederum ist
zwangsläufig von einem Vergleich dessen auszugehen, was der Lerner als Sprecher seiner Muttersprache sowie als Sprecher einer
Fremdsprache auszudrücken wünscht. Der Fremdsprachenlerner verfügt bei Beginn des Lernprozesses schon über ein sprachliches
System, das es ihm erlaubt, sich seinen Intentionen entsprechend mitzuteilen. Dieses natürlich erworbene System wird vom
Lerner auch im Unterricht allgemein benutzt, sei es, um auf
Lehrerfragen zu antworten, sei es, um selbst Fragen oder Wünsche und Forderungen zu artikulieren. Die Aufmerksamkeit des
Lerners ist dabei nur in reduziertem Maße auf seine Sprache
selbst gerichtet. Vielmehr geht es ihm um die Inhalte, deren
Versprachlichung ihm in der Muttersprache erst dann stärker ins
Bewußtsein rückt, wenn von der *Art und Weise,* wie sie vorgenommen wird, die Erfüllung der Lernerabsicht abhängt und die bloße
Artikulation allein - aus welchen Gründen auch immer - nicht
mehr ausreicht. Im Fremdsprachenunterricht dagegen geht es neben inhaltlichen Fragestellungen und ihrer Versprachlichung um
den Erwerb eines neuen sprachlichen Systems, das partiell die
Funktion der Muttersprache im Hinblick auf die Versprachlichung
unterrichtlicher Redeabsichten übernimmt. Dabei gilt als Ziel
nicht nur die unterrichtliche Versprachlichung bestimmter Inhalte in einer fremden Sprache, sondern die Fähigkeit, das
fremdsprachliche System auch und gerade außerhalb des Klassen-

zimmers intentionsadäquat einsetzen zu können. Der Lerner ist
also gleich zweimal gefordert: einmal bezüglich der inhaltlichen Auseinandersetzung und einmal bezüglich der sprachlichen
Auseinandersetzung mit einem für ihn fremden Sprachsystem.

Nun stellt Hüllen (1978, 120)[73] u. E. völlig zu Recht fest,
daß Fremdsprachenunterricht diskursanalytisch gesehen häufig
aus "verarmten Äußerungen [besteht], die da zwischen Lehrer
und Schüler hin- und hergespielt werden, zumeist Äußerungen, in
denen der Schüler überhaupt keinen Spielraum für die Sprachwahl
hat". Edmondson/House (1981, 20) unterscheiden in der Konsequenz
daraus zwischen "*pedagogic* and *target* discourse". Dabei ist die
Kommunikation insofern unnatürlich, als der Lerner gezwungen
wird, so zu reagieren, wie es der Lehrer vorsieht. Eigene Intentionen können nicht verwirklicht werden, entweder weil der Lehrer dies nicht in der Unterrichtsplanung vorgesehen hat oder
- und dies scheint der häufigere Grund - weil es dem Schüler
noch an den entsprechenden fremdsprachlichen Redemitteln fehlt.
Im letzten Fall reagiert der Schüler nicht selten muttersprachlich[74].

Inwieweit es die Regel ist, daß Lerner aus dem institutionell
vorgegebenen Kommunikationsrahmen ausbrechen, mag dahingestellt
bleiben. Tatsache ist dagegen, daß Fremdsprachenunterricht einen
"geschützten Kommunikationsraum" (Schwerdtfeger 1977, 39) darstellt, in dem vom Lerner keine Eingewöhnung in zielsprachenkul-
turelle authentische Bedingungen verlangt wird:

---

[73] Hüllen, W., "Diskussionsbeitrag" in: Borowsky, V. A. (ed.),
Medien im Anspruch des schülerzentrierten Lernens. Bonn 1978
zitiert nach Butzkamm (1980, 157).

[74] So fordert eine Englischlehrerin ihre Schüler (6. Klasse)
nach einem Dialogspiel, in dem es um einen Zahnarztbesuch
ging, zur Kritik auf:
Lehrerin: Any comments ?
Schüler: Das- das war doch zu schnell. In Wirklichkeit
geht's beim Zahnarzt nicht so schnell.
Lehrerin: Any comments more ?
Schülerin: Ich finde, das war vielleicht etwas leise, aber
- aber die haben gut gespielt.
Lehrerin: Ja, das finde ich auch.

"Geschützte Kommunikation im Zusammenhang mit Lehr-
Lerngeschehen im Zielsprachenunterricht ist eine
solche Kommunikation, in der zielsprachliche Normen und Werte überhaupt nur in dem Ausmaß berücksichtigt werden, wie es die Normen der Institution
Schule, d. h. des in ihr stattfindenden Unterrichts,
gestatten; daher nur begrenzte Möglichkeit eigenver-
antwortlichen Handelns in der Zielsprache."

(Schwerdtfeger 1977, 40).

Die Besonderheit unterrichtlicher Kommunikationsstrukturen ist von daher dafür verantwortlich, daß fremdsprachliche Redemittel im Unterricht weitgehend als an institutionelle Normen gebundene, nicht natürliche Elemente eingeführt werden müssen, deren praktische Nutzanwendung sich unter Bedingungen vollzieht, die im Unterricht nur in Ausnahmefällen zu erreichen sind. Die Fremdsprache selbst wird für den Lerner damit zu einem Instrument, mit dessen Hilfe die Interaktion zwischen Lerner und Lehrer auf einen sprachlichen Aspekt reduziert wird. Sofern der Lehrer dieselbe Muttersprache wie der Lerner hat, wäre es auch unnatürlich, wollte man die Fremdsprache außerhalb des geschützten Kommunikationsraumes als Medium einer Kommunikation anwenden, die sich nicht nur von der unterrichtlichen, sondern auch von der außerunterrichtlichen normalen Kommunikation unterschiede. Wenn Butzkamm (1980, 156) fordert: "Der Unterricht selbst, nicht erst das sog. Leben, auf das es zielt, muß bereits Gelegenheit zur persönlichen Erfahrung der Zielsprache und zum Transfer geben", so kann dies nur bedeuten, daß der Lerner die Fremdsprache im Unterricht kennen- und gebrauchen lernt, nicht aber, daß ihr realer Einsatz in fremdsprachlicher Umgebung so weit vorweggenommen wird, daß der Lerner sich im natürlichen Kontakt mit der Fremdsprache nur noch exakt so verhalten müsse wie im Unterricht. Dies ist schon aufgrund der unterrichtlichen Vorstrukturiertheit der Interaktion nicht realistisch.

Von daher ist ein Bewußtsein des Lerners hinsichtlich der unterrichtlichen Bedingungen zu fordern oder aber eine Aufgabe der Vorstrukturierung zugunsten einer der natürlichen Kommunikation angenäherten Interaktion zwischen Lehrer und Lerner. Zwar scheint

letzteres durchaus erstrebenswert, doch müssen aus der Praxis
heraus Zweifel angemeldet werden: erstens setzt ein solches
Ziel ein hohes Maß an fremdsprachlicher Kompetenz und Flexibilität beim Lehrer voraus; die Vorstrukturierung unterrichtlicher Phasen *bis in die kleinste Äußerung hinein* erfolgt - so
sei hier behauptet - aus der sprachlichen Unsicherheit des
Lehrers heraus. Zweitens setzt ein solches Ziel einen Einstellungswechsel auf seiten der Lerner voraus, die die Lehrperson
nicht mehr als 'sprachlichen Informanten und als Sanktionsinstanz' begreifen dürften, sondern als gleichberechtigten *Kommunikations-* und Interaktionspartner. Dies würde drittens die
Entwicklung einer anderen, den neuen Kommunikationsbedingungen
adäquaten Progression nach sich ziehen müssen. Insgesamt müssen
sich daraus viertens methodische Konsequenzen ergeben. Ein Beleg dafür, daß der andere Weg über eine Bewußtseinsveränderung
seitens der Lerner hinsichtlich der unterrichtlichen Bedingungen gangbarer und auch schon beschritten ist, scheint uns der
pragmadidaktische Ansatz zu sein, in dem der Lerner unter bewußtem Hinweis auf den pragmatischen Gehalt von Äußerungen in
die Lage versetzt wird, zu entscheiden, "wann, wo und wem
gegenüber er welche illokutiven Akte mit welchen fremdsprachlichen Ausdrucksmitteln vollziehen kann oder muß" (Mans 1976,213).

Es liegt auf der Hand, daß die Einstellung zur unterrichtlichen
Kommunikation abhängt von Faktoren wie Alter, Einstellung zur
Fremdsprache, Einstellung zu den institutionellen Bedingungen,
allgemeine Lernerfahrung, emotionales Verhältnis zum Lehrer,
Lernklima, Motivation, intendierte Fremdsprachenanwendung, Vorkenntnissen, fremdsprachenunterrichtlichen Lernerfahrungen und
schließlich muttersprachlichen Einflüssen. Neben der *institutionellen* Norm, die für die Ausprägung der unterrichtlichen Kommunikation vom Lehrer her verantwortlich ist, existiert somit eine
individuelle Norm auf seiten des Lerners, in die eine Reihe von
subjektiven Erfahrungen, Erwartungen und Voraussetzungen eingehen. *Beide Normen überlagern sich. Je größer der gemeinsame Bereich ist, desto eher wird der Lerner vom Unterricht profitieren. Je größer der Normenkonflikt ist, desto mehr wird der Lern-*

*erfolg in Frage gestellt, wenn die andere Norm nicht akzeptiert
oder sogar übernommen wird.*

Nach den charakteristischen Bedingungen unterrichtlicher Kommunikation kommen wir nun auf die Kommunikation selbst und ihre (potentiellen) Einflüsse auf den Lernprozeß. Dabei wollen wir im folgenden zwischen einer inhaltlichen und einer strukturellen Seite der unterrichtlichen Kommunikation unterscheiden. Nun könnte man behaupten, die inhaltliche Seite sei dabei - auch aus der Lernerperspektive - weiter zu differenzieren nach sprachlichen Inhalten und Themen einerseits - z. B. das britische Gesundheitswesen, die französische Kernkraftpolitik, Industrieprobleme Spaniens oder konstitutionelle Probleme des heutigen Italiens - und nach grammatischen Gebieten andererseits - z. B. Konditionalsätze, Vergangenheitstempora etc. Dabei muß hinzugefügt werden, daß je nach Gestaltung der unterrichtlichen Progression beides u. U. streng voneinander trennbar ist oder miteinander kombiniert wird. Im ersten Fall wären Inhalte nachgeordnet und nur zum Zweck der Vermittlung eines grammatischen Phänomens da; im zweiten Fall wären sprachliche und außersprachliche Inhalte gleichberechtigt. Es scheint dabei auf der Hand zu liegen, daß gerade im Anfangsstadium des Spracherwerbs die Sprachvermittlung Vorrang haben muß, um dem Lerner die notwendigen Redemittel zur Verfügung zu stellen.

Dem kann jedoch entgegengehalten werden, daß die Vermittlung grammatischer Items an Situationen gekoppelt werden kann. In diesem Ansatz, wie er von der Pragmadidaktik verfolgt wird, lernt der Lerner nicht mehr die situationsunabhängige Anwendung *grammatischer* Strukturen, sondern stellt letztere automatisch in situative Bezüge. Beispiel[75]: Eine Situation wird vorgegeben, z. B. 'Begrüßung auf der Straße'. Für diese Situationen lassen sich kommunikative Lernziele benennen wie 'sich vorstellen','sich begrüßen', 'sich verabschieden'. Diese werden

---

[75] Vgl. dazu in extenso den Aufbau des Lehrwerkes <u>A bientôt</u>.

dann versprachlicht - *je suis ..., qui est-ce ... ?, je m'appelle ..., comment allez-vous ... ?, salut, bonjour* etc. -, so daß der Lerner die Sprache gleich mit bestimmten Situationen verbindet. Die inhaltliche Seite sollte von daher nicht weiter für den Lerner differenzierbar sein.

Die strukturelle Seite unterrichtlicher Kommunikation umschließt alle organisatorischen Bedingungen des Unterrichtsablaufs, die dazu führen, daß der Lerner in einer ganz spezifischen Weise mit dem fremdsprachlichen Material umgehen kann. Dazu zählen

- die Redezeit eines Lerners pro Unterrichtseinheit
- die Möglichkeit zur Nach- und/oder Rückfrage
- die Gruppenarbeitsphasen, hier verstanden als die intensivere Beschäftigung des Lerners mit dem Sprachmaterial
- die Möglichkeit zur Einflußnahme auf Unterrichtsabläufe und -inhalte.

Die Redezeit ist abhängig von der Lerngruppengröße, vom persönlichen Engagement des Lerners und von der Unterrichtsmethode in Verbindung mit dem Selbstverständnis des Lehrers in der Lehrerrolle (siehe unten v. a. Kapitel 5.1). Es ist bekannt, daß bei wachsender Redezeit die 'Erfolgsaussichten' des Lerners steigen. Die Redezeit stellt gleichzeitig aber auch einen wichtigen Faktor mit Blick auf die anvisierte natürliche Kommunikation dar: es darf die Hypothese gewagt werden: je größer die unterrichtliche Redezeit des Lerners ist, desto eher wird er in der Lage sein, an einer natürlichen Kommunikation adäquat teilzunehmen. Erwartungen und Erfahrungen aus der unterrichtlichen Kommunikation werden in die natürliche Kommunikation übertragen, wobei die Erfüllung dieser Erwartungen die Beteiligung an der Kommunikation positiv beeinflußt. Einschränkend hinzugefügt werden muß freilich, daß die Redezeit auch vom Selbstverständnis des Lerners in nicht unerheblichem Maße abhängt (vgl. unten Kapitel 2.3.8).

Die Möglichkeit zur Nach- und/oder Rückfrage im Unterricht ist seitens des Lehrers gekoppelt an die Unterrichtsmethode (im weiteren Sinne) und an die Klarheit der Darstellung, seitens des Lerners an das Lernklima und an das Selbstverständnis. Durch Lernerfragen lassen sich nicht nur - wie Raabe (1981) feststellt - Rückschlüsse auf sprachlichen Input ziehen, sondern durch sie wird Unterricht z. T. in andere, vom Lehrer ursprünglich nicht eingeplante Bahnen gelenkt. Von daher lassen sie dem Lerner die Möglichkeit zur unterrichtlichen - bewußten oder unbewußten - Mitbestimmung und geben gleichzeitig Auskunft über lernerspezifische Lernprozesse und -fortschritte außerhalb eines durch die gedachte unterrichtliche Progression vorgegebenen Plans.

Gruppenarbeitsphasen sind methoden- und lehrerunspezifisch und bieten den Vorteil einer insgesamt höheren Redezeit des einzelnen Lerners, der im Rahmen der Kleingruppe nicht nur öfter zu Wort kommt, sondern auch u. U. freier und ungehemmter redet, da die Erwartungshaltung seiner Gruppenmitglieder in der Regel anders strukturiert ist als die des Lehrers. Und der Lerner weiß das auch.

Die Möglichkeit zur Einflußnahme auf Unterrichtsinhalte und -abläufe ist zwar prinzipiell methodenunabhängig, läßt sich jedoch in verschiedener Form in jeder Methode unterbringen. Für den Lerner könnte - mit aller Vorsicht vor übertriebenen Hoffnungen, die in das Zauberwort 'Motivation' häufig gesetzt werden - dennoch die Motivation durch die Möglichkeit zur Mitbestimmung (vgl. dazu Dietrich 1976) gesteigert werden.

Die genannten und kurz skizzierten strukturellen Aspekte unterrichtlicher Kommunikation tragen ebenso wie die inhaltlichen Aspekte dazu bei, daß der Lerner ein ganz bestimmtes Bild davon gewinnt, wie Kommunikation in der fremden Sprache ablaufen und seinerseits in ihrem Ablauf beeinflußt werden kann. Daraus ergeben sich für ihn Erwartungen, die er an die Struktur *natürlicher* Kommunikation stellt und an denen er selbst feststellt, inwieweit er an der Kommunikation teilnehmen kann. Die fremdsprachenunterrichtliche Kommunikation wird für den Lerner somit zu einer kommunikativen Norm, die er der fremdsprachlichen natürlichen Kommunikation unterschiebt. Die von Neuner (1979 b, 97) explizierten verschiedenen Ebenen der Kommunikation erfassen die Perspektive des von außen Analysierenden. Der Lerner sieht die verschiedenen Ebenen in der Regel auch, zieht aber lernerzentrierte Konsequenzen. Kommunikative Gewohnheiten aus der Muttersprache werden dabei - so darf vermutet werden - nur partiell übertragen, zumal es nicht um jeweils gleichrangige natürliche Kommunikationen geht, sondern zunächst um eine unterrichtliche Kommunikation, die ja auch im Bereich des in der Muttersprache ablaufenden Unterrichts durch bestimmte Eigengesetzlichkeiten gekennzeichnet ist (vgl. z. B. Spanhel 1973 a; Wieczerkowski 1973; vgl. zum spezifischen Unterrichtsdiskurs Sinclair/Coulthard 1977).

2.3.8 SELBSTVERSTÄNDNIS DES LERNERS

Es muß verwundern, daß gerade das Selbstverständnis dessen, der im Zentrum fremdsprachenunterrichtlicher Bemühungen seitens des Lehrers steht, bislang kaum thematisiert wurde, zumindest nicht außerhalb eher allgemeiner pädagogischer Betrachtungen. Vielleicht ist die Beschäftigung damit deshalb lange Zeit unterblieben, weil man nicht wußte, wie man das Selbstverständnis herausbekommen sollte; vielleicht mangelte es aber auch nur an dem Bewußtsein für die Bedeutung einer solchen Fragestellung.

Was ist nun mit dem Selbstverständnis des Lerners gemeint ? Dieses wird in jedem Fall mitbestimmt durch außerunterrichtliche Lernerfaktoren im oben beschriebenen Sinne (vgl. S. 65 ff.): Faktoren wie z. B. Alter, Einstellung zur Fremdsprache oder Erfahrungen aus der Gruppensozialisation bestimmen die Einschätzung des lernenden Individuums von seiner Rolle innerhalb des gesteuerten Fremdsprachenerwerbsprozesses entscheidend mit. Hinzu treten Faktoren aus den unterrichtlichen Rahmenbedingungen (s. o. S. 89 ff.) wie Einstellung zu institutionellen Bedingungen, emotionales Verhältnis zum Lehrer oder Sozialisation in der

Lerngruppe, die den Lerner zu einer differenzierteren Sichtweise seiner unterrichtsspezifischen Rolle führen. Diese Sichtweise wird schließlich ergänzt durch fremdsprachenunterrichtlich spezifische Lernerfaktoren, so daß das Selbstverständnis eigentlich ein Resultat faktorieller Verknüpfungen aus der Lernerperspektive darstellt, wobei dieses Resultat dann als ein *individuelles* Selbstverständnis zu interpretieren ist. Dem steht ein überindividuelles, eher *lerngruppenspezifisches* Selbstverständnis gegenüber, das zwar auch aus lernerspezifischen Faktoren konstituiert wird, sich aber in stärkerem Maße durch eine das Verhältnis zur *Rolle* des Lehrers betreffende Perspektive auszeichnet und damit ein gruppenpsychologisches Phänomen darstellt.

Es stellt sich nun die Frage, wie sich das Selbstverständnis des Lerners ermitteln läßt, eine Frage, die sich nicht ausschließlich auf der Grundlage lernersprachlicher Äußerungen beantworten läßt. Kohn (1979, 90) ist insoweit zuzustimmen, als Fehler für die Analyse lernersprachlicher *Verhaltens*prozesse nicht einschlägig sind, zumal die Lernersprache intentional eingesetzt und daher aus der Sicht des Lerners spezifische Anforderungen an den eigenen output beinhaltet (Kohn 1979, 83). Der von Kohn (1979; 1981) eingebrachte Gedanke, neben den an den Lerner gerichteten Anforderungen auch sein Wissen über diese Anforderungen und vor allem den Grad der Bestimmtheit, mit dem der Lerner dieses Wissen hat, in die Lernersprachen-Diskussion einzubringen, ist ein wichtiger Schritt auf dem Wege, auch das Selbstverständnis des Lerners und damit Aspekte außerhalb der lernersprachlichen Oberfläche in die Analyse des Fremdsprachenunterrichts einzubeziehen. Gleichwohl kann dies nur ein erster Schritt sein, zumal das von Kohn vorgeschlagene Verfahren z. B. bezüglich des darin enthaltenen Korrektheitswertes und der Interpretation des Erfüllungswertes noch nicht genügend ausgereift ist, denn die von ihm angewandte Art der methodischen Überprüfung legt den Schluß nahe, daß der Lerner immer - d. h. in allen im Verfahren vorgegebenen Situationen - das gleiche äußern will. Mit anderen Worten: die Unnatürlichkeit von sprachlichen

Handlungen ist schon im Verfahren angelegt. Dennoch muß der
von Kohn entwickelte Ansatz als wichtig und nützlich im Hinblick auf das Selbstverständnis des Lerners beurteilt werden.

Einen anderen Zugang zum Selbstverständnis wählt Cohen (1981),
der seine Ausgangsfrage so formuliert (1981, 1):

> "Are the language students attending in class at
> a level that will ensure that language learning
> will take place ?"

Cohen wählt nicht wie Kohn den 'indirekten' Weg über lernersprachliche Äußerungen, sondern befragt den Lerner mit Hilfe
eines Fragebogens unmittelbar nach seinen subjektiven Empfindungen und Begründungen für bestimmte Äußerungen. Dabei nimmt
er in Kauf, den Unterrichtsablauf an mehreren Stellen zu unterbrechen, um gezielt bei den beobachteten Personen nachfragen zu können. Zusätzlich läßt er das Verhalten der betreffenden Personen durch Sitznachbarn mitprotokollieren. Er gelangt
so zu dem Ergebnis, daß Lerner einen niedrigeren fremdsprachlichen Input haben als angenommen. Mit diesem Ergebnis greift
Cohen, ohne es explizit zum Ausdruck zu bringen, in die Diskussion um das Lerner-Selbstverständnis ein, indem er versucht, aus der Lernerperspektive heraus nachzuvollziehen, *wie*
Unterricht auf den Lerner wirkt und *warum* Teile des Unterrichts
am Lerner vorbeigehen müssen. Äußerungen der Lerner wie "I know
the grammar points but not how to use them", "I was thinking
about how good the teacher is" oder "I was thinking about
taking exams in Hebrew" (Cohen 1981, 7) liefern konkrete Ansätze zu Rückschlüssen auf das Selbstverständnis des Lerners.

Sieht man vom nicht unbeträchtlichen Aufwand ab, den dieses
Verfahren mit sich bringt und der es für den alltäglichen Gebrauch ungeeignet macht, so stellt es eine modifizierte Form
dessen dar, was Wagner et al. (1981) in Loslösung vom spezifisch fremdsprachenunterrichtlichen Kontext angewendet haben.
Die Autorinnen wollen die innere Seite des Unterrichts offen-

legen, also das, was "im Denken der Lehrer und Schüler" stattfindet (Uttendorfer-Marek 1981 a, 27). Daraus resultieren zur Auswertung der Unterrichtspsychogramme zwei Arten von Fragen, nämlich eine Gruppe aus der Lehrersicht, eine zweite aus der Schülersicht. Diese Fragen lauten nach Uttendorfer-Marek (1981 a, 19 f.):

>"- Wie verläuft die Unterrichtsstunde, und warum verläuft sie so ?
> - Was geht der Lehrerin in einzelnen Situationen durch den Kopf, und was wird im weiteren Verlauf aus ihren Gedanken ?
> - Wie hängt das Eingreifen der Lehrerin mit ihrer Einstellung beispielsweise zu bestimmten Schülern, zur Disziplin, zum Lernen und mit ihren Zielen zusammen ?
> - Was denkt ein Schüler, der gerade drangenommen wird ?
> - Was denken währenddessen Schüler, die nicht drangenommen worden sind ?
> - Was denken Schüler überhaupt während des Unterrichts ?
> - Wann langweilen sie sich ?
> - Wie wirken sich verschiedene Arbeitsformen, verschiedene Medien, verschiedene Inhalte auf die Lehrerin und ihre Schüler aus ?"

Auf der Grundlage dieser Leitfragen entwickeln die Autorinnen das Verfahren des *Nachträglichen Lauten Denkens*, bei dem es um eine Wahrnehmung ohne Wertung geht (Wagner 1981, 345) und bei dem Lehrer und Schüler nach einer Unterrichtsstunde mit dem Videomitschnitt dieser Stunde konfrontiert werden und äußern sollen, was ihnen jeweils in der konkreten Situation wichtig war bzw. durch den Kopf ging. So wurden als Selbstverständnis-Aussagen z. B. ermittelt: Sich selbst etwas übelnehmen (Uttendorfer-Marek 1981 b, 97), Erwartungen der Institution und/oder des Lehrers erfüllen (Uttendorfer-Marek 1981 b, 101), Angst vor falschen Antworten v. a. der Mitschüler wegen (Weidle 1981, 323).

Die so erstellten Unterrichtspsychogramme lassen ein lerngruppenspezifisches Bild entstehen, anhand dessen neben Indikatoren für das Lerner-Selbstverständnis gleichzeitig daraus resultierende Konsequenzen für den Unterricht - allerdings ex post facto - ablesbar werden.

Die zumindest partielle Tauglichkeit der drei ansatzweise beschriebenen Verfahren liegt auf der Hand. Ebenso offenbar ist aber auch der enorme Aufwand, der mit allen Verfahren verbunden ist und ihre praktische Nutzanwendung durch den täglich unterrichtenden Lehrer ausschließt. Dennoch sind sie von Nutzen, da sie erstens Rückschlüsse auf das Selbstverständnis des Lerners ermöglichen und zweitens Material liefern, das nach seiner empirischen Validierung als Produkt für den Lehrer als den Unterricht Planenden und Analysierenden von großer Bedeutung sein kann.

Damit sind wir bei der Frage, welche Bedeutung das Selbstverständnis für den Fremdsprachenunterricht allgemein und vor allem für die fremdsprachenunterrichtliche Normdiskussion im besonderen haben kann. Was den ersten Teil der Frage angeht, so haben wir schon durch die Einbettung in die Faktorenkomplexion zu zeigen versucht, welche Faktoren das Selbstverständnis des Lerners determinieren und welcher Stellenwert ihm schon von daher zukommt. Es muß als nur zu konsequent angesehen werden, daß der wissenschaftsmethodologische Wechsel von der Lehrer- auf die Lernerperspektive auch diesen Aspekt stärker zum Gegenstand intensiver Überlegungen machte, wobei wir sicher noch weit davon entfernt sind, diese Beschäftigung als ihrem Umfang und ihren Ergebnissen nach als ausreichend erachten zu können.

Offener ist dagegen der zweite Teil der Fragestellung. Gesetzt den Fall, wir hätten die Möglichkeit, das Selbstverständnis des Lerners exakt zu ermitteln, so hätten wir damit zunächst einmal nichts anderes als die an individuelle Normen und Erwartungen geknüpfte Einschätzung des lernenden Individuums bezüglich seiner Rolle im gesteuerten Fremdsprachenerwerbsprozeß.

Dieses Wissen nützte uns aber vergleichsweise wenig, wenn wir es einerseits nicht in Beziehung zum Wissen über das Selbstverständnis anderer Lerner setzen würden, um von daher zu einem umfassenderen Lernerbild zu gelangen, und wenn wir es andererseits nicht mit anderen Normvorstellungen korrelieren könnten, nämlich entweder mit 'deskriptiven', die Gesamtzahl der Lerner einschließenden Normen und Erwartungen (-- individueller Lerner vs der Lerner 'schlechthin') oder mit einem 'präskriptiven' Normbegriff[76] desjenigen, der den Unterricht plant und durchführt. Zwischen diesen beiden Extremen sind Zwischenpositionen angesiedelt: der Unterrichtende, der sich an den 'deskriptiven' Normen und Erwartungen orientiert, sowie der oder die Lerner, die ihr Selbstverständnis zuweilen an den vom Unterrichtenden vorgegebenen Normen und Erwartungen ausrichten. Gerade diese 'Zwischenpositionen' sind es, die aufgrund ihrer größeren Veränderlichkeit das ausmachen, was im Fremdsprachenunterricht die Einschätzung der Lernenden aus der Lehrposition schwer machen. Dabei wird deutlich, daß die Lernerperspektive an dieser Stelle nicht ohne Einbeziehung der Lehrerperspektive in den Griff zu bekommen ist.

---

[76] Wir nehmen die begriffliche Unterscheidung auf, wie sie - zumindest teilweise - in der Linguistik üblich ist, verwenden aber Anführungszeichen, um zu zeigen, daß zwar terminologische Äquivalenz vorliegt, es aber hier nicht um die Linguistik geht und somit eine andere Qualität vorliegt.

Versuchen wir, uns dies anhand einer Graphik zu verdeutlichen:

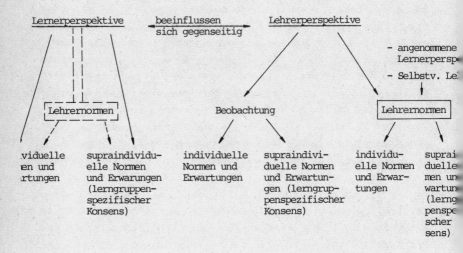

Das Selbstverständnis des Lerners erfolgt aus seiner eigenen
Perspektive entweder bewußt oder unbewußt. Es ist gleichzeitig
potentiell, also nicht in jedem Fall automatisch, beschreibbar
durch die Lehrernormen, die der Lerner u. U. als Leitbilder übernimmt und die damit eine Art Filter darstellen, durch den die
Wahrnehmung der eigenen Person und der eigenen Rolle erfolgt
(deshalb die Strichelung in der Graphik). Aus der Lehrerperspektive ist das Selbstverständnis des Lerners einerseits der direkten Beobachtung zugänglich. Dabei nimmt der Lehrer so *wert*frei
wie möglich Lernerverhalten wahr und versucht es entweder durch
individuelle Lernermerkmale oder lerngruppen- und/oder rollenspezifische Charakteristika zu begründen. Die direkte Beobachtung
setzt auf seiten des Lehrers Abstraktion von vorgefertigten Normen voraus. Bei mangelnder Abstraktion resultiert andererseits
die Beobachtung des Selbstverständnisses u. U. aus einer Kanali-

sierung der Beobachtung durch die Lehrernormen, die ihrerseits die Wahrnehmung steuern. Im Gegensatz zu den vom Lerner angenommenen Lehrernormen handelt es sich hierbei jedoch um 'tatsächliche' Normen, die in enger Verbindung mit dem Selbstverständnis des Lehrers von sich und seiner Rolle zu sehen sind. Je stärker die Vorstellungen des Lehrers lehrerspezifisch normiert sind, desto größer wird der Unterschied zwischen einem durch den Lehrer unmittelbar beobachteten Lernerselbstverständnis und einer an Normen orientierten Beobachtung sein.

Zwischen dem Zugriff aus der Lerner- und aus der Lehrerperspektive besteht die Möglichkeit gegenseitiger Beeinflussung. Sie manifestiert sich auf der Lernerseite durch potentielle Annahme und Übernahme bestimmter Lehrernormen und auf der Lehrerseite durch die Annahme bestimmter lernerspezifischer Perspektiven.

In der oben gewählten Darstellung ergibt sich ein Spannungsverhältnis zwischen den beiden Perspektiven, das aus der Tatsache resultiert, daß in beiden Perspektiven *Lehrernormen* von zentraler Bedeutung sind. Daraus ist wiederum eine relativ starke Position des Lehrers im Unterrichtsprozeß ablesbar.

Mit dieser Darstellung soll der Anspruch erhoben werden, die Realität darzustellen. Diese ist eben weitgehend durch eine 'Lehrerzentrierung' gekennzeichnet, die im übrigen zumeist den Erwartungen der Teilnehmer an Fremdsprachenunterricht entspricht und von daher nicht als originäres Lehrerdefizit aufgefaßt werden darf, zumal durch die fachliche Abhängigkeit des Lerners vom Lehrer - immerhin wird die Grundlage unterrichtlicher Kommunikation, nämlich die Sprache als Kommunikationsmittel, im Unterricht erst sukzessive aufgebaut - der Lehrerzentrierung Vorschub geleistet wird.

Es stellt sich nun die Frage, ob eine Veränderung des Lerner-Selbstverständnisses angebracht ist und wenn ja, in welche Richtung und auf welche Weise dies geschehen soll. Die Beantwortung dieser Frage hängt mit der Rolle zusammen, die das Lerner-Selbst-

verständnis im Rahmen der Faktorenkomplexion spielt. Da diese
Rolle charakterisiert ist durch eine Vielzahl von Beziehungen
zu anderen Faktoren und da das Selbstverständnis von daher
einen besonders wichtigen Faktor darstellt, muß seine mögliche
Veränderung in besonderem Maße Konsequenzen mit sich bringen.
Eine Beeinflussung des Selbstverständnisses erscheint dabei in
dem Maße gerechtfertigt, wie es der Optimierung des Fremdsprachen*lern*prozesses zugute kommt. Bei dieser Beeinflussung können
zwei Ebenen unterschieden werden: Sie kann erstens sowohl vom
Lerner als auch vom Lehrer ausgehen, und zwar bewußt und damit
nicht selten in Anpassung an bestimmte Normen - oder unbewußt.
Sie kann zweitens entweder über andere Faktoren der Faktorenkomplexion erfolgen oder aber durch direkten Zugriff. Letzteres
setzt eine nähere Bestimmung des Selbstverständnisses voraus,
die über das ausschließliche Ineinandergreifen anderer fremdsprachenunterrichtlicher Faktoren hinausgeht, wie wir es oben
angedeutet haben (S. 59 f.). Es ist damit ein Faktor, der die
Rolle des Lerners im unterrichtlichen Prozeß beschreibt und Auskünfte darüber beinhaltet, in welcher Weise aus der Perspektive
des Wahrnehmenden Relationen des Lerners zu Lehrer, Lehrstoff
oder Lernziel für den Lernerfolg oder dessen Ausbleiben verantwortlich sind. Es muß also bei der Beeinflussung des Selbstverständnisses vor allem um eine Veränderung der Wahrnehmung gehen.
Sie kann durch Betonung oder Negierung von Faktoren geschehen,
die das Selbstverständnis betreffen, und somit die Wahrnehmung
mittelbar verändern. Sie kann aber auch durch Veränderung der
Wahrnehmungstechnik geschehen. Ein Beispiel für den ersten Fall
ist die Veränderung der Einstellung des Lerners zur Fremdsprache, aufgrund deren sich das Selbstverständnis ändert. Der zweite
Fall liegt z. B. dann vor, wenn sich die Anzahl der das Selbstverständnis konstituierenden Faktoren verändert oder wenn das Verhältnis zwischen Wahrnehmung und Inbezugsetzung dieser Wahrnehmung zum Selbstverständnis berichtigt wird. Im Fremdsprachenunterricht manifestiert sich so etwas z. B. häufig bei einem Lehrerwechsel und den damit verbundenen Veränderungen im Umgang mit
den Lernern, die sichtbar werden in der Art und Weise der Lehrerreaktionen auf Lerneräußerungen oder in der unterrichtlichen Ge-

wichtung bestimmter Übungsformen und -typen und den daraus
abgeleiteten Ansprüchen.

2.3.9 TESTS AUS LERNERSICHT[77]

Aus der Komplexität des Kommunikationsbegriffs für den Fremdsprachenunterricht resultieren analoge Forderungen, die an Tests sowohl aus Lehrer- als auch aus Lernerperspektive gestellt werden. Tests und ihre Konzeption befinden sich dabei im Spannungsfeld zwischen einer möglichst weitgehenden Objektivität und der damit verbundenen Vorstrukturierung von Antworten und dem Anspruch, kommunikative Lernziele abzutesten, wobei dem Lerner freies, kreatives und damit in erhöhtem Maße individuelles Sprachverhalten abverlangt wird. Das bedeutet zum einen, daß die Hauptfunktion von Tests nicht mehr in der bloßen Herausstellung von Fehlern liegen kann, wie dies noch Valette (1975, 16) annimmt. Zum anderen können Tests auch aus der Lernerperspektive nicht mehr primär aus dem Abfragen bestimmter, klar erkennbarer grammatischer Items bestehen, wie es noch aus dem Aufbau des Buches von Lado (1971) hervorgeht. Begründet das bloße Streben nach Objektivität wohl nicht ganz zu Unrecht die Ansicht, schulischer Fremdsprachenunterricht könne sich zum Selektionsmittel schlechthin entwickeln (so ähnlich Christ 1980, 190 ff.), weil damit nicht nur die verschiedenen Lerner in Relation zueinander bewertet würden, sondern auch weil die Strukturierung des schulischen Lehr- und Lernprozesses ein isoliertes Nebeneinander grammatischer Strukturen und bestimmter Fertigkeiten ausschließt (ausschließen muß) und Tests von daher bislang nicht lernerspezifisch konzipiert waren, so signalisieren Forderungen (Düwell 1980; Quetz/Bolton/Lauerbach

---

[77] Wir befassen uns im Gegensatz zu den vorausgegangenen Kapiteln vergleichsweise kurz mit der Rolle von Tests. Eine ausführliche Behandlung würde die Diskussion mehrerer testtheoretischer Ansätze verlangen. Eine solche Darstellung würde den Rahmen dieser Arbeit sprengen.

1980, 147) und Vorschläge (Neuner 1979 c; Zirkel 1979) für kommunikativ ausgerichtete Tests eine Tendenzwende. So unterscheidet Neuner (1979 c, 209 ff.) zwischen Lernzielen auf drei verschiedenen Stufen. Auf der ersten ist das Erreichen der betreffenden Lernziele nur formal meßbar, d. h. die Korrektheit der Lerneräußerungen steht im Vordergrund. Auf der zweiten Stufe sind Lernziele funktional *und* formal meßbar, d. h. komplexere Sprachleistungen wie Sprechen oder Schreiben werden in Abhängigkeit von Art und Grad der Lenkung entweder mehr nach Korrektheit (formal) oder nach Verständlichkeit (funktional) beurteilt. Auf der dritten Stufe schließlich handelt es sich um weitgehend freie und kreative Sprachproduktionen, die ausschließlich nach funktionalen Gesichtspunkten (Verständlichkeit) bewertet werden. Aus dem Vorschlag Neuners resultiert die geänderte und reduzierte Bedeutung des traditionellen Fehlerbegriffs. Auch Zirkel (1979, 198) plädiert für "eine Absage an die traditionellen Kriterien der grammatikalischen Korrektheit und die Einführung neuer Bewertungskriterien". Als kommunikative Testverfahren beschreibt er (1979, 200 ff.) den Bericht, die kommunikative Aufgabe, das Interview und die Diskussion, in denen die Geläufigkeit (Sprechflüssigkeit) sowie die Situations- und Sachadäquanz bewertet werden sollen.

Untersuchungen darüber, wie Lerner ihr Verhältnis zu Tests einschätzen, gibt es u. W. nicht. Deshalb sollen im folgenden Elemente aus der fremdsprachenunterrichtlichen Faktorenkomplexion mit den Charakteristika des Testens konfrontiert werden, die sich aus den oben beschriebenen *Grund*positionen ergeben und aus denen Schlüsse darüber möglich sind, wie Lerner fremdsprachenunterrichtlichen Tests gegenüberstehen.

Zunächst darf als sicher gelten, daß Lerner-Einstellungen zur Fremdsprache ihre Einstellung zu Instrumenten, die das Wissen und/oder Können in dieser Sprache überprüfen sollen, beeinflussen. Positive Einstellungen und u. U. daraus resultierende Lernfortschritte lassen den Lerner etwaigen Überprüfungen gelassener entgegensehen. Gleichzeitig ist daraus aber ablesbar, daß es sich hier nicht selten um ein psychologisches Problem handelt, nämlich darum, von einer anderen Person beurteilt und gegenüber Mitlernern in eine Beurteilungsrelation gebracht zu werden, so daß nicht selten die am Lerngegenstand selbst orientierte Motivation durch psychischen (Leistungs-) Druck übertroffen wird. Daraus ergeben sich wiederum nicht selten die Einstellungen zu den institutionellen Bedingungen, unter denen der Fremdsprachenunterricht stattfindet. Tests werden dann z. B. - so darf vermutet werden - eher als Instrument verstanden, mit dessen Hilfe der Institution Schule die in Zahlen von 1 - 6 oder 1 - 15 ausgedrückten Benotungen ermöglicht werden, und nicht so sehr als ein Diagnoseverfahren, das den Lehrer über den Kenntnisstand der Lerngruppe oder des einzelnen Lerners informiert oder gar dem Lerner selbst Aufschluß über Stärken und Schwächen gibt. Für diese Einstellung ist nicht selten auch die Übernahme von Klischees verantwortlich, die das Verhältnis Lehrer-Schüler betrifft.

Für den Erwachsenenbereich gilt das in ähnlicher Weise, zumal konkrete unterrichtliche Lernerfahrungen häufig weit zurückliegen. Hinzu kommt dabei, daß der Weg auf die Schulbank zurück noch ganz andere lebensweltliche Erfahrungen und Einstellungen beinhaltet als dies beim Schüler der Fall ist.

Nun ist die Einstellung zu Tests weiterhin im Zusammenhang zu sehen mit dem emotionalen Verhältnis des Lerners zum Lehrer und mit dem Lernklima. Gelingt es, ein Lernklima zu schaffen, das nicht als bloße Füllung der Unterrichtszeit zwischen zwei Leistungsüberprüfungen charakterisiert werden kann, sondern als *gemeinsame* Arbeit an Lernproblemen, so wird den Tests im Lernerbewußtsein wohl zweifelsohne ein anderer, wie wir meinen, sinnvollerer Stellenwert zukommen. Die teilweise geforderte zeitliche Angleichung von Lernerfolgsüberprüfungen zum Zwecke der Vergleichbarkeit (so z. B. Düwell 1980, 455) erhebt den Test zum Selbstzweck und unterstützt lernerseitige Tendenzen zur Fixierung auf den Test und damit verbundene - wenn überhaupt noch - 'sekundäre Motivation'.

Neben dieser Bewußtseinsveränderung auf 'organisatorischer' Ebene der Tests muß ein zweiter Aspekt der am Inhalt orientierten Durchführung gelten. Wenn Tests ihrem Anspruch genügen sollen, Diagnoseinstrument für Lehrer und Schüler zu sein, dann darf der Lerner während des Tests so wenig wie möglich das Gefühl der Überprüfung haben. Seine Konzentration muß sich auf die Sprache richten und nicht so sehr auf den Gedanken: 'Was will der Lehrer an dieser Stelle sehen oder hören ?' Neuner (1979 c) und Zirkel (1979) weisen in ihren Ansätzen mit vollem Recht darauf hin, daß die Äußerungsintention des Lerners Vorrang vor grammatischen Vorstrukturierungen des Lehrers haben muß. Testaufgaben, die in ihrer Formulierung den Lerner schon einengen und in seinen Äußerungsmöglichkeiten unnötig beschneiden, führen zu einer Verarmung im sprachlichen Ausdruck und in der Äußerungstüchtigkeit und sind von daher abzulehnen. Vorzuziehen sind Aufgaben wie die bei Zirkel (1979, 200 ff.) beschriebenen, in denen der Lerner eine der natürliche Kommunikation eher entsprechende Auswahl zur Verfügung hat. Dabei werden Tests um so eher Auskunft über den aktuellen Zustand der Lernersprache geben können, wenn

- sie durch ihren Nützlichkeitswert und damit mit Blick auf die intendierte Fremdsprachenanwendung hin motiviert sind (vgl. zu dieser Forderung auch Raasch 1981, 254);
- wenn sie Vorkenntnisse, v. a. wenn sie verfestigt sind, organisch integrieren;
- wenn der Lerner in ihnen das gelernte Material wiedererkennen kann;
- wenn sie dem Lerner durch ihre Formulierung u. U. bestimmte von anderen Sprachen abweichende Regularitäten in der Fremdsprache explizit, aber auch situationsangemessen vor Augen führen;
- wenn sie die Differenz zwischen unterrichtlicher und natürlicher Kommunikation so gering wie möglich halten und so dem Lerner den Blick auf die natürliche Anwendung gestatten und
- wenn sie schließlich der Person und Rolle des Lerners im Unterricht so weit wie möglich Rechnung tragen.

Tests sollten also nicht bloße normative Vorgaben auf der Seite des Lerners abprüfen, sondern sich organisch in den gesteuerten Erwerbsprozeß als Diagnoseinstrument aus Lehrer- *und* Lernersicht integrieren.

Die Beschäftigung mit fremdsprachenunterrichtlich-spezifischen Lernerfaktoren und die darauf bezogene Normdiskussion hat die Annahme bestätigt, daß es *die* Norm im Fremdsprachenunterricht als einem komplex-kompliziertem Ineinandergreifen von Faktoren verschiedener wissenschaftlicher Zuordnung nicht geben kann. Dieses Ergebnis war aufgrund theoretischer Vorannahmen erwartet worden und wird sich auch bei den anderen Faktorenkomplexen (Lernziel, Sprachmaterial, Lehrer) ergeben. Darüber hinaus ist - wie wir meinen - der Nachweis gelungen, daß die mit Fremdsprachenunterricht wissenschaftlich befaßten Disziplinen erstens um eine Integration ihrer Ergebnisse und Forschungsansätze nicht umhin können, sofern der Gegenstand adäquat beschrieben werden soll, und daß zweitens auch eine Interpretation der bisher vorliegenden (Teil-) Ergebnisse aus der Lernerperspektive möglich und sinnvoll ist, die freilich zu anderen Forderungen und Konsequenzen führt als der bisher weitgehend praktizierte lehrerorientierte Zugriff. Daß letzterer dabei nunmehr nicht ganz vernachlässigt werden darf, sondern vielmehr gleichrangig in die Analyse der Faktorenkomplexion einzubeziehen ist, wird nicht nur an ihrer modellhaften Beschreibung deutlich, sondern auch an der Berücksichtigung lehrerorientierter Variablen im Rahmen der Behandlung von Lernerfaktoren.

3. LERNZIELE

Die Lernzieldiskussion ist in den vergangenen Jahren intensiv und unter verschiedenen Aspekten geführt worden (vgl. exemplarisch dazu allgemein die Arbeiten in Achtenhagen/Meyer 1971 und in Robinsohn 1972 sowie Möller 1969, Klafki 1974 und Klauer 1974; vgl. mit Bezug auf den Fremdsprachenunterricht exemplarisch u. a. Denninghaus 1975, Bliesener/Schröder 1977, Hermann 1977 und Heuer/Buttjes 1979). Dabei ist ohne Zweifel viel zur Konsolidierung der Erforschung des (Fremdsprachen-) Unterrichts beigetragen worden, wenngleich freilich aufgrund der Andersartigkeit des wissenschaftsmethodischen Zugriffs - und dies gilt im besonderen für den Fremdsprachenunterricht - eine gesamthafte Integration der Lernzieldiskussion in den Gegenstandsbereich ausbleiben mußte. Beziehungen der Lernzielgewinnung, -formulierung, -umsetzung und -überprüfung[1] zu anderen Faktoren (-komplexen) des Fremdsprachenunterrichts wurden gesamthaft kaum thematisiert.

Nun sind Lernziele charakterisierbar durch ihre Zweidimensionalität. Auf der *diachronen* Ebene geht es um Fragen der gerade erwähnten Gewinnung, Formulierung, Umsetzung und Überprüfung von Lernzielen; die *synchrone* Ebene greift dagegen die Probleme der Individualität und Supraindividualität von Lernzielen, der Differenzierung von Lernzielen nach ihrem Abstraktheitsgrad und ihrer zeitlichen Perspektive sowie die der - für den Fremdsprachenunterricht relevanten - sprachlichen und/oder außersprachlichen Ausrichtung auf.

Um nun zu brauchbaren theoretischen Aussagen darüber zu gelangen, welcher Stellenwert Lernzielen im Rahmen der fremdsprachenunterrichtlichen Faktorenkomplexion zukommt, müssen die einzelnen Elemente der synchronen Ebene mit denen der dia-

---

[1] Darunter sollen im folgenden ganz global sowohl die Überprüfungen der Zielsetzungen als auch die Überprüfung des Erreichten verstanden werden.

chronen korreliert und in Relation zu existierenden und vermuteten Normen - gleich welcher Art - gesetzt werden.

Die folgende Matrix (S. 204) soll die dabei jeweils miteinander zu korrelierenden Aspekte auf einen Blick darstellen. Um der Einfachheit und Übersichtlichkeit der Darstellung willen soll auf die Abbildung der Mehrdimensionalität auf der synchronen Ebene verzichtet werden.

3.1 INDIVIDUELLE LERNZIELPROBLEME UND NORMEN

Darunter verstehen wir Fragen und Probleme der Lernzielgewinnung, -formulierung, -umsetzung und -überprüfung, die sich aus der Perspektive einer einzelnen am Lehr-/Lernprozeß beteiligten Person ergeben und die von daher nicht aus dem Blickwinkel, wohl aber unter Berücksichtigung übergeordneter Einflüsse und Bedingungen betrachtet werden.

3.1.1 INDIVIDUELLE LERNERBEZOGENE LERNZIELPROBLEME

Aus dem Ansatz der fremdsprachenunterrichtlichen Faktorenkomplexion geht hervor, daß der Lerner zentral in die Unterrichtsplanung integriert werden muß. Dies gilt auch für die Diskussion der Lernziele, bei der dies bislang nicht immer explizit geschehen ist, oder aber die sich auf den Prototyp eines Lerners beschränkte. Untersuchungen zur Verwertbarkeit der Fremdsprachenkenntnisse sind meist aus der Arbeitgeberperspektive untersucht worden (vgl. z. B. Christ et al. 1979; Schröder et al. 1979; Bausch et al. 1980; die Arbeiten, die sich diesbezüglich an den Lerner selbst wenden, sind dem quantitativ unterlegen: Macht/Schröder 1976, Solmecke 1979, in Ansätzen auch Düwell 1979). Neuere diesbezügliche Überlegungen versuchen durch die Forderung, man möge bei der Planung von den kommunikativen Bedürfnissen des Lerners ausgehen (z. B. Raasch 1979), und durch die Forderung nach stärkerem Realitätsbezug (z. B. Düwell 1980), dieses Defizit auszugleichen, erreichen damit aber nur *einen* Strang, an dem das Lernerproblem hängt. Der andere

	individuell (3.1)	supraindividuell (3.2)	institutionell (3.3)	politisch (3.4)	sprachliche Anwendung (3.5)	Sprachwissen (3.6)	außersprachlich (3.7)
Lernziel-gewinnung							
Lernziel-formulierung							
Lernziel-umsetzung							
Lernziel-überprüfung							

ist nämlich der aus dem Lerner selbst kommende Antrieb zum
Fremdsprachenlernen, die von ihm persönlich angestrebten Ziele
und vor allem die Erwartungen, die er an die Fremdsprache und
an den Fremdsprachenunterricht hat. Mit der Berücksichtigung
dieser Dimension wird die Ebene verlassen, auf der Lernerbedürfnisse erschlossen, vermutet und in die Lernzielplanung
eingebracht werden.

Für die lernerbezogene Lernzielgewinnung folgt daraus, daß der
Lerner selbst die individuellen Verwertbarkeitsmöglichkeiten
ermittelt, sich über seine 'Motivation' zum Erlernen einer
fremden Sprache klar zu werden versucht und von daher für sich
selbst Ziele umreißt. Im Prozeß des Sich-Klar-Werdens über
eigene Ziele ist die lernerbezogene Lernzielformulierung schon
enthalten: z. B. mit einem südamerikanischen Geschäftspartner
korrespondieren können, in England für einige Zeit leben und
sich angemessen verständigen können, französische politische
und historische Texte mühelos lesen können, Einblick in die
Struktur der italienischen Sprache erlangen, sich im Spanienurlaub ohne größere Schwierigkeiten verständlich machen können.
Die lernerbezogene Lernzielumsetzung würde darin bestehen, aus
dem Angebot des Unterrichts sich besonders mit den Inhalten zu
befassen, die der eigenen Lernzielformulierung am nächsten
kommen. Ihre Überprüfung nimmt der Lerner selbst vor, wenn er
nämlich feststellt, ob und inwieweit er seine eigenen Ziele zu
erreichen in der Lage ist. Nun mag man diesem Vorschlag entgegenhalten, daß er nicht realistisch sei; vor allem mit Blick
auf die Sekundarstufe sei ein solcher Überblick über den späteren potentiellen Nutzen von Fremdsprachen vom Lerner nicht
zu erwarten. Ihn interessiere vielmehr das Erreichen einer guten Note und damit die Erlangung eines Schulabschlusses. Vordergründig mag dies stimmen, hängt aber u. U. auch gerade mit
der fixierten, den Lerner zumeist ausklammernden Lernzielformulierung und -vorgabe zusammen. Lernerbezogene Lernzielüberlegungen resultieren eben nicht nur aus primärer intrinsischer
Motivation, sondern gleichfalls aus sekundärer extrinsischer,
bei der es z. B. nur um Leistung um ihrer selbst willen bzw.

um guter Zensuren willen geht. Auch aus dieser Motivation heraus gewinnt der Lerner aber Kriterien für die Lernzielgewinnung und -formulierung: Soviel lernen und wissen, um den nächsten Test mit der Note oder Punktzahl X schaffen zu können. In diesem läßt sich die Überprüfung des lernerbezogenen Lernziels unmittelbar an der Note ablesen, die ihrerseits eine unmittelbare Aussagekraft gewinnt und nicht mehr als Instrument zur Interpretation des Verhältnisses von Ist- und Soll-Leistung zu sehen ist.

Lernerbezogene Lernzielüberlegungen richten sich nach einer individuellen Norm, wobei unter Norm hier der individuelle Maßstab zu verstehen ist, den sich der Einzelne selbst und nach seinen eigenen Bedürfnissen und/oder Einschätzungen setzt. Die Schwierigkeit liegt nun darin, daß der Lerner seine individuellnormativen Zielsetzungen mit dem Angebot abstimmen muß, das ihm der Lehrer oder das Lehrwerk, aber auch die Institution machen, und er muß sie darüber hinaus mit den Zielsetzungen der anderen Lerner als Individuen koordinieren und in die lerngruppenspezifische Lernzieldiskussion einbringen (vgl. 3.2.1). Er kommt also nicht umhin, spätestens bei der Umorientierung seiner Normen an den tatsächlichen Unterricht, normative Überlegungen und Vorgaben mitzuberücksichtigen, die auf anders gewichteten Annahmen und Überlegungen beruhen als seine eigenen.

Die Praxis der Lernzielgewinnung und -formulierung hat sich bislang um eine so verstandene Lernerbezogenheit nicht gekümmert. Sieht man einmal vom Ansatz Dietrichs (1976) ab, in dem zumindest partiell die Lernermeinung als Unterricht konstituierender Bestandteil Berücksichtigung findet, so gibt es kaum Ansätze, den Lerner nach seinen Zielvorstellungen zu befragen und diese in die allgemeine Lernzieldiskussion zu integrieren. Wollte man dies tun - und der lernerzentrierte Ansatz verlangt dies eigentlich -, müßte die gesamte Lernzieldiskussion transparenter gemacht werden und um einen gegenseitigen 'Meinungsaustausch' erweitert werden, in dem jede in irgendeiner Form am Fremdsprachenunterricht beteiligte Seite ihre Vorstellungen mit dem Ziel der gegenseitigen Abstimmung offenlegen kann.

3.1.2 INDIVIDUELLE LEHRERBEZOGENE LERNZIELPROBLEME

Aus der Lehrperspektive stellt sich das Lernzielproblem komplexer. Dies hängt erstens zusammen mit der Verpflichtung des Lehrers, sich an die geltenden Richtlinien und Curricula zu halten bzw. an die durch den Träger des Fremdsprachenunterrichts verfügten Maßgaben; zweitens mit der Erfahrung und der persönlichen Einschätzung hinsichtlich dessen, was unter den spezifischen Bedingungen erreichbar ist; drittens - und dies resultiert unmittelbar aus dem Vorangehenden - mit den lernerseitigen Erwartungen und Vorstellungen, die in den Unterricht Eingang finden.

Von daher muß die lehrerbezogene Lernzielgewinnung durch einen umfangreichen Prozeß der Orientierung und Sichtung gekennzeichnet sein, in dem der Lehrer durch Analyse der curricularen Vorgaben, durch Ermittlung und Analyse der Lernerbedürfnisse und durch Hinzuziehung persönlicher Erfahrungswerte und Einschätzungen zur Bestimmung von Zielen gelangt. Dabei liegt die Schwierigkeit zunächst darin, Analysen und Ergebnisse verschiedener Abstraktionsstufen auf einen Nenner zu bringen. So müssen z. B. Curricula aufgrund ihrer Allgemeingültigkeit abstrakter sein als individuelle Lehrererfahrungen, die ihrerseits dann, wenn sie dabei sind, verallgemeinert oder zumindest auf eine neue Lerngruppe übertragen zu werden, abstrakter sind als Lernerzielsetzungen[2].

Schon auf der Stufe der Lernzielgewinnung wird der Lehrer mit verschiedenen Normen und Erwartungen konfrontiert. Er nimmt dabei die Stellung eines Katalysators ein, dessen Aufgabe darin besteht, die verschiedenen Normen auf das gemeinsame Ziel eines

---

[2] Diese würden im übrigen auch abstrakter, wenn sie unmittelbaren Eingang in institutionelle oder konstitutionelle Vorgaben (Curricula) fänden.

möglichst effektiven Fremdsprachenunterrichts zu verpflichten. Diese Aufgabe findet dabei in der lehrerbezogenen Lernzielformulierung ihren Niederschlag, in der durch den Lehrer die Auswahl aus den potentiellen Zielen und damit aus den verschiedenen Normen getroffen wird. Die so entstandenen 'Defizite' bezüglich der jeweiligen Erwartungshaltungen und Normen müssen durch den Lehrer ausgeglichen werden, sei es durch Veränderung der entsprechenden Normen (z. B. gegenüber der Institution und damit gegenüber der Kultusverwaltung), sei es durch vorbereitende Maßnahmen, die mittel- oder langfristig zur Erfüllung der Normen führen, oder sei es durch das Wecken von Neugiermotiven, die den Lerner seine Erwartungen verdrängen oder vergessen lassen.

Damit ist die Umsetzung der Lernziele schon unmittelbar angesprochen. Sie erfolgt entsprechend den Maßgaben, die bei der Lernzielformulierung leitend waren und ist von daher auf die Einhaltung und Erfüllung von Erwartungen und Normen gerichtet, die bei der Lernzielgewinnung und -formulierung von Bedeutung waren. Genau diese Umsetzung ist es, die nach Schwerdtfeger (1975, 5) auf den Unterricht wirkt, denn die Formulierung der Ziele allein kann dies noch nicht bewirken. Der Lehrer wird damit zum Sachwalter einer lerngruppenangemessenen, multiperspektivischen Norm.

Die Überprüfung der Lernziele stellt den Lehrer wiederum vor vielschichtige Probleme. Erstens muß die Art der Überprüfung tatsächlich ein Urteil darüber erlauben, inwieweit der Lerner die gestellten Ziele erreicht hat. Zweitens muß die Überprüfung zu vergleichbaren Aussagen mit anderen Überprüfungen derselben Lerngruppe sowie mit anderen Lerngruppen führen. Der Zwang zur Vergleichbarkeit resultiert aus der Vergabe von Noten und Zertifikaten und ist Teil eines bildungspolitisch vorgegebenen Ausleseprozesses[3]. Drittens schließlich kann die

---

[3] Es geht uns hier nicht um die Frage, ob und inwieweit schulische Auslese sinnvoll und/oder notwendig ist, sondern um die Feststellung der Tatsache als solche.

Lernzielüberprüfung zu einer kurzfristigen oder dauerhaften
Veränderung der der Lernzielformulierung und -umsetzung zugrundeliegenden Annahmen und Normen führen. Kurzfristig ist
die Veränderung bei der bewußten Ignorierung oder der nicht
wertenden Markierung von sprachlichen Abweichungen. Dabei ent-
schließt sich der Lehrer aus unterschiedlichen Gründen, auf
die Einhaltung bestimmter, in den Lernzielen verankerter Normen zu verzichten, sei es, weil die durchgängige Nichterfüllung der Normen durch die Lerngruppe ihm den Eindruck vermittelt, daß etwas in der Lerngruppe insgesamt nicht verstanden
wurde, sei es, daß er aufgrund des Unterrichtsverlaufs zu dem
Ergebnis kommt, daß das sprachliche Fehlverhalten der Lerner
auf eine nicht lerngruppengerechte Progression zurückzuführen
ist. Letzterer Fall führt dann zu einer dauerhaften Veränderung
der Lernzielformulierung und -umsetzung, wenn daraus Konsequenzen für die zukünftige unterrichtliche Zielsetzung erwachsen.
Lernzielüberprüfungen dienen somit einerseits

- der Überprüfung der lerngruppenspezifischen Lernzielsetzungen und der ihnen zugrundeliegenden
  Normen
- der Überprüfung der Tauglichkeit lerngruppenüber-
  greifender Lernziele aus der Perspektive des einzelnen Lehrers
- der Sammlung von sprachlichen Lernschwierigkeiten
  *im Rahmen eines bestimmten Lernziels und seiner
  Umsetzung*

und stellen damit eine Überprüfung der Lernziele selbst dar:
andererseits dienen sie der Überprüfung des Erreichten in Form
einer

- Kenntnisüberprüfung bei den Lernern
- Richtungsangabe für gezielte Therapiemaßnahmen
  durch den jeweiligen Lehrer, insbesondere dann,
  wenn sie eine lernerspezifische Interimsprachenanalyse enthalten
- Wissens- und Könnensüberprüfung für den Lerner
- Sammlung von sprachlichen Lernschwierigkeiten *im
  Rahmen eines bestimmten Lernziels und seiner Umsetzung.*

Daraus resultiert, daß die lehrerbezogene Lernzielproblematik
die Perspektive des individuellen Lerners mit seinen Erwartungen und Normen so weit wie *möglich* integriert/integrieren sollte.

3.2   SUPRAINDIVIDUELLE LERNZIELPROBLEME UND NORMEN

Die Auseinandersetzung mit individuellen Lernzielfragen hat gezeigt, daß der supraindividuelle Aspekt nie ganz auszuschließen ist. Dies hängt mit der Einbindung des Individuums in Gruppen zusammen. Dadurch wird das Individuum - Lehrer und Lerner - gezwungen, subjektive Normen und Erwartungen nicht als bloße apodiktische Setzungen gelten zu lassen, sondern im Gegenteil subjektive Normen und Erwartungen in einen expliziten oder impliziten gruppendynamischen Abstimmungsprozeß einzubringen, an dessen Ende ein gruppenbezogener Konsens hinsichtlich gemeinsamer Normen und Erwartungen steht. Der Fremdsprachenunterricht ist nun u. a. dadurch gekennzeichnet, daß die Abstimmungsprozesse sowohl vertikal, d. h. mit Gleichrangigen, als auch horizontal, d. h. mit 'hierarchisch' höher oder tiefer Stehenden vonstatten gehen müssen. Dies gilt natürlich auch für die Lernzielfragen.

3.2.1   LERNGRUPPENBEZOGENE LERNZIELPROBLEME

Die Lerngruppe kann zunächst als eine Gruppe hierarchisch Gleichgeordneter verstanden werden, in die jeder seine individuellen Zielvorstellungen einbringen kann. Die internen Kräfteverhältnisse innerhalb der Gruppe legen dann fest, wie der lerngruppenspezifische Konsens aussieht. Dieser Konsens kommt dabei im Fremdsprachenunterricht keineswegs immer explizit zustande; in der Realität ist es vielmehr sogar häufig so, daß erst auf Rückfragen des Lehrers gruppeninterne Verständigungsmechanismen in Gang gesetzt werden oder daß aufgrund außerunterrichtlicher Zwänge eine gleiche oder zumindest ähnliche Motivation für den Besuch des Fremdsprachenunterrichts vorgegeben ist.

Der Prozeß der lerngruppenbezogenen Lernzielgewinnung verläuft im allgemeinen auf folgende Art und Weise ab:

Handelt es sich um einen freiwilligen Kursbesuch (z. B. im Rahmen der gymnasialen Oberstufe, der Universität, der Volkshochschule), so liegen den jeweiligen Kursen spezifische Beschreibungen zugrunde, die das Ziel beinhalten, das seitens der Institution oder seitens des Lehrers mit dem Kurs verfolgt wird. Die Entscheidung für den Kursbesuch ist damit ein Zeichen der weitgehenden Übereinstimmung seitens des Lerners mit diesen Zielsetzungen. Mangelnde Übereinstimmung mit den eigenen Erwartungen und Normen im Verlaufe des Kurses haben nicht selten den Abbruch des Kursbesuches zur Folge[4]. Eine explizite lerngruppenspezifische Lernzielgewinnung setzt eine gruppeninterne Abstimmung voraus, wobei Institutionen, die freiwilligen Fremdsprachenunterricht anbieten, bisweilen flexibler auf Wünsche der Lerngruppen eingehen können.

Ist der Besuch des Fremdsprachenunterrichts dagegen unabdingbarer Bestandteil eines Ausbildungsganges, fällt das Eingehen auf eine lerngruppenbezogene Lernzielgewinnung aufgrund curricularer und organisatorischer Bindungen wesentlich schwerer. Hinzu kommt, daß ein derartiger Fremdsprachenunterricht in seinen Zielsetzungen weniger transparent für den Lerner ist und gemacht wird. Die Entwicklung eigener Zielvorstellungen wird dadurch erschwert. Gleichzeitig wird die Möglichkeit zur aktiven Beteiligung an der Zieldiskussion *generell* nicht gefördert und die Neigung zur Übernahme vorgegebener Ziele und der in ihnen enthaltenen Normen verstärkt.

Die lerngruppenbezogene Lernzielgewinnung muß aber deshalb nicht als unmöglich angesehen werden. Es ist vielmehr Aufgabe des Lehrers, ein Bewußtsein auf Lernerseite für die aktive Beteiligung an der Zieldiskussion zu entwickeln. Dies mag freilich im Anfangsunterricht, in dem es primär um die Vermittlung

---

[4] Möglicherweise liegt genau hier ein Grund für den v. a. in Volkshochschulen beklagten Teilnehmerschwund.

grundlegendster sprachlicher Handlungsinventare geht, schwieriger erscheinen als in späteren Phasen, ist aber auch dort nicht unmöglich. Es muß verwundern, daß Ansätze emanzipatorischer Sprachdidaktik bis zu diesem Punkt in der Praxis kaum vorgedrungen sind.

Die lerngruppenbezogene Lernzielformulierung ist der Ausdruck eines Gruppenkonsenses in der Lernzielgewinnung. Hierbei hat die Lerngruppe, und zwar im 'freiwilligen' Fremdsprachenunterricht ebenso wie im 'laufbahnbestimmten', die Möglichkeit, Abstufungen der jeweiligen Teillernziele vorzunehmen gemäß den lerngruppenspezifischen Interessen. Auf diese Art erstellt die Lerngruppe selbst eine Norm, an der sie sich beim Aushandeln der tatsächlichen Lernziele mit dem Lehrer orientieren kann.

Die so als Gruppennorm festgehaltene Norm bedeutet für die Lerngruppe aber auch die Verpflichtung, im Rahmen der Lernzielumsetzung diese Norm nicht aus dem Auge zu verlieren. Aus der Sicht der Lerngruppe heißt dies, entsprechende fremdsprachenunterrichtliche Phasen auf ihre Tauglichkeit für die Erreichung der gemeinsam angestrebten und vereinbarten Ziele hin zu sehen und zu beurteilen. Die Forderung nach alternativen Unterrichtsphasen (z. B. Wechsel der Arbeits- und Übungsformen) darf konsequenterweise nicht erhoben werden, wenn momentane 'motivationelle Engpässe' auf seiten der Lerngruppe bewährte Praktiken als *vorübergehend* wenig wirkungsvoll erscheinen lassen.

Die lerngruppenbezogene Überprüfung der Lernziele durch die Lerngruppe selbst muß von daher sowohl am eigenen Anspruch gegenüber den erarbeiteten Zielen gemessen werden als auch zum tatsächlichen Unterrichtsablauf in Beziehung gesetzt werden. Damit wird von der Lerngruppe aus ihrer spezifischen Perspektive heraus eine Analyse des Unterrichts verlangt, aufgrund deren die Effektivität der postulierten Ziele bewertet werden soll.

Nun mag dies alles nach einer Überforderung der Lerngruppe aus-

sehen. Wenn wir uns aber einerseits bewußt werden, in welchem
Maße der Lerner aus seiner Perspektive heraus zur Beobachtung
und - bei entsprechender Anleitung - zur Analyse fähig ist (vgl.
dazu exemplarisch die Beiträge von Wagner et al. 1981), und wenn
andererseits mit dem lerner*zentrierten* Ansatz ernst gemacht werden soll, dann erscheint dieser Weg viel eher gangbar und mit
Blick auf eine Effektivierung des Fremdsprachenunterrichts sinnvoll. Als erster Schritt auf diesem Wege sollte deshalb eine Bewußtseinsbildung seitens der Lerngruppe im oben beschriebenen
Sinne erfolgen.

3.2.2 LEHRERGRUPPENBEZOGENE LERNZIELPROBLEME

Wir haben oben gesehen, daß der Lehrer als Katalysator der
verschiedenen Lernzielvorstellungen zu gelten hat. In dieser
Funktion ist er zwar einer spezifischen Lerngruppe gegenüber
allein, er ist aber dennoch eingebunden in die Gruppe der Lehrer[5]. Dies bedeutet zumeist Rückbindung an Kollegen und damit
gegenseitige Abstimmung hinsichtlich der Lernzielentscheidungen.
Dies macht sich z. B. bei der Lernzielgewinnung bemerkbar. Diese erfolgt aus der Lehrperspektive nicht ausschließlich mit
Blickrichtung auf die jeweilige Lerngruppe, sondern orientiert
sich - soweit sie über curriculare Vorgaben hinausreicht bzw.
sie konkretisiert - an Absprachen in der Gruppe der Lehrenden.
Ziel dieser Absprachen unter den Lehrern ist die Sicherstellung
eines durchgängigen, aufeinander abgestimmten und die Vergleichbarkeit zwischen parallelen Lerngruppen wenigstens einigermaßen
gewährleistenden Stoffplans. Die Gruppe der Lehrer unterlegt
dieser Lernzielgewinnung und der daraus erwachsenden Lernzielformulierung natürlich andere Normen als die Lerngruppe oder
der einzelne Lehrer, der nur seine spezifische(n) Lerngruppe(n)
im Blick hat. Dies hängt vor allem mit der Tatsache zusammen,
daß die Lehrergruppe die Institution nach außen hin verkörpert

---

[5] Gemeint ist die Gruppe der Fremdsprachenlehrer, die auf einer
vergleichbaren Stufe an einer Institution unterrichten.

und von daher stärker in organisatorische oder curriculare
Zwänge eingebunden ist. Hinzu kommt, daß der Abstraktionsgrad,
mit dem die Lehrergruppe Lernziele gewinnt und formuliert,
größer ist, da sie bei ihren Überlegungen nicht von *einer* spezifischen Lernergruppe ausgehen kann. Dennoch kommen in größerem Maße lerngruppenbezogene Überlegungen in den Blick, als
dies aus institutioneller Sicht (siehe unten Kapitel 3.3) möglich ist.

In der Frage der Lernzielumsetzung ergibt sich aus dem Blickwinkel der Lehrergruppe eine zwiespältige Position. Einerseits
kann die Gruppe selbst Festlegungen für die Umsetzungen treffen,
indem sie die Einführung und den Gebrauch eines bestimmten Lehrwerks beschließt und sich darüber hinaus für die Verwendung jeweils derselben Materialien entscheidet. Andererseits aber liegt
die didaktische Aufbereitung und methodische Unterrichtskonzeption, soweit sie nicht durch die Lehrwerke zwingend vorgeschrieben ist, in der Verantwortung des einzelnen Lehrers. Dies bedeutet, daß die Evaluation von Lernzielsetzungen nicht nur durch
eine lernzielgerichtete Lehrwerkanalyse erfolgen kann, sondern
daß sie *individuelle* Lehreigenschaften berücksichtigen muß. Dabei ist nun zu fragen, inwieweit diese den von der Lehrergruppe
festgelegten Normen und daraus abgeleiteten Lernzielen gerecht
werden können. Auch hier würde die Entwicklung einer Fremdsprachenlerntheorie dazu beitragen, unterrichtliche Prozesse adäquater beschreiben und beurteilen zu können.

Für die lehrergruppenbezogene Lernzielüberprüfung gilt damit
Analoges. Sie enthält sowohl eine individuelle als auch eine
überindividuelle Ebene. Absprachen zwischen den Lehrern über
den Modus der Lernzielüberprüfung - sowohl verstanden als Überprüfung des Erreichten als auch als Überprüfung der Zielsetzung
und -umsetzung - setzen eine gruppenspezifische Diskussion von
Normen und Erwartungen voraus, die u. U. aufgrund des Überprüfungsergebnisses neu diskutiert und ausgehandelt werden müssen.

3.2.3 ZIELBEZOGENE LERNZIELPROBLEME

Neben den Betrachtungen aus der Sicht der Unterrichtsaktanten, nämlich des Lerners und seiner Gruppe sowie des Lehrers und seiner Gruppe, gibt es eine dritte Dimension, die in diesem Kontext u. W. bislang weitgehend unberücksichtigt geblieben ist: die Ziele selbst. Ziele stellen nämlich nicht nur das Ergebnis gruppeninterner Aushandlungsprozesse dar, sondern haben darüber hinaus einen Eigenwert, der sich in der Lernzielfrage in den Überlegungen manifestiert, in denen die Lehr- und/oder Lernperspektive nicht in die Diskussion einbezogen wird.

Nun mag es zunächst überraschen, wenn Zielen ein Eigenwert unterstellt wird, zumal nach Heid (1972)[6] Ziele immer durch die aus einer bestimmten Perspektive erfolgende Beschreibung angestrebter Zustände charakterisierbar sind. Gleichzeitig wissen wir aber, daß Zielformulierungen subjektive oder intersubjektive Normen bezüglich dessen zugrundeliegen, was erreicht werden soll. Wenn diese Normen zu Konventionen der Art werden, daß sie *generell* innerhalb der Gesellschaft akzeptiert und übernommen werden, ist der erste Schritt zur Entwicklung eines Eigenwertes von Zielen getan. Gehen diese Konventionen in den unreflektierten Bewußtseinsstand einer Gesellschaft über, so ist der (zumindest vorläufige) Eigenwert der aus diesen Konventionen unmittelbar ableitbaren Zielen die Folge. Damit teilen wir nicht den Konventionsbegriff, wie er von Lewis (1975) oder von Gloy (1975) benutzt wird, der Norm und Konvention als Synonyme auffaßt. Bezogen auf den Fremdsprachenunterricht heißt dies: An dem gesellschaftlich anerkannten Nutzen von Fremdsprachen allgemein besteht kein Zweifel[7]; daraus wird das allgemeine

---

[6] Heid, H., "Begründbarkeit von Erziehungszielen" in: Zeitschrift für Pädagogik 4 (1972), zitiert nach Schwerdtfeger (1975, 2).

[7] Dies heißt noch nicht, daß damit automatisch Konsequenzen z. B. für Ausbildungsgänge gezogen werden. Gerade hier - zwischen gesellschaftlichem Bewußtseinsprozeß und daraus folgender praktischer Konsequenz - scheint uns in Fortführung von Christ (1980) die Aufgabe der Sprachenpolitik zu liegen.

Ziel des Fremdsprachenunterrichts abgeleitet. Dafür wird seit
einigen Jahren allenthalben die 'Kommunikative Kompetenz' ange-
setzt. Gerade damit hat sich u. E. ein Begriff- und folglich das
dazugehörige Ziel-insofern verselbständigt und ein Eigenleben
entwickelt (vgl. die kritische Bestandsaufnahme von Mans 1976),
als 'Kommunikative Kompetenz' als in jedem Fall anzustrebende
Fertigkeit angesehen wird, ohne daß dabei ohne weiteres und
allgemein verbindlich klar wäre, was kommunikative Kompetenz
denn eigentlich ist. Diese Leerformel gilt häufig nicht nur als
gewonnenes, sondern gleichzeitig als formuliertes Ziel. Spätestens der Versuch, dieses Ziel umzusetzen, muß dann aber zu der
Einsicht führen, daß der Begriff an einer nicht konkret nachvollziehbaren zugrundeliegenden Norm krankt. Gleiches gilt für die
Überprüfung dieses Lernziels, das je nach dem, was der Analysierende darunter versteht, als sinnvoll oder unzulässig beurteilt
werden kann.

Aus den obigen Überlegungen ist als Konsequenz abzuleiten, daß
die Verselbständigung von Zielen zwar möglich, aber keineswegs
wünschenswert ist, weil durch sie der Bezug zu konkreten Normen
nicht mehr faßbar ist und eine lernzielbezogene Reflexion auf
seiten der Lerner und Lehrer erschwert, wenn nicht unmöglich
wird.

3.3 INSTITUTIONELLE LERNZIELPROBLEME UND NORMEN

Mit dieser Ebene werden wir in der Betrachtung der Lernzielproblematik (noch) eine Stufe abstrakter, und zwar insofern, als
die Lernziele nicht mehr in Verbindung mit am Unterrichtsprozeß
beteiligten Individuen und Gruppen gesehen werden, sondern mit
dem Bildungsauftrag und dem Selbstverständnis der Fremdsprachenunterricht organisierenden Institution. Damit kommen neben leh-
rergruppenbezogenen Argumenten Positionen der Schulverwaltung
zum Tragen sowie aus der Lernperspektive lerngruppenübergreifende Aspekte.

3.3.1 INSTITUTIONELLE LERNGRUPPENÜBERGREIFENDE LERNZIELPROBLEME

Die Entscheidung für eine bestimmte schulische Laufbahn oder für eine bestimmte, Fremdsprachenunterricht anbietende Institution impliziert die Entscheidung für den damit verbundenen organisatorischen Aufbau und die dadurch vertretenen lerngruppenübergreifenden Ziele. Nun ist gerade lerngruppenübergreifende Transparenz bezüglich der Zielgewinnung und Zielsetzung bislang ausgeblieben. Dies mag zum einen mit der allenthalben beklagten Arbeitsüberlastung der Lehrer (auch in Fragen der Verwaltung) zusammenhängen bzw. mit der nebenamtlichen Tätigkeit von Lehrern an halb- oder nichtstaatlichen Institutionen; zum anderen sehen Institutionen ihre Aufgabe bezüglich der Lernziele in der Funktion als bloßes organisatorisches Zwischenglied zwischen hochabstrakt vorgegebenen Zielen (Curricula, VHS-Zertifikatsbestimmungen o. ä.) und konkreten Umsetzungen in der realen Unterrichtssituation. Von daher sind Institutionen als bildungsbeauftragte Organisationssysteme mit Fragen der Lernzielgewinnung, -formulierung, -umsetzung und -überprüfung nur peripher über Fachlehrerkonferenzen beteiligt (vgl. oben 3.2.2). Damit wird für *den* Lerner an einer Institution das Lernzielproblem auf dieser Ebene gar nicht diskutierbar. Vielmehr bleibt ihm - will er Veränderungen - nur der Weg über die oder aus der konkreten Lerngruppe heraus. Damit berührt er aber schon die politisch-gesellschaftlichen Aspekte institutioneller Lernzielprobleme (siehe unten 3.3.2).

Angesichts dieser Beschreibung der Realität muß allerdings gefragt werden, ob eine lerngruppenübergreifende Diskussion der Lernziele angesichts der Heterogenität der Lernermotivationen und -erwartungen überhaupt wünschenswert wäre. Als Alternative bietet sich u. E. vielmehr an, auf gesellschaftlich-politischer Ebene nach der Schaffung eines entsprechenden lernerseitigen Bewußtseins (vgl. dazu oben S. 213) die Schaffung von 'Angebotsinstitutionen' zu erwägen, in denen jeweils schulformspezifische Lernzielangebote verankert und damit gleichzeitig dem Lerner transparent gemacht werden können.

3.3.2 INSTITUTIONELLE GESELLSCHAFTLICH MOTIVIERTE LERN-ZIELPROBLEME

Damit sind wir nach dem lernerbezogenen Zugriff bei der entgegengesetzten Einflußspähre mit Blick auf die Institutionen. Wir haben oben gesehen, daß Institutionen mit ihrem spezifischen Bildungsauftrag Ergebnisse gesellschaftspolitischer Entscheidungsprozesse sind. Für die Phase der abstrakten Lernzielgewinnung und -formulierung bedeutet dies, daß Institutionen daran gemessen bzw. danach ins Leben gerufen werden, in welchem bildungsorganisatorischen Umfang sie in der Lage sind, abstrakt vorgegebene Lernziele und Curricula in konkretem Fremdsprachenunterricht umzusetzen. Mit Blick auf die Lernzielumsetzung und die Lernzielüberprüfung kann die Institution somit kein Eigenleben entwickeln. Dies bedeutet, daß sie auch in die Normdiskussion auf dieser Ebene nicht unmittelbar eingreifen und von daher in der Lernzieldiskussion nur eine vorwiegend passive Rolle spielen kann. Der diesbezüglich aktivere Teil als Gegenstück zur individuellen und supraindividuellen Lernzieldiskussion ist auf der konstitutionellen Ebene anzusiedeln.

3.4 LERNZIELPROBLEME AUS POLITISCHER SICHT

Unter Lernzielproblemen aus politischer Sicht wollen wir die unmittelbare Anbindung der Lernziele an staatliche Instanzen verstehen, wie sie sich vor allem für das öffentliche Schulwesen darstellt, aber auch für halbstaatliche und nichtstaatliche Institutionen, die durch öffentliche Mittel unterstützt werden und von daher zumindest partiell politischen Einflüssen ausgesetzt sind.

Der staatliche und politische Einfluß auf die Lernzielgewinnung allgemein ist evident und überdies historisch gewachsen (vgl. zu einer intensiven Diskussion darüber Rülcker/Rülcker 1978; Ruhloff 1980). Ablesbar ist dies zum einen an der staatlichen

Trägerschaft und Klassifizierung des öffentlichen Schulwesens, zum anderen an der unmittelbaren Einflußnahme auf die Curricula, die vom jeweiligen Kultusministerium herausgegeben[8] und zuvor mit ihm abgestimmt sind. Die mangelnde Transparenz bei der Lehrplan- und Curriculumerstellung ist schon von Flechsig/ Haller (1975, 106 f.) beklagt worden, und auch heutzutage ist das Verfahren, das letztlich zur Curriculumerstellung und damit zur Festschreibung von Lernzielen führt, eher undurchsichtig. Gleichwohl kann über den Prozeß der Lernzielgewinnung, -formulierung, -umsetzung und -überprüfung spekuliert werden, können Vermutungen angestellt werden über die den Lernzielen zugrundeliegenden Erwartungen und Normen.

Die Lernzielgewinnung ist aus kulturpolitischer Sicht eng mit bestimmten Schulformen und Institutionen sowie ihren jeweiligen Bildungszielen verbunden. Daraus resultiert die schulform- und schulstufenbezogene Differenzierung von Lernzielen, die in den jeweiligen Curricula und Lehrplänen ihren Niederschlag finden. Trotz dieses eher kulturpolitisch motivierten Ansatzes steht dahinter - zumindest implizit - die Annahme von spezifischen Lernprozessen, die allerdings im Unterschied zur psycholinguistischen Perspektive (siehe oben S. 127 ff.) vordergründig an die jeweilige Bildungsinstitution gekoppelt werden. In Abstraktion von der konkreten unterrichtlichen Situation, wie sie sich dem Lehrer als Adressaten der Curricula stellt, werden für die Umsetzung dieser Lernziele methodische Verfahren vorgeschlagen und in jüngeren Curricula z. T. an authentischem fremdsprachlichen Material exemplifiziert, wobei fremdsprachenmethodische Schlagwörter (wie z. B. das der Einsprachigkeit) undifferenziert in den Katalog von Forderungen übernommen wer-

---

[8] Die neuen Curricula für die gymnasiale Oberstufe Nordrhein-Westfalens in den Fächern Englisch, Französisch und Spanisch enthalten nicht einmal mehr Hinweise auf die einzelnen Autoren, sondern lediglich der Kultusminister tritt als Herausgeber und Koordinator auf, was z. B. auch durch einen jeweils gleichlautenden Einführungstext deutlich wird, in dem es um die Struktur und den Aufbau der reformierten gymnasialen Oberstufe geht.

den, ohne daß damit tatsächliche Hilfen für den Unterricht
verbunden wären. Ganz offensichtlich werden methodische Ergebnisse und Erkenntnisse normativ festgeschrieben; damit wird der
ursprüngliche Ansatz, nämlich aus bildungspolitischen Gründen
heraus eine Festschreibung und Vereinheitlichung der unterrichtlichen Inhalte zu erreichen, zuungunsten des methodisch-didaktischen Freiraums des Lehrers gesprengt. Dies manifestiert sich
neuerdings auch darin, daß dem Lehrer ziemlich restriktive Korrektur- und Bewertungsvorschriften gemacht werden (siehe unten
3.5) und er damit ausführendes Organ für den Teil der Lernzielüberprüfung wird, der sich mit dem tatsächlich Erreichten beschäftigt, daß er aber auf die u. U. daraus folgernde Überprüfung der Lernziele auf ihre Effektivität hin kaum Einfluß nehmen kann.

Aufgrund der skizzierten Situation ist zu fragen, ob aus bildungspolitischer Perspektive eine Beschränkung auf die begründete Zusammenstellung der jeweils in bestimmten Schulformen
und -stufen zu behandelnden Inhalte nicht sinnvoller wäre,
erstens mit Blick auf die zu wünschende Transparenz von staatlichen Lernzielsetzungen und zweitens auch mit Blick auf den
unterrichtenden Lehrer, für den die Ausdehnung der Curricula
auf über den Bereich der Grobziele hinaus langfristige und z.
T. sogar mittelfristige Feinlernziele eine u. E. erschwerende
Einengung seines methodisch-didaktischen Freiraums bedeutet.

3.5 LERNZIELPROBLEME UND SPRACHLICHE ANWENDUNG

Nachdem in den vorangegangenen Abschnitten die Lernzieldiskussion weitgehend abstrakt und losgelöst vom Gegenstand des
Fremdsprachenunterrichts geführt wurde, kommen nunmehr spezifische Lernzielprobleme des Fremdsprachenunterrichts zur Sprache. Gemeinhin werden in der fremdsprachlichen Lernzieldiskussion bislang vor allem Aussagen zur syntaktischen, lexikalischen,
morphologischen und phonologischen Seite von Sprache gemacht.
Darüber hinaus haben u. a. Hüllen (1973 b; 1979 a) und Kirstein
(1979) sowie jetzt Trim (1981) zu Recht die Bedeutung der Prag-

matik für den Fremdsprachenunterricht skizziert, so daß es
notwendig und sinnvoll erscheint, auch unter pragmatischem
Gesichtspunkt die Lernzielfrage zu diskutieren.

Wir sind uns darüber im klaren, daß eine Differenzierung, wie
sie hier zwischen einzelnen Aspekten der Sprache vorgenommen
wird, nicht zu jeweils isolierenden Ansätzen und Analysen führen darf; Kaufmann (1977, 49) hat dies für die gegenseitige Abhängigkeit von lexikalischer und syntaktischer Auswahl deutlich
gemacht. Die folgende Darstellung ist nur insoweit als isolierend zu betrachten, als sie dem besseren Verständnis der Vorstellung dient. Alle fünf genannten Ebenen müssen realiter aufeinander abgestimmt sein.

3.5.1 DIE SYNTAKTISCHEN LERNZIELE

Die Gewinnung syntaktischer Lernziele erfolgt bislang, wie ein
Blick in einige Curricula zeigt, nach dem Prinzip der Komplexität, d. h. zu Beginn werden syntaktisch einfache Strukturen
präsentiert, die in der Folge immer komplexer werden. Damit hat
aber die Frage nach dem WIE die Frage nach dem WAS verdrängt.
Unter ausschließlich syntaktischem Gesichtspunkt gibt es kein
intersubjektiv nachvollziehbares Kriterium, das die Auswahl
bzw. Nicht-Auswahl syntaktischer Strukturen nahelegt[9]. Diese
wird vielmehr zunächst vom Groblernziel abhängig zu machen
sein, wobei wir darunter die schlagwortartige Zielsetzung des
Fremdsprachenunterrichts verstehen möchten. Wird 'Lesefähigkeit' in der Fremdsprache angestrebt, so bestimmt sich die Auswahl der zu behandelnden syntaktischen Strukturen nach anderen,
für die anvisierten Textarten typischen Kriterien als z. B. für
einen fachsprachlichen oder einen kommunikationsorientierten
Fremdsprachenunterricht (vgl. auch Kaufmann 1977, 48 f. und 67).
Daraus folgt, daß syntaktische Lernziele nicht per se existieren können, sondern nur in Bezug auf übergeordnete Intentionen.

---

[9] Dies gilt auch, wenn wir berücksichtigen, daß verschiedene
linguistische Beschreibungsmodelle eine bestimmte syntaktische
Struktur unterschiedlich komplex abbilden.

Ansätze dafür, syntaktische Lernziele in Abhängigkeit von Situationen zu beschreiben, gibt es inzwischen aus mehreren Richtungen. So bindet Leupold (1975, 217) beispielsweise in einer theoretischen Phase der Diskussion den Begriff der Kommunikationsfähigkeit direkt an sprachliche Situationen an. Konkrete Situationen und die daran angebundenen sprachlichen Ausdrucksmittel werden in den Projekten des Europarates[10] aufgelistet. Von einer anderen Seite, nämlich vom Rollenbegriff her, versuchen Edelhoff (1979) und Schmidt (1979) aufzuzeigen, in welchem Maße Sprachhandeln außersprachlich determiniert ist.

Für die Formulierung syntaktischer Lernziele ergibt sich daraus eine Auflistung von Situationen und Sprechintentionen, u. U. mit den dafür vorgesehenen Möglichkeiten der Versprachlichung. Damit verliert eine rein sprachwissenschaftliche (syntaktische) Norm zunächst einmal hierfür an Bedeutung, denn ein Situationskatalog hat sein normatives Element nicht so sehr in der jeweiligen Äußerung selbst, sondern in der Verbindung von Situation, Intention und Äußerung. Aus dieser Differenzierung könnten sich unter bestimmten Umständen Ansätze für eine Fehlergewichtung ergeben, in der syntaktische Abweichungen zu leichteren Fehlern gegenüber situativ falschen Äußerungen werden.

Ein Beispiel:

SITUATION	INTENTION	VERSPRACHLICHUNG
Tourist in Spanien unterhält sich mit anderen ausländischen Touristen auf Spanisch	eine Auskunft einholen, sich erkundigen	A ¿Cómo voy a la Sagrada Familia ?
		B Toma el 35 ! *Hace transbordo* a la arena de toros. Desde allí toma el 77.
		A Gracias !
		B De nada. Buen viaje!

---

[10] Zur theoretischen Grundlage dazu sei exemplarisch verwiesen auf van Ek (1977), Richterich (1977) und Trim et al. (1980) sowie auf verschiedene Beiträge in Council of Europe (1973); vgl. als konkrete vorliegende Ergebnisse van Ek (1975); Coste et al. (1976); Slagter (1979); Baldegger et al. (1980); vgl. zur (kritischen) Beschäftigung mit diesen Arbeiten auch exemplarisch Lauerbach (1979); Raasch (1979); Bolton (1980).

Wenn B anstelle von *hace transbordo* *cambia el autobús* äußert,
ist er pragmatisch noch immer korrekt, syntaktisch zwar nicht,
denn es müßte *cambia de autobús* heißen, aber der Fehler ist
weniger schwer als eine Äußerung wie ¡*Prenda otro autobús !*,
die zwar syntaktisch korrekt, pragmatisch aber unangemessen
ist.

Unter normativen Gesichtspunkten sind Listen von Situationen
und/oder Sprechintentionen sowie den dafür vorgesehenen Realisierungen nicht unproblematisch, da sie in der Regel die Gleichwertigkeit verschiedener Realisierungsmöglichkeiten nahelegen,
die de facto wohl in den seltensten Fällen besteht, und da sie
alle Realisierungen, die sie nicht enthalten, zunächst einmal
aus den angestrebten Lernzielen verbannen. Drittens kommt
schließlich die meistenteils fehlende Beziehung einer Sprechintention zu einer Situation hinzu. Dafür ein Beispiel aus dem
Nivel Umbral (Slagter 1979, 44):
Als *expresiones de desaprobación* werden angeboten:

$$\begin{array}{c} \text{¡ (muy) mal !} \\ \text{no está bien} \\ \text{(no) debería usted/deberías} \left\{ \begin{array}{l} \text{haber + participio (pron/FN)} \\ \text{infinitivo (+ FN)} \end{array} \right\} \\ [\, \text{FN = Frase nominal} \,] \end{array}$$

Alternative Äußerungen, die inhaltlich gleichwertig, situativ
u. U. überlegen wären wie *no estar de acuerdo de; no me parece
bien* oder *no poder aceptarlo* finden keine Berücksichtigung.
Durch Lernzielformulierungen dieser Art wird also eine subjek-
tiv-normative Auswahl getroffen, die auf (potentielle) mentale
Produktions- und Lernstrategien keine Rücksicht nimmt und damit
partiell der Gefahr unterliegt, den Sprachproduktionsprozeß
und damit gleichzeitig das für den Lerner verfügbare fremdsprachliche System einzuschränken.

Dies spricht nun freilich nicht gegen den gesamten Ansatz, sondern soll vielmehr die Schwierigkeiten andeuten, die bei der
Erstellung syntaktischer Lernzielkataloge zu beachten sind, auch

und gerade unter Einbeziehung eines wie auch immer fundierten Normbegriffs.

Die Umsetzung syntaktischer Lernziele im gerade beschriebenen Sinne muß zwangsläufig die Schaffung von Situationen und Sprechanlässen beinhalten. Damit ist unmittelbar die Frage der *methodischen* Umsetzung angesprochen. Methodische Verfahren, in denen Sprachkönnen zugunsten von Sprachwissen vernachlässigt wird, scheiden somit aus. Dagegen sind alle Verfahren zur Umsetzung geeignet, die dem Lerner Gelegenheit zur aktiven Sprachbehandlung in Situationen und gemäß eigenen Sprechintentionen geben, wenngleich wir uns der Meinung Schmidts (1979, 122) anschließen, daß im Fremdsprachenunterricht weniger Rollen[11] und damit weniger Situationen verfügbar sind als im muttersprachlichen Unterricht. Ansätze für eine Umsetzung syntaktischer Lernziele sind bei Neuner (1979 c) und Zirkel (1979) beschrieben.

3.5.2 DIE LEXIKALISCHEN LERNZIELE

Mit Blick auf den Leitgedanken dieser Arbeit, nämlich am Fremdsprachenunterricht beteiligte bzw. ihn bestimmende Normbegriffe und -konzepte herauszuarbeiten, geht es in diesem Abschnitt nicht um rein lexikalische und damit sprachwissenschaftliche Fragen des Lexikons, der Wortbildungslehre u. ä., sondern darum, aufzuzeigen, von welcher Norm oder welchen Normen lexikalische Lernziele abhängig sind.

Offensichtlich ist zunächst einmal eine Abhängigkeit der lexikalischen Lernziele von Situationen und Sprechintentionen; es

---

[11] Nach Schmidt (1979, 124) gilt: "Jede Rolle in einer konkreten Kommunikationssituation besteht aus einem Ensemble kommunikativer Intentionen; umgekehrt kann ein- und dieselbe kommunikative Intention an verschiedenen Rollen partizipieren, so daß sich didaktisch eine doppelte Aufgabe stellt: 1. die Realisierung der einzelnen (zumindest wichtigsten) kommunikativen Intentionen (u. U. möglichst schnell) verfügbar zu machen, und zwar immer in einer konkreten Kommunikationssituation und anhand einer konkreten Rolle; 2. die Beherrschung der wichtigsten Rollen durch die Schüler zu gewährleisten."

liegt auf der Hand, daß zu einer Situation wie der Begegnung
zweier Freunde und zu Sprechintentionen wie *sich begrüßen, sich
über ein Fußballspiel unterhalten, sich verabreden, sich verabschieden* nicht das fachsprachliche lexikalische Material notwendig ist, das sich z. B. in Beipackzetteln von Medikamenten oder
in Gebrauchsanweisungen von Waschmaschinen befindet. Darüber
hinaus hat sich aber auch gezeigt, daß reine Häufigkeitslisten
zur adäquaten Lernzielgewinnung nur bedingt geeignet sind (vgl.
dazu z. B. Kaufmann 1977; Raasch 1977, 72 f.).

Der angemessene Weg zur Gewinnung und Formulierung lexikalischer Lernziele scheint uns über die Aufstellung von Listen zu
führen, die Kommunikationssituationen, Sprechakte und Sprechaktfolgen enthalten (vgl. in extenso dazu Richterich 1977). Dabei muß sich die Auswahl der Situationen am Groblernziel orientieren, auf das der Fremdsprachenunterricht jeweils ausgerichtet ist, sowie an den unmittelbaren Lernerbedürfnissen. Die Umsetzung erfolgt dann unter analogen Bedingungen, wie sie oben
für syntaktische Lernziele angedeutet worden sind. Sie sollte
zusätzlich Informationen zur Wortbildungslehre und daraus abgeleitete, didaktisch umgesetzte Hilfestellungen zur Semantisierung
erhalten, soweit das jeweilige sprachliche System und der bis
dahin erreichte sprachliche Besitzstand des Lerners dies nahelegen.

Für die Überprüfung syntaktischer und lexikalischer Lernziele
gilt gleichermaßen der Faktor 'Zeit' als entscheidendes Kriterium zur Auswahl des auf den Listen festgehaltenen Materials.
Die weitgehende zeitliche Begrenzung von institutionalisiertem
Fremdsprachenunterricht hat zur notwendigen Beschränkung auf
sprachliche Minima (Raasch 1977, 72 spricht von Sprachinventaren)
geführt, die jedoch nicht als bloße Reduktion eines gesamthaften sprachlichen Systems verstanden werden dürfen, bei denen
es - salopp formuliert - darum geht, zu retten, was eben noch
zu retten ist, sondern es handelt sich um den Sprachausschnitt,
der mit Blick auf ein eigenständiges spezifisches Lernziel der
adäquate ist (vgl. z. B. Barrera-Vidal 1977; Kaufmann 1977;

Raasch 1977; Zapp 1977)[12]. Dies bedeutet, daß unter zeitökonomischem Druck ein Prioritätenkatalog aus den Situations-, Sprechakt- und Sprechaktfolgeninventaren zu erstellen ist, von dem angenommen wird, daß er den Bedürfnissen und (zukünftigen) Anwendungsintentionen der Lerner entspricht. Die (institutionellen wie politischen) Rahmenbedingungen sind von daher verantwortlich für die normative Auswahl des Sprachmaterials aus dem gesamten Sprachsystem.

3.5.3 DIE MORPHOLOGISCHEN LERNZIELE

Im Unterschied zu den syntaktischen und lexikalischen Lernzielen gilt für die morphologischen - zumindest was die in Deutschland üblichen Schulsprachen angeht -, daß ihr Umfang wesentlich geringer ist; dies hängt mit der vergleichsweise geringen Anzahl morphologischer Einheiten ebenso zusammen wie mit der schon im Begriff des Morphems als kleinster bedeutungstragender Einheit festgeschriebenen größeren Generalisierbarkeit z. B. im Gegensatz zu Lexemen und teilweise auch Syntagmen. Daraus resultiert die weitaus engere Anbindung und Parallelität der morphologischen *Lernziele* zum linguistischen System, als es bei den syntaktischen und lexikalischen Lernzielen der Fall sein kann. Im allgemeinen gilt: alles, was das sprachliche System an (verb-)morphologischen Einheiten enthält, stellt eo ipso das Lernziel dar, denn anders als bei der syntaktischen oder lexikalischen Auswahl bietet das morphologische Material

---

[12] Der Vollständigkeit halber soll darauf verwiesen werden, daß die genannten Autoren nicht ein genau deckungsgleiches Verständnis von Sprachminima haben. So heißt es bei Barrera-Vidal (1977, 27): "..., ist es nicht möglich, eine für alle Benutzer verbindliche Grundsprache zu erstellen. Man wird vielmehr verschiedene Sprachvarietäten definieren müssen, die jeweils nur für spezifische Lernzwecke Gültigkeit beanspruchen können." Zapp (1977, 16) spricht dagegen von einem Minimum, "das selbst bei präziser Planung die Vielfalt späterer Verwendungsmöglichkeiten in situativ gebundenen oder themenbezogenen Kontakten nicht vollständig abgreifen kann; auch das Register der Sprechintentionen bleibt notwendigerweise begrenzt". Kaufmann (1977, 48 f. und 67) und Raasch (1977, 71 f. und 77) betonen die Eigenständigkeit der den Minima zugrundeliegenden Lernziele.

keine Alternativen an.

> *Comment all__ez-vous ?*
> *Il__s n'__ont pas de fr__ères et de sœu__rs.*
> *Ha__n aumentado mucho l__os prec__ios.*
> *And__iamo a Napoli fra poch__i minut__i.*

lassen sich unter Wahrung des Inhalts zwar u. U. syntaktisch und lexikalisch anders ausdrücken, morphologisch jedoch nicht, so daß Nichtbeachtung der morphologischen Vorgaben unweigerlich zu einem Fehler führen würde. Daraus ergibt sich im Hinblick auf die kommunikative Leistungsfähigkeit eine enge Verbindung zwischen dem Einsatz morphologischer Einheiten und Verständlichkeit der Äußerung.

Während Gewinnung und Formulierung morphologischer Lernziele dadurch vorgegeben sind, gilt dies für ihre Umsetzung nicht. Vielmehr kommen hier wiederum methodisch-didaktische Erwägungen ins Spiel. Die Progression ist hier wie schon bei den syntaktischen und lexikalischen Lernzielen abhängig von der Grobzielorientierung und von den Grundbedingungen sprachlicher Interaktion; sie ist darüber hinaus aus den gerade erwähnten Gründen heraus aber eher auf Vollständigkeit angelegt. Normative Setzungen und Selektionen wie bei syntaktischen und lexikalischen Lernzielen existieren folglich nicht. Normativ sind morphologische Lernziele und ihre Umsetzung im Hinblick auf das sprachliche System, mit dem die (Unterrichts-)Norm in diesem Fall identisch ist.

Für die Überprüfung morphologischer Lernziele bedeutet dies, daß de facto nur ihre Umsetzung überprüft werden kann, denn eine Überprüfung der Lernzielgewinnung- und -formulierung wäre gleichzusetzen mit einer Überprüfung des sprachlichen Systems selbst. Diese kann aber weder aus (fremdsprachen-)unterrichtlicher Sicht noch aus einem allgemein kritischen native speaker-Sprachbewußtsein heraus erfolgen, da sie potentiell die Veränderung dieses Systems implizieren würde. Auf Sinn und Zweck von (institutionell vorgegebener) Sprachkritik kommen wir weiter unten noch zu sprechen (vgl. Kapitel 4.3).

3.5.4 DIE PHONOLOGISCHEN/PHONETISCHEN LERNZIELE

Unter phonologischem und phonetischem Aspekt geht es im gesteuerten Fremdsprachenerwerb darum, Laute und Lautkombinationen des fremden Sprachsystems möglichst authentisch imitieren und produzieren zu können. Dies ist - wie wir alle wissen - häufig deshalb so schwer, weil wir durch unsere Muttersprache oder durch andere internalisierte Fremdsprachen daran gewöhnt sind, die entsprechenden Phoneme und Phonemkombinationen anders oder vielleicht auch gar nicht[13] zu artikulieren. Anders als bei den morphologischen Einheiten, zu denen es keine Alternativen gibt, weisen Phoneme alternative Artikulationsmöglichkeiten auf, die nicht unbedingt sofort zu einer Bedeutungsveränderung der Phonemkette führen müssen, wie das noch bei span. tomo [tómo] und tomó [tomɔ́] der Fall ist, und die teilweise sogar eine regional verbreitete Abweichung vom allgemeinen Aussprachegebrauch darstellen, wie z. B. das südfranzösische [dimaŋ ʃ matɛŋ] gegenüber dem standardfranzösischen [dimã ʃ matɛ̃]. Für die phonologische Lernzielgewinnung stellt sich also die Frage, welche linguistisch (und/oder teilweise auch sozial) markierte Aussprachenorm übernommen werden soll. Hinzu kommt, daß 'Unkorrektheiten' in der Aussprache zumeist weniger schwerwiegende Folgen für das Gelingen der Kommunikation nach sich ziehen als Fehler in der Morphologie. Die weitgehende Einigung, sich mit Blick auf den Fremdsprachenunterricht auf eine Standardvarietät zu beziehen, verstanden als die fremdsprachliche Varietät mit der größten Reichweite und dem geringsten Grad an Markiertheit, legt damit die phonologischen Lernziele weitgehend fest. Wenn man so will, nimmt die Linguistik an dieser Stelle dem Fremdsprachenunterricht die Arbeit ab und unterschiebt ihm eine linguistisch beschriebene und definierte Norm, der er nicht zuletzt

---

[13] Man denke als Deutscher z. B. an das italienische 'cucchiaio'.

aus zeitökonomischen Erwägungen heraus nur zu gerne folgen
wird, zumal Fremdsprachenkurse mit varietätenspezifischen Lernzielen u. W. nicht existieren[14].

Für die Umsetzung dieser linguistisch basierten phonologischen
Lernziele gilt allerdings im Gegensatz zu den bisher angesprochenen Lernzielen nur eine partielle Selbständigkeit, da unter
kommunikativem Aspekt die sprachliche Bewältigung von Situationen und Sprechintentionen lernzielbegleitend ist; phonologische Lernziele schließen sich an diese vorgeordneten Lernziele
'nur' jeweils an. Deshalb kann eine Überprüfung phonologischer
Lernziele sinnvoll auch nur an der Lernzielgewinnung und -formulierung ansetzen und damit - aufgrund der oben gezeigten Abhängigkeit von der Linguistik - beim sprachlichen System bzw.
seiner phonologischen Ausprägung selbst.

3.5.5   DIE DIMENSION PRAGMATISCHER LERNZIELE

Die in 3.5.1 bis 3.5.4 skizzierten Lernziele spiegeln allesamt
Lernzielaspekte wider, die aus linguistischen Teilgebieten abgeleitet sind und in dieser Ableitung seit geraumer Zeit Eingang in die Lernzieldiskussion und -formulierung gefunden haben.
Die Entwicklung der wissenschaftlichen Disziplin 'Linguistik'
hat nun in den letzten Jahren einen ihrer bedeutendsten Schwerpunkte in der Konstituierung und Konsolidierung der linguistischen Pragmatik gehabt, die unter Einbezug sprachphilosophischer
Arbeiten von Austin (1972) und dessen Schüler Searle (1971) den
Aspekt des Sprachhandelns in den Mittelpunkt der Überlegungen
stellte. Neben linguistisch orientierten Standortbestimmungen
(vgl. exemplarisch Wunderlich 1970; Maas 1972; Hüllen 1973 b
sowie die Arbeiten in Wunderlich 1972 a) lag es aus verschiedenen Gründen nahe, Ansätze und Ergebnisse der linguistischen
Pragmatik in die Beschäftigung mit Fremdsprachenunterricht zu

---

[14] Davon sind Spanischkurse insoweit ausgenommen, als es zumindest sporadisch Kurse gibt, die auf das südamerikanische Spanisch in toto (ungeachtet der diesbezüglichen Varietätenvielfalt) ausgerichtet sind.

übertragen. Daraus entwickelte sich eine Kontroverse zwischen
Befürwortern einer fremdsprachenunterrichtlichen Relevanz
pragmatischer Ergebnisse (z. B. Hüllen 1973 b; 1979 a; Kirstein 1978; 1979; Raasch 1974; Trim 1981) und deren Gegnern
(v. a. R. M. Müller 1977; 1979 b und Knapp-Potthoff 1977; etwas verhaltenere Kritik bei Laitenberger-Wegener 1976, 453 ff.
und Mann 1979). Zweifellos ist die Kontroverse bis heute nicht
beigelegt, doch scheint uns eine ausschließlich methodologische,
auf die wissenschaftliche Vorgehensweise bezogene Kritik an
dieser Stelle nicht mehr recht zu greifen. Erfolgversprechender
ist u. E. dagegen, beim Lerner anzusetzen. Dies tut u. a. Trim
(1981, 255), wenn er etwas polemisch, aber im Kern durchaus
realistisch formuliert:

> "Der Lernende ist kein Gefäß, in das man je nach
> Kapazität Kenntnisse hineingießt. Aber auch kein
> Hampelmann im Marionettentheater, kein Versuchs-
> tier, dem einige Routinen eingedrillt werden,
> sondern eine handelnde Person, deren Fähigkeit,
> sich sprachlich zu behaupten, auszubilden ist."

Gleichwohl rührt die Charakterisierung des Lerners als selbständig zu handeln bestrebtes Subjekt wieder an der Frage, ob
und in welchem Ausmaß die linguistische Pragmatik, verstanden
als die Disziplin, in der "der Handlungscharakter von Sprache,
ihre Integration in zeit-räumliche und sozio-kulturelle Situationen und das Verhalten der beteiligten Partner" (Hüllen 1979 a,
61) beschrieben werden soll, den Fremdsprachenunterricht beeinflussen kann und soll.

Gegen eine zu große Bedeutung der Pragmatik sind allerlei Einwände erhoben worden. So bemerkt z. B. Knapp-Potthoff (1977,
60 ff.) durchaus zu Recht, daß die linguistische Pragmatik noch
weit davon entfernt sei, ausführliche und weitreichende sprachwissenschaftliche Analysen zu *den* Sprachhandlungen schlechthin
vorweisen zu können. Vielmehr sei der pragmatische Ansatz bislang nur exemplarisch vorgeführt worden und habe von daher
nicht zu Analyseergebnissen geführt, die eine Übernahme in den

Fremdsprachenunterricht nahelegten. Gerade hier aber scheint uns der Ansatz für eine Kritik der Kritik zu liegen. Es kann eben nicht um die bloße Übernahme pragmalinguistisch beschriebener Sprachhandlungsmuster und Sprachhandlungen in den Fremdsprachenunterricht gehen, gerade weil der Lerner - vgl. oben das Trim-Zitat - kein Sammelbecken für alle möglichen metasprachlichen Informationen ist. Darüber hinaus hieße es, den Ansatz der Pragmalinguistik gründlich mißzuverstehen, wenn man von ihm verlangte, ausschließlich fremdsprachenunterrichtlich relevante Sprachhandlungen zu analysieren. Vielmehr kann es in der Diskussion um das Für und Wider der Pragmatik im Fremdsprachenunterricht doch nur um die Perspektive gehen, unter der man versucht, dem Gegenstandsbereich gerecht zu werden.

Ein zweiter wesentlicher Einwand gegen einen pragmatisch orientierten Fremdsprachenunterricht, ebenfalls von Knapp-Potthoff (1977, 67) formuliert, geht dahin, daß sprachliche Mittel keineswegs immer direkt mit kommunikativen Funktionen gekoppelt seien, sondern daß eine solche Zuordnung nur über Situationen erfolge. Auch dieser Vorwurf trifft, isoliert betrachtet, wieder zu; er wird jedoch dann gegenstandslos, wenn man die pragmatische Komponente im Fremdsprachenunterricht nicht absolut setzt, sondern lediglich als die Perspektive festlegend betrachtet. Fremdsprachenunterricht insgesamt und Lernzielfragen im besonderen kommen ohne den Bezug zu Situationen aus mehreren Gründen - seien sie lernpsychologischer, methodischer oder didaktischer Natur - nicht aus. Von daher erklärt sich auch die im Rahmen der Lernzielfragen mehrmals zum Ausdruck gebrachte Forderung nach dem Einbezug situativer Elemente.

Ein dritter Vorbehalt gegen den pragmalinguistischen Ansatz besagt, daß vieles von dem, was die Pragmalinguistik ihrem Ansatz zuschreibe, gar nicht neu sei (Mann 1979, 215 f.). Nun stimmt dies zweifellos, und Hüllen (1973 b, 95) hat in einem Aufsatz mit insgesamt positivem Tenor gegenüber der Pragmatik schon darauf hingewiesen. Die mangelnde Originalität in der Kategorisierung und damit im linguistischen Beschreibungsver-

fahren ist aber eher ein Kritikpunkt, der die linguistische
Disziplin 'Pragmatik' betrifft, und diese auch nur dann, wenn
man wissenschaftsmethodologisch von jedem neuen Ansatz eine
radikale Abkehr von Bestehendem verlangt. Dies alles ändert
aber nichts daran, daß der pragmalinguistische Ansatz im Fremdsprachenunterricht in seiner gesamthaften Ausrichtung und in
der Fundierung der Lernziele neu und anders ist. Dies heißt nun
wiederum nicht, daß die Umsetzung des pragmatischen Ansatzes im
Fremdsprachenunterricht problemlos und schon zur Zufriedenheit
geschehen wäre. Vielmehr gilt es, noch etliche Schwierigkeiten
zu überwinden. So ist z. B. die Frage der pragmatischen Progression (Knapp-Potthoff 1977, 69) noch weitgehend offen; hier zeichnet sich *ein* möglicher Lösungsversuch in Situationskatalogen ab,
wie sie z. B. in den Arbeiten des Europarates zu finden sind
(vgl. van Ek 1975; Coste et al. 1976; Slagter 1979; Baldegger
et al. 1980), wenngleich das Problem noch keineswegs als gelöst
gelten kann. Eng damit zusammen hängt das zweite Problem bei
der Umsetzung, nämlich die unterrichtliche Planbarkeit. Aufgrund
des umfassenderen Ansatzes kommt auf den Lehrer als Unterrichtsplaner ein kompliziertes Interaktionsgefüge verschiedener sprachlicher Ebenen zu; denken wir dabei z. B. an Edelhoff (1979, 151),
der noch einmal den Zusammenhang zwischen Rollen, Situationen,
allgemeinen Zwecken und Intentionen auf der einen Seite und den
Inhalten, "die sich in bestimmten Gesprächsgegenständen manifestieren", auf der anderen Seite deutlich herausstellt. Denken
wir aber auch an Mann (1979, 212 f.), die das Gelingen fremdsprachlicher Kommunikation als Lernziel im Fremdsprachenunterricht hinterfragt, und die bei ihrer Forderung nach einer unterrichtlich umsetzbaren Definition von gelungener Kommunikation
den Rahmen skizziert, in dem und über den hinaus sich auch der
hier vorliegende Versuch einer Darstellung der fremdsprachenunterrichtlichen Faktorenkomplexion bewegt:

> "Hierzu müßten erst einmal die spezifischen Voraus-
> setzungen, Erwartungen und Intentionen der Lehrer/
> Schüler genau bestimmt werden, u. a. auch in ihrer
> institutionellen Bindung an die Schule bzw. den
> Fachunterricht ...".

Ein vierter Einwand gegen einen pragmatisch orientierten Ansatz wird von Mann (1979, 215)[15] vorgebracht. Die Autorin beurteilt die Universalität von Sprechakten durchaus kritisch und folgert daraus, daß ein sprachenübergreifendes pragmatisches Konzept, wie es z. B. in den Arbeiten des Europarat-Projekts anvisiert wird, nicht denkbar wäre. Abgesehen von der weithin vollzogenen und hier schon mehrfach kritisierten Gleichsetzung linguistischer Ansätze mit fremdsprachenunterrichtlichen Verfahren - Fremdsprachenunterricht ist doch mehr als bloße Übernahme linguistisch ermittelter und klassifizierter einzelsprachlicher Sprechakte - berührt die Autorin in der Tat einen wunden Punkt. Interlinguale nicht identische Sprechakte und Sprechaktfunktionen dürfen auch und gerade unter fremdsprachendidaktischem Aspekt in den Lernzielen nicht gleichgesetzt werden, da diese Gleichsetzung zu inakzeptablen und unangemessenen Äußerungen führen würde. Gleichzeitig markiert aber der lernerseitige selbständige Transfer muttersprachlicher Sprechakte und Sprechaktfunktionen einen zumindest muttersprachlichen Bewußtseinsstand, wie er von Hüllen (1979 a, 65) als Basis für Fremdsprachenunterricht angenommen wird. Hierin liegt aber u. E. eher eine Chance für den Fremdsprachenunterricht als ein großer Nachteil des pragmatischen Ansatzes, und zwar nicht nur aufgrund der oben erwähnten möglicherweise zumindest eingeschränkten Gültigkeit der Kontrastivhypothese, sondern auch aufgrund des sprachlichen Bewußtseins, das so auch in der Fremdsprache geschult werden kann; unter diesem Gesichtspunkt müssen fremdsprachliche Stil- und Registerfragen nicht länger aus dem Fremdsprachenunterricht ausgespart bleiben. Von daher teilen wir die Meinung R. M. Müllers (1977, 65) nicht, der sich gegen eine Unterschiebung kognitiv-bewußter Absichten bei jeder sprachlichen Äußerung wendet. Fremdsprachenunterrichtliche Äußerungen scheinen uns im Gegenteil durch ein hohes Maß an Bewußtheit ge-

---

[15] "Eine zuverlässige Lernzielbestimmung für den Fremdsprachenunterricht müßte aber gerade klären bzw. das Wissen voraussetzen, worin potentielle Unterschiede bei der Ausführung von gleichen Sprechakten in verschiedenen Sprachen bestehen."

kennzeichnet, nicht zuletzt wegen der drohenden Sanktionen
- gleich welcher Art - sowie als Resultat des Aufbauprozesses
eines neuen kommunikativ nutzbaren Systems. Allerdings - dies
soll nicht verschwiegen werden - setzt dies neben Sprechakt-
und Sprechaktfunktionsanalysen eine entsprechende didaktische
Umsetzung und - nicht zu vergessen - eine Modifizierung der
Lernziele voraus. Dabei darf nicht bei einem eingeschränkten
Verständnis von Kommunikativer Kompetenz verharrt werden, in
dem diese als die bloße Verbalisierung von Sprechakten aufgefaßt wird, sondern darüber hinaus müssen Kommunikationsakte
auch als übergeordnete Begründungszusammenhänge gesehen werden
(vgl. auch Laitenberger-Wegener 1976, 455).

Schließlich soll ein fünfter, didaktischer Einwand noch Er-
wähnung finden: Mann (1979, 219) vermutet, daß Lerner es nicht
als angenehm und motivierend empfinden, plötzlich und im Gegensatz zu ihren bisherigen unterrichtlichen Erfahrungen in die
Rolle des Sprechhandelnden gedrängt zu werden. Dem muß entgegengehalten werden, daß dies eine Frage der didaktischen und
methodischen Umsetzung ist. So kann es selbst bei 'eingefahre-
neren' Lernern, wie sie häufig in Volkshochschulkursen typisch
sind, gelingen, den Drang zum selbständigen Sprechhandeln frei-
zulegen. Zugegebenermaßen setzt dies neben entsprechenden Lehrmaterialien ein entsprechend hohes Engagement des Lehrenden
voraus. Dies spricht dann nicht gegen den Ansatz, sondern höchstens für eine Reduzierung des Stundendeputats der Lehrer, da
es ja darauf ankommt, die Unterrichtskommunikation und damit
die fremdsprachenunterrichtlichen Sprechakte möglichst nahe an
reale, d. h. außerschulische freie Kommunikationssituationen
und Sprechakte heranzuführen. Daß auf diesem Wege die meisten
Schritte noch einer Klärung bedürfen, bleibt unbestritten.

Als Ergebnis der oben geführten wissenschaftstheoretischen Diskussion bleibt festzuhalten, daß die linguistische Pragmatik im
Vergleich zu Syntaxtheorie, Lexikologie, Morphologie und Phonologie für den Fremdsprachenunterricht die übergreifende und
übergeordnete Disziplin in dem Sinne ist, daß sich aus ihrem
Ansatz der Sprachbetrachtung und -beschreibung ein erfolgver-

sprechender Ansatz für den Fremdsprachenunterricht gewinnen läßt, in dem andere Disziplinen jedoch unverzichtbar sind und der Pragmatik zuarbeiten. Hüllen (1979 a) hat dies exemplarisch für Syntax und Semantik gezeigt. Aus diesem Ergebnis erwachsen für Lernzielgewinnung, -formulierung, -umsetzung und -überprüfung sowie die ihnen jeweils zugrundeliegende Norm Konsequenzen.

Für die Lernzielgewinnung sind wir zunächst angewiesen auf möglichst vollständige Listen von Sprachhandlungen und Sprechakten, von Situationen sowie von Verknüpfungsbedingungen zwischen beiden. In der Weiterentwicklung des soziolinguistischen Normbegriffs (siehe unten Kapitel 4.3) müßte in diesen Verknüpfungsbedingungen der Hebel zur Erschließung einer pragmatischen Norm liegen. Mit diesen Listen müßte eine Liste von den für den Lerner oder die Lerngruppe relevanten Situationen und Sprachanlässen kontrastiert werden. Diese letztgenannte Liste ist ableitbar vor allem aus den Lernerfaktoren, wie sie im Kapitel 1 beschrieben worden sind, und fungiert gleichsam als Selektionsinstrument für die erstgenannten Listen. Dies bedeutet im Zuge der Lernzielformulierung eine Konfrontierung der pragmatischen Norm mit der den Lerner bestimmenden Normenvielfalt.

Bei der Lernzielumsetzung gilt es deshalb abzuwägen zwischen einer eher pragmalinguistischen oder einer eher lernerzentrierten Norm, denn nur im Idealfall sind beide voll kongruent. In diese Richtung scheinen übrigens Korrekturhinweise zu gehen, wie sie in den neueren Richtlinien für die Gymnasiale Oberstufe Nordrhein-Westfalens Eingang gefunden haben, wenngleich diese notwendige Differenzierung nicht explizit in einen pragmatisch orientierten Ansatz integriert ist, so daß der Begriff der *Sprachrichtigkeit* noch absolut und vorwiegend systemlinguistisch (im in 4.1 beschriebenen Sinne) gesetzt wird. Die Richtlinien Französisch (Kultusminister 1981 b, 151) differenzieren demzufolge zwischen den Teilbereichen 'Ausdrucksvermögen' und 'Sprachrichtigkeit', räumen den Mängeln in letzterem Bereich aber den Vorrang bei der Korrektur ein (1981 b, 154 f.). Sie differenzieren weiterhin zwischen schweren und leichten Fehlern, wobei schwere Fehler gleichzusetzen sind mit grammatischen (vor allem morphosyntaktischen oder lexikalischen) Verstößen. Interessanterweise enthalten die Richtlinien Englisch (Kultusminister 1981 a, hier v. a. 166 ff.) keine expliziten Angaben zur Fehlergewichtung. Für die Lernzielumsetzung ist es u. E. unabdingbar, Kriterien zu entwickeln, nach denen eine Abstimmung zwischen pragmalinguistischer und lernerorientierter Norm intersubjektiv möglich wird; Angaben wie 'die Kommunikation wird aufrechterhalten' oder 'die Kommunikation wird nicht entscheidend gestört' reichen dafür nicht aus[16].

Eine Lernzielüberprüfung ist dann dringend angezeigt, wenn

a) die beiden oben erwähnten Formen von Listen nicht mehr aufeinander abgestimmt werden können, was de facto nur solange möglich ist, wie die linguistische Pragmatik noch keine vollständige, alle Sprechhandlungen und Sprechakte erfassende Beschreibung vorgelegt hat; oder

b) wenn pragmalinguistische und lernerorientierte Norm für eine Lerngruppe fortwährend identisch sind oder

c) wenn sich die lernerorientierte Norm aufgrund der Veränderung von Lernerfaktoren so weit verändert, daß die Grundbedingungen für eine Abstimmung zwischen beiden Normen nicht mehr gleich sind.

Die Dimension pragmatischer Lernziele und damit auch die dort verankerte Normproblematik ist also insofern komplizierter und komplexer, als der pragmalinguistische Ansatz die anderen Formen der Sprachbeschreibung umfaßt. Lernziel- und Normproblem werden somit auf eine Ebene gehoben, auf der nicht mehr nur sprachliche Phänomene an sich, sondern sprachliche Phänomene in Relation zu ihren Verwendungsbedingungen und -zusammenhängen

---

[16] Mit dieser Forderung gehen wir weiter als Knapp-Potthoff (1977, 62), die das Fehlen von Kriterien für das Erreichen sprechhandlungsorientierter Lernziele beklagt.

interessant sind. Dies macht eine stärkere Abstimmung zwischen
Sprache und Gebraucher (hier: Lerner) unabdingbar. Eben hieraus erklärt sich das Verhältnis von pragmalinguistischer und
lernerorientierter Norm und seine Bedeutung für die Lernzielfrage.

3.6 SPRACHWISSEN UND NORMEN

Rolle und Bedeutung des Sprachwissens sind im Zusammenhang mit
neueren fremdsprachendidaktischen Forschungen eher gering geblieben. Dabei spielen sie im Rahmen fremdsprachenmethodischer
Überlegungen noch die größte Rolle. Die Reformmethodiker betrieben die Abkehr von der Grammatik-Übersetzungsmethode hin zur
Direkten Methode ja gerade mit der Absicht, Sprachwissen durch
Sprachkönnen zu ersetzen. Sprachwissen wurde nach ihrer Ansicht
durch kognitiv ausgerichteten Unterricht geschult, und in der
Tat zeichnen sich viele der nachfolgenden Unterrichtsmethoden
durch Fehlen, zumindest aber durch einen reduzierten Anteil kognitiver Phasen aus. Eine neuerliche Wende läßt sich aus der
Reaktion auf behavioristische Ansätze ablesen. Psychologen wie
Ausubel/Novak/Hanesian (1980; 1981) und Leont'ev (1974), aber
auch ein anderer Hauptvertreter der Sprachtätigkeitstheorie,
Gal'perin (vgl. dazu Baur 1980 b), bringen in ihren Ansätzen
zum Ausdruck, daß das (sprachliche) Bewußtsein aus dem gesteuerten fremdsprachlichen Erwerbsprozeß gar nicht auszuschalten
ist und auch im ungesteuerten Erwerb durchaus noch seinen Platz
haben kann. Die Anerkennung der Tatsache, daß sprachliches Bewußtsein beim gesteuerten Spracherwerbsprozeß nicht ganz ausgeschlossen werden kann zum einen, sowie die daraus ableitbare
Konsequenz eines auf bewußten Umgang mit dem Medium Sprache
zielenden globalen Lernziels zum anderen haben die staatliche
Lernzielgebung zumindest in Ansätzen einer Veränderung unterzogen, die vor allem in den jüngsten Französisch-Richtlinien
(Kultusminister 1981 b) deutlich wird. Dort ist nämlich neben
Spracherwerb explizit von Methodenerwerb und Wissenserwerb als
den drei grundsätzlichen Zielsetzungen die Rede. Bewußtmachung
wird dabei zu mehr als nur zu einem methodischen Mittel des

Fremdsprachenerwerbs, wie es noch Laitenberger-Wegener (1976, 459)[17] sieht. Differenzierungen zwischen verschiedenen Ebenen der Bewußtmachung - einerseits mit Blick auf mentale Operationen bei und zur Sprachproduktion, andererseits hinsichtlich des Ziels, und zwar sowohl einer einzelnen sprachlichen Äußerung als auch des gesamten Unterrichts - werden auf dieser Lernzielstufe nicht herausgearbeitet.

Unabhängig von der curricularen Einbindung des Sprach*bewußtseins* soll darunter im folgenden der bewußte Umgang mit Sprache und metasprachlichen Informationen verstanden werden. Daß Sprachwissen und Sprachproduktion keineswegs immer identisch sein müssen, liegt dabei auf der Hand, denn metasprachliche und objektsprachliche Ebene sind ja gerade nicht identisch. Daraus resultiert wiederum ein differenziertes Normverständnis, das zum einen an die Unterscheidung Coserius (1975 b) zwischen System und Norm bzw. an die von Polenz' (1972) zwischen System und Sprachgebrauch anknüpft, zum anderen aber darüber hinausreicht, da Sprachbewußtsein in diesem weiten, nicht nur auf die Produktion beschränkten Verständnis beide Bereiche von Sprache *zusammen* beinhaltet. Mit Hilfe des Sprachbewußtseins ist es also möglich, Normen des Systems und die des Gebrauchs miteinander zu vergleichen. Damit wird gleichzeitig vorausgesetzt, daß die Norm des Systems nicht dem tatsächlichen Sprachgebrauch entspricht, sondern eine theoretische Abstraktion dessen darstellt, was das System anbietet. Die Norm des Sprachgebrauchs impliziert dagegen die tatsächliche Auswahl aus dem vom System zur Verfügung gestellten Möglichkeiten. Abweichungen davon verstoßen damit in jedem Fall gegen den Sprachgebrauch, aber nicht notwendigerweise gegen das System. Somit ist das Sprachbewußtsein diejenige Instanz, mit deren Hilfe Normen verglichen und u. U. verändert werden können, wobei sich diese Veränderungen auf den Sprachgebrauch in jedem Fall, auf das Sprachsystem mög-

---

17) Allerdings weist auch sie darauf hin, daß Sprache und Sprachgebrauch immer eine kognitive Leistung im Sinne einer geistigen Fähigkeit darstellen (1976, 458 f.)(vgl. auch Hellmich 1976, v. a. 208 f.).

licherweise auswirken.

Vor diesem Hintergrund gilt es, die Rolle des Sprach*wissens* bei der Lernzielgewinnung, -formulierung, -umsetzung und -überprüfung zu sehen. Gleichzeitig ist eine nach grammatischen Aspekten erfolgende Differenzierung, wie sie bezüglich der Sprachproduktion möglich war (vgl. 3.5), nicht leistbar; 'syntaktisches Sprachwissen' setzt z. B. gleichzeitig voraus, daß die in einem Syntagma notwendigen Morpheme ebenso bekannt sind wie mindestens eine pragmatische Funktion, die das Syntagma haben kann. Diese im Gegensatz zur Sprachproduktion komplexere Interaktion grammatischer Teilaspekte resultiert aus der übergreifenden metasprachlichen Ansiedlung des Sprach*wissens*.

Die Lernzielgewinnung bezüglich des Sprachwissens muß sich als besonders schwierig erweisen, da es mittlerweile als allgemein akzeptiert gelten kann, daß Sprachwissen nicht gleich Sprachkönnen ist. Erhebt man aber Sprachwissen gleich welchen Umfangs – und damit die bewußte Behandlung von Sprache – dennoch zum Lernziel, so muß ermittelt werden, welche Art von Sprachwissen mit Blick auf den Spracherwerb und die Gesamtzielsetzung des Unterrichts für den Lerner den meisten Gewinn bedeutet[18]. Die Perspektive, unter der die Frage des Sprachwissens angegangen wird, unterscheidet sich damit deutlich von derjenigen, die wir im Zusammenhang mit der Frage nach dem Ob und Wieviel an Grammatik im Unterricht oben (S. 155 ff.) behandelt haben. Dennoch greifen wir ein Fazit der obigen Diskussion auf, nämlich die Annahme, daß das menschliche Gehirn zu großen Teilen individuenspezifisch funktioniert (S. 160). Der Anteil des Sprachwissens, der dem angestrebten Ziel des Fremdsprachenlernens am zuträglichsten ist, kann somit gar nicht auf einer so abstrakten Stufe angegeben werden, wie es in Lehrplänen und Curricula nun einmal notwendig ist. Möglicherweise resultiert daraus ein Unbeha-

---

[18] Dies bedeutet eine weitergehende Umsetzung einer Forderung, wie sie schon Roulet (1971, 599) erhoben hat.

gen bei Richtlinienverfassern, die Wissenserwerb zunächst einmal ohne Bezug auf das fremdsprachliche System definieren (Kultusminister 1981 b, 29 f.), in einem Nachsatz zur Erlangung soziokultureller Einsichten und Kenntnisse aber explizit von Sprachwissen sprechen. Dieses wird für die Grundstufe im Französischen so umrissen (Kultusminister 1981 b, 39):

> "a) Kenntnis der phonetischen Umschreibung (rezeptiv) und einiger wichtiger bedeutungsunterscheidender phonetischer und intonatorischer Oppositionen
> b) Kenntnis von Unterschieden zwischen *code oral* und *code écrit*
> c) Kenntnis der Bezeichnungen der erlernten grammatischen Strukturen und ihrer Funktionen
> d) Einsichten in das Funktionieren von Sprache durch Sprachvergleich."

Für die Aufbaustufe wird weitergehendes Sprachwissen postuliert (S. 42 f.):

> "a) Kenntnis von Unterscheidungsmerkmalen von *code oral* und *code écrit*
> b) Kenntnis wichtiger Kategorien grammatischer Beschreibung
> c) Kenntnis unterschiedlicher Sprachniveaus
> d) ggf. Kenntnis bestimmter kommunikativer Funktionen von Sprache
> e) vertiefte Einsicht in die Funktion der Sprache, z. B. durch Sprachvergleich (ggf. durch Übersetzung)."

Zur Vermittlung des Sprachwissens sollen vor allem das "Prinzip der deskriptiv-problemorientierten Darstellung" und das "komparatistische bzw. kontrastive Prinzip" (S. 95) berücksichtigt werden.

Eine individuelle und damit lernerspezifische Auffassung von Sprachwissen ist daraus beim besten Willen nicht ablesbar. Ebensowenig werden die Kriterien offengelegt, nach denen die

Lernziele für das Sprachwissen gewonnen werden. Sicher scheint
zu sein, daß beschreibungstheoretische Prämissen (vgl. Grundstufe a und Aufbaustufe b) sowie linguistische Kategorien und
Erkenntnisinteressen (vgl. Grundstufe b und d, Aufbaustufe a,
b, c und e) sowie linguistische Methoden zu lernpsychologisch
relevanten Kriterien erhoben werden, wobei besonders bei e)
auffällt, daß der Übersetzung nicht mehr die auch aus Lernersicht einsichtige Funktion eines Verfahrens interkultureller
Verständigung zugewiesen wird. Der Gegensatz zwischen 'Übersetzung als Übungsform' und 'Übersetzung als eigenständiger
Fertigkeit' (vgl. dazu vor allem Bausch 1977) wird so durch
eine dritte, mit dem allgemeinen Ziel von Fremdsprachenunterricht zunächst schwerlich vereinbare linguistisch-methodische
Funktion überspielt. Auf dieser Ebene wird Sprachwissen schon
fast zu Metasprachwissen erhoben. Angesichts einer linguistisch
basierten und orientierten Auffassung von Sprachwissen darf es
nicht verwundern, wenn folgerichtig eine linguistische Norm zur
Norm für Sprachwissen und damit zum wichtigen Faktor für Fremdsprachenunterricht wird (vgl. oben die Differenzierung zwischen
code écrit und *code oral*, die Frage der Sprachniveaus sowie den
Sprachvergleich). Halbwegs zu überzeugen vermag in den zitierten Richtlinien lediglich die Begründung für die pragmatische
Komponente des Sprachwissens, da es hierbei vor allem um Einsichten in differenzierten Fremd- und/oder Muttersprachenge-
brauch geht. Damit ist wiederum nicht so sehr der Lernprozeß
angesprochen, sondern vielmehr die Einsicht in die Funktionsweise von Sprache als Medium zur Artikulation von Handlungsin-
tentionen.

Die Behandlung von Sprachwissen in den nordrhein-westfälischen
Richtlinien scheint kein Sonderfall zu sein. Sie ist vielmehr
Ausdruck einer noch nicht erforschten Bedeutung von Sprachwissen im Rahmen des gesteuerten Spracherwerbs und Ergebnis einer
wenig systematischen Lernzielgewinnung, in der zumeist linguistische Normen übernommen werden.

Grundlage für eine systematischere Lernzielgewinnung in diesem

Bereich kann eine Differenzierung zwischen Sprachwissen als
beliebigem Additum über das 'eigentliche' Lernziel hinaus und
Sprachwissen als lernunterstützendes Mittel zum gesteuerten
Erwerb sein. Während es im ersten Fall um die Vermittlung von
Informationen um ihrer selbst willen geht und von daher die un-
veränderte Übernahme von methodologischen Verfahren und disziplineigenen Normen selbstverständlich ist, bedeutet der zweite
Fall die Eingliederung dieser Information in einen anderen Zusammenhang, nämlich in einen Lernprozeß und damit eine auf dieses Ziel gerichtete Auswahl und Vereinfachung[19]. Genau hier
aber, und nicht an den wissenschaftseigenen Prämissen, muß eine
auf das Sprachwissen gerichtete Lernzielgewinnung ansetzen. Neben den schon mehrfach angesprochenen linguistischen Normen
und dem Gesamtziel des Unterrichts dürfen psychologische, pädagogische und soziologische Überlegungen nicht außer acht gelassen werden. Dazu zählen z. B. Antworten auf folgende Fragen:

- Inwieweit fördert das Sprach*wissen* den Sprach-
  erwerb ?
- In welcher Form wird durch das Sprachwissen die
  Motivation des Lernenden gefördert bzw. beein-
  trächtigt ?
- Inwieweit beeinträchtigt die Vermittlung von
  Sprach*wissen* das Verhältnis zwischen Lehrer und
  Lernern ?
- Inwieweit verfügt der Lehrer über Sprachwissen ?
- Was bedeutet der Erwerb von Sprachwissen für den
  Lerner im Hinblick auf zukünftige Anwendungssitua-
  tionen in der jeweiligen fremdsprachigen Umgebung ?
- In welcher Weise führt Sprachwissen zu Einsichten
  über den eigenen (sprachlichen und soziologischen)
  Platz in der muttersprachlichen Gemeinschaft ?

Die entsprechenden Wissenschaftsdisziplinen haben z. T. Instru-
mentarien entwickelt, die zur Beantwortung solcher oder ähnli-

---

[19] Vereinfachung darf hier nicht im Sinne einer linguistischen
Modellbildung und damit als Entscheidung für die widerspruchs
freiere Abbildung aus mehreren vorliegenden Deskriptionen ver
standen werden, sondern als eine Reduzierung des durch die
wissenschaftliche Disziplin Erarbeiteten.

cher grundsätzlicher Fragen herangezogen werden können. Was augenblicklich noch fehlt, ist die Beschäftigung mit Sprachwissen in diesem Zusammenhang. Augenfällig ist aber bereits jetzt, daß die im Rahmen der Lernzielgewinnung angemessene Berücksichtigung von Sprachwissen nicht auf einem eindimensionalen, linguistisch basierten Normbegriff fußen kann, sondern daß es vielmehr darum gehen muß, verschiedene Normen auf den Punkt zu bringen. Hier ist seitens der Forschung noch eine Menge Arbeit zu leisten, ohne die der Wert von Sprachwissen in den Lernzielen über zufällige, in den jeweiligen Lernzielkommissionen gerade vorherrschende Vermutungen nicht hinauskommt.

Aus der individuellen Perspektive, mit der die Frage des Sprachwissens zu betrachten ist, ergibt sich für die Lernzielformulierung die Notwendigkeit, einerseits individuen- und vor allem lerngruppenspezifische Feinziele abzuleiten, andererseits den Grad an Allgemeinverbindlichkeit zu beinhalten, durch den Lernziele sich charakterisieren. Um dies zu gewährleisten, scheint es uns von großem Nutzen zu sein, die Konsequenzen, die sich aus dem jeweils angestrebten Sprachwissen für den Lernprozeß ergeben (sollen), exakter zu beschreiben. Eine Formulierung wie

> 'Der Schüler soll auf die Unterscheidung zwischen langue parlée und langue écrite aufmerksam gemacht werden. Er soll lernen, charakteristische Merkmale für diese beiden Register zu benennen und in der Lage sein, authentische Texte einem dieser Register zuzuweisen. Dadurch soll erreicht werden, daß der Schüler sich des Einsatzes sprachlicher Mittel bewußt wird und lernt, Sprache als Instrument zur Verwirklichung sprecherabhängiger Intentionen zu begreifen. Als authentische Texte werden empfohlen .... Aufgrund dieser Texte soll neben den sprachlichen Zielen die Einsicht erreicht werden, daß die Differenzierung sinnvoll und für den Sprachanwendungsbereich von tatsächlicher Bedeutung ist. Darüber hinaus geben sie dem Schüler die Möglichkeit, seine Position im muttersprachlich-soziologischen Umfeld bei Bedarf zu bestimmen und seine potentielle Rolle im Gespräch mit Franzosen u. a. an das beherrschte sprachliche Register zu binden. Dabei sollte darauf geachtet werden, daß der Lehrer nicht als bloßer Informant auftritt, sondern daß dem Schüler die Möglichkeit gegeben wird, selb-

> ständig Gedanken zu entwickeln und Vermutungen
> über Charakteristika der beiden Register und ihre
> Beziehungen zueinander zu überprüfen.'

ist einerseits komplexer und umfangreicher als die bisher vorliegenden Lernzielformulierungen; dies mag angesichts des ständig gewachsenen Umfangs abschrecken. Andererseits wird durch einen derartigen Text die hinter dem Lernziel stehende Intention für denjenigen, der letztlich für die Realisierung verantwortlich gemacht wird, transparenter; die Hinweise sind konkreter, und die Forderung nach aktiver, bestehende normative Vorgaben kritisch überprüfender Schülerarbeit wird gleichfalls erfüllt. Daß der obige Formulierungsvorschlag an einigen Stellen immer noch nicht konkret genug ist, liegt an den mangelnden Forschungsergebnissen. Darüber hinaus gehören in eine Lernzielformulierung natürlich Äußerungen hinein, die die Verbindung zu anderen Teilkomponenten des Lernziels (sprachliche Anwendung, außersprachlich) deutlich werden lassen.

Die eben beschriebene Lernzielformulierung ebnet den Weg für eine adäquate Lernzielumsetzung. Diese beinhaltet für den Bereich des Sprachwissens die Einführung in metasprachliche Beschreibungszusammenhänge, aber auch die möglichst selbständige Erarbeitung sprachlichen Wissens, so daß gerade auf diesem Hintergrund die Erkennung und Hinterfragung von Normen nicht nur im theoretisch-linguistischen Sinn möglich wird. Richtlinien sollten - dem obigen Formulierungsversuch folgend - jeweils unmittelbar Beispiele für eine Umsetzung zumindest bestimmter Lernziele enthalten; dies sollte dann besonders gelten, wenn Lernziele nicht durch die sprachliche Systematik und/oder durch benutzte Lehrwerke vorgegeben werden. Eine Veränderung der Richtlinien und der in ihnen postulierten Lernziele in Richtung auf methodische Hilfestellungen für nicht unmittelbar auf der Hand liegende Teillernziele - wie z. B. das Sprachwissen - scheint uns für den Lehrer eher eine Hilfe darzustellen als die vielen organisatorischen Rahmenbeschreibungen (vgl. dazu die jeweils gleichlautenden Beschreibungen der Schulform in Kultusminister

1981 a; 1981 b; 1981 c; jeweils 7 - 26) und die z. T. für den Lehrer selbstverständlichen methodisch-didaktischen Grundsätze.

Eine Lernzielüberprüfung für den Bereich des Sprachwissens ist daher aufgrund der bisherigen Ausführungen jeweils angezeigt, wenn

- der Zusammenhang zwischen Sprachkönnen und Sprachwissen für Lerner nicht einsehbar ist und das Sprachwissen so droht, zum Ballast und nicht zur Lernhilfe zu werden

- von der Lerngruppe auf andere Teilbereiche motivationell positiver reagiert wird und von daher die Gefahr der Lernzielbeeinträchtigung besteht

- die Umsetzung des Sprachwissens mit Blick auf die Anwendung nicht gelingt

- das jeweilige Sprachwissen zu weit in die (linguistische, soziologische, pädagogische, psychologische) Theorie führt

- der Zeitaufwand im Vergleich zu anderen Teilbereichen zu groß ist.

Durch den Rückgriff auf die Lerngruppe wird bewußt der Rahmen staatlicher Richtlinien überschritten und im Hinblick auf den konkreten Unterricht hin geöffnet. Nur so scheint es uns möglich zu sein, individuengerecht das Sprachwissen als Teillernziel in den Fremdsprachenunterricht zu integrieren. Und eben deshalb ist die Einbeziehung eines multilateralen Normbegriffs auch auf dieser Ebene von so großer Bedeutung.

3.7   AUßERSPRACHLICHES WISSEN UND NORMEN

Der oben angesprochene Begriff des Wissenserwerbs, so wie er in den Richtlinien für die gymnasiale Oberstufe Französisch Verwendung findet, umfaßt neben dem Sprachwissen in erster

Linie landeskundliches Wissen[20]. Damit kommt zum Ausdruck,
daß *alles,* was mit Bezug auf die fremdsprachige Kulturgemeinschaft von Bedeutung ist, für den Lernenden von Interesse sein
muß. Landeskundliches Wissen muß daher zweidimensional gesehen
werden, nämlich einmal hinsichtlich der Fakten an sich und zum
anderen hinsichtlich dessen, was diese Fakten zum Fremdsprachenerwerb beitragen können. Nun ist dies zweifelsohne nicht
neu, wie die Analyse von Herbert Christ (1979) gezeigt hat. Der
Autor skizziert dort landeskundliche Ansätze als Sachkunde, als
Kulturkunde, als sprachbezogene Disziplin sowie als Teil einer
allgemeinen Zeichenlehre. Unter dem Primat des lernerzentrierten Ansatzes sowie mit einem integrativen Sprachunterricht im
Visier spricht Christ (1979, 26 ff.) sich für eine sprachbezogene Landeskunde aus und betont damit vor allem die Funktion
von Landeskunde im Rahmen des Spracherwerbs, übrigens nicht zuletzt mit der einsichtigen Begründung, daß Sprachunterricht
ohne Inhalte gar nicht denkbar ist.

So sehr es einleuchtend und verlockend sein mag, den Ansatz
Christs zu übernehmen, es muß ihm doch entgegengehalten werden,
daß die Auswahl des Materials unklar bleibt. Selbst wenn die
Progression vom Spracherwerb bestimmt wird (Christ 1979, 28),
so ist damit noch nicht geklärt, welche Inhalte zu einem Themengebiet Berücksichtigung finden und welche nicht, sondern
allenfalls, welche sprachlichen Mittel zu ihrem Ausdruck eingesetzt werden. Wie schnell sich dann Klischees etablieren
und zukünftige sprachliche Interaktionen durch inhaltliche Beschränktheit blockieren können, haben wir oben im Zusammenhang
mit dem Ansatz B.-D. Müllers (1980) andeutungsweise gezeigt
(vgl. S. 177). Die Lernzieldiskussion wird daher auch den in-

---

[20] "Im Lernbereich Wissenserwerb werden dem Schüler wichtige
Kenntnisse und Einsichten über die französische Gesellschaft und Kultur (<u>civilisation française</u>) vermittelt unter der Perspektive des Abbaus von Vorurteilen durch die
Einsicht in die Relativität der eigenen und der fremden
Kultur sowie der Vorbereitung auf die Rolle als Mittler
zwischen Deutschland und Frankreich." (Kultusminister
1981 b, 29).

haltlichen Aspekt stärker zu berücksichtigen haben, freilich ohne deshalb in die von Christ zu Recht kritisierte Sach- oder Kulturkunde abzudriften.

Bevor wir uns aber den Lernzielfragen zuwenden, soll ein weiterer, u. W. zu wenig berücksichtigter Bereich außersprachlichen Wissens in die Diskussion eingebracht werden: das 'lernersoziale' Wissen. Darunter verstehen wir nicht Kenntnisse über die soziale Strukturierung der Zielsprachengruppe - dies kann durch die Landeskunde abgedeckt werden -; vielmehr geht es um die Bewußtmachung von Lern- und fremdsprachenunterrichtlichen Arbeitsmethoden. U. E. wird hier außer einer Erleichterung des Lernvorganges erreicht, daß dem Lerner - zumindest ab einem bestimmten Alter - soziale Einsichten verschiedener Art vermittelt werden können. Dabei handelt es sich nur scheinbar um ein Nebenprodukt des Fremdsprachenunterrichts, denn soziale Ziele gehören - wenigstens im staatlichen Schulwesen - zu jedem Unterricht. Die Ebene des sozialen Wissens liegt von daher - wenn man so will - über der des Sachwissens, und eine Trennung zwischen beiden ist keineswegs so klar und problemlos möglich, wie sie hier aus Gründen der Anschauung vorgenommen wird.

3.7.1 LANDESKUNDE

Angesichts der Fülle potentieller landeskundlicher Themen mag es verwundern, wenn dennoch die Forderung nach einer systematischen Lernzielgewinnung erhoben wird. Diese impliziert nicht nur die Vermittlung grundlegender Informationen über die fremdsprachliche Kultur und Gesellschaft, sondern sie muß vielmehr diese Informationen *objektiv* beinhalten, d. h. sich freimachen von Klischees. Damit ist zunächst in Unabhängigkeit von der sprachlichen Ausgestaltung eine inhaltliche Überprüfung von Sätzen z. B. über den typischen Engländer, Franzosen, Italiener, Spanier angezeigt, bei der es nur darum gehen kann, die Realität zur landeskundlichen Norm zu erheben. Die Versprachlichung dieser Informationen kann ihrerseits gerade in der besten didaktischen Absicht zur Vereinfachung und damit

nicht selten zur Verkürzung führen. Erinnern wir uns z. B. an
die lange Zeit in Lehrwerken übliche Schilderung des in gesicherten Verhältnissen lebenden Mittelschichts-Franzosen, so
wird deutlich, daß Textsorten und Textformen durch ihre einseitige Ausrichtung auf die 'typische Lehrbuchfamilie' Klischees
ebenso gefördert hat, wie dies heute noch durch eine mehr episodische Zuordnung klischeehafter Inhalte zu fremdsprachigen
Lexemen in der Diskussion ist. Wenn wir uns vor Augen halten,
daß landeskundliche Informationen in erster Linie nicht dem
Selbstzweck, sondern der Erleichterung des Fremdsprachenerwerbs
dienen - sei es durch die direkte Vermittlung sprachlicher Informationen oder sei es durch die Heranführung an einen anderen
Kulturbereich und damit an die Fremdsprachenanwendung -, so
lassen sich für eine diesbezügliche Lernzielgewinnung folgende
Forderungen aufstellen:

     a) sprachliche Authentizität;
     b) sachliche Adäquatheit;
     c) lernfördernde Sprachgestaltung;
     d) motivierende Inhalte;
     e) falls notwendig Bereitstellung zusätzlicher sprachlicher Mittel, um bei Bedarf Inhalte hinterfragen bzw. zusätzliche Inhalte erfragen zu können.

Dabei liegt es auf der Hand, daß die genannten Forderungen sich
gegenseitig beeinflussen. So beeinflußt ein motivierender Inhalt die Lernförderung ebenso wie die sprachliche Authentizität
des verwendeten Materials, vorausgesetzt, daß dieses auf lernpsychologisch möglichst optimale Art angeordnet ist, sowie die
Möglichkeit, unter Zurückdrängung des sprachlichen Primats aus
der Lernerperspektive durch eine Diskussion die Akzente zwischenzeitlich auf den Inhalt zu legen.

Für die Lernzielformulierung ergibt sich daraus die Notwendigkeit, die landeskundlichen Inhalte konkreter und den Adressatenbedürfnissen gerecht werdend zu benennen. Sie sollte deshalb
Begründungszusammenhänge enthalten, die für den Lehrer die Aus-

wahl und Anordnung des Materials transparenter macht und ihm
von daher die Möglichkeit zur lerngruppenspezifischen Veränderung bietet.

Durch eine adäquate Lernzielumsetzung soll erreicht werden,
daß das ausgewählte landeskundliche Material so präsentiert
wird, daß es erstens an das erworbene sprachliche Können der
Lerngruppe anschließt und gleichzeitig den Aspekt des Sprachlichen nicht so stark betont, daß die Inhalte vom Lerner verdrängt werden zugunsten einer ausschließlichen Konzentration
auf das Sprachmaterial. Zweitens soll es inhaltlich an die
Wissensstruktur der Lerngruppe anknüpfen, u. U. durch Kontrastierung mit eigenen lebensweltlichen Erfahrungen. Drittens
schließlich soll die Art der Präsentation den Lerner ermuntern,
sich inhaltlich mit dem Material auseinanderzusetzen und in
eine Diskussion darüber einzutreten. Die allgemein kommunikationstheoretische Differenzierung zwischen Inhalts- und Beziehungsaspekt hat damit hier, in der Lernzielumsetzung, ihren
Platz. Zwar ist auch hier für das Gelingen der unterrichtlichen
Kommunikation und damit für das Erreichen der Lernziele der Beziehungsaspekt von zentraler Bedeutung (vgl. dazu u. a. Watzlawick/Beavin/Jackson 1974), doch muß darüber hinaus auf der
Inhaltsebene für die Belange des Fremdsprachenunterrichts stärker differenziert werden zwischen einer unmittelbaren Ebene und
einer Metaebene, auf der die Sprache selbst zum Inhalt erhoben
wird. Nur wenn unmittelbare und Metaebene in einem ausgewogenen,
den Lernerintentionen und Lernbedingungen Rechnung tragenden
Maße miteinander in Beziehung stehen und wenn der Beziehungsaspekt sich damit auf beide Inhaltsebenen erstreckt, ist die
fremdsprachenunterrichtliche Kommunikation insofern als geglückt
zu bezeichnen, als die jeweils zugrundeliegenden Normen auch
für den Lerner transparent werden und auf diese Weise entweder
als Erklärungspotential den Unterricht effektiv werden lassen
oder aber eine lernerseitige Normendiskussion initiieren helfen.

Eine Lernzielüberprüfung ist folglich dann notwendig, wenn das
oben beschriebene Kommunikationsgefüge nicht (mehr) besteht

und aufgrund dessen Lernschwierigkeiten und Lernstörungen auftreten, die schließlich zum Nichterreichen des Lernziels führen. Äußere Zeichen, die eine Lernzielüberprüfung angezeigt sein lassen, sind z. B.:

- ausschließliche Lernerreaktion auf die unmittelbare Inhaltsebene unter Vermeidung der auf der Metaebene angebotenen Redemittel
- ausschließliche Lernerreaktion auf die inhaltliche Metaebene unter Vermeidung der auf der unmittelbaren Inhaltsebene angebotenen Informationen
- fehlende Lernerreaktion auf beiden Inhaltsebenen
- bloße Wiedergabe des präsentierten Materials unter ausschließlicher Verwendung der dafür gebrauchten Redemittel
- Schwierigkeiten seitens des Lehrers, unmittelbare und Metaebene sinnvoll miteinander zu verbinden
- Schwierigkeiten seitens des Lehrers auf der Beziehungsebene, die Präsentation und Diskussion in der intendierten Form nicht möglich erscheinen lassen
- Veränderung der Norm, die der unmittelbaren Inhaltsebene zugrundegelegen hat
- Veränderung der Norm, die der Metaebene zugrundegelegen hat (man denke hier z. B. an fachsprachliche Texte bzw. an die Durchdringung umgangssprachlicher Texte mit fachsprachlichen Elementen; vgl. z. B. Fluck 1980, 43 f.).

3.7.2 SOZIALE ZIELE

Mit der sozialen Ebene kommt neben der sprachlichen und der inhaltlichen Ebene eine dritte Dimension in die Lernzieldiskussion hinein; Schwerdtfeger (1977) hatte diese Ebenen schon als grundlegend für die Erarbeitung eines Konzepts zum adaptativen Gruppenunterricht behandelt, wie ihre Unterrichtsbeispiele zeigen. Kennzeichnend für die sozialen Ziele ist im Gegensatz zu den sprachlichen und den außersprachlichen Zielen (wie in 3.7.1), daß sie in der Regel nicht so sehr explizit gemacht werden. Allenfalls in Richtlinien werden sie, meist am Rande, erwähnt, und es gehört für den Fremdsprachenunterricht noch nicht allzu lange zur Selbstverständlichkeit, sie in die Überlegungen zu seiner Effektivierung einzubeziehen. Was nun alles in den weiten Bereich sozialer Ziele hineinfällt, wird von Schwerdtfeger (1980, 9) präzise auf eine Formel gebracht, indem sie von einem Arrangement spricht, in dem

> "-ausgehend von den kommunikativen Zielen des Fremdsprachenunterrichts,
> -unter Beachtung der Aufgaben und Grenzen institutionalisierten Unterrichts,
> -unter Berücksichtigung der personalen Belange der darin handelnden Individuen
> Lehrer, Schüler und Medien/Übungsformen in ihrer jeweiligen Rollen- und Aufgabenzuordnung zur Diskussion stehen."

Damit wird Fremdsprachenunterricht Teil eines allgemein-pädagogischen Begründungszusammenhanges, in dessen Rahmen jeder Unterricht über seine fachspezifischen Inhalte hinaus die Vermittlung fachunabhängiger, als allgemein wünschenswert erachteter Werte betreibt. Als solchermaßen angesiedelte Werte beschreibt Schwerdtfeger (1980, 10) die *Kooperationsfähigkeit,* das *Interaktionsvermögen* und die *Durchsetzungskraft* sowie *Organisationstalent* und *Entscheidungsfreudigkeit.* Edelhoff (1979, 153) versteht die *soziale Kompetenz* vor allem als bewußte, eigenverantwortliche Erarbeitung von Rollen, und Strobel (1979) sowie Roth (1980, v. a. 56 ff.) bemühen sich um eine unterrichtsbezogene Rollenanalyse aus der Schülerperspektive, in der besonders die außerschulische soziale Komponente mit dem schulischen Rollenverhalten in Beziehung gesetzt wird (vgl. zur Analyse aus der Lehrerperspektive z. B. Heller 1979). Die Berücksichtigung des Rollenbegriffs allgemein, verstanden als eine bestimmte Struktur von Erwartungen und damit (zumindest subjektiven) Normen, die aus der (an- oder eingenommenen) Position innerhalb einer Gesellschaft oder gesellschaftlichen Gruppe resultiert, macht deutlich, daß ein ausschließlich fachlich orientierter Unterricht gar nicht möglich ist, weil fachspezifische und fachunabhängige Erwartungen nicht isolierbar sind, ohne die unterrichtliche Realität aufzugeben und Unterricht damit gleichsam in einem luftleeren Raum anzusiedeln. Für die Normdiskussion bedeutet dies automatisch, daß zu einem lernerorientierten Norm-

begriff in seiner Vielschichtigkeit (vgl. Kapitel 2) ein sozialer, auf die Erreichung fachübergreifender gesellschaftlicher Zielsetzungen ausgerichteter Normansatz hinzutreten *muß*.
Dies gilt vor allem für eine der Interaktion verpflichtete Rollentheorie, in der soziale Handlungen jeweils als Aktionen und Reaktionen im Hinblick auf die Handlungen von Mitmenschen interpretiert werden. Krappmann (1971, 169 ff.) skizziert vor diesem Hintergrund und unter Bezug auf Goffmann die Bedingungen zur Entwicklung und Herausarbeitung der eigenen Identität: die sich auf die menschliche Interaktion beziehenden Normen und Normsysteme sind *nicht* fest fixiert, sondern lassen dem Individuum die Möglichkeit zur subjektiven Interpretation sowie zur eigenen Entscheidung darüber, ob und inwieweit eigenes Verhalten in die Interaktion eingebracht wird. Dadurch wird der Weg frei zur Entwicklung aktiver Fähigkeiten (Antizipation der Erwartungen und Handlungen anderer an der Interaktion beteiligter Personen, Interpretation und Wertung von Normen sowie Darstellung eigener Erwartungen und Normen) und passiver Leistungen, die vor allem in der Tolerierung von Defiziten (sei es mit Blick auf die Erwartung, sei es mit Blick auf eigene Bedürfnisse) bestehen. Bedeutsam für die Stabilisierung von Interaktionen allgemein und damit auch für die schulischen Interaktionen ist nun, daß die Interaktionspartner vor allem hinsichtlich ihrer aktiven Fähigkeiten so weit wie möglich übereinstimmen. Damit wird für die Unterrichtsaktanten die scheinbare Freiheit des Individuums, die sich in der *deskriptiven* Normenbetrachtung manifestiert, mit der gemeinsamen Verpflichtung zur Interaktion und damit der Einigung zumindest auf einen Minimalkonsens vertauscht. Dadurch werden Lehrer und/oder Schüler möglicherweise in einen Normenkonflikt gebracht, wobei die Gefahr besteht, daß dieser Konflikt nicht auf der Basis der Normen und Wertvorstellungen und damit aus sich selbst heraus überwunden wird, sondern durch die Steuerung mittels der die Interaktion Lehrer-Schüler auslösenden Institution und der darin sich widerspiegelnden Erwartungen *der* Gemeinschaft. Eben deshalb ist es ja bei den meisten Formen von Unterricht *nicht* möglich, die Interaktion bei mangelnder Übereinstimmung der Erwartungen und Normen abzubrechen, da in die-

sen Fällen Sanktionen durch die Gemeinschaft verhängt werden. Dort, wo diese Abhängigkeit nicht in dem Maße besteht - wie z. B. in der Volkshochschule -, ist die Zahl der Kursabbrüche und damit der Aufgabe der Interaktion vergleichsweise hoch. Die Schwierigkeit liegt damit nicht in der Tatsache, daß die Unterrichtsaktanten bestimmte Rollen übernehmen müssen; dies ist vielmehr der (auch außerunterrichtliche) Normalfall, wenn wir uns die verschiedenen Situationen vor Augen führen, an denen ein und dieselbe Person beteiligt ist[21]. Schwierig ist die unterrichtliche Rollenübernahme eher deshalb, weil die beteiligten Individuen in Rollen gedrängt werden, die ihnen gerade nicht (zumindest nicht immer) den notwendigen Raum zur Entwicklung der Identität lassen. Die Rollenerwartungen werden vielfach von außerhalb der schulischen Interaktion Stehenden festgeschrieben, und nicht selten übernehmen die Interaktanten derartige Rollenerwartungen, gerade auch gegenüber den anderen am Unterricht Beteiligten. Aus diesem Grund muß bezweifelt werden, daß ein Rollenbegriff, so wie er durch den symbolischen Interaktionismus angenommen wird, *a priori* für unterrichtliche Interaktion realistisch ist. Hinzu kommt, daß die Flexibilität der Normen und Normensysteme - ein Kennzeichen des interaktionistischen Rollenverständnisses - in erster Linie für die nicht unmittelbar am Unterricht Beteiligten Gültigkeit hat. Auch von daher greift das Konzept des symbolischen Interaktionismus primär hinsichtlich der außenwirksamen Faktoren der Interaktion. Wenn - wie oben festgestellt - Kooperationsfähigkeit, Interaktionsvermögen, Durchsetzungskraft, Organisationstalent und Entscheidungskraft als soziale Ziele des Unterrichts angesehen werden können - und diese können z. B. vor dem Hintergrund des Lernklimas (siehe oben S. 99 ff.) abgebildet sowie in Relation zu den in Kapitel 2.1 erwähnten Faktoren interpretiert werden -, so ist die inhaltliche Füllung dieser Ziele an die Normen und

---

[21] Man denke z. B. an einen Hochschullehrer, der gleichzeitig Vorsitzender der Elternpflegschaft der Klasse seiner Tochter ist sowie Mitglied des Bezirksparlaments, des Kegelclubs, einer Skatgemeinschaft und vor allem einer Familie und in den entsprechenden Situationen in die jeweilige Rolle 'schlüpft'.

Wertvorstellungen gebunden, die im Kontext der unterrichtlichen Interaktion Geltung erlangen. Wenn wir bis jetzt von 'Interaktion' gesprochen haben, so reichte es, darunter allgemein das 'Miteinander von Lehrer und Schüler in seinen potentiellen Ausprägungen' zu verstehen. Nun hat Roth (1980, 56 ff.) darauf verwiesen, daß es durchaus unterschiedliche Auffassungen von schulischer Interaktion gibt, je nach dem, ob Interaktion als Prozeß gegenseitiger Einflußnahme oder als institutionell eingebundene (schulische) Handlungsform verstanden wird. Die Berücksichtigung der Rollendiskussion, wie sie oben mit dem symbolischen Interaktionismus als bedeutendster Richtung angerissen wurde, läßt nun den Hinweis zu, daß schulische Interaktion eigentlich immer beides - potentielle gegenseitige Einflußnahme *und* institutionenorientierte Handlungsform - meinen muß.

Die Berücksichtigung der Rollendiskussion schlägt aber - wie schon zu Beginn dieses Abschnitts behauptet - die Brücke vom Fremdsprachenunterricht zu allgemein pädagogischen Fragen. Dort ist das Normproblem - im Gegensatz zur Beschäftigung mit Fremdsprachenunterricht - ein schon lange Zeit diskutiertes, freilich durch keine pädagogische Richtung gelöstes Phänomen, wie Ruhloff (1980) ausführlich gezeigt hat. Pädagogische Konzeptionen - seien sie der geisteswissenschaftlichen, der erfahrungswissenschaftlichen, der emanzipatorischen oder der auf der Basis von Platon und Kant sich entwickelnden Pädagogik verpflichtet, die nach allgemeinen Begründungsmöglichkeiten und -zusammenhängen unterrichtlich-pädagogischer sowie Bildungs- und Erziehungszielen fragt - sind allein nicht nur nicht bislang zur Lösung des Normproblems in der Lage gewesen; sie werden auch mit Blick auf den Fremdsprachenunterricht *allein* dazu nicht in der Lage sein. Insofern ist Ruhloffs ausschließlich erziehungswissenschaftlich-philosophische Analyse ohne Zweifel richtig und auf den Fremdsprachenunterricht übertragbar. Darüber hinausgehend darf aber nicht übersehen werden, daß Teile eines - wie auch immer fundierten und formulierten - allgemeinen pädagogischen Anspruchs z. B. auch im Rollenbegriff *integriert* sind. Dies wird beispielsweise deutlich in der Abbildung

des Rollenbegriffs und -verständnisses aus dem symbolischen
Interaktionismus auf die (allgemein) unterrichtliche Interaktion: seine potentielle Nichtanwendbarkeit, wie wir sie oben
nachzuweisen versucht haben, rührt ja nicht zuletzt aus dem Anspruch von nicht an der Interaktion Beteiligten her, die Normen
und Erwartungen für diese Interaktion festlegen zu dürfen. Gerade hier manifestiert sich z. B. ein aus der geisteswissenschaftlichen Pädagogik herrührendes öffentliches Selbstverständnis von Bildung.

An dieser Stelle bietet sich wiederum der integrative Ansatz
zur Benennung und Begründung sozialer Ziele an. So könnten z.
B. unterschiedliche pädagogische Richtungen aus ihrer Sicht anzustrebende soziale Ziele benennen. Diese könnten nach ihrer
Formulierung, die ihrerseits auf der Konfrontation dieser Ziele
mit Ergebnissen der Interaktions- und Rollenforschung beruht,
gemäß den zuvor skizzierten lernzielorientierten Bedingungen
und Möglichkeiten (vgl. Kapitel 3.1 ff.) umgesetzt werden. Eine
Überprüfung ist nötig, wenn sich entweder die jeweils pädagogischen Grundsätze, die zur Benennung sozialer Ziele geführt
haben, geändert haben oder schließlich, wenn 'vorgeordnete'
Lernzielprobleme sich so verändert haben, daß der Stellenwert
sozialer Ziele gleichfalls ein anderer werden muß. Damit unterliegen soziale Lernziele konkreten Normentscheidungen auf drei
unterschiedlichen Ebenen, nämlich auf einer *pädagogisch-erziehungswissenschaftlichen*, auf einer *soziologischen* und auf einer
gesamthaften Lernzielebene.

Lernzielentscheidungen unterliegen komplexen Entscheidungs-
und Entstehungsbedingungen. Dies bedingt, daß sie nicht *einer*
Norm entspringen, sondern jeweils das Ergebnis von 'horizontalen' und 'vertikalen' Normkonflikten sind, also Resultat einer
(potentiellen) Normen- und Erwartungsvielfalt innerhalb *einer*
beteiligten Disziplin *und* Resultat eines interdisziplinären

Normen- und Erwartungs'konflikts'. Wir glauben gezeigt zu haben, auf welchen Mechanismen Lernzielentscheidungen in den unterschiedlichen Bereichen und auf den verschiedenen Ebenen beruhen (können) und wie differenziert sich Normen im Rahmen dieser Mechanismen bemerkbar machen. Eine Theorie des Fremdsprachenunterrichts und damit auch eine Fremdsprachenlerntheorie muß diese Mechanismen und die sie beeinflussenden Normen kennen. Danach kann und muß sie daran gehen, beides in ihre Theorie zu integrieren.

4. SPRACHE UND IHRE BESCHREIBUNG

In dem hier vertretenen Ansatz der Faktorenkomplexion stellt
das sprachliche Material einen Faktorenkomplex neben anderen
dar. Seine besondere Bedeutung erhält er mit Blick auf das
Normproblem, weil seitens der Linguistik - also der für *Sprachbeschreibung* zuständigen Disziplin - Modelle und Überlegungen
zur (sprachlichen) Norm weiteste Verbreitung gefunden haben.
Aus der Tatsache, daß es sich im Rahmen dieser Arbeit um die
modellhafte Darstellung der Faktorenkomplexion in Abstraktion
von konkretem Fremdsprachenunterricht handelt, ergibt sich, daß
es in diesem Kapitel *nicht* um objektsprachliches Material geht,
sondern um theoretische Aspekte der Beschreibung von Sprache
mit Blick auf das Normproblem. Deshalb soll kritisch referie-
rend in die Diskussion um den linguistischen Normbegriff ein-
gegriffen und dargelegt werden, daß die Dimension der *ausschließlich* linguistischen Normproblematik für den Gegenstandsbereich
'Fremdsprachenunterricht' unzureichend ist.

4.1 SYSTEMLINGUISTISCHE ASPEKTE

4.1.1 F. DE SAUSSURE

Fraglos stellt der *Cours de linguistique générale* von Ferdinand
de Saussure einen Markstein in der Geschichte und Entwicklung
der modernen Sprachwissenschaft dar. In ihm wird die synchrone
Linguistik als systematische Wissenschaft begründet. Die Theorie
des sprachlichen Zeichens *(signifiant - signifié)* und die Unterscheidung zwischen *langue* und *parole* sind richtungsweisend für
die weitere Entwicklung der Sprachwissenschaft gewesen; in ihr
ist die Annahme einer sozialen, d. h. in Abhängigkeit von der
jeweiligen Sprachgemeinschaft zu sehenden Komponente der Sprache
neben einer mehr auf das Individuum bezogenen Sprachauffassung
enthalten, wie sie in ihrer Ausschließlichkeit noch den Jung-
grammatikern zu eigen war.

Wenngleich de Saussure selbst den Normbegriff nicht explizit
thematisiert, so basiert doch der wesentliche Teil der in der
Folgezeit entstandenen Normdiskussion auf der Unterscheidung
zwischen *langue* und *parole* bzw. der Interpretation dieser zwei
Begrifflichkeiten durch verschiedene Linguisten. Allerdings
kann mit Coseriu (1967) und Christmann (1971) konstatiert
werden, daß Humboldt *(energón - enérgeia)* und von der Gabelentz
(1891) (Sprache als *Rede, Einzelsprache* und *Sprachvermögen)*
vergleichbare Konzepte vor de Saussure entwickelt haben. Es
bleibt jedoch festzuhalten, daß de Saussure aufbauend auf der
Dichotomie *langue-parole* seine Konzeption der Sprachwissenschaft entwickelt; hierin liegt die Innovation.

Für de Saussures sprachwissenschaftliche Konzeption grundlegend ist der Begriff der *langue* (1975, 25):

> "il faut se placer de prime abord sur le terrain
> de la langue et la prendre pour norme de toutes
> les autres manifestations du langage."

Sprache *(langue)* ist im Unterschied zum Sprechen *(langage)*
"a la fois un produit social de la faculté du langage et un
ensemble de conventions nécessaires, adaptées par le corps
social pour permettre l'exercice de cette faculté chez les
individus" (1975, 25). Sprache wird also nicht (mehr) als nur
starr vorgegebenes System zur Verständigung gesehen, sondern
als ein in seiner Ausformung an die konkreten Gegebenheiten
einer Sprachgemeinschaft gebundenes System, das anzusehen ist
als Summe seiner individuellen Existenzweisen, "car la langue
n' est complète dans aucun (cerveau), elle n'existe parfaite
que dans la masse" (1975, 30).

Während die *langue* sich unabhängig vom einzelnen Individuum konstituiert, bezeichnet de Saussure mit *parole* den individuellen
Teil der menschlichen Rede, nämlich das Sprechen einschließlich der ihm inhärenten Lautgebung. Die *parole* impliziert folglich den Akt der konkreten Auswahl einer beliebig großen Menge
aus dem vom System bereitgestellten Material durch ein einzel-

nes Individuum ("le propre de la parole, c'est la liberté des combinaisons." 1975, 172) sowie die Artikulation dieses ausgewählten Materials.

Einerseits erfaßt de Saussure durch die Differenzierung zwischen *langue* und *parole* die Verwendungsbedingungen, denen Sprache (was immer man jeweils darunter verstehen mag, vgl. z. B. die 12 Sprachbegriffe bei von Polenz 1973, 120 ff.) unterliegt, denn:

> "En séparant la langue de la parole, on sépare du même coup: 1° ce qui est social de ce qui est individuel; 2° ce qui est essentiel de ce qui est accessoire et plus ou moins accidentel." (1975, 30).

Andererseits stellen *langue* und *parole* keine unabhängigen Entitäten dar; vielmehr stehen beide in engem Wechselverhältnis zueinander und konstituieren gemeinsam die menschliche 'Rede' *(langage)*. Zwar bestimmt de Saussure die *langue* als konstitutive Einheit der Sprachwissenschaft (siehe obiges Zitat), jedoch erlauben seine Aussagen keinen Schluß darüber, ob letztlich die *langue* die *parole* dominiert oder umgekehrt. Wenn Bierbach (1978, 37) behauptet, für de Saussure sei die *langue*, definiert als das gesellschaftlich bestehende Sprachsystem, "sowohl logisch, als Bedingung der Möglichkeit der individuellen Realisierung, wie chronologisch, als bereits vor dem Individuum vorhandene Sprachtradition, primär", so muß dieser Behauptung jedoch entgegengetreten werden. Zum einen betont de Saussure (1975, 117) die Notwendigkeit, bei der Beschreibung oder der Normierung der Sprache von einem fixierten Zustand ausgehen zu müssen[1], zum anderen charakterisiert er das System als ein nur augenblicklich existierendes Gebilde (1975, 126), dessen wirkliche Gestalt durch die konkreten Akte sprachlicher Produktion bestimmt wird:

---

[1] Dies markiert die Grundlage der synchronen Sprachwissenschaft. Das Sprachsystem kann jedoch nicht chronologisch dem Individuum vorgelagert werden, sondern lediglich der *parole*; sie ist - zumindest in Teilen - an die Existenz des Systems gebunden.

"C'est dans la parole que se trouve le germe de
tous les changements: chacun d'eux est lancé
d'abord par un certain nombre d'individus avant
d'entrer dans l'usage." (1975, 138).

Diese Interdependenz zwischen synchronem *langue* - Begriff und
der *parole* sieht neben Bally (1950) auch Baumann (1976, 16);
er interpretiert aber de Saussure gleichzeitig dahingehend,
daß die *langue* in der *parole* fundiert sei. Dabei resultiert
die Widersprüchlichkeit der Aussage aus dem Vorwurf Baumanns
an die Rezipienten des *Cours de linguistique générale*, sie
hätten der Tatsache nicht genügend Beachtung geschenkt, daß de
Saussure den Systembegriff zur Charakterisierung der synchronen Linguistik verwendet habe; von daher könne man ihn gar nicht
gegen die *parole* setzen. Dem ist allerdings entgegenzuhalten,
daß de Saussure selbst diese Opposition thematisiert hat. Demgegenüber ist ein diachroner *langue* - Begriff der aktuellen
parole notwendigerweise vorgelagert. Aus de Saussures schematischer Strukturierung der Linguistik kann dies allerdings nicht
deutlich werden (1975, 139):

$$\text{Langage} \begin{cases} \text{Langue} \\ \text{Parole} \end{cases} \begin{cases} \text{Synchronie} \\ \text{Diachronie} \end{cases}$$

Auf dieser konzeptuellen Ebene ist für ihn die Entwicklung einer
langue- bezogenen synchronen Linguistik ausschließliches Erkenntnisinteresse. Auf dieser Ebene muß daher die Unterscheidung
der *langue* in Synchronie und Diachronie die Annahme einer intern
gleichgewichtigen Differenzierung mit jeweils gleicher Distanz
von der *parole* hervorrufen.

Vielmehr scheint es sich bei der oben wiedergegebenen Abbildung
um eine wenig intentionsadäquate Wiedergabe der de Saussure'-
schen Position zu handeln.

"Sans doute, ces deux objets (langue-parole, F.G.K.)
sont étroitement liés et se supposent l'un l'autre:
la langue est nécessaire pour que la parole soit
intelligible et produise tous ses effets; mais

celle-ci est nécessaire pour que la langue
s'etablisse; historiquement, le fait de parole
précède toujours." (1975, 37).

Aus dieser auf die synchrone Linguistik ausgerichteten Grundpositionen heraus stellt sich das Schema de Saussures modifiziert wie folgt dar:

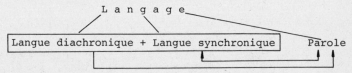

Der *langage* konstituiert sich insgesamt aus drei Elementen,
nämlich der *langue diachronique* und der *langue synchronique*,
die zusammen die *langue* ausmachen, und der *parole* als der Realisierung, die sich einerseits aus dem diachronen Aspekt der
langue herleitet und somit dessen 'aktuellen' Endpunkt darstellt, und die andererseits in einem Wechselverhältnis zum
synchronen Aspekt der *langue* steht; dabei beeinflussen sich
beide *gegenseitig* so, daß der synchrone Aspekt der *langue* ebenso durch die Aktualisierung von Sprache geformt wird wie diese
durch den synchron maßgeblichen Zustand der *langue*.

Die Opposition *langue - parole* impliziert eine weitere: *individuell - sozial*, mit deren Hilfe de Saussure versucht, Sprache
als System von Sprache als Aktualisierung des Systems zu unterscheiden.

"La langue n'est pas une fonction du sujet parlant,
elle est le produit que l'individu enregistre
passivement; elle ne suppose jamais de préméditation,
et la réflexion n'y intervient que pour l'activité
de classement ... La parole est au contraire un acte
individuel de volonté et d'intelligence, dans lequel
il convient de distinguer: 1° les combinaisons par
lesquelles le sujet parlant utilise le code de la
langue en vue d'exprimer sa pensée personnelle;
2° le mécanisme psycho-physique qui lui permet
d'extérioriser ces combinaisons." (1975, 30 f.)

De Saussure sieht die *langue* als ein *fait social* an, d. h. als das gesellschaftlich bestehende Sprachsystem, das dem einzelnen Individuum ein Inventar an sprachlichen Zeichen und Regeln zur Verfügung stellt, aus dem dieses bei der Realisierung von Sprache *(parole)* in begrenztem Umfang frei und individuell eine Auswahl trifft. Dabei darf die soziale Charakterisierung der *langue* jedoch nicht mißverstanden werden als Schaffung und Erhaltung eines Sprachsystems durch gleichberechtigte und gezielte Mitwirkung aller Mitglieder einer Sprachgemeinschaft; vielmehr bedeutet *sozial* hier die Summierung von Individuen bzw. von individuellen Aktualisierungen des Sprachsystems. Dieses Verständnis von *sozial* harmoniert mit der oben dargestellten wechselseitigen Abhängigkeit von *langue* und *parole*. Aber schon de Saussure war sich zumindest teilweise der Schwierigkeit bewußt, an dieser Stelle dem Begriff des Sozialen einen solchen Stellenwert in der Argumentation einzuräumen. Hatte er noch in der ersten Fassung seiner Genfer Vorlesungen die *langue* als *convention sociale* beschrieben, so ist daraus in der Grunddefinition im *Cours de linguistique générale* ein "ensemble de conventions nécessaires adoptées par le corps social" (1975, 25) geworden, die Idee einer gemeinsamen Übereinkunft wird ersetzt durch die Annahme von Konventionen, die durch die Gemeinschaft jedoch nicht vereinbart werden, sondern die sich als summarisches Ergebnis sprachlichen Handelns konstituieren und nach ihrer Konstituierung das System bilden, an dem sich die sprachlichen Produktionen der einzelnen Individuen ausrichten. In der individuellen sprachlichen Betätigung liegt für de Saussure somit der "Keim eines übergeordneten sozialen Vorgangs" (Hildenbrandt 1972, 19); hier liegt für ihn die beste Möglichkeit, *langue* und *parole* voneinander abzuheben.

Die oben dargestellte Unterordnung von *langue* und *parole*, die zusammen den *langage* konstituieren, bedarf nunmehr einer näheren Betrachtung hinsichtlich der Klassifizierung des *langage* als individuell und/oder sozial. Mag de Saussure den *langage* zunächst (d. h. in der ursprünglichen Konzeption seiner Vorlesungen) als soziale Institution aufgefaßt haben, deren Konkre-

tisation auf der allgemeinen Notwendigkeit zur Verständigung
basiert (vgl. Hildenbrandt 1972, 13), so rückt er ihn später
durch Betonung des ihm inhärenten Zeichensystems - seinerseits
Ausdruck eines 'fait social' - näher zur *langue*. Seine *langue*-
zentrierten   Überlegungen lassen leider eine explizitere Bestimmung des *langage* vermissen. Unzweideutig ist jedoch zunächst einmal, daß *langage* einen sozialen und einen individuellen Aspekt hat:

> "Pris dans son tout, le langage est multiforme
> et hétéroclite; à cheval sur plusieurs domaines,
> à la fois physique, physiologique et psychique,
> il appartient encore au domaine individuel et au
> domaine social; il ne se laisse classer dans
> aucune catégorie des faits humains, parce qu'on
> ne sait comment dégager son unité." (1975, 25)

Zwar verweist Godel nach Bierbach (1978, 36) auf den inkonsi-
stenten Gebrauch des Begriffs durch de Saussure. *Langage* wird
so einmal als 'Sprache allgemein' verstehbar, ein anderes Mal
als die allgemein menschliche, jedoch jeweils bezüglich ihrer
Ausprägung individuell angelegte Sprachfähigkeit (vgl. dazu
auch Hildenbrandt 1972; Bierbach 1978). Jedoch darf durch die
terminologische Unsauberkeit nicht der Blick verstellt werden
auf die modellimmanente 'weite' Auffassung des *langage*, die die
Subsumierung von *langue* und *parole* erst erlaubt. De Saussures
größerer gedanklicher Kurzschluß war - im weiteren Verlauf seiner Abhandlung -, die *langue* über alles zu erheben - wenngleich
dies seinem Erkenntnisinteresse entsprach -, und damit die eigene Festlegung des Verhältnisses zwischen *langage, langue* und
parole zu untergraben. So heißt es in einer Passage aus der
dritten Genfer Vorlesung de Saussures zum Verhältnis *faculté du
langage/langue* (zitiert nach Bierbach 1978, 41):

> "Il y a chez chaque individu une faculté qu'on
> appellera faculté du langage articulé donnée par
> les organes. Cette faculté ne saurait être exercée
> sans un instrument venu du dehors: la langue.
> Nous voyons ainsi la démarcation entre langage et
> langue. La langue est forcément sociale, le langage
> pas forcément. Le langage ne saurait exister sans

> la langue. De même la langue suppose l'existence
> de faculté du langage."

Die *langue*[2] ermöglicht demnach also überhaupt den *langage*, wobei ihre Kennzeichnung als sozial aber logisch auf den *langage* mit übergehen muß; die Charakterisierung als nicht unbedingt sozial, die de Saussure dem *langage* zuschreibt, kann jedoch nur für die *faculté du langage* gelten[3]. Aus den Aussagen de Saussures zum Verhältnis zwischen *langage* und *langue* zieht Bierbach (1978, 37) den insgesamt berechtigten Schluß, daß die *langue* in dieser Beziehung einen synchronen und einen diachronen Aspekt besitzt. Gleichzeitig wird damit die *langue* als 'historisches Produkt' dem neugeborenen Menschen mit seiner *faculté du langage* vorangestellt, der seine Sprachfähigkeit nur zur Produktion eines tradierten Systems einsetzen kann. Sprachwandel und -lenkung können so jedoch nicht erfaßt werden. Im übrigen muß auch die *faculté du langage* sozial sein, und zwar vor allem deshalb, weil nur eine mehreren Individuen zur Verfügung stehende Sprachfähigkeit den Einsatz (synchron) und die Schaffung (diachron) einer *langue* ermöglichen[4]. Ihr primär sozialer Charakter ergibt sich zudem zwingend aus der von de Saussure selbst vertretenen Auffassung von Sprache[5] als Mittel zur Kommunikation (1975, 27 f.) und von daher aus dem Verständnis sowohl als produktiv-aktive Umsetzung sprachlichen Materials (⟶ 'Sprechen', Kodierung) - als auch als rezeptive Verarbeitung von Sprache (⟶ 'Verstehen'; Dekodierung als Grundlage sprachlichen und nichtsprachlichen Handelns). Freilich existiert neben der sozialen Sprachfähigkeit noch eine individuelle, deren Ausprägung sich jeweils an den physiologischen Ge-

---

[2] Die Kennzeichnung der <u>langue</u> als "venue du dehors" berührt sowohl den diachronen als auch den synchronen Aspekt der Sprache

[3] So ähnlich äußert sich auch Bierbach (1978, 41), ohne jedoch auf die wenig deutliche Unterscheidung zwischen <u>langage</u> und <u>faculté du langage</u> bei de Saussure in diesem Zusammenhang einzugehen.

[4] Von Individualsprachen kann hier abstrahiert werden.

[5] 'Sprache' ist hier zu verstehen als Oberbegriff von <u>langue</u> und <u>parole</u>, nämlich <u>langage</u>.

gebenheiten des Individuums ausrichtet.

Somit läßt sich unser Schema von Seite 261 modifizieren:

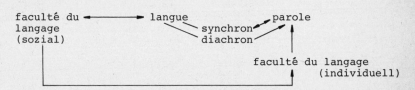

Unser Schema beinhaltet die Ergebnisse unserer Interpretation der wichtigsten Grundbegriffe de Saussures und ermöglicht so eine leichtere Einordnung der jeweiligen Begrifflichkeiten in den Kontext de Saussure'scher Überlegungen bei der Diskussion der Sprachnorm in der Folge de Saussures. Darüber hinaus wird es den von Wunderli (1974, 30) an Godel (1969) gerichteten kritischen Einwänden gerecht, indem es folgende drei Vorteile aufweist:

a) Darstellung der *faculté du langage* als wesenskonstitutiv für *langue* und *parole*
b) Verdeutlichung des "Konglomeratscharakters" des *langage* (Wunderli 1974, 30)
c) Darstellung der Mittlerrolle der *faculté du langage* im Hinblick auf ihre eigene Aktivierung.

Während Wunderli zu c) jedoch einen außerhalb der eigentlichen Sprachfähigkeit liegenden *acte du langage* bemüht, gelingt durch unsere Differenzierung zwischen sozialer und individueller Sprachfähigkeit nicht nur eine werkimmanente Interpretation de Saussures, sondern es ist gleichzeitig möglich, eine in sich geschlossene Funktionsweise des *langage* ohne Hinzufügung äußerer Hilfskonstruktionen darzustellen.

Wenn wir oben (S. 261) die *langue* in ihrer Funktion für das einzelne Individuum angesprochen haben, so gilt es aber, vor einem falschen Verständnis - vor allem in Bezug auf das Oppositionspaar sozial-individuell, das bis heute in der systemlinguistischen Normdiskussion von Bedeutung ist - zu warnen: zwar stellt die *langue* ein System dar, auf das vom einzelnen Individuum zurückgegriffen wird. Jedoch kann sie nicht zum bloßen Vorrat sprachlichen Inventars im einzelnen Individuum reduziert werden, wie es bei Bierbach (1978, 56) unter Rückgriff auf die erste Vorlesung de Saussures getan wird. Vielmehr hat de Saussure selbst hier nochmals den sozialen Charakter der *langue* beschrieben:

> "Si nous pouvions embrasser la somme des images verbales emmagasinées chez tous les individus, nous toucherions le lien social qui constitue la langue. C'est un trésor déposé par la pratique de la parole dans les sujets appartenant à une même communauté, un système grammatical existant virtuellement dans chaque cerveau, ou plus exactement dans les cerveaux d'un ensemble des individus: car la langue n'est complète dans aucun, elle n'existe parfaitement que dans la masse." (1975, 30)

Wir haben uns bei der Darstellung der Lehre de Saussures bewußt auf die Teile beschränkt, die für die Normdiskussion bedeutsam sind. De Saussures Einfluß auf die moderne Sprachwissenschaft reicht nicht nur wesentlich weiter, er ist aufgrund seiner Vielschichtigkeit auch gar nicht negierbar; denken wir etwa an den Strukturalismus, der sich auf den Genfer Linguisten zurückführen läßt; auch wenn das Wort 'Struktur' bei ihm noch gar nicht vorkommt (Figge 1973, 7), so ist die Annahme wegweisend gewesen, Sprache könne als von allen Sprechern einer Sprachgemeinschaft benutztes System nur homogen bezüglich ihrer inhärenten Oppositionen sein und müsse deshalb - um ihre Funktionalität zu erhalten - statisch sein.

Ähnlich wie für den Strukturalismus ist der *Cours de linguistique générale* für die Normdiskussion von impliziter Bedeutung. Zwar finden sich vereinzelt Hinweise auf eine Verbindung zwischen Sprache und Norm - immerhin kennzeichnet de Saussure die Grammatik als eine normative Disziplin (1975, 13), und er setzt die *langue* als Norm für alle Äußerungen des *langage* (1975, 25) -,

insgesamt aber wird dem Autor der unmittelbare Blick für die
Normdiskussion durch die Überlagerung des sprachwissenschaftlichen und methodologischen Erkenntnisinteresses verstellt.
Doch bildet gerade die Dichotomisierung von *langue* und *parole*
auf der einen Seite und die Annahme einer sozialen Komponente
der Sprache im Gegensatz zur streng individualistischen Sprachauffassung der Junggrammatiker auf der anderen Seite den Ausgangspunkt für zahlreiche spätere Überlegungen zur Norm. Wenn
Christmann (1971) sich demgegenüber bemüht, Belege dafür zu
finden, daß zahlreiche Gedanken de Saussures schon von Humboldt *(ergón - enérgeia)* oder von der Gabelentz (*Sprache als
Rede, Sprache als Einzelsprache, Sprache als Sprachvermögen*,
nach Christmann 1971, 246) zu eigen waren, so bleibt de Saussure dennoch nicht nur das Verdienst einer supraindividuellen
Sprachauffassung, sondern auch das Verdienst, seine Begrifflichkeiten in den Rahmen einer systematischeren und umfassenderen Theorie der Sprachwissenschaft integriert zu haben. Durch
seine Beschäftigung mit Systemen von Elementen anstelle von
Systemen von Regeln setzt er sich nicht nur von Humboldt ab,
sondern ermöglicht den nachfolgenden Linguisten durch Rückgriff
auf eine umfassende sprachwissenschaftliche Konzeption bzw.
Teile daraus eine Weiter- und z. T. Neuentwicklung seiner Gedanken.

Wir wenden uns daher im folgenden der Rezeption de Saussure'-
scher Begriffe mit Blick auf die sich daraus entwickelnde, zunehmend konkreter werdende Normdiskussion zu. Dabei streben
wir jedoch keine vollständige Erfassung aller diesbezüglichen
de Saussure-Rezipienten an, da dies dem eigentlichen Ziel dieser Arbeit entgegenstünde.

4.1.2   O. JESPERSEN

Der Däne O. Jespersen (1925) leitet aus de Saussures Dichotomie *langue - parole*, die er grundsätzlich befürwortet, eine
Reihe von Gegensatzpaaren ab, die sich gegenseitig zwar nicht
ausschließen, jedoch auch keineswegs übereinstimmen und vor

allem unterschiedliche Reichweiten haben; sie werden besonders
von ihm selbst als Zurechtrücken extremer Positionen de Saussures verstanden:

> a) individueller Sprachgebrauch vs Sprachgebrauch
>   der Gemeinschaft (1925, 16)
> b) sozial bedingte, an von außen geschaffener Norm
>   orientierte *Speech* (~ *parole*) vs *Language* (~ *langue*) als Menge von *Speeches* (1925, 19)
> c) "language in the individual" vs "language in the
>   nation" (1925, 20)
> d) "actual" vs "potential" (1925, 22).

In a) nimmt er explizit Bezug auf H. Paul und dessen Begriff
der 'Völkerpsychologie'; demzufolge existiert Bewußtsein im
Hinblick auf die Sprache nur im Individuum; die Sprachgemeinschaft zeichnet sich durch eine 'Absprache' über sprachliche
Formen aus, nicht durch summarisches Akzeptieren aller *Speech*-
Äußerungen. Die in b) geschilderte *Speech* ist nicht so sehr an
reinem Sprachbewußtsein orientiert als vielmehr an dem Bewußtsein, daß Sprache als Kommunikationsmedium sozial konditioniert
ist. Dabei ist *Speech* nicht im eigentlichen Sinn individuell
- dies nimmt Jespersen nur für das frühkindliche Lallen sowie
für nach eigenen Gesetzen geführte Selbstgespräche an -, sondern
im Hinblick auf sprachlichen Kontakt mit anderen Individuen zu
verstehen als auf gegenseitige Verständigung ausgerichtete
Sprachproduktion und -rezeption. Ebenso wie *Language* hier als
Menge von *Speeches* gilt, ist sie in c) auch als *language in the
nation* aufzufassen, deren individuelles Gegenstück dem in a)
vorhandenen individuellen Sprachgebrauch weitgehend gleicht.
Die schließlich in d) als "actual" gekennzeichneten Produktionen - ebenso sozial markiert wie die potentiellen Produktionen -
sind durch aktive Beachtung der in einem Kommunikationsprozeß
allgemein notwendigen Tätigkeiten und Regeln gekennzeichnet.
Potentielle Wörter dagegen haben ausschließlich für ein Individuum konnotative Bedeutung; Jespersen zeigt nicht, wie diese Wörter sozialen Charakter haben können, nimmt von ihnen jedoch
- wohl zu Recht - an, daß sie Ausgangspunkt für Sprachwandel

sein können, sobald sie von anderen Individuen übernommen werden und somit zu "actual words" werden.

Jespersens Dichotomien zeigen zum einen wesentliche Schwachstellen in der Theorie de Saussures auf; vor allem die extremen und dadurch unhaltbaren Positionen werden kritisiert. Zum anderen erlauben Jespersens Dichotomien jedoch nicht den Schritt zur definitorischen Abgrenzung zwischen *Speech* und *Language*, da es sich jeweils nur um Teilaspekte eines einzigen Phänomens handelt. Gleichwohl berücksichtigt Jespersens zweite Dichotomie die Existenz einer Norm. Das Gewicht dieser Norm bezüglich einer Definition von *Speech* basiert auf der Bedeutung, die Jespersen der Gemeinschaft zuschreibt. Im Gegensatz zu de Saussure, der 'sozial' explizit als vorwiegend quantitativ bestimmt sieht, wenngleich die Interpretation durchaus eine qualitative Bedeutung zulassen kann, betont Jespersen die qualitative Seite der Beziehung zwischen Individuum und Gesellschaft durch explizite Herausstellung der Kommunikation als interindividuelle Verständigung (vgl. diesbezüglich alle vier Dichotomien) sowie durch die Betonung der Imitation als gemeinschaftsbildendes natürliches Phänomen (1925, 24). Die Berücksichtigung der Norm (wie immer Jespersen sie auch gesehen haben mag) ist für unsere Themenstellung nicht nur aus rein linguistischer Sicht interessant. Vielmehr öffnet Jespersen im Rahmen der übergeordneten Opposition von *Speech* und *Language* - und somit auch bezüglich eines Normbegriffs - den Blick auf die Vermittlung von Sprache (1925, 15):

> "In short, an act (or activity) is not the same thing as the code in accordance with which it is executed. The two things are not identical with practice and theory, for we have the theory and practice of Speech, and the theory and practice of Language. The theory of speech is manifested by the child in the nursery or by the pupils of the successful teacher of a foreign speech. The theory of language is studied by writers on the science of language; the practice of language is manifested by those who are engaged in teaching or studying the codes themselves. Each time we are successful in communicating our concepts we

are practising Speech: each time we successfully
analyze a mode of expression, paraphrase it or
build up a foreign sentence by purely synthetic
methods, we are practising Language."

4.1.3 V. BRØNDAL UND L. HJELMSLEV

Eine intensive Beachtung fanden die Überlegungen de Saussures
bei den Mitgliedern der Kopenhagener Schule, und hier vor allem
bei deren Hauptvertretern Brøndal und Hjelmslev.

In seinen 1937 geäußerten Gedanken zum Verhältnis zwischen
Sprache und Logik[6] bezeichnet Brøndal die *parole* als eine "action de parler, ce qu'on dit" und deshalb als ein "genre ....
de caractère à la fois momentané et individuel" (1943, 53). Im
Gegensatz zu de Saussure interpretiert Brøndal also die Ebene
der *parole* nicht als bloße Äußerungsinstanz, sondern sieht sie
als die Instanz an, die eine aus der Menge von sprachlichen
Realisierungsmöglichkeiten getroffene (normative) Auswahl realisiert. Der auf Verständigung und gegenseitige Kommunikation
angelegten *parole* ordnet er die *langue* über, verstanden als
Strukturgebilde, das gekennzeichnet ist durch Anzahl und Qualität seiner einzelnen Elemente. Diese supraindividuelle *langue*
dient den einzelnen Individuen als Norminstanz und bereitet somit die *parole* vor.

Brøndal geht jedoch weiter über de Saussure hinaus. Er nimmt
einen zwischen *langue* und *parole* liegenden psycho-physiologischen *discours* an, den er charakterisiert als "une totalité
rythmique, un ordre dans le temps (donc irréversible) où chaque
élément ... prend sa place et joue le rôle qui dépend de cette
place" (1943, 55) und dessen weitere wesenhafte Eigenschaft
durch die jeweilige zugrunde liegende Intention bestimmt wird.
Einerseits unterscheidet sich der *discours* von der *parole* so-

---

[6] Wir zitieren im folgenden jeweils aus einem Wiederabdruck
in Brøndal (1943, 48 - 71).

mit durch Hinzutreten einer außersprachlichen, gedanklichen
Leistung, die rein inhaltlich bestimmt ist. Andererseits stellen sowohl *discours* als auch *parole* Äußerungsinstanzen dar.
Durch die explizite Oppositionierung von *langue* und *discours*
auf der einen, *parole* auf der anderen Seite gelangt Brøndal zu
einem Gedankengebäude, das erst dann konsistent erscheint, wenn
man *parole* als einzelne rein sprachliche Äußerung auffaßt, die
sich genetisch an der *langue* und den durch sie vorgegebenen
Möglichkeiten orientiert. Die gezielte Anhäufung von *parole*-
Äußerungen verbindet sich unter dem Primat inhaltischer Absichten zum *discours*, d. h. zu einer Art Rede[7].

Ausgehend von der einzelnen Äußerung gelangt Brøndal über *langue*
und *discours* zum Oberbegriff, dem *langage*, der "faculté générale
de créer des signes et de les utiliser" (1943, 57). Dabei wird
das Sprachvermögen nicht nur physiologisch, sondern auch gedanklich kreativ charakterisiert.

Brøndals Konzept läßt sich graphisch so darstellen:

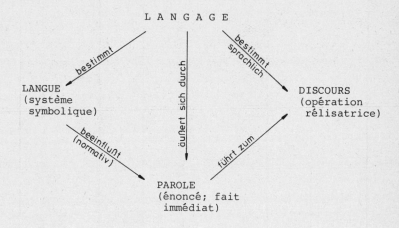

---

[7] Wir wollen hier unter 'Rede' noch nicht das verstehen, was
Coseriu (siehe weiter unten) darunter versteht.

Ähnlich wie Brøndal greift Hjelmslev auf die Dichotomie *langue-parole* zurück[8]. Dabei konzentriert er sich auf den mehrschichtigen Begriff der *langue*, die nach seinem Verständnis de Saussures gesehen werden kann als (1971, 80):

   a) "forme pure", d. h. ihre Definition erfolgt ohne Berücksichtigung ihrer sozialen Realisierung und ihrer materiellen Manifestation;
   b) "forme matérielle", d. h. ihre Definition ist basiert durch eine gegebene Realisierung, wobei das Detail der Manifestation noch unberücksichtigt bleibt;
   c) "simple ensemble des habitudes", eine so verstandene *langue* gründet sich auf der Adaptation durch eine Gesellschaft und definiert sich durch ihre beobachteten Manifestationen.

Die unter a) skizzierte Form bezeichnet Hjelmslev fortan als *schéma*. Es impliziert das Verständnis von *langue* als einem sprachlichen System, das gekennzeichnet ist durch bestimmte Beziehungen einzelner Elemente des Systems untereinander. Die Möglichkeiten des *schéma*, die tatsächlich von der Sprachgemeinschaft realisiert werden, nämlich die "formes matérielles" bezeichnet Hjelmslev als *norme*. Die Art der Realisierungen schließlich, die gewohnheitsgemäß von einer Gemeinschaft vorgenommen werden, also den Sprachgebrauch darstellen, nennt Hjelmslev *usage*. Die jeweilige konkrete einzelne Realisierung, durch die sich letztlich *norme, usage* und *schéma* manifestieren bzw. erkennen lassen, heißt *acte*. Mit Hilfe seiner begrifflichen und inhaltlichen Aufspaltung des *langue* - Begriffs will Hjelmslev alle möglichen Beziehungen zwischen *langue* und *parole* erklären.

So entwirft er folgende Darstellung (1971, 86):

---

[8] Hjelmslevs Schrift "Langue et parole" erschien zunächst in der Cahiers Ferdinand de Saussure 2 (1943, 29 - 44). Im folgenden wird nach dem Wiederabdruck in Hjelmslev (1971, 77 - 89) zitiert

Die Norm bestimmt sowohl den sozial bestimmten Sprachgebrauch
als auch den konkreten individuellen Äußerungsakt, wohingegen
usage und *acte* interdependent sind. Hjelmslev charakterisiert
das Verhältnis aller vier Begrifflichkeiten untereinander so
(1971, 87 f.):

> "Norme, usage et acte sont d'autre part intimement
> liés ensemble et se ramènent naturellement à ne
> constituer qu'un seul objet véritable: l'usage,
> par rapport auquel la norme est une abstraction
> et l'acte une concrétisation. C'est l'usage qui
> fait l'objet de la théorie de l'exécution; la
> norme n'est en réalité qu'une construction artifi-
> cielle, et l'acte d'autre part n'est qu'un document
> passager."

Trotz ihrer fundamentalen Bedeutung für das Verhältnis von *usage,
acte* und *schéma* untereinander bleibt die Norm für Hjelmslev
eine Fiktion, und zwar nicht zuletzt aufgrund ihrer nur mittelbaren Konkretisation in Gestalt des *usage*. Die die Norm konstituierenden Faktoren werden bei Hjelmslev nicht berücksichtigt.
Sein Verständnis von Sprachgebrauch läßt sowohl eine kollektive
als auch eine individuelle Basierung zu, wobei die konkrete
sprachliche Äußerung *(acte)* zunächst den persönlichen Sprachgebrauch widerspiegelt, der seinerseits ein Dokument des kollektiven *usage* sein kann, nicht jedoch unbedingt sein muß. An dieser Stelle macht sich die wenig explizite Füllung des Normbegriffs insofern nachteilig bemerkbar, als sie als die anderen
Elemente dominierende Instanz eine Dichotomie individuell -
kollektiv nur vermuten läßt. Hjelmslev selbst hält diese Unterscheidung auch nicht für unmittelbar bedeutsam (1971, 88). Durch
seine Fixierung auf das Verhältnis *schéma - usus* mißt er einerseits dem Sprachsystem mit seinen sämtlichen internen, sprachlich basierten Relationen eine größere Bedeutung bei als es bei
engerer Anbindung des Normbegriffs der Fall gewesen wäre. Andererseits rückt er den *usus*, dessen Gestalt nach seiner Auffassung ja einer fiktiven Instanz unterworfen ist, sehr nahe an
den *acte* heran.

4.1.4 VERTRETER DER PRAGER SCHULE

Neben der Kopenhagener Schule widmeten sich auch Mitglieder der Prager Schule, die sich mit ihren Hauptvertretern R. Jakobson, N. S. Trubetzkoy, V. Mathesius oder J. Vachek vornehmlich um Fragestellungen aus dem Bereich der Phonologie und Morphologie bemühten sowie um die Betrachtung der Sprache unter funktionalistischen Gesichtspunkten[9], der Behandlung der Normfrage. Havránek (1964)[10] situiert denn auch das Normproblem im Kontext um den funktionalen Aspekt der Sprache. Dabei unterscheidet er streng zwischen der Sprachnorm als einer rein innersprachlichen Erscheinung und der Kodifizierung der Sprachnorm[11] als einer auch außersprachlichen Bedingungen unterworfenen Form.

> "Unter Sprachnorm verstehe ich das, was von einem Standpunkt aus als Sprachwerk (energeia), von einem anderen aus als Sprachgebilde (ergon) bezeichnet wird, diesmal aber vom Standpunkt der Verbindlichkeit aus - einer Verbindlichkeit in der Sphäre des ergon, um in der Sphäre der energeia das Beabsichtigte und Gemäße zu erzielen." (1964, 414)

Havránek schreibt somit der Norm eine selbständigere und feste Position zwischen dem sprachlichen System und seiner tatsächlichen Realisierung zu als Hjelmslev; für Havránek stellt die Norm eine Art Katalysator dar, durch den hindurch die vom System her zulässigen Formen unter funktionalem Aspekt hindurch müssen. Gleichzeitig ist sie ein abstraktes Konstrukt (Vachek 1971, 105)[12], dessen tatsächlich gegebene Struktur durch die Sprachforschung offengelegt werden muß. Sodann kann sie als

---

[9] Vgl. dazu z. B. R. Jakobson (1972), der in Weiterführung Bühler'scher Gedanken referentielle, emotive, konative, phatische, metasprachliche und poetische Funktion von Sprache unterscheidet.

[10] Der zitierte Aufsatz wurde erstmals 1936 publiziert in: <u>Actes du Quatrième Congrès International de Linguistes</u>, 151 - 156.

[11] Dokulil (1971) versteht die Kodifizierung als Abbildung der Norm.

[12] Dieser Aufsatz wurde erstmals in <u>Slovo a slovesnost</u> 25 (1964), 117 - 126 unter dem Titel "K obecným otázkám pravopisu a psané normy jazyka" publiziert.

Grundlage für ihre Kodifizierung, für Bereiche der Sprachpädagogik und auch für die schriftsprachliche Norm dienen (Havránek 1964, 419 f.). Neben der Herausarbeitung des Normbegriffs als Konsequenz aus dem Sprachgebrauch und damit unter funktionalem Aspekt (Dokulil 1971)[13] kommt der Prager Schule das Verdienst zu, die Normdiskussion auf dem Hintergrund der Unterscheidung zwischen gesprochener und geschriebener Sprache geführt zu haben. Vachek (1971) und Havránek (1971)[14] setzen die Norm hierbei zunächst als abstraktes übergeordnetes Element an, mit dessen Hilfe die hierarchischen Beziehungen zwischen geschriebener und gesprochener Sprache [15] erkannt werden können. Aus einer ersten Konkretisierung resultiert die Koexistenz zweier, den jeweiligen Realisierungsformen von Sprache zugeordnete Normen. Aus ihrem Verständnis von Schriftsprache heraus ergibt sich für die Vertreter der Prager Schule die Annahme einer reicher geschichteten und intern restriktiveren schriftsprachlichen Norm, deren Handhabung bewußter geschehe und ein größeres Maß an Verbindlichkeit besitze (Havránek 1964; 1971; Vachek 1971). Gleichsam als Widerspruch dazu muß die Definition von gesprochener und geschriebener Norm aufgefaßt werden, wie wir sie bei Vachek (1971, 112) finden. Während die geschriebene Norm dort 'nur' aufgefaßt wird als ein "System der graphisch realisierbaren Sprachelemente, deren Funktion darin besteht, auf einen gegebenen (in der Regel keineswegs dringlichen) Impuls in statischer Weise zu reagieren, d. h. auf eine leicht übersehbare und größtenteils verstandesmäßig begriffliche Art", gilt die gesprochene Norm der Sprache als ein "System der phonisch realisierbaren Sprachelemente, deren Zweck darin besteht, auf einen

---

[13] Dieser Aufsatz wurde erstmals in Slovo a slovesnost 13 (1952), 135 - 140 unter dem Titel "K otázce normy spisovného jazyka a její kodifikace" publiziert.

[14] Dieser Aufsatz wurde erstmals in Naše řeč 52 (1969), 65 - 77 unter dem Titel "Teorie spisovného jazyka" publiziert.

[15] Gesprochene und geschriebene Sprache sind hier im Sinn Sölls (1974) zu verstehen als code parlé bzw. code écrit, nicht als code phonique bzw. code graphique.

gegebenen (in der Regel dringlichen) Impuls in dynamischer
Weise zu reagieren, d. h. schlagfertig und unmittelbar, wobei
neben verstandesmäßig begrifflichen Momenten auch Gefühls-
und Willensmomente zur Geltung kommen". Die Autoren übertragen
hier Qualitäten, die sie den jeweiligen Formen von Sprache unterlegen, *unreflektiert* auf die jeweiligen Normen; dabei leiten
sie gleichzeitig - und hier liegt ihr eigentlicher Irrtum -
die Bedeutung der jeweiligen Norm von der Bedeutung der jeweiligen Sprachform ab. Wenn die gesprochener Sprache zugrundeliegende Norm in stärkerem Maße Spontaneität und Kreativität sowie
unmittelbarer Reaktion des Hörers unterworfen ist, so muß sie
eo ipso komplizierter und in ihrem Verhältnis zum sprachlichen
System flexibler sein. Für eine Systemveränderung ist sie zunächst einmal eher verantwortlich, da die gesprochene Sprache
einer größeren Zahl von Variablen unterliegt, die die Äußerung
beeinflussen können und da ihr Einfluß auf die Sprache sich
schneller vollziehen dürfte. Sie ist gegenüber den Tendenzen,
die zur Umgestaltung des Sprachgebrauchs führen, offener. Dies
soll freilich nichts an der prinzipiellen Gleichwertigkeit von
geschriebener und gesprochener Sprache im Hinblick auf quali-
fizierende Aussagen ändern (Vachek 1971). Schließlich unter-
streicht die Prager Schule die Fähigkeit der sprachlichen Norm
insgesamt zur Variabilität trotz ihres originär stabilisieren-
den Charakters. Es sei an dieser Stelle kurz erwähnt, daß die
Auffassung der Norm als variierende Kontrollinstanz für den
Fremdsprachenunterricht von besonderer Bedeutung ist.

4.1.5 E. COSERIU

Die intensivste Auseinandersetzung mit der Norm im theoretisch-
linguistischen Rahmen verdankt die Sprachwissenschaft Eugenio
Coseriu (1970 b; 1975 b). Unter Bezugnahme auf die vor ihm gemachten Überlegungen zahlreicher Sprachwissenschaftler und aufbauend auf einer kritischen Analyse des *Cours de linguistique
générale* de Saussures erarbeitet er eine Abgrenzung zwischen
System, *Norm* und *Rede*, mit der wir uns im folgenden beschäftigen wollen.

Coserius Ansatzpunkte sind die Begriffe *langue* und *parole* bei
de Saussure und in dessen Nachfolge. Dabei möchte Coseriu die
parole verstanden wissen als "konkrete schöpferische Tätigkeit,
als Summe konkreter und ohne Zweifel noch nicht dagewesener und
individueller Redeakte" (1975 b [16], 13). Schon hier wird seine
Distanz zu de Saussure deutlich, die er selbst auch explizit
markiert, zumal seine Dreiteilung in *Norm, System* und *Rede* nicht
auf einer Spaltung der de Saussure'schen *langue* basiert, denn
für Coseriu "liegt die 'Sprache' in einem über die Analyse der
Sprache als konkreten Phänomens hinausreichenden Moment und
entspricht damit eher der historischen als der theoretischen
Sprachwissenschaft" (1975 b, 14). Bevor er zu dem Fazit gelangt,
daß de Saussures *Cours* zwar von allen rezipiert worden und seine
Dichotomie von *langue - parole* Grundlage für die späteren Überlegungen gewesen sei, daß es jedoch nicht unbeträchtliche Divergenzen in der Auffassung von *langue* und *parole* gebe, leitet er
aus einer Analyse der Arbeiten des englischen Linguisten Alan
Gardiner sieben Feststellungen ab (1975 b, 25), die für seinen
Argumentationsgang nicht ohne Bedeutung sind und die u. a. in
seine Schlußfolgerungen aus der Analyse der einzelnen sprachwissenschaftlichen Lehren eingehen (1975 b, 38):

> "1. ganz konkret existiert die Sprache nur und aus-
> schließlich als *Sprechen*, als Sprechtätigkeit;
>
> 2. *Sprache* und *Rede* können für sich keine autonomen
> und vollkommen voneinander trennbaren Wirklichkei-
> ten sein, zumal die *Rede* die *Realisierung* der
> *Sprache*, sowie umgekehrt die *Sprache* die *Voraus-
> setzung* der *Rede* ist, sich über die Rede konstitu-
> iert und sich konkret nur dort zeigt;
>
> 3. die Rubriken, auf die sich die Wirklichkeit der
> Sprache verteilt, lassen sich je nach den einzelnen
> Standpunkten und Kriterien vermehren;
>
> 4. überwiegend sind die dargestellten Oppositionen
> nur Charakterisierungen und Interpretationen eines

---

[16] Coseriu hat sich mehrmals ausführlich zur Normproblematik
geäußert. Als grundlegend können betrachtet werden die Ausführungen in Sistema, norma y habla. Montevideo 1952. Ein
Wiederabdruck ist erschienen in Teoría del lenguaje y
lingüística general. Madrid 1962. Wir zitieren im folgenden
nach der deutschen Übersetzung in 1975 a.

grundsätzlichen Gegensatzes von *Virtuellem* und
Realem, bzw. *Abstraktem* und *Konkretem* (von System
und Realisierung);

5. endlich sind die unterschiedlichen Begriffe,
die man alle *Sprache* benennt (...) deswegen nicht
gleichwertig, weil sie verschiedene Arten und Stufen der Abstraktion darstellen."

In 1. unterscheidet sich Coseriu nicht von de Saussure, insofern beide die Ebene konkreter sprachlicher Äußerungen als Indikator für die Gestalt des abstrakten Systems betrachten. Unsere Ausführungen zum *Cours de linguistique générale* (vgl. S. 257 ff.) belegen weiter, daß sich Coseriu in 2. ebenfalls nicht wesenhaft von de Saussure unterscheidet. Mit 3. und 5. allerdings gelingt ihm der Schritt, der seine aus der Analyse gewonnenen Konsequenzen von de Saussure abhebt. Während der Genfer Linguist eher ein unitarisches und von daher nicht allen Bedürfnissen gerecht werdendes Konzept von 'Sprache' entwickelte (vgl. oben S. 266), setzt Coseriu durch den Hinweis auf die notwendige Differenzierung von mehreren Abstraktionsebenen den Akzent auf die Perspektivierung, die es ihm im weiteren Verlauf ermöglicht, *Sprache* und *Rede* als verschiedene Sichtweisen des gleichen Phänomens, nämlich 'Sprache', zu erfassen und Differenzierungen schärfer herauszuarbeiten. Gleichzeitig schafft Coseriu durch die Annahme mehrerer Abstraktionsebenen einerseits und durch Berücksichtigung der Arbeit von Bühler andererseits die Aufhebung der - oftmals schon apriorischen - Oppositionen, wie er sie in 4. schildert.

Durch die Annahme mehrerer Ebenen - so haben wir gerade festgestellt -, erreicht Coseriu differenziertere Sichtweisen bezüglich der an der Konstituierung von Sprache beteiligten Elemente. So ersetzt er den de Saussure'schen Begriff der *langue*, der gleichzeitig Sprachbesitz, soziale Institution und funktionelles System impliziert, zunächst durch ein Bündel von Relationen, das er durch Applizierung der vier Konzepte Bühlers (1965) auf de Saussures Dichotomie gewinnt.

Bühlers 1934 veröffentlichte Sprachtheorie impliziert die Betrachtung der Sprache hinsichtlich ihres Verhältnisses zum Benutzer der Sprache und mit Blick auf eine Unterscheidung zwischen konkreten sprachlichen Erscheinungen geringeren Abstraktionsgrades von stärker formalisierten Beschreibungen höheren Abstraktionsgrades. Aus einer Kombination der beiden jeweiligen Einzeloppositionen eines Gesichtspunktes mit denen des anderen gelangt Bühler zur *Sprechhandlung* (das individuell-konkrete Sprechen), zum *Sprechakt* (die individuell-abstrakte Bedeutungszuordnung zu einer Kette sprachlicher Zeichen), zum *Sprachwerk* (das sozial-konkrete Ergebnis der Sprechhandlung) und schließlich zum *Sprachgebilde* (die sozial-abstrakte Betrachtung der Sprache bezüglich ihrer funktionellen Elemente und in Abstraktion von einer konkreten sprachlichen Situation).

Der Versuch, die Dichotomie von *langue* und *parole* zu den Bühler'schen Begrifflichkeiten zu setzen, führt erneut zu der Erkenntnis, daß de Saussure unter die einzelnen Begriffe zu viel subsumiert hat, mit der Konsequenz, daß die *parole* am ehesten der *Sprechhandlung*, die *langue* weitgehend dem *Sprachgebilde* entsprechen würde. Der individuell-abstrakte und der sozial-konkrete Aspekt der Sprache bleiben - zumindest terminologisch - unberücksichtigt, sie finden allerdings inhaltlich immerhin teilweise Berücksichtigung in der *parole*.

Aus der Mehrdimensionalität der *langue* bei de Saussure entwickelt Coseriu auf der Grundlage der Sprachtheorie Bühlers zunächst seine Unterscheidung zwischen *System* und *Norm* (1975 b, 54):

> "Uns scheint demnach, es gibt bei Saussure - obwohl kaum richtig angedeutet - einen Gegensatz zwischen den zwei Konzepten der 'langue', die in seiner Theorie fast immer gleichwertig scheinen: und zwar der 'langue' als 'sozialer Institution', die als solche an andere soziale Institutionen gebunden ist und auch Nicht-Funktionelles umfaßt (*Norm*), sowie der 'langue' als abstraktem System funktioneller Oppositionen (*System*)."

Dabei stellt das *System* die zweite Abstraktionsstufe dar; es enthält mit den funktionellen Oppositionen die unabdingbaren Merkmale einer Sprache. Auf der ersten Abstraktionsstufe, der *Norm*, finden wir dagegen die mehr oder wenigen konstanten, d. h. normalen Merkmale, in Unabhängigkeit von der Funktion. Noch konkreter schließlich ist die *Rede*[17]; sie enthält alle *konkreten* Merkmale der Sprache, die ihrerseits eine unendliche Variationsbreite zulassen. Coseriu geht zurecht davon aus, daß in einer Sprache - verstanden "als alles in einer Sprache einer Gemeinschaft Konstante und Systematische" (1975 b, 63) - nicht nur Invarianten existieren, sondern auch Variantentypen. Für beide - Varianten und Invarianten - gilt, daß es innerhalb ihrer Klassen Oppositionen geben kann, freilich mit dem Unterschied, daß Oppositionen zwischen Invarianten funktionell sind, die zwischen Varianten jedoch nicht. Der Begriff der *langue* umfaßt damit das *System* und die aus den außerfunktionellen Konstanten bestehende *Norm*. Begreift man *langue* dagegen ausschließlich als funktionelles System, so stellt der ihr vorgelagerte Sprachgebrauch die vermittelnde Norm dar.

Nach Coseriu erstreckt sich die Anwendbarkeit der Dreiteilung von *System, Norm* und *Rede* auf alle Bereiche der Sprachbeschreibung (Phonologie, Morphologie, Wortbildungslehre, Syntax, Wortschatz). Wir greifen im folgenden exemplarisch den phonologischen heraus.

Im Spanischen stellt der phonologische Unterschied zwischen offenem und geschlossenem Vokal z. B. keine distinktive Opposition dar und ist von daher nicht funktionell. Dennoch wird in der *Norm* die Anzahl der Varianten bestimmt - für das spanische Phonem /o/ z. B. zwei, nämlich [ɔ] und [o] -, von denen es in der *Rede*, also in der konkreten sprachlichen Realisierung eine zumindest potentiell unendlich große Menge von Varianten

---

[17] Coseriu ersetzt an anderer Stelle (vgl. Coseriu 1970 b) die Begriffe **System** und **Norm** durch **Langue II** und **Langue I**. Seine Theorie wird dadurch insgesamt nicht wesenhaft verändert.

gibt, die jeweils individuellen und/oder situationellen Bedingungen unterliegen. Bei dem erwähnten Beispiel werden konkret die verschiedenen Abstraktionsebenen deutlich, denen die einzelnen Begrifflichkeiten zuzuordnen sind. Während auf der Ebene des *Systems* funktionelle Merkmale für das gesamte sprachliche System markiert werden, erfolgt auf der Ebene der *Norm* eine Etablierung von konstanten Varianten, die jedoch schon auf bestimmte Ausschnitte des *Systems* festgelegt sind. So bedeutet die normale Unterscheidung von [ɔ] und [o] im Spanischen nicht, daß bei allen Wörtern, in denen das Phonem /o/ auftaucht, zwei Varianten in der Aussprache möglich sind. Vielmehr wird auf der Ebene der Norm neben einer Differenzierung zwischen [ɔ] und [o] als nicht bedeutungsverändernden Allophonen von /o/ eine Zuordnung des jeweiligen Allophons zu bestimmten Lexemen vorgenommen. Daraus resultiert die normal geschlossene Artikulation des /o/ z. B. in *llamó* und die normal offene Artikulation z. B. in *hoja*. Da es sich bei [o] und [ɔ] nicht um funktionelle Oppositionen handelt, erschwert die nicht normale Artikulation, also etwa [ɔ] in *llamó*, die Verständigung nicht. Sanktionen in diesem Bereich haben im übrigen eher soziale Ursachen und resultieren nur mittelbar aus sprachlichen Normverstößen. Auf der Ebene der *Rede*, d. h. in konkreten sprachlichen Realisierungen, sind nun zahlreiche verschiedene Realisierungen möglich: Felipe spricht das /o/ in *llamó* etwas weniger geschlossen als Juan, dafür vielleicht eine Spur länger, ohne daß es durch diese individuelle Artikulation schon zu einem [ɔ:] werden würde. In der Regel bewegt sich die Bandbreite möglicher individueller Realisierungen im Rahmen dessen, was die *Norm* noch zuläßt. Dies erklärt sich aus der Tatsache, daß die *Norm* als erste Abstraktionsebene der *Rede* die tatsächlichen Realisierungsmerkmale kategorisiert und zum *System* in Beziehung setzt. Die individuelle, von der *Norm* abweichende Realisierung kann unter der Voraussetzung, daß sie von möglichst vielen Individuen nach und nach oder ad hoc adaptiert wird, zu einer Veränderung der *Norm* führen, die wiederum eine Systemveränderung nach sich ziehen kann, jedoch nicht muß.

Es ist im übrigen nicht ausgeschlossen, daß das *System* mit der *Norm* zusammenfällt. Dies ist der Fall, wenn das *System* nur eine einzige Realisierungsmöglichkeit anbietet und sich die Norm daran orientiert. Demgegenüber müssen nicht alle vom *System* bereitgestellten Möglichkeiten in der *Norm* vorkommen; durch die *Norm* wird - vereinfacht ausgedrückt - eine Auswahl aus den Möglichkeiten getroffen, die das *System* bereitstellt, wobei eine Realisierung als die normale markiert wird, während die anderen entweder einen bestimmten Stellenwert haben (z. B. explizite außersprachliche Information) oder aber als unnormal gelten müssen.

Übrigens haben schon vor Coseriu Autoren auf die 'Wahlmöglichkeit' bei der sprachlichen Gestaltung hingewiesen, ohne dabei jedoch die Norm als die für die Wahl entscheidende Instanz anzusehen. So spricht de Saussure (1975, 172) schon von der *"liberté des combinaisons"* als Charakteristikum der *parole*, und Skalicka (1948, 27) geht gar noch weiter, indem er die Wahl als Kontrastierung mit anderen Möglichkeiten, vornehmlich im Bereich der Synonyme ansiedelt. Dadurch wird klar, daß schon für ihn nicht alle sprachlichen Einheiten in funktioneller Opposition zueinander stehen.

Coseriu selbst vertritt im Hinblick auf Synonyme die Ansicht, daß sie nur auf der Ebene des *Systems* austauschbar sind, während auf der Ebene der *Norm* die Austauschbarkeit mit Blick auf den Kontext drastisch eingeschränkt werde. Synonyme im strengen Sinn lehnt Coseriu daher ab (1975 b, 79).

Für Coseriu steht also fest (1975 b, 80),

> " daß auf allen Ebenen, bei allen in Betracht kommenden Funktionen in der Sprache eine Unterscheidung der beiden Aspekte *Norm* und *System* möglich und notwendig ist, um alles Sprachliche eindringlicher zu verstehen; oder besser noch wäre damit festgestellt, daß neben dem *funktionellen System* immer noch eine *normale Realisierung* zu berücksichtigen ist, ein geringerer Abstraktionsgrad also, der aber den Sprachen genauso zu eigen ist."

Die oben beschriebene potentielle Kausalkette für Sprachwandel
legt die Notwendigkeit offen, den Normbegriff selbst stärker
zu differenzieren. Coseriu sieht diese Notwendigkeit offensichtlich auch, denn er führt schließlich das Oppositionspaar
individuell - sozial als die *Norm* unterscheidendes Kriterium
ein[18]. Diese Differenzierung ist nicht in der Vertikalen als
Erweiterung der am Abstraktionsgrad orientierten Skalierung
zu sehen, sondern in der Horizontalen auf der Ebene der *Norm*
selbst:

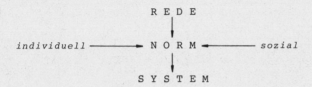

Gleichwohl ist die Rückwirkung der *Norm* auf das *System* ohne
soziale Komponente kaum denkbar (von streng subjektivem Sprach-
dirigismus einmal abgesehen), doch ist die *individuelle Norm*
mit der *sozialen Norm* quantitativ-soziologisch verbunden[19].

Coseriu benutzt die Auffächerung seiner Dreiteilung in *System,
Norm, Individualnorm* und *konkretes Sprechen* zur perspektivischen
Betrachtung dessen, was 'Sprache' sein kann. Er entwirft dabei
vier mögliche Konzeptionen (1975 b, 91), deren Gestalt von der
Ausgangsposition abhängt und die sich am besten so veranschau-
lichen läßt:

---

[18] Coseriu begibt sich damit übrigens <u>nicht</u> in einen Widerspruch zu seinem Ausgangspunkt. Dort (1975 b, 38) hatte er
sich lediglich dagegen gewandt, derartige Dichotomien als
einzige Basis für die Analyse des Verhältnisses <u>langue -
parole</u> festzuschreiben.

[19] Da diese Frage von Coseriu nicht näher untersucht wird,
sie uns aber noch im Rahmen soziolinguistischer Betrachtungen beschäftigen wird, verzichten wir an dieser Stelle
auf eine weitergehende Diskussion.

OPPOSITION	SPRACHE	REDE
1) System-Realisierung ⟶	System	Individual- und Sozialnorm, konkretes Sprechen
2) Abstrakt-Konkret ⟶	System, Individual- und Sozialnorm	konkretes Sprechen
3) Sozial-Individuell ⟶	System, Sozialnorm	Individualnorm, konkretes Sprechen mit Teilen der Individualnorm und der Rede
4) Originalität des Ausdrucks-Wiederholung ⟶	System, Individual- und Sozialnorm, Sprechen	Fakten der Rede

Das grundsätzliche Verdienst der Arbeiten zur Norm von Coseriu kann nicht bestritten werden. Es handelt sich dabei um einen ersten Versuch, eine Theorie der sprachlichen Norm (was immer auch einzelne Autoren darunter verstehen mögen) nicht nur zur Klärung des Phänomens an sich zu entwickeln, sondern diese Theorie als wesentlichen Bestandteil einer gesamthaften Ansicht von 'Sprache' in das sprachwissenschaftliche Bedingungsgefüge einzuordnen. Durch seinen universaleren Anspruch übertrifft er damit den ebenfalls von der Dichotomie *langue - parole* bestimmten Ansatz Hjelmslevs, dessen Konzept neben begrifflichen Mängeln (vgl. oben S. 272 ff.) in einem vergleichsweise engen Rahmen situiert ist.

Dennoch beinhaltet die Theorie Coserius einige Schwachpunkte. In dem Bemühen, die Normtheorie in eine Diskussion um den Sprachbegriff insgesamt einzubinden, übernimmt er Bühlers (1965) vier-

teiliges Konzept und appliziert es auf die Sprachtheorie de
Saussures. Damit setzt er sich zum einen dem Vorwurf aus, zwei
verschiedene Ebenen miteinander zu vermischen, ohne ihre
Gleichrangigkeit zu diskutieren, nämlich die Betrachtung der
Sprache in Beziehung auf den Sprecher und im Hinblick auf die
Formalisierungsgrade; diese Unterlassung führt zu Zweifeln an
der inneren Konsistenz der Coseriu'schen Theorie, die an mehreren Stellen (vgl. exemplarisch 1975 b, 39, 54) auf der Differenzierung verschiedener Ebenen aufbauend den Ansatz de Saussures verbessern will. Gleichwohl muß Coseriu zugestanden werden,
der Bedeutung der Merkmalspaare *konkret - abstrakt* und *individuell - sozial* implizit das Maß an Bedeutung zugestanden zu
haben, das ihnen sowohl aus systemlinguistischer als auch
aus soziolinguistischer Sicht zukommt. Kritikwürdig freilich
und forschungsmethodologisch nicht unbedenklich scheint es uns,
die Genese der de Saussure'schen Dichotomie von *langue - parole*
auf der Basis Bühler'scher Gedanken zu rekonstruieren und im
Anschluß daran die Theorie des Genfer Linguisten - nicht zuletzt wegen mangelnder Konkordanz mit der Sprachtheorie Bühlers
- zu verwerfen.

Überhaupt wird die generelle Ablehnung der im *Cours de linguistique générale* entwickelten Gedankengänge häufig überzogen (vgl.
exemplarisch 1975 b, 46, 48, 51, 53 und öfter), nicht zuletzt,
da sie de Saussures Intention und die sich daraus ergebenden
Theoriebildungsversuche weitgehend unberücksichtigt läßt. Vergleicht man dann auch noch, wie Baumann (1976, 25 f.) es tut,
Äußerungen von de Saussure und Coseriu zum Problem der sprachlichen Analogie, das an zahlreichen Stellen gleichsam über Coserius Normtheorie schwebt, ohne jedoch explizit einer Klärung
näher gebracht zu werden, so entzieht die dort anzutreffende
große Übereinstimmung der ansonsten äußerst kritischen Einstellung Coserius die inhaltliche Begründung. Daß de Saussure natürlich nicht alle Fragen, auch und gerade in bezug auf die
sprachliche Norm, beantworten konnte, zumal sie für ihn nicht
unmittelbar thematisch war, liegt auf der Hand.

Baumanns Kritik an Coserius Behandlung sprachlicher Analogien
scheint insgesamt zunächst berechtigt. Coseriu umschreibt Analogien an mehreren Stellen, ohne erstens den Terminus zu verwenden, ohne zweitens das Problem als solches zu benennen und
den Analogien drittens einen Platz in seiner Theorie einzuräumen. Seine Zurückhaltung in diesem Punkt mag indes Gründe haben, die Baumann in seiner Kritik an Coserius Sprachtheorie
nicht erkannt hat, die jedoch für unsere Fragestellung, nämlich das Verhältnis von Norm und Fremdsprachenunterricht, zweifelsohne von Bedeutung sind. Für Coseriu sind *Norm* und *System*
"keine von uns willkürlich auf das Sprechen applizierten Konzepte, sondern sich im Sprechen selbst produzierende Formen"
(1975 b, 85). Wenn also *Norm* und *System* sich im Sprechen manifestieren, so können diese beiden Konzepte nur in einer Retrospektive, etwa in Form einer Selbstüberprüfung, ermittelt werden, die die Beziehungen zwischen den konkreten Sprechakten
und den ihnen zugrundeliegenden Mustern zum zentralen Gegenstand hat. Die Kritik Hartungs (1977, 15) an Coseriu führt
auch nicht wesentlich weiter. Hartung schlägt vor, zwischen
der Norm als einer Abstraktion (so wie Coseriu auch) auf der
einen Seite und der "*Normiertheit* als Eigenschaft der Tätigkeit" zu unterscheiden, wobei letztere "nach dem Grad der Gemäßheit differenziert werden kann". Dabei löst Hartung das
Problem nur insofern, als er die Retrospektive durch Einbezug
aktueller Faktoren ergänzt - insoweit ist ihm zuzustimmen -,
doch bleiben Art und nähere Qualität dessen, was sich tatsächlich hinter dem Etikett der 'Gemäßheit' verbirgt, unklar. Die
aus diesem Komplex resultierende Frage, ob das sprechende Individuum die jeweilige sprachliche Äußerung imitiert, durch
innersystematische oder gar kontrastive Analogien produziert,
muß vor allem durch die Psychologie und die Psycholinguistik
angegangen und beantwortet werden. In der Lernpsychologie ist
seit Skinner (1957), der Lernen und Spracherwerb als rein imi-
tative Tätigkeit annahm, und der sich daran anschließenden
- fast unvermeidlichen - Gegenbewegung, die nicht zuletzt durch
Chomskys (1959) Skinner-Rezension ausgelöst wurde und den
Spracherwerb als Ergebnis einer sprachen- und abfolgegebundenen

Generierungskompetenz ansah, viel zu dem Thema gearbeitet worden. Eine Lösung dieser Frage ist derzeit noch nicht in Sicht (zu einem überblicksartigen Problemaufriß vgl. Hörmann 1977, jetzt auch Hörmann 1981). Coseriu konnte also unter Einbeziehung psycholinguistischer Aspekte die Frage der Analogien gar nicht beantworten.

Die Frage der Analogien bringt uns jedoch auf eine andere Schwachstelle in Coserius Theorie, nämlich auf das Problem der inneren Konsistenz des Normbegriffs im Bezug auf die einzelnen Teilgebiete der Sprache. Für die Phonologie nimmt Coseriu auf der Ebene der *Norm* jeweils die Existenz von zwei oder mehreren Allophonen an, deren alternativer Gebrauch das *System* dann nicht berührt, wenn ihnen keine distinktive Funktion zukommt (vgl. 1975 b, 64 ff.). Für die Morphologie dagegen gibt Coseriu auf der Ebene des *Systems* dessen Eigenschaft als System von funktionellen Oppositionen auf. Dabei biegt er seinen eigenen Systembegriff dahingehend um, daß das *System* - für den Bereich der Morphologie (vgl. 1975 b, 68 ff.) und auch für den der Wortbildung, -ableitung und -zusammensetzung (vgl. 1975 b, 70 ff.) - eine Kette von potentiellen Analogien ist, aus der heraus auf der Ebene der *Norm* eine Auswahl getroffen wird.

> "Das System ist nämlich ein Ganzes aus offenen sowie versperrten Wegen, aus verlängerbaren und nicht verlängerbaren Koordinaten" (1975 b, 71).

So rechnet er frz. *chevals* als dem *System* zuzuschreibende Pluralform von *cheval* an - eben weil es die Pluralbildung auf -s im Französischen gibt -; doch in der *Norm* werde die tatsächliche Realisierung, nämlich *chevaux*, festgelegt[20]. Coserius Fehler ist hier ein doppelter. Er gibt nicht nur an dieser Stelle die Konsistenz seiner Normtheorie als eine auf alle Bereiche von 'Sprache' zutreffende Theorie auf, sondern er schafft

---

[20] Weitere praktische Konsequenzen aus der Inkonsistenz des Systembegriffs bei Coseriu finden sich in Baumann (1976, 22 f. und öfter).

gleichzeitig einen mehrdimensionalen Normbegriff, der teilweise Systemeigenschaften enthält, und gelangt somit von der mehrdimensionalen *langue* de Saussures[21] zu einer mehrdimensionalen *Norm*. Das System ist dabei gar nicht mehr bloßes System von funktionellen Oppositionen, sondern wird zu einer starren Auflistung von Analogien, die durch Einwirkung der Norm erst modifiziert werden kann (vgl. zur Bedeutung eines zu starren Systembegriffs für den Fremdsprachenunterricht Königs 1980).

Für den Bereich des Wortschatzes hingegen nimmt Coseriu (1975 b, 77 ff.) an, daß auf der Ebene des Systems die besondere konzeptuelle Einteilung als Widerspiegelung der Weltsicht angesiedelt ist. Wenn er - und seine Beispiele sind in diesem Punkt durchaus einleuchtend - lat. *esse* dem span. *ser* und *estar* (sowie auch *existir, hallarse* und *haber*) gegenübergestellt oder span. *comer* den dt. *essen* und *fressen*, so muß man sich fragen, warum dann der Plural von frz. *chevaux*[22] nicht auf der Systemebene angesiedelt werden soll.

Noch stärker als für den Bereich des Wortschatzes fällt für die Syntax (1975 b, 72 ff.) das Fehlen eines expliziten *tertium comparations* auf. Wenn Coseriu behauptet, nur eine von mehreren syntaktischen Möglichkeiten sei die *normale*, die anderen seien entweder stilistisch besonders markiert oder aber verstießen gegen die *Norm* (1975 b, 76), so resultiert daraus die Annahme einer statistisch fundierten Norm. Coseriu selbst weist auch explizit darauf hin, daß er *Norm* als "eine objektiv in der Sprache selbst enthaltene Norm, [als] die Norm nämlich, die wir als Mitglieder einer Sprachgemeinschaft notwendigerweise

---

[21] Daß de Saussure sich dieser 'Überfrachtung' der langue durchaus bewußt war (vgl. de Saussure 1975, 30, 138 und öfter), übersieht Coseriu (1975 b, 41 ff.) offensichtlich.

[22] Es handelt sich hier zwar um ein morphologisches Problem; es erhebt sich aber - keineswegs nur mit Blick auf den Fremdsprachenunterricht - die Frage, ob chevaux nicht als eigenständiges Lexem von den Sprechern behandelt wird. Die Frage kann und soll an dieser Stelle jedoch nicht weiter diskutiert werden.

befolgen" (1975 b, 81) versteht. Dem tritt jedoch die explizite Charakterisierung der Norm als "geistige Leistung einer ganzen Gesellschaft" (1975 b, 89) gegenüber. Danach kann die Festschreibung der Norm nicht auf der Verteilungshäufigkeit bestimmter sprachlicher Äußerungen in einer Sprachgemeinschaft beruhen. Vielmehr muß es entweder Kriterien oder aber Mechanismen innerhalb der Sprachgemeinschaft geben, die für die Konstituierung einer Norm verantwortlich sind. Auch hier bleibt Coseriu - bewußt oder unbewußt - die Antwort schuldig. Die Schwierigkeit zu bestimmen, was die Norm außer einer höheren Abstraktionsebene der konkreten sprachlichen Realisierungen ist, bleibt bestehen; die im Kontext des gesamten Argumentationsganges der Arbeit eher überraschende Etablierung einer expliziten Unterscheidung zwischen Individualnorm und sozialer Norm (andeutungsweise 1975 b, 82 f., explizit ab 87 ff., besonders 91), läßt den vorsichtigen Schluß zu, daß die Norm als bloße statistisch bestimmbare Größe nicht anzunehmen ist. Somit bekommt das Merkmalspaar *individuell - sozial* einen erhöhten Stellenwert in der Normdiskussion, auch wenn Coseriu im Gegensatz zu Jespersen, Hjelmslev und auch de Saussure die hervorstechende Bedeutung dieses Gegensatzpaares leugnet (Coseriu 1970 b, 199 f.; 1975 b, 23 und öfter).

4.1.6   N. CHOMSKY

Die Entstehung der generativen Sprachtheorie - vor allem initiiert durch die Arbeiten Chomskys - beeinflußte die Normdiskussion zunächst einmal insofern, als im Gegensatz zum Strukturalismus die Unterscheidung zwischen *langue* und *parole* an Bedeutung verlor. Chomsky (1965, 4) reduziert ihre Bedeutung, indem er seine Sprachtheorie u. a. auf Humboldts Systembegriff aufbaut:

> "...; but it is necessary to reject his [de Saussure's, F.G.K.] concept of l a n g u e as merely a systematic inventory of items and to return rather to the Humboldtian conception of underlying competence as a system of generative processes."

Für Chomsky richtet sich das Erkenntnisinteresse einer linguistischen Theorie vor allem auf den idealen Sprecher-Hörer in einer homogenen Sprachgemeinschaft. Er unterscheidet zwischen *competence* - der Kenntnis des Sprecher-Hörers von seiner Sprache - und *performance* - dem aktuellen Gebrauch der Sprache in konkreten Situationen. Schon durch diese kurze Beschreibung der Begriffe wird klar, daß die Dichotomie *competence* - *performance* nicht mit der von *langue* und *parole* identisch ist, schließt doch der Kompetenzbegriff die Fähigkeit des Sprachbenutzers mit ein, aus dem in der Sprache zur Verfügung stehenden Material selbständig Sätze zu erzeugen. Eine Grammatik muß insgesamt in der Lage sein, alle korrekten und akzeptablen[23] Sätze einer Sprache zu erzeugen und nur sie.

> "The major problem in constructing an evaluation measure for grammars is that of determining which generalizations about a language are significant ones; an evaluation measure must be selected in such a way as to favor these. We have a generalization when a set of rules about distinct items can be replaced by a single rule (or, more generally, partially identical rules) about the whole set, or when it can be shown that a 'natural class' of items undergoes a certain process or set of similar processes".

(Chomsky 1965, 42)

Die generative Grammatik muß also ein System von Regeln für eine unbegrenzt große Zahl von erzeugbaren Strukturen beinhalten. Für Regeln, die innerhalb der generativen Transformationsgrammatik an Bedeutung gewinnen, fordert Chomsky an anderer Stelle (1964 b) noch einmal explizit, daß sie erstens nicht zu falschen Sätzen führen dürfen und zweitens dem generativen Prozeß entsprechen müssen. Was den ersten Teil dieser Forderung angeht, so ist sie keineswegs neu. Schon Mitte bzw. am Ausgang des 18. Jahrhunderts hatten die Regeln in englischen Grammatiken vor allem die Aufgabe, das Maß für 'korrekte' Sprache anzugeben (vgl. Fries 1927). Und in den Gründungsstatuten der seit 1635 bestehenden *Académie Française* heißt es im Artikel 24:

---

[23] Auf den Begriff der Akzeptabilität kommen wir noch zurück.

> "La principale fonction de l'académie sera de
> travailler avec tout le soin et toute la diligence
> possible à donner des règles certaines à notre
> langue, et à la rendre pure, éloquente et capable
> de traiter les arts et les sciences."

Der zweite Teil der Forderung Chomskys hat dagegen für Furore gesorgt. Daß sprachlichen Regeln generative Kraft unterstellt wurde, schien neu zu sein, wurde doch daraus allzu häufig der Schluß gezogen, Chomsky unterstelle jedem Sprecher-Hörer die *bewußte* Anwendung dieser Regeln (vgl. u. a. die Diskussion bei Schneider 1978; vgl. als ein Beispiel für ein solches Mißverständnis Poelchau 1980); dabei ist nicht auszuschließen, daß Chomskys (1959) vehemente Kritik an der Skinner'schen Lerntheorie dieses Verständnis bestärkt hat. Chomsky selbst hingegen betont (1965, 21):

> "Although there is no way to avoid the traditional
> assumption that the speaker - hearer's linguistic
> intuition is the ultimate standard that determines
> the accuracy of any proposed grammar, linguistic
> theory, or operational test, it must be emphasized,
> once again, that this tacit knowledge may very well
> not be immediately available to the user of the
> language."

Und einige Seiten weiter bekräftigt er (1965, 45 f.):

> "To avoid any possible lingering confusion in this
> matter, let me repeat once more that this dis-
> cussion of language learning in terms of formu-
> lation of rules, hypotheses, etc., does not refer
> to conscious formulation and expression of these
> but rather to the process of arriving at an
> internal representation of a generative system,
> which can be appropriately described in these
> terms."

Sehen wir im Augenblick von den lernpsychologischen Konsequenzen ab, die aus Chomskys Regelbegriff resultieren, und versuchen wir, Chomskys Standpunkt auf die Normproblematik zu übertragen, so bleibt dagegen festzuhalten, daß seine Sprachtheorie und damit auch sein Regelbegriff sprachzentriert sind. Die Bedingungen, unter denen Sprache generiert wird, bleiben ebenso unberücksichtigt, wie die sozialen Bedingungen, denen der Sprecher unterliegt. Dies hängt mit Chomskys Auffassung von Linguistik zusammen, wonach der beobachtete Sprachgebrauch oder angenommene Anlagen zum sprachlichen Handeln zwar dazu beitragen können, die Beschaffenheit der mentalen Realität zu erklären, aber nicht den tatsächlichen Gegenstand einer Linguistik, "if this is to be a serious discipline" (1965, 4). Während Chomsky in seinen grundsätzlichen Vorüberlegungen alles beiseite läßt, was die Annahme des idealen Sprecher-Hörers unmöglich machen würde, - neben der Berücksichtigung der Sprachverwendung sind dies vor allem sprecherspezifische Merkmale wie begrenztes Gedächtnis, Zerstreutheit und Verwirrung, Veränderungen der Interessen und Beeinträchtigungen der Aufmerksamkeit sowie alle Sorten von Fehlern, wobei er im übrigen nicht definiert, was ein Fehler denn ist - führt er durch seinen Akzeptabilitätsbegriff die Sprachverwendung in ihrer Bedeutung für die Linguistik wieder ein (1965, 11):

> "The more acceptable sentences are those that are more likely to be produced, more easily understood, less clumsy, and in some sense more natural. ... Acceptability is a concept that belongs to the study of performance, whereas grammaticalness belongs to the study of competence."

Dabei ist die Grammatikalität (vgl. dazu speziell Chomsky 1964 a, aber auch 1957, Kap. 2) nur einer von vielen Faktoren, deren Interrelation den Grad der Akzeptabilität[24] festlegt. Folgt man Ruwets (1967, 43) Charakterisierung der Grammatikalität als "l'uniformité et la cohérence des jugements portés par un grand nombre des sujets", so resultiert daraus ihre unmittelbare Ab-

---

[24] Hier ist mit allem Nachdruck vor einem zu weiten, alles tolerierenden Akzeptabilitätsbegriff zu warnen. Ein derartig aufgefaßter Begriff findet sich z. B. bei Lyons (1968, 137): "An acceptable utterance is one that has been, or might be, produced by a native speaker in some appropriate context and is, or would be, accepted by other native speakers as belonging to the language in question."

hängigkeit vom Sprachbenutzer, nicht von der Sprache und
ihren Gesetzen. Ohne Einbeziehung der Sprachbenutzer ist also
die generative Transformationsgrammatik letztlich nicht funktionstüchtig. Chomskys Theorie erscheint von daher nicht konsistent.

Kasper (1975) nimmt im Hinblick auf die Chomsky'schen Begriffe
Grammatikalität, Akzeptabilität und Angemessenheit von Äußerungen eine kategoriale Differenzierung vor. Die Zuordnung der
Grammatikalität zum System - verstanden als "Diasystem über
den individuellen Sprachkompetenzen" (Kasper 1975, 3 im Anschluß
an von Polenz 1973) - darf als unproblematisch gelten; dagegen
wirft die Zuordnung der Akzeptabilität zur linguistischen Norm
die Frage nach der Hierarchisierung von Kategorien auf. Da
Grammatikalität ja nur ein Faktor der Akzeptabilität ist, müßte
die Ebene der linguistischen Norm über derjenigen des Systems
angesiedelt werden. Dies läßt sich aber weder durch Coserius
Theorie rechtfertigen (siehe oben) noch durch Kaspers Ansatz,
demzufolge Systemfehler immer gleichzeitig Normfehler darstellen, während Normfehler nicht unbedingt Systemfehler sein müssen (1975, 51). Es kommt hinzu, daß die Beschreibung des Akzeptabilitätsbegriffs durch Chomsky die Zuordnung zu einer rein
linguistischen Norm nicht zuläßt, sondern eher die Anbindung
an einen sprachverwendungsorientierten Normbegriff angezeigt
sein läßt. Erhalten wir den Vorwurf an Coserius zu statischem
Systembegriff aufrecht, so kann folglich der Akzeptabilitätsbegriff nur eine - aufgrund des Sprachgebrauchs feststellbare -
Auswahl aus allen vom System bereitgestellten Möglichkeiten
implizieren. Chomsky unterscheidet sich in dieser Hinsicht sehr
deutlich von Coseriu. Durch Kriterien der pragmatischen Norm,
der Kasper (1975, 23) folgerichtig den Begriff der Angemessenheit zuordnet, wird aus der Menge der sprachlich akzeptablen
Äußerungen die Zahl der situationsangemessenen Äußerungen herausgefiltert. Hierbei stellt sich allerdings die Frage, inwieweit
Akzeptabilität in der obigen Definition und Angemessenheit
strikt voneinander zu trennen sind. Unterscheidendes Kriterium
kann dabei nur sein, daß sich die Akzeptabilität auf das sprach-

liche Material in seinem allgemeinen Vorkommen in allen denkbaren Situationen bezieht und die Angemessenheit auf eine jeweils konkrete Situation.

Im Gegensatz zu Kaspers Zuordnung von differenzierten Normen zu bestimmten Begrifflichkeiten der generativen Sprachtheorie unterscheidet Kirstein (1978, 328) zwischen sprachlichem und nichtsprachlichem Aspekt des Normproblems. Auf der Basis einer beobachtbaren internen Relationierung von Grammatikalität, Akzeptabilität und Situationsadäquatheit gelangt Kirstein ebenfalls zu dem Ergebnis, daß Chomskys Begrifflichkeiten letztlich die Wirklichkeit nur dann zutreffend wiedergeben, wenn außersprachliche Kriterien stärkere Berücksichtigung finden.

> "Die Sprachtheorie [der generativen Transformationsgrammatik, F.G.K.] geht damit von Sprache als einem in sich geschlossenen System aus, das unabhängig vom Gebrauch ist. Ihr Anspruch, eine Explikation der Sprecherintuitionen zu sein, mündet damit notwendig in die Praxis, daß die gTG eine *Explikation der Intuitionen des Linguisten selber* ist ..."
> (Gloy 1975, 123 im Anschluß an Oller 1970).

Chomskys generative Sprachtheorie thematisiert das Normproblem nicht direkt. Die Basierung auf einem idealen Sprecher-Hörer schließt jedoch die Berücksichtigung konkreter sprachlicher Äußerungen nicht wirklich aus; sie hat vielmehr zum Ziel, über die Grammatik einzelner Sprachen einer universellen Grammatik mit Erfassung des kreativen Aspekts der Sprachverwendung näher zu kommen. Wir können deshalb auch Weber (1975) nicht ganz zustimmen, der für die Theorie Chomskys eine Einheit von Gebrauchsnorm, sprachlicher Kompetenz und präskriptiver Norm mit der Annahme einer homogenen Sprachgemeinschaft ansetzt. Bei näherer Betrachtung der Begriffe *Kompetenz, Performanz, Akzeptabilität, Grammatikalität* und *Angemessenheit* stellen wir fest, daß es sich zwar um theoriegebundene Begrifflichkeiten handelt, mit jeweiliger dem Erkenntnisinteresse der Sprachtheorie untergeordneten Zielrichtung, daß ihre Stellung innerhalb der Theorie aber durchaus mit vorher diskutierten Begrifflichkeiten verglichen werden kann, die sich stärker als allgemein angenommen an einer strukturalistischen Sprachauffassung orientierten.

4.1.7 A. MARTINET, K. HEGER, B. A. SEREBRENNIKOW, J. LYONS

Die linguistische Normdiskussion nahm in der Folgezeit die Saussure'sche Dichotomie von *langue* und *parole* wieder auf; die Transformationsgrammatik konnte trotz ihres neuartigen Ansatzes der Sprachbeschreibung die Normdiskussion nicht durch eigene Impulse *nachhaltig* beeinflussen. Hinzu kam, daß die Arbeit Coserius zahlreiche Überlegungen bestimmte.

Auch Martinet (1967)[25] geht von der Opposition de Saussures aus, wählt dafür jedoch die seiner Meinung nach adäquaten Begriffe *code* und *message*, "le code étant l'organisation qui permet la rédaction du message et ce à quoi on confronte chaque élément d'un message pour en dégager le sens" (1967, 25). Er übersieht dabei, daß er aus der *parole* als dem Akt der individuellen Äußerung ein gedankliches Konzept gemacht hat, dessen sprachliche Realisierung erst durch den *code* möglich wird; d. h. der *code* Martinets umfaßt nur den Teil der *parole* de Saussures, den der Genfer Linguist als *"acte individuel d'intelligence"* (de Saussure 1975, 30) gekennzeichnet hatte.

Aus seiner Dichotomie von *code* und *message* entwickelte Martinet jedoch kein Normkonzept. Vielmehr kennt er einen anderen, eher bewertenden und von daher deutlich von Coserius Konzept zu unterscheidenden Normbegriff (1967, 150):

> "En d'autres termes, tout sujet a sa norme linguistique active, impérative, qui règle l'emploi qu'il fait de la langue, et une norme passive, beaucoup plus lâche et tolérante."

---

[25] Seine Éléments de linguistique générale erschienen zuerst 1960.

Im Gegensatz zu Coseriu also betont Martinet die Individualnorm und trifft auf ihrer Ebene eine Unterscheidung zwischen produktiv und rezeptiv. Er gibt somit dem Individuellen eine doppelte Präferenz. Erstens betont er die Individualnorm - eine soziale Norm kennt er terminologisch gar nicht, inhaltlich andeutungsweise -, und zweitens legt er eher Wert auf die produktive, mehr individuelle Seite der Kommunikation, während die rezeptive, andere Individuen miteinschließende Seite der Kommunikation deutlich nachgeordnet bleibt. Allerdings spielt das Normproblem insgesamt bei Martinet eine sehr untergeordnete Rolle.

Auch Heger geht bei seinen Überlegungen von der Dichotomie *langue - parole* aus (1969 a, 147: *langue*: virtuelles und abstraktes System; *parole*: konkrete, an ein *hic et nunc* gebundene Realisierung). Während er den *competence*-Begriff Chomskys für weniger präzise hält als den *langue*-Begriff, zieht er den ersteren aber doch zur Erklärung des Übergangs zwischen *langue* und *parole* heran. Dieser Übergang ist gekennzeichnet durch Bipolarität. Er läßt sich - ausgehend vom Kompetenzbegriff - als regelgesteuert-kreativ kennzeichnen; ausgehend von der konkreten Aktualisierung ist der Übergang eher regelverändernd-kreativ. Da Heger die Unterscheidung von System und Norm bei Coseriu ausschließlich mit der Unterscheidung in distinktive und redundante Merkmale gleichsetzt, situiert er diese Unterscheidung nur im Bereich des Systems, denn Aktualisierungsprobleme finden keine Berücksichtigung in der Unterscheidung Coserius.

Dennoch unterscheidet er ähnlich wie Coseriu drei verschiedene Ebenen (1969 a, 155 ff.): die *parole* stellt dabei - wie schon in dem grundlegenden Verständnis Hegers von der de Saussure'schen Dichotomie - die an die augenblicklichen Gegebenheiten gebundene, keiner unmittelbaren quantitativen Analyse zugängliche Aktualisierung sprachlichen Materials durch ein einzelnes Individuum dar. Demgegenüber bezeichnet die $\Sigma parole$ das "beliebige Vorkommen innerhalb des Rahmens einer quantitativ bestimmten Vorkommensmenge" (1969 a, 156). Diese supraindividu-

elle Ebene kann etwas unscharf als 'allgemeiner Sprachgebrauch'
angesehen werden. Heger unterscheidet hierbei allerdings noch
genauer zwischen der sowohl kollektiven als auch individuellen,
in ihrer Vorkommensmenge begrenzten Σ*n parole* und der ausschließlich kollektiven, in ihrer Vorkommensmenge begrenzten Σ*x parole*.
Die Kriterien schließlich, die die Zuordnung des Vorkommens
sprachlicher Elemente auf einen Typus erlauben, können nur in
der *langue* angesiedelt sein. Sie bestimmen zwar die Formen der
Aktualisierung, sind jedoch nicht die Aktualisierungsformen
selbst. Heger gelangt so zwangsläufig wieder an den Übergang
zwischen *langue* und *parole*, diesmal jedoch bezogen auf die von
ihm definierten Begrifflichkeiten. Die "materielle Untrennbar-
keit von Langue und Parole" (1969 a, 156) manifestiert sich in
der Festlegung, daß jede Einheit der *parole* nur dann auf der
parole-Ebene als individuelle Einheit gilt, wenn sie auf der
Ebene der Σ*parole* klassifizierbar ist und wenn gleichzeitig
diese Klasse durch eine entsprechende Einheit auf der *langue*-
Ebene dargestellt wird. Umgekehrt gilt gleichzeitig, daß ein
durch seine Systemstelle definiertes Element in der *langue* nur
dann tatsächlich als solches gilt, wenn es "virtuell in Form
eines Σ*parole*-Vorkommens des durch [ihn] definierten Typus auf
der Ebene der Parole aktualisierbar ist" (1969 a, 157). Damit
steht Hegers Ansicht dem Verhältnis zwischen *langue* und *parole*,
wie es sich aus dem *Cours de linguistique générale* implizit ergibt (vgl. oben S. 261 ff.), sehr nahe. Von Coseriu unterscheidet er sich dagegen grundsätzlich. Zum einen ist sein Systembegriff durch die Bindung an Σ*parole* und *parole* dynamischer und
läßt z. B. analoge Bildungen wie *schön - Schönheit* ⟶ *gut -
Gutheit nicht zu. Zum anderen ist die Norm für ihn nicht un-
mittelbares Resultat aus der Gegenüberstellung von *langue* und
parole. Sie stellt für ihn vielmehr ein metasprachliches Urteils-
vermögen dar, "das es der Gesamtheit der Benutzer eines Diasystems ... ermöglicht, übereinstimmende Aussagen über die allgemein ... gültige Verbindlichkeit einzelner Phänomene des betreffenden Diasystems und seiner Aktualisierungsmodalitäten zu
machen und daraus Urteile über die Akzeptabilität oder Nicht-
Akzeptabilität einzelner Aktualisierungen... abzuleiten" (1969 b,

54 f.). Die Norm ist demnach immer kollektiv zu verstehen und
als unabdingbare Zwischeninstanz zwischen *langue* und Σ*parole*
anzusetzen. Entscheidend und für die bis dahin geführte Normdiskussion neu ist das von Heger (1969 b) entwickelte Konzept
von Sprache und Dialekt. Indem er einen den Qualitäten der *parole* entsprechenden Idiolekt auf der Systemebene annimmt und
ihn vom Diasystem - gekennzeichnet durch dieselben Eigenschaften wie die Σ*parole*, nur auf der Systemebene angesiedelt - unterscheidet, gelangt er zu einer hierarchischen Abfolge, die
beim *Idiolekt* beginnend über den *Dialekt* und die ihm übergeordnete *Sprache* zur *Sprachgruppe* führt. Unterscheidendes Kriterium
zwischen Dialekt und Sprache ist - wie bei Coseriu - der Abstraktionsgrad. Die Bestimmung der Norm im Hinblick auf das
Diasystem - und nicht auf die Sprache - sowie die besondere Berücksichtigung der Aktualisierungsmodalitäten weisen zum ersten
Mal im Rahmen der eher systemlinguistischen Normdiskussion auf
die Unmöglichkeit hin, Sprache und ihre Aktualisierung nur an
sich selbst zu messen. Die explizite Einbeziehung situationeller und personengebundener Faktoren öffnet den Blick auf einen
Normbegriff, wie er häufig innerhalb der Soziolinguistik anzutreffen ist.

Auf die soziale Bedingtheit und die sich daraus ergebende Verbindlichkeit sprachlicher Zeichen hebt auch Serebrennikow
(1973) ab. Er geht von der Trichotomie *Norm - Sprachstruktur -
Usus* aus, in der es "vor allem um die Erforschung des Verhältnisses von Norm und Usus zur inneren Organisation der Sprache"
(1973, 459) geht. Während der Begriff der Sprachstruktur dem
System bei Coseriu entspricht, ist die Norm Serebrennikows als
unterste Abstraktionsebene der Sprache gesellschaftlich markiert. Das dem Sprecher eigene Kulturniveau bestimmt dabei die
Norm, deren Verhältnis zur Struktur als potentielle Hauptquelle
für die Veränderung der Sprache ist. Sprachwandel ist danach
außersprachlich bestimmt. Der Usus, definiert als die Gesamtheit der realen Sprachverwendungen, enthält im Gegensatz zur
Norm eine Reihe zufälliger, u. U. auch nichtkorrekter Äußerungen, die jedoch stabil sein können. Im Gegensatz zu Coseriu

also, der den Normbegriff innersprachlich versteht und nicht
auf Bewertungen sprachlicher Äußerungen durch die Norm aus ist
(1975 b, 81), zieht Serebrennikow den Begriff der Korrektheit
als ein *tertium comparationis* heran, um den Usus von der Norm
abzugrenzen. Er geht sogar noch weiter, indem er für jeden
Zeitpunkt die Unterscheidung zwischen der bewußten Erkenntnis
der Verbindlichkeit und der *Richtigkeit* der normgemäßen Äußerungen annimmt; woran die Richtigkeit gemessen wird, bleibt
offen. Dabei ist sichergestellt, daß Norm und Usus nie zusammenfallen können. Die Norm unterteilt Serebrennikow in eine
realisierende und eine *selektive* Seite. Letztere stellt den
Normalfall dar und soll zum Ausdruck bringen, daß die Struktur
mehr als ein Zeichen oder eine Zeichenkombination für den Ausdruck eines Inhalts zur Verfügung stellt und daß die Auswahl
auf der Ebene der Norm erfolgt. Die realisierende und im Vergleich zur selektiven Seite eher reduzierte Norm kommt in den
Fällen zum Tragen, in denen die Struktur nur eine einzige Möglichkeit zur sprachlichen Realisierung offenläßt.

Während Serebrennikow den Begriff sprachlicher Richtigkeit in
seine Gedanken über die Norm integriert, lehnt Lyons (1968)
dies - zumindest für einen pauschalen Richtigkeitsbegriff -
ab. Hierbei wird innerhalb der systemlinguistischen Normdiskussion explizit auf die einheitliche Betrachtung der Sprache
verzichtet:

> "Each socially or regionally differentiated form
> of the language has its own standard of 'purity'
> and 'correctness' immanent in it."
> (Lyons 1968, 42)[26]

Hieraus leitet Lyons - in Übereinstimmung u. a. mit Martinet

---

[26] Wohlgemerkt, das Erstaunliche an Lyons' Ansatz ist nicht
die bloße Annahme von verschiedenen Standards und Varietäten; hierzu hat die Soziolinguistik ihren Beitrag geleistet
bzw. noch zu leisten. Bemerkenswert ist vielmehr, daß das
soziolinguistische Konzept unterschiedlicher Sprachniveaus
Eingang in systemlinguistische Überlegungen gefunden hat.

(1967) und de Saussure (1975) - die *deskriptive* Orientierung der Linguistik ab; sie soll das Beobachtete *be*schreiben, nicht das vermeintlich Obligatorische *vor*schreiben. Übertragen auf die Norm hat sie damit deskriptiven, den individuellen oder sozialen Sprachgebrauch widerspiegelnden Charakter. Zu dieser Dichotomie zwischen *deskriptiv* und *präskriptiv* fügt Lyons eine dritte, zwischen den beiden ersten liegende Qualifikation hinzu: er leitet aus Chomskys Generativitätsbegriff den Terminus *prädiktiv* ab (1968, 155 f.):

> "A grammar of this kind is 'predictive' in that it
> establishes as grammatical, not only 'actual'
> sentences, but also 'potential' sentences."

Aus diesem Zusammenhang ist - u. a. durch von Polenz (1972) und P. Schröder (1973) - die Trias von deskriptiver, präskriptiver und prädiktiver Norm hergeleitet worden. Mag der Gedanke einer dreigeteilten systemlinguistischen Norm auch noch so verlockend sein, er ist logisch falsch. Die Qualifikation der Linguistik als vornehmlich deskriptive und weniger präskriptive Wissenschaft bedeutet den Primat der Beobachtung beim Linguisten. Eine deskriptive Norm ist somit das statistisch Normale (siehe dazu von Polenz 1972); eine präskriptive Norm rührt dagegen aus kodifizierten Regeln her, die von einer Minderheit erstellt und für verbindlich erklärt worden sind. Beide, Normales und Normatives, beziehen sich auf das Endergebnis sprachlicher Produktionen, wenn auch mit dem Unterschied, daß die präskriptive Norm dieses Endergebnis *vorher* beeinflußt. Die prädiktive Norm, wie sie aus Lyons hergeleitet wird, betrifft aber gar nicht das unmittelbare Endergebnis sprachlicher Produktionen, sondern sie bezieht sich auf die Ebene von Sprache generierenden Regeln (vgl. die lingualen Regeln in Barth 1972). Diese Regeln müssen dem Sprecher jedoch gar nicht bewußt sein (vgl. Chomsky 1965) und beziehen folglich auch außersprachliche Faktoren (Sprecher, Hörer, Situation etc.) gar nicht ein. Eine prädiktive Norm muß also unterhalb des deskriptiven und der präskriptiven Norm angesiedelt werden, da sie Sprache nur in einem Teilbereich ihrer eigentlichen Existenzweise erfaßt. Sie ist jedoch für beide übergeordnete Normen von Bedeutung.

Die skizzenhafte chronologische Darstellung und Diskussion systemlinguistischer Arbeiten zur Normproblematik hat gezeigt, daß ein einheitlicher systemlinguistischer Normbegriff nicht existiert, ja auch gar nicht existieren kann. Gleichwohl glauben wir, auf wesentliche Schwachpunkte aufmerksam gemacht zu haben; sie können hier nicht bis ins letzte verfolgt werden, wollen wir unser Ziel - den Zusammenhang zwischen den linguistischen Normbegriffen und dem Fremdsprachenunterricht zu untersuchen - nicht aus den Augen verlieren. Mit Hartmann (1976, 32) können wir zunächst feststellen, daß Sprache über die Einhaltung von Normen funktioniert und daß die sprachliche Normativität uns auf die soziale Bedingtheit von Sprache stößt. Die unbedingte Notwendigkeit, Sprache auch in Beziehung zu den Sprachbenutzern zu sehen, läßt sich aus unserer Kritik an de Saussure, Coseriu oder Chomsky ebenso absehen wie an anderen Versuchen, das Phänomen Sprache mit ausschließlich sprachwissenschaftlichen Analysemethoden in den Griff zu bekommen (vgl. dazu z. B. Halliday/McIntosh/Strevens 1964; Corder 1973; Schröder 1973).

4.2 SOZIOLINGUISTISCHE ASPEKTE

4.2.1 DER RAHMEN DER SOZIOLINGUISTIK

Die zunehmende Berücksichtigung außersprachlicher Faktoren bei der systemlinguistischen Normdiskussion öffnet fast zwangsläufig den Blick auf die Soziolinguistik. Die Grenzziehung zwischen Linguistik und Soziolinguistik ist dabei keineswegs immer klar; vielmehr erfordern die Grenzbereiche ein hohes Maß an Toleranz gegenüber den apodiktisch formulierten Zielen der jeweiligen Einzelwissenschaft.

Erinnern wir uns an den sowohl individuell als auch sozial interpretierbaren Begriff der *langue* bei de Saussure, und vergegenwärtigen wir uns gleichzeitig die Existenz von Sprache als Kommunikationsmittel innerhalb einer Sprachgemeinschaft mit der ihr eigenen Vielzahl von Kommunikationserfordernissen, so wird deutlich, daß die theoretische Linguistik allein keine ausreichenden und befriedigenden Antworten auf die Fragen geben kann, die die Sprache im Verhältnis zu ihren Anwendungsbedingungen betreffen. Sie liefert aber gleichsam die Stimuli zu weitergehenden Fragestellungen; denken wir z. B. an die Prager Schule mit ihrem sprachfunktionalen Ansatz, der u. a. von Firth (1959) und seinen Schülern (etwa Halliday) durch die Entwicklung des situationell-kontextuellen Ansatzes weiterentwickelt wurde oder an das Konzept der *Kommunikativen Kompetenz* von Hymes (1962; 1964), der den Kompetenzbegriff Chomskys um die das Sprechen ergänzenden Handlungsformen erweitert.

Gleichwohl hat sich die Soziolinguistik zu einer eigenständigen Disziplin entwickelt, deren Erkenntnisinteresse nicht nur in der bloßen Erweiterung systemlinguistischer Theorien

liegt[27]), sondern in eine Palette von Forschungsrichtungen
mündet. So nennt Schlieben-Lange (1978, 102) als Hauptaufgaben der Soziolinguistik die Erhebung aktueller Sprachdaten,
die Sammlung objektiver Angaben zur Person sowie zu den Bedingungen der Sprachverwendung und Ermittlung der Einstellung zu
den verschiedenen Sprachformen. Den letzten Punkt führt Dittmar (1980, 158) dahingehend weiter, daß nicht nur die Normen
sozialer Kommunikation aufzudecken sind, sondern daß diese
darüber hinaus mit den Normen des Gesellschaftssystems verglichen werden müssen. An einer anderen Stelle heißt es bei
ihm (Dittmar 1980, 139):

> "Die Frage nach der sprachlichen Norm geht auf die
> sozioökonomischen und ideologischen Herrschaftsverhältnisse in einer Gesellschaft und die sozialen Werte von Gruppen zurück, die, in Korrelation
> mit verschiedenen Parametern, distinktive Varietäten hervorbringen. Sie herauszufinden, ist ein wesentliches Problem der Soziolinguistik."

Noch weiter als Dittmar geht Bernstein (1973, 44) mit seiner
Zielsetzung, wonach sprachliche Systeme daraufhin überprüft
werden sollen, inwieweit sie "Realisierungen wie auch Regulatoren der Struktur sozialer Beziehungen darstellen". Einen ähnlichen Standpunkt vertritt Labov (1964). In seinen Forschungsarbeiten bewegt sich Bernstein (1976) genau in diese Richtung.

Ammon/Simon (1975, 28) sehen in der Beschäftigung mit der gesellschaftlichen Funktion von Sprache für die Soziolinguistik
die Chance, die Sprachdidaktik gesellschaftsbezogener zu gestalten.

---

[27]) Um es an dieser Stelle schon vorwegzunehmen: Wir plädieren
keineswegs für eine Auffassung natürlicher Sprachen als
bloße Systeme sozialer Normen. Allerdings meinen wir - und
die Ergebnisse soziolinguistischer Forschung belegen dies -,
daß natürliche Sprachen außersprachlichen, sozialen Einflüssen unterliegen. Eine Normdiskussion, die den Anspruch
erhebt, reale, anwendungsorientierte und fremdsprachendidaktisch verwertbare Aspekte zusammenzutragen, kann an
dieser Tatsache <u>nicht</u> vorbei.

Fishman (1975, 15) unterteilt aufgrund der allgemeinen Aufgabenstellung die Soziolinguistik in einen *deskriptiven* Zweig, in dem es um die bloße Offenlegung der Normen des Sprachgebrauchs - also um die Zuordnung von Varietäten zu einer jeweiligen Klasse von Situationen - geht, und in einen *dynamischen* Zweig, der die Frage zu klären versucht, "wie und warum das sozial organisierte System des Sprachgebrauchs und des Verhaltens gegenüber der Sprache innerhalb *desselben* sozialen Netzwerks oder *derselben* sozialen Gemeinschaft in zwei verschiedenen Situationen spezifisch verschieden sein kann". Fishmans Forschungsansatz für den dynamischen Zweig ist somit neutraler als das einer speziellen Hypothese unterworfene Soziolinguistik-Konzept Bernsteins.

Nach Ferguson (1965) sollte sich die Soziolinguistik konzentrieren auf das Verhältnis zwischen Sprache und sozialer Schichtung, auf das Problem der Mehrsprachigkeit und auf die Sprachnormierung. Eine so verstandene Soziolinguistik situiert Sprache sowohl in ihrem soziologischen Bedingungsfeld als auch in ihren individuellen Ausprägungen. Dies geschieht vor allem dann, wenn Mehrsprachigkeit im Rahmen von Einzeldisziplinen untersucht und beschrieben wird (vgl. dazu Fishman 1968 b), so etwa im Bereich psycholinguistischer, individuenbezogener Forschungen zur kombinierten und koordinierten Mehrsprachigkeit (vgl. als Ausgangspunkt Ervin/Osgood 1954) und wenn somit das Stadium des Sprachkontakts auf der Ebene der Systeme (so wie bei Weinreich 1977 beschrieben) überschritten wird. Von dieser Position unterscheiden sich Grosse/Neubert (1970, 5), die den Gegenstand soziolinguistischer Forschungen ausschließlich in den Varianten sehen, die in irgendeiner Form von gesellschaftlicher Bedeutung sind.

Die Reihe der Beschreibungen des soziolinguistischen Forschungsbereichs ließe sich beliebig fortsetzen. Gemeinsam ist allerdings allen Ansätzen die Betonung der Beziehung zwischen Sprache und Sozialstruktur, wobei z. T. die Sprache als bloßes Abbild der Sozialstruktur verstanden wird (vgl. v. a. Bernstein

1976, etwas abgeschwächt aber auch Labov 1964 und Grimshaw 1971); z. T. geht es von einer neutraleren Position aus um die Klärung des Verhältnisses zueinander (vgl. etwa Gumperz 1972 und Dittmar 1980, 290 ff.). Da Sprache nunmehr - im Gegensatz zur Systemlinguistik - nicht mehr unabhängig von außersprachlichen Verwendungsbedingungen zu sehen ist, wird aus den 'linguistischen' Sprachgemeinschaften - verstanden als Gruppe von Individuen mit derselben Sprache - nunmehr eine Gemeinschaft, die außer dem Sprachkode auch "das Verhalten bei und die Interpretation von Sprechakten" (Hymes 1973 a, 94) teilt. Die Existenz der Sprachgemeinschaft hängt also von Verhaltensweisen ab, die z. T. sogar unabhängig von den entsprechenden Sprachen oder Varietäten bestimmt werden (Fishman 1975, 34 f.).

An dieser Stelle wird es notwendig, einen kurzen Blick auf das Verhältnis der Soziolinguistik zur Linguistik zu werfen. Ein Wesensmerkmal der Linguistik, genauer der Systemlinguistik, ist die Verselbständigung der Sprache als unabhängige Größe, die meist in völliger Vernachlässigung der sie konstituierenden Verwendungsbedingungen beschrieben wurde. Wir haben dies im Rahmen der oben geführten Diskussion anhand einiger systemlinguistischer Arbeiten zur sprachlichen Norm aufgezeigt. Die Entstehung neuerer Wissenschaftsdisziplinen mit linguistischem Bezug mag als Beleg dafür dienen, daß die Systemlinguistik den an sie gerichteten Forschungsinteressen entweder gar nicht oder nicht in ausreichendem Maße Rechnung trug bzw. tragen konnte. So entwickelte sich z. B. die Pragmalinguistik ebenfalls durch ein Bündel von wissenschaftlichen Fragestellungen, die von der Systemlinguistik her nicht mehr zu beantworten waren (vgl. Wunderlich 1970).

Die Soziolinguistik kann zunächst einmal als Zusammengehen zweier wissenschaftlicher Disziplinen angesehen werden, als "ein Nebenprodukt eines dringend notwendigen und erst jüngst erworbenen Bewußtseins seitens der Linguistik und seitens der Sozialwissenschaften, daß sie einander brauchen, um ihre gemeinsamen

Interessen produktiv und stimulierend verfolgen zu können"
(Fishman 1975, 23). Während sich das klassische Interesse der
Linguistik auf ein invariantes System richtet, befassen sich
die Sozialwissenschaften mit variablen Systemen, deren interne
Beziehungen sowie die Gründe für diese Variabilität ihr haupt-
sächliches Erkenntnisinteresse darstellt. Aus einem bloßen Nebeneinander beider Wissenschaftsdisziplinen, wie es nach Ammon/
Simon (1975) typisch für den älteren Ansatz der Soziolinguistik
ist, hat sich ein methodisch mehr integrativ ausgerichtetes
Verständnis von Soziolinguistik entwickelt, mit dem soziologischen Schwerpunkt auf der Annahme sozialer Ungleichheit. Diese Soziolinguistik entwickelt sich vor allem in Anlehnung an
die Mitte und Ende der fünfziger Jahre durchgeführten Untersuchungen Bernsteins (1976), die ihrerseits wiederum die Grundlage für die kulturanthropologische Soziolinguistik amerikanischer Prägung bildeten. Aus einem interdisziplinären Soziolin-
guistik-Verständnis heraus wurde der Ruf nach einer Sprachhand-
lungstheorie erhoben, in der es nicht um die reine Korrelation
linguistischer und soziologischer Größen gehen konnte, sondern
in der linguistische Größen auch in ihrer den Handlungszusam-
menhang bedingenden und variierenden Dimension gesehen werden
konnten (vgl. Wunderlich 1971).

Aufgrund des skizzierten Interessenfeldes ist die Soziolinguistik also originär an der Erforschung von Sprachnormen interessiert. Ihre wissenschaftliche Entstehungsgeschichte bedingt,
daß ursprünglich systemlinguistisch angelegte Arbeiten zur
sprachlichen Normproblematik von der ausschließlichen Betrachtung der Sprache als gänzlich unabhängigem System abgingen und
die Verwendung von Sprache betreffenden Faktoren stärker in
ihre Überlegungen einbezogen. Dies gilt vor allem für die Arbeiten Stegers (1968; 1970) und von Polenz' (1972; 1973).

4.2.2 H. STEGER

Für Steger (1968) gehört das Problem der Norm in den Bereich
der sozialen Kontrolle; die Sprache wird als ein Mittel ange-

sehen, den Sprecher aufgrund seiner sprachlichen Produktionen einer bestimmten sozialen Schicht zuzuordnen. Dabei betont Steger (1968, 47), daß die Formen der Sprachnormierung logisch, historisch, biologisch oder auch humanistisch-ästhetisch fundiert sein können. Da er Äußerungen nicht von ihrem Inhalt noch von den potentiellen bzw. tatsächlichen Adressaten trennt, kann die Sprachnorm von ihm nicht streng systemlinguistisch gesehen werden, sondern nur gesellschaftlich bezogen. Sein Verständnis von Sprachnorm legt Steger (1970) anhand komplexer Begrifflichkeiten dar, die sich terminologisch vor allem an de Saussure und Chomsky orientieren. Auf der Ebene der Realisierung unterscheidet er zwischen der *Parole* als der tatsächlichen, mit allen situationellen und individuell sprecherbezogenen Mängeln behaftete Äußerung und dem *Diskurs* als einem genau den Sprecherintentionen entsprechenden Text. Dabei regelt das *Sprachgefühl* des Sprechers, was im Rahmen der *Parole* unkorrigiert stehenbleiben kann; das Sprachgefühl des Hörers vermittelt diesem lediglich die Möglichkeit einer zumeist intuitiven Beurteilung der sprachlichen Äußerung des Sprechers[28]. Im Unterschied zur Kennzeichnung der Sprachgemeinschaft als Gruppe von Individuen mit derselben Sprache definiert Steger die *Sprechergruppe* durch die gleiche soziale Gruppenzugehörigkeit; die *Sprachgemeinschaft* stellt demgegenüber ein übergeordnetes Gebilde von Gruppen dar. Die *Individualkompetenz* versteht er mit Henne/Wiegand als die Fähigkeit des Einzelnen, aus einer endlichen Menge neuer Sprachzeichen und aus einer endlichen Menge von Syntagmen eine unendliche Menge von Sätzen zu erzeugen, zu erkennen und zu interpretieren (vgl. Steger 1970, 15). Er bezieht hier den Standpunkt der generativen Sprachtheorie, der terminologisch vervollständigt wird durch die Annahme einer

---

[28] Die Unterscheidung zwischen sprecher- und hörerspezifischem Sprachgefühl wird bei Steger nicht gemacht. Aufgrund der produktionsorientierten Parole und Diskurs sowie mit Blick auf die Definition des Sprachgefühls als Fähigkeit, Fehler "mit großer gefühlsähnlicher Schnelligkeit und Sicherheit erkennen, vom regulären Spracherzeugnis trennen und 'korrigieren' zu können" (Steger 1970, 14), erscheint diese Perspektivierung unumgänglich.

Gruppenperformanz, verstanden als der kollektive Teil einer Sprache, der realisiert wird[29]. Steger meint hier wohl Sprachbrauch. Das *Sprachsystem* impliziert dagegen den kollektiven Anteil an den Sprachmöglichkeiten; Sprache ist somit sozial markiert. Dieser sozialen Bindung der Sprache trägt Steger weiterhin durch die Annahme einer *sozialen Kompetenz* Rechnung, in der außersprachliche und sprachliche Orientiertheit zusammentreffen. Die soziale Kompetenz ist auf der Basis der jeweiligen Orientiertheit verantwortlich für die Spracherzeugnisse, die ihrerseits individuell oder kollektiv ausgerichtet sein können. Der *Planungsstrategie* des Sprechers schließlich, die über den *Diskurs* zur *Parole* führt, entspricht auf der Seite des Hörers die *Erwartungsnorm*, die am virtuellen System der Sprache orientiert ist. Versuchen wir, Stegers Konzeption graphisch darzustellen:

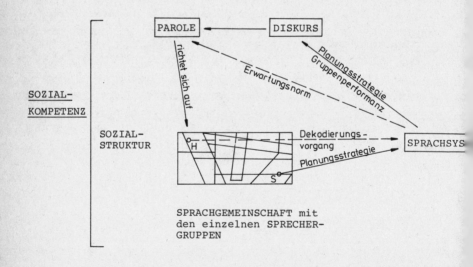

[29] Steger geht hier eklektisch vor, indem er den Kompetenzbegriff Chomskys weitgehend übernimmt, jedoch gleichzeitig die Entwicklung einer Theorie der Performanz fordert.

Dieser Kreislauf führt bei ständiger Anpassung von *Planungsstrategie* und *Erwartungsnorm* - und nur die Anpassung ermöglicht dauerhaft die Kommunikation - zur Stabilisierung von Sprachnormen, "d. h. zum regelmäßigen Auftreten bestimmter Zeichen und Zeichenkombinationen unter bestimmten Bedingungen" (Steger 1970, 18 f.). Damit wird die Sprachnorm nicht mehr - wie noch bei Coseriu - als ausschließlich sprachlich bestimmtes Phänomen betrachtet. Steger sieht vielmehr das Sprachsystem als Mittel zum Zweck an. Die Sprachnorm als etablierte Größe entsteht aus der Stabilisierung der nicht rein sprachlich auffaßbaren *Planungsstrategie* und der *Erwartungsnorm*. Wenn letztere sich nicht mehr auf die Grammatik bezieht, sondern auf den Texttyp (Steger 1970, 19) und damit auf eine situationell und außersprachlich bedingte sprachliche Realisierungsform, so muß die *Planungsstrategie* sich gleichfalls auf den Texttyp beziehen, der für beide *tertium comparationis* im Hinblick auf die Sprachnorm ist. Erst durch die Einführung der Konzepte von *Planungsstrategie* und *Erwartungsnorm* schafft sich Steger die Grundlage für eine Differenzierung von Normen, die vor allem darin besteht, die Diskussion um sprachliche Normen in den Zusammenhang menschlicher Handlungen allgemein zu integrieren. Dabei bringt diese Differenzierung die Wechselseitigkeit zwischen sprachlichen und nichtsprachlichen Normen zum Ausdruck. Dies wird beispielsweise deutlich an Stegers (1980, 210) Gegenüberstellung von vorsprachlich-inhaltlichen Normkonventionen/Norm-Maximen, die sich auf das Verhalten allgemein beziehen, und sprachlich normativen Regeln, seien sie Ausdruck eines unreflektierten Konsenses zwischen Sprachteilhabern oder seien sie explizit gesetzt. Auch die Unterscheidung zwischen allgemein gültigen situationsunabhängigen *Richtigkeits*-Normen und situations- und textgebundenen sozial markierten *Angemessenheits*-Normen (Steger 1980, 211) kann darauf zurückgeführt werden.

Ein solches Verständnis von Sprachnorm, wie Steger es entwickelt, ist den systemlinguistischen Ansätzen wegen seiner Integration des außersprachlichen Umfelds überlegen. Allerdings setzt es z. B. die Existenz einer Texttypologie sowie das Wissen der Sprachbenutzer um eine solche Typologie voraus. Spätestens die Diskussion um die psychische Realität generativer Regeln - wie sie mit Blick auf den Erst- und Zweitsprachenerwerb geführt wurde/wird und von daher auf die Beschäftigung mit Fragen des Fremdsprachenunterrichts einwirkt - läßt es zweifelhaft erscheinen, daß dem Sprachbenutzer die der Muttersprache[30] zugrundeliegenden Strukturprinzipien bewußt und damit metasprachlich abrufbar sind. Unter diesem Aspekt scheint es sinnvoller, die *Planungsstrategie* des Sprechers sowie die *Erwartungsnorm* des Hörers mehr vom Texttyp zu lösen und an der Erfahrung der am Kommunikationsprozeß beteiligten Personen zu orientieren und damit an Faktoren des situativen und interaktionalen Sprachverhaltens, wie es von Ervin-Tripp (1971) beschrieben wird.

4.2.3 P. VON POLENZ

Auch von Polenz (1972, 80) geht von den extrakommunikativen Existenzweisen von Sprache als den wichtigsten Institutionen der sozialen Kontrolle aus. Dabei beziehen sich die extrakommunikativen Existenzweisen auf die kommunikativen, von denen von Polenz (1972, 78 f.) insgesamt vier annimmt, die - analog zu Bühlers (1965) Vorgehen - an die Kombinationen von jeweils zwei Merkmalen gebunden sind. Innerhalb des Sprachsystems ordnet er den *Sprachbrauch* (das statistisch Normale) und die *Sprachnorm* (das Normative) an. Damit nimmt er die von Lyons (1968) eingeführte Differenzierung zwischen deskriptiv und präskriptiv wieder auf und gelangt damit an anderer Stelle (von Polenz 1973, 127) zu folgender Darstellung:

---

[30] Bei der Fremdsprache gilt dies vielfach nicht; dies hängt u. a. mit den Erwerbsbedingungen zusammen.

	virtuell (abstrakt)			realisiert (konkret)
	objektsprachlich-funktionell	metasprachlich-institutionalisiert		
		deskriptiv	präskriptiv	
individuell	SPRACHKOMPETENZ			SPRACHVERWENDUNG
sozial	SPRACHSYSTEM	SPRACHBRAUCH	SPRACHNORM	SPRACHVERKEHR

Von Polenz verbindet also die Merkmale *individuell - sozial* und *virtuell - realisiert* im Gegensatz zu Coseriu (1975 b, 91) miteinander. Dies ist mit Blick auf den Ausgangspunkt seiner Überlegungen, nämlich die kommunikativen Existenzweisen von Sprache[31], gerechtfertigt. Zu Schwierigkeiten führt indes die Qualifizierung von *Sprachbrauch* und *Sprachnorm* als virtuell und ausschließlich sozial. Der *Sprachbrauch* ist statistisch definiert, d. h. er stellt das dar, was tatsächlich von einer Mehrheit gesprochen wird. Damit ist er nicht unmittelbar konkret, jedoch auch nicht abstrakt in dem Sinne wie das *Sprachsystem*. Im Unterschied zum *Sprachbrauch* impliziert die *Sprachnorm* eine Soll-Vorschrift, die zu dem Zeitpunkt, an dem sie formuliert wird, schon durch den aktuellen Sprachgebrauch als veraltet gelten kann (vgl. B. Müller 1975, 216 ff.). Sie stützt sich also nicht auf konkrete sprachliche Äußerungen, sondern beinhaltet eine Bewertung poten-

---

[31] Auch Oksaar (1968, 72) betont die Bedeutung, die der kommunikativen Funktion bei der Betrachtung des Phänomens Sprache zukommt. Während von Polenz allerdings die verschiedenen kommunikativen Existenzweisen von Sprache als Grundlage für die Integration außersprachlicher Faktoren in die Überlegungen auffaßt und sich somit den Zugang zur Gesellschaft als Menge sprachbenutzender Individuen erschließt, verläuft Oksaars Intention in die entgegengesetzte Richtung; ausgehend von kommunikationstheoretischen Erwägungen soll das Gewicht systemlinguistischer Elemente zuungunsten außersprachlicher Faktoren betont werden.

tieller Äußerungen mit Bezug auf das *Sprachsystem* und auf die
Wertmaßstäbe der Sprachgemeinschaft. Das Sprachgefühl - bei
Steger (1968; 1970) Bestandteil der Normdiskussion - bleibt
unberücksichtigt. Die Festlegung von *Sprachbrauch* und *Sprachnorm* als sozial läßt individuelle Aspekte des Sprachgebrauchs
(z. B. persönlicher Stil) und der *Sprachnorm* (individuelle Auffassung von Sprachrichtigkeit) außer acht.

Die Auffassung, das sprachliche Normproblem im Zusammenhang
mit sozialen Kontrollmechanismen zu sehen - eine Auffassung,
die nicht zuletzt dem Verständnis von Sprache als einem Kommunikationsmittel innerhalb einer *Gemeinschaft* entstammt, - bringt
die Frage der Norm als Bewertungsinstanz mit sich. Diese Auffassung ist es damit auch, die es uns verbietet, die Norm als
einen rein innersprachlichen Mechanismus zu sehen, ohne jegliche Bewertungsabsicht im Sinne von 'gut' - 'schlecht' bzw.
'richtig' - 'falsch', wie es Coseriu (1975 b, 81) tut. Die
kollektiven Sprachnormen stellen vielmehr ein Mittel der sozialen Kontrolle dar, indem die Sprachnorm (wie sie z. B. von
Polenz versteht) die Zugehörigkeit zu einer bestimmten sozialen Schicht belegt und Abweichungen von der Sprachnorm in der
Regel einen niedrigeren sozialen Status und damit verbunden
eine andere Gruppenzugehörigkeit signalisieren als die der
Normsetzer. Eine Ausweitung der gesellschaftlichen Kraft, die
der Sprachnorm inhärent ist, finden wir in der Defizit-Hypothese Bernsteins (1976), die durch die Differenzhypothese wieder etwas abgeschwächt wurde (zur Diskussion dieser beiden
Hypothesen vgl. Ammon/Simon 1975; Schlieben-Lange 1978; Dittmar 1980 sowie weiter unten). Die allgemeine Zurückhaltung,
die sich mittlerweile gegenüber einem sanktionsgeladenen Verständnis von Sprachnorm breit macht, drückt sich u. a. aus in
der Forderung nach "Abbau der latenten puritanisch-aggressiven
Dichotomie 'richtig:falsch' zugunsten eines demokratisch-funktionalen Interpretationsschemas, das keine schroffen und repressiv moralisierenden Bewertungspolarisationen zuläßt"
(Pollak 1973, 58). Will man dieser, u. E. berechtigten Forderung nachkommen, so reicht es kaum, damit auf der Ebene der

bereits etablierten Sprachnorm zu beginnen. Vielmehr müssen
der oder die Gründe für die Fixierung der jeweiligen Sprachnorm offengelegt werden, um von dort aus den der Sprachnorm
anhaftenden Bewertungs'zwang' zu beseitigen. Wir wollen an dieser Stelle noch offen lassen, ob für die Entstehung von Sprachnormen das Sprachgefühl, wie es Steger (1968, 45) annimmt, oder
sozioökonomische Verhältnisse in der Sprachgemeinschaft verantwortlich sind, oder gar beides zusammen. Während die vorwiegend sprachlich bestimmte Position dabei häufig von denjenigen Autoren vertreten wird, die in ihren linguistisch basierten Überlegungen außersprachliche Kriterien einfließen lassen
(wie z. B. Steger und auch noch von Polenz), gibt der zweite
Ansatz mindestens die Gleichberechtigung von sprachlichen und
gesellschaftlichen Kriterien wider; dieser Ansatz ist stärker
der Soziolinguistik verpflichtet und kennzeichnet die Überwindung des für die Normdiskussion fruchtbaren Übergangstadiums
zwischen systemlinguistischen und soziolinguistischen Ansätzen.
Das absolute Festhalten an einem streng systemlinguistischen
Normbegriff (z. B. noch Räuscher 1972) darf insgesamt als überholt gelten.

Im folgenden wollen wir uns mit den noch stärker soziolinguistisch zentrierten Ansätzen befassen, die für die Normdiskussion von Bedeutung sind. Dabei wird die Norm nicht immer explizit thematisch; häufig ergeben sich aus Arbeiten mit anderem
Erkenntnisinteresse implizite Rückschlüsse auf das Normproblem.

4.2.4 BEMERKUNGEN ZU DEFIZIT- UND DIFFERENZHYPOTHESE

Ein Beispiel für diese Art von Untersuchungen stellen zweifelsohne die Arbeiten des Engländers Basil Bernstein (1976)[32] dar.
Bernstein ging - vereinfacht gesagt - zunächst von der Grundan-

---

[32] Bernsteins hier zitierte Arbeiten stammen aus der Zeit
zwischen 1958 und 1971. Sie sind in deutscher Übersetzung
in einer Zusammenstellung unter dem Titel Studien zur sprachlichen Sozialisation 1972 zum ersten Mal erschienen und werden hier und im folgenden nach der vierten Auflage von 1976
zitiert.

nahme aus, daß Sprache und Position des diese Sprache benutzenden Individuums in der Gesellschaft in irgendeiner Beziehung zueinander stehen; genauer: zwischen die Sprache als System und das Sprechen tritt die Sozialstruktur. Dabei unterscheidet Bernstein zunächst zwischen der 'öffentlichen' Sprache, "die einen hohen Anteil an kurzen Befehlen, einfachen Feststellungen und Fragen enthält, in der die Symbolik deskriptiv, fühlbar, konkret, sichtbar und von niedriger Allgemeinheit ist, in der die Betonung mehr auf den emotiven als auf den logischen Implikationen liegt" (1976, 73), und der 'formalen' Sprache, die reich an persönlichen Qualifikationen ist und deren Form fortgeschrittene logische Operationen einschließt. Dies bedeutet, daß im formalen Sprachgebrauch der Sinn der Äußerung folgerichtig expliziert und stark differenziert zum Ausdruck gebracht werden kann. Durch die Unterscheidung zwischen formaler und öffentlicher Sprache bringt Bernstein die Sprache in eine Interrelation sowohl zum Denken als auch zur Sozialstruktur, indem er zunächst als Vermutung äußert, daß unterschiedliche Sprechweisen im Zusammenhang mit der Organisation sozialer Gruppen stehen (1976, 108). Die Beschreibung der Intelligenz als Fähigkeit des Sprechers, alle Möglichkeiten der gesellschaftlich markierten Sprachformen erfolgreich und damit optimal auszunutzen, führt ihn zu der Behauptung, daß die Beherrschung gewisser sprachlicher Formen verantwortlich ist für Erwerb oder Nichterwerb von kognitiven und sozialen Fähigkeiten. Diese Behauptung mündet wiederum in die Annahme, daß die Mitglieder einer bestimmten sozialen Schicht aufgrund der Implikationen der von ihm gebrauchten Sprachformen auf entsprechende allgemeine Lernmethoden und -strukturen fixiert sind (1976, 145). Bernstein gelangt so schließlich zu der Unterscheidung zwischen einem *elaborierten* und einem *restringierten* Kode. Linguistisch manifestiert sich der Unterscheid zwischen beiden v. a. in der größeren syntaktischen Vorhersagbarkeit des restringierten Kodes; psychologisch liegt der Unterschied zwischen ihnen in dem Maß, in dem sie die exakte Versprachlichung von Intentionen fördern (elaboriert) oder hemmen (restringiert); soziologisch gesehen ist der elaborierte Kode in der Lage, individualisierte Symbole

darzustellen, der restringierte Kode begünstigt lediglich die
Darstellung sozialer Symbole (1976, 155 ff.). Daraus resultiert, daß der elaborierte Kode weniger kontextgebunden ist
als der restringierte. Schönbach (1972, 80) ordnet dem elaborierten Kode im Zusammenhang mit Assoziationstests einen Assoziations*fächer* zu, d. h. der Sprecher ist in der Lage, von einem
versprachlichten Konzept ausgehend alle denkbaren Konzepte zu
entwickeln; demgegenüber verfügt der Sprecher des restringierten Kodes nur über eine Assoziations*kette*, in der sich ein Konzept immer nur aus dem vorangehenden ergibt. Während der Sprecher des elaborierten Kodes über beide Kodes verfügt, besitzt
der Sprecher des restringierten Kodes nur einen.

Nach Bernstein hat nun die Verfügbarkeit über den jeweiligen
Kode unmittelbare Auswirkungen auf die Rolle des Sprechers in
der Gesellschaft:

> "Eine soziale Rolle kann demnach als eine komplexe
> Codierungsaktivität betrachtet werden, welche die
> Erzeugung und die Organisation spezifischer Bedeutungen wie auch die Bedingungen ihrer Übertragung
> und Rezeption kontrolliert." (1976, 202).

> "Elaborierte Varianten ... schließen besondere Rollenbeziehungen *der* Sprecher mit ein, und wenn man
> die Rolle nicht beherrscht, kann man adäquates
> Sprechen nicht erzeugen." (1973, 52).

Entsprechend einer wenig verbindlichen und wenig informativen
Aufteilung der sozialen Schichten ordnet Bernstein den elaborierten Kode der Mittelschicht zu, den restringierten der
Unterschicht. Bernsteins gesamte Hypothese wird in der Soziolinguistik als *Defizit-Hypothese* bezeichnet.

Schon der kurze Überblick über Bernsteins Annahmen[33] macht

---

[33] Bernstein selbst hat zwar versucht, seine Hypothesen durch
die Empirie zu stützen, jedoch gelten seine Daten wegen zu
geringer Population für die jeweiligen Erhebungen und aufgrund methodischer Unzulänglichkeiten (vgl. dazu z. B.
Dittmar 1980, passim) als wenig aussagekräftig.

deutlich, daß sie nicht unwidersprochen bleiben konnten. So bemerkt Dittmar (1980, 25) zu Recht, daß Bernstein keine Angaben über die Grammatiktheorie macht, die der Berechnung der Vorhersagewahrscheinlichkeit zugrundeliegen soll; offen bleibt auch, welche sprachlichen Merkmale genau für die Unterscheidung zwischen restringiertem und elaboriertem Kode herangezogen werden sollen. Oevermann (1973, 333 ff.) wirft Bernstein vor, einen Zirkelschluß gezogen zu haben, da er zur Beschreibung von Interaktionssituationen auf eine Theorie des linguistischen Kodes zurückgreift, die ihrerseits wiederum durch die Interaktion bestimmt wird. Außerdem macht er ihm zum Vorwurf, bei der Analyse nicht sauber zwischen Sprechweisen und sozialer Rolle auf der einen Seite und Sprechweisen und verbaler Planungsstrategie auf der anderen getrennt zu haben. Weiter muß kritisch vermerkt werden, daß das Verhältnis zwischen formaler und öffentlicher Sprache nicht detailliert genug expliziert wird. Es abstrahiert von situationellen Komponenten und suggeriert, daß der Sprecher keine Kontrolle über seine Sprechweise habe.

Die Liste kritischer Einwendungen gegen Bernstein ist noch länger. Wir wollen uns mit seinen Annahmen aber noch im Hinblick auf das Normproblem gezielt beschäftigen. Seine Hypothesen ergeben diesbezüglich, daß die Sprechnorm vornehmlich ein soziales Phänomen ist, das am Grad der Komplexität einer sprachlichen Äußerung abgelesen werden kann, wobei Komplexität geringer Vorhersagbarkeit entspricht. Bernstein setzt dabei selbst die Norm fest, indem er Bewertungen im Rahmen einer 'gut' - 'schlecht' - Opposition vornimmt. Völlig außer acht bleibt dabei der Sprachbrauch einer Sprachgemeinschaft insgesamt; die Sprache der herrschenden Klasse wird als Norm gesetzt, und weiter wird angenommen, daß die herrschende Klasse aufgrund ihrer sprachlichen Qualitäten herrschend ist. Dieser Zirkel resultiert aus der unauflöslichen Verknüpfung, die Bernstein zwischen mentalen Prozessen und Sprache vornimmt. Die Sprache und damit auch die Sprachnorm werden durch den Intelligenzgrad der Sprecher markiert. Dieser wiederum wird vom Analysator - in diesem Fall von Bernstein - auf einer Werteskala eingeordnet.

Die Sprachnorm ist somit keine 'freie' Größe mehr wie bei Steger oder von Polenz. Sie ist zum Anzeiger für soziale Machtposition degeneriert. Es soll keineswegs bezweifelt werden, daß Vertreter einer sozial hochstehenden Gruppe die Sprachnorm *über den allgemeinen Sprachgebrauch* - bewußt oder unbewußt - beeinflussen können. Als Beispiel sei auf die Herkunft und Verbreitung des Wortes 'Petitessen' im Deutschen verwiesen (siehe dazu Gloy 1977). Bernsteins Hypothesen und damit die Defizit-Hypothese kranken an der *unmittelbaren*, nicht bewiesenen Beeinflussung von Intelligenz und sozialer Stellung durch die Sprache sowie an der normativen Annahme, daß bestimmte grammatische Konstruktionen bei ihrer Anwendung hochwertigere verbale Planungsstrategien und damit einen höheren Intelligenzgrad voraussetzen als andere.

Die Untersuchung von Oevermann (1973), die nicht nur in großen Teilen auf Bernsteins Annahme beruht, sondern auch das Ziel hatte, empirische Evidenz für die Korrelation zwischen Schichtzugehörigkeit und dem jeweiligen Kode zu erbringen, konnte nur in zwei von fünf selbstgewählten "definitorischen Elementen" den Nachweis eines Zusammenhangs zwischen Sprachkode und sozialer Schicht liefern. Und auch diesen beiden Ergebnissen hält Dittmar (1980, 75) zu Recht die Überschätzung der Rolle der Sprache in Bezug auf soziales Handeln entgegen. Dies gilt umso mehr, wenn man bedenkt, daß Oevermanns Untersuchung auf schriftsprachlichem Material beruht, bei dem im Gegensatz zu den mündlichen Testsituationen Bernsteins explizitere Unterschiede erwartet werden konnten.

Die Theorie vom elaborierten und restringierten Kode beinhaltet - nicht zuletzt aufgrund ihrer Korrelation zur sozialen Wirklichkeit und der damit verbundenen Widerspiegelung sprachlich bedingter sozialer Machtstrukturen - einen qualitativ normierenden Aspekt. Für die Sprecher des restringierten Kodes sind auf diese Weise *Sprachbarrieren* installiert, die "nicht nur zwischen eher hochsprachlichen und eher dialektalen Sprechvarianten bestehen", sondern "schon innerhalb des Dialekts sind schichtenspezifisch differierende Sprachvarianten möglich" (Badura/Gross 1973, 267). Die Existenz der Bernstein'schen Theorie bedingte zwangsläufig eine Diskussion darüber, wie denn Sprachbarrieren entweder abgebaut oder gar vermieden werden könnten. Wenn man die ausschließliche Verfügbarkeit über einen restringierten Kode als gesellschaftlich relevanten Mangel ansieht - und die Defizit-Hypothese tut dies -, so mußten sich Maßnahmen zum Abbau der Sprachbarrieren zwangsläufig auf die 'restringierten Sprecher' konzentrieren. So entstanden Kompensationsprogramme mit der Absicht, Unterschichtsprecher an das Niveau der Mittelschichtsprecher heranzuführen. Dadurch wurde nach gesellschaftlichen Klassenbedingungen eine Norm apodiktisch festgesetzt. Das Ziel kompensatorischen Unterrichts, die Emanzipation, wurde weniger als Ausbildung einer eigenständigen, dem Intellekt verpflichteten Persönlichkeit verstanden als vielmehr als (Möglichkeit zur) Anpassung an die bestehenden gesellschaftlichen Verhältnisse. Die Kritik an der kompensatorischen Erziehung kam aus mehreren Richtungen. Bernstein kritisiert nicht so sehr das tatsächliche Verfahren als vielmehr die Tatsache, daß der Unterschied zwischen der Gruppe, in der das Individuum mit restringiertem Kode lebt, und der Schule als der Instanz, die den der Sozialisation entstammenden Kode angreift, vertieft wird (1976, 280 f.).

> "Die Einführung des Kindes in den universellen Bedeutungszusammenhang gesellschaftlich verbreiteter Denkformen ist nicht 'kompensatorische Erziehung'; es ist E r z i e h u n g." (1976, 290).

Bernstein transplantiert die kompensatorische Erziehung in die Schule hinein; damit wird die Schule zum Stabilisator bestehender Verhältnisse, da sie nur noch dazu da ist, die gesellschaftlich anerkannten - und das heißt die von den Spitzen der Gesellschaft anerkannten - Werte zu vermitteln. Genau dies lehnen z. B. Ehlich et al. (1971) ab. Die marxistische Kritik an der kompensatorischen Erziehung insgesamt zielt auf die Bewußtmachung der Fähigkeiten ab, die jeder einzelne hat; Kompensatorik als rückhaltlose Systemstütze soll vermieden, Emanzipation als

Verbesserung der Lebensbedingungen der Unterschicht, aber auch
als systemunabhängige Entfaltung der Persönlichkeit soll gefördert werden. Labov (1970) hatte schon auf den Mangel am Schulsystem hingewiesen, ohne allerdings die Frage nach dem Zweck
der Integration von Unterschichtskindern zu stellen.

Während sich die marxistische Kritik (vgl. dazu auch Hahn 1968;
Haug 1973; 1977 und die Darstellung in Ammon/Simon 1975) an der
Defizit-Hypothese vor allem gegen die normative Formulierung
von Bildungszielen zur Systemerhaltung und damit gegen normativ
gesteuerten Sprachgebrauch wandte, etablierte sich unter dem
Etikett der *emanzipatorischen Erziehung* eine Richtung, deren
Ziel in der Bewußtmachung der Möglichkeiten jedes Einzelnen lag
und das somit auf eine selbständige rationale Position gegenüber den gesellschaftlichen Bedingungen ausgerichtet war[34].
Dabei soll die Bewußtmachung der sprachlichen Möglichkeiten im
Rahmen der Sprachkritik die Überprüfungen des eigenen Sprachverhaltens einschließen, auf deren Grundlage die soziologisch
determinierte Sprachrolle überprüft und gegebenenfalls durchbrochen werden kann. Dies macht den Weg frei zur Kritik am geltenden Sprachsystem. Mit B. Weisgerber (1975, 83) kann man das
Ziel eines in dieser Konzeption stehenden Sprachunterrichts so
beschreiben:

> "Dieser Sprachunterricht intendiert nicht abfragbares (und unfruchtbares) Wissen oder sprachliche
> Konformität, sondern will die Schüler zu sprachlichen Verhaltensweisen für die Zukunft befähigen:
> zu kritischer Rezeption von Sprache und zu eigenständigem, selbstverantwortlichem Umgang mit ihr."

Abstrahieren wir hier für den Augenblick von der Tatsache, daß
es sich hier um Unterricht handelt[35], so haben wir es in einer

---

[34] Im Grunde beinhaltet der Entwurf für kompensatorische Erziehung von Hänsel/Ortmann (1971) auch diesen Ansatz.

[35] Wir können dies hier bedenkenlos tun, da der Unterricht eine ganz bestimmte Wirklichkeit im Blick hat; dieser anzustrebenden Wirklichkeit und nicht komplexen unterrichtsbestimmenden Faktoren gilt an dieser Stelle unser Interesse.

sprachlich emanzipierten Gesellschaft mit einem freieren Begriff von Sprachnorm als bei Bernstein zu tun. Die Sprachnorm ist damit primär an die allgemeinen gesellschaftlichen Sprachbedürfnisse gebunden und verändert sich analog zu den gesellschaftlichen Bedürfnissen; sie ist damit nicht mehr eo ipso schichtgebunden. Sie unterliegt vor allem der Forderung nach möglichst reibungsloser Kommunikation. Ob die Sprachnorm realiter freier ist, als wir dies für Bernsteins Ansatz abgeleitet haben, hängt vom Selbstverständnis der Gesellschaft und ihrer internen Strukturierung ab und damit von der Toleranz der sie dominierenden Individuen. Das bedeutet gleichzeitig, daß menschliches Verhalten insgesamt bestimmt ist durch die (explizite oder implizite) Herausbildung von Normen durch die Gesellschaft. Dieser soziale Normbildungsprozeß determiniert die Entstehung normkonformer oder normwidersprechender Motive *im* Individuum. Damit wird deutlich, daß Kommunikation und Verständigung zwischen Menschen letztlich Ergebnisse *sozialer* Normen sind.

Während als praktische Konsequenz aus der soziolinguistischen Defizit-Hypothese sich die kompensatorische und emanzipatorische Erziehung etablierten, verfolgte die amerikanische Soziolinguistik anders gelagerte Forschungsrichtungen. Das Hauptinteresse galt der Untersuchung von Stadtsprachen, Bilingualismus-Studien und ethnographischen Aspekten der Kommunikation (vgl. dazu z. B. den Überblick bei Schlieben-Lange 1978, 35 ff.). Vor allem den Untersuchungen Labovs über das sprachliche Repertoire von Sprechern in Bezug zu ihrer gesellschaftlichen Schicht und ihrer unmittelbaren Sprachgemeinschaft ist es zu danken, daß die Soziolinguistik sich mehr und mehr von der normativen Defizit-Hypothese weg zu einer deskriptiv angelegten Differenz-Hypothese hin bewegte. Sprachliche Unterschiede wurden nicht mehr als Indikatoren für die kognitiven Fähigkeiten der Sprecher und als Grund für ihre z. T. diskriminierende Zuweisung zu bestimmten sozialen Schichten angenommen. Vielmehr wurde die Sprachvariation innerhalb einer Sprachgemeinschaft als ein auf sozialen Normen basierendes System verstanden. Erkenntnisinteresse im Rahmen der Differenz-Konzeption mußte es also sein, das

Verhältnis zwischen der Wahl sprachlicher Varianten und den
in der Sprachgemeinschaft geltenden Regeln sozialer Adäquatheit
zu erarbeiten, um auf dieser Basis zu einer Klassifikation von
Subsystemen zu gelangen (Gumperz 1972). Dabei können wir zunächst mit Dittmar (1980, 134 ff.) unterscheiden zwischen
Standard-Varietäten, regionalen, sozialen und schließlich *funktionalen Varietäten*. In diesem Zusammenhang hat Nabrings (1981,
17) auf den Vorzug der Verwendung des Begriffs 'Varietät' gegenüber Termini wie 'sprachliche Variation', 'Sprachvariante' oder
'language variation' verwiesen. Streng genommen stellen Standard und funktionale Varietät allerdings keine den anderen vergleichbaren Subsysteme dar, und zwar aus jeweils unterschiedlichen Gründen: Der Standard - und wir verwenden diesen Terminus
im Gegensatz zu dem von Jäger (1980, 376) skizzierten Sprachgebrauch sowohl für geschriebene als auch für gesprochene Sprache - stellt eine Art Einheitssprache dar, die auf der einen
Seite übergeordneter Bezugspunkt für Sprecher verschiedener
Dialekte innerhalb einer Sprachgemeinschaft ist, die andererseits sich eindeutig von anderen Sprachen unterscheidet (Dittmar 1980, 134 f.). Dies erhebt den Standard zu der normativ am
weitesten reichenden Realisierung einer Sprache und damit zu
einer Norm selbst, an der sich die Sprecher einer Sprache orientieren[36]. Diese nicht unbedingt präskriptiv zu interpretierende Norm[37] wird weitgehend von der in sozialer Hinsicht stärksten Gruppierung bestimmt, von der Ober- und Mittelschicht, wobei gleichzeitig ein Abbau der Dialekte und ihrer kommunikativen Reichweite feststellbar wird (vgl. Ammon 1972; Fishman 1975,
89; vgl. für das Französische exemplarisch Marcellesi 1979, v.
a. 76; Settekorn 1979). Zwar ist prinzipiell Scherfer (1977 b,
12) mit seiner Kritik an Begriffen wie 'langue courante'[38] zu-

---

[36] Im Communiqué der Académie Française vom 2o.4.1967 wird nahegelegt, das Standardfranzösisch zukünftig als Normfranzösisch,
als la norme du français zu bezeichnen (vgl. B.Müller 1977,412).

[37] Nabrings (1981, 30) erwartet von der Standardsprache "flexible
Stabilität".

[38] Wir setzen hier Standard mit 'langue courante' gleich. Es ist
nicht zuletzt die Annahme einer Gleichheit zwischen beiden
Begriffen, die uns zur Ablehnung des Jäger'schen Postulats
führt (siehe oben).

zustimmen - Kleineidam (1979 b, 299) weitet diese Kritik auf andere Registerbezeichnungen[39] aus -, es wäre jedoch verfehlt, den Standard als ein bloßes begriffliches Sammelbecken für anders nicht unterzubringende Qualitäten zu sehen. Die in der Sprachgemeinschaft liegende soziale Basierung des Standards verbietet dies.

Während sich der Standard durch sein höheres Maß an Verbindlichkeit gegenüber den regionalen und sozialen Varietäten auszeichnet[40], erstrecken sich funktionale Varietäten potentiell auf alle sprachlichen Realisierungen, seien sie nun zum Standard, zum Soziolekt oder Dialekt zu rechnen. Sie sind zu verstehen als "Angabe der Korrelation, die zwischen sprachlichen Eigenschaften und einer typischen Äußerungskonstellation besteht" (Scherfer 1977 b, 61), wobei unter dem Begriff der Äußerungskonstellation "diejenigen außersprachlichen Eigenschaften der Kommunikationssituation [zu verstehen sind], deren Kenntnis beim Sprecher bei der Versprachlichung einer bestimmten Intention die Auswahl der sprachlichen Eigenschaften einer Äußerung regelt" (Scherfer 1977 b, XXX). Fishman (1975, 49) hatte dies vor Scherfer unter dem Etikett des 'situativen Wechsels' bereits diskutiert.

Dialekte können aufgefaßt werden als regionale, in der Regel mündlich-sprachliche Varietäten innerhalb einer Sprachgemeinschaft, die ihrerseits ihren sprachlichen Bezugspunkt in einem

---

[39] Wir können an dieser Stelle nicht näher auf den aus dem britischen Kontextualismus stammenden Begriff des 'Registers' eingehen und verweisen exemplarisch auf Halliday/McIntosh/Strevens (1964); Catford (1969); Davies (1969); Geiger (1979)

[40] Dies bedeutet freilich nicht, daß der Standard in _allen_ Situationen die angemessene Versprachlichung von Redeabsichten darstellt; er zieht lediglich in der Breite seiner Anwendungsmöglichkeiten am wenigsten Sanktionen gegen seinen Sprecher nach sich.

gemeinsamen Standard hat[41]). Dialekte sind u. a. dadurch gekennzeichnet, daß sie nicht einer präskriptiv-innersprachlich basierten Norm unterliegen. Sie bestimmen sich aus ihrer Beziehung zu anderen sprachlichen Varietäten. Ihre Festlegung erfolgt vorwiegend unter räumlich-geographischem Aspekt, ist jedoch gleichzeitig durch die Berücksichtigung schichtenspezifischer, altersspezifischer, geschlechtsspezifischer, situativer, thematischer sowie 'medialer' Aspekte charakterisiert, wie Nabrings (1981, 60 ff.) ausführlich gezeigt hat. Die konzeptuelle Nähe zwischen Dialekt und Soziolekt wird deutlich, wenn man sich vor Augen führt, daß eine Verschiebung der Gewichte bei den einzelnen Aspekten - etwa vom geographischen zum schichtenspezifischen Primat - aus einem Dialekt einen Soziolekt werden läßt. Wenn Ammon (1972, 44) den Dialekt als tradierte Norm qualifiziert, so setzt er sich damit einem Widerspruch aus; Tradition beruht auf einer primär *sozialen* Übereinkunft bezüglich in der Vergangenheit entstandener Konventionen mit dem Ziel, durch Aufrechterhaltung der Tradition und der damit einhergehenden Übernahme historischer Normen zu einer Gruppenidentität zu gelangen. Die Metamorphose vom Dialekt zum Soziolekt scheint durchaus häufig zu sein (vgl. Fishman 1975, 26 und öfter). Ein Dialekt im strengen Sinn verliert für das beschriebene Erkenntnisinteresse der Differenz-Hypothese wegen seiner nicht-sozialen Markierung an Bedeutung.

Die äußerst geraffte Darstellung von Elementen der Differenz-Hypothese läßt dennoch erkennen, daß die in ihrem Forschungskontext nachgewiesene Existenz schichtenspezifischer Sprachvariation und die daraus hervorgehende gesellschaftliche Relevanz sprachlicher Unterschiede eine andere, weniger rigide

---

41) Haugen (1968) sieht in dem Verhältnis zwischen Dialekt, sozialer Schicht und der persönlichen Identifikation des Sprechers einen besonderen Problembereich. Für Sprecher, die mehr als einer Varietät ihrer eigenen Sprache ausgesetzt sind, entwirft er das Bild einer 'linguistischen Krankheit', die er 'Schizoglossia' nennt. Als Beispiel für eine ganze Gesellschaft, die darunter 'leidet', nennt er Norwegen.

Deutung der kausalen Zusammenhänge erlaubt als es die Defizit-Hypothese tut. Letztere kann im übrigen in zahlreichen Punkten als empirisch widerlegt gelten (vgl. Labov 1970). Dies bedeutet freilich nicht, daß die Differenz-Hypothese in allen Punkten problemlos ist. Die unter ihrem Etikett durchgeführten Untersuchungen widerlegen zwar nicht selten Annahmen aus der Defizit-Hypothese, liefern damit aber noch nicht automatisch Belege für die Äquivalenz zwischen schichtenspezifischen Sprachen. Unberücksichtigt läßt die Differenz-Konzeption darüber hinaus die Bedeutung der gesellschaftlichen Erfahrung, die zu einer qualitativ höheren Bewertung der Mittelschichtsprache gegenüber der Unterschichtsprache führen müßte. Die Differenzkonzeption hat allerdings den eher apodiktischen Normbegriff der Defizit-Konzeption durch einen den Bedingungen der Gesellschaft unterworfenen, wenn auch keineswegs unidimensionalen Normbegriff ersetzt. Wir behaupten damit nicht, daß dieser Normbegriff unmittelbar anwendbar sei[42]; in dieser Hinsicht ist er dem der Defizit-Hypothese noch eher unterlegen. Dafür ist er ein Abbild der Realität. Wildgens (1973) Vorschlag, für die Defizit-Hypothese zu trennen zwischen deskriptiver Analyse mit dem Ziel, die Vergleichbarkeit von Äußerungen kontrollieren zu können, und der normativen Analyse mit dem Ziel, die Bewertungsprozedur durch eine Theorie der Einzelsprache bzw. Varietät und auch der Sprache allgemein objektivierbar zu machen, klingt hier vielversprechend. Es liegt nahe, daß ein solches Ergebnis seine Auswirkungen auf Sprachunterricht haben muß.

Die innerhalb der Diskussion um die Differenz-Konzeption entwickelten Varietäten hatten ihre Vorläufer z. T. in einem anderen Forschungskontext. In seinem 1953 erschienenen Buch *Languages in Contact* hatte Weinreich[43] sich mit der Frage be-

---

[42] 'Anwendbar' bezieht sich hier sowohl auf die soziolinguistische Analyse als auch auf deren fremdsprachenunterrichtliche, gesteuerte Umsetzung.

[43] Wir zitieren nach der deutschen Ausgabe von 1977.

schäftigt, was denn mit Sprachen geschehe, die in unmittelbarem ständigen Kontakt zueinander stehen. Er hatte das Ausmaß und die Bedingungen der Sprachveränderungen vor allem an den Sprachen und Dialekten der Schweiz sowie am Jiddischen beobachtet. Aus seinem Ansatz heraus entwickelte Ferguson (1959) das Konzept der *Diglossie*. Darunter verstand er die Koexistenz zweier oder mehrerer funktional verschiedener Varietäten innerhalb einer Sprachgemeinschaft, wobei eine prinzipiell unbegrenzte Zahl von Dialekten, die er jeweils einer *Low Variety* zurechnete, einer sie überlagernden *High Variety* gegenüberstand, deren Prestige im allgemeinen höher liegt, deren grammatische Unterschiede im Vergleich zur *Low Variety* offenkundig sind und die aufgrund ihrer internen Strukturiertheit und ihrer vornehmlich schriftlichen Realisierung andere Funktionen wahrnimmt als die *Low Varieties*[44]. Gumperz (1968) erweitert den Diglossie-Begriff unter expliziter Berücksichtigung von Dialekten und Registern, und Fishman (1975, 95 ff.) korreliert den eher gesellschaftlich determinierten Diglossiebegriff mit dem individueller basierten Bilingualismusbegriff. Dabei kommt mit Blick auf das sprachliche und das fremdsprachenunterrichtliche Normproblem den Sprachgemeinschaften eine besondere Bedeutung zu, in denen Diglossie und Bilingualismus koexistieren. Dies ist nach Fishman in denjenigen Sprachgemeinschaften der Fall, in denen der Sprecher potentiell eine große Anzahl verschiedener Rollen übernehmen kann[45]. Die Adäquatheit sprachlichen Verhaltens und die ihm zugrundeliegende Norm liegt somit in der

---

[44] Von der Standard-Dialekt-Situation unterscheidet sich die H - L - Variety-Situation einmal dadurch, daß die <u>High Variety</u> nicht an soziale Gruppen gebunden ist, sondern an die <u>Funktion</u>, die die Varietät erfüllen soll. Im Gegensatz zum Standard wird sie auch nicht innerhalb gewöhnlicher Konversationssituationen gebraucht. Die Vermutung liegt allerdings nahe, daß auch dies der Fall sein kann, wenn ein Sprecher dem in der sozialen Hierarchie höher stehenden Gesprächspartner zu verstehen geben möchte, daß auch er die <u>High Variety</u> beherrscht.

[45] Dabei gehen wir davon aus, daß rollengebundene Register als eigenständige Varietäten angesehen werden können.

Erwartungshaltung, die die Gesellschaft den einzelnen Rollen
entgegenbringt. Diese Erwartungshaltung kann abhängig sein von
der sozialen Schicht, zu der die betreffende Rolle gerechnet
wird und vom Platz, den diese Schicht in der sozialen Hierarchie einnimmt. Sie kann aber auch zur Veränderung sprachlichen
Verhaltens und zur neuen Zuordnung von Sprachverhalten und
Rolle führen, wenn die Personen, deren Erwartungshaltung enttäuscht wird, über entsprechende Sanktionsmöglichkeiten verfügen und diese tatsächlich zur Anwendung bringen. Der Grund für
enttäuschte Erwartungshaltungen kann in der Mißachtung von inhaltlichen oder sozialen Wertvorstellungen sowie in der damit
verbundenen Pauschalbeurteilung von Sprechern anderer Sprachen
oder Varietäten liegen[46].

Auch für die Bilingualismus-Diglossie-Forschung ist charakteristisch, daß der Analysator im Gegensatz zur Defizit-Hypothese
vornehmlich deskriptiv tätig ist. Die den sprachlichen Äußerungen zugrundeliegende Norm resultiert aus den Einstellungen der
Sprachbenutzer gegenüber Sprechern einer anderen Varietät sowie
gegenüber dieser Varietät und aus den sich so ergebenden ästhetischen Wertvorstellungen (vgl. zum letzten Punkt stellvertretend Trudgill/Giles 1976).

Für die ethnographische Richtung der Soziolinguistik wird der
Begriff des Handelns zentral, indem sprachliches Handeln zum
übrigen sozialen Handeln in Beziehung gesetzt wird. Aus der
Integration sprachlicher Handlungen in Interaktionssituationen
erwächst das von Hymes (1968, zitiert nach Dittmar 1980, 200)
vorgestellte Konzept der *Kommunikativen Kompetenz*, durch das
die linguistische Theorie - v. a. die idealisierte und als
außersprachliche Dimension lediglich psychologische Aspekte
zulassende Transformationsgrammatik Chomskys - erweitert wird.

---

[46] Zur Erforschung des Zusammenhangs von Sprachgebrauch und
Wertvorstellungen ist die 'matched guise technique' entwickelt worden (vgl. dazu Lambert 1967; zur Relevanz für
den Fremdsprachenunterricht siehe Lambert et al. 1968).

Die Sprachhandlung wird dabei in Relation zur Sprechgemeinschaft betrachtet, die definiert ist als eine Gruppe von Menschen, "die die Regeln sowohl für das Verhalten bei und die Interpretation von Sprechakten wie auch die Regeln für die Interpretation von mindestens einem linguistischen Kode teilt" (Hymes 1973 a, 94). Die Sprachhandlung insgesamt hängt ab von Komponenten des Sprechens, die den Ablauf der Kommunikation determinieren. Sowohl die von Hymes (1964) genannte Liste von Komponenten als auch die von Ervin-Tripp (1971)[47] vorgestellte und vor allem mit Blick auf das Funktionieren von Interaktion erweiterte Aufstellung belegen, daß ein sprachhandlungsorientierter Normbegriff zunächst nicht gesamthaft erkennbar ist, sondern daß er jeweils an den einzelnen Komponenten festzumachen ist und daß daran anschließend die Norm, die eine Komponente wie z. B. *participant, channel, code, settings, forms, topics* (Hymes 1964, 13) bzw. *Teilnehmer, Situation, Kommunikationsform, Botschaft* und *Interaktionsfunktion* (Ervin-Tripp 1971) determiniert, die Konstitution anderer Komponenten und damit die Gesamtnorm der Sprachhandlung bestimmt. Kirstein (1978, 333) erhebt die Forderung, daß Sprachhandlungsnormen aus sozialen Handlungsnormen abgeleitet werden sollen. Dieses im Prinzip einsichtige Postulat muß allerdings dahingehend ergänzt werden, daß soziale Handlungsnormen nicht unbedingt in gebündelter Form Einfluß auf eine Sprachhandlung nehmen[48]. So kann etwa der Wechsel des Kommunikationspartners bei gleichem Thema die Realisierung des Kode selbst verändern oder die Formen der sprachlichen Äußerung. Selbst eine Themaveränderung ist bei Wechsel der Gesprächspartner möglich. Eben die Fähigkeit des Sprechers, den wechselnden Interaktionsbedingungen entsprechend sprachlich

---

[47] Die bei Ervin-Tripp erarbeitete Liste wird von Wunderlich (1970) zu einem auf die Pragmatik gerichteten Modell weiterverarbeitet.

[48] Vgl. zur wissenschaftshistorischen und -methodologischen Situierung der an Sprachhandlungen orientierten Pragmalinguistik exemplarisch Wunderlich (1970), zur Diskussion einiger Ansatzpunkte für die Entwicklung einer pragmalinguistischen Norm Kirstein (1978, v. a. 334 f., 337).

angemessen zu reagieren, macht die *Kommunikative Kompetenz* aus.
Die Mehrdimensionalität des Konzepts *Kommunikative Kompetenz*
läßt Canale/Swain (1980, v. a. 28 ff.) zu der konzeptuellen Auf-
splitterung in *grammatical, sociolinguistic* und *strategic competence* gelangen[49]. Allerdings ist vor allem letztere als auf
den Fremdsprachenerwerb gerichtet definiert und somit den beiden ersten nicht vergleichbar. Die Nutzbarmachung des Gesamt-
konzepts für den Fremdsprachenunterricht wäre noch zu leisten,
böte aber fraglos gerade hier die Möglichkeit, den für diesen
Gegenstandsbereich abgegriffenen Begriff der Kommunikativen
Kompetenz durch ein differenziertes Konzept zu ersetzen.

4.2.5 FAZIT

> "Mit den hier erörterten Problemen der Beschreibung
> von Sprachvarietäten hängt die Frage nach den
> s o z i a l e n   N o r m e n   zusammen, die Homo-
> genität oder Heterogenität von Sprachverhalten be-
> dingen. Die Frage nach der sprachlichen Norm geht
> auf die sozioökonomischen und ideologischen Herr-
> schaftsverhältnisse in einer Gesellschaft und die
> sozialen Werte von Gruppen zurück, die, in Korre-
> lation mit verschiedenen Parametern, distinktive
> Varietäten hervorbringen. Sie herauszufinden ist
> ein wesentliches Problem der Soziolinguistik."
>
> (Dittmar 1980, 139).

Mit der Wiederholung des zu Beginn unserer kritischen soziolinguistischen Bestandsaufnahme angeführten Zitats (vgl. S. 303)
schließt sich der Kreis. Während der systemlinguistische Normbegriff meist als innersprachlicher Mechanismus mit - wenn überhaupt - geringem außersprachlichem Einfluß charakterisierbar
ist, wird unter soziolinguistischem Aspekt die Frage der Normierung, d. h. der Schaffung, der Erhaltung und der Veränderung
von Normen aktuell. Es liegt auf der Hand, daß die die soziolinguistische Norm konstituierenden Faktoren vielschichtiger
und zahlreicher sind als die den intralingualen Mechanismus

---

[49] Eine empirische Validierung steht im Augenblick noch aus.

steuernden. Ein funktionales Normverständnis, wie es Schlieben-Lange (1978, 84) als Konsequenz aus dem Streben nach Beseitigung von Vorurteilen einerseits und der Beschränkung kommunikationshemmender Variationen andererseits fordert, zeigt die gegenseitige Abhängigkeit zwischen den Funktionen der einzelnen Varietäten im Rahmen einer sprachgemeinschaftlichen Kommunikation und den Normen der Gesellschaft insgesamt auf. Von daher erklärt sich die weitergehende Annahme Fishmans (1975, 46), daß *Sprach*gebrauchsnormen für die jeweilige Situation ziemlich einheitlich sind. Die gemeinsam anerkannten kontextuellen Variationsmöglichkeiten sind sozial markiert und kennzeichnend für die Existenz einer Sprachgemeinschaft. Der Mensch als Mitglied einer Sprachgemeinschaft steht somit innerhalb eines 'Varietätenpluralismus'. Die durch die gesellschaftliche Kontrolle bedingte Normierung betont dabei vor allem die Gruppennorm, die allerdings beeinflußt oder ergänzt werden kann durch eine Individualnorm, vorausgesetzt dem Vertreter dieser Individualnorm gelingt es, die sozialen Normen der Gemeinschaft infragezustellen, indem er Einfluß auf die Gesellschaft gewinnt und über diesen Einfluß seine Individualnorm zur Teilgruppennorm bzw. Gruppennorm werden läßt. Offensichtlich fällt es Angehörigen der Unterschicht schwerer, von tradierten und bewährten Normen abzugehen als den Angehörigen höherer Schichten (Ammon 1972, 44). Dies mag durch den intensiveren Kontakt zu anderen Gruppen und den sie determinierenden Normen erklärt werden können. Erinnern wir uns an das von Gloy (1977) analysierte Beispiel der 'Petitessen', so rührt die Verbreitung dieses Wortes wohl in erster Linie von der Persönlichkeit her, die dieses Wort zum ersten Mal öffentlich verwendet hat. Während dem SPD-Vorsitzenden Brandt der Bekanntheitsgrad und in Verbindung damit die allgemeine Achtung seiner Persönlichkeit sowie der weite Teile der Bevölkerung erreichende Einfluß des Mediums Fernsehen, hier noch unterstützt durch die Situation - es handelte sich um ein Interview in der Nacht nach der Bundestagswahl 1976 - und durch die daran anschließende öffentliche Diskussion über den Wortgebrauch zugute kam, erreichte die Initiative einer bis dahin weitgehend unbekannten Dame aus dem Harz, die für die Änderung

der weiblichen Anredeform durchaus logische und gute Gründe
anführte, nicht den annähernden Erfolg. Was ihr das von ihr
angerufene Gericht unter Berufung auf den Sprachgebrauch (!)
verwehrte, nämlich die anerkannte Änderung desselben, war im
Fall der 'Petitessen' Brandts nur eine Frage der Zeit. Das
Beispiel der 'Petitessen' macht zweierlei deutlich: erstens
können stereotype Wiederholungen zu Normen der Gesellschaft
avancieren. Sie bilden dann eine sprachgebrauchsorientierte,
statistisch erfaßbare Norm (im Sinne von Polenz' 1972) und
spiegeln lediglich in der Genese ihrer Entstehung gruppenspezifische Herrschaftsstrukturen wider. Zweitens belegt die Geschichte der 'Petitessen' aber auch die Möglichkeit der bewußten Steuerung von Normen, sei dies im Sinne wissenschaftlich begründbarer Eingriffe mit dem Ziel der Sprachplanung
oder sei dies im Sinne politisch orientierter Steuerung (vgl.
K.-H. Bausch 1973, 255; Dittmar 1980, 156).

Die Frage nach Art und Umfang von sprachlichen Normierungen
und den damit intendierten Zielen betrifft die Soziolinguistik
als die Wissenschaft, die einen Vergleich zwischen den Normen
sozialer Kommunikation und den Normen des gesamten Gesellschaftssystems anstrebt, ebenso wie die Sprachkritik.

4.3 SPRACHKRITIK

Die vorausgehende kritische Analyse systemlinguistischer Normkonzepte und Normansätze sowie der Versuch, die Bedeutung der Norm innerhalb der Soziolinguistik herauszuarbeiten, haben ergeben, daß sich die Normdiskussion auf einer mittleren Abstraktionsebene bewegt. Ihre praktischen Grundlagen manifestieren sich u. a.[50] im Rahmen der Sprachkritik. Diese schließt prinzipiell systemlinguistische und soziolinguistische Erkenntnisse mit ein, ist jedoch hinsichtlich ihrer Zielsetzung und Vorgehensweise sowie den sich daraus ergebenden Konsequenzen für andere Bereiche durchaus selbständig. Ihre Umsetzungen system- und soziolinguistischer Ergebnisse machen sie zu einem Beispiel aktiven, bewußten Normengebrauchs, der seinerseits wiederum über Beobachtungen zu Rückwirkungen auf die ehedem vorgelagerten Disziplinen führt. Wir haben es also nicht mit einer wissenschaftsmethodischen Einbahnstraße zu tun, sondern mit einem wechselseitigen Bezugssystem, dessen dominierende Komponenten im folgenden analysiert werden sollen.

Die Relevanz einer Analyse der Sprachkritik für unsere Themenstellung ergibt sich aus mehreren Gründen. Erstens ist der mut-

---

[50] Dies ist natürlich nicht der einzige Ort. Vielmehr manifestiert sich eine - wie auch immer orientierte - Norm in jeder sprachlichen Äußerung. Zielsetzung und Eigenschaft der Sprachkritik machen es jedoch notwendig, daß eine Normorientierung bewußt erfolgt. Kirstein (1978, 338) formuliert dazu: "Wenn Sprachhandeln immer bewußtes Handeln ist, was zudem über seine eigenen Bedingungen verfügt, dann sollte es nicht allzu schwer fallen, auch die Regularitäten der Norm, der es folgt, bewußt zu machen." Aus Kirsteins Forderung geht zum einen hervor, daß die Bewußtmachung der Norm (noch) nicht die Realität darstellt, zum anderen ist der komplexe Bereich der dort angesprochenen Sprachhandlungsnormen auf ein 'bewußtes Sprachhandeln' projiziert, das eher aufzufassen ist als die bewußte Ausrichtung sprachlichen Handelns an den Intentionen, die der Sprecher verfolgt; die Verknüpfung zwischen Intention und zu ihrer Realisierung führender Äußerung impliziert aber keineswegs automatisch die Kontrolle über die Sprache an sich und die sie steuernden Normkriterien.

tersprachliche Unterricht und damit die muttersprachliche Erziehung Ziel sprachkritischer Handlungen (gewesen); normierende Sprachbetrachtungen finden somit Eingang in einen innerhalb der Gesellschaft auf das Verhalten in eben dieser Gesellschaft vorbereitenden Kontext, der durch das unterrichtliche Bedingungsgefüge vom sonstigen gesellschaftlichen Miteinander unterschieden ist. Zweitens bestimmt die Sprachkritik den sprachlichen 'Input' des Fremdsprachenunterrichts mit und ist von daher in gewissem Umfang lernzielrelevant. Drittens liefert sie Belege für sprachliche Vorgehensweisen, die in modifizierter Form für den Fremdsprachenlehrer und sein Beurteilungsverhalten gegenüber fremdsprachlichen Schüleräußerungen wegweisend sein können.

Was bedeutet 'Sprachkritik' eigentlich ? Von Polenz (1968, 179) geht davon aus, daß in die Definition von Sprachkritik sprachsoziologische Gruppierungen ebenso eingehen wie sprachstilistische Vorstellungen. Dies bedeutet also, daß für ihn Sprachkritik maßgeblich an den vom Sprachkritiker festgesetzten Zielvorstellungen orientiert ist. Demgegenüber definiert Rupp (1970, 9) die Sprachkritik als Beseitigung der Unterschiede zwischen präskriptiver Norm und Gebrauch zugunsten der Norm. Damit nimmt Rupp zwar ebenfalls die apodiktische Festlegung vor, sein Normbegriff ist jedoch im wesentlichen rein sprachlich markiert, d. h. außersprachliche Einflußvariablen werden nicht berücksichtigt. Von diesen beiden Positionen unterscheidet sich Steger (1970, 30) deutlich, indem er dem Sprachkritiker zunächst die Analyse konkurrierender Gruppennormen empfiehlt. Auf der Grundlage der Kenntnis dieser Gruppennormen soll auf eine gemeinsame "Metanorm" der Sprachgemeinschaft hingearbeitet werden. Steger läßt somit zunächst die gruppenspezifische Entwicklung einer Norm zu und verzichtet auf dieser Stufe auf normierendes Eingreifen des Sprachkritikers. Dieser hat 'nur' noch die Aufgabe, die Entwicklung einer allgemein verbindlichen Norm zu initiieren, ihre konkrete Ausformung aber nicht mehr allein zu bestimmen. Damit obliegt ihm v. a., den Prozeß der sprachlichen Bewußtmachung bei den Sprachteilhabern in Gang zu setzen.

Allen drei Ansichten zur Sprachkritik ist gemeinsam, daß durch
Sprachkritik *keine* Systemveränderung herbeigeführt werden soll.
Sieht man von dieser Gemeinsamkeit ab, so macht der kurze Blick
auf die Forderungen an die Sprachkritik deutlich, daß sie zur
Erreichung mehrerer Ziele dienen könnte.

Ein potentielles Ziel der Sprachkritik ist dabei die *Sprachpflege*. Mag es dabei auch ursprünglich um die Bewahrung eines
sprachlichen Systems vor drohendem Zerfall[51] gegangen sein,
so ist häufig der Sprachkonservativismus übertrieben worden.
So schreibt Grebe (1968, 43):

> "Der Sprachpfleger hält sich deshalb lieber an
> den Spruch 'Was fällt, das soll man stützen' als
> an den gegenteiligen Spruch 'Was fällt, das soll
> man stoßen'."

Er setzt somit Sprachpflege mit Erhaltung einer präskriptiven,
traditionalistisch-historischen Norm gleich, die ihre Bindung
an die aktuellen gesellschaftlichen Bedingungen verloren hat.
Eine solche Position lehnt Meisel (1971, 9) zu Recht ab. Sein
Argument, Sprache sei schließlich nicht ein System, das, irgendwo schriftlich fixiert, darauf wartet, vom Sprachwissenschaftler entdeckt zu werden, versteht Sprache eben im Gegensatz zur
konservativen Haltung zahlreicher Sprachpfleger[52] als ein den

---

[51] Die Frage, wann ein System zerfällt, ist kaum zu beantworten, es sei denn, man setzt 'zerfallen' synonym zu 'verschwinden'; Sprachwandel betrifft zwar die Struktur des
Systems, muß aber keineswegs Zerfall - nach welchem tertium
comparationis auch ? - darstellen. Die oben gemachte Aussage ist daher mehr im Sinne eines gut gemeinten Vorhabens zu
verstehen (zur aktuellen Sprachpflege in Frankreich vgl.
Gebhard 1981).

[52] Es scheint bezeichnend für sprachpflegerische Traditionen
und die ihren Zielen zugrundegelegten Begründungen, daß
'literarische Autoritäten' von der Bindung an präskriptive
Normen ausgenommen werden (vgl. dazu die Liste in Rupp
1970, 15 f. sowie Fourquet 1968, 98 f., der die Sprache
der Literatur an das Bewußtsein der Gesellschaft über ihre
Sprache bindet).

wechselnden Bedingungen der Sprachgemeinschaft unterliegendes System. Gesteht man der Sprache diese Qualität zu, so bedeutet das Streben nach sprachpflegerischen Idealen durch Setzung präskriptiver Normen gleichzeitig die Festschreibung sozialer Unterschiede zwischen einzelnen Gruppen. Sprachpflege wird zur Sprachlenkung (vgl. z. B. Gebhard 1981).

Einen anderen, in gewisser Weise mit der Sprachpflege verwandten Auswuchs der Sprachkritik stellen die Eingriffe in die Sprache dar, die aus institutionellen Reglementierungen heraus entstanden sind. Einerseits haben diese Reglementierungen - Settekorn (1979) belegt, daß die Forderungen nach Reglementierungen der französischen Sprache schon 1529 erhoben wurden - immerhin zur Herausbildung einer ziemlich homogenen französischen Nationalsprache geführt. Andererseits jedoch hat der staatliche Eingriff in die französische Sprachentwicklung seither nie mehr aufgehört (vgl. die Liste der französischen, mit Sprachpflege beauftragten Institutionen in B. Müller 1975, 26 ff.; vgl. weiter Marcellesi 1979; zu aktuellen Eingriffen vgl. Schmitt 1979 und Rattunde 1979 b; auch Rattunde 1981); die präskriptive Normsetzung des *Bon usage* als Standard ist letzten Endes mit darauf zurückzuführen[53]. Als Gegenbeispiel einer rigiden Sprachlenkung mag die Schweiz dienen (vgl. dazu exemplarisch Ris 1979).

Es liegt auf der Hand, daß institutionelle Normsetzungen den Sprachunterricht, auch den Fremdsprachenunterricht beeinflussen müssen. Auf den konkreten Einfluß kommen wir später zurück.

Den negativen Folgeerscheinungen der Sprachkritik steht zumindest die positive Zielsetzung gegenüber, den Schüler über die Auseinandersetzung mit sprachkritischen Gedanken an logisches, kritisches und selbständiges Denken heranzuführen. Die Sprachkritik gibt mit diesem Ziel zunächst die absolute Sprachorien-

---

[53] Über den *Bon usage* heißt es bei Caput (1972, 67) treffend: "C'est une tentative d'identification entre le modèle linguistique proposé et la classe dirigeante."

tierung auf; im Mittelpunkt steht nunmehr das lernende Individuum. Wenn ihm das Bewußtsein seines Einflusses auf Sprache und Gesellschaft vermittelt werden kann, ist das erzieherische Ziel der Sprachkritik erreicht. In diesem aus der Sprachkritik erwachsenden Ansatz stoßen wir wieder auf die emanzipatorische Sprachdidaktik, die wir oben kurz diskutiert haben (vgl. zu diesem Aspekt der Sprachkritik Betz 1968; Fourquet 1968, 102; Rupp 1970; Wiesmann 1970, 54; Sternberg 1973, 137; Pollak 1973; P. Jung 1974; Hartmann 1976, 57).

Sieht man von der erzieherisch bestimmten Sprachkritik ab, so stehen die der Sprachkritik zugrundeliegenden Normen in steter Wechselbeziehung zur Gesellschaft. Sei es, daß sie die sozialen Kräfteverhältnisse widerspiegeln (vgl. Marzys 1974; Küchler/ Jäger 1976), sei es, daß sie darüber hinaus zum Mittel sozialer Kontrolle werden (vgl. z. B. Steger 1968; von Polenz 1973; auch B. Müller 1975, 135); sie kann in ihrer negativen Ausformung zur Herausbildung einer Elite führen (vgl. Genouvrier 1972), sie kann aber auch zur Stärkung des Zusammengehörigkeitsgefühls führen (Knüpfer/Macha 1971; von Polenz 1973). Noch weiter ging der ehemalige französische Ministerpräsident Chirac in seiner Rede vor einer 'sprachbewahrenden' Institution: "La qualité de la langue contribue, elle aussi, il est temps de s'en apercevoir, à la qualité de la vie." (B. Müller 1977, 424).

Nachdem wir uns die Möglichkeiten der Sprachkritik auszugsweise verdeutlicht haben, ist es an der Zeit, nach ihrem Vorgehen und nach ihren 'inneren' Kriterien zu fragen. Dabei läßt die Suche nach einem Konsens schon auf metatheoretischer Ebene den Betrachter einigermaßen ratlos zurück. Zwar scheint sich heute weitgehend die Ansicht durchgesetzt zu haben, Sprachkritik dürfe nicht mehr von einer strengen, idealistisch-subjektiven Warte mit dem Ziel der Erhaltung eines sprachlichen Status quo geübt werden. Dennoch werden an der normativen Sprachkritik und ihrer Daseinsberechtigung nur selten Zweifel angemeldet (vgl. als positive Ausnahme dazu Betz 1968, der sich stattdessen für eine Redekritik einsetzt und sprachhistorisch, logisch und analog argumentierende Sprachkritik unter Verweis auf den Einsatz der Sprache als Kommunikationsmittel und der daraus erwachsenden stetigen Neuerung ablehnt). Bei denen, die die Existenzberechtigung der Sprachkritik hinnehmen, besteht keine Einigkeit darüber, an welchem *tertium comparationis* sich diese wertende Disziplin orientieren soll. So will von Polenz (1968) die sprachkritischen Urteile auf linguistische Analysen und daraus ableitbare Werturteile stützen, um von daher Einfluß auf die Sprachentwicklung zu nehmen[54]. Diesem eher systemlinguistischen Ansatz, der uns im Rahmen der generativen Sprachtheorie zu den Konzepten der Grammatikalität und Akzeptabilität führen und daher eine Umschreibung für 'Richtig/Falsch' - Urteile darstellen würde (vgl. zu einem solchen Vorgehen Rupp 1970, 26 ff.), stehen die Ansätze gegenüber, die Sprache als Kommunikationsmittel implizieren und aus denen heraus eine sprachhandlungsorientierte Sprachkritik zu entwickeln wäre (vgl. exemplarisch die Auffassungen von B. Müller 1975, 187 f.; Schlieben-Lange 1976; Zabel 1977)[55]. Denkt man diese Ansätze jedoch weiter, so bestünde das *tertium comparationis* einer solchen Sprachkritik in der *subjektiven* Erwartungshaltung des kritisierenden Individuums. Selbst wenn diese aus Konventionen (vgl. zu diesem Begriff Wunderlich 1972 b; Lewis 1975) oder sozialen Regeln erwächst, wie es Schlieben-Lange (1976) annimmt, so haben wir es eigentlich nicht mit Sprachkritik zu tun, sondern mit der Wirkungsweise einer sozial bedingten Norm. Eine so verstandene Sprachkritik richtet sich nämlich nicht auf die Sprache, sondern auf ihre(n) Benutzer. Ausgehend von den Bedenken gegen eine linguistisch basierte Sprachkritik und der Un-

---

[54] Der Vollständigkeit und Korrektheit halber muß darauf hingewiesen werden, daß derselbe Autor (1973, 118) die Sprachkritik als negative metasprachliche Tätigkeit von anderen, positiven metasprachlichen Tätigkeiten abhebt und als einziger einen verwertbaren sprachkritischen Ansatz liefert (siehe weiter unten).

[55] Tatsächlich wollen die genannten Autoren selbst an dieser Stelle keinen sprachkritischen Ansatz entwickeln. Wir versuchen hier lediglich, ihre mit Blick auf die Normdiskussion erfolgte Situierung von Sprache in Richtung auf eine Sprachkritik weiterzudenken, deren Existenz von ihnen nicht explizit verneint wird.

möglichkeit einer soziolinguistischen Basierung der *Sprachkritik*, muß ihre wissenschaftliche Existenzberechtigung angezweifelt werden. Da sie trotz ihres mangelnden Wissenschaftsbezugs (vgl. dazu auch Korn 1968) dennoch existent ist, muß ihre Basierung eine andere sein. Zahlreiche Autoren (vgl. exemplarisch Korn 1968; Steger 1968, 45; Wiesmann 1970; Weber 1975, 68 und 73; Gloy/Presch 1976 a, 17; und mit Blick auf die Lehrerausbildung Ivo 1976, 137) führen an dieser Stelle das *Sprachgefühl* als Grundlage für Sprachbewertungen an, wohl wissend, daß mangels systematischer Erfaßbarkeit des Sprachgefühls - und hier ist vor allem die Psycholinguistik aufgerufen, mit ihren Forschungen anzusetzen - die darauf aufbauende Sprachkritik subjektiv-impressionistisch bleiben muß[56] [57]. Sehen wir einmal von Gloys (1972, 335) Vorschlag ab, die Beurteilung einer sprachlichen Äußerung ('richtig/falsch') an die Mitteilungsintention des Sprechers zu knüpfen und damit Sprachkritik zu einer Selbstkritik umzubiegen, so scheint von Polenz (1973) als einziger eine Möglichkeit zur Entwicklung einer objektiven Sprachkritik anzubieten. Sein Ansatz impliziert die Unmöglichkeit einer gesamthaften Sprachkritik. Ausgehend von den verschiedenen Existenzformen von Sprache koppelt er die Sprachkritik jeweils an eine Existenzweise. So unterscheidet er zwischen der *Sprachverwendungskritik* als dem "täglichen Geschäft der Sprachlehrer" (1973, 129), der *Sprachverkehrskritik* als der auf eine bestimmte Gruppe von Sprachbenutzern zentrierten Form der Sprachkritik (1973, 131 f.), der auf Sozialisationsprozesse gerichteten *Sprachkompetenzkritik* (1973, 133) und

---

[56] Dies galt im übrigen auch bis etwa Mitte der siebziger Jahre für die Übersetzungskritik, die erst ab dieser Zeit erste und durchaus umstrittene Ansätze für eine objektivierbare Beurteilung von Übersetzungen bereitstellt.

[57] Eine Beurteilung sprachlicher Äußerungen nach 'gut/schlecht' setzt die Existenz einer über die Korrektheit hinausreichenden Norm voraus, die ihre Basierung häufig im Sprachgefühl hat, die jedoch auf schulische und außerschulische Erziehungsmaßnahmen transponiert wird. Vordergründig sichtbar wird bei einer solchen Form von Sprachkritik ihre soziologische Bedeutung.

einer *Sprachsystemkritik*, die er im wesentlichen als Erhebung innersystematischer Inkonsequenzen ohne Anspruch auf Systemänderung begreift (1973, 137). Die *Sprachbrauchskritik* empfindet er gemäß seinem Verständnis von Sprachbrauch als Aufzeigen alternativer Ausdrucksmöglichkeiten in ihren kollektiven Verfestigungen (1973, 145 f.); *Sprachnormenkritik* impliziert die kritische Überprüfung von institutionell verfestigten Sprachnormen, auf deren Nichtbeachtung in der Regel mit Sanktionen reagiert wird (1973, 151 ff.).

Von Polenz' Ansatz hat nichts mehr mit der als Sprachpflege lange Zeit mißverstandenen Form von Sprachkritik zu tun. Dies ist darauf zurückzuführen, daß im Mittelpunkt nicht mehr die Sprache allein, sondern die Sprache in ihren an den Sprachbenutzer gekoppelten Vorkommensweisen steht[58]. Aus dieser Tatsache ergibt sich u. E. zunächst einmal die Notwendigkeit, auf den Terminus *Sprachkritik* zu verzichten, da er zum einen lange Zeit durch Ansätze, wie sie Wustmann (1966) in seinem 1891 zum ersten Mal erschienenen Werk exemplarisch vertritt, negativ besetzt war und da zum anderen 'Sprache' ein zu allgemeiner Begriff ist (vgl. beispielsweise die z. T. noch offene Liste von Verwendungsmöglichkeiten des Begriffs bei von Polenz 1973, 120), als daß 'Sprachkritik' alle Aspekte von Sprache gleichzeitig umfassen könnte. Wir schlagen stattdessen vor, vorläufig von einer *sprachkritischen Sozialanalyse* zu sprechen, da die Betrachtung der Sprache in ihren Verwendungszusammenhängen impliziert, daß (fast) jede Form von Sprachkritik eine gesellschaftliche Analyse und Kritik darstellt.

Freilich kommt das Modell von Polenz' nicht ohne einen der jeweiligen Kritik zugrundeliegenden Normbegriff aus. Dieser muß

---

[58] Die Sprachsystemkritik ist als einzige weitgehend rein sprachlich fundiert; sie nimmt jedoch im Rahmen des Konzepts eine untergeordnete Stellung ein, da sie sich weitgehend in deskriptiven Analysen erschöpft. So kann Sprachwandel im Rahmen dieser Analysen gar nicht erklärt werden, da der Rückbezug an seine gesellschaftlichen Bedingungen fehlt.

sich orientieren an den *objektiven* Bedingungen der jeweiligen
Existenzweise von Sprache einschließlich der metasprachlichen
Ebene sowie an den sich daran jeweils ausrichtenden Funktionen
der sprachkritischen Sozialanalyse. Ein solches funktionelles
Normverständnis beinhaltet neben der Festschreibung bestimmter
Kriterien, die für die Existenzweise von Sprache in ihrem Verhältnis zu dem oder den Sprachbenutzern konstitutiv sind, eine
Zielorientierung, die letztlich vom Analysator abhängig und
damit notwendig nicht allgemeingültig ist. So muß der einer
Sprachverwendungskritik z. B. zugrundeliegende Normbegriff
sich zum einen auf die Bedingungen gründen, die durch die individuelle konkrete sprachliche Realisierung vorgegeben werden
(z. B. Redeabsicht, Redesituation, Redeinhalt), zum anderen auf
das Ziel der Sprachverwendungskritik. Dieses kann sich auf verschiedene Arten von Unterricht (muttersprachlich, fremdsprachlich, fachsprachlich) beziehen, auf Sprachlenkung im allgemeinen, auf Rituale im sprachlichen Miteinander, auf Festschreibung von sozialen Dominanzen u. ä. Eine nach diesem Muster
funktionierende sprachkritische Sozialanalyse nimmt Ergebnisse
deskriptiver soziolinguistischer Analysen wieder auf und kommt
zwangsläufig zu Bewertungen, die zwar vom angestrebten Ziel
abhängig sind, jedoch durch Offenlegung der die entsprechende
Norm konstituierenden Faktoren transparent werden. Auf metasprachlicher Ebene, vor allem im Bereich der Sprachnormenkritik, sind damit objektsprachlich sprachkritische Sozialanalysen hinterfragbar, so daß apodiktische Be- und Verurteilungen
in Frage gestellt werden können.

Es ist ein Kennzeichen traditioneller sprachkritischer Diskussion, aus sich heraus Konsequenzen ihrer Überlegungen für
die Schule zu formulieren. Dabei wurde lange Zeit dem Lehrer
die Rolle eines erziehenden Sprachbewahrers zugewiesen, dessen
Hauptaufgabe in der konservierenden Weitergabe der Muttersprache bestand. Diese Auffassung bröckelte - wohl nicht zuletzt
durch die Verbreitung der soziolinguistischen Differenz-Konzeption sowie im Gefolge emanzipatorischer Erziehungsprogramme
(vgl. oben S. 319 f.) - langsam ab (Rupp 1970, 38 und Steger

1970, 30 scheinen dieser ursprünglichen Haltung in abgeschwächter Form noch den Vorzug zu geben). Allmählich setzte sich aber die Einsicht durch, daß Sprachunterricht sich an außerschulischer Wirklichkeit zu orientieren habe (vgl. z. B. von Polenz 1973, 156; Hartmann 1976, 57), daß der Schüler über eine eigene Sprachautorität verfüge, auf deren Grundlage er dem Lehrer in sprachkritischer Hinsicht gleichwertig sei (vgl. P. Jung 1974), und daß es letztlich im Sprachenunterricht darum ginge, sprachliche Normen in ihren Funktionszusammenhängen aufzusuchen (Zabel 1977). Für den muttersprachlichen Unterricht scheint uns ein detailliertes Konzept sprachkritischer Sozialanalysen aus zwei Gründen sinnvoll anwendbar. Zum einen kann es wesentlich beitragen zur kritischen Haltung gegenüber der eigenen Sprache, zum anderen legt es durch die Präsentation von Bewertungsmechanismen im Unterricht das Funktionieren gesellschaftlicher Normsetzungen und -umsetzungen offen und erhebt somit die kritische Auseinandersetzung mit Normen zu einem wichtigen Teil schulischen Unterrichts. Da bislang Sprachkritik immer nur im Hinblick auf die Sprache betrachtet worden ist und die ihr zugrundeliegenden Normierungspraktiken weitgehend unbeachtet und unbetrachtet geblieben sind, hat sie im Fremdsprachenunterricht - mangels entsprechender Sprachautorität seitens der Schüler (und nicht selten wohl auch der Lehrer) - keine große Rolle gespielt. Zieht man die lernpsychologischen Bedingungen beim Erlernen einer zweiten Sprache sowie Lernzielvorgaben in Betracht, so ist dies nur zu verständlich. Von daher kann es nicht verwundern, wenn die Normproblematik für den Bereich des Fremdsprachenunterrichts sich weitgehend entweder auf die Auswahl eines sprachlichen Registers beschränkte oder sich mit Fragen zur Bedeutung des Fehlers beschäftigte, wobei letztere meist unter erwerbsorientierten und vermittlungsmethodischen Gesichtspunkten analysiert wurden.

4.4 SPRACHGEBRAUCH BEI NATIVE SPEAKERS UND NICHT-NATIVE SPEAKERS

Wir haben oben gesehen, welchen mehrdimensionalen Bedingungen tatsächlicher Sprachgebrauch *innerhalb* einer Sprachgemeinschaft unterliegt. Dabei haben wir gleichzeitig festgestellt, daß die Abweichung vom erwarteten Sprachverhalten soziale Konsequenzen nach sich zieht. Unabhängig, wie diese sozialen Konsequenzen im Einzelfall aussehen, sind sie in jedem Fall auch auf die Annahme zurückzuführen, daß der Sprecher sich in seiner Muttersprache geäußert hat, und *deshalb* verdient die Abweichung vom erwarteten und erwartbaren Sprachverhalten besondere Aufmerksamkeit, denn es liegt ja in der *unmittelbaren* Verantwortung des Sprechers, wie er mit seiner Muttersprache, die er voll beherrscht, umgeht. Diese Bewertungsgrundlage ist aber nicht gegeben, sobald ein Nicht-native speaker zu der betreffenden Sprachgemeinschaft stößt und sich in der Sprache dieser Sprachgemeinschaft äußert. Zwar hat z. B. Seliger (1977) darauf verwiesen, daß bisweilen auch native speakers bestimmte Regeln ihrer Muttersprache nicht kennen und offenbar auch nicht in der Lage sind, sie zu lernen, doch reagiert die sprachliche Umwelt darauf anders als bei Nicht-native speakers. Das bedeutet aber wiederum, daß es sich dabei nicht um eine sprachliche Normsetzung handeln kann. Vielmehr kommen hier sozial bestimmte Motive und Erwartungen zum Tragen. Von einem Ausländer erwartet man eben nicht unbedingt sprachliche Vollkompetenz, man ist sogar häufiger bereit, zur Kommunikation mit ihm die eigene Sprache zu 'reduzieren', wie der sog. *foreigner talk* zeigt. Dies wirft aber gleichzeitig die umgekehrte Frage danach auf, wie denn der native speaker zum Sprachgebrauch des Nicht-native speaker steht. Diese Frage ist aus mehreren Gründen interessant und weist somit den Weg zu mehreren, für unseren Zusammenhang nicht unbedeutenden Fragestellungen:

    a) Welche sprachliche Norm setzt der native speaker
       in der Kommunikation mit Nicht-native speakers
       an ?

b) In welchem Zusammenhang stehen sprachliche Bewertung und tatsächlicher Sprachgebrauch des Nicht-Muttersprachlers mit einer möglichen sozialen Einstufung des Nicht-native speaker durch den Muttersprachler ?

c) Welche Auswirkungen hat sprachliches und daraus resultierendes soziales Normverhalten des native speaker auf den gesteuerten und ungesteuerten Fremdsprachenerwerb ?

d) Inwieweit wird die Norm des native speaker durch die Persönlichkeit des Fremdsprachlers beeinflußt ?

e) Welche Rolle spielt die Situation bei der Reaktion des native speaker ?

Bevor wir versuchen wollen, hermeneutisch gewonnene Perspektiven aufzuzeigen, die zur Beantwortung dieser Fragen beitragen können, muß festgehalten werden, daß wir 'native speaker' hier *nicht* als Kontrollinstrument für Sprach*beschreibungen* ansehen - auf diesen seinen zweifelhaften Wert wird in den Beiträgen in Coulmas (1981) des öfteren verwiesen -, sondern daß wir ihn vielmehr als kompetenten Sprach*benutzer* ansehen wollen, der seine Muttersprache zur sprachlichen Interaktion - hier mit Nicht-native speakers - bewußt oder unreflektiert anwendet.

Zu a): Nun gilt allgemein, daß dem sprachlichen Verhalten des native speaker gegenüber fremdsprachigen Gesprächspartnern bislang sehr wenig Aufmerksamkeit geschenkt wurde. Sieht man einmal von Teschner (1970) ab, der von einem schwedischen Projekt berichtet, in dem es um den Grad der Kommunikations*störung* geht, der durch Fehler der Nicht-native speakers hervorgerufen wird[59], so liegen zu diesem Problem im Augenblick lediglich zwei verwertbare Beiträge vor[60]. Albrechtsen/Henriksen/Faerch (1980) unterscheiden zunächst zwischen einem *unmittelbaren* und einem *mittelbaren* Effekt, der durch den Sprachge-

---

[59] Die äußerst kurze Darstellung Teschners (1970) enthält auf fünf (!) Seiten auch nur den Hinweis auf dieses Projekt, verweist aber nicht auf Ergebnisse.

[60] Zwar wird in diesen beiden Arbeiten auf einige wenige vorangehende Beiträge verwiesen, doch diese bringen über die hier herangezogenen Untersuchungen hinaus keine zusätzlichen, für unseren Zusammenhang verwertbaren Argumente.

brauch des Nicht-native speaker ausgelöst werde. Der unmittelbare Effekt schließt Verständlichkeit und Haltung gegenüber dem Gesprächspartner mit ein[61]. Dagegen erstreckt sich der mittelbare Effekt auf die Art und Weise der sprachlichen 'Rücksichtnahme' auf die Fähigkeiten des Spracherwerbers. In ihrer auf die unmittelbare Erforschung des unmittelbaren Effekts ausgerichteten Studie gehen die Verfasser so vor, daß sie aus verschiedenen Regionen Großbritanniens stammenden native speakers des Englischen Tonbandaufzeichnungen von Äußerungen dänischer Englischlerner vorlegen, mit der Bitte, diese Äußerungen zu bewerten. Als Ergebnisse ermitteln Albrechtsen/Henriksen/Faerch, daß

> a) native speakers je nach Alter unterschiedlich reagieren (1980, 375)
> b) eine Lerneräußerung um so besser bewertet wird, je weniger syntaktische und lexikalische Fehler sowie je weniger Kommunikationsstrategien darin erkennbar sind (1980, 387 ff.)
> c) fehlerhafte Lerneräußerungen dann noch positiv bewertet werden, wenn der Kontext eindeutig ist und semantische Bezugswörter und Konjunktionen richtig gewählt sind (1980, 391)
> d) also insgesamt die befragten native speakers ihr Urteil an *sprachlicher Korrektheit* orientieren (1980, 393 f.).

Im Gegensatz zu dieser auf gesprochene Sprache ausgerichteten Untersuchung legt Chastain (1981) native speakers des (spanischen) Spanisch schriftliche Texte von amerikanischen Sprachlernern mit der Aufforderung vor, sämtliche Fehler zu unterstreichen und daraufhin zu bewerten, ob die Äußerungen noch

---

[61] Dieser Effekt wird forschungsmethodologisch angegangen durch:
>   "A Researcher's linguistic performance analysis of interlanguage
>   B Interlocutor's subjective description of own reactions towards interlanguage and of comprehensibility
>   C Researcher's objective description of interlocutor's reaction towards interlanguage and of interlocutor's comprehensibility"
>   (Albrechtsen/Henriksen/Faerch 1980, 367).

'verständlich und akzeptabel', 'verständlich, aber unakzeptabel' oder 'nicht verständlich' sind (1981, 289). Bei der Auswertung der Fehlerbeurteilung unterscheidet er jeweils zwischen Nominal- und Verbalphase und zwischen Form- und Wortfehlern. Dabei gelangt er zu dem Ergebnis, daß Formfehler eher negative native speaker-Reaktionen hervorrufen als Wortfehler (1981, 293), und zwar deshalb, weil Kommunikation dadurch eher erschwert oder gar unmöglich würde.

Kehren wir vor dem Hintergrund dieser beiden Arbeiten zu der in a) formulierten Frage zurück, so scheint die Antwort auf der Hand zu liegen: native speakers reagieren auf *alle* sprachlichen Normverstöße, wenngleich unter Berücksichtigung der Beeinträchtigung von Kommunikation, unterschiedlich stark. Aber ist dem wirklich so ? Beide Untersuchungen sind so konzipiert, daß sie direkte Aufforderungen an den native speaker zur (sprachlichen) Bewertung der Lerneräußerungen enthalten, d. h. der native speaker wird sich den Texten - zumal den schriftlich fixierten bei Chastain (1981) - mit besonderer, im natürlichen Sprachgebrauch unüblichen Konzentration widmen und eine Bewertung an die Introspektion binden. Deren Wert kann - zumindest partiell - in Zweifel gezogen werden, wie Schnelle (1981 a, v. a. 115 f.) und Ulvestad (1981) gezeigt haben, und zwar - so kann ergänzt werden - nicht nur im Hinblick auf die *Beschreibung* eines Systems, sondern auch und gerade im Hinblick auf die *Bewertung* des Sprachgebrauchs, die jeweils eine subjektivere Komponente als die Deskription enthält. Streng genommen handelt es sich in den beiden erwähnten Arbeiten also nicht um eine Reaktion auf situativen lernersprachlichen Sprachgebrauch, sondern um eine gelenkte Reaktion auf Fehler, so daß die Frage nach der tatsächlichen sprachlichen Norm schon aufgrund des methodologischen Vorgehens so gar nicht entschieden werden kann. Möglicherweise wären Untersuchungen aussagekräftiger, deren Design sich an dem für die Unterrichtsbeobachtung entwickelten Verfahren von Wagner et al. (1981) orientierten. Wenn nun Introspektion und gelenkte Fehlerreaktion nicht zur Ermittlung einer sprachlichen Norm für die native speaker-Reaktion führen, und wenn gleichzeitig die Existenz einer *ausschließlich* sprachlich basierten Norm unwahrscheinlich ist (vgl. 4.2), so muß angenommen werden, daß die in a) gestellte Frage gar nicht eindeutig zu beantworten ist ! Dies führt uns automatisch zu der zweiten Fragestellung.

Zu b): Mit dem Begriff 'sprachliche Bewertung' soll zunächst zum Ausdruck kommen, daß die fehlende Möglichkeit zur Elizitierung einer ausschließlich sprachlichen Norm *nicht* bedeutet, daß keine Einschätzung der sprachlichen Leistung des Gesprächspartners möglich wäre. Dies ist im Gegenteil sehr wohl möglich. In diese Bewertung geht die Erwartungshaltung des native speaker mit ein. Dabei darf im allgemeinen davon ausgegangen werden, daß sich diese Erwartungshaltung nicht so sehr auf grammatische Kategorien bezieht, sondern vielmehr auf den Vollzug kommunikativer Handlungen, also darauf, ob Kommunikation mit dem Gegenüber leicht, schwer oder vielleicht überhaupt nicht möglich ist. Beeinflußt wird diese Erwartungshaltung sicher auch von der Einstellung zur Nationalität des Gesprächspartners. Denken wir dabei z. B. an die häufig beklagte Ghettoisierung türkischer Arbeitnehmer in der Bundesrepublik, die im Zusammenhang mit deren meist geringen Sprachkenntnissen zu sehen ist. Denken wir dabei aber auch an die Tatsache, daß die Anzahl türkischer Arbeitnehmer inzwischen ausgesprochen hoch ist; die Einstellung zur Nationalität ist sicher auch von daher anders als z. B. gegenüber *einem* Franzosen oder auch *einem* Kenianer oder Inder. Wohl nicht zu Unrecht darf angenommen werden, daß die Erwartungshaltung auch von diesem - meist im Unterbewußtsein verankerten - Umstand beeinflußt wird. Insgesamt scheint es uns angemessener, statt von einer nur sprachlich orientierten Norm von einer Norm in Form einer bestimmten Erwartungshaltung auszugehen, in die neben anderen auch sprachliche Gesichtspunkte eingehen und die zu einer sprachlichen Bewertung führt (zumindest führen kann). Spricht also der Nicht-Muttersprachler besser, als es der native speaker erwartet hat, trägt dies zu einer positiveren Einschätzung in der sozialen Hierarchie bei. Dies gilt natürlich besonders in den Fällen,

in denen der Ausländer über einen längeren Zeitraum in der für
ihn fremden Gemeinschaft lebt; es gilt aber wohl auch bei kür-
zeren Kontakten - denken wir z. B. an Kontakte, die sich aus
Ferien im Ausland ergeben. 'Soziale Einstufung' meint in beiden
Fällen die Einschätzung des betreffenden Ausländers hinsichtlich seiner Bereitschaft und Fähigkeit, mit Mitgliedern der anderen Gemeinschaft in Kontakt zu kommen. Sie umfaßt daneben
auch Persönlichkeitsmerkmale und ist eher auf die Kommunikation
insgesamt bezogen als auf einzelne Sprachäußerungen. Auch die
von Chastain (1981, v. a. 294) vorgelegten Ergebnisse lassen
sich dahingehend interpretieren.

Zu c): Wir haben gerade auf die Bedeutung der Erwartungshaltung
hingewiesen. Diese erstreckt sich auf das sprachliche Verhalten des Gesprächspartners, läßt aber eine eigene sprachliche
Norm, verstanden als Instanz zur Entscheidung über 'sprachlich
richtig' oder 'sprachlich falsch' nicht gänzlich außer acht.
Vielmehr existiert die Erwartungshaltung im Einzelfall nur durch
die bewußt oder unbewußt vorgenommene Festschreibung des Unter-
schieds zwischen der eigenen sprachlichen Norm und dem, was man
dem Gegenüber sprachlich 'zutraut'. Wenn eigene sprachliche
Norm und dem Gegenüber zugeschriebene Kompetenz zusammenfallen,
so verleiht man ihm selbst native speaker-Status. Je größer dagegen die Differenz ist, desto schwieriger gestaltet sich die
Kommunikation insgesamt, bis sie schließlich als ganz unmöglich angenommen wird, wenn eigene sprachliche Norm und angenommene Kompetenz *keinerlei* Gemeinsamkeiten aufweisen. Dies läßt
sich graphisch so darstellen:

ERWARTUNGSHALTUNG

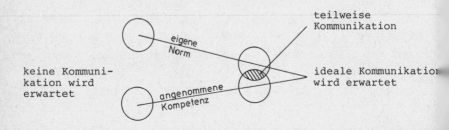

Vor dem Hintergrund der in dieser Arbeit verfolgten Fragestellung drängt sich nun die Frage auf, was sich daraus für gesteuerten, aber auch für ungesteuerten Fremdsprachenerwerb[62] ableiten läßt. Die Beantwortung dieser Frage hängt dabei vor allem von der Reaktion des native speaker auf den Grad der erwarteten Kommunikation in ihrem Verhältnis zur tatsächlichen Kommunikation ab. Erst wenn es gelingt, diesbezügliche native speaker-Reaktionen zu systematisieren, lassen sich Auswirkungen auf den Fremdsprachenunterricht (hypo-) thesenartig formulieren.

Gehen wir davon aus, daß sich (tatsächliche und erwartete) Kommunikation auf einem Kontinuum zwischen 'keiner Kommunikation' und 'idealer Kommunikation' abspielt. Das Verhältnis von tatsächlicher und erwarteter Kommunikation stellt die Grundlage für eine Einschätzung und Bewertung der Kommunikation durch *die* Kommunikationspartner dar. Aufgrund der unterschiedlichen Erwartungshaltung müssen diese Einschätzungen nicht unbedingt übereinstimmen. Für unsere Zwecke soll eine Einteilung der Bewertung nach den Urteilen 'besser', 'wie erwartet' und 'schlechter' ausreichen. Der *native speaker* wird von einer teilweisen Kommunikation positiv überrascht sein, wenn er sich darauf eingestellt hatte, daß keine sprachliche Kommunikation möglich sei. Ebenso positiv überrascht dürfte er sein, wenn statt der erwarteten teilweisen Kommunikation eine ideale Kommunikation möglich ist. Seine mögliche Reaktion in diesem Fall ist allerdings weniger interessant als im ersten Fall, weil er sich dann 'normal' verhält. Die positive Überraschung im ersten Fall *kann* (muß aber nicht) in der sprachlichen Reaktion zum Ausdruck kommen, etwa in dem Übergang von einfachstem, reduziertem Sprachgebrauch zur Anwendung komplexer Sprachmittel. Ver-

---

[62] Wir gehen davon aus, daß beide Bereiche nicht strikt zu trennen sind. Unter 'gesteuertem Fremdsprachenerwerb' wollen wir den Erwerb einer Fremdsprache durch überwiegend Fremdsprachenunterricht verstehen; unter 'ungesteuertem Fremdsprachenerwerb' soll der Erwerb unter überwiegend 'natürlichen' Bedingungen verstanden werden.

läuft die tatsächliche Kommunikation so wie vom native speaker erwartet, ergeben sich mehrere Reaktionsmöglichkeiten. Die erste ist, daß er sprachlich nicht auf die Erfüllung seiner Erwartung reagiert und sich so verhält, wie es der Kommunikationserwartung entspricht. Dies trifft immer dann zu, wenn die erwartete Kommunikation ideal verläuft. Ist dagegen fast keine oder nur teilweise Kommunikation möglich, so kann der native speaker seinen Sprachgebrauch entweder so gestalten, daß Kommunikation noch möglich, daß aber im wesentlichen der fremdsprachige Gesprächspartner 'unterfordert' ist, oder aber er bemüht sich in seinem kommunikativen Verhalten, die kommunikativen 'Grenzen' des Gegenüber zu erweitern, indem er z. B. Themen oder Sprechakte, die dem Gegenüber nicht geläufig sind, mit anderen bekannten so kombiniert, daß die Kommunikation nicht gestört wird, der Gesprächspartner aber seine Kompetenz erhöht. Dazu ist nicht - wie vielleicht eingewendet werden mag - eine Schulung des native speaker notwendig. Es entspricht vielmehr weitgehend seinen natürlichen Bedürfnissen in der Muttersprache, seinen tatsächlichen Intentionen entsprechend angemessen zu reagieren, und es entspricht ferner den Erwerbsvorgängen, vor allem von Erwachsenen, Unbekanntes ohne direkte Vermittlung in den eigenen Wissensvorrat zu integrieren. Ist die tatsächliche Kommunikation schließlich schlechter als vom native speaker erwartet, findet also entweder fast keine statt oder 'nur' eine teilweise, so führt dies wohl in der Regel zu einer Reduzierung der eigenen sprachlichen Aktivität, und zwar sowohl in der Häufigkeit der Äußerungen als auch hinsichtlich deren Komplexität. Dies dürfte um so eher gelten, wenn die Differenz zwischen erwarteter und tatsächlicher Kommunikation besonders groß ist und wenn die Situation dem native speaker kaum gestattet, sich eingehender mit seinem fremdsprachigen Gegenüber sprachlich zu befassen.

Da Kommunikation keine Einbahnstraße ist, wird es an dieser Stelle auch notwendig, kurz auf die Erwartungshaltung des Nicht-native-speaker einzugehen. Läuft die Kommunikation besser als erwartet - und dies ist u. a. an den native speaker-Reaktionen ablesbar -, so erhöht dies sein Selbstbewußtsein und fördert damit seine Bereitschaft zur Aufnahme unbekannten Sprachmaterials. Gleiches dürfte in etwas abgeschwächter Form gelten, wenn die Kommunikation wie erwartet verläuft. Läuft sie dagegen schlechter als erwartet, könnte dies zur Resignation, Unsicherheit und damit zu einer weiteren Minderung der sprachlichen Leistungsfähigkeit führen. Ausgeschlossen werden kann freilich auch nicht, daß dadurch neue Motivation freigesetzt wird. Dies hängt aber wie die meisten Reaktionen des non-native speakers auf die Erwartungshaltung davon ab, wie der native speaker reagiert.

Die Konstellationen zur Erwartungshaltung, wie wir sie beschrieben haben, lassen sich wie folgt in einer Matrix zusammenstellen:

NATIVE SPEAKER

BEWERTUNG	TATSÄCHLICHE KOMMUNIKATION			
	keine	teilweise	ideale	
besser als erwartet	✕	+	+	mit
				ohne
wie erwartet	+	+	(+)	mit
			(+)	ohne
schlechter als erwartet	(+)	(+)	✕	mit
	(+)			ohne

FREMDSPRACHLER

BEWERTUNG	TATSÄCHLICHE KOMMUNIKATION			
	keine	teilweise	ideale	
besser als erwartet	✕	+	+	mit
				ohne
wie erwartet	+	+	+	mit
	(+)			ohne
schlechter als erwartet	(+)	+	✕	mit
	+			ohne

```
    mit  = mit sprachlicher (u. U. lern-
           fördernder) Reaktion
   ohne  = ohne sprachliche Reaktion
     +   = wahrscheinliche Ausprägung
```

Abgesehen davon, daß die vorangehende Diskussion über die Rolle der Erwartungshaltung nur hypothetischen Wert haben kann, da empirische Ergebnisse dazu nicht vorliegen, wollen wir uns dennoch theoretisch mit der in c) angedeuteten Auswirkung auf den Spracherwerb befassen. Mögliche Konsequenzen für den natürlichen Fremdsprachenerwerb sind in der Diskussion angerissen worden und zählen genuin zu den in der zweiten Matrix markierten Ausprägungen. In der Annahme, daß die in der ersten Matrix festgehaltenen native speaker-Reaktionen zutreffen, läßt sich für den Fremdsprachenunterricht festhalten:

1. Der Verzicht auf die Vermittlung idealer Kommunikationsfähigkeit in der Fremdsprache kann zwar nicht ureigenstes Ziel des Fremdsprachenunterrichts sein, aber Abstriche an der idealen Kommunikationsfähigkeit und damit verbunden an sprachlicher Richtigkeit gefährden weder eo ipso das Gelingen der Kommunikation noch bedeuten sie, daß die Verbesserung der Kommunikationsfähigkeit damit ausgeschlossen ist.

2. Es bietet sich an, in den Fremdsprachenunterricht die 'Vermittlung von Erwartungshaltungen' miteinzubeziehen. Für den Lerner bedeutete dies, daß er selbst in die Lage versetzt wird, seine fremdsprachliche Kompetenz realistisch einzuschätzen. Für den Lehrer bedeutet es die Verpflichtung, die Vermittlung sprachlicher Fertigkeiten so zu organisieren, daß dadurch dem native speaker im Falle echter Kommunikation die Möglichkeit realistischer Erwartungshaltungen erleichtert wird. Dies berührt die Frage nach der unterrichtlichen Progression.

3. Der Lerner sollte darin geschult werden, native speaker-Reaktionen sprachlich für sich nutzbar zu machen und so - wenigstens nach und nach - seinen sprachlichen Kenntnisstand zu erweitern.

Zu d): Der Begriff 'Norm' kann sich in dieser Fragestellung natürlich nicht auf das sprachliche System beziehen, denn der native speaker wird aufgrund fehlerhafter Sprachäußerungen des Fremdsprachlers nicht auf eine Veränderung des eigenen sprachlichen System hinwirken. 'Norm' nimmt hier wiederum Bezug auf die Integration sprachlicher und außersprachlicher Bedingungen in die Erwartungshaltung. Diese Erwartungshaltung wird in ihrer

Substanz durch die Einschätzung der Persönlichkeit des Gegenübers mitgeprägt. Dessen Bereitschaft z. B., sich trotz fehlender sprachlicher Mittel an der Kommunikation und vor allem an der Interaktion zu beteiligen, ist zunächst einmal eine Frage der Persönlichkeit. Auftreten, Umgang und Argumentationsvermögen lassen auf weitere Persönlichkeitsmerkmale schließen, die beim native speaker die Ausbildung einer bestimmten Erwartungshaltung beeinflussen. Einem rechthaberischen, eine Diskussion bestimmenden Gegenüber wird man auch sprachliche Fehler eher ankreiden als einem freundlichen, jovialen Gesprächspartner, dessen Bemühungen um eine freundliche Atmosphäre, dessen Interesse und dessen offenes Verhalten sprachliche Mängel in der Rezeption durch den native speaker von geringerem Gewicht erscheinen läßt. Für die Ausprägung der Erwartungshaltung bedeutet dies, daß es sich bei ihr um eine in erheblichem Umfang *subjektiv* und *situativ* bestimmte Variable handelt, deren an der Sprache und am Sprachgebrauch orientierte Ausprägung eben *nicht nur* durch sprachliche Determinanten geprägt wird.

Zu e): Die situative Bewertung sprachlicher Existenzformen ist einerseits gerade im Zusammenhang mit dem sprachlichen Normproblem noch weitgehend offen - Hartung (1977, 69) hat zu Recht darauf hingewiesen. Andererseits betont Nabrings (1981, 109) wohl ebenfalls zu Recht, daß "der inadäquate Gebrauch einer sprachlichen Varietät, d. h. der Einsatz eines bestimmten Sprachverwendungstyps 'in der falschen Situation'" auf einen Mangel an sozialer Kompetenz schließen läßt, und einige Seiten später heißt es (1981, 189 f.):

> "D. h. eine bestimmte funktionalstilistische Varietät benutzt der Sprecher nicht nur, weil sie allein die der Kommunikationssituation optimal angepaßte wäre, sondern wesentlich auch deshalb, weil es bestimmte Normen für das Sprechen in bestimmten Situationen gibt."

Nun wird häufig die Situationsabhängigkeit *sprachlicher* Normen anerkannt - dies gilt für Hartung (1977, 26 ff.) und Schwarz

(1977, 79 ff.) ebenso wie z. B. für Steger (1980, 211 f.) und
Nabrings (1981) und selbst für Sampson (1982, 8), die den
Zweitsprachenerwerb im Blick hat. Ebenfalls situationsabhängig
ist aber auch das nicht unmittelbare sprachliche Verhalten,
also z. B. Argumentationsgänge, Themen, soziales Verhältnis der
Gesprächspartner untereinander, deren Ausformung jeweils durch
Sprache zutage tritt, die aber selbst noch nicht eo ipso sprachlich bezogen sind. Auch diese Ebene der Situationsabhängigkeit
spielt nicht nur im Miteinander von Mitgliedern *einer* Sprachgemeinschaft eine Rolle, sondern auch in der sprachlichen Interaktion zwischen native speakers und Nicht-native speakers. Von
daher bestimmten sich Reaktionen eines native speaker auf das
sprachliche Verhalten eines Nicht-Muttersprachlers aus der
Situation heraus und sind u. U. nicht auf das sprachliche Verhalten, also auf Fehler oder sprachliche Unangemessenheit auf
seiten des Ausländers bezogen, sondern auf Grundbedingungen
der Situation.

> Ein Beispiel: Ein Werkmeister kommt mit einem ihm
> zugeteilten ausländischen Arbeitnehmer sprachlich
> besser als erwartet zurecht. Es gelingt wider Erwar-
> ten ganz gut, Arbeitsanweisungen mit dem Kollegen
> abzustimmen, und durch gezielte und z. T. verein-
> fachte Fragestellungen bekommt er mit ihm auch ein
> wenig persönlichen Kontakt. Dies führt zu einem auf
> den Gesprächspartner abgestellten, z. T. reduzier-
> ten Sprachgebrauch, der es dem ausländischen Arbeit-
> nehmer ermöglicht, sich selbst jeweils in das Ge-
> spräch einzubringen. Als der Firmeninhaber kommt,
> um sich nach der Ursache für eine Arbeitsverzögerung
> zu erkundigen, reichen dem Meister die vom Ausländer
> in für ihn typischem holprigem Deutsch vorgebrach-
> ten Erklärungen nicht aus, und er 'übersetzt' dem
> Firmeninhaber die Äußerungen des Kollegen und läßt
> diesen z. T. nicht einmal ausreden.

Augenscheinlich tragen die Abstufungen in der sozialen Hierarchie (Firmenchef - Meister - ausländischer Arbeiter) und die
Situation (Störung im Arbeitsablauf - Verantwortung des Meisters
dem Firmenchef gegenüber) hier vor allem die Verantwortung für
die Reaktion des native speaker. Auswirkungen aus diesem Verhalten auf das Sprachverhalten des Nicht-native speaker können

nicht ausgeschlossen werden. Wünschenswert wäre, wenn im Rahmen des gesteuerten Fremdsprachenerwerbs die Lerner auf verschiedene mögliche native speaker-Reaktionen so vorbereitet würden, daß ihre fremdsprachliche Leistungsfähigkeit nicht in Mitleidenschaft gezogen würde.

5. DER LEHRER

Wenn wir oben (vgl. S. 22 ff.) versucht haben, den *lernerzentrierten* Ansatz zu begründen, so darf das natürlich keineswegs bedeuten, daß der Faktorenkomplex 'Lehrer' von geringerem Interesse für die Erforschung des Fremdsprachenunterrichts sei. Die Anzahl wissenschaftlicher Literatur zu diesem Thema - wenngleich *nicht* mit Bezug auf den Fremdsprachenunterricht - läßt eher den gegenteiligen Schluß zu. Und es steht wohl auch außer Zweifel, daß der Lehrer aufgrund seiner Position im Unterrichtsgeschehen über vielfältige Möglichkeiten zur Beeinflussung der unterrichtlichen Interaktion und damit des Lernprozesses verfügt. Nicht zuletzt von daher ist zu rechtfertigen, daß die fremdsprachenunterrichtlichen Vermittlungsmethoden im Rahmen der Faktorenkomplexion *keinen* eigenständigen Faktorenkomplex darstellen. Schließlich ist es der Lehrer, der diese oder jene Methode aktiviert und - mit der einen oder anderen Abweichung vom methodischen Konzept - zur Anwendung bringt. Ziel dieses 5. Kapitels kann es deshalb nur sein, die vielschichtigen Dimensionen des Faktorenkomplexes 'Lehrer' wenigstens ansatzweise zu benennen und mit Blick auf den Begriff der Norm für den Fremdsprachenunterricht z. T. abzuklopfen.

5.1 ALLGEMEINE PERSÖNLICHKEITSFAKTOREN DES LEHRERS

> "Mit Recht wünscht man Ihnen [den Lehrern] die Gesundheit und Kraft eines Germanen, den Scharfsinn eines Lessing, das Gemüt eines Hebel, die Begeisterung eines Pestalozzi, die Wahrheit eines Tillich, die Beredsamkeit eines Salzmann, die Kenntnis eines Leibniz, die Weisheit eines Sokrates und die Liebe Jesu Christi."
> A. Diesterweg 1850, zitiert nach Lemke (1981, 41)

Diese vor mehr als einem Jahrhundert erhobenen Idealvorstellungen hinsichtlich der Persönlichkeitsmerkmale von Lehrern sind natürlich utopisch, sie belegen aber gleichzeitig das frühe Interesse, das der Lehrerpersönlichkeit entgegengebracht wurde.

Angesichts dieser frühen und in der Folge auch anhaltenden Beachtung verwundert es um so mehr, daß ihre Bedeutung für die Unterrichtswissenschaft und damit für die Erforschung unterrichtlicher Prozesse zumindest umstritten ist. Ein Grund dafür ist die Tatsache, daß die Bestimmung des Begriffs der Lehrerpersönlichkeit auf Schwierigkeiten stößt. So weisen Graumann/ Hofer (1974 a, 499) zunächst darauf hin, "daß Lehrersein ja primär keine Kombination oder Summe von Persönlichkeitseigenschaften, sondern zuerst einmal eine soziale Rolle ist". Von daher ist ihre Weigerung gegenüber einer Typologisierung des Lehrerverhaltens verständlich. Gleichwohl leiten sie (1974 b) aus der Aufgabenbeschreibung des Lehrers die Berechtigung für eine Untersuchung darüber ab, welche Verhaltens- und Persönlichkeitsmerkmale mit den schulischen Leistungen der Schüler korrelieren, wobei sie - wohl zu Recht - davon ausgehen, daß eine eindimensionale Abhängigkeit nicht wahrscheinlich ist. Auch Brophy/Good (1976) verweisen auf Untersuchungsergebnisse, wonach zumindest affektive Reaktionen die Interaktion zwischen Lehrer und Schüler und damit die Schulleistung im wesentlichen unberührt gelassen haben. Nicht so hart geht Schneider (1979) mit dem Begriff der Lehrerpersönlichkeit und dem dahinter stehenden Konzept ins Gericht. Zwar bemängelt er vor allem den normativen Anspruch, der mit dem Begriff häufig verbunden sei, und verweist mit Blick auf die empirische Forschung auf den Gebrauch der eher faßbaren Begriffe 'Lehrerverhalten' und 'Lehrerrolle'. Andererseits bescheinigt er dem Begriff eine dem Lehrberuf angemessene Realität insofern, als durch ihn die *Menschlichkeit des Lehrers* zum Ausdruck komme. Ausubel/Novak/Hanesian (1981, 577 ff.) verweisen auf die enge Beziehung zwischen den *affektiven* Merkmalen der Lehrerpersönlichkeit und der anzustrebenden *Effektivität* des Unterrichts, wobei aufgrund normativer Zielsetzungen (vgl. Kapitel 3.) ein effektiv unterrichtender Lehrer wichtiger als ein beliebter Lehrer sei. Reinert/Heyder (1981 b, 103 f.) betonen die Notwendigkeit, über 'bloße' Persönlichkeitsmerkmale hinaus Entscheidungsfelder und Rolle des Lehrers sowie das daraus resultierende didaktische Handeln mitzuberücksichtigen. Die Beurteilung des Lehrers wird damit in

Bezug zur sozialen Interaktion in der Schule gesehen. Lemke (1981, 37) schließlich verweist auf den weithin ungeklärten Zusammenhang zwischen Lehrerpersönlichkeit und seinem unterrichtsgebundenen Handeln.

Angesichts der hinsichtlich ihrer tatsächlichen Bedeutung für erfolgreichen Unterricht eher zwiespältigen Einstellung gegenüber der Lehrerpersönlichkeit gilt es für den hier angesprochenen Themenkreis zunächst eine Entscheidung darüber zu treffen, ob die Lehrerpersönlichkeit tatsächlich ein fremdsprachenunterrichtlich bedeutsamer Faktor ist oder sein kann. Dafür sprechen nun in der Tat einige Gründe. Wir haben schon oben gesehen (vgl. 2.3.1), daß die Motivation *möglicherweise* ein wichtiger Faktor ist. Sie kann zumindest zu Teilen auf die Person des Lehrers und ihre Resonanz beim Schüler zurückgeführt werden. Weiterhin haben wir uns Gedanken über die Bedeutung des emotionalen Verhältnisses zum Lehrer und zum Lernklima gemacht (vgl. 2.2.6); auch in diesem Rahmen sind Persönlichkeitsmerkmale des Lehrers von Bedeutung. Schließlich liegt es u. E. auf der Hand, sich mit diesem Faktor zu befassen, wenn man zuvor (vgl. 2.1) Persönlichkeitsfaktoren des lernenden Individuums als für die Erfassung von Fremdsprachenunterricht in seiner Gesamtheit für wichtig erachtet hat. Wir votieren damit also *für* einen Einbezug persönlicher Eigenschaften, wollen damit aber *keine unmittelbare* und *eindimensionale* Verbindung zwischen Lernerfolg und Lehrermerkmal postulieren, nicht zuletzt deshalb, weil dies der Annahme einer Faktoren*komplexion* zuwiderlaufen würde.

Eine Durchsicht der - meist pädagogischen - Literatur fördert eine Vielzahl von (anzustrebenden und festgestellten) Persönlichkeitsfaktoren zutage. Interessanterweise stellen Arbeiten mit Blick auf anthropogene Voraussetzungen - Alter, Geschlecht und (wenn man so will) Art und Weise der Ausbildung - eher die Ausnahme dar. Dabei sind diese Merkmale nicht unbedingt ohne Zusammenhang zur schulischen Leistung, wie die Ergebnisse der - am Fremdsprachenunterricht orientierten - Untersuchung Steltmanns (1981) vermuten lassen [1]. In der Mehrzahl werden 'qualitativ' gewichtigere Faktoren genannt, aufgrund deren man Lehrer grob - nach der Typologie Caselmanns [2] - als *logotrop*, d. h. auf den Lehrstoff konzentriert, oder als *paidotrop*, d. h. mehr dem Lernenden zugewandt, bezeichnen kann. Als Eigenschaften eines mehr stofforientierten Lehrers lassen sich demnach zusammentragen:

- systematisch vs planlos
  ideenreich vs routinemäßig (z. B. Graumann/Hofer 1974 a, 505)
- Fachkompetenz (z. B. Brophy/Good 1976)
- kognitives Differenzierungsvermögen (z. B. Müller-Fohrbrodt/Cloetta/Dann 1978, 61 f.)
- Deutlichkeit
  konsequenter gedanklicher Redefluß
  Genauigkeit (z. B. Ausubel/Novak/Hanesian 1981, 580 ff.)
- analytisches Vermögen (z. B. H. Maier 1981).

Demgegenüber ließe sich ein paidotroper Lehrer charakterisieren durch

- Freundlichkeit vs Distanziertheit (z. B. Graumann/ Hofer 1974 a, 505)
- Ausgeglichenheit
  Selbstvertrauen
  Bewußtsein über eigene Einstellungen
  positive Erwartungen gegenüber dem Schüler
  Bemühen um gutes Unterrichtsklima (z. B. Brophy/ Good 1976, 206 und 352)
- Besitz einer wichtigen Funktion im Sozialisationsprozeß (z. B. Heller 1979, 102)

---

[1] Steltmann stellte für die Lehrer von 2700 Englischschülern der Klassen 12 und 13 fest, daß a) Geschlecht und Zensurengebung offenbar unabhängig voneinander waren, b) ältere Lehrer offenbar schlechtere (!) Zensuren geben, c) die Gruppe der 31-40jährigen Lehrer am leistungsfähigsten war und d) sich ein längerer Auslandsaufenthalt des Lehrers positiv auf die Zensurengebung (aus der Sicht des Schülers) auszuwirken schien.

[2] Caselmann, C., <u>Wesensformen des Lehrers</u>. Stuttgart 1970, 4. Auflage (zitiert nach Heiland 1979, 18 f.; Pfistner 1981, 44 ff.).

- Einfühlungsvermögen
  sichere Führung
  Fairness
  Geduld
  Eingehen auf Schüler
  Interesse
  Hilfsbereitschaft (z. B. Ausubel/Novak/Hanesian
  1981, 580 ff.)
- Ideenflüssigkeit
  Vermögen, Selbstsicherheit zu vermitteln
  Humor
  Toleranz
  Spannkraft
  Vermögen, sachliche Überlegenheit zu vermitteln
  Vermögen, Freundlichkeit und Verständnisbereitschaft zu vermitteln (H. Maier 1981, 62 f.)
- Merkmale auf der emotionalen Dimension
  Merkmale auf der Dirigierungsdimension
  Merkmale auf der Kongruenzdimension (z. B. Grell 1976; Pfistner 1981, 49 f.)
- Flexibilität
  Gerechtigkeit
  Autorität (z. B. Reinert/Heyder 1981 b, 105 ff.).

Eigenschaften, die sich sowohl einem logotropen als auch einem paidotropen Lehrertyp zuordnen lassen:

- Sicherheit (Brophy/Good 1976, 206)
- Risikobereitschaft (H. Maier 1981, 63)
- Organisationstalent (Ausubel/Novak/Hanesian 1981, 580)
- Engagement (Reinert/Heyder 1981 b, 105 f.).

Vergleichsweise groß schließlich ist die Anzahl der Faktoren, die sich *nicht* zuordnen lassen und die damit *gegen* die Typologie Caselmanns sprechen:

- geringes Angstniveau
  Rollendistanz
  intrinsische Berufsmotivation (Müller-Fohrbrodt/
  Cloetta/Dann 1978, 61 f.)
- Distanzierungsfähigkeit
  Verfügen über Verhaltensvielfalt (Heiland 1979, 64)
- soziale Herkunft und Schichtzugehörigkeit
  Gesellschaftsbild des Lehrers
  Bild des Lehrers in der Gesellschaft

Stellung des Lehrers innerhalb der Schulhierarchie (Heller 1979, 102)
- Phantasie
Redegewandtheit
Affektkontrolle (H. Maier 1981, 62 f.)
- Bereitschaft zur Selbsterkenntnis und Selbstkritik (Reinert/Heyder 1981 b, 106 f.)
- Geschicklichkeit (Ausubel/Novak/Hanesian 1981, 580)
- Alter
Ausbildung
Geschlecht (Steltmann 1981, 118 ff.).

Eine andere Differenzierung als Caselmann wird von Schwerdtfeger (1977, 20 ff.) vor allem mit Blick auf Fremdsprachenlehrer benutzt. Sie unterscheidet zwischen "mehr individuumsbezogenen" und "mehr interaktionsbezogenen" Eigenschaften. Damit wird schon in den Begriffen selbst deutlich, daß eine strikte und ausschließliche Zuordnung zu einer der beiden Gruppen nicht möglich ist. Außerdem wird - im Gegensatz zu Caselmann - der Lehrer nicht als 'bloßer Träger von Eigenschaften' gesehen, die er statisch dem Schüler gegenüber zur Geltung bringt, sondern von Eigenschaften, die den schulischen Interaktions*prozeß* zwischen Lehrer und Schüler determinieren. Über die oben genannten Faktoren hinausgehende, mehr interaktionsbezogene Merkmale sind demnach

- "Bereitschaft und Fähigkeit zur Interaktion mit allen Mitgliedern der Institution Schule"
- "Vermeidung von nicht gerechtfertigter Dominanz"
- "Beteiligung der Lernenden an Entscheidungen für den Unterricht" (Schwerdtfeger 1977, 21).

Als mehr individuumsbezogenes, die obige Zusammenstellung ergänzendes Merkmal nennt Schwerdtfeger (1977, 21)

- "die Bereitschaft und Fähigkeit zur ständigen Kontrolle und Prüfung von Werten und Normen".

Weitere Merkmale der Lehrerpersönlichkeit sind z. B.

- die allgemeine berufliche Belastung, die möglicherweise den Unterrichtsstil und damit auch die Einstellung zu Normen bestimmt
- die Konzentrationsfähigkeit
- eigene Erfahrungen als Schüler
- Gedächtniskapazität, sowohl mit Blick auf individuelle Schülerprobleme als auch mit Blick auf außerplanmäßige Einführung von Lehrstoff.

Wahrscheinlich sind mit den hier genannten über sechzig Persönlichkeitsfaktoren nicht alle denkbaren und auftretenden Eigenschaften und Merkmale erfaßt. Mit Blick auf die Norm im Unterricht allgemein und damit auch auf den Normbegriff im Fremdsprachenunterricht scheint uns nun nach den Differenzierungen von Caselmann und Schwerdtfeger eine dritte wohl zweckmäßig, nämlich die Unterscheidung zwischen 'angeborenen' und (zumindest zunächst) unveränderlichen Merkmalen auf der einen Seite und mehr fähigkeitsbezogenen Determinanten auf der anderen: zu der ersten Kategorie zählen u. a. Geschlecht, Alter, Geschicklichkeit, Phantasie, soziale Herkunft, intrinsische Berufsmotivation, die emotionale Dimension, Spannkraft, Toleranz, eigene Schülererfahrungen, Freundlichkeit, Geduld und Humor; zu den mehr fähigkeitsbezogenen Faktoren können z. B. gerechnet werden: die Affektkontrolle, Distanzierungsfähigkeit, Konzentrationsfähigkeit, Engagement, Sicherheit, Organisationstalent, Fachkompetenz, kognitives Differenzierungsvermögen, Gedächtniskapazität und Bereitschaft zur Selbsterkenntnis und Selbstkritik. Auch hierbei gibt es einzelne Eigenschaften und Merkmale, die nicht ohne weiteres zuzuordnen sind, die aber spätestens im konkreten Einzelfall in die eine oder andere Kategorie geschoben werden können (z. B. Stellung in der Schulhierarchie). Durch diese Differenzierung wird die Persönlichkeit des Lehrers als ein Zusammentreffen von veränderlichen und unveränderlichen Variablen beschrieben. Gleichzeitig wird dadurch der Zugang zum Normproblem insofern erleichtert, als sich für das Verhältnis zwischen Persönlichkeitsfaktoren und Normen eine ähnliche Differenzierung aufdrängt und sich daraus folgende Hypothese ableiten läßt:

*Je mehr eine (vorgegebene oder selbst herausgebildete) Norm
mit eher unveränderlichen und/oder angeborenen Faktoren zusammenfällt oder auf ihnen beruht, desto schwieriger wird es,
diese Norm zu hinterfragen und in realistischen Bezug zum Unterricht zu setzen. Je mehr eine (vorgegebene oder selbst herausgebildete) Norm mit eher fähigkeitsbezogenen Faktoren zusammenfällt oder auf ihnen beruht, desto eher ist es möglich, diese
Norm zu hinterfragen und in realistischen Bezug zum Unterricht
zu setzen. Die jeweilige Ausprägung einer Lehrer-Norm oder
einer Lehrer-Einstellung zu einer Norm ist abhängig von der
konkreten Ausprägung eines oder mehrerer persönlicher Faktoren.*

Wenn diese Annahme stimmt, muß es von Interesse sein, die Frage nach der Genese von fähigkeitsbezogenen Lehrermerkmalen zu stellen und vor allem die Frage nach dem möglichen Sinn, diese Genese mit Blick auf lehrerunabhängige und übergeordnete Normen zu beeinflussen. Die Ausprägung von Fähigkeiten im oben angedeuteten Sinn ist zunächst und zuallererst Ergebnis der spezifischen Lehrersozialisation und damit u. a. auch der Ausbildung. Eine nachträgliche Beeinflussung dieser persönlichen Faktoren, die ja nicht selten durch langanhaltende individuelle Erfahrungen verfestigt sind, wäre nicht nur an und für sich schwierig, sondern sie müßte zumindest die Existenz allgemeingültiger positiver Merkmale als Leitlinie voraussetzen. Diese Voraussetzung implizierte aber wiederum, daß schulische/unterrichtliche Beziehungsschwierigkeiten ausschließlich als bloßes Ergebnis der individuellen Lehrereigenschaften zu sehen wären. Ob diese Konsequenz mit Blick auf die Unterrichtsrealität realistisch ist, muß allerdings stark bezweifelt werden. Wenn Müller-Fohrbrodt/Cloetta/Dann (1978, 21, 42 und passim) berichten, daß junge Lehrer häufig darunter leiden, daß sie sich anders verhalten als sie es eigentlich für richtig halten und somit fremde Normen gegen ihre eigene Intention übernehmen, und wenn Gudjons (1981, 184) auf die diesbezügliche Bedeutung der Funktionen hinweist, die einem Erziehungssystem in diesem Zusammenhang zukommt, so ist deshalb eher von einer gegenseitigen Verflechtung von berufsfeldspezifischen Anforderungs- und Hierarchiestrukturen, Bedingungen des Erziehungssystems und Persönlichkeitsmerkmalen von Lehrern *und* Schülern auszugehen. Hinzu kommt - darauf hat in diesem Zusammenhang noch einmal Singer (1981) hingewiesen -, daß die Fähigkeit zur *objektiven* Selbstwahrnehmung ihre psychisch-psychologischen Grenzen hat. Nicht umsonst widmet sich Lehrertraining primär der situations- und institutionsgebundenen Entfaltung von Persönlichkeitsmerkmalen, während therapeutische, auf die Persönlichkeitsentwicklung gerichtete Maßnahmen (vgl. z. B. den Punkt I bei Döring 1980, 339) zumindest potentiell der Gefahr unterliegen, in eine isolationistische, den Unterrichtskontext an die Seite drängende, sicherlich gut gemeinte Verkürzung des Problems abzugleiten. Für das Normproblem bedeutet dies, daß eine - wie auch immer geartete - Lehrernorm nicht auf bloßen Persönlichkeitsmerkmalen des Lehrers beruhen kann, sondern auf dem Verhältnis zwischen persönlichen Eigenschaften und ihren Geltungsbedingungen.

Damit kommt nunmehr ein Begriff ins Spiel, der latent schon bei einigen der oben aufgeführten Persönlichkeitsmerkmale mitklang, nämlich der Begriff der *Lehrerrolle*. Diese wird allgemein bestimmt durch das Maß an Erwartungen bezüglich des Verhaltens, das der Inhaber der Rolle im Rahmen der Interaktion an den Tag legen soll. Nun kann eine spezifische Rollenausgestaltung - nach Parsons (1969, 29 f., 39 und passim) [3] - beschrieben werden durch das Maß an *Integration*, das der Rollenträger gegenüber den von außen an ihn und an die Rolle herangetragenen Erwartungen beweist, durch das Maß an *Identität*, d. h. durch den Grad der Übereinstimmung zwischen eigenen Vorstellungen bezüglich der Rolle und den Rollenerwartungen von außen und damit schließlich durch das Maß an *Konformität*, das in der Dauerhaftigkeit der Identität zum Ausdruck kommt. Möglicherweise

---

[3] Vgl. auch das zuerst 1951 erschienene Werk The Social System (Parsons 1967), wo im Gegensatz zu Parsons (1968) der Akzent nicht so sehr auf der kindlichen Entwicklung und der daraus abgeleiteten Rollenübernahme liegt, sondern mehr auf das Funktionieren sozialer Systeme zwischen Erwachsenen abgehoben wird.

schließen sich gerade junge Lehrer diesen Theoremen an; jedenfalls lassen Ergebnisse (Müller-Fohrbrodt/Cloetta/Dann 1978) diesen vorsichtigen Schluß zu. Damit gestehen sie ein, angepaßte und wenig flexible Individuen zu sein, denn genau dieser Vorwurf ist der Rollentheorie Parsons' gemacht worden. So kritisiert z. B. Habermas (1973 b, 124 ff.) in einem 1968 verfaßten Aufsatz, daß in der Parsons'schen Theorie die Dimensionen potentieller Freiheitsgrade des Handelns und damit eigenständiger Positionen gegenüber Normen außer acht gelassen würden. Die kritische Rollentheorie von Habermas beinhaltet demgegenüber die Berücksichtigung dreier weiterer Dimensionen, nämlich erstens *Repressivität*, da volle Übereinstimmung der Erwartungen in der Regel nur unter Zwang und damit unter Verzicht auf die Wechselseitigkeit von Beziehungen möglich sei; daraus ergibt sich zweitens das *Diskrepanz*theorem, d. h. von außen an das Individuum herangetragene Erwartungen beschneiden das eigene Ich, wobei sich ein selbständiges Individuum gerade gegen diese Rigidität wehrt und die Diskrepanz zwischen Außenerwartung und eigener Persönlichkeit in Kauf nimmt. Drittens schließlich bringt Habermas (1973 b, 127) die *Rollendistanz* in seine Theorie ein:

> "Autonomes Rollenspiel setzt beides voraus: die Internalisierung der Rolle ebenso wie eine nachträgliche Distanzierung von ihr."

Auch Krappmann (1971, 169 ff.) wendet sich gegen eine rigide und starre Rollennorm und hält allenfalls einen kompromißhaften und deshalb *vorläufigen Konsens* über die jeweiligen - eigenen und von außen kommenden - Erwartungen an eine Rolle für gegeben. Neben der Annahme eines Diskrepanztheorems wie bei Habermas postuliert er zusätzlich eine individuelle rollenungebundene Flexibilität, die es dem Rollenträger ermöglicht, sich in die Rolle des anderen Interaktanten hineinzuversetzen.

Versuchen wir nun, die hier nur ganz rudimentär vorgetragenen Gedanken zur Rollentheorie auf den Lehrer anzuwenden, so wird offenbar, daß eine bloße Addition von Persönlichkeitsmerkmalen *allein* nicht das Lehrersein ausmachen kann, sondern daß Lehrersein zunächst einmal Innehaben einer Rolle im sozialen Bedingungsgefüge bedeutet. Ausgehend von dieser Prämisse erst ist es möglich, mit Bezug auf den Faktor 'Lehrer' unter Einbeziehung persönlicher Merkmale Aussagen zur Norm zu machen. Dabei ist neben rollentheoretischen Überlegungen und den für deren konkrete Ausprägung mit verantwortlichen Persönlichkeitsmerkmalen noch die sachstrukturelle Gesetzlichkeit einzubeziehen, wobei die "damit ermittelte Norm ...keine Unterstellung im Sinne eines 'idealen Falles' [ist], sondern eine solche, die sich ... aus der Natur des menschlichen Organismus und der für ihn möglichen Evolutionen notwendig ergibt" (Mollenhauer 1976, 77). Nun bietet die - vor allem pädagogische - Literatur Aufzählungen von Lehrerrollen an: So beschreibt Döring (1972, zitiert nach Heiland 1979, 64 f.) den Lehrer

> - "als Organisator kognitiver und psychomotorischer Lernprozesse"
> - "als Organisator sozial-emotionaler Lernprozesse"
> - "als Therapeut"
> - "als (Lern-) Diagnostiker"
> - "als pädagogischen Berater"
> - "als Informationsgeber"
> - "als Informationskritiker"
> - "als Moderator",

und Ausubel/Novak/Hanesian (1981, 577 f.) bezeichnen ihn als Eltern-Ersatz, Freund, Vertrauten, Berater, Repräsentanten der Erwachsenenkultur, Vermittler anerkannter Kulturwerte und Helfer bei der Persönlichkeitsentwicklung des Schülers sowie als Leiter der Lernaktivitäten. Nicht berücksichtigt ist dabei der Lehrer als Vertreter des Schulsystems, als Mitglied einer dienstlichen Hierarchie und als Aufnahmestelle von neuen Informationen, die es in den Unterricht u. U. einzubringen gilt. Dabei wird schon auf den ersten Blick offenkundig, daß die jeweiligen Normen, die den Lehrer leiten oder aber von außen an ihn

herangetragen werden, höchst unterschiedlicher Natur sind. Hier
haben nun gerade die Rollen*konflikte* ihre Ursache. Es erscheint
uns sinnvoll, zwischen *globalen* und *spezifischen* Rollenkonflikten des Lehrers zu differenzieren. Als global möchten wir diejenigen Fälle charakterisieren, in denen für eine Rolle als
ganzes zwei oder mehrere verschiedene Perspektiven aufeinandertreffen. Reinert/Heyder (1981 a, 156) unterscheiden z. B. zwischen der subjektiven persönlichen Perspektive des Lehrers auf
der einen und der 'objektiven' vielseitigen von außen bestimmten
normativen Zwängen unterliegenden Perspektive auf der anderen
Seite. Spezifisch dagegen ist ein Rollenkonflikt dann, wenn
(nur) ein Teilaspekt der gesamten Lehrerrolle - Heller (1979,
107) verwendet den Begriff 'Rollensektor' - durch die Widersprüchlichkeit der Erwartungen charakterisiert werden kann.

Wollen wir uns das bisher Erarbeitete bezüglich der Lehrerrolle noch einmal vor Augen führen, so mag dies anhand von vier
Graphiken geschehen:

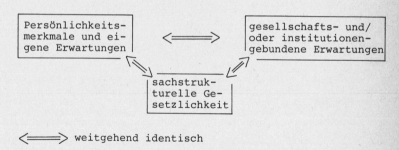

I   Konfliktlose, eher dem Parsons'schen Ansatz
     ähnelnde Rollenbeziehung

II Der kritischen Rollentheorie von Habermas näher stehende Darstellung der Rollenbeziehung

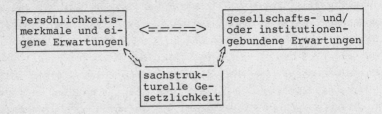

<====> nicht automatisch identisch, sondern flexibel aufgrund der individuellen Handlungskompetenz

III Beispiel für einen globalen Rollenkonflikt

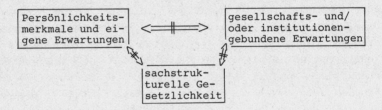

<=#=> keine (auch nicht partielle) Identität

IV Beispiel für einen spezifischen Rollenkonflikt

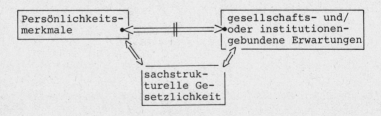

Nun scheint die Rolle des Lehrers in besonderem Maße dadurch
gekennzeichnet zu sein, daß der Rollenträger - also der Lehrer -
in Rollenkonflikte gebracht wird. So ist z. B. ein globaler
Rollenkonflikt nicht selten dadurch vorgegeben, daß die den
Schüler bestimmende sachstrukturelle Gesetzlichkeit entweder
gar nicht gesichert erforscht ist und daß sie deshalb den Lehrer,
der sich darüber bewußt ist, verunsichert etwa hinsichtlich der
Progression oder der Erwerbssequenzen im Fremdsprachenunterricht. Ein anderer globaler Rollenkonflikt entsteht durch die
möglicherweise unterschiedlichen Auffassungen der Gesellschaft
und/oder der Institutionen hinsichtlich der sachstrukturellen
Gesetzlichkeit, so daß der Lehrer dadurch in einen - möglicherweise - mehrfachen Konflikt gerät, nämlich sowohl mit Bezug auf
den Erziehungsauftrag gegenüber dem Schüler und seiner Einstellung zu diesem Auftrag, gegenüber den Eltern als Vertretern der
Gesellschaft sowie gegenüber dem Schulträger und damit der Institution insgesamt und der politischen Instanz. Globale Rollenkonflikte der skizzierten Art beruhen *immer* auf unterschiedlichen Erwartungen, denen wiederum unterschiedliche Normen zugrunde liegen - seien es aus der Unterrichtserfahrung abgeleitete oder aus der Elternperspektive hergeleitete, die nicht nur
eigene Unterrichtserfahrungen beinhalten, sondern ein gewisses
kulturpolitisches Anspruchsniveau gleichfalls einschließen
(können), oder seien es schließlich auf politischen Beschlüssen
beruhende Normen - man denke nur an den Gesamtschulstreit in der
Bundesrepublik Deutschland -. Zwangsläufig berühren diese auf
der Unterschiedlichkeit von Normen beruhenden globalen Rollenkonflikte das Rollenselbstverständnis des Lehrers; Susanne
Maier (1981) liefert in ihrem Unterrichtspsychogramm ein eingängiges Beispiel dafür. Wie ein Lehrer mit diesen Konflikten
fertig wird, und das heißt, wie er auf die unterschiedlichen an
ihn herangetragenen Normen und Erwartungen reagiert, hängt in
entscheidendem Maße von seinen Persönlichkeitsmerkmalen ab (vgl.
oben S. 357 ff.). Genau an dieser Stelle liegt u. E. nicht nur
die Legitimation, sondern geradezu die Notwendigkeit, sich mit
der Lehrerpersönlichkeit zu befassen, vor allem, wenn man das
(fremdsprachen-)unterrichtliche Bedingungsgefüge mit all seinen

Faktoren im Blick hat. Persönlichkeitsmerkmale sind aber auch im Rahmen spezifischer Rollenkonflikte von Bedeutung, dann nämlich, wenn - wie im obigen Beispiel - eine spezifische, von 'der Gesellschaft' oder von der 'Institution' zur Norm erhobene Eigenschaft des Lehrers schlechthin mit den tatsächlichen Persönlichkeitsmerkmalen kollidiert, ohne daß dadurch der Lehrer als Rollen- und Funktionsträger insgesamt in Frage gestellt wird; dabei wird wiederum das Selbstverständnis des Lehrers in seiner Rolle ins Spiel gebracht durch die Art und Weise, wie er sich mit diesen spezifischen, von außen an ihn herangetragenen Erwartungen auseinandersetzt.

Halten wir als These aus den bisherigen Überlegungen zu den allgemeinen Persönlichkeitsmerkmalen des Lehrers in Ergänzung der oben formulierten Hypothese (vgl. S. 361) fest: *Persönlichkeitsmerkmale des Lehrers sind von grundsätzlicher Bedeutung bei der Beschäftigung mit Unterricht. Sie dürfen jedoch nicht als Faktor ipso facto mit einer eindimensionalen Beziehung zur Norm verstanden werden, sondern ihre Ausprägungen müssen vor dem Hintergrund der Rolle des Lehrers gesehen werden. Damit kommen automatisch unterschiedliche Normen und Erwartungen ins Spiel, so daß die Beschaffenheit der Persönlichkeitsmerkmale in nicht unerheblichem Maße für den Grad des Normenkonflikts - und im übrigen damit wenigstens indirekt auch für die Vermittlung von Einstellungen zu und den Umgang mit verschiedenen Normen - verantwortlich ist.*

5.2 FREMDSPRACHENBEZOGENE LEHRERFAKTOREN

Aus der in 5.1 durchgeführten Einordnung von allgemeinen Persönlichkeitsfaktoren des Lehrers in den unterrichtlichen Kontext lassen sich für die Erforschung des Fremdsprachenunterricht zwei Konsequenzen herleiten: Erstens muß neben der fachunabhängigen Analyse der Lehrerrolle nunmehr gefragt werden, welche speziellen *auf den Lehrgegenstand* gerichteten persönlichen Merkmale des Lehrers für die Beschäftigung mit dem fremdsprachenunterrichtlichen Normbegriff von Bedeutung sind; dies soll in 5.2.1

diskutiert werden. Zweitens ist aber gerade auf der Basis der oben andeutungsweise geführten Rollendiskussion der Frage nachzugehen, in welchem Umfang die *fachbezogene* Ausprägung der Lehrerpersönlichkeit Auswirkungen auf das soziologische Umfeld hat (z. B. hinsichtlich der Institution, der Lehrerschaft, gegenüber den Schülern und den Eltern); dies soll in 5.2.2 diskutiert werden.

5.2.1 FREMDSPRACHENBEZOGENE LEHRERFAKTOREN MIT BEZUG AUF DEN LEHRGEGENSTAND

5.2.1.1 DIE AKTIVE SPRACHKOMPETENZ

Mit Blick auf nicht-sprachliche Fächer mag es vielleicht verwundern, wenn die Beherrschung des Lehrgegenstandes an die zentrale Stelle der fachbezogenen Lehrerfaktoren gerückt wird, geht man doch insgeheim davon aus, daß der Lehrer gerade aufgrund seiner Fachkompetenz *lehrt*. Möglicherweise fallen aber in anderen Fächern Mängel deshalb nicht so sehr auf, weil der Lehrer über ein Mittel verfügt, um diese Mängel nicht an die Oberfläche treten zu lassen: die Sprache. Und gerade darüber verfügt der Fremdsprachlehrer ja nicht in demselben Maße[4], da ein Großteil methodischer Prinzipien - grob gesehen - darauf beruht, daß ein beinahe sprachloser Urzustand hergestellt wird, den es im Verlauf des Unterrichts in partieller Analogie zum Erwerb der Muttersprache sukzessive abzubauen gilt. Nun wird häufig über die fremdsprachliche Ausbildung zukünftiger Lehrer Klage geführt (vgl. z. B. Glaap 1974, 10; Kleinschmidt 1977; Högel 1979; Schwinning 1981). Dieser Aspekt soll uns aber hier nicht beschäftigen, sondern vielmehr der Wirkungszusammenhang zwischen der aktiven Sprachkompetenz und *einem* von vielen unterrichtlich relevanten Normbegriffen. Was bedeutet also aktive Sprachkompetenz ? Sie beinhaltet die - möglichst umfassende - praktische Beherrschung der Fremdsprache, wobei 'umfassend' als

---

[4] Natürlich verfügt auch der Fremdsprachenlehrer über Möglichkeiten, seine fremdsprachlichen Defizite zu kaschieren.

ein gesichertes Mehr im Vergleich zu dem zu verstehen ist, was
der Lerner lernen soll (vgl. zu einer aus der Ausbildungspraxis
gewonnenen Differenzierung z. B. I. Christ 1981, 74). Durch
seinen eigenen Gebrauch der Fremdsprache vermittelt der Lehrer
also eine Vorstellung davon, was in der Fremdsprache möglich
und erlaubt ist und was nicht. Unberührt bleibt davon die eigenständige Entwicklung lernpsychologisch erklärbarer Erwerbssequenzen (vgl. oben 2.3.4). Die aktive Sprachkompetenz des Lehrers stellt somit *einen* wichtigen Bestandteil der für den Lehrer relevanten fremd*sprachlichen* Norm dar.

Darüber hinaus hängt der Grad der Fremdsprachenkompetenz mit
dem Maß an Selbstsicherheit und 'Rigididät' in der Unterrichtsplanung zusammen. Je unsicherer ein Lehrer sprachlich ist,
desto mehr ist er gezwungen, den Unterrichtsablauf exakt vor-
auszuplanen. Das bedeutet gleichzeitig eine stärkere Normierung
der lernerseitigen Handlungsfähigkeit.

Drittens bedeutet Unsicherheit im fremdsprachlichen Gebrauch
mit großer Wahrscheinlichkeit die routinehafte Festlegung auf
bestimmte (wenige) unterrichtsmethodische Verfahren und damit
auf eine begrenzte Zahl von Arbeits- und Übungsformen. Somit
wird auf einer dritten unterrichtlichen Normebene einer Festlegung der Einstellung des Lerners zu Fremdsprachenunterricht
(vgl. 2.2 und 2.3) Vorschub geleistet. Gleichzeitig wird damit
die Möglichkeit zur fachlichen Diskussion im Kollegenkreis be-
schnitten, und der Meinungsaustausch wird eingeschränkt.

Versuchen wir, das Ergebnis dieser kurzen Diskussion in einer
These zusammenzufassen: *Ausreichende aktive Sprachkompetenz des*
Lehrers ist unabdingbar. Je geringer der Grad der Sprachbeherr-
schung ist, desto stärker greift der Lehrer - und sei es unbe-
wußt - normierend auf den unterrichtlichen Ebenen des unter-
richtlichen Feldes[5] *ein.*

---

5) Mit dem Ausdruck 'unterrichtliches Feld' soll verdeutlicht
   werden, daß nicht nur der jeweilige Unterricht in seiner konkreten Ausgestaltung betroffen ist.

5.2.1.2 DIE DESKRIPTIVE SPRACHKOMPETENZ

Schon die Beschäftigung mit dem Lerner (vgl. vor allem 2.3.3 und 2.3.4) hat gezeigt, daß die lernerseitigen Erwartungen an Fremdsprachenunterricht eher heterogen sind und sich deshalb nicht unbedingt einseitig durch unterrichtsmethodische Verfahren auf eine ganz bestimmte Art und Weise der Internalisierung fremdsprachlichen Materials kanalisieren lassen. Die durch lernerspezifische Bedingungen u. U. hervorgerufene Notwendigkeit zur expliziten, in Regeln gefaßten Grammatikvermittlung findet ihre Entsprechung in den meisten Lehrbüchern und Lehrmaterialien. Für den Lehrer bedeutet dies, daß er bei der Unterrichtsplanung und -durchführung mit entsprechenden Voraussetzungen zu rechnen hat: von ihm wird nicht nur aktive Sprachbeherrschung gefordert, sondern darüber hinaus die Fähigkeit zur sowohl lernergemäßen als auch den objektsprachlichen Bedingungen angemessenen Sprachbeschreibung. Ob er sich dabei nun für metasprachliche Regelangabe mit Beispielsätzen oder für eine eher deduzierende Regelableitung aus einem Textkorpus entscheidet, ist dabei nur scheinbar ein mit Blick auf den Lerner ausschließlich *lern*psychologisches Problem. Es ist gleichzeitig ein - wie bisher meistens - mehrschichtiges Normproblem. Zum einen geht es darum, metasprachlich eine sowohl verständliche wie objektsprachlich angemessene Sprachbeschreibung zu liefern. Schulgrammatische Regeln mit ungenauen Formulierungen sind sowohl aus didaktischen als auch aus sprachlichen Gründen häufig genug kritisiert worden. Metasprachliche Beschreibungen vermitteln aber dem Lerner darüber hinaus, sofern nur sie zur Erschließung des fremdsprachlichen Systems verwendet werden, den Eindruck, nur so könne Sprache adäquat gelernt werden. Wünsche nach expliziter Grammatikvermittlung seitens zahlreicher Volkshochschullerner dürften eben hier ihre Ursache haben. Angesichts dieser möglicherweise doppelten Normierungskraft unterrichtlicher Sprachbeschreibungen läßt sich als These formulieren: *Sprachbeschreibungen müssen für den Lerner nachvollziehbar sein, über einen isolierten Anwendungsfall hinaus Gültigkeit haben und somit der sprachlichen Norm einigermaßen gerecht werden. Sie müssen gleich-*

zeitig so in den Unterrichtsablauf integriert werden, daß andere Lern- und Erklärungswege nicht verbaut werden. Somit liegt es in der Verantwortung des Lehrers, adäquate Formulierungen zu gewährleisten und über ihren unterrichtlichen Einsatz zu entscheiden. Die Formulierung sollte dabei nicht nach präskriptiv-normativen, sondern nach deskriptiv-normativen Kriterien (vgl. oben Kapitel 4.) und mit Blick auf die Entscheidung für ein bestimmtes Register (siehe unten 5.2.1.4) erfolgen.

5.2.1.3 FREMDSPRACHLICHE PRÄSENTATION IN LEHRMATERIALIEN UND DIE SPRACHKOMPETENZ DES LEHRERS

Lehrmaterialien transportieren - soweit sie nicht vom Lehrer selbst erstellt worden sind - fremdsprachliche Ausschnitte aus dem gesamten Sprachsystem *von außen* in den Unterricht; speziell über Lehrwerke in ihrem Verhältnis zur Lehrperson werden wir uns weiter unten (vgl. 5.4.1) Gedanken machen. Hier geht es vielmehr 'nur' um das Verhältnis der sprachlichen Normebenen zueinander, die für die Konstituierung von Lehrmaterialien auf der einen, von konkreter sprachlicher Unterrichtsplanung auf der anderen Seite von Bedeutung sind. Aus der Tatsache, daß die Lehrmaterialien Teile eines vom Lehrer geplanten Unterrichts sind, resultiert die enge Verzahnung beider Bereiche. Es liegt auf der Hand, daß ein Lehrer um so eher in der Lage ist, sprachliche Vorgaben in Lehrmaterialien angemessen in Bezug zur Sprachwirklichkeit zu setzen, je höher seine eigene fremdsprachliche Kompetenz ist. Ein Beispiel: Im Lehrbuch *A bientôt 1* wird in der Section 11 ein Gespräch zwischen zwei guten Bekannten wiedergegeben, die sich über ihre Einstellung zum Auto unterhalten. Der eine von beiden sagt: "*Pour moi la bagnole a toujours été indispensable ... je prends la voiture et je fais 200 bornes.*" Ein Lehrer, der nicht über ausreichende Sprachkompetenz verfügt, kommentiert u. U.: "Eigentlich müßte es heißen: '*Pour moi la voiture a toujours été indispensable ...*' und normalerweise sagt man in Frankreich '*je fais 200 kilomètres à l'heure*'." Was passiert in einem solchen Fall: Erstens setzt der Lehrer sein Sprachkönnen und/oder vermeintliches Wissen mit der sprachlichen (französischen) Gebrauchsnorm gleich. Zweitens erhebt er diese Gebrauchsnorm zur im Unterricht anzustrebenden Norm. Er verbannt insgesamt durch eine solche Äußerung soziologisch-situativ markierte Registerformen aus der Sprachwirklichkeit des Lerners. Drittens - und dies ist der eigentliche Punkt, um den es an dieser Stelle geht - setzt er seine Sprachautorität damit in letzter Instanz für den Lerner über die des Lehrbuchs. Für den Schüler heißt dies aber, daß er dem Lehrbuch gegenüber zukünftig mit einem gewissen Mißtrauen zu begegnen habe - Lehrwerkkritiken haben allerdings des öfteren bestätigt, wie sehr gerechtfertigt ein solches Mißtrauen sein kann - und sich in allen Zweifelsfällen an den Lehrer zu wenden habe. Das Lehrbuch als Informationsgeber und (häusliches) Lernstimulans wird dadurch in *unkontrollierbarer* Weise abgewertet, und der Lerner wird dadurch in einen sprachlichen Normenkonflikt zwischen Lehrer und Lehrbuch verwickelt, der sich dann verschärft, wenn in anderen Fällen - etwa bei Schülerfragen - der Lehrer als Sprachautorität versagt und der Lerner somit auch noch in einen didaktischen Normenkonflikt gebracht wird. Daraus ist also folgende These abzuleiten: *Lehrer und Lehrmaterial sollten möglichst weitgehende Übereinstimmung hinsichtlich der sprachlichen Norm aufweisen. Ist dies auf der Grundlage der fremdsprachlichen Kompetenz des Lehrers nicht möglich, so muß der Lehrer entweder darum bemüht sein, andere Lehrmaterialien in den Unterricht einzubringen oder aber wenigstens sich soweit mit der in den Lehrmaterialien gebotenen Sprache zu 'arrangieren', daß für den Lernenden sprachliche und didaktische Normenkonflikte weitgehend vermieden werden.*

5.2.1.4 REGISTERWAHL UND NORMPROBLEM AUS DER LEHRERPERSPEKTIVE

Schon im vorangehenden Abschnitt ist das Problem der Registerwahl angesprochen worden, und auch unter linguistischem Aspekt (vgl. oben 4.) ist der Begriff bereits kurz umrissen worden. Dabei ist schon auf die Schwierigkeit verwiesen worden, eine eindeutige und damit verbindliche Aussage darüber zu machen, was zu einem bestimmten Register gehört und was nicht. Genau dieses Problem schlägt auch auf den Unterricht durch. Theoretisch wird die Entscheidung für ein bestimmtes Register auf der Lernzielebene getroffen (vgl. 3.). Dabei ist der Versuch, sich für ein - möglichst neutrales - Register zu entscheiden, schon linguistisch nicht ganz unumstritten, wie das Modell Stourdzés (1969)[6] zeigt. Vom Lehrer wird nun verlangt, daß seine Unterrichtssprache gerade diesem neutralen Register entsprechen soll, eine Lernzielforderung, die aus mehreren Gründen nicht erfüllt werden kann. Zum einen ist - wie gesagt - linguistisch nur schwer festlegbar, was zu diesem Register zählt. Zweitens spiegeln Lehrbücher - erfreulicherweise - nicht ein einzelnes Register wider (vgl. z. B. das Beiheft zu *A Bientôt 1 + 2 Sprechintentionen, Strukturen, Wortschatz*). Drittens ist es eine selbstverständliche Lernzielforderung, die Rezeptions- *und* Produktionskompetenz des Lerners so auszubilden, daß er sich in der fremdsprachigen Umgebung angemessen an der Kommunikation beteiligen kann[7]; von daher besteht ein interner Widerspruch innerhalb einzelner Lernzielforderungen. Germer (1973) hat im Rahmen von Überlegungen zur "Schulsprache im Englischunterricht" darauf verwiesen, daß 'neutrale Sprachausschnitte' bestenfalls als Einstieg in bestimmte komplexere sprachliche Zusammenhänge didaktisch sinnvoll sind und spätestens bei der Schulung rezeptiver Fertigkeiten und Strategien zugunsten gebrauchsnormativer und registerspezifischer Sprachbeispiele aufgegeben werden müssen. Jeder Fremdsprachenlehrer weiß aus eigener Erfahrung, daß dies auch häufig dann der Fall ist, wenn Lerner authentisches, selbst wahrgenommenes Sprachmaterial in die Unterrichtsarbeit einbringen. Was folgt nun daraus für den Lehrer ? Die Beschränkung auf ein einziges

---

[6] Als Hauptproblem sehen wir die Schwierigkeit, eine terminologisch angereicherte Sammlung von Register-Bezeichnungen <u>zweifelsfrei</u> so zu differenzieren, als könne man für jedes Lexem oder Syntagma eine problemlose Zuordnung zu einem Register treffen. Stourdzés Modell läßt u. E. in dieser Hinsicht einiges offen.

[7] Dies gilt in dieser Form natürlich nicht unbedingt für fachsprachlichen Fremdsprachenunterricht.

fremdsprachliches Register, das damit zur für den Lerner einzigen zielsprachlichen Norm erhoben wird, ist didaktisch nicht angebracht, linguistisch nur schwer zu rechtfertigen und unterrichtspraktisch vor allem dann undurchführbar, wenn auf eine bis ins kleinste Detail und in die letzte Lerneräußerung hineinreichende Unterrichtsplanung zugunsten der Entwicklung fremdsprachlicher Äußerungs- und Handlungstüchtigkeit verzichtet werden soll. Die Orientierung an *einem* Register ist solange sinnvoll, wie dem Lerner mit ihrer Hilfe verschiedene (stilistische und/oder soziolinguistische) Ebenen u. U. leichter als existierend bewußt gemacht und in einer späteren Phase als von einander im Sprachgebrauch zu unterscheiden vermittelt werden können. Insofern kann die *angemessene* Berücksichtigung dem Lerner wertvolle Hinweise auf eine mögliche fremdsprachliche, soziolinguistische Normierung geben und für ihn die Internalisierung mehrerer spezifischer Register bedeuten. Daraus läßt sich die These ableiten: *Der Lehrer muß über verschiedene fremdsprachliche Register verfügen und die ihnen zugrundeliegenden normativen Gebrauchsbedingungen kennen. Auf dieser Grundlage muß er bemüht sein, den Lerner - auch und gerade auf der Basis spezifisch ausgerichteter Lehrmaterialien - für die Unterschiedlichkeit sprachlicher Situationen und Ausdrucksmittel zu sensibilisieren. Daß dabei besondere und unverzichtbare Anforderungen an seine fremdsprachliche Kompetenz zu stellen sind, versteht sich dann von selbst.*

5.2.1.5 AUSWAHL DES SPRACHMATERIALS

Eng mit den beiden vorangehenden Faktoren hängt die Auswahl des Sprachmaterials zusammen. Auf sie hat der Lehrer in mehrfacher Hinsicht Einfluß. Erstens ist er daran durch die Entscheidung für ein bestimmtes Lehrbuch oder bestimmte Unterrichtsmaterialien beteiligt, wobei hinzugefügt werden muß, daß aus institutionellen und organisatorischen Gründen diese Auswahl nicht ganz individuenspezifisch ist. Zweitens - und hier ist der Lehrer weitgehend autonom - trifft er eine sprachliche Auswahl durch die Hereinnahme zusätzlicher, für seinen Unterricht spezifischer Materialien, sei es als 'bloße' Ergänzung und Verfestigung des Lehrbuchmaterials oder sei es als planmäßiger Ausbau der mit Hilfe des Lehrwerks vermittelten Kenntnisse. Vergleichsweise einfach wäre es, brauchte der Lehrer sich bei der Auswahl 'nur' nach einer sprachlich basierten Norm zu orientieren. Wir haben aber oben gesehen, daß dies alleine nicht reicht, denn zu der sprachlich bedingten Auswahl kommt als mindestens ebenso wichtiges Auswahlkriterium die didaktische 'Brauchbarkeit' (vgl. auch 5.3) sowie die Möglichkeit der methodischen Umsetzung (siehe unten 5.4). Daraus ergibt sich für den Lehrer eine hierarchische Kriterienliste für die Auswahl des Sprachmaterials. Die erste Entscheidung ist dabei eine sprachliche: Welcher Ausschnitt des fremdsprachlichen Systems generell soll präsentiert werden ? Damit untrennbar verbunden ist die oben angesprochene Registerfrage: Zu welchem Register gehört welche der in den Lehrmaterialien vorgefundenen Äußerungen, in welchem (sprachlichen) Verhältnis steht sie zu dem bisher vermittelten Sprachmaterial, und inwiefern bieten sich Anknüpfungspunkte sprachlicher Art zu anderen für den Lerner u. U. nützlichen Registern ? Auf der Basis dieser Entscheidung stellt sich auf einer zweiten Ebene die didaktische Frage nach der Art und Weise der Präsentation. Welche Texte und Verfahren eignen sich im Lernkontext insgesamt und auch mit Blick auf eine sprachliche 'Normdurchlässigkeit', d. h. wie kann dem Lerner einerseits klar gemacht werden, daß es innerhalb einer Sprache verschiedene, in sich weitgehend eigenständige Subsysteme gibt, deren Anwendung jedoch nicht beliebig, sondern funktional motiviert ist, und wie kann er andererseits so mit Elementen der einzelnen Register konfrontiert werden, daß er sie (sukzessive) internalisieren kann, ohne sie dabei zu verwechseln (vgl. auch hier 5.3)? Auf einer dritten Ebene liegt die Entscheidung für die methodische Umsetzung, eine Entscheidung, die nicht losgelöst von dem bis dahin erteilten Unterricht erfolgen darf, weil sonst das, was der Lerner im Laufe der Zeit mit dem Unterricht als notwendige Bestandteile aufgenommen hat - wenn man so will als metaunterrichtliche lernerseitige Gebrauchsnorm ("konstitutiv für guten Unterricht sind die Merkmale x bis n"), - aufs Spiel gesetzt und

damit der Lernprozeß u. U. behindert wird. Eine vierte Ebene
der Entscheidung betrifft schließlich die organisatorische Dimension: die Auswahl von Sprachmaterial darf nicht die Durchlässigkeit zwischen parallelen Lernstufen gefährden, und zwar
hinsichtlich aller drei zuvor genannten Ebenen. Hinsichtlich
der Auswahl des Sprachmaterials können wir als These festhalten:
*Die Auswahl des sprachlichen Materials erfolgt auf der Grundlage verschiedener normativer Vorgaben, deren hierarchischer Aufbau von der Berücksichtigung linguistischer Normen als wichtigstem Kriterium über die Einbeziehung didaktischer und methodischer bis zu organisatorischen normengeleiteten Überlegungen
reichen muß.*

5.2.1.6 KENNTNIS VON BESCHREIBUNGSVERFAHREN

Aus der oben mehrmals angeschnittenen Forderung nach Kenntnis
möglichst zahlreicher fremdsprachlicher Register resultiert in
der Konsequenz die Forderung nach Kenntnis von (linguistischen)
Beschreibungsverfahren und Fähigkeit zu deren Beurteilung. Gerade angesichts der oben (vgl. S. 369) kurz angedeuteten sprachpraktischen Lehrerausbildung kann realistisch nicht erwartet
werden, daß der Lehrer sämtliche notwendigen Kenntnisse von der
Universität mitbringt. Er ist somit gezwungen, sich auch sprachlich weiterzubilden, zumal ein Kennzeichen moderner Fremdsprachen ihr ständiger durch den Sprachgebrauch hervorgerufener
Wandel ist. Nun ist es die Linguistik, die mit der Beschreibung
von Gegenwartssprachen, aber auch mit der Entwicklung möglichst
umfassender Beschreibungsverfahren befaßt ist. So ist z. B. die
generative Transformationsgrammatik Chomskys mit dem Anspruch
konzipiert worden, die umfassendste und ökonomischste Beschreibungsmethode zu sein. Die unmittelbaren sprachlichen Problemfälle sind für den Lehrer aber mit Hilfe solcherart linguistischer Beschreibungen nur dann in vollem Umfang lösbar, wenn
er erstens mit der Beschreibungsmethode vertraut oder bereit
ist, sich in sie einzuarbeiten; zweitens spielen in linguistischen Beschreibungsverfahren sprachliche Normbegriffe eine
nicht unerhebliche Rolle (verwiesen sei an dieser Stelle nur

auf Coseriu (vgl. 4.) sowie auf den Überblick bei Gloy 1975).
Der Lehrer muß diese kennen, nicht zuletzt, um sprachliche Erscheinungen im Rahmen der linguistischen Beschreibung angemessen einordnen zu können. Dies bedeutet drittens gleichzeitig, daß der Lehrer in der Lage sein muß, für ihn relevante Ergebnisse einer Überprüfung zu unterziehen.

Das unmittelbare sprachliche Problem ist aber nur ein Grund für die Notwendigkeit von linguistischen Kenntnissen. Der andere, aus der Lehrpraxis viel näher liegende Grund ist in der - heute nicht selten praktizierten - Übernahme oder partiellen Übernahme von linguistischen Methoden und Begrifflichkeiten in die Lehrmaterialien zu suchen. Unabhängig davon, wie man dazu stehen mag, sind diese so erarbeiteten Lehrmaterialien ein Faktum; als Beispiel sei verwiesen auf den häufig kritisierten Versuch einer Transformationsgrammatik für den Französischunterricht von Peuser (1973) oder auf das Lehrwerk *Deutsch für die Mittelstufe* von Adler/Steffens, das sich ausdrücklich der Dependenz-Grammatik verpflichtet fühlt, sowie auf das Lehrwerk *Yes*, wo es im ersten Satz der Integrierten Lehrerausgabe zu Band 1 heißt, das Lehrwerk sei auf der Basis zweier linguistischer Schulen konzipiert, nämlich des Strukturalismus und der Pragmalinguistik (S. V). Wenn wir uns dabei vergegenwärtigen, daß die Möglichkeit zur tatsächlichen Einflußnahme auf die Wahl der Lehrwerke in der Regel durch institutionelle Bedingungen ihre Grenze findet, so wird ein um optimale Arbeit mit dem Lehrwerk bemühter Lehrer nicht um eine Beschäftigung mit der ihr zugrundeliegenden linguistischen Theorie herumkommen. Dabei muß noch einmal betont werden, daß es an dieser Stelle *nicht* um die *Wertung* linguistisch aufgebauter Lehrwerke und -materialien geht, sondern um die Tatsache, daß der Lehrer - gleichsam aufgrund seiner spezifischen Rolle - zur Beschäftigung mit der linguistischen Norm im Rahmen diverser Beschreibungsmodelle gezwungen ist.

Der dritte Grund, der für die Beschäftigung mit linguistischen Beschreibungsmodellen seitens des Lehrers spricht, ist die wissenschaftliche Beschäftigung mit Fremdsprachenunterricht. Sie ist es nämlich, die auf der einen Seite mit dem Ziel versehen ist, die Theorie und Praxis des Unterrichtens zu verbessern, und die damit natürlich den Anspruch erhebt, daß ihre Ergebnisse von den praktizierenden Lehrern rezipiert werden. Auf der anderen Seite bauen aber zahlreiche Überlegungen im Rahmen dieser wissenschaftlichen Beschäftigung auf linguistischen Modellen, Verfahren oder zumindest Anregungen auf (exemplarisch sei auf die Diskussion um die Diskussion um die Didaktische Grammatik oben S. 26 ff. verwiesen). Auch an dieser Stelle geht es nicht um eine Wertung dieser Tatsache, sondern um die Tatsache als solche.

Aus den vorangehenden Überlegungen läßt sich nunmehr folgende These ableiten: *Die Kenntnis linguistischer Beschreibungsverfahren ist für den Lehrer aus mehreren Gründen notwendig. Damit wird er automatisch mit verschiedenen Auffassungen von sprachlicher Norm konfrontiert. Daraus resultiert möglicherweise eine nicht einheitliche Sprachnorm sowohl innerhalb einer Lerngruppe als auch im Hinblick auf vergleichbare Lerngruppen. Gleichzeitig ist davon die Auffassung von den unterrichtlichen Normen insgesamt betroffen, da die Annahme einer fremdsprachenunterrichtlichen Faktorenkomplexion die Interdependenz der verschiedenen Faktorenkomplexe einschließt.*

5.2.1.7 WISSEN ÜBER UND EINSTELLUNG ZUR FREMDSPRACHLICHEN KULTUR AUS DER LEHRPERSPEKTIVE

Analog zu der Bedeutung, die den Lernereinstellungen zur fremdsprachlichen Kultur zukommen (vgl. 2.1.3), sind die Lehrereinstellungen dazu für das fremdsprachenunterrichtliche Bedingungsgefüge von mindestens ebenso großer Bedeutung, wenn nicht gar von größerer, weil sie für die Lernereinstellungen in vielen Fällen die Grundlage bilden. Nun legt die Tatsache, daß der Lehrer eine bestimmte Fremdsprache studiert und die Lehrbefähigung für diese Sprache erworben hat[8], den Schluß nahe, daß er

---

[8] Von native speakers wird hier abstrahiert.

dies u. a. aufgrund einer positiven Einstellung zur fremdsprachlichen Kultur und vor dem Hintergrund zahlreicher Informationen über die zielsprachliche Lebenswelt getan hat[9]. Das heißt freilich nicht, daß diese Einstellungen unbedingt konstant bleiben müssen. Berufliche Resignation, eigene negative Erfahrungen und politische Ereignisse können sehr wohl dazu beitragen, daß sich Einstellungen ändern. Dies wirft nun aber die Frage nach der Bedeutung der Lehrereinstellung für das Normproblem auf. Wenn wir davon ausgehen, daß der Lehrer der Hauptinformant und aus der Perspektive der Lernenden so etwas wie Vertreter der fremdsprachlichen Kultur ist, so bedeutet dies, daß die Lehrereinstellungen, soweit sie dezidiert zum Ausdruck kommen, normativen Charakter haben, vor allem dann, wenn außerhalb des Unterrichts Informationen nur schwer zu bekommen sind; dies gilt vorzugsweise für die Nicht-Schulsprachen. Dieser Lehrereinfluß dürfte bei jüngeren Lernern größer sein als z. B. bei Erwachsenen. Nun haben wir oben (vgl. 2.1.3 und 2.3.1) gesehen, daß positive Einstellungen zur fremdsprachlichen Kultur lernfördernd sein können. Gleichzeitig ist aber auch der 'emanzipatorische Aspekt' von Unterricht mehrmals angesprochen worden, bei dem es darum geht, den Lernenden eben soweit wie möglich nicht festzulegen, sondern ihm durch ein Angebot möglichst (!) wertfreier Informationen die Möglichkeit zur *selbständigen* Entscheidung und Herausbildung der Einstellung zu geben. Aus der Lehrersicht muß dies mit Bezug auf außersprachliche Informationen das Bemühen um eine möglichst objektive Auswahl und Darstellung beinhalten. Voraussetzung dafür ist wiederum das Streben des Lehrers nach neuen Informationen aus möglichst zahlreichen Quellen; nur so kann der Lehrer selbst einer 'Normierung von außen' entgegenwirken. Damit soll nicht der grundsätzliche Wille des Lehrers bezweifelt werden, sondern nur die Tatsache Berücksichtigung finden, daß Informationen meist zu einem gezielten Zweck

---

[9] Und in der Tat meint man manchmal dann etwas von dieser Studien- und Berufsmotivation zu spüren, wenn Fremdsprachenlehrer als Fachvertreter in den Prestigekampf um Stellenwert der Sprache, Sprachenwahl und damit das Prestige des Faches insgesamt eingreifen.

verbreitet werden und daß der Lehrer aus naheliegenden Gründen nicht in der Lage ist, alle landeskundlichen Informationen z. B. aus eigener Erfahrung zu geben. Ergebnisse von zu einseitiger Informationsbeschaffung und -aufnahme sind - gerade für den Fremdsprachenunterricht - häufig Klischees über die Mitglieder der fremdsprachlichen Gemeinschaft und das betreffende Land (man denke z. B. an *den* kleinen schnauzbärtigen Franzosen mit Baskenmütze und Zigarettenstummel im Mundwinkel). Daß eine gezieltere und umfassendere Informationsbeschaffung und -verarbeitung Rückwirkungen auf die Lehrereinstellungen zur fremdsprachlichen Kultur haben kann (vielleicht haben muß), scheint uns eine zwangsläufige Folge zu sein; allerdings liegen empirisch abgesicherte und detaillierte Untersuchungen zu diesem Bereich u. W. nicht vor.

Neben diesen 'persönlichen' Einstellungen und Informationen müssen die Informationen sowie deren Präsentation in Lehrwerken und -materialien Berücksichtigung finden, und zwar zum einen, weil die Lehrwerke eine (wichtige) Informationsquelle für die Lernenden darstellen und zum anderen, weil durch sie eine weitere Informationsquelle neben dem Lehrer in den Unterricht Eingang findet. Der Lehrer setzt dabei nicht nur seine Informationen in Beziehung zu denen im Lehrwerk, sondern er bringt in diese Beziehung wahrscheinlich gleichzeitig die Art und Weise der Darbietung dieser Informationen hinein.

Drittens - und das darf hier nicht außer acht gelassen werden - stellt der Lerner eine mögliche aktive Informations*quelle* dar, indem er selbst über landeskundliches Wissen verfügt oder zumindest um selbständigen außerunterrichtlichen Erwerb desselben bemüht ist.

Insgesamt läßt sich folgende These aus dem bisher Gesagten ableiten: *Lehrerseitige Informationen über die fremdsprachliche Kultur werden auf der Basis einer allgemeinen positiven Grundeinstellung erworben. Sie können möglicherweise zu deren Veränderung führen. Kennzeichnend ist dabei, daß sich der Lehrer*

dabei in einem mehrdimensionalen Normenfeld befindet. Er ist
mit seinen Informationen nämlich in Beziehung zu sehen zu der
Tatsache an sich, zu außerunterrichtlichen diesbezüglichen In-
formationsquellen, zur Information und ihrer Darstellung durch
das Lehrwerk sowie zum Lerner als Informationsnehmer und möglichen Informationsgeber. Aufgrund der Bedeutung von Einstellungen der Lerner für den Lernprozeß ist auch dieses Normenfeld für das fremdsprachenunterrichtliche Bedingungsgefüge von
Bedeutung.

5.2.2 FREMDSPRACHENBEZOGENE LEHRERFAKTOREN MIT BEZUG AUF DIE RAHMENBEDINGUNGEN

5.2.2.1 LEHREREINSTELLUNG ZUR INSTITUTION

Verschiedene Schul- und Organisationsformen sind gleichbedeutend mit unterschiedlichen Rahmenbedingungen, unter denen Fremdsprachenunterricht erteilt wird. Gleichzeitig bestimmt sich dadurch in erheblichem Maße die Einstellung des Lehrers mit. So
ist es für einen Sekundarstufen II-Lehrer nicht dasselbe, ob er
an einer Gesamtschule, an einem Gymnasium oder an einer Privat-
schule Unterricht erteilt, und die Voraussetzungen für Unterricht sind an einer Volkshochschule sicherlich in der Regel
anders als an einer privat geführten Schule mit demselben Adressatenkreis. Fast zwangsläufig entwickelt der Lehrer Vorstellungen darüber, was er wie in seinem Unterricht innerhalb der jeweiligen Institution verwirklichen kann und muß. Dabei sind
diese Vorstellungen sowohl an den organisatorisch-technischen
Bedingungen orientiert als auch an dem vermuteten Adressatenkreis mit spezifischen Erwartungen, Vorkenntnissen und Ausbil-
dungszielen. Aufgrund von diesbezüglichen Annahmen und Erfahrungen entwickelt der Lehrer *seine* Vorstellungen darüber, wie
Fremdsprachenunterricht an einer bestimmten Institution aussehen soll. Man denke z. B. an die Auseinandersetzung um Englisch
an der Hauptschule (vgl. exemplarisch zu diesem Themenkomplex
Sauer 1968; 1973; Gutschow 1971; Reisener 1977); man denke aber
als Beispiel für divergierende Erwartungshaltungen an die arg-

wöhnische gegenseitige Beobachtung von Vertretern universitärer fremdsprachenunterrichtlicher Forschung und Vertretern unterrichtlicher Praxis aus Volkshochschulen (vgl. Richter-Lönnecke 1982; Schmidt 1982; Quetz 1982). Ein Lehrer wird also aus spezifischen institutionellen Rahmenbedingungen eine seiner Einstellung entsprechende metaunterrichtliche Norm herleiten und auch von daher zu Lernzielen kommen, wobei sich dieser Weg von den oben beschriebenen (vgl. 3.1.2; 3.2.2; 3.3) durch die Reihenfolge des Vorgehens unterscheidet. Während oben das *Lernziel* in all seinen Schattierungen Dreh- und Angelpunkt von Überlegungen war, ist es an dieser Stelle die Institution; in einer Auseinandersetzung mit ihren Ansprüchen und Bedingungen gelangt der Lehrer zu - wenn man so will - institutionenspezifischen Lernzielen, so daß eine These an dieser Stelle lauten kann: *Die lehrerseitige Analyse institutionenspezifischer Vorgaben und Zielsetzungen führt über die Schaffung einer individuellen Norm auf metaunterrichtlicher Ebene zur Bestimmung institutionell gebundener Lernziele.*

5.2.2.2 SOZIALISATION IN DER GESAMTEN LEHRERGRUPPE

Die Stellung des Lehrers im Rahmen der Lehrerschaft einer Institution beeinflußt den Unterricht. Dies gilt allgemein für jeden Fachlehrer, und zwar auf zwei Ebenen. Auf der einen werden Erwartungen an die Person des Lehrers geknüpft, und zwar sowohl im Hinblick auf die eigentliche Lehrtätigkeit als auch im Hinblick auf die Zusammenarbeit aller Lehrenden. Damit kommen die Persönlichkeitsmerkmale wieder ins Spiel (vgl. 5.1). Dies gilt im übrigen auch für Volkshochschulen, die nach 'traditionellem' Verständnis nach außen hin wohl nicht so sehr durch *eine* Lehrerschaft als vielleicht mehr durch eine 'irgendwie zusammengewürfelte Kursleitermenge' gekennzeichnet waren; heute ist zunehmend die Tendenz einzelner Volkshochschulen erkennbar, durch gezielte Fortbildungsangebote auch und gerade

die Zusammenarbeit unter den Lehrenden zu fördern[10] und eine
gewisse Kontinuität im Mitarbeiterbereich zu erwirken.

Auf der zweiten Ebene werden Erwartungen an den Lehrer als Vertreter seines Faches geknüpft, sei es, daß ein Lehrender die
Gruppe der Fachlehrer 'komplettiert' im Sinne der Bedeutung,
die das Fach in dieser Institution oder allgemein hat, sei es,
daß der Lehrer als einziger Vertreter eines bestimmten Faches
an einer Institution gleich eine besondere Stellung einnimmt
(hier sind besonders die Lehrer der sog. Tertiärsprachen gemeint, vor allem in Spanisch, Russisch, Italienisch). Aufgrund
dieser Erwartungen an den Lehrer wird er innerhalb der Lehrerschaft in eine bestimmte Rolle gedrängt (vgl. oben 5.1), die
sich aus der Reaktion auf diese Erwartungen durch den betreffenden Lehrer ergibt. Sein Unterricht und damit auch das, was
er für guten Unterricht hält, wird so durch die Sozialisation
in der Lehrergruppe insgesamt mitbestimmt. Dabei gilt es gerade
auf der zweiten Ebene noch einmal zu differenzieren zwischen
der Sozialisation in der gesamten Gruppe der Lehrenden einer
Institution, in der ein Lehrer wahrscheinlich zunächst als Lehrer des fremdsprachlichen Faches X oder Y gesehen wird; darüber
hinaus nimmt er aber eine - meistens anders geartete - Position
im Rahmen der Gruppe von Lehrern ein, die gleichfalls moderne
Fremdsprachen unterrichten. Diese unterschiedliche Position
wird im übrigen auch im Rahmen der traditionellen Lehrerausbildung durch ihre allgemein starke Anlehnung an einzelphilologisch-wissenschaftliche Studiengangteile aufgebaut und durch
(schul-) sprachenpolitisch motivierte Konkurrenzsituationen
fortgeführt, wobei hinzugefügt werden muß, daß eine genaue empirische Analyse dieses Umstandes und der daraus resultieren-

---

[10] Daß dem dadurch verständlichen Wunsch nach einer stärkeren
Professionalisierung durch entsprechende hauptamtliche
Mitarbeiter-Stellen (vgl. Trim 1976; Halm 1981, v. a. 51 ff.;
Raasch 1981 a; Richter-Lönnecke 1982; Schmidt 1982) aus
finanziellen Gründen nicht nachzukommen ist, steht dabei
auf einem anderen Blatt.

den Auswirkungen noch zu leisten ist[11]. Schließlich erfolgt
eine Sozialisation innerhalb der Lehrergruppe desselben Faches,
eine Sozialisation, die im wesentlichen geprägt sein dürfte
durch den Altersunterschied und die damit verbundene Unterschiedlichkeit der Ausbildung und die sich - für den Lehrer an staatlichen Schulen - bereits beim Eintritt in das Referendariat im
Verhältnis zum Fachleiter bemerkbar macht (vgl. z. B. Schwinning 1981, v. a. 81 f.). Dem jungen enthusiastischen Lehrer mit
seiner Kenntnis neuerer Vermittlungsmethoden oder seinem theoretischen Wissen insgesamt wird von älteren Kollegen gerade die
langjährige Erfahrung im Unterrichten unter Hinweis auf in'der
Praxis Altbewährtes entgegengehalten[12].

Insgesamt läßt sich die These formulieren: *Die Sozialisation
eines Lehrers findet auf mehreren Ebenen mit und ohne fachbedingte Kriterien statt. Möglicherweise reiben sich die verschiedenen Sozialisationsprozesse - auf der Ebene der gesamten
Lehrerschaft, der Fremdsprachenlehrer insgesamt und der spezifischen Fachlehrergruppe - aneinander, soweit sie sich nicht
gegenseitig überdecken. Aus dieser Sozialisation heraus, die
freilich in enger Verbindung zu den Persönlichkeitsmerkmalen
zu sehen ist, kristallisiert sich eine Unterrichtsnorm für den
einzelnen Lehrer heraus, die ihm dabei helfen soll, die von
ihm gewünschte Rolle innerhalb der Lehrerschaft zu übernehmen.
Diese Unterrichtsnorm erstreckt sich sowohl auf methodische
Planung wie auf den Lehrgegenstand als auch auf die Bewertung
der Schülerleistung (siehe Steltmann 1981).*

---

[11] Interessanterweise wird in der wissenschaftlichen Literatur
zu diesem Aspekt der Fremdsprachenpolitik meistens nur die
Lernerperspektive ins Kalkül gezogen, während der Lehrperspektive diesbezüglich keine Aufmerksamkeit geschenkt wird.

[12] Der Altersunterschied macht sich bis in die Zensurenverteilung und die Testergebnisse bemerkbar. So ermittelt Steltmann (1981) bei einer Untersuchung von 2700 Schülern auf
ihre Leistungsfähigkeit hin, daß jüngere Englischlehrer bessere Zensuren als ältere verteilen und daß die Testergebnisse bei Lehrern zwischen 31 und 40 Jahren am besten ausfielen, ein Umstand, den er mit der überdurchschnittlich hohen
Leistungsfähigkeit dieser Altersgruppe begründet.

5.2.2.3 PRESTIGE DES VERTRETENEN FACHES UND SEIN MÖGLICHER EINFLUß AUF EINE NORM

Wir haben schon im vorangehenden Abschnitt gesehen, daß man die Sozialisation des Lehrers nicht ohne Berücksichtigung des Faches betrachten kann. Wenn nun dieser Einfluß nicht nur existent, sondern gar bedeutsam ist, so gilt es zweierlei zu fragen:

1. Wie kommt das Fachprestige zustande ?
2. Welche Auswirkungen resultieren aus diesem Fachprestige für 'eine Norm', wobei 'eine Norm' wieder bedeutet, daß es *die* Norm des Fremdsprachenunterrichts nicht gibt ?

Zu 1.: Das Prestige von Fremdsprachen ist häufig Gegenstand sprachenpolitischer Analysen und Überlegungen gewesen (vgl. die Literaturangaben bei Schröder 1969 und Christ 1980 sowie die Arbeit von Mackey 1976), ohne daß bislang der Anspruch erhoben worden wäre, man habe allgemeinverbindliche und alle Perspektiven berücksichtigende Aussagen dazu erarbeitet. Zunächst scheint uns die Unterscheidung von Christ (1980, 57 ff.) zwischen *Verkehrs-* und *Bildungswert* als Grundlage für Prestige sinnvoll; zum ersten werden Aspekte internationalen Handelns, Verständigung und Politik gerechnet, zum zweiten zählen Aspekte wie Geltung der entsprechenden Literatur oder Bedeutung als Wissenschaftssprache. Von nicht zu unterschätzender Bedeutung scheint uns diesbezüglich die Bedeutung der *Tradition* zu sein, die vor allem in kleineren zweisprachigen Gebieten (z. B. in Teilen der Schweiz) das Sprachprestige mitbestimmt, die aber nicht selten auch zur Unterstützung des Französischen als gleichberechtigter Weltsprache neben Englisch bemüht wurde und wird (vgl. B. Müller 1975, passim und Gebhardt 1981). Ein aufgrund von Verkehrs-, Bildungs- und Traditionswert ermitteltes Prestige hat seine Konsequenzen für das *unterrichtliche* Prestige von Fremdsprachen, das jedoch *keineswegs* mit dem außerunterrichtlichen ohne weiteres gleichgesetzt werden darf. Letzteres regelte und regelt auch heute noch in erheblichem Umfang das Sprachenangebot an den verschiedenen Institutionen, und ohne

Frage spielen bei der Entscheidung eines Lerners für oder gegen eine Fremdsprache aus dem gesamten Fremdsprachenangebot Traditions-, Bildungs- und Verkehrsargumente eine nicht unwichtige Rolle. Gleichzeitig kommt aber noch ein anderer, unterrichtsspezifischer Aspekt hinzu: die vermeintliche Lernbarkeit (vgl. dazu auch 2.2.4 und 2.3.4). Fremdsprachen gelten allgemein als 'schwer' und von daher - wie Christ (1980, 128) es formuliert - als "schlechte Notenbringer". Dieses Image von Fremdsprachen läßt sich natürlich weiter differenzieren (Englisch gilt als leichter, Französisch und Russisch dagegen als schwer), und es hat vor allem Auswirkungen auf die Sprachenwahl, und zwar sowohl im staatlichen Schulwesen als auch im Bereich der Erwachsenenbildung. Fremdsprachenprestige konstituiert sich von daher nicht ausschließlich mit Blick auf eine gesellschaftliche Relevanz, sondern ebenso durch rollenspezifische Aspekte aus der Lernerperspektive; da fremdsprachlicher Unterricht zwar auf einer abstrakteren Ebene gesellschaftlich motiviert ist (vgl. 3.3 und 3.4), *in concreto* jedoch durch die Gegebenheiten 'vor Ort' charakterisierbar ist, bedeutet dies, daß das tatsächliche Prestige einer Fremdsprache sich durch die spezifischen Lerner-Einstellungen und die damit zusammenhängenden Einstellungen innerhalb der jeweiligen Institutionen sowie durch das (möglicherweise der Tradition verpflichtete) Selbstverständnis der Institution gegenüber Fremdsprachen (-unterricht). Aufgrund von Lehrerpersönlichkeitsmerkmalen (vgl. 5.1) und mit Blick auf den Sozialisationsprozeß von Lehrern scheinen Auswirkungen auf *eine* Norm die zwangsläufige Folge.

Zu 2.: Eine Auswirkung des Prestigefaktors auf die *sprachliche* Norm ist im bundesrepublikanischen Schulsystem aus organisatorischen Gründen verankert: Die weitgehende Position von Englisch als erster Fremdsprache und als 'Weltsprache schlechthin' hat die anderen Schulsprachen in ihrem Prestige auf die folgenden Plätze verwiesen mit der Folge, daß sie in geringerem zeitlichen Umfang unterrichtet werden; so ergibt sich aus der bei Christ (1980, 126 f.) abgedruckten Tabelle im Länderdurchschnitt nach dem Stand von 1978 für die Sekundarstufe I eine

Zahl von 24,3 Stunden in 6 Jahren für die erste Fremdsprache, von 16,5 Stunden in 4 Jahren für die zweite Fremdsprache und 5,5 Stunden in 2 Jahren für die dritte Fremdsprache jeweils in Addition der Wochenstundenzahlen pro Jahr. Daß Unterricht in der dritten Fremdsprache nicht zu den gleichen sprachlichen Ergebnissen führen kann wie in der ersten Sprache, liegt dabei natürlich auf der Hand. Eine fremdsprachenunterrichtlich angepaßte sprachliche Norm für die erste Fremdsprache muß folglich qualitativ anders aussehen als eine für die dritte Fremdsprache. Daraus wird gleichzeitig - in Ergänzung zu den zu 1. gemachten Bemerkungen - deutlich, daß aus dem Prestige heraus, das man bestimmten Fremdsprachen *innerhalb* der jeweiligen Institution beimißt, Erwartungshaltungen seitens der Gruppe der Lehrenden bezüglich der Bedeutung des Faches und damit verbunden der Art und Weise des Unterrichtens entstehen, die die *metaunterrichtliche* Norm betreffen. Diese Erwartungen werden nicht nur seitens 'anderer' Lehrer artikuliert, sondern sind (selbstverständlicher ?) Bestandteil des Selbstverständnisses des einzelnen Fachlehrers. Zwangsläufig resultieren daraus rückwirkend wiederum Auswirkungen auf das gesellschaftliche Ansehen von bestimmten Fremdsprachen. Es scheint nicht realitätsfremd, an dieser Stelle einen *circulus vitiosus* anzunehmen:

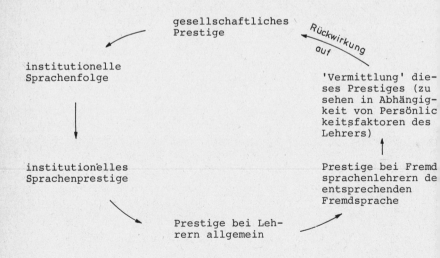

These: *Das Prestige von Fremdsprachen ist mehrschichtig erklärbar. Es beeinflußt das unterrichtliche Prestige von Fremdsprachen, ist aber nicht mit diesem identisch. Aufgrund des Prestiges einerseits und aufgrund von Persönlichkeitsmerkmalen und Sozialisationsprozessen der Lehrer andererseits kommt es zu Erwartungen, die sowohl sprachlich als auch metaunterrichtlich normativ den Fremdsprachenunterricht mitbestimmen.*

5.3 LERNERGERICHTETE PRÄMISSEN UND NORMEN

Wir haben oben (vgl. vor allem 2.2 und 2.3) versucht, den Unterricht aus der Perspektive des Lernenden zu beschreiben. Die besondere Notwendigkeit der Berücksichtigung dieser Sichtweise ist die Kernannahme des lerner*zentrierten* Ansatzes. Dabei haben wir uns auf die Beschreibung und *Entfaltung* einzelner Faktoren bezogen, so wie sie sich *für den Lerner organisch* ergeben, und dabei die Auffassung vertreten, daß die Erforschung des Fremdsprachenunterrichts vor allem diese Sichtweise berücksichtigen muß. Dies kann aber nicht bedeuten, daß dieselben Vorgänge aus der *Lehr*perspektive beobachtet dadurch uninteressant seien oder gar als gleichartig mit der Lernperspektive zu beurteilen wären. Deshalb sollen im folgenden einige der oben aus der Lernperspektive umrissenen Faktoren aus der Lehrperspektive mit Blick auf das Normproblem andiskutiert werden.

5.3.1 KENNTNIS ÜBER FREMDSPRACHENUNTERRICHTLICH SPEZIFISCHE LERNERMERKMALE

Für den Lehrenden als Organisator des Vermittlungsprozesses ist es von natürlichem Wert, die mentalen Prozesse zu kennen, die sich beim Lerner abspielen. Daß es eine Fremdsprachenlerntheorie im Augenblick noch nicht gibt, ist schon mehrfach im Rahmen dieser Arbeit angeführt worden. Somit kann eine adäquate Fremdsprachen*lehr*theorie noch gar nicht entwickelt werden. Wohl kann aber aus der Lehrperspektive die oben geführte 'Strategien-Diskussion' (vgl. oben S. 133 ff.) noch einmal kurz aufgenommen werden. Wir haben oben gesehen (S. 139 f.), daß unterrichtliche

Kommunikationsstrategien am *unterrichtlichen* Erfolg und nicht
so sehr an einem tatsächlichen Kommunikationserfolg orientiert
sind. Das heißt, der Lehrer muß versuchen, Lernerstrategien zu
erfassen und auf den Erfolg hin zu beurteilen, den sie für das
von ihm als Lehrer gesteckte oder anvisierte Ziel haben. Die
Tatsache, daß Lernerstrategien aber unterrichtserfolgsorien-
tiert sind, schließt ein, daß der Lerner Hypothesen über Lehrererwartungen und -normen bildet, denn von der Beurteilung
durch den Lehrer hängt ab, ob der Lerner erfolgreich ist oder
nicht. Und über diese angenommenen Lehrererwartungen und -nor-
men kann der Lehrer bewußten Einfluß auf die Lernerstrategien
nehmen; unbewußt tut er es ohnehin, indem Erwartungen der Lerner ja in die Strategie eingehen. Die bewußte Einflußnahme erstreckt sich dabei sowohl auf die sprachlichen Äußerungen,
die der Lehrer in bestimmten Situationen vom Lerner erwartet
oder 'auch noch' zuläßt als auch auf das, was wir bislang metaunterrichtliche Norm genannt haben. Der Lehrer 'lebt dem Schüler gleichsam vor', wie er sich verhalten muß, um erfolgreich
im Unterricht zu sein, wobei aus der Lehrperspektive *gleichzeitig* der Anspruch damit verbunden ist, außerunterrichtliches
erfolgreiches Handeln zu vermitteln. In jedem Fall muß der Lehrer sich also über sein Verhalten insoweit bewußt sein, als
er es auf die daraus möglicherweise ableitbaren Erwartungen
und Normen durch den Lerner zu planen und es so zu gestalten
versucht, daß es den Lerner zu Hypothesen und Strategien bringt,
die im Rahmen des Lernprozesses förderlich sind. Dies alles
setzt voraus, daß der Lehrer sich über spezifische fremdsprachenunterrichtliche Lernerfaktoren informiert.

5.3.2 KENNTNIS AUSSERSPRACHLICH BEDINGTER SPEZIFIKA DER LERNERGRUPPE

Wir haben den Lerner oben als 'Ergebnis' des Zusammenwirkens
dreier Faktorendimensionen zu beschreiben versucht (vgl. 2.1
bis 2.3) und auf die Bedeutung der spezifischen fremdsprachenunterrichtlichen Lernerfaktoren aus der Lehrperspektive hingewiesen (vgl. 5.3.1). Da aber der Lerner und damit die Lerner-

gruppe sich eben aus verschiedenen Faktorendimensionen konstituieren, ist es zum besseren Verständnis der Lernergruppe gleichfalls notwendig, daß der Lehrer sich um die Kenntnis der außerunterrichtlichen Faktoren bemüht, die die Lernergruppe - und im Idealfall den einzelnen Lerner - in ihrer Funktion als Unterrichtsaktant mitbestimmen. Das heißt, ein Lehrer sollte wissen, wie in einer Lernergruppe z. B. Einstellungen zur Fremdsprache und sprachenpolitische Einflüsse sind, wie die Einstellung zur Fremdsprachenunterricht erteilenden Institution und deren Bedingungen ist, wie die allgemeinen Lernerfahrungen und die Motivation für die Teilnahme am Unterricht sind. Daß z. B. in Fremdsprachenkursen an Volkshochschulen, die nicht altershomogen besetzt sind wie im ausbildenden Schulwesen, Alter und häufig Ausbildungsgang der Kursteilnehmer vorab erhoben wird, dient ebenfalls dazu, dem Lehrer zur angemesseneren unterrichtlichen Planung Informationen an die Hand zu geben. Dies verschafft ihm gleichzeitig Einblick in Normen und Erwartungen der Lerner, und zwar sowohl in sprachlicher, inhaltlicher und unterrichtlicher Hinsicht. Aus großen Divergenzen der Normen und Erwartungen von Lehrern und Lernern resultieren meistens negative Auswirkungen auf den Lernprozeß und das Lernverhalten, aber möglicherweise auch auf das Lehrverhalten. Kennt der Lehrer jedoch die lernerseitigen Prämissen, ist es ihm eher möglich, den Prozeß des Normaushandelns in Gang zu setzen - soweit ihm aufgrund seiner institutionellen Einbindung dieses überhaupt möglich ist - oder aber, was wohl der Normalfall sein wird (siehe auch 3.1.2 und 3.2.2 sowie 3.3), durch geeignete didaktische Maßnahmen den Normenkonflikt zu mildern.

5.3.3 LEHRKLIMA

Wenn es, wie wir oben behauptet haben (S. 100 ff.), gerechtfertigt ist, das *Lern*klima in den Blick zu nehmen und von dem bislang gebräuchlichen und umfassenderen, aber etwas unpräzisen Begriff des Unterrichtsklimas abzukoppeln, so muß dies zwangsläufig auch für das Lehrklima gelten, liegt es doch auf der Hand, daß z. B. ein autoritärer Unterrichtsstil das Lernklima negativ beeinflußt, das Lehrklima dagegen möglicherweise positiv wirken läßt. Und damit sind wir auch schon bei dem, was unter Lehrklima verstanden werden soll, nämlich die Unterrichtsatmosphäre aus der Sicht des Lehrers, aufgefaßt als Synthese von Unterrichten (oder Unterrichtsstil), Persönlichkeitsmerkmalen und der Lernerreaktion darauf. Es ist bezeichnend für die bisherige, doch allgemein als lehrerorientiert geltende Fremdsprachendidaktik, daß der Faktor 'Lehrklima' weitgehend ignoriert wurde. Dies gilt für die von Bludau et al. (1973) erarbeiteten Tätigkeitsmerkmale des Fremdsprachenlehrers ebenso wie für die von Schwerdtfeger (1977, 22 f.) vorgestellten Merkmale eines 'idealen Zielsprachenlehrenden', in denen zumindest noch von "Begeisterung am Unterricht einer Sprache" die Rede ist.

Analog zu dem, was wir oben in Anlehnung an und Ergänzung von Dreesmann (1980) als Variablen des Lernklimas benannt haben (vgl. S. 100), lassen sich folgende Merkmale des Lehrklimas nennen:

- Grad der inneren Anspannung
- Unterrichtserfahrung
- fachliche Sicherheit
- gesamtberufliche Belastung und Einstellung dazu
- Grad der Transparenz von Lehrer- und Lernerintentionen und -zielsetzungen
- emotionales Verhältnis zur Lernergruppe
- Rollenselbstverständnis
- Möglichkeiten der praktischen Nutzanwendung des zu vermittelnden Stoffes
- Erwartungshaltung der Lerner in der Wahrnehmung durch den Lehrer
- bildungspolitische Bedingungen als Hintergrund für den Unterricht
- Unterrichtsdisziplin und das Bewußtsein über ihre Ursache.

Auch hier kann zweifellos kein Anspruch auf Vollständigkeit erhoben werden, und sicher wäre es nützlich, zumindest einige

der genannten Variablen ausführlicher zu explizieren. Dies
führte aber im Rahmen dieser Arbeit zu weit. Deshalb basieren
die folgenden Überlegungen auf der Annahme, daß die genannten
Variablen tatsächlich als wichtige Merkmale für das Lehrklima
existieren. Das führt wiederum zu der Frage, was einzelne oder
vielleicht jede dieser Variablen mit dem Normproblem zu tun
haben.

Die oben genannten Variablen lassen sich grob in drei Klassen
einteilen: Zu den *psychisch-psychologisch* erklärbaren zählen
der Grad der inneren Anspannung, die gesamtberufliche Belastung
einschließlich der Einstellung, das emotionale Verhältnis zur
Lernergruppe, das Rollenselbstverständnis sowie der den Unterricht beeinflussende bildungspolitische Hintergrund. Zu den
pädagogisch erklärbaren Variablen zählen die Unterrichtserfahrung, der Grad der Lehr- und Lernzieltransparenz, ebenfalls das
Rollenselbstverständnis, hier vor allem als Verständnis des
pädagogisch Agierenden im Unterricht, nicht so sehr - wie oben -
als Verständnis des eigenen *Ichs* im unterrichtlichen Ablauf;
ferner die durch den Lehrer wahrgenommene Erwartungshaltung der
Lerner sowie schließlich die Unterrichtsdisziplin und das Erfassen ihrer jeweiligen Ursache. Als *fachlich* begründbare Variablen sollen die fachliche Sicherheit, die Anwendungsperspektive sowie die Erwartungshaltung der Lerner gelten, wobei
letztere hier als auf den Lehrstoff gerichtet verstanden wird,
also z. B. sprachliche Bewältigung spezifischer oder allgemeiner
Situationen oder Erwerb von Lesekompetenz.

Schon aus der Tatsache, daß zwei Variablen zu jeweils zwei Klassen zugeordnet werden können, aber auch aus der inneren Strukturierung des Lehrklimas, wie wir es beschrieben haben, wird
deutlich, wie die einzelnen Variablen zueinander in Beziehung
stehen.

Ob nun das *Lehr*klima als positiv oder negativ empfunden wird,
hängt vom Grad der Übereinstimmung zwischen den psychisch-
psychologischen, pädagogischen und fachlichen Normen und Erwar-

tungen auf der einen Seite und den durch den Lehrer wahrgenommenen Faktoren auf der anderen Seite ab. Wichtig ist dabei, daß es *nicht* um die tatsächlichen Fakten geht, sondern nur um das, was der Lehrer aus seiner Perspektive wahrnimmt und was von daher in das *Lehr*klima eingeht. Dabei werden die verschiedenen Normen und Erwartungen unterschiedlich aufgebaut: die psychisch-psychologischen sind weitgehend an Persönlichkeitsmerkmalen des jeweiligen Lehrers orientiert; die pädagogischen sind *darüber hinaus* an die Konstellation von Unterricht selbst gebunden, d. h. an das konkrete Unterrichtsgeschehen in der Wahrnehmung durch den Lehrer; die dritte Ebene schließlich, die fachliche, richtet sich unter Berücksichtigung der pädagogischen Bedingungen nach dem sprachlichen System (vgl. 4.). Analog zu dem, was wir als Hypothese zum *Lern*klima gesagt haben (vgl. S. 101) läßt sich hier die Hypothese formulieren: *Die Ausprägung des Lehrklimas wird dann ungünstig beeinflußt, wenn der Lehrende auf die Verwirklichung seiner Normvorstellung unfreiwillig und gegen bessere Einsicht verzichtet/verzichten muß. Verzichtet er hingegen aus Einsicht und Überzeugung auf ihre Realisierung, wird das Lehrklima kaum nachhaltig in Mitleidenschaft gezogen. Setzt der Lehrer seine Normvorstellungen auf den verschiedenen Ebenen durch und erzielt er damit aus seiner Perspektive Erfolg, wird das Lehrklima als positiv empfunden. In das Lehrklima gehen ein die Kenntnis über fremdsprachenunterrichtlich spezifische Lernermerkmale (vgl. 5.3.1) und die Kenntnis außersprachlich bedingter Spezifika der Lernergruppe (vgl. 5.3.2).*

5.4 METHODISCHE PRÄMISSEN UND NORMEN

In diesem Kapitel wird es darum gehen, methodische Überlegungen, die der Lehrer *vor* dem eigentlichen Unterricht anstellt bzw. Verfahren, die ihm zur Verfügung stehen, in Zusammenhang mit dem Normproblem zu sehen. Dabei wird die Fragestellung leitend sein, inwiefern die Vorabentscheidung für vorbereitende methodische Verfahren normierenden Einflüssen unterliegen bzw. diese selbst ausüben.

5.4.1 EINSTELLUNG ZUR ROLLE DER LEHRWERKE IM UNTERRICHT

Lehrwerke sind aus dem Fremdsprachenunterricht nicht wegzudenken. Dies gilt unabhängig von Unterrichtsmethoden und Unterrichtsformen, und die hohe Zahl neu erschienener Lehrbücher in den vergangenen Jahren spricht sicherlich für sich. Von daher scheint es gerechtfertigt, sich in mehreren Faktoren und damit unter mehreren Aspekten mit den Lehrwerken zu befassen.

Fangen wir also bei der Einstellung des Lehrers zu ihnen an. Gemeint ist damit die (z. T. auf Erfahrung basierende) Vorstellung des Lehrers darüber, was *generell* - und in Abstraktion von einem bestimmten Lehrwerk - durch Lehrwerke im Unterricht leistbar ist. Im allgemeinen wird dem Lehrwerk eine dominierende Stellung im Unterricht eingeräumt (vgl. z. B. Sauer 1963; Heuer 1969; vgl. auch die kritischen Beiträge zum Mannheimer Gutachten, die allesamt die Bedeutung des Lehrbuchs herausstreichen: Erk/Götze/Kaufmann 1978; Freudenstein 1978; Hertkorn 1978; Heuer 1978; vgl. schließlich Dietrich 1980, wo der Versuch unternommen wird, die Lehrwerkdominanz zu relativieren). Diese Dominanz kommt darin zum Ausdruck, daß Lehrwerke dem Lerner das fremdsprachliche Material scheibchenweise vorsetzen und den Lehrer damit der Mühe entziehen, selbst die unterrichtliche Progression richtlinienkonform und detailliert festzulegen. In nicht wenigen Fällen wird damit durch Lehrwerke der Unterricht so weit als 'Gerippe' vorgeplant, daß mancher Lehrer dieses Gerippe nur noch mit etwas Fleisch in Form zusätzlicher Materialien und Informationen sowie 'didaktischer Kniffe' auffüllen zu brauchen glaubt. Dies ist der eine Aspekt, den Lehrbücher im Fremdsprachenunterricht haben, zumindest haben können. Ein anderer ist eher lernerorientiert: Lehrbücher stellen für den Lerner nicht nur eine unmittelbare Lernhilfe im Unterricht dar, sie bieten ihm darüber hinaus die Möglichkeit, Informationen außerhalb des Unterrichts nachzuschlagen bzw. durch die Absolvierung von Übungsaufgaben neu zu gewinnen. Drittens motivieren (oder demotivieren) sie den Lerner durch Aufmachung und Art der Präsentation. Viertens beinhalten sie möglicherweise

die Umsetzung neuerer linguistischer und/oder fachdidaktischer
Theorien; von daher sind wie wieder für den Lehrer aufschluß-
reich. Fünftens schließlich enthalten Lehrbücher, häufig in
den sie begleitenden Lehrerhandbüchern, methodische Empfehlungen an den Lehrer, die die unterrichtliche Darbietung einzelner Passagen erfassen und somit dem Lehrer Arbeit abnehmen,
sofern er sie sich abnehmen läßt.

Die eben skizzierten fünf Aspekte sind stark auf den Unterricht selbst bezogen und stellen einen - zweifelsohne sehr
wichtigen - Bereich dar, aufgrund dessen die Lehrereinstellung
zu Lehrwerken bestimmt wird. Hinzu kommt noch ein zweiter,
mehr technisch-organisatorischer Bereich. Lehrwerke werden
meist für eine spezifische Institution eingeführt, d. h. alle
parallelen Lerngruppen orientieren sich in ihrer Arbeit an
demselben Lehrwerk[13]. Das bedeutet, daß ein Lehrer möglicherweise gezwungen ist, mit einem Lehrwerk zu arbeiten, das er
persönlich eigentlich ablehnt, und die Struktur schulinterner
Fachkonferenzen ist sicher nicht immer so, daß sie flexible
Anpassung an andere (neue) Lehrwerke ohne weiteres zuläßt. Für
den Lehrer bedeutet dies u. U. einen 'Einstellungskonflikt':
einer generell positiven Einstellung gegenüber der Rolle von
Lehrwerken im Unterrichtsgeschehen steht eine (begründete) negative Einstellung zu einem *spezifischen* Lehrwerk gegenüber.

Was folgt nun aus alldem für das Normenproblem ? Eingedenk
der Tatsache, daß wir an dieser Stelle das Problem der Dominanz von Lehrwerken in ihrem Für und Wider nicht lösen können,
wollen wir pauschal davon ausgehen, daß das Lehrwerk *eine* Rolle spielt, wie groß oder klein sie im Einzelfall auch sein mag;
die folgenden Überlegungen lassen sich entsprechend der tatsächlichen Rolle nivellieren. Die Arbeit mit Lehrwerken im
Fremdsprachenunterricht bedeutet zunächst einmal die Übernahme

---

[13] Selbstverständlich gibt es davon auch Ausnahmen, und möglicherweise sind vor allem Volkshochschulen oder gar Schulen privater Trägerschaft da etwas 'freier'.

der dort vertretenen sprachlichen Norm - dies liegt auf der
Hand, denn schließlich stellt das Lehrbuch für den Lernenden
(und häufig sicher auch für den Lehrer) die am leichtesten
faßbare fremdsprachliche Autorität dar. Lehrerseitige, auch
berechtigte Angriffe gegen falschen oder zumindest unüblichen
Sprachgebrauch führen, wenn sie häufiger auftreten, zur Erschütterung dieser Autorität und damit zu einer Verunsicherung
der Lernenden, die sich in jedem Fall auf den Umgang mit *dem*
Lehrwerk, u. U. mit fremdsprachlichen Lehrwerken allgemein und
auf den Umgang mit der Fremdsprache erstrecken. Dies ist kein
Plädoyer für eine kritiklose Übernahme der Lehrbuch-Sprache,
sondern vielmehr ein Votum für die intensive (sprachliche) Auseinandersetzung mit einem Lehrwerk vor seiner Einführung.

Der Aufbau und die Arbeitsanleitungen eines Lehrwerkes einerseits sowie der Umgang mit diesem Lehrwerk, wie er im Unterricht durch den Lehrer angeregt wird, andererseits bestimmen
eine Art Lern-Norm mit, d. h. die Art und Weise, wie der Lerner auf der Basis des im Unterricht benutzten Lehrwerks zu
Lerntechniken gelangt[14]. Man denke in diesem Zusammenhang z.
B. an das Für und Wider zweisprachiger Vokabellisten (vgl. z.
B. Loebner 1974; H. Wulf 1974; Strecker 1975; Hausmann 1976).
Welche Rolle normative Lerntechniken spielen, wird jeder wissen, der z. B. in der Erwachsenenbildung Fremdsprachenunterricht erteilt hat.

Die Bedeutung lehrwerkbegleitender methodischer Hinweise und
Lehrerhandbücher *kann* u. U. beim Lehrer zu der Ansicht führen,
daß bestimmte Strukturen oder Vokabeln so und nicht anders
vermittelt werden müssen. Diese Beobachtung läßt sich besonders in Zusammenhang mit wachsender Unterrichtserfahrung machen. Über die Gründe hierfür kann man spekulieren, vermutlich

---

[14] Andere Faktoren, die die Entstehung von Lerntechniken begründen, sind z. B. persönliche Lernervariablen (vgl. 2.1)
sowie fremdsprachenspezifische Lernerfahrungen (vgl. 2.3.4).

spielt 'Alltagsroutine' eine große Rolle dabei. Im Zusammenhang mit bestimmten Persönlichkeitsmerkmalen der Lehrer (vgl. 5.1) bilden sich normative Vorstellungen über den Unterrichtsablauf leicht heraus. Der Kreis schließt sich, wenn aus dieser metaunterrichtlichen Norm bestimmte, diese Norm fordernde Erwartungen an Lehrwerke allgemein gestellt werden.

Schließlich darf angenommen werden, daß bestehende normative Einstellungen - gleich welcher Art (sprachlich, lernpsychologisch oder metaunterrichtlich) - antastbar werden, sobald der Lehrer Unterricht mit einem bestimmten Lehrwerk gegen seine eigene Überzeugung betreiben muß. Sprachlich werden Lehrbuchvorgaben u. U. eher hinterfragt, methodische Hinweise vielleicht eher einer kritischen Einschätzung unterzogen, und auch eine Diskussion mit den Lernern über Lerntechniken und darauf aufbauend über Vor- und Nachteile des Lehrwerks sind unter dem Aspekt keineswegs auszuschließen. Gesicherte Ergebnisse zur Lehrereinstellung gegenüber Lehrwerken in ihrer Funktion als Unterrichtsmedium liegen u. W. zur Zeit noch nicht vor.

5.4.2   KENNTNISSE VON UND ÜBER LEHRWERKE UND -MATERIALIEN

Eng mit der Einstellung zur Rolle von Lehrwerken hängt das Maß an Kenntnissen zusammen, das der Lehrer über die verschiedenen Lehrwerke und -materialien besitzt. Je mehr Lehrwerke er wirklich kennt, desto spezifischer und fundierter wird seine Einstellung sein. Nun hat - wie schon erwähnt - die Lehrbuchentwicklung einen (zumindest quantitativen) Aufschwung genommen. Diese Tatsache macht es für den Lehrer insgesamt immer schwieriger, *alle* Lehrbücher und Begleitmaterialien der von ihm unterrichteten Fremdsprache genau zu kennen. Hinzu kommt, daß durch die institutionell gebundene und mittelfristig bindende Entscheidung für oder gegen bestimmte Lehrwerke der 'Blick über den Zaun' nicht unbedingt erleichtert wird (vgl. auch die Beispiele in Bung 1977, 5 f.), zumal praktische Erprobung neuerer Lehrwerke nur in beschränktem Umfang möglich ist. Dennoch kennen engagierte Lehrer neuere Lehrwerke, wenigstens dem Namen nach, und schließlich tut die Politik der großen Lehrmittel- und Schulbuchverlage ihr übriges dazu, bestimmte Lehrwerke ins Lehrerbewußtsein zu rücken. Aus dieser Zwittersituation zwischen oberflächlicher Detailkenntnisse einiger Lehrwerke und der Fülle an Lehrwerken, der sich ein Lehrer zumindest in den Schulsprachen gegenübersieht, wird die Einstellung zur Rolle des Lehrwerks insgesamt mitgeprägt. Gleichzeitig verlangt diese Situation vom Lehrer aber auch eine - vielleicht intuitive und spontane - Entscheidung für *ein* oder *zwei* Lehrwerke, mit denen er sich eingehender auseinandersetzen will und/oder kann. Möglicherweise spielen bei dieser Entscheidung die Art der Aufmachung, Bekanntheit des Autors und Verlag (-spolitik) dadurch eine große Rolle, daß sie beim Lehrer bestimmte Erwartungen hervorrufen. Enttäuschung oder Erfüllung dieser Erwartungen können zur Be- oder Verurteilung des Lehrwerks führen und bestimmen somit Normen, die der Lehrer an ein Lehrbuch stellt, das seinerseits einen bestimmten Anspruch erhebt. Dies ist die eine, mehr individuell-normative Seite der Medaille.

Die andere Seite betrifft das teilweise 'eklektische Verfahren', für das sich ein Lehrer zuweilen entscheidet. Damit ist das Ausweichen auf andere Lehrwerke gemeint, für das sich der Lehrer in den Fällen entscheidet, in denen er die vom sonst gebrauchten Lehrbuch gewählte Darstellungsform für inhaltlich und/oder didaktisch inadäquat hält. Ein anderes, entweder ansonsten schlechter bewertetes oder durch die jeweilige Institution nicht eingeführtes Lehrwerk bietet u. U. eine für diesen einzelnen Fall passender scheinende Lösung. Wenn nun beide Lehrwerke an *verschiedenen* Theorien und Modellen orientiert sind, kann es besonders bei häufigerem Rückgriff auf das zweite Lehrwerk zu einem Eklektizismus kommen, - wie er z. B. von Bausch (1979 b, 6 f.) im Rahmen der Diskussion um die Didaktische Grammatik kritisch skizziert worden ist -, und zwar vor allem dann, wenn metasprachliche regelhafte Beschreibungen aus verschiedenen Beschreibungsansätzen als gleichwertig nebeneinander gestellt werden. Zwar mag man nun einwenden, daß es keine Belege für die zumindest partielle parallele Verwendung verschiedener Lehrwerke im Unterricht gebe. Dies mag - empirisch gesehen - richtig sein. Wir meinen jedoch, daß jeder, der schon einmal Fremdsprachenunterricht erteilt hat, diesen Weg gewählt hat, besonders wenn Erfahrungen mit entsprechenden Darstellungen diesen Weg nahegelegt haben. Konflikte und Unstimmigkeiten können sich im Bezug auf Normen dann ergeben, wenn aus anderem Kontext entnommene normative Setzungen in den gewohnten Beschreibungs- und Darstellungsmodus eingepaßt werden. Aus der Lernerperspektive haben wir oben schon als Beispiel erwachsene Lerner und ihren Wunsch nach expliziter Grammatikvermittlung erwähnt. Aus der Lehrperspektive ergeben sich so Veränderungen der metaunterrichtlichen Norm, so weit sie mit der Entscheidung für ein bestimmtes Lehrwerk *eng* verbunden ist (vgl. oben). Um Normenkonflikte und Eklektizismus der beschriebenen Art zu vermeiden, ist eine möglichst intensive Kenntnis der verschiedenen Lehrwerke *und* der damit verbundenen sprachlichen, metaunterrichtlichen und inhaltlichen Normen und Ansätze notwendig.

5.4.3 LEHRWERKANALYSE

Damit sind wir bei der Lehrwerkanalyse als unabdingbarem Bestandteil des Verhältnisses zwischen Lehrer und Lehrwerk, wie wir es bisher (vgl. 5.4.1 und 5.4.2) beschrieben haben. Mit diesem Begriff und dem dahinter stehenden Konzept wird das, was wir aus der Lehrerperspektive bislang als lehrbuchgeleitete sprachliche, inhaltliche oder metaunterrichtliche Norm bezeichnet haben, auf eine objektivierbare Ebene, nämlich die der nachvollziehbaren Analyse gehoben.

Nun hat die Expansion auf dem Lehrbuchmarkt eine intensive Beschäftigung mit Fragen der Lehrbuchanalyse nach sich gezogen, so daß Bungs (1977, 5) Klage über mangelnde Forschungsergebnisse auf diesem Gebiet heute nicht mehr in demselben Maße zutrifft. Kataloge mit Kriterien zur Lehrwerkbeurteilung (vgl. z. B. Engel et al. 1977; Engel/Krumm/Wierlacher 1979; Reisener 1978; Heindrichs/Gester/Kelz 1980, 155 ff.) beschäftigen heute die wissenschaftliche Diskussion ebenso wie theoretische Beiträge zur Lehrwerkkritik (vgl. z. B. Heuer/Müller 1973; Schüle 1976; Segermann 1980 a; 1980 b). Dabei stellt sich für den Lehrer in erster Linie die Frage nach der Anwendbarkeit. Unter diesem Aspekt kommen dem Lehrer Kriterienkataloge entgegen. Theoretischere Arbeiten und nach wissenschaftlichen Kriterien aufgebaute und auf weitgehende Vollständigkeit zielende Analysemethoden sind deshalb nicht abzulehnen, können doch aus ihnen wertvolle Hinweise und Erkenntnisse für die Erstellung und auch die Beurteilung von Lehrwerken gewonnen werden. Nur reduziert sich aufgrund ihres komplizierten Aufbaus ihr unmittelbarer Nutzen für den Lehrer. Dieser wird übersichtliche Kriterienlisten wahrscheinlich vorziehen, vorausgesetzt, Lehrwerk*analyse* wird von ihm als hinreichend notwendig erkannt. Daher soll es auch im folgenden vor allem um den Zusammenhang zwischen Kriterienkatalogen und Normgesichtspunkten gehen.

Zu den wohl ausführlichsten Katalogen zählen Reisener (1978) mit 15 Fragekomplexen und insgesamt 60 Kriterien, Engel/Krumm/ Wierlacher (1979) mit 16 Komplexen und insgesamt 78 Kriterien sowie Heindrichs/Gester/Kelz (1980, 155 ff.) mit nur vier verschiedenen Fragekomplexen, aber 154 (!) Kriterien zuzüglich zahlreicher hilfreicher Strichaufzählungen. Allen drei Listen ist gemeinsam, daß sie zwei unterschiedliche Ebenen für Kriterien beinhalten, und zwar eine 'neutrale, auf Bestandsaufnahme zielende' Ebene und eine Wertung implizierende und z. T. auch zum Ausdruck bringende Ebene. Zur ersten Ebene können z. B. folgende Kriterien gerechnet werden:

> "8.1. Ausdrücklicher Einbezug der Grammatik
> 8.2. Linguistische Theorien/Schulen (ausdrückliche Verweise; faktische Grundlagen)
> 8.3. Art der verwendeten Begriffe und Regeln
> 8.4. Terminologie, Beschreibungs- und Erklärungssprache
> 8.5. Andersartige Vermittlung grammatischer Strukturen"
> (Engel/Krumm/Wierlacher 1979, 38).

"5. Grammatik:
- Welche Grammatikpensen werden angeboten und wie sind sie auf die Units verteilt ?
- Wie werden die Pensen dargeboten, geübt, gesichert und transferiert ?"

(Reisener 1978, 69).

"3.12 Welche Grammatiktheorie liegt dem Lehrwerk zugrunde ?
- Traditionelle Grammatik
- Strukturalistische Grammatik
- Generative Transformationsgrammatik
- Valenzgrammatik
- Inhaltsbezogene Grammatik
- Funktionale Grammatik
- Mischformen/Eklektische Grammatik"

(Heindrichs/Gester/Kelz 1980, 162).

Die zweite Ebene enthält dagegen Kriterien wie:

"9. Organisation der Lernprozesse:
...
- Realisieren die Übungen das zyklische Prinzip, indem sie in Konsolidierungsphasen immer wieder auch Wiederholungsstoffe verarbeiten ?
- Enthalten die Übungen auch spielerische und prosodische Elemente ?"

(Reisener 1978, 69).

"4. Sprachdidaktische Konzeption
...
4.2.3 Intensität der Ausbildung bezogen auf das Lernziel (ausreichend/nicht ausreichend)"

(Engel/Krumm/Wierlacher 1979, 37).

"15. Kommunikation, Gesellschaft, Situationen
...
15.8. Gesellschaftliche Wirklichkeit (gebotene Ausschnitte; bestehende Proportionen, Begründung derselben; ein- oder mehrperspektivische Präsentation der Ausschnitte)

15.9. Normen- und Stereotypenproblematik (Vermittlung gesellschaftlicher/kultureller Normen. Propagierung, Thematisierung derselben)"

(Engel/Krumm/Wierlacher 1979, 39).

"3.65 Entsprechen die Anweisungen und Regeln den tatsächlichen sprachlichen Gegebenheiten, und reflektieren sie den gegenwärtigen linguistischen Forschungsstand ?"

(Heindrichs/Gester/Kelz 1980, 168).

Rein quantitativ sind die Kriterien der zweiten Ebene in der Minderzahl. Dies ist vor allem dann interessant, wenn man sich vor Augen führt, daß diese Ebene - aus der Sicht des Lehrers - diejenige ist, die 'fremdgesteuerten' Normen unterliegt. D. h. die Kriterien dieser Ebene enthalten normative Ansprüche, wie z. B. den, daß gute Lehrwerke die gesellschaftliche Wirklichkeit enthalten müssen (vgl. oben Engel/Krumm/Wierlacher 1979, 37). Demgegenüber lassen die Kriterien der ersten Ebene individuelle Normsetzungen des Analysierenden viel eher zu, weil sie lediglich so angelegt sind, daß der Analysierende - in unserem Fall der Lehrer - seinen persönlichen Unterrichtserfahrungen entsprechend eine Bestandsaufnahme vornehmen kann, an dessen Ende ein qualitatives Urteil steht. Fragen nach der besten Beschreibungsmethode oder nach der günstigsten Art, die Lerner zu motivieren sind damit nicht an lerntheoretische Prämissen vorab gebunden, sondern ermöglichen umgekehrt dem Lehrer auf der Basis konkreter unterrichtlicher Beobachtungen und Erfahrungen den Zugang zu (potentiellen) Lernvorgängen beim Lerner. Daß auf Objektivität angelegte Kriterienlisten zur Lehrwerkanalyse durch normative Annahmen auf der Lehrerseite teilweise entwertet werden können, ist nicht zu verhindern. Ein weitgehend objektives Kriterium wie z. B. das von Heindrichs/Gester/Kelz (1980, 162) zur Grammatikvermittlung[15] ist nicht vor normativ verankerten

---

15) "Wie wird die Grammatik im Lehrwerk vermittelt ?
- als Regelgrammatik
- als Signalgrammatik
- als Beispielgrammatik
- auf sonstige Weise"

Meinungen des Analysators geschützt, wonach u. U. Regelgrammatiken *eo ipso* abzulehnen seien. Aufgrund der zahlenmäßigen Überlegenheit 'neutraler' Kriterien können wir also annehmen, daß lehrerseitige, auf Kriterienkatalogen basierende Lehrwerkanalysen weitgehend individuell-normativen Setzungen *und* objektiven Analyseschritten unterliegen. Allerdings heißt dies nur, daß die Analyse an sich ohne direkte Normanbindung möglich ist. Normative Einwirkungen auf den Lehrer von außen, wie wir sie oben ansatzweise beschrieben haben (vgl. 3.1.2; 3.2.2; 5.1; 5.2; 5.3), legen den Lehrer ja meist vor der eigentlichen Analyse fest.

Als Resümée der voraufgegangenen Überlegungen (vgl. 5.4.1; 5.4.2; 5.4.3) läßt sich festhalten: *Lehrer und Lehrwerk stehen in einem vielschichtigen Wechselverhältnis zueinander. Je nach Grad der 'Abhängigkeit vom Lehrwerk' entwickelt der Lehrer mehr oder weniger ausgeprägte sprachliche, (meta-)unterrichtliche und inhaltliche Normvorstellungen, die ihrerseits Rückwirkungen auf seine Einstellung zur Rolle des Lehrwerks haben. Darüber hinaus besteht die Gefahr, daß mangelnde Kenntnisse von möglichst zahlreichen fachspezifischen Lehrwerken potentiell zu Normkonflikten durch (gewollten oder ungewollten) Eklektizismus führt. Vor diesem Hintergrund ergibt sich die Notwendigkeit für den Lehrer, sein Urteil über die Leistungsfähigkeit von Lehrbüchern auf eine Lehrwerkanalyse zu gründen. Deren Merkmal ist, daß sie als Kriterienkatalog von fremdbestimmten Normen überwiegend freigehalten werden kann; individuelle Lehrernormen können allerdings nicht ausgeschlossen werden.*

5.4.4 AUSWAHL UND BEURTEILUNG VON INHALTEN

Zum einen sind Inhalte an die im Unterricht verwendeten Lehrwerke gebunden; sie tragen in nicht unerheblichem Maße zur Entscheidung für oder gegen ein bestimmtes Lehrwerk bei. Je dominanter die Stellung des Lehrwerks im Rahmen der Einstellung des Lehrers (vgl. 5.4.1) ist, desto weniger Spielraum bleibt dem Lehrer für die zusätzliche Aufnahme von Inhalten in den Unterricht. Je fortgeschrittener die Lerner sind, desto geringer wird der Anteil von Lehrbüchern mit strikten Vorgaben am Unterricht; die Aufgaben werden umfassender und sind zumindest auf eine größere Selbständigkeit in sprachlichen Handlungen ausgerichtet. Dies bedeutet für den Lehrer die Aufgabe, sprachlich, sachlich, didaktisch und (motivations- und lern-) psychologisch angemessene Inhalte in den Unterricht einzubringen. Durch die damit verbundene Loslösung vom Lehrwerk fällt ihm damit gleichzeitig die Aufgabe der *Ermittlung* und Darstellung von Fakten zu, eine Aufgabe, die ihm bei der Präsentation durch ein Lehrbuch erspart bleibt.

Dabei fällt zunächst die inhaltliche Ebene an sich in den Blick, nämlich was soll an inhaltlichen Informationen vermittelt werden und was nicht. Dies schließt nicht nur die Themenwahl schlechthin ein, also etwa Für und Wider von Themen wie 'Die Rolle und Struktur der englischen Gewerkschaften'; 'Aspekte des deutsch-französischen Vertrages'; 'Die Bedeutung der Industrie für die spanische Wirtschaft' oder 'Die Rolle der Frau in Italien'. Die Entscheidung für ein bestimmtes Thema zieht für den Lehrenden die Frage nach sich, welche Aspekte des Themas er berücksichtigt und welche nicht; die Nichtberücksichtigung von Aspekten kann dabei sowohl auf sprachliche Bedingungen zurückgeführt werden als auch auf die dem Lehrer zur Verfügung stehenden (oder fehlenden) Informationen sowie auf die persönliche Einstellung des Lehrenden gegenüber diesem Aspekt. Auch motivationelle Überlegungen können bei der Entscheidung eine Rolle spielen; so mag sich z. B. ein Englischlehrer beim erstgenannten Thema dafür entscheiden, auf Grundlagentexte, Satzungen und Statuten zugunsten resümierender, dem Adressatenkreis angemessenerer Darstellungen zu verzichten. Damit trifft er möglicherweise - ohne sich dessen im Einzelfall vielleicht bewußt zu sein - eine inhaltliche normative Entscheidung, die die Informationsaufnahme auf Lernerseite betrifft. Diese Ebene der Normierung liegt freilich auch den Entscheidungen der Lehrwerkautoren zugrunde (vgl. z. B. Engel/Krumm/Wierlacher 1979). Zu dieser Ebene kann weiterhin gezählt werden, daß der Lehrer aufgrund der *Einstellung zu bestimmten Themen* bei der 'Ermittlung' und vor allem bei der Zusammenstellung von Fakten 'informationsnormierend' eingreift.

Eine zweite Ebene stellt die *sprachliche* Ausgestaltung inhaltlicher Informationen dar. Dabei spielt zum einen die sprachliche Varietät, in der Texte abgefaßt sind, eine wichtige Rolle; so finden z. B. sehr spezielle fachsprachliche Texte wohl nur unter besonderen Bedingungen und vor allem mit Blick auf ein spezifisches Lernziel Berücksichtigung. Zum anderen müssen Inhalte und sprachliche Ausgestaltung in ihrem Verhältnis zueinander so gewählt werden, daß sie in den bis dahin erreichten Wissensstand der Lerner integriert und zu dessen Aufbau genutzt werden können. Insofern greift die sprachliche Komponente in die Themenwahl und vor allem die aspektuelle Darstellung von Informationen normierend ein. Gleichzeitig erfolgt eine Bindung an die im Lernziel fixierte sprachliche Norm als Auswahlkriterium.

Auf einer dritten, die anderen umschließenden Ebene kommen metaunterrichtliche Aspekte ins Spiel. Danach wird die Entscheidung für oder gegen bestimmte Inhalte erstens durch die mögliche Art der Präsentation mitbestimmt, die dem Lehrer für die ihm bekannten bzw. vorliegenden Texte zu dem Thema sinnvoll und didaktisch vertretbar erscheint. Ständen also - was glücklicherweise nicht der Fall ist - einem Lehrer, der im Französischunterricht Aspekte des deutsch-französischen Vertrages besprechen möchte, *ausschließlich* Vertragstexte und juristische Kommentare zur Verfügung, so würde dieser Umstand möglicherweise dazu führen müssen, daß auf die Behandlung dieses Themas im Unterricht verzichtet werden müßte. Von daher greift die Art der vorliegenden Texte normierend ein (vgl. dazu auch Butzkamm 1980, 39). Zweitens müßten die vorliegenden Texte nicht nur mit Blick auf das Lernziel, sondern auch hinsichtlich ihres Stellenwertes im Lernkontext überprüft werden. Von daher verbieten sich Texte und damit u. U. Inhalte von selbst, die in zu großer, didaktisch nicht vertretbarer Diskrepanz zu dem stehen, was der Lerner auf-

grund des bis dahin Erworbenen bewältigen kann. Mit anderen
Worten: der aus den dem Lehrer bekannten Texten resultierende
Steilheitsgrad der unterrichtlichen Progression schließt
gleichfalls eine normierende Wirkung mit Bezug auf den Inhalt
ein, wobei auch hier wieder vorausgesetzt wird, daß der Lehrer
sich im Regelfall *nicht* der Mühe unterzieht/unterziehen kann,
selbst (längere und zugleich) informative Texte zu erstellen,
die seiner Lernergruppe angemessen sind. Neben den schon angesprochenen sprachlichen Kriterien für die Auswahl des Inhalts
kommen drittens Aspekte des sozialen Lernziels hinzu. Dieses
Lernziel wirkt sowohl hinsichtlich der auszuwählenden Text*sorte*
als auch hinsichtlich der zur Verfügung stehenden Inhalte normierend, wobei mit Blick auf diese Inhalte hinzugefügt werden
muß, daß grundsätzlich jeder Inhalt wählbar ist, daß dieser inhaltlichen Freiheit aber praktische Grenzen durch die zur Verfügung stehende Zeit gesetzt werden. Viertens schließlich kommt
noch der Aspekt der Lernermotivierung hinzu. Aus der Sicht des
Lehrers über den Erhalt oder Aufbau der Lernermotivation und
die daraus resultierende Erwartungshaltung gegenüber dem Lernerverhalten als Reaktion auf die inhaltliche Auswahl erwächst
eine inhaltliche Normierung. So ist z. B. die Besprechung eines
Abschnittes aus Saussures *Cours de linguistique générale* im
Französischunterricht der Sekundarstufe II wohl kaum motivierend, in einem universitären, auf den mündlichen Teil der
Staatsprüfung vorbereitenden Kommunikationskurs dagegen eher
motivationsfördernd (vgl. zum Aufbau eines solchen Kommunika-
tionskurses Kleppin/Parent 1982). Fassen wir zusammen: *Auswahl*
und Beurteilung von Inhalten werden auf verschiedenen, teilweise
interagierenden Ebenen einem normierenden Einfluß unterzogen:
auf der inhaltlichen Ebene an sich, auf der Ebene der Einstel-
lung des Lehrers dazu, auf einer sprachlichen, auf den Unter-
richt gerichteten Ebene und schließlich auf einer metaunter-
richtlichen, d. h. didaktischen Ebene. Kennzeichen ist für alle
genannten Ebenen der enge Zusammenhang mit Lernzielfragen (vgl.
vor allem 3.1 bis 3.4, aber auch 3.5 bis 3.7).

5.4.5 KENNTNIS FREMDSPRACHENUNTERRICHTLICHER VERMITTLUNGS-METHODEN

Kenntnis fremdsprachenunterrichtlicher Vermittlungsmethoden und ihre Anwendung sind zunächst einmal zwei *verschiedene* Dinge. Dies läßt sich aus der Beobachtung herleiten, daß die in der Literatur beschriebenen Methoden in den wenigsten Fällen 'in Reinkultur' betrieben werden; persönliche Lehrerfahrungen und -gewohnheiten sowie eigene Anschauung und vor allem spezifische Bedingungen, unter denen der Unterricht stattfindet, tragen dazu in erheblichem Umfang bei. Darüber hinaus bedeutet die Entscheidung des Lehrers für eine Methode (-nvariante) ja nicht, daß er andere Methoden nicht kennt bzw. nicht in seine Überlegungen zur Unterrichtsplanung einbezogen hat. Schließlich ist die Entscheidung für eine bestimmte Methode in starkem Maße abhängig von der Entscheidung für ein bestimmtes Lehrwerk (vgl. 5.4.1 bis 5.4.3), genau wie umgekehrt die Entscheidung für ein Lehrwerk von der ihm zugrundeliegenden Methode abhängt.

Ein Blick zurück in die jüngere Geschichte des Fremdsprachenunterrichts weist auf den Gang fremdsprachenmethodischer Überlegungen von der Grammatik-Übersetzungsmethode über die Direkte Methode, die audiolinguale und die audiovisuelle Methode bis hin zum Prinzip der Aufgeklärten Einsprachigkeit, das Butzkamm (1980) unter Bezug auf Dodson zur Bilingualen Methode erhebt, das dagegen von Sauer (1982) noch nicht als Methode bezeichnet wird. Neben diesem Entwicklungsstrang machen sich vor allem in Amerika zahlreiche Forschungen zu neueren Fremdsprachenvermittlungsmethoden breit (vgl. dazu z. B. das integrative Prinzip nach Galyean 1976; 1980 zitiert nach Bleyhl 1982[16]), den *Total Physical Response* nach Asher 1977 und Asher/Kusudo/de la Torre 1974 sowie den *Silent Way* nach Gattegno 1976 a; 1976 b). Schließlich darf der Suggestopädische Fremdsprachenunterricht nicht vergessen werden, wie er von dem bulgarischen Arzt Lozanov entwik-

---

[16] Auf eine nähere Darstellung und Diskussion dieses gestaltpsychologischen Ansatzes wird im Rahmen dieser Arbeit verzichtet.

kelt, von Baur (1980 a) vorgestellt, von Schiffler (1980) vor
allem in seiner amerikanischen Ausprägung betrachtet und von
Mans (1981) kritisiert wird. Angesichts dieser Methodenvielfalt hieße es, den Lehrer zu überfordern, verlangte man von
ihm, *alle* Vermittlungsmethoden zu kennen,geschweige denn ihren
Einsatz erprobt zu haben. Damit wird zwangsläufig die Entscheidung *für* eine Methode nicht unbedingt gleichzeitig zu einer
Entscheidung *gegen* andere Methoden. Da aber in jeder Methode
das Normproblem sich anders widerspiegelt, wird eine Entscheidung für eine Methode zu einer (bewußten oder unbewußten) Entscheidung für bestimmte Normenaspekte. U. W. ist der Zusammenhang zwischen Methoden und Normen noch nicht systematisch untersucht worden. Eine *ausführliche* Analyse kann und soll auch
an dieser Stelle nicht geleistet werden. Versucht werden soll
aber im folgenden, einige Punkte anzudeuten und zu benennen,
wo dieser Zusammenhang wenigstens in sehr groben Umrissen sichtbar wird. Auf eine *detaillierte* Beschreibung der jeweiligen
Methoden muß an dieser Stelle gleichfalls verzichtet werden; wir
beschränken uns vielmehr auf eine Skizze der jeweiligen Methode,
wie sie für unser Vorhaben ausreicht.

Im Rückgriff auf das, was wir bislang an Normaspekten gefunden
und berücksichtigt haben, wollen wir folgende Normaspekte als
konstitutiv für die Analyse des Verhältnisses zwischen Normen
und Vermittlungsmethoden betrachten: den *sprachlichen*, linguistisch beschreibbaren und partiell auch linguistisch erklärbaren Normaspekt (vgl. in extenso Kapitel 4); den *metaunterrichtlichen* Normaspekt, verstanden als normative Auffassungen und
Erwartungen über den Ablauf von Unterricht in seiner lehrbezogenen, lernprozessualen und organisatorisch-institutionellen
Dimensionen; den *inhaltlichen* Normaspekt, aufgefaßt als der
Grad an Verbindlichkeit, mit dem Inhalte und Themen im Unterricht Berücksichtigung finden können, sollen oder müssen; den
lernzielbezogenen Normaspekt, der die Anbindung an einen vorgegebenen, mehrschichtigen und komplizierten Entscheidungsmechanismus umfaßt (vgl. dazu in extenso Kapitel 3).

5.4.5.1 GRAMMATIK-ÜBERSETZUNGSMETHODE[17]

Nicht zuletzt durch die im Zuge der Reformbewegung im Anschluß an W. Viëtor oder W. Münch eingeleitete intensive Entwicklungsaktivität geriet diese Methode immer mehr in die 'Isolation', zumal zahlreiche der in der Folgezeit entwickelten methodischen Verfahren bei all ihrer Unterschiedlichkeit doch darin einig waren, daß sie das Übersetzen als Bestandteil des Fremdsprachenunterrichts ablehnten. Um so erstaunlicher ist, daß die Übersetzung in den Schulen (vgl. Grotjahn/Klevinghaus 1975) und an den Hochschulen (vgl. z. B. Kleineidam 1974; Reiß 1977; Königs 1979) überlebt hat. Berücksichtigt man in diesem Zusammenhang schließlich noch die Beobachtung, daß erwachsene Lerner in Anlehnung an die Lehrverfahren und Lehrmethoden aus ihrer Schulzeit nicht selten nach grammatikorientierten, zweisprachigem Vorgehen im Unterricht verlangen, so gelangt man zu dem Schluß, daß die Grammatik-Übersetzungsmethode vielleicht gar nicht so tot ist, wie allgemein angenommen wird. Möglicherweise lohnte sich eine diesbezügliche Untersuchung.

Eine ihrer wesentlichen Kennzeichen ist die Orientierung an sprachlichen Normen. Objektsprachliches Material wurde (wird ?) danach ausgewählt, inwieweit es metasprachliche Regeln zu bestätigen vermag. Ausgehend also von linguistischem Regelwerk werden fremdsprachliche Sätze gebildet, zu denen die entsprechende Übersetzung, im nachhinein vollzogen, den unterrichtlichen Ausgangspunkt bildet. Kreative Sprachproduktion auf Lernerseite war (ist ?) damit nicht gefragt. Damit entstehen auch

---

17) Natürlich hat es schon vor der Grammatik-Übersetzungsmethode 'Vermittlungsverfahren' gegeben, d. h. vor allem Lehrwerke, die nach unterschiedlichen Kriterien geschaffen worden waren: z. B. die 'Dialog-Methode', wie sie von William Caxton 1483 (Dialogues in French and English) praktiziert wurde oder der dem Prinzip der Etymologisierung folgende Traictê de la gramâire Françoise von Robert Estienne 1564. Alle vor der Grammatik-Übersetzungsmethode angewandten Verfahren sind heute jedoch nicht mehr anzutreffen und werden hier deshalb nicht berücksichtigt.

nicht in dem Maße unvorhersehbare Lerneräußerungen, zumal zumeist nur *eine* fremdsprachliche Version als die einzig korrekte angesehen wurde.

Damit war der Unterrichtsablauf größtenteils vorprogrammiert: Regel - Beispiel - muttersprachlicher Satz oder Text - Übersetzung. Lehren hieß dabei vor allem möglichst rasches Hinführen zu der entsprechenden Regel und Überwachung sowie nötigenfalls Korrektur der Übersetzung. Folglich war 'lernen' gleichbedeutend mit starrer Internalisierung einer 1 : 1-Zuordnung von mutter- und fremdsprachlichem Satz. Wer nicht zu den entsprechenden Internalisierungen gelangte, war damit automatisch ein schlechter Schüler, da er nicht 'lernen' konnte.

Der sprachlichen Ausrichtung völlig untergeordnet war die Themenwahl, deren Ausgestaltung weitgehend an der sprachlichen Norm und z. T. an normativen erzieherischen Ansprüchen orientiert war, bei denen Motivation, Lernklima oder zukünftige Sprachanwendung ebenso wie die meisten der oben beschriebenen Lernerfaktoren (vgl. Kapitel 2) keinen Platz hatten.

Lernziele hängen von dem Stellenwert ab, den der jeweilige Unterricht insgesamt hat; dieser war in der Zeit, in der die Grammatik-Übersetzungsmethode praktiziert wurde, schultypen- und sprachenspezifisch unterschiedlich. Allgemein kann man ohne Zweifel der Zustandsbeschreibung zustimmen, die Finkenstaedt/Schröder (1977, 303) von dieser Zeit geben:

> "Den älteren, 'bildungstheoretisch' inspirierten Zielformulierungen wird vorgeworfen, einseitig an kanonisierten gesellschaftlichen Normen und an Wunschvorstellungen orientiert zu sein, sowie den Prozeß des Lehrens in den Mittelpunkt zu stellen, ..."

A. von Walter (1980, 176 f.) berichtet angesichts der Ausweitung des gymnasialen Fächerkanons auf 14 Fächer in den 30er Jahren des vergangenen Jahrhunderts von einer Umdeutung der bis dahin anvisierten "*allgemeinen Menschenbildung* zur enzyklopädischen *Allgemeinbildung*", die auf das Prinzip der *formalen Bildung* ausgerichtet war. Auch die "*allgemeine Geistesbildung*" taucht als Lernziel auf.

Insgesamt stellt also die Grammatik-Übersetzungsmethode eine starken Normierungen verhaftete Methode dar, deren Anwendung dem Lehrer kaum Entscheidungsfreiräume läßt.

5.4.5.2 DIREKTE METHODE

Gegenüber der Grammatik-Übersetzungsmethode zeichnet sich die Direkte Methode durch völligen Verzicht - wenigstens in der Theorie - auf die Muttersprache aus. Ihr liegt das Prinzip des 'natürlichen', dem Muttersprachenerwerb ähnlichen Fremdsprachenunterrichts zugrunde. Die Grammatik wird induktiv, d. h. aus der Anschauung heraus, für den Unterricht entwickelt, soweit es der Eigeninitiative der Lerner entspricht. Semantisierungsprozesse sollen durch visuelle Elemente erleichtert werden, folglich ist der gesamte Unterricht einsprachig.

Mit Blick auf den sprachlichen Normaspekt bleibt zunächst festzuhalten, daß Ausgangspunkt der Unterrichtsplanung zwar nach wie vor das Sprachmaterial ist, also daß, was vermittelt werden soll; aber während die Grammatik-Übersetzungsmethode in ihrer Progression vorwiegend an linguistischen, der traditionellen Grammatik verhafteten Beschreibungen orientiert ist, muß die Direkte Methode darauf bedacht sein, Sprache so an die Situationen und internalisiertes Material zu koppeln, daß *ohne* Rückgriff auf die Muttersprache die unterrichtliche Progression möglich wird. Mit ihrer engen Verbindung zwischen dem sprachlichen Material und dem assoziativen Prozeß der Internalisierung gelangen die Vertreter der Direkten Methode zu einer neuen, freilich ebenfalls normativen lerntheoretischen Konzeption. Aus ihr ergibt sich die Verpflichtung für den Lehrer, dem Lerner die jeweils optimale einsprachige Semantisierung zu ermöglichen, also unter Umständen die bezeichneten Gegenstände in den Unter-

richt mitzubringen. Gleichzeitig impliziert sie in erhöhtem
Maße - gegenüber der Grammatik-Übersetzungsmethode - die Möglichkeit zur *selbständigen*, nicht an einen Text und einen vorgefertigten Übersetzungsprozeß gebundene lernerseitige Sprachproduktion und damit wiederum eine möglicherweise erhöhte Fehlerquote. Diese Fehler sind zwar ebenso wenig tolerierbar wie
Verstöße beim Übersetzen, eröffnen aber eher die Möglichkeit
zu Äußerungen, die nicht unbedingt bis ins letzte Detail vorgeplant sind.

Stärkeren, methodisch bedingten Normierungen unterliegen die
Inhalte und Themen, die sich - zumindest in der Anfangsphase -
im Rahmen der Methode behandeln lassen. Die assoziative, durch
visuelle Elemente unterstützbare Semantisierung funktioniert
häufig bei abstrakten Begriffen und Inhalten nicht - dies ist
im übrigen einer der wesentlichen Kritikpunkte an der Direkten
Methode. Dies schließt damit all die Inhalte vorläufig aus,
die nur mit überwiegend abstrakten Begriffen zu fassen sind
und bindet darüber hinaus die Inhalte an die organisatorisch-institutionellen Bedingungen, insofern bestimmte Gegenstände
oder deren Abbildung für den Unterricht verfügbar sein müssen.

Ein lernzielbezogener Normaspekt ergibt sich fast von selbst:
die auf Imitation des muttersprachlichen Erwerbsvorgangs angelegte Konzeption zielt natürlich auf eine flüssige Beherrschung
des fremdsprachlichen Systems; hinzu kommt die gleichrangige
Einstufung von Hören, Sprechen, Lesen und Schreiben, die in
der Methode verankert ist.

5.4.5.3   AUDIOLINGUALE METHODE

Wie die Direkte Methode, so vermeidet auch die audiolinguale
Methode den Einsatz der Muttersprache. Sie ist ebenfalls auf
die Vermittlung gesprochener Sprache hin ausgerichtet und verzichtet darüber hinaus auf kognitive Phasen; die Regelerschließung erfolgt induktiv. Orientiert ist die Methode am linguistischen Strukturalismus Bloomfield'scher Prägung.

Damit ist schon ein sprachlicher Normaspekt aufgezeigt. Kontrastive Analysen auf strukturalistischer Basis bildeten den Ausgangspunkt für den audiolingualen Unterricht. Somit wurde ein linguistisches Verfahren für die Progression verantwortlich. Zwar wurde der Versuch unternommen, die Sprachmuster an Minimalsituationen zu koppeln, doch ausschlaggebend blieb in jedem Fall das, was die *linguistische* Beschreibung als regelmäßig zu Tage gefördert hatte.

Auf metaunterrichtlicher Ebene ist die Methode zunächst einmal sehr stark am Behaviorismus orientiert, wie er von Skinner (1957) verstanden und vorgestellt wurde. Unter Ausnutzung der technischen Möglichkeiten (Sprachlabor, Tonband) wurde angenommen, daß Sprache nichts weiter als eine Ansammlung von *habits* sei und daß es folglich nur darum gehen könne, diese habits auch in der fremden Sprache durch Drill verfügbar zu machen. Im Vier-Phasen-Ablauf (Vorgabe eines Übungssatzes vom Tonband - Antwort/Reaktion des Lerners - Richtige Response vom Tonband - Wiederholung der richtigen Response durch den Lerner) manifestiert sich die normative Auffassung vom Lernen als einem eindimensionalem Prozeß der Informationseingabe, -speicherung und -verwendung. Darauf baut das verkürzte Verständnis der Funktion des Lehrers auf als jemand, der zum Gerätebediener degradiert wird, wobei auch der Unterrichtsablauf normativ vorgegeben ist und dem Lerner nur wenig Raum zur individuellen Sprachgestaltung läßt.

Im Gegensatz zur Direkten Methode, in der das Konzept der direkten Anschauung zur Semantisierung herangezogen wird, wird im Rahmen der audiolingualen Methode der Versuch unternommen, das Verstehen durch Einbezug *minimaler* Situationen zu erreichen. Damit werden die für die Vermittlung geeigneten Inhalte begrenzt, da nicht alle Inhalte in Minimalsituationen und entsprechend einsichtigem Kontext darstellbar sind[18]. Dabei muß hinzugefügt werden, daß die Methode ursprünglich als Schnellkurs für in Europa stationierte Soldaten konzipiert und von daher zunächst auf bestimmte elementare Sprachhandlungen beschränkt war (vgl. zu einem Überblick über die Methode Moulton 1961). Das methodische Hindernis für die Berücksichtigung möglichst zahlreicher Inhalte und damit die Ursache für die methodisch-normative Inhaltsbeschränkung liegt im Fehlen einer ausreichenden selbständigen Anwendungs- und Umsetzungsphase.

Was den lernzielbezogenen Aspekt im Zusammenhang mit der audiolingualen Methode betrifft, so muß die Annahme, daß diese Methode für den schulischen Fremdsprachenunterricht geeignet sei, wohl als unzutreffend zurückgewiesen werden, und zwar nicht zuletzt aufgrund der historischen Einbettung der Methode. Damit ist es aber gleichzeitig schwer zu rechtfertigen, mit schulisch-fremdsprachenunterrichtlichen Lernzielvorstellungen an die Methode heranzugehen. Deshalb wird dieser Aspekt an dieser Stelle nicht weiter berücksichtigt.

5.4.5.4 AUDIOVISUELLE METHODE

In dieser Methode werden einige Prämissen der audiolingualen Methode aufgenommen - so z. B. das Primat gesprochener Sprache oder die induktive Regel*erschließung* -; gleichzeitig stellt die Methode durch den Einbezug visueller Elemente als Semantisierungshilfen eine Ausweitung der audiolingualen Methode dar, wobei der enge Zusammenhang zwischen Sprache und Situation hervorzuheben ist. Aus diesem über das der audiolingualen Methode hinausreichende Verständnis von Situationen resultiert das

---

[18] Die Ansicht eines der Hauptvertreter der audiolingualen Methode, Lado (1967, 101), darf wohl als symptomatisch für die Methode gelten: "Sollten die Schüler dabei das eine oder andere inhaltliche Detail eines Dialogs nicht verstehen, so ist dem weiter keine Bedeutung beizumessen, solange sie die Dialoge selbst leicht, genau, mühelos sprechen können. Die volle inhaltliche Bedeutung eines Dialogs wird durch seine wiederholte Anwendung deutlich."

Bestreben, die Situationen in die unterrichtliche Arbeit stärker einzubeziehen. Damit wird das lerntheoretische Fundament, wie es im Rahmen der audiolingualen Methode existiert, zwar nicht gänzlich aufgegeben, jedoch wird die Sprachaufnahmephase (bestehend aus Präsentations-, Explikations- und Repetitionsphase) durch eine Sprachverwendungsphase (Exploitations- und Transpositionsphase) ergänzt. Der normative Zugriff des Behaviorismus - Input = Output - wird damit gelockert, und die bis zum Rollenspiel reichende Berücksichtigung der Situation als wesentlicher Bestandteil von sprachlicher Anwendung ermöglicht in stärkerem Maße Lerneräußerungen, die gegen das fremdsprachliche System verstoßen, als dies in der audiolingualen Methode möglich ist.

Mit Blick auf den sprachlichen Normaspekt ergibt sich damit *keine* Änderung, denn auch die audiovisuelle Methode impliziert Präsentation systemgerechter Äußerungen aus dem Bereich gesprochener Sprache; hierbei ist methodologisch vor allem der europäische Strukturalismus - und damit eine linguistische Beschreibung - verantwortlich für die Progression bzw. die Darstellungsprinzipien.

Metaunterrichtlich ist festzuhalten, daß der audiovisuelle Unterricht weniger planbar als der audiolinguale ist, da er zwar in der Sprachaufnahmephase an methodisch-normativen Vorgaben ausgerichtet ist, aber in der Anwendungsphase dem Lerner mehr sprachlichen Freiraum und - je nach Ausgestaltung der Situation - die Möglichkeit zur lernerbedingten Veränderung des Unterrichtsablaufs bietet, ohne daß die Methode dadurch schon aufgegeben würde.

Hinsichtlich des inhaltlichen Normaspekts gilt, daß alle die Inhalte durch die Methode zunächst ausgeschlossen werden, die sich einer eindeutigen visuellen Darstellung oder einer angemessenen Behandlung in Situationen entziehen; hierin ähnelt die audiovisuelle Methode eher der Direkten Methode.

5.4.5.5 'AUFGEKLÄRTE EINSPRACHIGKEIT'/BILINGUALE METHODE

Wir haben schon oben in anderem Zusammenhang gesehen (vgl. S. 96; 291), daß der Behaviorismus stark angegriffen wurde (Chomsky 1959). Diesem Trend folgend, ließen und lassen sich Bestrebungen feststellen, denen zufolge die Kognition innerhalb methodischer Überlegungen wieder stärkere Berücksichtigung fand und findet. Zu nennen ist im deutschsprachigen Raum vor allem das von Butzkamm (1978) in Anlehnung an Dodson (1967) in die Diskussion gebrachte Prinzip der Aufgeklärten Einsprachigkeit. Im Gegensatz zu den meisten bis dahin praktizierten und bekannten Methoden zeichnet sich der Ansatz Butzkamms durch ausdrücklichen Einbezug der - wie Butzkamm meint - ohnehin nicht zu unterdrückenden Muttersprache aus, und zwar vor allem zur Semantisierung. Mittlerweile hat Butzkamm (1980) seine - wie er sie unter Rückgriff auf Dodson jetzt nennt - 'bilinguale Methode'[19] *in extenso* beschrieben und dargelegt, wie er über den systematischen Einbezug der Muttersprache zur *Ein*sprachigkeit gelangen zu können glaubt[20].

Mit Blick auf den sprachlichen Normenaspekt läßt sich dabei feststellen, daß auch hier der Schwerpunkt auf der gesprochenen Sprache liegt. Lerneräußerungen, die davon abweichen, werden *durchgängig* entsprechend korrigiert. Gleichzeitig zögert Butzkamm aber nicht, *fehlerhafte* mutter- *und* fremdsprachliche Äußerungen durch den Lehrer in den Unterricht hineinbringen zu lassen, vorausgesetzt - und diese Einschränkung erscheint uns wichtig -, daß dadurch fremdsprachliche Konstruktionen und Funk-

---

[19] Ob es sich hier wirklich um eine <u>Methode</u> handelt, mag dahingestellt bleiben. Jedenfalls scheinen Sauers (1982) diesbezügliche Bedenken nicht ganz unbegründet.

[20] Gerade das Für und Wider um das von Butzkamm vorgeschlagene Verfahren bestimmt in Deutschland einen nicht unerheblichen Teil der Methoden-Diskussion (vgl. dazu exemplarisch jetzt die mehr emotional bestimmte Diskussion zwischen Butzkamm 1982 und einem seiner schärfsten Kritiker Freudenstein 1982).

tionsweisen *bewußt* gemacht werden können. So verwendet er z. B. fremdsprachlich unkorrekte Sätze, um die Umstellung von Subjekt und Prädikat im Englischen zu veranschaulichen ("Manchmal ging er spazieren/*Sometimes went he for a walk", 1980, 110) oder die Endstellung in Gliedsätzen aufzuzeigen ("...obwohl er kaum lesen kann/*though he hardly read can", 1980, 111). Auch ein Satz wie "The Germans say 'the greens apples'." (1980, 110) findet bei ihm Verwendung. Um die im Englischen notwendige Umschreibungen einer Frage mit 'to do' einsichtiger zu machen und gleichzeitig die Schüler zu einer (freilich unbewußten) wörtlichen Übersetzung zu animieren, schlägt er durch den Lehrer vorzugebende Sätze wie "*Tut er sprechen Englisch" (1980, 112) vor, die zudem noch nach Art strukturalistisch orientierter Patternübungen variiert werden. Sobald die entsprechende Struktur verfestigt scheint, erfolgt sofort der Wechsel in normgerechte Äußerungen. Butzkamms Hauptargument liegt darin, daß die Muttersprache bei den Lernern entsprechend gefestigt sei und ihr Gebrauch keinen Schaden nehmen könne; die fremdsprachlichen Normverstöße seien in Kauf zu nehmen, weil mit ihrer Hilfe Einsicht in die Strukturdivergenzen *beider* Sprachen zu erzielen sei und die Muttersprache so zum Aufbau fremdsprachlicher Kompetenz herangezogen werden könne. Butzkamms Vorschlag ist nicht ohne Risiko: er verlangt erstens vom Lehrer, daß er die gegen die sprachliche Norm verstoßenden Beispiele so wählt, daß aus ihnen deutlich wird, daß und worin der Strukturunterschied besteht und daß sie gerade so sind, daß der Schüler mit ihrer Hilfe die entsprechenden Strukturunterschiede internalisiert, aber nicht die 'falschen' Strukturen als 'richtig' internalisiert. Hier dürfte vor allem bei jüngeren Schülern auch im muttersprachlichen Gebrauch die Verwendung falscher Strukturen nicht immer ganz so unproblematisch sein. Älteren (vor allem erwachsenen) Lernern dagegen macht dies weniger aus. Für sie könnte sich - vor allem wenn sie nicht 'lerngewohnt' sind, wie dies bei Besuchern von Volkshochschulkursen häufig der Fall ist - eine fremdsprachlich unkorrekte Sprachverwendung nachteilig bemerkbar machen. Das zweite Risiko liegt denn auch bei diesem Adressatenkreis: sind erwachsene Lerner in jedem Fall bereit, den Weg über falschen Sprachgebrauch zu gehen ?

Damit sind wir beim metaunterrichtlichen Normaspekt. Butzkamms Ansatz wendet sich gegen die dogmatische Überbetonung eines einzelnen theoretischen Prinzips. Er enthält sowohl behavioristische Elemente, mit deren Hilfe,z. B. drillähnlichen Patternübungen,in einem ersten Zugriff der Lerner über bestimmte Strukturen zu verfügen lernen soll als auch kognitive Elemente, die nicht nur in dem bewußten Rückgriff auf die Muttersprache zum Ausdruck kommen. Zwar sind die einzelnen Elemente systematisch angeordnet und in Phasen eingeteilt, doch läßt das gesamte Konzept dem Lehrer wie dem Lernenden mehr Freiraum als die bisherigen methodischen Verfahren, da dem lernenden Individuum im Zweifelsfall mehrere Möglichkeiten zur Aufnahme des Sprachmaterials geboten werden, er also nicht mehr in ein einziges lerntheoretisches Korsett gezwungen wird. Gleichzeitig fordert es vom Lehrer mehr Flexibilität und fremdsprachliche Kompetenz als andere Methoden, zumal trotz der Orientierung an der *gesprochenen* Sprache auch Fertigkeiten wie Hören und Lesen essentieller Bestandteil des Unterrichts sind und auch das Schriftbild von Anfang an als Lernhilfe einbezogen wird.

Mit Blick auf den Inhalt läßt sich für das von Butzkamm vorgeschlagene Verfahren sagen, daß es stark um Inhaltsorientierung bemüht ist und die Formbezogenheit demgegenüber nachordnet. So legt Butzkamm insgesamt Wert auf die Vermittlung von lexikalischem Material, das für die *Lernenden* einen möglichst realen Stellenwert hat, wobei er das jeweils verschiedene Bewußtsein gegenüber Sprache aus der Lehr- und aus der Lernperspektive hervorhebt (1980, 82):

> "Der *Lehrer* mag es lediglich auf den korrekten Sprachgebrauch absehen, der *Schüler* kann sich der inhaltlichen Aussage der Übungssätze oft gar nicht entziehen."

Gemäß dieser These dokumentiert Butzkamm (1980, 82 ff.) mit
einem Beispiel, wie er sich eine Übung "mit *freier* inhaltlicher Füllung bei vorgegebenem Satzrahmen" (1980, 85) vorstellt.
Insgesamt ermöglicht der Verzicht auf normative Bindungen an
ein einziges linguistisches Beschreibungsverfahren und an ein
einziges, u. U. noch wenig flexibles lerntheoretisches Konzept
die Loslösung von absoluten inhaltlichen Vorgaben, wobei - und
dies darf nicht außer acht gelassen werden - der Lebensraum
und die lebensweltlichen Erfahrungen der Lernenden dominant
sind und auch sein sollen. Die Endphase des Verfahrens bietet
durch die dort im Mittelpunkt stehenden Rollenspiele dem Lerner die Möglichkeit, sich zahlreiche Themen in der Fremdsprache zu erschließen und damit dem "Prinzip der Individualisierung" (1980, 87), d. h. der Berücksichtigung der *Lerner*interessen zu folgen.

Ein Blick auf den lernzielbezogenen Normaspekt legt schließlich zwei potentielle Konflikte offen. Wie oben erwähnt, stellt
der norminadäquate Sprachgebrauch in der Muttersprache einen
möglichen Gegensatz zum auch im Fremdsprachenunterricht verfolgten Ziel der Vervollkommnung muttersprachlicher Kompetenz
dar. Damit wird gleichzeitig das häufig absolut gesetzte Prinzip der Einsprachigkeit - zumindest anfangs - aufgegeben[21].
Demgegenüber bietet das von Butzkamm vorgestellte Verfahren
jedoch in größerem Maße die Möglichkeit, einen adressatenspezifischen und lernzielkonformen Unterricht abzuhalten, da es
selbst nicht so stark durch innermethodische normative Zwänge
gekennzeichnet ist.

5.4.5.6 'THE SILENT WAY'

> "This tells me that the Silent Way is one way of
> humanizing the teaching of foreign languages in

---

[21] Zugegebenermaßen muß dabei gefragt werden, ob dies ein Fehler des Ansatzes ist oder ob es vielmehr zu wünschen wäre, daß man die entsprechenden Lernziele umorientiert.

> schools, and of taking care of the human components in the classrooms of the world ..... The Silent Way is but a way. It is not a structural or a linguistic or a direct (or any other) method of teaching languages. In the hands of expert teachers the materials would lose their predominance, the teacher his dominant role, the language its appearance as *the* target. Instead, everything and everybody serves one aim, to make everyone into the most competent learner. This is the function of learning. Learning is not seen as the means of accumulating knowledge but as the means of becoming a more proficient learner of whatever one is engaged in."
>
> (Gattegno 1972, 88 f.).

Dieses Zitat bringt zum Ausdruck, daß die Verfechter des *Silent Way* einen besonderen Weg beschreiten. War in den bisher angesprochenen Methoden eine mehr oder weniger systematische Darbietung *bestimmter* fremdsprachlicher Elemente der methodische Ausgangspunkt, der eine systematische Planung des Unterrichts und die entsprechende Kompetenz in der Fremdsprache als unabdingbar für 'guten' Unterricht voraussetzte, so tritt demgegenüber im *Silent Way* der Lehrer mehr in den Hintergrund, um dem Lerner zu ermöglichen, zu sich selbst und damit vor allem zu einem Bewußtsein über seine eigenen Fähigkeiten zu finden[22]. Gattegno beobachtete Kleinkinder beim muttersprachlichen Spracherwerb. Dabei gelangte er zu der Auffassung, daß nicht - wie allgemein angenommen - Kinder ihre Muttersprache durch Imitation erwerben, sondern daß sie zunächst - und viel eher als allgemein vermutet - in der Lage sind, Objekte und Ereignisse in Denkkategorien zu klassifizieren. Imitiert werde dabei nicht durch das Kind, das beginne, Laute zu produzieren, sondern durch die Erwachsenen, die eben diese Laute nachzuahmen begännen (1972, 6). Gattegno zog daraus die Schlußfolgerung, daß es auch im Fremdsprachenunterricht möglich sein müsse, dem Lerner

---

[22] Das erste Kapitel von Gattegno (1972) trägt die Überschrift "The Subordination of Teaching to Learning in the Case of Foreign Languages", und in der Einleitung zu Gattegno (1976 a, VII) heißt es: "Teachers must be concerned with what the students are doing with themselves rather than with the language, which is the students' concern."

durch entsprechende Lehrerreaktionen soviel Selbstvertrauen
zu vermitteln, daß er in Unabhängigkeit vom Lehrer die Fremdsprache gebraucht und internalisiert. Ausgangspunkt des im
übrigen einsprachigen Unterrichts sind an der Wand befestigte
Tafeln[23] mit verschiedenfarbigen geometrischen Figuren, wobei jede Farbe einen fremdsprachigen Laut repräsentiert. Durch
Zeigen veranlaßt der Lehrer die Lerner, in von ihm kontrollierter, meist authentischer Geschwindigkeit fremdsprachliche
Lautketten zu produzieren. Dabei ist der Sinn dieser Lautketten den Lernern keineswegs sofort klar. In einem nächsten
Schritt sollen die Lerner aufgrund ihrer Einbildungskraft Stäbchen ('rods') in 10 verschiedenen Farben und jeweils unterschiedlichen Längen Bedeutungen zuordnen, die von Farbbezeichnungen, Artikeln bis zu Verben der verschiedensten Art und
ähnlichem mehr reichen können. Einzige Funktion des Lehrers
ist dabei zu gewährleisten, daß über diese imaginativen Gegenstände in der Fremdsprache gesprochen wird, wobei den Lernern
ausreichend Zeit gegeben werden soll, sich *kognitiv* mit der
Zuordnung der Lautkette zu einer Bedeutung auseinanderzusetzen.
Außerdem gilt:

> "At all time, speech is accompanied by appropriate
> action (generally consisting of manipulation of
> the rods), and action is accompanied by appropriate speech."
> (Stevick 1976, 138)

Je mehr der Unterricht voranschreitet, desto mehr zieht sich
der Lehrer dabei aus dem Unterrichtsgeschehen zurück. Die
fremdsprachlichen 'Informationen' werden außer mit Hilfe der
Lauttafel vor allem durch Schallplatten, Tonbänder, Zeichnungen und Folien, verschieden gestufte Arbeitsmappen, spezielle
Lesetexte und Filme eingebracht. Dazwischen gibt es ausreichend
lange Phasen des Schweigens (*Silent* Way), in denen der Lerner

---

[23] Gattegno (1972, 15) nennt diese Tafel *fidel*.

selbständig das Gehörte verarbeitet. Erst nach einer 'Pause'
von ca. 3 Sekunden erfolgt eine Lerneräußerung im Anschluß an
einen 'Stimulus' (Stevick 1976, 139). Im Gegensatz zu den gebräuchlichen Vermittlungsmethoden schweigt der Lehrer während
90 % und mehr der Unterrichtszeit (vgl. die Beobachtungen von
Varvel 1979). In dieser Zeit besteht die Aufgabe des Lehrers
nach Gattegno (1976 a, VII) vor allem darin, einfach da zu
sein. Seine Reaktion auf richtige Lerneräußerungen beschränkt
sich auf Kopfnicken; bei falschen Lerneräußerungen schüttelt
er nur den Kopf und versucht bestenfalls, die Äußerungen dadurch zu korrigieren, daß er auf die entsprechende schematische Darstellung verweist, die dem Äußerungstyp zugrundeliegt
(dies gilt vor allem für die Anfangsphase). Sollte dies nicht
zum gewünschten Ergebnis führen, versucht ein anderer Lerner,
die entsprechende richtige Äußerung zu produzieren. Durch Bereitstellung entsprechender sprachlicher Mittel (vor allem des
Imperativs) soll die Interaktion innerhalb der Lernergruppe gefördert werden, wobei diese aber auch nonverbal ablaufen kann
(vgl. Stevick 1976, 141 f.). Nach Varvel (1979, 488) bietet
sich im Anschluß an eine Unterrichtseinheit eine Phase des Feedbacks an, in der der Lehrer möglicherweise noch Informationen
nachschieben *kann*, um das Verständnis einzelner Lerner zu
sichern. Im allgemeinen kann - nach dem Erfahrungsbericht von
Blatchford (1976, 24 f.) - davon ausgegangen werden, daß der
'Spannungsgrad', d. h. das Drängen nach neuen Informationen,
höher eingeschätzt werden kann, als in herkömmlichem Unterricht; damit sind allerdings *nicht* metasprachliche Informationen gemeint, sondern der objektbezogene Sprachgebrauch (zu
einer näheren Beschreibung des Verfahrens vgl. Gattegno 1972;
besonders Gattegno 1976 a).

Unter sprachlichem Normaspekt betrachtet, fällt auf, daß sich
das Verfahren des *Silent Way* zum einen sehr stark an authentischer Sprache orientiert; dies kommt etwa zum Ausdruck in
der hohen Sprechgeschwindigkeit, wie sie von Anfang an auch
beim Nachsprechen der verschiedenen Laute und Lautketten praktiziert wird oder bei verschiedenen nuancierten grammatischen

Strukturen, die jeweils in exakt unterscheidbaren Schemata abgebildet werden (vgl. Varvel 1979, 485 f.). Zum anderen aber ist der Anteil der Lerneräußerungen am Unterrichtsablauf sehr hoch. Damit steigt aber zumindest potentiell - und für das Gegenteil müßten noch erst stichhaltige empirische Befunde geliefert werden - die Zahl fehlerhafter Äußerungen im Unterricht. Diese werden zwar korrigiert, bilden aber möglicherweise auch zahlenmäßig ein wichtiges Element des Unterrichts, der ja gleichzeitig auf Stärkung des Lernerselbstvertrauens und auf Interaktion zwischen einzelnen Lernern hin ausgerichtet ist. Inwieweit somit eine Einhaltung der angestrebten 'strengen' fremdsprachlichen Normen erreicht werden kann, muß mit Blick auf die Praxis (zunächst noch) offen bleiben.

Eindeutiger lassen sich metaunterrichtliche Normen im *Silent Way* feststellen. Leitlinie ist, daß der Lehrer sich so wenig wie möglich äußert, und daß stattdessen die Lerner entweder fremdsprachliche Äußerungen von sich geben oder zumindest nonverbal interagieren. Kennzeichen des *Silent Way* ist nicht nur der intendierte Aufbau fremdsprachlicher Kompetenz, sondern der als gleichwertig anzusehende Aufbau von Selbstvertrauen und Selbsteinschätzungsvermögen[24]. Dabei muß sich der Unterrichtsablauf so vollziehen, daß er *beiden* Ansprüchen *gleichzeitig* gerecht wird. Damit ist innerhalb dieses Verfahrens eine psychische Krise auf seiten der Lerner eingeplant. Gerade durch diese Krise und die Therapie zu ihrer Bewältigung soll der Lerner ja zu seinem Selbstwertgefühl und zu einer realistischen Selbsteinschätzung gelangen (vgl. so ähnlich Varvel 1979, 489). Von daher scheint der Unterrichtsablauf ziemlich festgelegt. Diese Festlegung müßte aber in der Praxis - und auch hier fehlen im Augenblick noch detaillierte empirische Befunde - relativiert werden, und zwar aus mehreren Gründen: Das

---

[24] Dies ist im übrigen auch ein wichtiges Ziel von Unterrichtsmethoden gestaltpsychologischer Prägung, deren Merkmale von Galyean (1976) überblicksartig vorgestellt werden.

zahlenmäßige Übergewicht der Leneräußerungen impliziert erstens, daß ein nicht unerheblicher Teil des Unterrichtsablaufs durch den Lerner (wenn auch unbewußt) bestimmt wird. Damit hängt zweitens zusammen, daß die Krisenzeitpunkte individuell unterschiedlich liegen (müssen), so daß von daher zumindest weniger planbare Unterrichtsabschnitte anzunehmen sind. Drittens kommt hinzu, daß jeder Lerner die Möglichkeit hat, den Lern- und Aufnahmeprozeß dann durch eine Pause zu unterbrechen, wenn er es für geeignet hält. Er kann dann z. B. den Raum verlassen. Inwieweit er nach seiner Rückkehr ad hoc in der Lage ist, sich am Unterricht zu beteiligen, ist somit auch von Fall zu Fall verschieden und schließt rigide Planbarkeit, wie es die theoretische Konzeption vermuten läßt, aus. Viertens schließlich wird der Unterrichtsablauf und auch der Unterrichtserfolg in starkem Maße von der Einstellung des Lerners zu dieser Methode bestimmt. Varvel (1979, 488) berichtet von Fällen, in denen negative Grundeinstellungen bei einzelnen Lernern dazu geführt haben, daß sich der Lernerfolg nur in sehr beschränktem Umfang und erst nach 'therapeutischen' Eingriffen des Lehrers einstellte. Angesichts der Andersartigkeit des *Silent Way* gegenüber den 'üblichen' Vermittlungsmethoden und mit Blick auf die Bedeutung, die den Lernerfahrungen der Lerner zukommt (vgl. 2.3.4), kann wohl auch kaum von Homogenität in den Lernereinstellungen ausgegangen werden. So wird auch in dieser Hinsicht der Unterricht weniger stark als angenommen planbar und normativ im Hinblick auf den Unterrichtsverlauf.

Eine prinzipielle Beschränkung auf der inhaltlichen Ebene ergibt sich zunächst, d. h. in der Anfangsphase, dadurch, daß die Inhalte symbolisch abbildbar sein müssen; die Arbeit mit den verschiedenfarbigen 'rods' lenkt den Inhalt zunächst auf den Gebrauch von Farbadjektiven sowie auf Zahlen. In einem nächsten Schritt werden die 'rods' zu Platzhaltern für bestimmte Begriffe, wobei Gattegno (1979 b, 103) Wert darauf legt, daß maximale Kombinierbarkeit zwischen den einzelnen Lexemen angestrebt wird, so daß sich das semantische Ausdrucksvermögen rasch multipliziert und dem Lerner so schneller ermöglicht (ermöglichen soll), über möglichst viele Themenkomplexe in der Fremdsprache reden zu können. Die Tendenz zur Themenvielfalt wird durch die angestrebte Selbstverwirklichung und Selbsteinschätzung des Lerners ebenso verstärkt wie dadurch, daß der Lehrer - wenn überhaupt - nur sprachlich korrigierend eingreift. Von daher gibt es keine innermethodischen inhaltlichen Normen, sondern lediglich lernerseitige Inhaltsbeschränkungen.

Wie schon mehrfach erwähnt, ist das Lernziel, das mit dem *Silent Way* verfolgt wird, ein doppeltes, und wir haben - wenigstens andeutungsweise - gesehen, wie sehr Fremdsprachenerwerb und Selbsterfahrung miteinander verzahnt sind. Ein Blick über die durch die Methode selbst gesteckten Lernziele hinaus in die für die Schule hierzulande gültigen Lernzielsetzungen zeigt nun, daß auch dort beide Aspekte durchaus zur Sprache kommen, jedoch im Gegensatz zum *Silent Way* mit unterschiedlicher Gewichtung. So steht in den amtlichen Lernzielen sowie in den Lernzielen, deren Zustandekommen wir oben z. T. (vgl. 3.) beschrieben haben, die sprachliche Komponente eindeutig im Vordergrund, d. h. Aspekte der sprachlich gebundenen Progression und der Sprachrichtigkeit haben Vorrang vor der Selbsterfahrung der Lerner. Das komplexe Interagieren lernzielbezogener Elemente macht den Einsatz einer derartig weitläufig angelegten Methode, wie sie der *Silent Way* darstellt, nicht zuletzt deshalb unmöglich, weil die jeweils inhärenten Normenaspekte *nicht* miteinander vereinbar sind. Insofern unterscheidet sich der *Silent Way* von den zuvor aufgeführten Methoden, da sich diese nicht durch *gänzlich* verschiedene Zielsetzungen auszeichnen, sondern 'nur' durch verschiedene Wege, auf denen man zu vergleichbaren Zielen gelangen will (dies gilt - wenn auch mit Abstrichen - sogar für die Grammatik-Übersetzungsmethode).

5.4.5.7 'TOTAL PHYSICAL RESPONSE'

Kennzeichen dieser vor allem von Asher (1969; 1977) und Asher/Kusudo/de la Torre (1974) vorgestellten Methode ist die Kombi-

nation von Sprache und Bewegung. Grundlegend ist der Gedanke,
daß nicht - wie allgemein üblich - alle vier Grundfertigkeiten
mehr oder weniger gleichmäßig angestrebt werden. Vielmehr wird
davon ausgegangen, daß dem Hören besondere Bedeutung zukommt.
Dabei wird die Phase der Sprachrezeption dergestalt mit Bewegungen gekoppelt, daß die Aufgabe der Lerner darin besteht,
die vom Lehrer - streng einsprachig - gegebenen Befehle unmittelbar auszuführen. Ein Großteil des Unterrichts besteht aus
diesem 'Befehl-Reaktions-Spiel', wobei Lerner die Rolle des
'Befehlenden' übernehmen können, wenn sie über die entsprechenden sprachlichen Strukturen und Lexeme verfügen. Ein möglicher
Einwand dahingehend, daß Kommunikative Kompetenz so nicht erreicht werden könne, ist von Schwerdtfeger (1976, 106) gleich
mehrfach entkräftet worden. Vielmehr gehen die Befürworter des
Total Physical Response davon aus, daß die Verbindung von Befehlen und unmittelbarer Ausführung dieser Befehle grammatische Strukturen und Lexeme sowie Lexemkombinationen in besonderem Maße verfestigt und damit die Basis für eine tatsächliche
Kommunikative Kompetenz liefert, die - wie von Asher/Kusudo/
de la Torre (1974, 26) hervorgehoben wird - überwiegend und damit tatsächlich Bedürfnissen angemessen - im Verstehen fremdsprachlicher Äußerungen liege. Dementsprechend werden die Fertigkeiten 'Lesen' und 'Schreiben' kaum berücksichtigt. Aufgabe
der Lerner ist es zunächst lediglich, den Aufforderungen des
Lehrers Folge zu leisten. Diese sind zunächst genauestens vorgeplant, was Struktur und Inhalt angeht, und ermöglichen auch
durch ihre situative Einbettung bei unbekannten Strukturen und
Vokabeln eine rasche Semantisierung. Kann der Lehrer sicher
sein, daß zumindest einige Lerner die präsentierte(n) Struktur(en)
beherrschen und über entsprechende Lexeme verfügen, übernimmt jeweils ein Lerner die Rolle des Befehlsgebers, und der
Lehrer beteiligt sich an der Ausführung der Lerner-Befehle.
Bleyhl (1982, 8) weist auf den damit zusammenhängenden Vorteil
hin, daß auf diese Art und Weise die Lerngruppe insgesamt nur
mit korrekten Sprachäußerungen konfrontiert wird. Unter Beibehaltung der Befehlsform als dem zentralen Sprechakt im *Total
Physical Response* erhöht sich die Komplexität der sprachlichen

Äußerungen, die zudem stärker in entsprechende situative Zusammenhänge eingebettet werden, wobei Schwerdtfeger (1976, 112) in diesen Fällen um der erzielten "Bewegungsfreiheit" der Lerner und der Spontaneität der Lerngruppe willen für eine gewisse, am Grad der Verständlichkeit und damit der Informationsübermittlung orientierte Fehlertoleranz plädiert.

Mit diesem letzten Punkt sind wir beim sprachlichen Normenaspekt. Insgesamt beschränkt sich der *Total Physical Response* zunächst auf *einen* speziellen Sprachäußerungstyp, der erst später im Rahmen situativer Einbettungen durch andere ergänzt wird. Die Gefahr, von der sprachlichen Norm abzuweichen, besteht dabei anfangs nicht, weil lernerseitig 'nur' durch Bewegung reagiert bzw. durch Imitation der Befehlsformen agiert wird. In fortgeschritteneren Phasen verlängern sich die Sprechübungen. Das Plädoyer für eine Fehlertoleranz in diesem Bereich stellt die Übungs- und Handlungsform über die sprachliche Norm, ein Vorgang, der angesichts des methodischen Ansatzes der engen Verbindung zwischen Sprache und Handlung gerechtfertigt ist. Allerdings muß der Lehrer soweit den Überblick behalten, daß sich Handlungs- und Sprachkompetenz nicht diametral auseinanderentwickeln.

Unter metaunterrichtlichem Aspekt ist der *Total Physical Response* als - zumindest anfangs - stark normativ zu bezeichnen. Der Lehrer gibt Anordnungen in der Fremdsprache - die Lerner befolgen sie, um damit zu dokumentieren, daß sie die Äußerungen verstanden haben. Nun sind diese Äußerungen zwar möglichst situativ zu halten, doch entspringen sie minutiöser Planung auf seiten des Lehrers (vgl. Schwerdtfeger 1976, 109; Bleyhl 1982, 8 ff.), der die sprachliche Progression genauestens vorherplanen muß, so daß die Anordnungen sprachlich den Lerner nicht über- oder unterfordern und schon durch die Reihenfolge ihrer Darbietung die Internalisierung erleichtern. Hier liegt unter motivationellen Aspekten zweifellos eine Gefahr[25].

---

[25] Nicht umsonst verweist Schwerdtfeger (1976, 108) darauf, "daß Lachen nicht verboten ist".

Auch aus der Lernersicht verläuft der Unterricht bis zu dem
Punkt in fest umrissenen Bahnen, wo die Sprechtätigkeit des
Lerners gefordert *und* auch bereitwillig gegeben wird. Erst ab
hier lockern sich die normativen methodischen Vorgaben etwas.
Außerdem ist dieses Verfahren in hohem Maße auf die Bereitschaft der *gesamten* Lerngruppe zur unbefangenen Bewegung und
zur - zumindest anfangs - bedingungslosen Unterordnung unter
den Willen des Lehrers angewiesen. Von daher kommen eher jüngere Lerner in Betracht; Teilnehmer an Volkshochschulkursen
dürften in der Regel ausscheiden. Von daher bietet sich diese
Methode nur für einen relativ kleinen Adressatenkreis an. Trotz
stark normierender Vorgaben läßt der *Total Physical Response*
aber insofern einige 'lerntheoretische' Freiheiten zu, als er
aufgrund seiner Konzeption den Lerner nicht zu Äußerungen
zwingt, sondern diesen Schritt erst vorsieht, wenn der Lerner
selbst das Bedürfnis zur Sprachproduktion zum Ausdruck gebracht hat. Auch Unsicherheiten bei der Ausführung von Anordnungen werden durch schnelle lehrerseitige Ausführung kaum
sichtbar, so daß auf dieser Ebene der individuellen lernpsychologischen Entwicklung Rechnung getragen wird.

Eine inhaltliche Beschränkung erlegt sich die Methode des *Total Physical Response* durch ihre Beschränkung auf einen Sprachäußerungstyp selbst auf, da jeder Befehl - und auch das gilt
wieder vornehmlich für die Anfangsphase - auf eine *konkrete*
lernerseitige Bewegung hin ausgerichtet ist. 'Theoretische'
Reaktionen sind erst später in eingeschränktem Umfang möglich,
jedoch auch dann nicht ohne Schwierigkeiten, so daß sich diese
Methode nicht als ein in einer Lerngruppe dauerhaft praktikables Verfahren anbietet.

Ziel des *Total Physical Response* ist vor allem die Ausbildung
des Hörverstehens als Grundlage für den Aufbau einer übergreifenden mündlich fremdsprachlichen Kompetenz. Diesem Ziel kann
die Methode auch zweifelsohne gerecht werden. Mit Blick auf
die hierzulande geltenden Richtlinien und Curricula muß jedoch festgehalten werden, daß sie sich aufgrund ihrer weit-

gehend normativen Festlegung auf sprachlicher und metaunterrichtlicher Ebene nicht zur Erreichung eines umfassenderen Lernzielbereichs eignet; der Lernzielbereich (vgl. 3.) und der *Total Physical Response* unterliegen verschiedenen, nur ganz partiell übereinstimmenden normativen Vorgaben.

5.4.5.8 SUGGESTOPÄDISCHER FREMDSPRACHENUNTERRICHT

Angesichts von Beschreibungen suggestopädischen Fremdsprachenunterrichts, wie er in mehreren Ländern erprobt wird, fällt es schwer, von *dem* Suggestopädischen Unterricht zu sprechen. Vielmehr handelt es sich um jeweils unterscheidbare Varianten eines Unterrichtsverfahrens, in dem Suggestion und unbewußte sowie weithin ungenutzte zerebrale Aufnahme- und Speicherkapazität eine entscheidende Rolle spielen. So spricht Baur (1980 a, 61) von einer Moskauer Variante im Gegensatz zu der ursprünglichen (bulgarischen) Fassung Lozanovs (1977), und Schiffler (1980) stützt sich außer auf Lozanov selbst vor allem auf kanadische Erfahrungen. Stevick (1976, 155 ff.) hat die amerikanische Version im Blick. Bancroft (1975) beschreibt die Methode Lozanovs vor dem Hintergrund bulgarischer Praktiken und gelangt dabei zu anderen Phasen als Baur (1980 a); selbst von Bushman/Madsen (1976) unterscheidet sich ihre Beschreibung etwas.

Lozanovs (1977) Ausgangspunkt ist die Überlegung, daß ein Großteil des menschlichen Gehirns bei Vermittlungsprozessen ungenutzt bleibt (zu den möglichen Gründen dazu vgl. außer Lozanov z. B. auch Bushman/Madsen 1976, 31). Nach seiner Auffassung muß nach Wegen gesucht werden, diese Kapazität für den Vermittlungsprozeß nutzbar zu machen. Dies gelingt - so Lozanov - durch Berücksichtigung suggestiver Abläufe, d. h. aus unbewußten Wahrnehmungsprozessen bestehenden Vorgängen, mit deren Hilfe ein Prozeß der "Infantilisation" (Bancroft 1975, 5) vorangetrieben wird. Wenn man nun dieses Potential mit der Umgebung des Lerners in Verbindung bringt, kann es - nach Lozanov - gelingen, diese *"ungenützte psychische Reserve"* (Baur 1980 a, 62) nutzbar zu machen. Lozanov (1977, 4) stellt die allgemein auf jeglichen

Unterricht ausgerichtete *Suggestologie* so dar:

> "Suggestology investigates primarily the ordinary
> and the more or less known forms of suggestion,
> relying on authority, infantilisation, the arts,
> double planeless, motivation, setup and ex-
> pectation ..."

Der nach der suggestopädischen Methode konzipierte Kurs besteht aus insgesamt 10 thematisch verzahnten Lektionen; insgesamt werden je nach Variante zwischen 1500 und 2500 Lexemen oder Lexemeinheiten vermittelt. Trotz dieser hohen, im Vergleich zu anderem, gleich langem Unterricht nach anderen Methoden geradezu immensen Zahl ist es gerade die These Lozanovs, daß durch die Ausnutzung psychischer Reserven das Behalten eines Großteils dieser Lexeme ermöglicht wird. In der ersten, besonders bei den Anfangslektionen ausgeprägten Phase[26] präsentiert der Lehrer den - im übrigen immer dialogischen - Text unter besonderem Einsatz von Gestik, Mimik und Intonation, die ein fundamentales Prinzip der Methode darstellen (vgl. z. B. Bushman/Madsen 1976, 31 f.). Gleichzeitig übersetzt er satzweise die einzelnen Sätze des Dialogs. Zuvor wurde jedem Mitglied der insgesamt nicht zu groß zu wählenden Lernergruppe eine Personenrolle zugewiesen, die er während des gesamten Kurses hindurch übernimmt. In der zweiten Phase wird der gesamte Text vom Lehrer noch einmal vorgetragen, wobei er ihn nach syntaktischen Kriterien unterteilt, mit Hilfe nicht-sprachlicher und paralinguistischer Mittel präsentiert und mit geringerer Lautstärke und ohne es bewußt werden zu lassen, übersetzt. Die vom Lehrer vorgegebenen Textsegmente werden unter Beibehaltung der außersprachlichen Elemente von dem Lerner nachgesprochen. In der dritten Phase sollen die Lerner sich in besonderem Maße auf die einzelnen Textsegmente konzentrieren; auf die diesmal

---

[26] Die folgende summarische Phasenbeschreibung orientiert sich vor allem an Baur (1980 a), findet sich allerdings mit geringeren Abweichungen auch bei Racle (1979, 44 f.), während Bushman/Madsen (1976 m, 32 ff.), Stevick (1976, 155 ff.) oder auch Bancroft (1975) ein etwas anderes Vorgehen beschreiben.

vorgeschaltete muttersprachliche Übersetzung läßt der Lehrer
die fremdsprachlichen Entsprechungen folgen, wobei er die
Intonation beständig variiert. Die Lerner sollen die Segmente
nachsprechen, sich aber vor allem auf diese Segmente konzentrieren. In der vierten Phase schließlich erhalten die Lerner
die Texte in schriftlicher Form mit der Aufgabe, sich *nicht*
in besonderem Maße auf den Text zu konzentrieren. Stattdessen
liest der Lehrer den Text ohne die in der dritten Phase verwendeten schematischen und künstlichen Intonationen, während im
Hintergrund Musik zu hören ist, deren Rhythmus sich der Lehrer
mit der Stimme so weit wie möglich anpaßt. Durch eine - u. a.
auch so geschaffene - spannungsfreie Atmosphäre sollen die
Texte und Strukturen besonders eingängig sein. Damit ist die
Präsentation des Materials abgeschlossen. Sie umfaßt nach Lozanov (1977, 268 ff.) ca. 90 Minuten pro Lektion in der Vorbereitungsphase (Erarbeitung des Sprachmaterials) sowie 45 Minuten der 'eigentlichen' Sitzung, in der neben der Arbeit mit
dem Lehrbuch mit Hilfe musikalischer Untermalung besondere
Übungen zum Hörverständnis durchgeführt werden. Die sich anschließende Übungsphase untergliedert sich in Übungen zu Mikro-
und zu Makrosituationen, in denen der Lerner auf der Basis des
Lektionstextes vor kommunikative Aufgaben gestellt wird. Dadurch soll das bis dahin Gelernte gefestigt, angewendet und
transferiert werden. Kennzeichen der gesamten Übungsphase ist
das beständige Interagieren zwischen den Lernern, wobei diese
in den zu Beginn des Kursus verteilten Rollen agieren.

Unter sprachlichem Normaspekt läßt sich folgendes festhalten:
Erstens bringt der weitgehend dialogische Aufbau eine Konzentration auf gesprochene Sprache mit sich. Zweitens enthält
die recht lange Präsentation des Materials zum überwiegenden
Teil Lehreräußerungen, die zudem noch zum überwiegenden Teil
mit dem Lektionstext identisch sind. Möglichkeiten zu Lerneräußerungen ergeben sich jeweils 'nur' beim Nachsprechen; hier
werden Aussprachefehler in der Regel nicht gänzlich toleriert.
In der Übungsphase kommen die Lerner stärker zum Zuge; da aber
methodenbedingt einer entspannten Atmosphäre und dem psychischen

Wohlbefinden des Lerners eine besondere Bedeutung zukommen und
es vor allem das Ziel der Methode ist, das ungenützte Gedächt-
nispotential freizusetzen, spielt die Korrektur der Lerneräußerungen und eine insgesamt striktere sprachliche Normierung
eine untergeordnete Rolle. Drittens ist die Präsentation des
fremdsprachlichen Materials insofern nicht authentisch, als
das Vorlesen des Lektionstextes mit ständig wechselnder, auf
die Aufmerksamkeit des Lerners zielender Intonation ein ausschließlich methodisches, vom natürlichen Sprachgebrauch abweichendes Element darstellt. Dies muß besonders in den Fällen skeptisch beurteilt werden, in denen die richtige Intonation unabdingbare Voraussetzung für das Verständnis ist (vgl.
z. B. die französische Intonationsfrage und den gleichlautenden Aussagesatz). Festzuhalten ist schließlich auch, daß Lerner häufiger Normverstöße im sprachlichen Bereich begehen, eine
Tatsache, die sich aus der methodeninhärenten Zurückhaltung des
Lehrers in der Anwendungsphase ergibt, die aber letztlich den
Gesamtwert der Methode für *alle* Lerner sinken läßt (Bushman/
Madsen 1976, 37 belegen dies empirisch).

Hinsichtlich des metaunterrichtlichen Normaspektes sind die
methodischen Implikationen größer. Zunächst ist der Lehrer fest
an bestimmte Präsentationsformen gebunden. Diese betreffen zum
einen den Lektionstext, der in vier aufeinander folgenden Phasen präsentiert und mit der grundsprachlichen Übersetzung kontrastiert wird; zum anderen ist er an bestimmte, nicht natürliche Intonationsmuster sowie an einen ausgeprägten, den Text
unterstützenden Einsatz von Gestik und Mimik gebunden, wobei
darauf zu achten ist, daß diese begleitenden Markierungen jeweils unverändert bleiben, da ansonsten die Wahrscheinlichkeit
geringer ist, daß die "ungenützte psychische Reserve" aktiviert
werden kann. Daß diese Präsentationsformen praktiziert werden
können, setzt auf seiten des Lehrers genaueste Kenntnis des
Lektionstextes voraus ebenso wie die Bereitschaft und Fähigkeit,
Gestik und Mimik nicht nur entsprechend einzusetzen, sondern
auch entsprechend einzutrainieren. Daneben muß er ständig um

eine optimale Unterrichtsatmosphäre bemüht sein[27]. Dies verlangt von ihm genaue und ständige Beobachtung der Lerngruppe. Mit anderen Worten: der Lehrer wird durch suggestopädischen Unterricht sehr stark in ein Korsett gezwängt, das von ihm Selbstdisziplin auf der einen, Zurückdrängen der eigenen Persönlichkeit auf der anderen Seite verlangt. Wohl auch von daher betonen Bushman/Madsen (1976, 32 f.) die Notwendigkeit einer sorgfältigen Lehrerauswahl und eines Lehrertrainings.

Der weitgehend streng vorgegebene methodische Ablauf, vor allem in der Präsentationsphase, bindet den Lerner in einen Unterrichtsablauf ein, der ihm einerseits durch die feste Übernahme eines fremdsprachlichen Namens und der dazugehörigen Rolle die Möglichkeit eröffnet, diesen Namen mit einer 'Persönlichkeit' zu beleben[28], ihn andererseits aber im Unterricht in der Präsentationsphase auf die bloße Imitation, teilweise nur Rezeption beschränkt. Diese Diskrepanz fußt auf den methodischen Prämissen bezüglich der psychischen Reservekapazität und ist von daher natürlich. Gleichzeitig setzt diese neue 'Lernerrolle' aber eine entsprechend positive Grundeinstellung sowie die Bereitschaft des einzelnen Lerners voraus, mit vorangehenden Lernerfahrungen zu brechen. Möglicherweise wird ihm dies dadurch erleichtert, daß die Methode - zumindest in der Theorie - ein besonderes adressatenspezifisches Material vorsieht, in dem anfangs relevante Situationen des Lerners aus seiner Umgebung Gegenstand der Lektion sind. Die insgesamt in der ersten Hälfte jeweils feste methodische Einbindung des Lerners wird durch die gesteuerte Zusammensetzung der Lernergruppe noch unterstrichen. So besteht ein Kurs - im Idealfall - aus nur 12 Teilnehmern, und zwar jeweils sechs weiblichen und sechs männlichen. Ungeachtet der Tatsache, daß natürlich eine geringere Teilnehmerzahl größere Lernerfolge erhoffen läßt, scheint eine Begründung für genau diese Lernerzahl durch optimale Möglichkeiten zu Rol-

---

[27] Kritiker der Methode sprechen hier übrigens von 'Relaxopedy'.
[28] Bushman/Madsen (1976, 32) sprechen in diesem Zusammenhang gar von einer neuen Identität.

lenspiel, Gruppenarbeit oder Unterrichtsgespräch (so Bancroft 1975, 2) eher willkürlich, denn diese Möglichkeiten bieten sich ebenso bei anderen Lerngruppengrößen. Ob die strikte Gleichheit der männlichen und weiblichen Lerner insgesamt 'realistisch' ist, wie es der methodische Ansatz insgesamt durch seine Situationsbezogenheit zu sein anstrebt, mag ebenfalls dahingestellt bleiben. Die aus der sprachnormativen Verbindung von Worten und Sätzen mit Emotionen, Gesten und Intonation (vgl. dazu vor allem Mignault 1978, 698) resultierende Forderung Racles (1979, 46), der Lerner solle Gestik und Mimik voll einsetzen, ist aus mindestens zwei Gründen nicht unproblematisch: Erstens wird damit unterstellt, daß Worte/Sätze *immer* in Verbindung mit Emotionen oder Gesten zu sehen sind; dies ist aber nur bei einem sehr weiten Verständnis von Emotionen möglich. Zweitens wird damit vorausgesetzt, daß jeder Lerner - und in diesem Fall auch jeder Sprachbenutzer überhaupt - in hohem Maße Gestik und Mimik sprachbegleitend oder sogar Sprache ersetzend verwendet. Dies stimmt wohl kaum. Die daraus - ebenfalls von Racle - abgeleitete Auffassung, wonach es dem Lerner erlaubt sein soll, sprachliche Lücken durch Mimik und/ oder Gestik auszufüllen, ist vor dem Hintergrund äußerst reduzierter Korrekturtätigkeit des Lehrers eher skeptisch zu beurteilen, signalisiert ihre Umsetzung dem Lerner doch möglicherweise ein eben nicht immer situationsangemessenes Verhalten als Norm. Schließlich ist noch zu fragen, inwieweit die Übernahme eines für die Kursdauer beizubehaltenden Namens zur (partiellen) Aufgabe der eigenen Identität führt und damit gerade in einer späteren Phase des Kurses einen Konflikt mit bestimmten, unter dem Aspekt der Lernerorientierung ausgewählten Inhalten hervorruft. U. W. stehen Erfahrungsberichte hierzu noch aus. Mit Blick auf die organisatorisch-institutionelle Seite des Problems muß festgehalten werden, daß eine räumliche und technische Ausstattung, wie sie die Methode zur Schaffung einer entsprechenden Atmosphäre voraussetzt (vgl. z. B. auch Bancroft 1975, 2), den Kreis der Institutionen reduziert, die mit dieser Methode unterrichten können.

Unter inhaltlichem Normaspekt muß konstatiert (und konzediert)
werden, daß sich die Methode zunächst auf *lernerrelevante* Themen und Inhalte in den Lektionstexten beschränkt, daß aber in
der anwendungsbezogenen Phase durch Rollenspiele, Mikro- und
Makrosituationen die Möglichkeit zur thematischen Ausweitung
auf zahlreiche Gebiete besteht. Dabei muß die Einschränkung
gemacht werden, daß es sich dabei insgesamt immer - wie auch
in den Lektionstexten - um Dialoge handelt. Der Einbezug anderer Textsorten kann nur im Rahmen der Anwendungsphase geschehen und bedarf einer gewissen lehrerseitigen Steuerung etwa
bei der Aufgabenstellung für die Rollenspiele. Hinzu kommt,
daß die Methode vor allem - wenn auch keineswegs ausschließlich - das Ziel verfolgt, die Lerner möglichst schnell für
die 'touristische' Kommunikation zu befähigen.

Damit sind wir auch schon beim lernzielbezogenen Normaspekt.
Die methodenimmanente Beschränkung auf Dialoge sowie die konzeptionelle Orientierung an überwiegend touristischen Situationen stellen nur einen Ausschnitt dessen dar, was staatliche Richtlinien für den modernen Fremdsprachenunterricht als
Ziel vorgeben. Außerdem bleibt zu bedenken, daß die einem - im
weitesten Sinne - gesellschaftlichen Kräftespiel unterliegende Lernzielbestimmung und -umsetzung (vgl. 3.) auf die Fremdsprachenunterricht anbietenden Institutionen durchschlagen und
so mit dazu beitragen, Schule und/oder Unterricht zu einem
Spannungsfeld werden zu lassen (vgl. 2.2). Suggestopädischer
Fremdsprachenunterricht will aber gerade Spannungszustände abbauen (helfen) und eignet sich auch von daher nur bedingt für
Fremdsprachenveranstaltungen, wie sie im Rahmen der Aus-, Fortund Weiterbildung in der Bundesrepublik im Augenblick angeboten werden. Schließlich sei in diesem Zusammenhang auch noch
erwähnt, daß die im Rahmen der Methode zwingend vorgeschriebene
Durchführung in Form eines Intensivkurses mit den übergeordneten und umfassenderen Bildungsaufträgen staatlicher und halbstaatlicher Institutionen mit Fremdsprachenangeboten meistenteils kollidiert.

Fassen wir die vorausgehenden Überlegungen zur Bedeutung von Methodenkenntnissen auf seiten des Lehrers zusammen, so läßt sich folgende These formulieren: *Für den Lehrer lassen sich hinsichtlich der Methoden zwei Ebenen unterscheiden, auf denen das Normproblem relevant wird.* Die eine Ebene ist methodenimmanent und enthält die Vorgaben, die für die 'Abnehmer' bei der Anwendung der Methode zwingend vorgeschrieben sind, wobei unter 'Abnehmern' Lehrer und Lerner zu verstehen sind. Danach läßt sich jede Methode hinsichtlich normativer Handlungsstränge beschreiben, und zwar jeweils mit Bezug auf das sprachliche Material, den Ablauf des Unterrichts, den inhaltlich-thematischen Rahmen sowie die Lernziele. Dieser letzte Punkt bringt gleichzeitig die zweite Ebene ins Spiel, nämlich die Abbildung der jeweiligen Methoden vor dem Hintergrund methoden<u>unabhängiger</u> Lernzielüberlegungen und -gegebenheiten, wie sie sich dem Lehrer im institutionellen Bedingungsgefüge darstellen. Um Entscheidungen über den Einsatz einer Methode treffen zu können, muß der Lehrer sich mit <u>beiden</u> Ebenen auseinandersetzen. Wie die voranstehenden Überlegungen zu einigen Vermittlungsmethoden zeigen, zeichnen sich die verschiedenen Methoden durch jeweils unterschiedliche Gewichtung von Normaspekten aus. Als Ergebnis bleibt festzuhalten, daß es auch mit Blick auf das vielschichtige Normproblem <u>die</u> ideale Vermittlungsmethode nicht gibt, der Lehrer also gezwungen ist, bestimmte Abstriche von seinen Erwartungen und Forderungen zu machen. Gerade hier liegt der Grund dafür, daß Vermittlungsverfahren so selten in 'Reinkultur' praktiziert werden. Dennoch erweisen sich entsprechende Methodenkenntnisse sowie eine diesbezügliche Auseinandersetzung mit dem Normproblem für den Lehrer als wichtig.

5.4.6 UMGANG MIT UND EINSTELLUNG ZU TECHNISCHEN MEDIEN

In enger Abhängigkeit von den gerade angesprochenen Methoden sind die Medien zu sehen; ihnen kommt aber darüber hinaus insofern ein methodenunabhängiger Eigenwert zu, als angesichts der selten praktizierten 'methodischen' Reinheit der Lehrer ihren Einsatz unter funktional-didaktischen Aspekten plant. Von daher ist es möglich, durch sie "einen Lernvorgang initiieren und lenken" zu können (Macht 1978, 234) und sie somit von Anschauungsmitteln zu unterscheiden, die 'nur' als Hilfe bei der Bedeutungserschließung fungieren[29]. Demgegenüber betont Schilder (1977, 322) für die Zeit nach 1960, daß die "einseitige Versprachlichung von Angeschautem ... zugunsten einer Veranschaulichung von Sprache" bei der Gestaltung und Verwendung von Bildern gewichen sei. Von daher wird auch dem Bild die Funktion eines didaktischen Mittlers zugestanden, wenngleich man sicher mit U. Jung (1977, 190) annehmen muß, daß die Verfahren und Methoden für fremdsprachenunterrichtlichen Erfolg weitaus eher verantwortlich sind als die didaktischen Mittler.

Nun sind für eine Betrachtung des Verhältnisses von Medien und Normaspekten zunächst zwei grundsätzliche Bemerkungen vorwegzuschicken: Erstens sind Medien - auch und gerade mit Blick auf die unterrichtlichen Zielsetzungen - aus dem Fremdsprachenunterricht nicht mehr wegzudenken (vgl. z. B. Schwerdtfeger

---

[29] Im Gegensatz zu Macht muß an dieser Stelle allerdings bezweifelt werden, daß die selbständige Initiierung von Lernvorgängen durch Medien leistbar ist, denn was wäre ein Sprachlabor ohne den Lehrer, der seinen Einsatz bestimmt, oder ohne Programme, die die inhaltliche Arbeit bestimmen ! Eine solche Selbständigkeit kann allenfalls für den Lehrer angenommen werden, sowie mit Abstrichen für das Lehrwerk, die beide von Macht zu den Medien gerechnet werden (vgl. zur Aufzählung von Medien z. B. auch Macht 1977, 155 sowie die Differenzierung zwischen statisch-ikonischen, dynamisch-ikonisch-digitalen, dynamisch-digitalen und statisch-digitalen Medien bei Schwerdtfeger 1973, 385 ff., die allerdings ein weiteres Medienverständnis hat als Macht).

1979, 134; Ahrens 1980, 364; auch Macht 1977, 154). Zweitens muß mit Schwerdtfeger (1979, 135) und Tulodziecki (1981, 278 ff.) davon ausgegangen werden, daß über die Beziehung von Medieneinsatz auf der einen und Lehr-/Lernverhalten auf der anderen Seite noch fast gar nichts bekannt ist[30], so daß wir in diesem Bereich noch weitgehend auf Vermutungen und persönliche Erfahrungen angewiesen sind. Für unsere Überlegungen soll es im folgenden ausreichen, zwischen auditiven und visuellen Medien zu unterscheiden; damit wird nicht in Abrede gestellt, daß eine weitere Differenzierung sinnvoll ist oder sein kann, sondern lediglich dem Rahmen dieser Arbeit Rechnung getragen. Eine weitere Unterscheidung scheint allerdings in diesem Zusammenhang auch noch notwendig, nämlich die Unterscheidung zwischen dem *unterrichtsspezifischen* Medieneinsatz, verstanden als Verwendung von Medien für Unterricht in einer speziellen Situation erstellt, auf der einen Seite und dem Einsatz von Medienmaterial, das für einen anderen Verwendungszweck hergestellt worden ist (z. B. Nachrichtensendungen in der Fremdsprache). Auf diesen doppelten Aspekt innerhalb der allgemeinen Medienpädagogik verweist z. B. Schulte (1981, v. a. 373), aber auch Schenk (1981) in seinem als Überblick gedachten und mit reichen Literaturangaben versehenen Beitrag. Damit wird deutlich, daß die bloße 'technische' Analyse eines Mediums unserer Auffassung nach nicht ausreicht, um seinen Stellenwert im Fremdsprachenunterricht zu bestimmen, sondern daß dazu immer eine bestimmte Kategorie von Unterrichtsmaterialien im Blick bleiben muß. Ohne diesen anwendungsbezogenen Aspekt spielte sich eine Diskussion über Medien und damit in unserem Fall auch über Fremdsprachenunterricht in einem 'luftleeren' Raum ab.

Mit Bezug auf den sprachlichen Aspekt des Normproblems gilt

---

[30] Zur Beziehung zwischen fremdsprachenunterrichtlichem Medieneinsatz und Lehrerverhalten ist uns keine Untersuchung bekannt; zur Reaktion von Schülern auf den Medieneinsatz vgl. Henrici (1973).

es zunächst wieder beide 'Richtungen' im Blick zu behalten,
nämlich die auf das System und damit verbunden auf den tatsächlichen Sprachgebrauch bezogene und die auf den Lerner bezogene
und von daher unterschiedene Richtung. Diese Differenzierung,
die wir auch schon oben (z. B. im Rahmen der Methodendiskussion)
gemacht haben, ist mit Bezug auf die Medien deshalb von großer
Bedeutung, weil Medien in ihrer Funktion als didaktische Mittler *auf einer konkreten Ebene* beide 'Formen' des fremdsprachlichen Systems evozieren. Auditive unterrichtsspezifische Medien zeichnen sich dabei vor allem dadurch aus, daß sie Ausschnitte des fremdsprachlichen Systems zumeist authentisch präsentieren, d. h. in Bezug auf Syntax, Intonation, Pragmatik,
Lexik, Textaufbau und u. U. auch auf Sprachgeschwindigkeit[31]
genau das wiedergeben, was tatsächlich in der fremdsprachlichen
Umgebung geäußert wird. Zwar ist das jeweilige Medium nur 'Erfüllungsgehilfe' des Lehrers, gibt also nur das wider, was der
Lehrer als Unterrichtsplaner widergegeben sehen möchte; ob es
aber aus der Sicht der Lerner nicht doch wie eine sprachliche
Autorität angesehen wird, bleibt zumindest offen. Dies kann um
so eher angenommen werden bei einem Medieneinsatz, der Leräußerungen unmittelbar entweder elizitiert oder mechanisch abruft und diese gleichzeitig korrigiert, wie dies z. B. in vierphasigen Sprachlaborübungen häufig der Fall ist. Dabei erfährt
die dem natürlichen Sprachgebrauch inhärente Kreativität eine
Einschränkung, d. h. Ausschnitte des Sprachgebrauchs werden
zur unterrichtlichen Norm erhoben, ohne daß dem Lerner die Möglichkeit zur strukturellen oder lexikalischen selbständigen
Abwandlung gegeben würde.

Demgegenüber bieten nicht mit Blick auf Unterricht erstellte
Materialien und Sprachausschnitte (Nachrichtensendungen, fremd-

---

[31] Hierbei sind mit Rücksicht auf den Kompetenzgrad der Lernergruppe noch am ehesten Abstriche zu erwarten, die aber insgesamt an der Authentizität vergleichsweise wenig ändern.
Dies setzt auch voraus, daß die entsprechenden Sprachausschnitte eigens für den Unterricht zusammengestellt sind,
was keineswegs immer der Fall sein muß.

sprachliche Filme, Zeitungsartikel u. ä.) eine weniger der direkten Kontrolle durch den Lehrer unterliegende Sprachverwendung an, die darüber hinaus den Lerner in seiner fremdsprachlichen Reaktion nicht so sehr auf festgelegte Sprachausschnitte fixieren, sondern ihm eher Gelegenheit zur 'freien' Sprachproduktion geben und ihn gleichzeitig mit Charakteristiken mehrerer fremdsprachlicher Textsorten bekannt machen. Unter den genannten Aspekten ist besonders auf den sinnvollen Einsatz des Tonbandes zu verweisen, während ein sinnvoller Einsatz des Sprachlabors zumindest nicht ganz ohne Schwierigkeiten zu bewerkstelligen sein dürfte. Dabei scheint die 'Krise des Sprachlabors' nicht so sehr linguistisch motiviert und aus einer angenommenen Parallelität von natürlichem Erst- und Zweitsprachenerwerb erwachsend, wie U. Jung (1977, 185) vermutet, sondern auf die technischen Gegebenheiten dieses Mediums selbst zurückzuführen. Ob nämlich durch die Verlagerung der Kontrollinstanz vom alle Lerner überwachenden Lehrer auf den Lernernachbarn in sich einen spezifischen Vorteil der Sprachlaborarbeit - auch unter sprachnormativen Gesichtspunkten - darstellt (vgl. auch dazu die Ansicht U. Jungs 1977, 191), muß bezweifelt werden, zumal damit der überwachende Lerner nicht gleichzeitig zur anerkannten sprachlichen Autorität in den Augen des überwachten Lerners herangewachsen ist, sondern lediglich als selbst nicht unbedingt kompetenter Kontrolleur fungiert. Eigenverantwortliche Lernerentscheidungen für absichtsvolles Handeln, so wie z. B. Schilder (1980, 344) sie fordert, stellen an das Unterrichtsmaterial eben weitergehende Anforderungen[32].

Kennzeichen rein visueller Medien ist, daß sie vor allem zur lernpsychologischen Unterstützung dienen, sei es hinsichtlich des schon gelernten oder sei es hinsichtlich des noch zu lernenden Materials. Von daher sind rein visuelle Medien anders

---

[32] Übrigens erklärt sich auch - wenn auch nicht ausschließlich - von daher, warum der Lehrer in seiner Rolle nicht als Medium verstanden werden kann, wie Macht (1977, 154) dies annimmt. Weitere Gründe, die gegen den Lehrer als Medium sprechen, nennt Tulodziecki (1981, 277).

einzustufen als auditive oder audiovisuelle, weil sie selten
Sprache unmittelbar in dem Sinne transportieren, daß der Lerner *in gleicher Weise* sprachlich reagieren kann/soll. Beschriftete Folien auf Overhead-Projektoren werden z. B. häufiger zu
metasprachlichen Erklärungen oder zum Anlaß einer 'freien' Kommunikation verwendet, können aber darüber hinaus nicht zu einer
beständigen sprachlichen Interaktion dienen, es sei denn grammatisch orientierte Übungen werden mit ihrer Hilfe dargestellt.
Aus diesem Grunde können rein visuelle Medien nicht in demselben Maße als sprachliche Autorität angesehen werden wie die
oben erwähnten auditiven. Sofern sie Sprache direkt, d. h. in
schriftlicher Form transportieren, geben sie deshalb in den
meisten Fällen normgerechte Sprachausschnitte wieder. Dies
gilt in besonderem Maße dann, wenn mit Hilfe visueller Medien
schriftliche Texte wiedergegeben werden, die schon bei der Abfassung 'strengeren' sprachnormativen Kriterien unterliegen
(vgl. Söll 1974), und dies vor allem dann, wenn sie nicht eigens
für eine unterrichtliche Verwendung konzipiert worden sind.

Im Gegensatz dazu sind audiovisuelle Medien (Video- und Fernsehgeräte sowie Kombinationen von Bild- und Tonmaterial) eher
für einen Einsatz geeignet, der auch auf die Merkmale gesprochener Sprache abzielt und von daher einer weniger rigiden
Norm folgt; dies soll freilich nicht die uneingeschränkte Fehlertolerierung bedeuten, sondern den Weg zu einer am tatsächlichen Sprachgebrauch orientierten Fremdsprachenanwendung weisen. Auch hierbei kommt die Differenzierung zwischen spezifischem Unterrichtsmaterial (wie z. B. in audiovisuellen Kursen
des CREDIF) und unspezifischem Material (z. B. Mitschnitt von
Nachrichten- und Magazinsendungen oder Spielfilmen) ins Spiel.

*Insgesamt kann also festgehalten werden, daß der Einsatz bestimmter Medien in engem Zusammenhang mit sprachnormativen
Aspekten zu sehen ist. Aus der Unterrichtspraxis wissen wir,
daß die Entscheidung für einen Medieneinsatz aber nicht unbedingt mit Blick auf die sprachliche Norm erfolgt, sondern
ebenso auf didaktischen Überlegungen beruhen kann (z. B.*

Motivation, Anschauung, Inhalte). Folglich kommt es darauf an, sich aus der Lehrperspektive den Zusammenhang zwischen sprachlicher Norm und Medieneinsatz bewußt zu machen.

Damit sind wir beim metaunterrichtlichen Normaspekt. Aus der Sicht des Lehrenden muß auch hier unterschieden werden zwischen unterrichtsspezifischem und -unspezifischem Unterrichtsmaterial. Kennzeichnend für die erste Art ist, daß sie auf die spezifischen sprachlichen Bedürfnisse einer Lernergruppe ebenso zugeschnitten ist wie auf den vom Lehrer geplanten und/oder gewohnten methodischen Ablauf. Unter diesem Aspekt werden Medien also in der Weise zum Einsatz gebracht, daß sie sich nahtlos in die Unterrichtsarbeit einfügen lassen und Spezifika der Lernergruppe berücksichtigen. Der Rückbezug zu anderen - vorausgehenden und folgenden - Unterrichtsphasen ohne Medienverwendung ist nicht zuletzt durch die Auswahl oder Herstellung entsprechenden Materials in hohem Maße sicherstellt. Insgesamt ergibt sich so ein organischer Unterrichtsablauf, dessen einzelnen Phasen fest aufeinander bezogen und miteinander abgestimmt sind. Auf die Tatsache, daß Medien jeweils unterschiedliche Funktionen haben können, je nachdem, ob sie in der Einführungs-, der Einübungs- oder der Transferphase zum Einsatz kommen, hat im übrigen Ahrens (1980, 367 ff.) *in extenso* hingewiesen. Demgegenüber bedeutet der Einsatz von Medien mit unspezifischem Material, daß der Unterrichtsablauf auf das schon bestehende Material hin geplant werden muß und nicht umgekehrt, wie es beim spezifischen Material der Fall ist. Möglicherweise werden *zusätzliche* Erklärungen sprachlicher und inhaltlicher Art notwendig, um die Aufnahme des präsentierten Materials nicht durch ein Übermaß an Unbekanntem, Neuem oder 'Lernschwierigem' derart zu behindern, daß das ursprüngliche Ziel des Medieneinsatzes nicht erreicht wird.

Was wir bisher für die unterrichtliche Makroebene konstatiert haben, gilt *grosso modo* in gleichem Umfang für die unterrichtliche Mikroebene. Innerhalb der jeweiligen 'medialen' Phasen unterliegt es zwar der Entscheidung des Lehrers, welche Übungs-

arten und -formen er durch welche Medien einsetzen will. Eine
einmal getroffene Entscheidung läßt sich aber nicht so schnell
revidieren: So kann aus dem für den Tonbandeinsatz konzipier-
ten vierphasigen Patterndrill[33] nicht ohne weiteres eine kommunikative Übung gemacht werden. Ein solches Vorhaben hieße
nämlich, die Grenzen des Mediums nicht sehen zu wollen[34].
Die Unterscheidung zwischen dem Einsatz auditiver und visueller Medien wird an dieser Stelle noch nicht relevant. Dies ist
erst der Fall, wenn konkrete Aufgaben und Übungsformen in Verbindung mit einem auditiven oder visuellen Medium erstellt und
präsentiert werden. Auch hier hieße es, die spezifische Leistungsfähigkeit des betreffenden Mediums unberücksichtigt zu
lassen, wollte man medienbedingte metaunterrichtliche Normen
nicht zur Kenntnis nehmen. Dies ändert nichts an der Berechtigung der von Schwerdtfeger (1979, 138) erhobenen Forderung,
"daß der Medieneinsatz stets im Hinblick auf Lehrende und Lernende und die Interaktion zwischen ihnen bezogen reflektiert
werden muß". Eine Verwendung von Overhead-Projektor oder Fla-
nell-Wandtafel zieht aber nun einmal einen anderen Unterrichtsablauf nach sich als der Einsatz von Sprachlabors oder Videogeräten. Schließlich sei noch der Vollständigkeit halber auf
zwei der Gründe verwiesen, die Macht (1977, 154) für die Not-

---

[33] Die Entwicklung von kommunikativ angemesseneren Sprachlaborübungen ist zwar aus den audiolingualen Kinderschuhen
heraus, wie z. B. einige Beiträge in Beier/Mainka-Terstee-
gen/Krankenhagen (1977) sowie Krumm (1978) oder Krause
(1979) zeigen; vgl. auch die Hinweise in Urlaub (1981) sowie die von Beile (1979, 113 ff.) vorgelegte Typologie von
Sprachlaborübungen; das heißt aber nicht, daß nicht auch
heute noch audiolinguale Übungstypen aus der Frühphase
Verwendung finden (vgl. dazu z. B. die kritische Einschätzung Vogels 1978 gegenüber der Kommunikativen Kompetenz
im Sprachlabor).

[34] So ähnlich heißt es über das Sprachlabor bei Quetz/Bolton/
Lauerbach (1981, 145): "Viele Probleme, die man in der
Sprachlaborarbeit gesehen hat, sind nur deshalb Probleme,
weil man die Grenzen dieses Arbeitsmittels nicht klar gezogen und ihm deshalb falsche Aufgaben zugewiesen hat.
Das Sprachlabor ist eine Übungsmaschine, keine Lehr- und
keine Kommunikationsmaschine."

wendigkeit eines Medieneinsatzes anführt, nämlich "Entlastung des Lehrers von mechanischen Tätigkeiten" und "Objektivierung des Lehrvorgangs". Während der letztgenannte Grund nur ganz bedingt eingesehen werden kann, da es doch der subjektiven Lehrerentscheidung unterliegt, welche Unterrichtsmaterialien er in welcher Form und mit Hilfe welchen Mediums in den Unterricht einbringt, ist der erste Grund wesentlich plausibler, da hier Vorstellungen über unterrichtliche Lehrerhandlungen angesprochen sind. Hinter einem konsequenten Medieneinsatz stehen nämlich (explizit oder implizit) normative Ansichten über das, was ein Lehrer während des Unterrichts tun oder nicht tun sollte, und zwar nicht nur in sprachlicher Hinsicht. Einem Lehrer, der vorbereitete Beispielsätze für metasprachliche Regeln z. B. an die Tafel schreibt, kann bezüglich des Unterrichtsablaufs eine andere Stellung zugewiesen werden als seinem Kollegen, der vorbereitete Folien nur noch auf den Overhead-Projektor zu legen braucht.

Nun hat der Einsatz von Medien auch aus der Lernerperspektive metaunterrichtliche Implikationen; dies darf zumindest vermutet werden, wenngleich abgesicherte Untersuchungsergebnisse größeren Umfangs im Augenblick dazu noch nicht vorliegen[35]. Immerhin lassen die von Henrici (1973) vorgelegten Ergebnisse einer Schülerbefragung den Schluß zu, daß dem Medieneinsatz insgesamt eher ein motivationeller Anreiz als eine unmittelbare Garantie für Lernerfolg unterschoben wird. Wenn dies so ist, lassen sich immerhin einige Überlegungen hinsichtlich metaunterrichtlicher Normen aus der Lernperspektive anstellen. Gehen wir auch hier zunächst von einer Unterscheidung zwischen spezifischen und unspezifischen Unterrichtsmaterialien aus. Spezifische auditive und visuelle Materialien signalisieren dem Lerner nicht nur, daß das präsentierte Material sich am

---

[35] Erwähnt werden muß in diesem Zusammenhang allerdings der Beitrag von Heidt (1976). Der Verfasser skizziert dort ein mögliches Untersuchungsdesign, dessen Anwendung Aufschlüsse über den Zusammenhang zwischen dem Einsatz bestimmten Lernprozessen geben soll.

Kenntnisstand der Lernergruppe orientiert, gleichsam auf diese zugeschnitten ist, sondern daß vom Lerner gerade aufgrund dieser Tatsache erwartet wird, daß er dieses Material aufnimmt und darauf - den jeweiligen Anweisungen und Aufgabenstellungen entsprechend - reagiert. Dies ist zwar beim unspezifischen Unterrichtsmaterial auch annähernd so, wird aber z. T. dadurch überlagert, daß der mit diesem Material anvisierte Adressatenkreis von der ursprünglichen Intention ein anderer ist, so daß den Lernerreaktionen unter inhaltlichem Aspekt ein potentiell größerer Freiraum bleibt, sprachlich aber aus den oben angeführten Gründen u. U. eine Einengung stattfindet, die natürlich nicht ohne Rückwirkung auf inhaltliche Reaktionen bleiben kann. Festzuhalten bleibt für unseren Zusammenhang, daß medial dargebotenes spezifisches oder unspezifisches Material nicht nur sprachlich, sondern auch metaunterrichtlich normierend wirkt. Werden wir eine Stufe konkreter und greifen einige auditive und visuelle Medien heraus:

a) das Tonbandgerät:

Sein Einsatz dient primär der Möglichkeit, authentische Sprachausschnitte in das Klassenzimmer zu transportieren. Soweit es nicht im Rahmen eines Sprachlabors an jedem Schülertisch angebracht und damit tatsächlich individuellem Gebrauch zugänglich ist, gibt es in nur durch den Lehrer steuerbarer Form 'Sprache' vor, liefert also einen akustischen Reiz, auf den die folgende lernerseitige Reaktion didaktisch durch den Lehrer gesteuert wird, sei es durch die Konzeption des spezifischen Unterrichtsmaterials, sei es durch die Arbeitsaufgaben oder Leitfragen zu unspezifischem Material. Abgesehen davon, daß die Präsentation wiederholt werden kann, sofern lernerseitig die Notwendigkeit besteht und methodische Ansätze dies nicht verbieten, weist das Tonbandgerät dem Lerner eher eine passiv-rezeptive Funktion mit nur geringen Möglichkeiten zur Unterbrechung des durch das Medium bestimmten Unterrichtsablaufs zu.

b) das Radio[36]:
Der Einsatz des Radios im Fremdsprachenunterricht impliziert automatisch die Verwendung unspezifischer Unterrichtsmaterialien. Dies macht das Radio besonders geeignet zum Training des Hörverstehens. Gleichzeitig wird der Lerner in seinen Handlungsformen zunächst festgelegt auf das Zuhören. Reaktionsmöglichkeiten auf das durch das Radio vermittelte Material ergeben sich erst, wenn das Radio selbst abgeschaltet ist und der Lehrer selbst die Steuerung des Unterrichtsablaufs unmittelbar übernimmt und sich dann für eine von mehreren Arbeitsformen, wie z. B. Gruppenarbeit, Plenumsdiskussion, Rollenspiel entscheidet, in denen das durch das Radio eingebrachte Material aufgearbeitet wird. Es sei hinzugefügt, daß der Einsatz des Radios an feste Sendezeiten gebunden ist. Der Unterricht kann also in dieser Hinsicht nicht flexibel geplant werden. Dies gilt auch für Schulfunksendungen, die zwar didaktisch gestuftes Material beinhalten, aber von der konkreten Lerngruppe abstrahieren (müssen) und deshalb Übungs- und Drillphasen mit übernehmen müssen.

c) der Schallplattenspieler:
Greift der Lehrer auf dieses Medium zurück, so bleiben ihm im wesentlichen nur drei Arten von jeweils unspezifischem Unterrichtsmaterial, nämlich fremdsprachige Lieder, literarisch-künstlerische Texte und Sprachkursmaterialien. Während die beiden letzten Arten sich primär auf die Sprache konzentrieren und Auslöser für sprachorientierte Übungen darstellen, bieten fremdsprachige Lieder in erhöhtem Maße einen doppelten Vorteil: zum einen wirkt Musik, zumal wenn sie adressatenspezifisch orientiert ist, in starkem Umfang motivierend, zum anderen läßt sich auch anhand musikalischer Darbietungen an der Sprache ar-

---

[36] Darunter soll der unmittelbare Einsatz des Radios verstanden werden, nicht die Wiedergabe von Radiosendungen durch das Tonband. Auf das Hörspiel wird an dieser Stelle nicht eingegangen (vgl. dazu exemplarisch die Beiträge in Groene 1980).

beiten[37]. Was nun den Unterrichtsablauf betrifft, so kann der Lehrer zwar an jeder beliebigen Stelle die Darbietung unter- oder abbrechen, kann Textstellen mehrmals spielen lassen oder überspringen. Unmittelbare Reaktionsmöglichkeiten gibt es für den Lerner zunächst nicht, die unterrichtliche Steuerung unterliegt nach wie vor dem Lehrer. Somit wird durch den Einsatz eines Plattenspielers die Forderung Schilders (1980, 344) nach *variabler* Software und Initiierung *individueller* Lernprozesse kaum erfüllt. Dies muß natürlich keineswegs zur Konsequenz haben, daß z. B. Lieder im Unterricht keine Verwendung finden - im Gegenteil (vgl. z. B. Donnerstag 1980) -; nur muß man sich darüber im klaren sein, daß durch den Einsatz des Plattenspielers der Unterrichtsablauf in starkem Maße vorgegeben ist (zum Verhältnis Schallplatte - Radio vgl. auch die resümierende Diskussion bei Schilder 1977, 309 ff.).

d) das Bild:
Die Diskussion um die Funktion und die Funktionsmöglichkeiten des Bildes im Fremdsprachenunterricht ist nicht neu, wie z. B. die historische Entwicklung fremdsprachenunterrichtlicher Methoden zeigt. Kennzeichen visueller Medien allgemein ist es ja, eben nicht Sprache selbst zu vermitteln, sondern Anlässe zu schaffen, über die mit Hilfe von Sprache geredet werden kann bzw. zur Entschlüsselung fremdsprachlicher Lautketten beizutragen. Aufgrund der Tatsache, daß ein Bild ja nicht nur mit einer einzigen sprachlichen Lautkette identifizierbar ist, sondern prinzipiell mindestens verschiedene Oberflächenproduktionen gleichen Inhalts, häufig genug verschiedenen Inhalts als Reaktion zuläßt, eröffnet es dem Lerner zunächst ein größeres Maß an Äußerungsfreiheit. Diese ist natürlich in Abhängigkeit von dem Bild selbst sowie vom Lehrer zu sehen, bedeutet also keine totale Freiheit, bindet ihn jedoch weniger restriktiv an einen Unterrichtsablauf als dies mit Blick auf Radio oder Tonband der Fall ist. Dies hängt u. a. damit zusam-

---

[37] Daß man gleichzeitig inhaltlich und landeskundlich u. U. so Informationen vermitteln kann, darf nicht unerwähnt bleiben, braucht aber im Augenblick nicht weiter verfolgt zu werden.

men, daß das Bild dem Rezipienten in größerem Umfang Phantasie und 'Interpretation' abverlangt, als dies bei einem ausschließlich akustisch dargebotenen Text der Fall ist. Und genau hieraus entsteht nicht selten die Schwierigkeit für den Lehrer, Bilder in fest planbaren Phasen des Unterrichts mit der Absicht zu präsentieren, eine und nur eine ganz bestimmte Äußerung beim Lerner zu elizitieren.

e) die Flanell-Tafel:
Im Gegensatz zum Bild ist die Arbeit mit der Flanell-Tafel unmittelbar auf die Sprache bezogen, d. h. auf der Tafel wird Sprache in verschriftlicher Form präsentiert, wobei sich dieses Medium dazu eignet, den Schüler durch Verschieben, Tilgen oder Einsetzen von Haftelementen unmittelbar aktiv werden zu lassen. Darüber hinaus lassen sich mit ihrer Hilfe reale Situationen so simulieren, daß der Lerner spontan und frei reagieren kann (vgl. z. B. die Ausführungen von Ahrens 1980, 370 ff. dazu). Von daher bietet die Flanell-Tafel trotz eines - realiter - eingeschränkten Vorrats an Zeichen die Möglichkeit zu freier Kommunikation und damit zur Loslösung von allzu starr fixierten Unterrichtsabläufen (vgl. z. B. Tegtmeier 1977).

f) der Overhead-Projektor:
Mit diesem Medium wird eine Kombination der Möglichkeiten erreicht, die sich aus dem Einsatz von Bild und Flanell-Tafel jeweils ergeben, denn mit seiner Hilfe können sowohl Bilder/ Zeichnungen projiziert werden als auch ganz oder teilweise Verschriftlichungen von Sprache vorgenommen werden. Die beliebig lange Darbietung von Folien sowie die verschiedenen arbeitstechnischen Möglichkeiten[38] tragen dazu bei, daß sich der Unterrichtsablauf im wesentlichen nach den Lernern rich-

---

[38] Hinz (1973, 203 ff.) unterscheidet mit Blick auf die unterrichtsmethodische Anwendung zwischen Klappverfahren, Transparentfolge und Verwendung von Einzelsegmenten. Wendt (1973, 209 ff.) beschreibt verschiedene Formen der Ausgestaltung von Folien (Leerfolie, teilbeschriftete Folie, vollbeschriftete Folie, Klappfolie, Bildfolie).

tet, soweit der Lehrer nicht durch strikte Vorgaben diesen durch das Medium mit geöffneten Freiraum beschneidet. Hinzu kommt außerdem, daß der Overhead-Projektor direkte lernerspezifische und unterrichtssituative Eingriffe - etwa in Form von Unter-/Durchstreichen, Abdecken u. ä. - ermöglicht.

g) Fernseh- und Videogeräte:
Mit diesen audiovisuellen Medien verbinden sich zwei verschiedene Einsatzmöglichkeiten im Fremdsprachenunterricht: Fernsehsendungen stellen in der Regel unspezifisches Unterrichtsmaterial dar, dessen Präsentation in von den Sendeanstalten festgesetzten Zeiträumen und in den allermeisten Fällen *in toto* erfolgt. Hierbei läßt sich differenzieren zwischen Filmen/Sendungen in der fremden Sprache und Beiträgen des Schulfernsehens, die zwar allgemein-didaktisch, aber dennoch zwangsläufig losgelöst von spezifischen Unterrichtsbedingungen aufbereitet sind. Im ersten Fall trägt der Einsatz des Fernsehens ausschließlich zur Sprachaufnahme, jedoch kaum zur Sprachverarbeitung und -anwendung bei. In diesen Fällen wird der Lerner zu einem Rezipienten ohne eigene sprachliche Handlungs- und Reaktionsmöglichkeiten. Dagegen sind die Möglichkeiten des Schulfernsehens differenzierter. So unterscheidet z. B. Buttjes (1980, 379 f.) zwischen dem Schulfernsehen als Ausstrahlungsmedium, als Einwegmedium, als Massenmedium, als dokumentarisch-deiktisches Medium und als dynamisch-ikonisches Medium. Damit spricht er die unterschiedlichen Funktionen an, die das Schulfernsehen im Rahmen des Lernprozesses haben kann, und er skizziert so gleichzeitig soziale und didaktische Mängel dieses Mediums. Nach Buttjes (1980, 382) ist damit die Leistungsfähigkeit des Schulfernsehens klar abgesteckt[39]; seine Integration

---

[39] "Das Verhältnis von Inhaltserfassung und Aneignung sprachlicher Kenntnisse, das dem Lektionsprinzip der Lehrwerke zugrunde liegt, wird zugunsten des Inhalts verändert. Es wird kein Lernzuwachs sprachlicher Einzelkenntnisse an beliebigen Inhalten angestrebt, sondern die eigenständige Erschließung neuer Inhalte mit Hilfe bereits verfügbarer sprachlicher Kenntnisse. Das Schulfernsehen bietet Lehrern und Schülern einen Testfall für die im Unterrichtskurs geleistete Arbeit, indem es den Anwendungsfall der fremdsprachlichen Kommunikation antizipiert und simuliert."

in den Unterricht ist - wenn überhaupt - nur mit großen Schwierigkeiten vom Lehrer zu leisten. Die von ihm an anderer Stelle vorgenommene Beschreibung des Hörverstehens als Ergebnis logischer "Operationen zur Rekonstruktion des Inhaltszusammenhanges" (Buttjes 1979, 347) führt ja schon zu der Frage nach der Überforderung des Lerners durch längere unterrichtsunspezifische Sendungen in der Fremdsprache hin. Nun gibt es in der Tat einen Gegenvorschlag mit dem Ziel, diesen aus der Lernerperspektive einseitigen und natürlichen (Sprach-) Handlungsbestrebungen zuwiderlaufenden Unterrichtsverlauf dahingehend zu verändern, daß die einseitige Schulung einer einzigen Fertigkeit und die Einengung lernerseitiger Aktivitäten abgelöst wird durch eine die Lehrer-Lerner- und Lerner-Lerner-Interaktion fördernde Auf- und Vorbereitung des Fernsehmaterials. So schlägt Schaller (1978) vor, durch gezielte Beschäftigung mit den Drehbüchern im Unterricht und deren methodisch-didaktischem Einsatz zur Weiterentwicklung von einzelnen Sequenzen der Sendung die Lerner mehr am Unterricht zu beteiligen und damit sprachlich handeln zu lassen und gleichzeitig mit Hilfe des Fernsehens zu einer gesteigerten Lesekompetenz (!) zu gelangen. In der Tat wäre ein solcher Unterricht nicht in dem Maße an starre und einseitige Mechanismen gebunden und böte von daher die Möglichkeit zur sinnvollen Aktivierung der Lerner; er setzte aber auch eine umfangreiche Vorbereitung des Lehrers voraus, die möglicherweise von einem Lehrer der Sekundarstufe II im Rahmen eines umfänglichen Lehrdeputats kaum zu leisten ist, zumindest nicht für mehrere Klassenstufen gleichzeitig.

Gegenüber dem Fernsehen bietet die Arbeit mit Videogeräten den Vorteil, das gewünschte Material aufzuzeichnen und 'portionsweise' abspielen zu können. So bietet sich dem Lehrer eher die Möglichkeit, den Unterrichtsablauf unter aktiver Lernerbeteiligung auf den Unterrichtsfilm hin auszurichten. Mit Hilfe des Videogerätes können Filme aufgezeichnet und an jeder beliebigen Stelle beliebig oft abgerufen werden. Auf diese Weise wird der von Buttjes (1979, 347) zum Ausdruck gebrachten Befürchtung entgegengewirkt, Filme begünstigten eher "formales schulisches Lernen", weil die unmittelbare lernerseitige Sprachproduktion verhindert wurde. Nun hat Weiand (1980, 401) auf die Arbeit mit Video-Filmen im Unterricht bezogen darauf hingewiesen, daß zu einem nicht normativ durch das Medium *eo ipso* bestimmten Unterrichtsablauf die *Aktivierung am Film*, die *Vorentlastung und Aufmerksamkeitslenkung*, die *Begleitarbeit* und die *Nacharbeit* gehören. Dabei wird der jeweilige Film in geeignete Sequenzen zerlegt, die dem Lerner jeweils 'portionsweise' vorgesetzt werden und die so gewählt sind, daß auf sie bezogene Verarbeitung und Anwendung neuen fremdsprachlichen Materials in variierenden Arbeits- und Übungsformen erfolgen (vgl. den detaillierten Vorschlag für eine Unterrichtsplanung bei Weiand 1980, 410 ff.). Gerade eine solche Verwendung von Filmen im Unterricht ist es, die über das Sprengen normativ vorgegebener Unterrichtsabläufe hinaus soziale Ereignisse in die Lernergruppe einfließen läßt, wie es von Schwerdtfeger (1979, 138) als positiv hervorgehoben wird. Durch die Möglichkeit zur lernerseitigen sprachlichen Handlung wird weiterhin der Phantasie im zeitlichen Rahmen des Unterrichts genügend Raum gegeben und gleichzeitig ein Beitrag zur Sehschulung[40] geleistet. Insgesamt kann also festgehalten werden, daß der geplante Einsatz von Video-Filmen den Lerner keineswegs in einen starr vorgegebenen Unterrichtsablauf zwingt.

Als Ergebnis unserer Überlegungen zu metaunterrichtlichen Normen auf seiten des Lerners kann also formuliert werden: *Die einzelnen Medien unterscheiden sich - z. T. beträchtlich - hinsichtlich der Vielseitigkeit, mit der sie im Unterricht zum Einsatz gebracht werden können. Diese Vielseitigkeit beeinflußt die Unterrichtsplanung aus der Sicht des Lehrers. Für den Lerner schlägt sie sich im Unterrichtsablauf nieder. Dieser ist bei einigen Medien für die Phase ihres Einsatzes unabdingbar vorgegeben, bei anderen unterliegt er mehr dem didaktisch-*

---

[40] Schwerdtfeger (1979, 139) beklagt in diesem Zusammenhang zu Recht das Fehlen geeigneter Konzepte auf diesem Gebiet.

*methodischen Geschick des Lehrers. Im erstgenannten Fall wird
der Lerner oft in die Rolle des ausschließlich Aufnehmenden
ohne eigene Reaktionsmöglichkeiten gedrängt; der Unterricht
läuft - durch das Medium normativ vorgegeben - nach einem bestimmten (zeitlichen und/oder methodischem und/oder didaktischen) Schema ab. Im zweiten Fall dagegen ist es sehr wohl möglich, den Lerner aktiv zu beteiligen und darüber hinaus normative Zwänge für den Unterrichtsablauf zu umgehen. Die kurze
Diskussion über einige Medien und ihre Einsatzmöglichkeiten
zeigt, daß sich Normen auf metaunterrichtlicher Ebene aus dem
Verhältnis der unterrichtstechnischen Möglichkeiten und der
Beschaffenheit des Unterrichtsmaterials konstituieren. Dies
bedeutet, daß eine lehrerseitige Entscheidung für bestimmte
Unterrichtsmaterialien und den Einsatz von Medien nicht nur
mit Blick auf das Lernziel Folgen inhaltlich-sprachlicher Art
hat, sondern gleichzeitig eine Entscheidung für eine bestimmte
Art der Unterrichtsplanung und des Unterrichtsablaufs darstellt.
Aus diesem Grunde kann auch der Lehrer nicht umhin, die Position und die Einstellung des Lerners zu Medien und die daraus
resultierenden Reaktionsmöglichkeiten in seine Auffassung von
Medien einzubeziehen.*

Der lernzielorientierte Normaspekt umfaßt mit Blick auf die
Medien zwei Perspektiven: Erstens ist damit die Menge dessen
gemeint, was in den Lernzielen formuliert wurde und was mit
Hilfe von Medien möglichst effektiv umgesetzt werden kann/soll.
Zweitens umfaßt dieser Aspekt aber auch die Medien und ihren
Einsatz, soweit sie Bestandteil von Lernzielen und Richtlinien
selbst sind. Beide Aspekte scheinen auf den ersten Blick identisch. Bei näherem Hinsehen stellt man jedoch fest, daß es
sich um unterschiedliche Zugriffspositionen handelt; einmal
werden nämlich Medien als 'nachträglich eingebaute' didaktische Mittler aufgefaßt, deren Funktion in der Unterstützung
des Lehrers bei der Umsetzung von Zielen besteht, die unabhängig von diesen Möglichkeiten der Umsetzung formuliert wurden;
das andere Mal sind Medien in ihrer Funktion als didaktische
Mittler mit jeweils spezifischen Ausprägungen schon Gegenstand

der Lernzielüberlegungen und beeinflussen von daher die Lernzieldiskussion schon *in statu nascendi*.

Wenden wir uns zunächst der ersten Perspektive zu: Medieneinsatz allgemein ist ohne Zweifel dann als obligatorisch anzusehen, wenn Lernzielformulierungen auf die Authentizität der Fremdsprache hinzielen und dabei auch das Hörverstehen als für Fremdsprachenunterricht von Bedeutung herausstellen. Da wohl die meisten Fremdsprachenlehrer nicht über eine native speaker-Kompetenz verfügen (können ?), die meisten Lernzielformulierungen aber auch - zu Recht - Hörverständnis und Authentizität von Sprache anstreben, ist zumindest unter diesem Zielaspekt der Einsatz von Radio, Fernsehen, Tonband oder Videogeräten nicht zu umgehen; der Einsatz von Medien wird an dieser Stelle zur Norm, auch wenn methodische und unterrichtsorganisatorische Empfehlungen dies einmal nicht beinhalten sollten. Darüber hinaus kann sich Medieneinsatz natürlich auch von selbst anbieten, wenn es um Informationen aus dem Bereich der Landeskunde geht. Sicher sind hier aktuelle (politische, sportliche, kulturelle, wirtschaftliche) Entwicklungen in besonderem Maße ausschlaggebend für eine Entscheidung zum Einsatz von Medien wie Radio oder Fernsehen[41]. Neben dieser am Lehrgegenstand orientierten normativen Verwendung von Medien können Lernziele auch indirekt den Medieneinsatz 'normativ' vorschreiben, dann nämlich,

---

[41] So boten Rundfunk und Fernsehen z. B. aus Anlaß des versuchten Militärputsches in Spanien vom 23.2.1981 zahlreiche Informationen auch in spanischer Sprache an, die sich als "Aspekte der politischen Entwicklung Spaniens im 20. Jahrhundert von 1898 bis heute" (Kultusminister 1981 c, 39) mühelos in den Unterricht eingliedern lassen. Ähnliches gilt für die Fächer Englisch und Spanisch mit Blick auf die Falkland-Krise von 1982 zwischen Großbritannien und Argentinien. Sendungen zu diesem Thema lassen sich unter dem Hinweis auf die "Obligatorik von Lerninhalten" (Kultusminister 1981 a, 56) sowie mit Blick auf "Aspekte der soziokulturellen und politischen Wirklichkeit des gegenwärtigen Hispanoamerika" (Kultusminister 1981 c, 40) in den Unterricht integrieren. Entsprechende Materialien in der Fremdsprache stellen die jeweiligen Sender in der Regel zur Verfügung.

wenn die vorgegebenen Lehrinhalte *aus der Perspektive des Lehrers* Medienverwendung aus didaktisch-methodischen Gründen nötig macht[42], obgleich auch andere Arten der Präsentation existieren.

Wie wir gesehen haben, sind zu vermittelnde Lehrgegenstände und Medieneinsatz mitunter obligatorisch miteinander verbunden. Diese Verbindung läßt es naheliegend erscheinen, wenn Lernzielformulierungen und Richtlinien den Einsatz von Medien direkt aufnehmen.

Ziehen wir für unsere Überlegungen die Richtlinien Englisch, Französisch und Spanisch für die gymnasiale Oberstufe (Kultusminister 1981 a; 1981 b; 1981 c) heran[43]. Die Richtlinien Englisch haben ein eigenes Kapitel mit der Überschrift 'Medien' (Kultusminister 1981 a, 92). Dort wird vom gedruckten oder gesprochenen Text als zentralem Medium ausgegangen, zu dessen Unterstützung zusätzliche Medien nur in beschränktem Umfang empfohlen werden, und dies auch unter der Bedingung, daß Textrezeption und Sprachproduktion gleichzeitig gefördert werden. Eine Reizüberflutung soll unter allen Umständen durch sparsamen Medieneinsatz vermieden werden. Interessant ist dabei, daß eine normative Verbindung zwischen Medieneinsatz und Lehrinhalt nicht explizit in den Blick genommen und eine fakultative Verbindung nicht berücksichtigt wird. Lediglich im Rahmen des Grundkurses taucht für die Jahrgangsstufen 11 - 13 zweimal die Medienverwendung explizit auf, nämlich bei den Unterthemen "Listening to/understanding and speaking about *radio news*" (1981 a, 99) und 'Politische und gewerkschaftliche Funktionen in Großbritannien und den USA' (1981 a, 100 f.). Im Leistungs-

---

[42] So ist beispielsweise die Fabel "La cigale et la fourmi" von La Fontaine unter Verwendung einer Schallplattenaufnahme wohl angemessener verwendbar als es bei Beschränkung auf den geschriebenen Text der Fall wäre.

[43] Die Auswahl ist vor allem von der Überlegung getragen, somit drei Sprachen mit jeweils unterschiedlichem Stellenwert in der Schulhierarchie erfaßt zu haben.

kurs werden Medien und ihre Verwendung *nicht* erwähnt. Stattdessen werden zahlreiche schriftliche Texte als Unterrichtsmaterialien benannt. Nun mag ein möglicher Grund für den sparsamen Umgang mit Medien darin liegen, daß es sich bei den anvisierten Adressaten um relativ weit fortgeschrittene Lerner des Englischen handelt, bei denen der Spracherwerb die elementaren Stufen überwunden hat und bei denen sich die unterrichtlichen Inhalte mehr auf landeskundliche und vor allem literarische Texte erstrecken. Trifft dies als Begründung zu, so steht hinter den Richtlinien eine eingeschränkte, nur auf den elementaren Spracherwerb bezogene Auffassung von der Leistungsfähigkeit des Medieneinsatzes; Medien werden so nicht mit Lehrinhalten, sondern mit dem Zeitfaktor im Fremdsprachenunterricht korreliert. Insgesamt betonen die Richtlinien Englisch in besonderem Maße die Arbeit an und mit (meist literarischen) geschriebenen Texten.

In den Richtlinien Französisch gilt den Medien kein eigenes Kapitel; vielmehr werden sie im Rahmen der "lehrerzentrierten Aktionsformen" (1981 b, 57) erwähnt. Ihr Einsatz wird dort ausdrücklich befürwortet für "Authentizität von Aussprache und Intonation, Vielfalt der Stimmen, die als sprachliche Muster dienen; Unmittelbarkeit und Anschaulichkeit, Individualisierung des Lernprozesses und vermehrte Sprechanlässe für den Schüler im Sprachlaborunterricht". Als Vorteil des Medieneinsatzes wird seine absolute Planbarkeit durch den Lehrer gesehen sowie sein Beitrag zum ökonomischen Erwerb der Fremdsprache. Als Hauptnachteil wird die Vernachlässigung der "sozialerzieherischen Aspekte des Unterrichts" angeführt. Im Gegensatz zu den Richtlinien Englisch wird also von einer möglichen normativen Verbindung zwischen Medieneinsatz und Lehrinhalt ausgegangen. Gleichzeitig wird den Medien darüber hinaus ein didaktischer Wert beigemessen. So verwundert es auch nicht, wenn für Grund- *und* Leistungskurs mehrfach die Verwendung unterschiedlicher Medien empfohlen wird (vgl. Kultusminister 1981 b, 105 ff.).

Noch weiter schließlich gehen die Richtlinien Spanisch (Kultusminister 1981 c, 54). Sie räumen im Vergleich zu den anderen beiden Richtlinien dem Medieneinsatz den meisten Raum, nämlich ungefähr 1 1/2 Seiten ein. Dabei wird der Medieneinsatz vor dem Hintergrund eines "integrierten Sprach- und Sachunterrichts" gesehen. Als unabdingbare Vorteile der Medienverwendung werden die Authentizität von Sprache, die Simulation von Gesprächssituationen, die Motivation des Lerners sowie die geeignete Vermittlung von Sachinformationen genannt. Die Aufzählung von Medien - explizit genannt werden mit Blick auf ihre möglichen Funktionen Tonband, Schallplatte, Sprachlabor, Hafttafeln, Karten, Diaserien, Episkop und Folien - ist vor dem Hintergrund ihrer ausdrücklichen sprachlichen, thematischen und didaktischen Einbindung zu sehen, wobei letztere sich nicht nur in der Warnung vor übermäßigem und damit lernhemmendem Mediengebrauch erschöpft.

Der kurze Blick auf einige Richtlinien zeigt, daß aus den dort enthaltenen Aussagen über Medien und ihren Einsatz im Fremdsprachenunterricht keine einheitliche Ansicht über die Beziehung zwischen Medien und Lerninhalten abgeleitet werden kann. Die Autoren beurteilen die Leistungsfähigkeit von Medien sowohl als solche unterschiedlich als auch verschieden im Hinblick auf die Sprache, außersprachliches Wissen und Unterrichtsablauf. Deutlich geworden ist aber, daß es diese Relationen gibt und daß ihre Beschaffenheit in nicht unerheblichem Maße von der Lernzielbestimmung und -formulierung abhängt. Das bedeutet für unseren Zusammenhang: *Unter der Voraussetzung, daß unsere oben angestellten Überlegungen zum Verhältnis von Medien auf der einen Seite und sprachlichen sowie metaunterrichtlichen Normaspekten auf der anderen Seite richtig sind, müßten daraus bestimmte Verknüpfungen dergestalt folgen, daß es normative und fakultative Bindungen zwischen je zwei Komponenten gibt. Diesen aus der Sache selbst, nämlich aus der Medienverwendung im Fremdsprachenunterricht, hervorgegangenen Normen treten in den Richtlinien z. T. andere Normen entgegen (vor allem in Kultusminister 1981 a, weniger auffallend in*

*Kultusminister 1981 c). Da diese Normen ja eben nicht aus der
Sache selbst resultieren können, müssen sie ihren Ursprung und
ihre Legitimation von anderer Stelle haben. Als Quelle dafür
bieten sich dafür vor allem die Mechanismen an, wie wir sie
oben (vgl. 3.) beschrieben haben. Mit Blick auf die Realität
des Fremdsprachenunterrichts muß folglich gefordert werden, daß
die sachimmanenten Normen mehr Gewicht bei Lernzielüberlegungen
erhalten.*

Mit Blick auf den Medieneinsatz ist auch der institutionell-
organisatorische Normaspekt nicht ohne Bedeutung. Dieser konstituiert sich vor allem aus dem institutionellen Selbstverständnis und dem Stellenwert der Institution im staatlichen
Bildungssystem. Hinter den verschiedenen Institutionen stehen
verschiedene bildungspolitische Konzepte und bildungstheoretische Ansätze. Diese schlagen zwar nicht unmittelbar auf den
Mediengebrauch durch, etwa nach dem Grundsatz 'Gesamtschulen
verwenden nur noch Medien, Hauptschulen ab und zu, Gymnasien
gar nicht'; feststellbar ist aber eine nach Schularten und
Bildungseinrichtungen differenzierte Auffassung von Medieneinsatz, die sich besonders am institutionellen Prestige orientiert. So ist die ansonsten kontroverse Diskussion über Umfang
und methodische Gestaltung des Englischunterrichts an Hauptschulen durch eine einheitliche positive Stellung zu den Medien gekennzeichnet. Auch die Bemühungen der Volkshochschulen
um adressatengerechten Erwachsenenunterricht werden durch den
Wunsch nach intensiver Arbeit mit Medien zum Ausdruck gebracht.
Hält man die oben skizzierten Richtlinien und deren Autoren
für typische Vertreter der Gymnasiallehrerschaft, so ist dort
die Bereitschaft zum Einsatz nicht immer uneingeschränkt vorhanden. Möglicherweise ist dies das Ergebnis der übereilten
Sprachlaboreuphorie, die zu kostspieligen Anschaffungen führte,
deren enthusiastische Prognosen über Lehr- und Lernerfolge sich
nicht (immer) erfüllt haben. Zu dieser inhaltlich motivierten
Zurückhaltung kommt die Verringerung finanzieller Ressourcen,
die nicht nur der Anschaffung der Hardware, sondern auch der
Software engere Grenzen als bisher auferlegen. Möglicherweise

sind Medien aus institutioneller Sicht deshalb nur begrenzt empfehlenswert, so daß sich - zwangsweise - die Anschauung durchsetzt, man könne auch ohne oder mit nur sparsamem Medieneinsatz ebenso guten Unterricht machen. Ob überalterte Schulkollegien, wie sie sich angesichts einer wachsenden Anzahl arbeitsloser Lehrer abzuzeichnen beginnen, immer bereit sind, neue Entwicklungen auf dem Bereich der Unterrichtstechnologie nachzuvollziehen und anzuwenden, muß zumindest mit einem Fragezeichen versehen werden. Die von den Institutionen jeweils benutzten Lehrwerke sind zudem - aus verkaufspolitischen Erwägungen heraus - in der Regel so angelegt, daß 'aufwendige' Medienarbeit nicht unbedingt Bestandteil der Arbeit mit dem betreffenden Lehrmaterial sein muß. Was nutzt folglich die optimale didaktische Aufbereitung von Fernsehsendungen oder Filmen (vgl. Weiand 1980), wenn die Institution keine Videoanlage bereitstellen kann oder für 2000 Schüler nur eine einzige zur Verfügung steht ? Nun mag es durchaus möglich sein, daß Institutionen im bildungspolitischen Aufwind (vgl. z. B. im Augenblick noch die Gesamtschulen) über einen gewissen materiellen/finanziellen Freiraum verfügen können; dies ändert aber im Prinzip nichts an der normativen Kraft institutioneller Standpunkte zu diesem Bereich. Und damit kommt eine weitere Ebene in die Mediendiskussion hinein.

Unser kurzer Blick auf die Mediendiskussion im Fremdsprachenunterricht hat gezeigt: *Medieneinsatz unterliegt normativen Zwängen auf mehreren Ebenen. Sprachliche, metaunterrichtliche, lernzielorientierte und institutionelle Maßgaben und Entscheidungen tragen dazu bei, daß der Medieneinsatz nicht als bloße motivationsfördernde Spielerei abgetan werden kann, sondern integriert ist in das gesamte Bedingungsgefüge 'Fremdsprachenunterricht' und sich von daher an einigen Stellen als Alternative anbietet, an anderen Stellen nicht mehr zu umgehen ist. Die Entscheidung des Lehrers für den Einsatz von Medien muß diese teils normativen, teils fakultativen Relationen berücksichtigen.*

5.4.7 UNTERRICHTSSTIL

Die Einordnung dieses Faktors in den Faktorenkomplex 'Lehrer' scheint auf den ersten Blick eine Wiederholung zu sein. Zum einen haben wir schon bei der Beschäftigung mit den Persönlichkeitsfaktoren des Lehrers (vgl. 5.1) Punkte berührt, die zum Unterrichtsstil wesentlich beitragen. Zum anderen ist die Handlungs- und damit auch die Verhaltensfreiheit des Lehrers durch einzelne Methoden in der Weise eingeschränkt, daß der Lehrer sich - vorausgesetzt, er bemüht sich um Methodentreue - an bestimmte Vorgaben zu halten hat (vgl. 5.4.5). Wenn wir an dieser Stelle dennoch kurz auf den Unterrichtsstil als selbständigen Faktor eingehen und damit seine 'Eigenständigkeit' unterstreichen, so soll dies vor allem aus zwei Gründen geschehen: Erstens sind Methoden, die in Reinkultur praktiziert werden, nicht unbedingt der Normalfall; ob dafür möglicherweise das Festhalten an einem bestimmten Unterrichtsstil verantwortlich ist, wäre eine eigene Untersuchung wert. Zweitens werden mit den Persönlichkeitsmerkmalen nur Eigenschaften erfaßt, die sich ihrer bewußten Feststellung durch den jeweiligen Lehrer häufig entziehen. Mit dem Unterrichtsstil kommt jedoch die Komponente des bewußten Verhaltens und Handelns im Unterricht mit in die Überlegungen hinein. Dies ist z. B. aus den Ergebnissen von Müller-Fohrbrodt/Cloetta/Dann (1978) abzulesen, die von Junglehrern berichten, die resigniert feststellen mußten, daß sie selbst Unterrichtsstile unbewußt übernommen hatten, die sie eigentlich ablehnten. Nun ist die Diskussion um Unterrichtsstile und das Vorgehen zu ihrer Erforschung kontrovers verlaufen (vgl. z. B. den Überblick bei Heiland 1979, 29 ff.; Roth 1980, 32 ff.). Ausubel/Novak/Hanesian (1981, 583) gehen sogar so weit, diesbezüglich von "Pseudo-Kontroversen" zu sprechen; darüber hinaus bezweifeln sie, daß eine Diskussion über Unterrichtsstile tatsächliche Konsequenzen für den Unterricht bringen würde. Auch Grell (1976) scheint von ihr nicht allzuviel zu halten, denn in seinen Ausführungen findet sie keinen Platz. Die allgemeine Diskussion hat immerhin drei Unterrichtsstile herausgearbeitet, die zwar z. T. mit unter-

schiedlichen Benennungen versehen sind, im Kern jedoch jeweils
dasselbe bezeichnen:

a) der 'laissez-faire-Stil', bei dem der Lehrer möglichst wenig lenkend in den Unterricht eingreift, sich vor allem für Fragen der Lerner bereithält, und bemüht ist, ruhig, verständlich, höflich, ohne Strafandrohung und -erteilung aufzutreten (Heiland 1979, 30 in einer Zusammenfassung der Diskussion zu diesem Thema). Correll (1976, 17) hatte gerade mit Blick auf Lernstörungen die mangelnde Unterstützung der Lernarbeit durch den Lehrer kritisiert und dabei besonders auf die disziplinären Schwierigkeiten verwiesen, die aus der Abneigung der Lerner gegen diesen Stil resultieren.

b) der autokratische oder autoritäre Stil: der Lehrer übernimmt weitestgehend die Lenkung des Unterrichts und läßt den Lernern kaum Freiraum. Er wirkt in seinem Verhalten eher unfreundlich, verärgert, befehlend und strafend. Er allein entscheidet über den Wert eines Lernerbeitrages und setzt dabei seine Auffassungen, Ideen und Wertungen als Norm schlechthin. An diesem Stil kritisiert Correll (1976, 18), daß dabei das Selbstwertgefühl des Lernenden zu wenig berücksichtigt wird und daß durch dieses dominante Verhalten der Eindruck vermittelt wird, als gebe es keine anderen Werte und Normen. Außerdem besteht nach Correll die Gefahr, daß diese autoritär vertretenen Einstellungen relativ leicht vom Lerner übernommen werden. Die Gefahren, die darin liegen sind offensichtlich: zum einen wird so der Konkurrenzkampf zwischen den Lernern gefördert, weil es nicht mehr so sehr um die Arbeit an Inhalten geht, sondern um die Vermeidung von Sanktionen, die besonders dadurch angestrebt wird, daß man Mißerfolge von Mitlernern als Basis für den eigenen Erfolg ansieht. Zum anderen besteht so die große Gefahr, daß Werte und Normen unreflektiert nur zur Erhaltung von Machtpositionen übernommen und mit demselben Anspruch weitergegeben werden.

c) der sozial-integrative oder demokratische Stil: der Lehrer hält sich soweit als dominante Figur im Unterricht zurück, wie es zur Erreichung der Ziele möglich ist. Seine Funktion besteht mehr im Anregen als in normativen Vorgaben. Sein Verhalten ist mehr auf Kooperation und damit auf Aktivierung der Lerner zur Sacharbeit hin angelegt. Unverrückbare Normen - soweit sie nicht durch die Sache (z. B. Sprache) unabdingbar vorgegeben sind - gibt es nicht, wohl aber gemeinsame Erarbeitung von Normen sowie gemeinsame Diskussion darüber. Correll (1976, 24 f.) verweist auf Untersuchungen, wonach sozial-integrativ unterrichtende Lehrer meist auch Lerner 'heranziehen', die dieses Merkmal haben.

Nun kann man hinsichtlich der Berechtigung dieser Dreiteilung sowie bezüglich ihrer praktischen Relevanz Zweifel anmelden; dies ist auch häufig getan worden, wie der Überblick bei Heiland (1979, 27 ff.) ebenso zeigt wie die Meinung von Ausubel/Novak/Hanesian (1981, 583). Interessant für unseren Zusammenhang ist aber die Tatsache, daß das Hauptkriterium, das zur Zuordnung führt, die Einstellung zu und der Umgang mit Normen ist. Dadurch wird die Dreiteilung dem unmittelbaren fachlichen Zugriff entzogen und auf eine abstraktere Ebene gebracht, die auch in dieser Form z. B. nicht von methodischen Verfahren im Fremdsprachenunterricht berührt wird. Das Bewußtsein über die Existenz einer solchen Klassifizierung sowie die durch den Lehrer vorgenommene Zuordnung seiner eigenen Person zu einer dieser Stilkategorien stellen ein nicht zu unterschätzendes Element im Rahmen des Wirklichkeitsbereichs 'Fremdsprachenunterricht' dar, weil sie erstens Fremdsprachenunterricht mit konstituieren und weil sie im Falle einer zu großen Diskrepanz zwischen Anspruch und Wirklichkeit entweder zur Veränderung der Ausprägung von Fremdsprachenunterricht oder gar zu dessen Scheitern - aus der Sicht des Lehrers - führen können. Die Reduzierung des Problems, wie sie von Ausubel/Novak/Hanesian (1981, 584 ff.) dergestalt vorgenommen wird, daß dort Unterrichtsstil mit methodisch-didaktischen Verfahren - nämlich Unterrichtsgespräch und Lehrervortrag (mit einer Präferenz für letzteren !) - gleichgesetzt wird, bedeutet eine Verken-

nung des eigentlichen Problems auf allgemeinerer Ebene und
außerdem eine insofern fragwürdige Auffassung des Lehrerberufs
und der Lehrerrolle, als Maßnahmen zur gezielten Lehreraus-
und -fortbildung sowie des intensiven Lehrertrainings implizit
dadurch für unmöglich erachtet werden, daß so (d. h. verkürzt)
verstandene Unterrichtsstile als angeboren gelten oder zumindest gelten sollen.

Als Fazit dieser kurzen Diskussion bleibt: *Fragen des Unter-
richtsstils haben ihren eigenen Stellenwert im Rahmen der Faktorenkomplexion. Er gründet sich nicht zuletzt auf das Verhältnis zu Normen schlechthin, das als Zuordnungskriterium gilt.
Aus der Bewußtmachung über die Existenz unterschiedlicher Unterrichtsstile resultieren potentiell Querverbindungen zu
zahlreichen anderen Faktoren innerhalb der Faktorenkomplexion,
und zwar sowohl mit Blick auf den Lerner, die Sprache, die
Lernziele als auch den Lehrer selbst. Je stärker das Bewußtsein des Lehrers über die verschiedenen Unterrichtsstile ist
- so darf jedenfalls vermutet werden -, desto größer ist ihr
Einfluß auf die Ausprägungen anderer Faktoren. Als Beispiel
sei verwiesen auf die Methodenwahl (vgl. die These zum Abschluß
von 5.4.5) sowie auf den Bereich der individuellen lehrerbezogenen Lernzielprobleme (vgl. 3.1.2).*

5.4.8 ÜBUNGSFORMEN UND ÜBUNGSTYPOLOGIEN

Es ist bemerkenswert, daß Übungen einerseits per definitionem[44] zur zentralen Komponente des Fremdsprachenunterrichts
gerechnet werden, andererseits jedoch vergleichsweise selten

---

[44] Vgl. z. B. Grewer/Moston/Sexton (1979, 181): "...; vielmehr umfaßt der Begriff 'Übung' im hier vorgestellten Zusammenhang die gesamte Breite der Aktivitäten des Schülers,
von der Rezeption einer Textsorte über notwendige und geeignete Zwischenschritte auf das eigentliche Ziel des
Fremdsprachenunterrichts zu: die spontane Verwendung von
erworbenen sprachlichen Mitteln." Vgl. so ähnlich, wenn
auch weniger präzise, Kogelheide (1977, 70 f.).

Gegenstand der Erforschung des Fremdsprachenunterrichts waren und sind. Versucht man den Bogen etwa ab den sechziger Jahren bis in die Gegenwart zu spannen, so sieht eine kurze entwicklungsgeschichtliche Skizze unter Einbezug des Normproblems ungefähr so aus:

Der Ansatz des sowjetischen Fremdsprachendidaktikers Salistra (1962) zielt im wesentlichen darauf ab, durch eine wertneutrale Klassifizierung von Übungen die prozeßhafte Ausbildung der Fähigkeiten zur Sprachausübung abzubilden. Er unterscheidet deshalb zwischen *vorbereitenden Übungen* und *Übungen zur Sprachausübung*, wobei er die erste Gruppe nochmals unterteilt in *Vorübungen* und *vorbereitende Übungen*. Zu den Vorübungen zählt er erstens einfache und komplexe *rezeptive Übungen* und zweitens einfache und komplexe *reproduktive Übungen*, in denen es vor allem darum geht, aufgenommenes Material unverändert wiederzugeben. Die auf die Sprachausübung vorbereitenden Übungen nennt Salistra *rezeptive, reproduktive* und *produktive Übungen*. Mit diesen letzteren ist der Übergang zu den rezeptiven und produktiven Übungen zur Sprachausübung geschaffen.

Bei Salistras Klassifikationsvorschlag fällt auf, daß er sich vornehmlich am Grad der Lernerproduktivität orientiert sowie an der fertigkeitsbezogenen Unterscheidung zwischen rezeptiv und produktiv. Die linguistisch beschreibbare Ausgestaltung von Übungen interessiert ihn weniger. Seine Übungstypologie ist daher vor allem unter metaunterrichtlichem Normaspekt und auch mit Blick auf die Lernziele von Interesse, während unter Bezug auf sprachnormative Kriterien festgehalten werden kann, daß erst beim Übergang zu den Übungen zur Sprachausübung dieser Aspekt aus der Lernperspektive ins Spiel kommt. Aus der Lehrperspektive stellt sich dieses Problem zwar bei jeder Übung, was die Auswahl des in den Übungen verwendeten Materials angeht, soweit es sich aber um bloße Rezeptionsübungen oder solche mit reproduzierendem Charakter handelt, ist jedes vom Lerner zu Äußernde in der Übung selbst vorgegeben.

Genau diese Tatsache ist aber aus metaunterrichtlichem Blickwinkel von Interesse. Durch den prozessualen Aufbau der Typologie Salistras wird die Äußerungstätigkeit sprachlich und situativ soweit vorgegeben, daß der Lerner erst in späteren Übungsphasen Gelegenheit zur *selbständigen* Sprachausübung hat. In den früheren Phasen liegt die Sprechtätigkeit durch die Übungsformen weitgehend fest. Mit Blick auf Lernziele allgemein ist die Typologie Salistras auf die *systematische*, den *Aufbau* sprachlicher Kompetenz sukzessiv anstrebende Abarbeitung der verschiedenen Übungen hin ausgerichtet. Damit bleibt das Lernziel *als ganzes* im Blick, das über den schrittweisen Aufbau erst rezeptiver, dann halbproduktiver und schließlich ausschließlich produktiver Fertigkeiten erreicht werden soll. Salistras weitgehend formaler Ansatz unterscheidet sich damit z. B. von Übungsformen, die gleichfalls auf den Aufbau rezeptiver Fertigkeiten zielen, jedoch mehr inhaltlich orientiert sind, wie z. B. Schulz (1981, 201 f.) in seiner Typologie zur Texterschließung durch Lesen/Verstehen gezeigt hat.

Eine erste Weiterentwicklung erfährt der Ansatz Salistras durch Brandt (1968). Im Gegensatz zu der ausschließlich fertigkeitsorientierten Typologie Salistras unterscheidet er *zusätzlich* Übungen nach dem Grad der in ihnen geforderten sprachlichen Variation: So benennt er mit Blick auf die Fertigkeitsschulung *Erfassung-, Nachahmungs-, Variations-* und *Sprachtätigkeitsübungen* (1968, 404) - insofern benennt er die von Salistra vorgestellten Übungen lediglich etwas anders, meint aber genau dieselben -, und mit Blick auf die sprachliche Veränderung, die der Übende zu vollführen hat, kennt er *Substitution* (Ersatzübung), *Transformation* (Umformübung), *Komplementation* (Ergänzungsübung), *Formation* (Satzbildeübung) und *Extension* (Erweiterungsübung)[45] (1968, 407). Dabei ist vor allem interessant, daß er Begriffe aus der Linguistik zur Bezeichnung der einzelnen Übungen heranzieht. Zwar betont er, daß

---

[45] Als sechste Übung erwähnt er das Hinübersetzen, schenkt ihm aber im weiteren kaum Beachtung.

diese Begriffe im Bereich der Fremdsprachenmethodik einen anderen Rahmen haben, hält es dennoch für unumstritten, daß die entsprechenden Übungen der "Anwendung von lexikalischen und grammatischen Erscheinungen" dienen; von daher gelangt die Linguistik als für die Beschreibung von Sprache zuständige Disziplin doch wieder insofern zu einer dominanten Rolle, als durch diese Benennung die Ansicht Brandts zum Ausdruck kommt, daß Beschreibungsverfahren und Erwerbsprozeduren in engem Zusammenhang stehen. Während dies unter sprachnormativem Aspekt ohne Bedeutung ist (vgl. oben S. 465), ist dies metaunterrichtlich insofern interessant, als man dahinter die lernpsychologische Annahme vermuten kann, daß der Lerner tatsächlich Fremdsprache in linguistischen Analyseschritten vollzieht (vgl. dazu auch unsere Diskussion zu 2.3.4). Zu dem unterschiedlichen Grad der Festlegung von unterrichtlichen Lerneraktivitäten durch die einzelnen Übungsformen, wie wir dies schon bei Salistra gesehen haben, tritt damit noch eine weitere, in diesem Fall lernpsychologisch basierte Norm aus der Lehrperspektive hinzu, zumindest dann, wenn der Lehrer die Übungen *mit dem Anspruch* einsetzt, den Brandt (1968, 407) skizziert.

Einen anderen Weg weist Lohmann (1973). Sie betrachtet Übungen erstens hinsichtlich der Einzelleistungen, die dem Schüler abverlangt werden sollen; daraus ergibt sich eine Beschäftigung mit Charakteristika und Funktionen der jeweiligen Übungen (1973, 260). Gleichzeitig aber blickt sie über die Lernziele hinaus und entwickelt zweitens eine Übungstypologie, die an den *konkreten* Bedingungen des Fremdsprachenunterrichts und am jeweiligen Lehrwerk orientiert ist (1973, 264 f.). Dabei unterscheidet sie zunächst mehrere mündliche Übungstypen: Einübendes Sprechen, Rollenspiel, Antworten auf Fragen, Fragen auf Antworten, freie Satzbildung und Erzählen. Als schriftliche und mündliche Übungen nennt sie: Analogiebildung, Komplementation, Substitution, Transformation und Einsetzübung[46].

---

[46] Diese fünf Übungstypen erinnern nur scheinbar an Brandt (1968), denn im Gegensatz zu ihm hat Lohmann der Analogiebildung besondere Bedeutung beigemessen, die Erweiterungsübung dagegen nicht berücksichtigt.

Jedem einzelnen dieser insgesamt 11 Übungstypen versucht sie, auf seinen rezeptiven, reproduktiven und produktiven Wert hin zu charakterisieren (so ähnlich wie Salistra 1962), nennt aber zusätzlich sechsmal das Merkmal Transfer, das zum Ausdruck bringt, daß der Lerner mehr als nur reproduktiv, aber möglicherweise noch nicht selbständig produktiv handelt. Diese verschiedenen Übungstypen bringt Lohmann mit Medien, Unterrichtsformen und Unterrichtszielen in Verbindung und gelangt damit zu einer praxisbezogenen Übungstypologie. Diese erlaubt es einerseits, Lernziele bei der Auswahl und Ausgestaltung von Übungen *unmittelbar* miteinzubeziehen, und entspricht damit den später erhobenen Forderungen von Kogelheide (1977, 70 f.) und Beile (1979, 106) sowie einem Anliegen Brandts (1968, 410). Andererseits differenziert sie auf metaunterrichtlicher Ebene zwischen *gesteuertem* und *selbstregulativem* Unterricht. Nun weist ihre Typologie aus, daß mit Ausnahme des Rollenspiels sämtliche Übungstypen für gesteuerten, d. h. einem festen Ablauf unterliegenden Unterricht geeignet sind. Hingegen sind außer dem Rollenspiel noch fünf weitere Typen durch Möglichkeiten zu kreativem Sprachhandeln bestimmbar (Antworten auf Fragen, Fragen auf Antworten, freie Satzbildung, Erzählen und Analogiebildung). Lohmann selbst geht nicht auf diese doppelte Klassifizierung ein. Aus ihr ist aber zu entnehmen, daß Übungen bzw. Übungstypen nicht per se metaunterrichtlich normierend sein müssen, sondern daß dies von Faktoren der Unterrichtsführung abhängt sowie von der spezifischen Ausgestaltung der Übungen. Nehmen wir Lohmanns Typ 'Antworten auf Fragen': Denkbar ist, daß die Fragestellung jeweils eine genau vorher planbare Antwort verlangt, sei es, daß der vorliegende Text sie vorgibt, sei es, daß der Kenntnisstand der Lerner kaum Alternativen zuläßt. In diesem Fall wäre der Einsatz dieses Übungstyps normierend. Denkbar ist aber auch, daß die Fragestellung von vornherein so angelegt ist, daß dem Lerner mehrere (inhaltliche und/oder syntaktische) Antwortmöglichkeiten gegeben sind. Die im Hinblick auf den Unterrichtsablauf normierende Kraft dieses Übungstyps wäre stark eingeschränkt, weil die Antwortauswahl selbst u. U. den weiteren Unterrichtsablauf deter-

miniert. Es liegt auf der Hand, daß in diesem letzteren Fall
der Lehrer über ein z. T. nicht unerhebliches Maß an metaunterrichtlicher, aber auch sprachlicher Flexibilität verfügen
muß. Dabei hängt das Ausmaß, zu dem der Reaktionsfreiraum bei
Übungen genutzt wird, wohl auch mit dem Unterrichtsklima zusammen (verstanden als Zusammenwirken von Lehr- und Lernklima),
mit methodischen Bedingungen, mit der Sprachkompetenz des Lehrers und/oder mit Fragen des Lernziels. Tatsache ist jedenfalls
- und dies scheint uns das wesentliche Ergebnis zu sein, das
sich aus Lohmanns Typologie ableiten läßt -, daß Übungstypen
und Übungsformen[47] *eo ipso* nur in beschränktem Umfang normierend auf den Unterricht einwirken, jedoch gleichwohl beim
Zusammentreffen mehrerer Bedingungen normierend eingesetzt werden können.

Von den formal beschriebenen Übungstypen Lohmanns unterscheidet sich der Ansatz von Dakin (1977) insofern, als er - mit
dem Schwergewicht auf dem Sprachlabor - verschiedene Kategorien von Übungstypen auflistet:

- Hörübungen (1977, 38 ff.)
- Formale Übungen (1977, 54 ff.)
- Inhaltsbezogene Drillübungen (1977, 67 ff.)
- Verständnisübungen (1977, 95 ff.)
- Übungen zur Sprachproduktion (1977, 119 ff.)
- Übungen zum Problemlösen (1977, 143 ff.).

Diese verschiedenen Kategorien basieren - und dies unterscheidet Dakins Ansatz von den meisten anderen - auf jeweils unterschiedlichen Einteilungskriterien. So richten sich Hörübungen
auf die Ausbildung eines spezifischen Skills; genauer müßte

---

[47] Auf eine Differenzierung der beiden Begriffe, wie Kogelheide (1977, 76) sie im Anschluß an Gutschow referiert, wird an dieser Stelle verzichtet, erstens weil die dort vorgestellte Differenzierung nur bedingt einsichtig ist und zweitens, weil im Zusammenhang mit dem Normproblem auf der hier gewählten abstrakteren Ebene dazu keine Notwendigkeit besteht.

hier übrigens von Hörverstehensübungen die Rede sein. Offensichtlich hat Dakin keine Systematisierungsvorschläge parat, denn seine Begründungen für den Einsatz von Hörübungen zielen pauschal auf eine Befürwortung des Sprachlaboreinsatzes und enthalten als wesentliches Argument die Motivierung des Lerners (1977, v. a. 52). Unter sprachnormativem Gesichtspunkt ist dabei interessant, daß Dakin (1977, 42 ff.) Hörverstehenstexte vorschlägt, die Lautspielereien in der Fremdsprache enthalten bzw. didaktisch so aufgebaut sind, daß bestimmte phonetische Elemente besonders hervorgerufen werden[48]. Dakin opfert der Ausbildung des Hörverstehens offensichtlich stellenweise die Sprachauthentizität, denn in tatsächlichem Sprachgebrauch, zu dessen Rezeption ja befähigt werden soll, würden die Texte anders gestaltet werden. Dakins formale Drillübungen umfassen Austausch-, Veränderungs- und Transformationsübungen und ähneln damit der Klassifikation Brandts (1968, 407). Neu ist bei Dakin dagegen die Kategorie der inhaltsbezogenen Drillübungen. Hierbei kommt es ihm vor allem darauf an, die Beziehung zwischen der Aufforderung zur sprachlichen Reaktion und der tatsächlichen Lerneräußerung nicht mehr formal, sondern inhaltsbezogen aufzufassen, damit unreflektierte und unsinnige Verbindungen zwischen Sprechaufforderung und Ausdruckswunsch des Lerners vermieden werden. Die Übungsvorschläge Dakins zielen darauf ab, das Allgemeinwissen, Kollokationen, Implikationen, Synonyme, Homonyme und Antonyme ebenso mitzuberücksichtigen wie die Umkehrung von Sätzen oder die Folgerung aus Sachverhalten. Da es sich hierbei ebenfalls um Drillübungen handelt, liegt sowohl unter sprachlichem als auch unter metaunterrichtlichem Aspekt eine starke Normierung vor, die den Lerner sowohl in seiner sprachlichen Reaktion als auch hinsichtlich seines Beitrages zum Unterrichtsablauf festlegt. Diese Festlegung wird übrigens durch Sallaberger (1981) dahingehend durchbrochen, daß sie in ihrem Übungstyp 'questions-conversa-

---

[48] Vgl. z. B. die mehrfach eingebauten Reime und Satzwiederholungen in der Geschichte 'Mr. Tiger is sleeping' (1977, 42 f.) oder auch die Wortspiele in der Geschichte 'Shila and the Witch' (1977, 44 ff.).

tion' den Lernern die Möglichkeit anbietet, Antworten zu Fragen, die sich auf den Lektionstext beziehen, inhaltlich auf die außerunterrichtliche Realität auszuweiten[49]. Dakins normative Festlegung erfährt eine Auflockerung in den Verständnisübungen, bei denen es (nach Dakin 1977, 97) um folgende Aktivitäten geht:

> "1. Fragen beantworten; 2. Notizen machen; 3. Zusammenfassungen geben; 4. Textabschnitte (oder Teile daraus) niederschreiben, z. B. beim Diktat; 5. Anweisungen befolgen."

Sieht man einmal von der unter 4. genannten Übungsform ab, deren Stellenwert als *Verständnis*übung nicht zu hoch veranschlagt werden sollte, so erhält der Lerner hierbei die Möglichkeit zur *selbständigen* inhaltlichen Verarbeitung eines fremdsprachigen Textes, und auch Art und Weise der sprachlichen Reaktion sind nicht mehr in dem Maße vom Lehrer planbar. Dabei stehen - und dies sollte ein Lehrer gleichfalls mitberücksichtigen - inhaltliche Interessen und sprachliches Ausdrucksvermögen des Lerners oftmals in Konkurrenz zueinander. Inhalte sollten dabei so gewählt werden, daß ihre Aufnahme durch den Lerner nicht dadurch behindert wird, daß die durch die jeweilige Übung geforderte Reaktion in Verbindung mit diesem Inhalt zu schwierig ist. Dadurch würde nämlich eine 'heimliche metaunterrichtliche Normierung' vorgenommen, weil die Freiheit der lernerseitigen Äußerung nur eine scheinbare ist und dem tatsächlichen inhaltlich motivierten Ausdrucksbedürfnis entgegensteht. Zu den Übungen zur freien, fortlaufenden Sprachproduktion rechnet Dakin (1977, 119) sechs Übungstypen:

> "1. Wiederholungen; 2. lautes Lesen; 3. Übersetzungen; 4. Beantworten von Fragen; 5. Rollenspiele; 6. Lernspiele."

---

[49] Die Begründung Sallabergers (1981, 143), daß nämlich die Beantwortung von Lehrbuchfragen "sehr oft unabhängig von der Sprache sei und auf einen Mangel an Einfällen beruhe", beweist, wie neu das inhaltsbezogene Kriterium bei Dakin <u>realiter</u> ist.

Mit Blick auf das Normproblem ist interessant, daß sich vor
allem die beiden erstgenannten Übungstypen durch stark normierende Züge auszeichnen. Bei den Wiederholungsübungen geht
es um die Adaptation von Texten an die vorher behandelte textliche und grammatische Struktur; die Übungen zum Lautlesen
zielen auf Optimierung der Aussprache. Beide Übungstypen sind
sprachlich streng normierend, und auch die lernerseitige
Sprachproduktion ist durch die Übungsform genau vorgegeben.
Die Übersetzung sieht Dakin (1977, 122) zwar auch nur bedingt
als sinnvoll an, nämlich zum Zwecke des Sprachvergleichs; wie
sie darüber hinaus zur *freien* Sprachproduktion beitragen soll,
bleibt ungeklärt. Als tatsächlich freie Übungsformen bleiben
somit die drei letztgenannten; allerdings sollte das von Dakin
(1977, 127 ff.) skizzierte Beantworten von Fragen über das
bloße Einsetzen von Worten oder grammatischen Elementen hinausgehen, da sonst lediglich Rollen- und Lernspiele dem Lerner
aus metaunterrichtlicher und sprachlicher Norm genügend Selbständigkeit lassen. Die von Dakin (1977, v. a. 144 ff.) vorgestellten Übungen zum Problemlösen schließlich sind darauf abgerichtet, Einsichten in das fremdsprachliche System zu vermitteln. Von daher müssen die Übungen genauestens strukturiert
sein, sie zielen nicht auf *selbständige* Leräußerungen[50].

Eine bewußt auf die Erlangung Kommunikativer Kompetenz ausgerichtete Übungstypologie haben Grewer/Moston/Sexton (1978;
1979) vorgelegt. Ihnen geht es darum, bestimmte Übungstypen
strikter als bisher üblich an unterrichtliche Phasen anzubinden (1979, 182). Dazu unterteilen sie den unterrichtlich gesteuerten Fremdsprachenerwerb in vier Phasen, wobei die Phase
A sich auf rein mechanisch-reproduktives Reagieren beschränkt;

---

[50] Eine detaillierte Typologie von Sprachlaborübungen hat
Beile (1979) vorgelegt, in der er insgesamt 32 Variablen
erfaßt. Da nach eigenen Angaben (1979, 110) seine Typologie zu allererst für die wissenschaftliche Forschung und
erst in zweiter Linie (wenn überhaupt) für die praktischen
Probleme des Fremdsprachenunterrichts gedacht ist, verzichten wir an dieser Stelle auf eine Berücksichtigung
dieser Typologie.

Phase B ist eher reproduktiv, von daher immer noch stark gesteuert, wobei dem Lerner "die Redemittel zu den affektiven und kognitiven Sprechintentionen vorgegeben" werden (1978, 114). In der Phase C ('developing') soll der Lerner auf der Grundlage simulierter Situationen zu ansatzweise selbständigen und damit produktiven Äußerungen befähigt werden. In der Phase D schließlich soll der Schüler in echte sprachliche Situationen gestellt werden. Grewer/Moston/Sexton (1978, 152) nennen dazu das Reagieren auf eine Textsorte und die Interaktion im Diskussionszusammenhang. Wichtig zu betonen ist dabei, daß die Autoren die einzelnen Übungstypen zwar strikt an die jeweilige Phase gebunden wissen wollen, den Wert der Übungen aber gleichzeitig nur in der aufeinander abgestimmten Zusammenstellung in sog. 'chains' sehen, durch die geschlossene Übungssysteme geschaffen werden (vgl. die konkreten Beispiele 1978, 164 ff.). Neben der strikten Bindung einzelner Übungen an bestimmte unterrichtliche Phasen liegt hier der für unseren Zusammenhang springende Punkt. Denn die einzelne Übung ist damit auch unter normativen Aspekten stärker in die systematische Übungs*folge* eingebunden, d. h. ihr mehr (in den ersten Phasen) oder weniger (in der Phase D) normativer Charakter mit Blick auf die Sprache, den Unterrichtsablauf, das Lernziel und auch die organisatorisch-institutionellen Bedingungen[51] wird erweitert durch die potentiell normative Einbettung in die Übungsfolge. Dabei treffen sprachliche, metaunterrichtliche, lernpsychologische und lernzielorientierte Normen aufeinander und konstituieren als 'chain' gleichsam eine neue, in ihrer Gesamtheit metaunterrichtliche Norm. Aus der Lehrerperspektive verschiebt sich somit der normative Charakter jeden einzelnen Übungstyps in Richtung auf die Übungsfolge dergestalt, daß der Lehrer nicht mehr nur die einzelne Übung im Blick haben kann, sondern die Übungsfolge insgesamt. Dies verlangt gleichzeitig vom Lehrer eine länger-

---

[51] Diese kommen z. B. zum Tragen, wenn eine Übung innerhalb der Gesamtübungsfolge nur unter Einsatz bestimmter organisatorischer oder technischer Voraussetzungen (z. B. Gruppenarbeitsphasen, Differenzierungsmaßnahmen, Einsatz bestimmter Medien) durchgeführt werden kann.

fristige Unterrichtsplanung und -vorbereitung, die sich in
der Praxis nicht auf die konkreten Übungen, sondern auf die
Übungs*typen* beziehen wird.

Fassen wir unsere Überlegungen zu den Übungsformen zusammen:
Einheitliche Vorstellungen über die Beschreibung und Klassifizierung von Übungen existieren nicht. Deshalb muß eine Betrachtung unter dem Normaspekt bei der jeweiligen Übungstypologie und z. T. sogar bei der Übung selbst ansetzen. Das bedeutet: Übungen sind eo ipso in unterschiedlichem Umfang normierend. Dies gilt auch für den sprachnormativen Aspekt (man denke z. B. an den Gegensatz zwischen strukturbezogenen Drillübungen und kommunikativen Konversationsübungen), vor allem für den metaunterrichtlichen Aspekt, in dem das Maß an Selbständigkeit und Äußerungstüchtigkeit je nach Übungstyp, aber auch in Abhängigkeit vom Lehrertyp (vgl. 5.1), vom Unterrichtsklima (vgl. 2.2.6 und 5.3.4) oder auch vom Selbstverständnis des Lerners (2.3.8) variiert. Unter lernzielorientiertem Normaspekt kann festgehalten werden, daß dem häufig global genannten Ziel der Kommunikativen Kompetenz die geordnete Übungsfolge von Grewer/ Molton/Sexton (1978) am nächsten kommt. Den meisten anderen einzelnen Übungstypen werden meist singuläre Aspekte aus Groblernzielen unterlegt (vgl. z. B. die Hörübungen bei Dakin 1977, vgl. aber vor allem die Typologie Salistras 1962, 70 ff.). Von daher sind einzelnen Übungen fast immer durch Lernzielangaben zu rechtfertigen, da sie allein einen vergleichsweise kleinen Teil des Fremdsprachenunterrichts ausmachen. Der organisatorisch-institutionelle Normaspekt kann mit Blick auf die meisten Übungen als irrelevant bezeichnet werden. Insgesamt gilt, daß Übungstypen um so normierender sind, je weiter sie am Anfang der unterrichtlichen Progression stehen, und umgekehrt sind sie umso weniger normierend, je weiter 'oben' sie im Rahmen der Progression stehen.

5.4.9   INSTITUTIONELLE VORGABEN

Schon im Verlauf der Beschäftigung mit einigen Faktoren ist an mehreren Stellen die Bedeutung hervorgehoben worden, die bei der Ausgestaltung der Faktoren der Institution beigemessen werden muß. In der Tat werden auf dieser Ebene Entscheidungen getroffen, die den Fremdsprachenunterricht unmittelbar betreffen. Wir wollen dies an fünf Beispielen erläutern:

    a) die *Unterrichtsorganisation*
    b) das *Lehrwerk*
    c) die *Medien*
    d) die *Ziele*
    e) Maßnahmen zur *Differenzierung*.

Zu a): Die Unterrichtsorganisation unterliegt der Verantwortung der jeweiligen Institution, und zwar meist in Abstimmung mit dem Träger. Ob also der Unterricht jeweils einstündig oder in Doppelstunden oder gar in Intensivkursen erteilt wird, ob er am Montag oder am Freitag, früh oder spät stattfindet, ob die Gesamtdauer drei oder fünf Jahre beträgt und ob es ggf. Mindest- oder Höchstteilnehmerzahlen gibt, wird durch die Institution entschieden und damit als unverrückbare Startbedingungen vorgegeben, auf die der Lehrer bei der Planung des Unterrichts Rücksicht nehmen muß.

Zu b): Die Entscheidung über die Einführung oder Weiter-Verwendung eines Lehrwerks ist das Ergebnis von Entscheidungsprozessen innerhalb der jeweiligen Institution, basiert also im Regelfall nicht auf den individuellen Überlegungen eines Lehrers. Bei der Entscheidungsfindung spielen *neben* fachlichen Erwägungen außerdem organisatorische und institutionelle Argumente wie 'Reaktion von Lehrern und Eltern', 'Kosten für die Institution und die Lerner', 'methodische Konzeption in der Tradition der Institution', 'obligatorische Verwendung von Medien', 'Kongruenz zwischen Lehrwerkaufbau und organisatorischem Aufbau des Unterrichts' eine wichtige Rolle. Da diese Entscheidung *vor* der ersten Unterrichtsstunde und ohne Berücksichtigung der konkreten Lernergruppe gefällt wird, ist sie mit Blick auf die Unterrichtsplanung durch den Lehrer als normativ anzusehen.

Zu c): Aus institutioneller Sicht stellen die Medien weniger ein didaktisches als vielmehr ein finanzielles Problem dar. Abgesehen von Overhead-Projektoren und Tonband-, Kassetten-, Schallplatten-, Dia- und Radiogeräten, die heute schon vielerorts zur Grundausstattung zählen, sind es besonders Sprachlaboranlagen, Fernseh- und Videogeräte, Filmkameras (zur Unterrichtsbeobachtung) und Projektoren, die im Hinblick auf ihre Anschaffung und Wartung die jeweilige Institution vor finanzielle Probleme stellen. Diesbezügliche Entscheidungen *gegen* eine Medienbeschaffung stellen gleichfalls eine normative Entscheidung mit Blick auf den Fremdsprachenunterricht dar.

Zu d): Ziele des Fremdsprachenunterrichts unterliegen zunächst einem komplexen Mechanismus von Instanzen und Meinungen (vgl. 3.). Innerhalb dieses Entscheidungsmechanismus verbleibt den Institutionen ein gewisser Spielraum, der bei staatlichen Schulen insgesamt etwas kleiner sein dürfte als z. B. bei Volkshochschulen. Am unabhängigsten dürften private Schulen und Institutionen sein, in denen kein allgemein anerkanntes Zertifikat vergeben wird. Dennoch können seitens der jeweiligen Institutionen selbst Zielangaben formuliert werden, die für den Lehrer zur Leitschnur seiner Unterrichtsplanung im Sinne normativer Vorgaben werden (zu der möglichen Position eines einzelnen Lehrers im Rahmen des institutionellen Entscheidungsprozesses vgl. oben 3.1.2 und 3.2.2).

Zu e): Die Behandlung des Differenzierungsproblems unter dem Aspekt des institutionellen Einflusses mag zunächst überraschen, handelt es sich dabei doch um eine eher pädagogisch-didaktische Problemstellung. Vergegenwärtigt man sich jedoch, daß viele Differenzierungsmaßnahmen organisatorische Konsequenzen her-

vorrufen und deshalb institutionelle Entscheidungen verlangen,
so ist die hier gewählte Zuordnung schon eher verständlich, zumal man aus dem von Muth (1975, 39) hervorgehobenen Zusammenhang zwischen Differenzierungszwang und Legitimation für die
Ganztagsschule insgesamt auf ein Wechselverhältnis zwischen
Differenzierung und Institution schließen kann. Hält man sich
dann vor Augen, daß die verschiedensten Formen der Differenzierung *de facto* immer zumindest einen organisatorisch-institutionellen Aspekt haben, und meistens durch die Institution
vollzogen oder wenigstens mitgetragen werden, so ist die hier
getroffene Zuordnung berechtigt. Dies gilt also für Differenzierungen nach Lehrverfahren, wie Loser (1970) sie vorschlägt,
ebenso wie für das Bremer Differenzierungsmodell (Geisler-Knickmann 1970), in dem sachlich-fachliche Gesichtspunkte ausschlaggebend für Differenzierungsmaßnahmen im Rahmen eines
sog. *learning set* sind. Piephos Annahme (1974 b, 22) eines
allen Lernern einer Lerngruppe gemeinsamen Fundamentums[52]
impliziert durch die sich daraus ergebenden Unterschiede in
der "Grammatizität der Äußerungen, in der Fähigkeit zur pragmatischen Einstellung und Einschätzung" ebenso eine Differenzierung durch die Institution wie eine Differenzierung nach
dem FEGA-Modell (*Förder-, Erweiterungs-, Grund- und Aufbaukurse*) (vgl. Hochheimer 1980, 24) oder eine Differenzierung
nach Kriterien, wie sie von Berg (1976, 26) aufgelistet werden. In diesen Fällen legt die Institution Maßstäbe für die
Differenzierung fest, die den Unterricht bestimmen, bevor er
eigentlich begonnen hat. Eingriffe eines einzelnen Lehrers in
diese äußere Differenzierung sind sehr selten, unabhängig davon,
ob es sich um eine fachübergreifende oder fachgebundene äußere
Differenzierung handelt. Dagegen greift die Institution weniger stark im Rahmen der inneren Differenzierung ein. Dort ist
der einzelne Lehrer für die Organisation der Arbeit in Einzel-,
Partner-, Gruppenarbeit oder Klassenunterricht allein verantwortlich, wenngleich z. B. eine sinnvolle Gruppenarbeit u. U.

---

[52] Auf die Schwierigkeiten der Konsensbildung im Lehrerkollegium über Fragen des Fundamentums verweist z. B. Berg (1976, 34).

an die Bereitschaft der jeweiligen Institution gebunden ist,
zusätzliche Räumlichkeiten und/oder Medien zur Verfügung zu
stellen. Also wird die eigentliche pädagogische Maßnahme der
Differenzierung[53] in starkem Maße von der Institution bestimmt und als normativ für die Konstituierung des Unterrichts
vorgegeben.

Halten wir also fest: *Die Rolle der Institutionen in bezug auf
den Fremdsprachenunterricht beschränkt sich nicht auf bloße
organisatorische Vorarbeit und möglicherweise auf die Beschäftigung von Lehrkräften. Vielmehr wird durch die organisatorische Zuständigkeit auf die inhaltliche Konzeption von Fremdsprachenunterricht - bewußt oder unbewußt - eingewirkt, indem
durch Vorgaben mehrfacher Art der Rahmen abgesteckt wird, in
dem sich der Lehrer bei seiner Unterrichtsplanung und -durch-
führung bewegen kann.*

5.4.10   ERFAHRUNGEN

Jeder, der Unterricht erteilt, weiß, daß ein nicht unerheblicher
Teil der Unterrichtsplanung und -durchführung das Ergebnis von
Unterrichtserfahrungen ist. Diese Unterrichtserfahrungen er-
schöpfen sich dabei keineswegs in konkreten Erfahrungen mit
einer bestimmten Unterrichtseinheit in einer bestimmten Lernergruppe, sondern umfassen vieles von dem, was Gegenstand der
Faktorenkomplexion ist. Der Lehrer verfügt damit über Wissen
oder zumindest über Hypothesen, die sich auf den Lerner, das
Lernziel, die Sprache und seine eigene Person erstrecken. Diese Erfahrung macht sich entweder 'positiv' bemerkbar, indem
sie dem Lehrer den *unmittelbaren* Zugang zu Problemen des Unterrichts erlaubt, oder aber 'negativ', in dem sie ihm sagt, was
im Unterricht nicht geht und von daher *mittelbar* problemlösend

---

[53] Auf die Diskussion über die Kriterien, nach denen Differenzierungen vorgenommen werden sollten, soll an dieser Stelle
nicht näher eingegangen werden.

wirkt. Nun läßt sich für unseren Zusammenhang eine Reihe von Thesen formulieren, die sich auf den möglicherweise normierenden Einfluß von Erfahrung beziehen. These 1:
Je mehr die Erfahrung eine Hypothese des Lehrers bestätigt, desto größer ist die Wahrscheinlichkeit, daß sich aus der Erfahrung eine normative Einstellung zur Lösung eines Unterrichtsproblems entwickelt. Woran läßt sich dies nun ablesen ? Die Tatsache, daß Junglehrer offensichtlich mit präzisen Vorstellungen an den Unterricht herangehen und älteren Kollegen mit Erwartungen und Enthusiasmus begegnen (vgl. z. B. Müller-Fohrbrodt/Cloetta/Dann 1978, passim; Schwinning 1981; vgl. auch Kraus 1982, 13 und Lehmkuhl 1982, 16), und daß diese Erwartungen zumeist enttäuscht werden, spricht dafür, daß sie ihren Unterricht mit wachsender Unterrichtserfahrung immer weniger hinterfragen und sich mit dem erreichten Status quo solange zufriedengeben, wie der Unterricht 'einigermaßen läuft'. Mit der Zeit kann dann eine Haltung nicht ausgeschlossen werden, die sich in Aussagen wie 'Das habe ich doch immer so gemacht, und es ist auch immer erfolgreich gewesen' manifestiert. Daraus resultiert zwangsläufig eine Distanz zu neueren Forschungsansätzen, deren Erprobung in der Praxis nicht zuletzt deshalb oft erschwert wird. These 2:
Auch langjährige Erfahrungen wirken dann weniger normierend, wenn dem Lehrer in regelmäßigen Abständen die Möglichkeit geboten wird, neue und vor allem andere als die selbst praktizierten Verfahren und Techniken im Unterricht zu erleben und zu praktizieren. Dahinter steht der Gedanke, einen Erfahrungsaustausch *auf breiter Ebene* mit dem Ziel zu initiieren, verkrustete Auffassungen von Unterricht dahingehend aufzuweichen, daß unterrichtliche Probleme aus der Sicht eines einzelnen Lehrers nicht unter den Teppich gekehrt, sondern durch kollegiale Zusammenarbeit gemeinsam diskutiert und möglicherweise abgestellt werden. Gleichzeitig sollte damit ein Forum geschaffen werden, in dessen Rahmen Unterrichtsversuche stattfinden sollen und gegenseitige Unterrichtsbesuche aus der Sphäre eines gegeneinander gerichteten Konkurrenzkampfes

auf eine höhere, auf die Sache gerichtete Ebene gehoben werden. So werden Erfahrungen nicht mehr nur als persönlicher Besitz verstanden, sondern entweder unmittelbar oder mittelbar für alle Lehrer eines Kollegiums nutzbar gemacht. Für die konkrete Unterrichtstätigkeit des Lehrers bedeutet dies die Abkehr von unhinterfragten individuellen Dogmen und die Hinwendung zu einer Auffassung von Unterrichten als einer ständig hinterfragbaren zielgerichteten Tätigkeit, die zwar einer Vielzahl normierender Einflüssen unterliegt, die aber nicht aus sich selbst heraus eine Norm darstellt. These 3:

Um zu vermeiden, daß Erfahrung zu einem wesentlichen normierenden Element des Unterrichtens wird, ist neben einem institutionalisierten, aber von Zwängen befreiten Erfahrungsaustausch mit Kollegen das Gespräch mit dem Lerner über Fragen des Unterrichts zu suchen. Dies bedeutet, daß jeglicher Unterricht und gerade auch der Fremdsprachenunterricht so angelegt sein sollte, daß sich einzelne Lerner wie auch die Lernergruppe einbringen können, und zwar nicht nur mit Blick auf die inhaltliche Arbeit, sondern auch mit Blick auf ein Feedback. Einen Vorschlag für eine mögliche Vorgehensweise hat Cohen (1981) vorgestellt. Wie immer solche Verfahren zum Einbezug der Lernermeinung über Unterricht aussehen mögen und können, so sollte dabei gewährleistet sein, daß Lerner-Feedback *angemessen* ermittelt und berücksichtigt wird, um eine neue Ebene unterrichtlicher Normierung an der Entstehung zu hindern. Dazu gehört ohne Zweifel eine Schulung des Lehrers zur Beobachtung seines eigenen Unterrichts, also eine Sonderform der Unterrichtsbeobachtung. These 4:

Erfahrungen besitzen bis zu einem gewissen Grad einen normativen Eigenwert. Je mehr der Lehrer sich auf diesen Eigenwert konzentriert, desto eher unterliegt er der Gefahr, die eigenen Unterrichtserfahrungen als Norm schlechthin zu postulieren. Je mehr er sich jedoch der Bedeutung und der Ursache dieses normativen Eigenwertes bewußt wird, desto eher wird er bereit und in der Lage sein, diese Erfahrung mit Forschungsergebnissen in Verbindung zu bringen. Die Erklärung für diese Hypothese muß bei dem Begriff der 'Erfahrung' ansetzen. Erfahrungen sind ausschnitthafte Wahrnehmungen der Wirklichkeit. Sie geben demjenigen, der sie macht, subjektive Aufschlüsse über sachliche Zusammenhänge. Von daher werden sie bestimmend für zukünftige Handlungen (vgl. oben S. 477) und Erwartungen an die Wirklichkeit. Dabei gilt, daß eine Wahrnehmung um so mehr der Wirklichkeit zu entsprechen scheint, je öfter sie unter jeweils gleichen Bedingungen gemacht wird. Hierin liegt der normative Eigenwert von Erfahrungen. Dieser kann relativiert werden durch eine Analyse der Auftretensbedingungen der jeweiligen Wahrnehmung. Damit ist zumeist ein Prozeß der Bewußtmachung verbunden, der dem Wahrnehmenden den Grad der Subjektivität seiner Wahrnehmung ermöglicht. Beziehen wir die eben herausgearbeiteten Vorgänge auf den Lehrer, so ergibt sich zunächst die Subjektivität von Wahrnehmungen aus eigenem Unterricht. Diese Subjektivität kann durch eine Erfassung des Wirklichkeitsbereiches 'Fremdsprachenunterricht' relativiert, in Einzelfällen vielleicht ganz durchbrochen werden. Dieser praxisorientierten Erfahrungswelt steht die wissenschaftliche Beschäftigung mit Fremdsprachenunterricht wenn nicht gegenüber, so doch zur Seite. Ihr Erkenntnisinteresse ist umfassender insofern, als die Erforschung und Verbesserung von Fremdsprachenunterricht allgemein angestrebt wird und nicht die Erforschung und Verbesserung des Unterrichts von Lehrer X. Daß auch und gerade zu diesem Erkenntnisziel die unterrichtliche Praxis berücksichtigt werden muß, liegt auf der Hand. Es kann ohne den Lehrer und seine subjektiven Erfahrungen schwerlich erreicht werden. Also muß es darum gehen, die Verselbständigung des normativen Eigenwertes von Erfahrungen zu verhindern und ihn stattdessen in die Erforschung des Fremdsprachenunterrichts so einzubeziehen, daß beide voneinander profitieren können. Eine eindimensionale Zulieferfunktion der praktischen Erfahrung hieße, einen anderen normativen Eigenwert, nämlich den der Forschung, zu verselbständigen.

Die Einflüsse, die den Fremdsprachenunterricht normierend einengen, bevor er noch konkret beginnt, sind zahlreich und begegnen dem Lehrer - bewußt oder unbewußt - auf mehreren Ebenen. Es hat sich auch hier gezeigt, daß die Annahme *einer* fremdsprachenunterrichtlichen Norm nicht haltbar ist, da das Bedingungsgefüge des Fremdsprachenunterrichts zu komplex ist. Gleichzeitig konnte gezeigt werden, daß zahlreiche normierende Einflüsse sich einem unmittelbaren *Zugriff* durch den Lehrer entziehen; verwiesen sei dabei z. B. auf die unterschiedlichen Vermittlungsmethoden (5.4.5) und ihre inhärenten Normen sowie auf die institutionellen Vorgaben (5.4.9). Schließlich konnten an dieser Stelle Mechanismen wechselseitiger Beeinflussung von Faktoren nur angedeutet werden; erinnert sei hierbei z. B. an die Rolle des Lehrwerks aus der Lehrerperspektive (5.4.1) und im Rahmen institutioneller Vorgaben (5.4.9). Die Bewußtmachung der Existenz dieser vielfältigen Normen auf der einen Seite, das Wissen um methodische Prämissen auf der anderen Seite bilden die Grundlage für die eigentliche Umsetzung der methodischen Prämissen.

5.5 GRUNDGEDANKEN ZUR FREMDSPRACHENMETHODISCHEN UMSETZUNG

Die Phase der fremdsprachenmethodischen Umsetzung umfaßt die Realisierung methodischer Prämissen durch den Lehrer, also die konkrete Anwendung von Verfahren zur Vermittlung der Fremdsprache und - darin eingeschlossen - zur Analyse, Bewertung und ggf. Therapie von Lerneräußerungen. Sie impliziert dabei zum einen die Berücksichtigung von Normen, wie wir sie für die methodischen Prämissen herausgearbeitet haben, zum anderen aber auch die Berücksichtigung von Normen, wie sie sich durch das Aufeinandertreffen mehrerer Faktoren konstituieren. Aufgrund dieser Sachlage könnten im folgenden Bedingungen für die Umsetzung nur sehr kurz umrissen werden, zumal die Umsetzungen selbst Bestandteil *konkreten* Unterrichtens sind. Theoretische Ausführungen, wie wir sie für die vorliegende Arbeit aus den oben dargelegten Gründen praktiziert haben, würden eine Umsetzung folglich nur sehr global erfassen. Daher verzichten wir für den in dieser Arbeit gesteckten Rahmen auf eine Beschreibung dieser Umsetzung, zumal sie auch 'nur' für eine spezifische Adressatengruppe, einen Lehrer und die spezifischen Bedingungen, unter denen sie stattfände, Gültigkeit beanspruchen könnte. Nichtsdestoweniger ist sie natürlich essentieller Bestandteil der Faktorenkomplexion, weil sie als Ergebnis der Interaktion aller Faktoren untereinander das konkrete, beobachtbare und 'von außen' wahrnehmbare Element des Fremdsprachenunterrichts darstellt. Spezifische, mit Blick auf das Normproblem interessante Punkte der Umsetzung seien hier aufgelistet, ohne daß wir hier auf sie näher eingehen:

5.5.1 Spezifische Einstellungen des Lehrers zu allgemeinen Lernzielvorgaben

5.5.2 Spezifische Lernzielsetzungen

5.5.3 Methodenauswahl

5.5.4 Form der Darstellung sprachlicher Phänomene (deduktiv - induktiv; kognitiv - imitativ; metasprachliche Beschreibungsverfahren)

5.5.5 Art und Einsatz von Lehrmaterial

5.5.6 Übungsformen

5.5.7 Reaktion auf Fehler in sprachlicher und didaktischer Sicht

5.5.8 Leistungskontrolle und Leistungsbewertung

Die konkrete Umsetzung als Ergebnis der Interrelation aller Faktoren umfaßt damit zum einen alle Normen, wie wir sie für die einzelnen Faktoren herausgestellt haben; zum anderen stellt sie selbst eine Norm dar, und zwar zunächst eine singuläre, indem sie an die spezifischen Bedingungen geknüpft ist, in der Folge möglicherweise eine übergreifende insofern, als für sie seitens des Lehrers, des oder der Lerner(s), der 'Außenstehenden' ein Anspruch auf Allgemeingültigkeit erhoben wird.

6. ABSCHLIEßENDE BEMERKUNGEN

Die Grundannahme dieser Arbeit, derzufolge es *die* Norm im Fremdsprachenunterricht nicht gibt, stattdessen aber eine Vielzahl diverser, auf unterschiedlichen Ebenen anzusiedelnder *Normen*, ist durch die Beschreibung der fremdsprachenunterrichtlichen Faktorenkomplexion bestätigt worden. Alle dort erfaßten Faktoren - und es soll nochmals auf die Unvollständigkeit der hier vorgestellten Faktorenkomplexion hingewiesen werden - lassen sich auf *unterschiedlichen* Abstraktionsniveaus mit mindestens *einem* Verständnis von Norm in Verbindung bringen. Dabei tritt insgesamt ein doch sehr weites Normverständnis zutage, das individuelle Erwartungshaltungen ebenso umfaßt wie präskriptive Setzungen einer 'übergeordneten', zumindest nicht direkt für den Lerner faßbaren Instanz. Nun ist es zwar möglich, diese verschiedenen Normaspekte auf *einen* Nenner zu bringen, indem man das Abstraktionsniveau soweit erhöht, daß alle hier herausgearbeiteten Normaspekte in einen Begriff oder ein Konzept integriert bzw. überführt werden können. Wie derartige Abstraktionen aussehen können, ist für den ausschließlich sprachlich-soziologischen Bereich an den Arbeiten von Gloy (1975) oder auch Presch/Gloy (1976 b) exemplarisch abzulesen. So verdienstvoll und notwendig solche Überlegungen auch für die *abstrakte* Theoriebildung ohne jeden Zweifel sind, so wenig hilfreich sind sie auf der anderen Seite, wenn mit dem Lerner eine praktische Größe ins Spiel kommt, der zudem in ein fremdsprachenunterrichtliches Gesamtgefüge von Lehrer, Lernziel und Sprache eingebunden ist. Dessen mehrperspektivischer Zugriff auf das fremdsprachenunterrichtliche Geschehen macht es nötig, sich bei der Erforschung des Fremdsprachenunterrichts auch möglichst weitgehend in seine Lage hineinzuversetzen; dies schließt auch die Faktorenkomplexe ausdrücklich mit ein, die nach traditionellerem Forschungsverständnis einen stärkeren Eigenwert entwickelt haben. So sollte man den Faktorenkomplex 'Lehrer' nicht nur (aber auch !) auf die Tätigkeit des *Lehrens* hin beziehen, sondern das Lehren auf das *Lernen* und damit auch auf die *Rolle des Lernenden* hin zu analysieren versuchen. Ein lehrerbezogener Faktor wie z. B. 'Methodenkenntnisse' gewinnt seine tatsächliche Dimension erst dadurch, daß seine Qualität auf den Lehrer *und* den Lerner hin bestimmt wird. Auch dadurch werden - wie wir gesehen haben - die verschiedenen Dimensionen der Norm offengelegt.

Damit ist aber das Normproblem insgesamt keineswegs gelöst - deshalb ist es auch 'nur' Ziel dieser Arbeit, Norm*aspekte* aufzuzeigen. Aus der hier vorgelegten Arbeit heraus wollen wir zum Abschluß noch einmal den Blick auf die Praxis lenken und die Frage nach den Konsequenzen aus den verschiedenen Normaspekten aufwerfen. Über den hier angestrebten Sensibilisierungseffekt für die Vielschichtigkeit des Problems hinaus lassen sich mindestens folgende Perspektiven für eine praxisorientierte Forschung benennen:

a) gezielte Erhebung des Normbewußtseins auf der Lernerseite, verstanden als Bewußtsein über die Existenz von Norm*en* im Rahmen des Fremdsprachenunterrichts

b) Entwicklung von Designs und empirische Analysen der Qualität einzelner Normaspekte im Hinblick auf den gesamten Fremdsprachenunterricht

c) vergleichende Untersuchungen zum Verhältnis verschiedener Normaspekte untereinander, verbunden mit empirischen Verfahren zur Erhebung der Faktorenkomplexion

d) vergleichende Untersuchungen zum Verhältnis zwischen muttersprachlichem Sprachnormverständnis auf seiten des Lerners und seinem sprachnormativen Bewußtsein in der Fremdsprache

e) Untersuchungen über Möglichkeit und Nutzen qualitativer Beeinflussung von Normaspekten.

Diese Beispiele für praxisorientierte Forschungsvorhaben lassen sich sicher nicht von heute auf morgen in die Tat umsetzen. Gleichwohl können sie schon durch ihre Existenz als Perspektiven mit dazubeitragen, von der Vorstellung einer eindimensional sprachorientierten Norm im Fremdsprachenunterricht wegzuführen. Von da aus ist es dann möglich, den Lernvorgang des lernenden Individuums in den Blick zu nehmen; erst wenn Lehren und Lernen als interdependente Vorgänge aufgefaßt werden, rückt der Fremdsprachenunterricht wirklich in den Blick. Weniger aussichtsreich scheint uns dagegen, wenn die Erforschung des Lernvorgangs im gesteuerten Fremdsprachenerwerb vornehmlich über Daten aus ungesteuerten Erwerbskontexten angegangen und damit so getan wird, als existierten spezifische *unterrichtliche* Bedingungen nicht oder als seien sie nur von untergeordneter Bedeutung für den Lernvorgang selbst (vgl. zu einem solchen Ansatz jetzt auch wieder Wode 1981, vor allem 510 ff. und Felix 1982, passim). Vor allem die letztgenannte Arbeit bemüht sich um eine faktorenunabhängige Skizze des Zweitsprachenerwerbs unter natürlichen Bedingungen, deren Ergebnisse nicht nur ohne nähere Differenzierung und Berücksichtigung unterrichtskonstitutiver Elemente in die Erforschung des Fremdsprachenunterrichts einfach übernommen werden, sondern in deren Argumentationsrahmen auch häufig Faktoren zur Interpretation (lerner-)sprachlicher Phänomene herangezogen werden (müssen) (Felix 1982, 16, 86 f., 106, 131, 136, 140 f., 156 f., 228 f., 235, 253 und öfter), so daß gerade dadurch die Notwendigkeit für die Berücksichtigung der Faktorenkomplexion evident wird. Die Trennung zwischen Lernerfolg und Lernsystematik, wie sie von Wode (1981, 517) und Felix (1982, 2 f. und 49) postuliert wird, trifft gleichfalls nicht unbedingt die fremdsprachenunterrichtlichen Gegebenheiten, und es ist sogar möglich, daß sie nicht einmal in ungeschützter Kommunikation von so starker Bedeutung ist; unsere oben formulierten Annahmen (vgl. S. 343 ff.) sprechen jedenfalls - zumindest mit Blick auf nur kurzfristigen Kontakt mit native speakers in fremdsprachiger Umgebung - eher gegen diese Annahme. Die Faktorenkomplexion des Fremdsprachenunterrichts kann eben nicht einfach durch ihre Negierung oder Ignorierung 'erledigt' oder einfach bejaht werden, ohne daß sie in der Folge bei der Erforschung des Lernvorgangs Berücksichtigung findet, sondern ihre Erforschung bedarf hermeneutischer Analysen und darauf aufbauend sorgfältiger empirischer Arbeiten. Die vorliegende Arbeit wollte und will ein Beitrag zu den erstgenannten sein.

BIBLIOGRAPHIE

A bientôt 1. Französisch für Anfänger. Stuttgart 1978.

Achtenhagen, F./Meyer, H.L. (eds.) (1971), Curriculumrevision - Möglichkeiten und Grenzen. München.

Adamczewski, H. (1975). "Le montage d'une grammaire seconde" in Langages 39, 31 - 50.

Adjemian, C. (1976), "On the Nature of Interlanguage Systems" in Language Learning 26, 297 - 320.

Adrion, D./Schneider, K. (eds.) (1979), Von Beruf Lehrer. Möglichkeiten der Selbstverwirklichung im konfliktreichen Alltag. Freiburg.

Ahrens, R. (1980), "Visuelle Medien und Unterrichtsphasen im fremdsprachlichen Anfangsunterricht" in Die Neueren Sprachen 4, 361 - 377.

Akademie der Wissenschaften der DDR - Zentralinstitut für Sprachwissenschaft (ed.) (1977), Normen in der sprachlichen Kommunikation. Berlin.

Alatis, J.E. (ed.) (1970), Report on the Twentieth Annual Round Table Meeting on Linguistics and Language Studies. Washington D.C.

Albrechtsen, D./Henriksen, B./Faerch, C. (1980), "Native Speaker Reactions to Learners' Spoken Interlanguage" in Language Learning 30, 365 - 396.

Allen, J.P.B./Corder, S.P. (eds.) (1975), Papers in Applied Linguistics. The Edinburgh Course in Applied Linguistics. Vol. 2. London.

Althaus, H.P./Henne, H./Wiegand, H.E. (eds.) (1973), Lexikon der germanistischen Linguistik. Tübingen.

Althaus, H.P./Henne, H./Wiegand, H.E. (eds.) (1980), Lexikon der germanistischen Linguistik. Tübingen, 2. Auflage.

Ammon, U. (1972), Dialekt, soziale Ungleichheit und Schule. Weinheim.

Ammon, U./Simon, G. (1975), Neue Aspekte der Soziolinguistik. Weinheim/Basel.

Anders, W.H. (1974), "Aufgaben der Sprachlehrforschung: Arbeitsansätze der Curriculumforschung als ein Zugriff zur Definition der Aufgaben des Bereichs Sprachlehr- und -lernforschung" in *Zeitschrift für Literaturwissenschaft und Linguistik* 13, 31 - 44.

Andresen, H. (1976), "Sprachnormen als Problem für Sprachunterricht und Sprachwissenschaft" in *Osnabrücker Beiträge zur Sprachtheorie* 1, 1 - 32.

d'Anglejan, A. (1978), "Language Learning in and out of Classrooms" in: Richards, J.C. (ed.), *Understanding Second & Foreign Language Learning. Issues & Approaches.* Rowley/Mass., 218 - 236.

Arndt, H. (1969), "Wissenschaftliche Grammatik und pädagogische Grammatik" in *Neusprachliche Mitteilungen* 2, 65 - 76.

Arndt, H./Careless, B.J. (1979), "Gegenwärtige Tendenzen der Fremdsprachendidaktik" in: Kleine, W. (ed.), *Perspektiven des Fremdsprachenunterrichts in der Bundesrepublik Deutschland.* Frankfurt, 54 - 64.

Asher, J.J. (1969), "The Total Physical Response Approach to Second Language Learning" in *The Modern Language Journal* 1, 3 - 17.

Asher, J.J. (1977), *Learning Another Language Through Action. The Complete Teacher's Guidebock.* Los Gatos.

Asher, J.J./Kusudo, J.A./de la Torre, R. (1974), "Learning a Second Language Through Commands" in *The Modern Language Journal* 1 - 2, 24 - 32.

Austin, J.L. (1972), *Zur Theorie der Sprechakte. (How to do Things with Words).* Stuttgart.

Ausubel, D.P./Novak, J.D./Hanesian, H. (1980), *Psychologie des Unterrichts. Band 1.* Weinheim/Basel, 2. Auflage.

Ausubel, D.P./Novak, J.D./Hanesian, H. (1981), *Psychologie des Unterrichts. Band 2.* Weinheim/Basel, 2. Auflage.

Bach, E./Harms, R. (eds.) (1968), *Universals in Linguistic Theory.* New York.

Back, O. (1970), "Was bedeutet und was bezeichnet der Ausdruck 'angewandte Sprachwissenschaft' ?" in *Die Sprache* 16, 21 - 53.

Badura, B./Gloy, K. (eds.) (1972), *Soziologie der Kommunikation. Eine Textauswahl zur Einführung.* Stuttgart/Bad-Cannstadt.

Badura, B./Gross, P. (1973), "Sprachbarrieren" in: Althaus, H.P./Henne, H./Wiegand, H.E. (eds.), *Lexikon der germanistischen Linguistik.* Tübingen, 262 - 271.

Bailey, N./Madden, C./Krashen, S. (1974), "Is there a Natural Sequence in Adult Second Language Learning ?" in *Language Learning* 24, 235 - 243. (Wiederabdruck in: Hatch, E. (ed.), *Second Language Acquisition. A Book of Readings.* Rowley/Mass. 1978, 362 - 370).

Baldegger, M./Müller, M./Schneider, G./Näf, A. (1980), *Kontaktschwelle Deutsch als Fremdsprache.* Straßburg.

Bally, C. (1950), *Linguistique générale et linguistique française.* Bern, 3. Auflage.

Bancroft, N.J. (1975), "The Lozanov Language Class". Paper presented a the International Symposium on Suggestology (Washington D.C. 1975). ERIC-Publication.

Barrera-Vidal, A. (1977), "Zur didaktischen Begründung der Sprachminima für den Spanischunterricht" in: Hüllen, W./Raasch, A./Zapp, F.J. (eds.), *Sprachminima und Abschlußprofile.* Frankfurt, 21 - 28.

Barth, E. (1972), "Linguale und soziale Regeln" in: Hyldgaard-Jensen, K. (ed.), *Linguistik 1971. Referate des 6. linguistischen Kolloquiums.* Frankfurt, 307 - 319.

Baumann, H.-H. (1976), "Kritik der Norm. Zur Sprachtheorie von Eugenio Coseriu" in: Stimm, H. (ed.), *Aufsätze zur Sprachwissenschaft* I (= Zeitschrift für französische Sprache und Literatur. Beiheft N.F. Heft 3). Wiesbaden, 1 - 52.

Baur, R.S. (1980 a), "Die Suggestopädie - eine neue Methode der Fremdsprachenvermittlung" in *Die Neueren Sprachen* 1, 60 - 78.

Baur, R.S. (1980 b), "Ist Lernen Sprachtätigkeit ? - Die Lerntheorie Gal'perins in der fremdsprachlichen Praxis" in *Osnabrücker Beiträge zur Sprachtheorie* 15, 66 - 111.

Bausch, K.-H. (1973), "Soziolekte" in: Althaus, H.P./Henne, H./Wiegand H.E. (eds.), *Lexikon der germanistischen Linguistik.* Tübingen, 254 - 262.

Bausch, K.-R. (1973), "Kontrastive Linguistik" in: Koch, W.A. (ed.), *Perspektiven der Linguistik I.* Stuttgart, 159 - 182.

Bausch, K.-R. (1974), "Vorwort zum Themenheft 'Sprachlehrforschung'" in *Zeitschrift für Literaturwissenschaft und Linguistik* 13, 7 - 12.

Bausch, K.-R. (1977), "Zur Übertragbarkeit der 'Übersetzung als Fertigkeit' auf die 'Übersetzung als Übungsform'" in *Die Neueren Sprachen* 5/6, 517 - 535.

Bausch, K.-R. (ed.) (1979 a), *Beiträge zur Didaktischen Grammatik. Probleme, Konzepte, Beispiele.* Königstein.

Bausch, K.-R. (1979 b), "Die Erstellung von Didaktischen Grammatiken als Exempel für das Verhältnis von Angewandter Linguistik, Fremdsprachendidaktik und Sprachlehrforschung" in: Bausch, K.-R. (ed.), *Beiträge zur Didaktischen Grammatik, Probleme, Konzepte, Beispiele.* Königstein, 2 - 24.

Bausch, K.-R. (1981 a), "Statement zur 1. Frühjahrskonferenz" in: Bausch, K.-R./Christ, H./Hüllen, W./Krumm, H.-J. (eds.), *Arbeitspapiere der 1. Frühjahrskonferenz zur Erforschung des Fremdsprachenunterrichts.* Bochum, 10 - 17.

Bausch, K.-R. (1981 b), "Zweitsprachenerwerb und unterrichtlich gesteuertes Fremdsprachenlernen" in: Zapp, F.J./ Raasch, A./Hüllen, W. (eds.), *Kommunikation in Europa. Probleme der Fremdsprachendidaktik in Geschichte und Gegenwart.* Frankfurt, 210 - 216.

Bausch, K.-R. (1982), "Statement zur 2. Frühjahrskonferenz" in: Bausch, K.-R./Christ, H./Hüllen, W./Krumm, H.-J. (eds.), *Das Postulat der Lernerzentriertheit: Rückwirkungen auf die Theorie des Fremdsprachenunterrichts. Arbeitspapiere der 2. Frühjahrskonferenz zur Erforschung des Fremdsprachenunterrichts.* Bochum, 12 - 16.

Bausch, K.-R./Bliesener, U./Christ, H./Schröder, K./Weisbrod, U. (eds.) (1978), *Beiträge zum Verhältnis von Fachsprache und Gemeinsprache im Fremdsprachenunterricht der Sekundarstufe II.* Bochum.

Bausch, K.-R./Bliesener, U./Christ, H./Kleppin, K./Schröder, K./Weisbrod, U. (1980), *Fremdsprachen in Handel und Industrie. Eine Untersuchung in dem IHK-Bereich Ostwestfalen zu Bielefeld.* Bochum.

Bausch, K.-R./Christ, H./Hüllen, W./Krumm, H.-J. (eds.) (1981), *Arbeitspapiere der 1. Frühjahrskonferenz zur Erforschung des Fremdsprachenunterrichts.* Bochum.

Bausch, K.-R./Christ, H./Hüllen, W./Krumm, H.-J. (eds.) (1982), *Das Postulat der Lernerzentriertheit: Rückwirkungen auf die Theorie des Fremdsprachenunterrichts. Arbeitspapiere der 2. Frühjahrskonferenz zur Erforschung des Fremdsprachenunterrichts.* Bochum.

Bausch, K.-R./Kasper, G. (1979). "Der Zweitsprachenerwerb: Möglichkeiten und Grenzen der 'großen' Hypothesen" in *Linguistische Berichte* 64, 3 - 35.

Bausch, K.-R./Raabe, H. (1978), "Zur Frage der Relevanz von kontrastiver Analyse, Fehleranalyse und Interimsprachenanalyse für den Fremdsprachenunterricht" in Wierlacher, A. (ed.), *Jahrbuch Deutsch als Fremdsprache. Band 4.* Heidelberg, 56 - 75.

Bausch, K.-R./Weller, F.-R. (eds.) (1981), *Übersetzen und Fremdsprachenunterricht.* Frankfurt.

Beck, J./Boehncke, H. (eds.) (1980), *Jahrbuch für Lerner 5.* Reinbek.

Becker, G. (1978), "Jenseits des Leistungsprinzips ? - Überlegungen aus der Odenwaldschule" in: Beckmann, H.-K. (ed.), *Leistung in der Schule.* Braunschweig, 100 - 115.

Becker, N. (1977), "Grammatikunterricht, eine unzeitgemäße Beschäftigung ?" in *Praxis des neusprachlichen Unterrichts* 24, 58 - 67.

Beckmann, H.-K. (1978 a), "Das Leistungsproblem in der Schule aus pädagogischer Sicht" in: Beckmann, H.-K. (ed.), *Leistung in der Schule.* Braunschweig, 33 - 58.

Beckmann, H.-K. (ed.) (1978 b), *Leistung in der Schule.* Braunschweig.

Beier, K./Mainka-Tersteegen, R./Krankenhagen, G. (eds.) (1977), *Sprachlabor und kommunikativer Fremdsprachenunterricht.* Stuttgart.

Beile, W. (1979), *Typologie von Übungen im Sprachlabor. Zur Entmythologisierung eines umstrittenen Sachfelds.* Frankfurt.

Bender, K.-H./Berger, K./Wandruszka, M. (eds.) (1977), *Imago Linguae. Beiträge zu Sprache, Deutung und Übersetzen. Festschrift zum 60. Geburtstag von Fritz Paepcke.* München.

Beneke, J. (1979), "'Norm' und 'Fehler' in freier Fremdsprachenanwendung" in: Rattunde, E. (ed.) *Sprachnorm(en) im Fremdsprachenunterricht.* Frankfurt, 109 - 127.

Beneš, E./Vachek, J. (eds.) (1971), *Stilistik und Soziolinguistik. Beiträge der Prager Schule zur strukturellen Sprachbetrachtung und Spracherziehung.* Berlin.

Bense, E. (1978), *Die Beurteilung linguistischer Theorien.* Tübingen.

Berg, D. (1976), *Differenzierung im Englischanfangsunterricht. Eine empirische Studie.* Stuttgart.

Bergerfurth, W./Diekmann, E./Winkelmann, O. (eds.) (1979), *Festschrift für Rupprecht Rohr zum 60. Geburtstag.* Heidelberg.

Bernstein, B. (1973), "Soziale Schicht, Sprache und Sozialisation" in Kochan, D.C. (ed.), *Sprache und Kommunikative Kompetenz. Theoretische und empirische Beiträge zur sprachlichen Sozialisation und Primärsprachendidaktik.* Stuttgart, 43 - 65.

Bernstein, B. (1976), *Studien zur sprachlichen Sozialisation.* Düsseldorf, 4. Auflage.

Bertkau, J.S. (1974), "An Analysis of English Learner Speech" in *Language Learning* 24, 279 - 286.

Betz, W. (1968), "Möglichkeiten und Grenzen der Sprachkritik" in *Sprache im Technischen Zeitalter* 25, 7 - 27.

Bierbach, C. (1978), *Sprache als 'Fait social'. Die linguistische Theorie F. de Saussure's und ihr Verhältnis zu den positivistischen Sozialwissenschaften.* Tübingen.

Bieritz, W.D. (1974), "Der Beitrag der Psycholinguistik zur Sprachlehrforschung" in *Zeitschrift für Literaturwissenschaft und Linguistik* 13, 75 - 89.

Bieritz, W.D. (1979), "Didaktische Grammatik zwischen Rezept und Entscheidungshilfe" in: Bausch, K.-R. (ed.), *Beiträge zur Didaktischen Grammatik, Probleme, Konzepte, Beispiele.* Königstein, 61 - 82.

Bigalke, R. (1981), "Untersuchung zum Wahlverhalten, zur Einstellung und Motivation der Schüler im Fach Italienisch" in *Neusprachliche Mitteilungen* 1, 3 - 9.

Billows, F.L. (1973), *Kooperatives Sprachenlernen.* Heidelberg.

Blatchford, C.H. (1976), "The Silent Way and Teacher Training" in: Fanselow, J.F./Crymes, R.C. (eds.), *On Tesol '76.* Washington, 23 - 28.

Bleyhl, W. (1982), "Variationen über das Thema: Fremdsprachenmethoden" in *Praxis des neusprachlichen Unterrichts* 1, 3 - 14.

Bliesener, U./Schröder, K. (1977), *Elemente einer Didaktik des Fremdsprachenunterrichts in der Sekundarstufe II.* Frankfurt.

Bludau, M./Christ, H./Hüllen, W./Raasch,A./Zapp, F.J. (1973), "Die Tätigkeitsmerkmale des Fremdsprachenlehrers. Entwurf einer Taxonomie" in *Neusprachliche Mitteilungen* 4, 194 - 198.

Börner, W./Kielhöfer, B./Vogel, K. (1976), *Französisch lehren und lernen. Aspekte der Sprachlehrforschung.* Kronberg.

Börner, W./Vogel, K. (1976), "Zum Verhältnis von wissenschaftlicher und pädagogischer Grammatik in der Fremdsprachenlehre" in: Börner, W./Kielhöfer, B./Vogel, K., *Französisch lehren und lernen. Aspekte der Sprachlehrforschung.* Kronberg, 7 - 39.

Boettcher, W./Sitta, H. (1978), *Der andere Grammatikunterricht. Veränderung des klassischen Grammatikunterrichts. Neue Modelle und Lehrmethoden.* München/Wien/Baltimore.

Bol, E./Carpay, J.A.M. (1972), "Der Semantisierungsprozeß im Fremdsprachenunterricht. Lernpsychologische Experimente und methodische Folgerungen" in *Praxis des neusprachlichen Unterrichts* 2, 119 - 133.

Bolton, S. (1980), "Grundbaustein und 'Un niveau-seuil'" in *Zielsprache Französisch* 1, 29 - 39.

Bonnekamp, U. (1973), "Sprachlehrforschung" in: Koch, W.A. (ed.), *Perspektiven der Linguistik I.* Stuttgart, 183 - 207.

Bonnekamp, U. (1974), "Sprachlehrforschung: Ein möglicher Ansatz zu ihrer Strukturierung" in *Zeitschrift für Literaturwissenschaft und Linguistik* 13, 63 - 74.

Brandt, B. (1968), "Theorie und Praxis einer Übungstypologie für den Fremdsprachenunterricht" in *Fremdsprachenunterricht* 12, 403 - 411; 424.

Brøndal, V. (1943), *Essais de linguistique générale.* Publiés avec une bibliographie des oeuvres de l'auteur. Kopenhagen.

Brophy, J.E./Good, T.L. (1976), *Die Lehrer-Schüler-Interaktion. Das Wechselspiel von Erwarten, Verhalten und Erfahren im Klassenzimmer. Folgerungen für Unterricht, Forschung und Lehrerausbildung.* München/Berlin/Wien.

Brown, H.D. (1976 a), "Discussion of 'Systematicity/Variability' and 'Stability/Instability'" in: Brown, H.D. (ed.), *Papers in Second Language Acquisition. Language Learning Special Issue* 4, 135 - 140.

Brown, H.D. (1976 b), "What is Applied Linguistics ?" in:
Wardhaugh, R./Brown, H.D. (eds.), *A Survey of Applied
Linguistics*. Ann Arbor, 1 - 7.

Brown, H.D. (ed.) (1976 c), *Papers in Second Language
Acquisition.Language Learning Special Issue 4.*

Brown, H.D./Yorio, C./Crymes, R. (eds.) (1977), *On Tesol '77:
Teaching and Learning English as a Second Language.*
Washington.

Brückner, H. (ed.) (1981), *Lehrer und Lernende im Deutschunterricht. Kongreßbericht der VI. Internationalen Deutschlehrertagung vom 4. - 8. August 1980 in Nürnberg.* Berlin/
München/Wien/Zürich.

Brumfit, C.J. (1980), "Being Interdisciplinary - some
Problems Facing Applied Linguistics" in *Applied Linguistics*
2, 158 - 164.

Bühler, K. (1965), *Sprachtheorie. Die Darstellungsfunktion der
Sprache.* Stuttgart, 2. Auflage.

Bühler, U.B. (1972), *Empirische und lernpsychologische Beiträge
zur Wahl des Zeitpunkts für den Fremdsprachenunterrichtsbeginn.* Zürich.

Bünting, K.-D. (1970), "Wissenschaftliche und pädagogische
Grammatik (Sprachwissenschaft und Sprachlehre)" in
Linguistische Berichte 5, 73 - 82.

Bünting, K.-D. (1979), "Überlegungen zum Didaktischen an einer
Didaktischen Grammatik" in: Bausch, K.-R. (ed.), *Beiträge
zur Didaktischen Grammatik. Probleme, Konzepte, Beispiele.*
Königstein, 26 - 43.

Bugarski, R. (1980), "Some Thoughts on the Structure and
Applications of Linguistics" in: Nickel, G./Nehls, D.
(eds.), *Models of Grammar, Descriptive Linguistics and
Pedagogical Grammars. Papers from the 5th International
Congress of Applied Linguistics, Montreal 1978.* Heidelberg, 22 - 45.

Bundesarbeitsgemeinschaft Englisch an Gesamtschulen (1978),
Kommunikativer Englischunterricht. Prinzipien und Übungstypologie. München.

Bung, P. (1977), *Systematische Lehrwerkanalyse. Untersuchungen
zum Einsatz von Contentanalysen für die Lehrwerkforschung
und Lehrwerkkritik.* Kastellaun.

Burstall, C. (1975), "Factors Affecting Foreign - Language Learning: a Consideration of Some Recent Research Findings" in *Language Teaching & Linguistics: Abstracts* 8, 5 - 25.

Bushman, R.W./Madsen, H.S. (1976), "A Description and Evaluation of Suggestopedia - A New Teaching Methodology" in: Fanselow, J.F./Crymes, R.H. (eds.), *On Tesol '76.* Washington, 29 - 41.

Busse, W. (1975), "Funktionen und Funktion der Sprache" in: Schlieben-Lange, B. (ed.), *Sprachtheorie.* Hamburg, 207 - 240.

Buttjes, D. (1979), "Personale Bedingungen des Verstehens einer Fremdsprache. Untersuchungen zur Rezeption von Filmen für den Englischunterricht" in *Unterrichtswissenschaft* 4, 341 - 347.

Buttjes, D. (1980), "Schulfernsehen im Englischunterricht: fach- und medienspezifische Leistungen am Beispiel des Westdeutschen Schulfernsehens" in *Die Neueren Sprachen* 4, 378 - 395.

Butzkamm, W. (1978), *Aufgeklärte Einsprachigkeit. Zur Entdogmatisierung der Methode im Fremdsprachenunterricht.* Heidelberg, 2. Auflage.

Butzkamm, W. (1980), *Praxis und Theorie der bilingualen Methode.* Heidelberg.

Butzkamm, W. (1982), "Geben Sie Methodenfreiheit !" in *Neusprachliche Mitteilungen* 3, 168 - 173.

Caillieux, M. (1974), "Bemerkungen zum Gebrauch von *Regel*" in: Heringer, H.J. (ed.), *Seminar: Der Regelbegriff in der praktischen Semantik.* Frankfurt, 25 - 47.

Calvano, W.J. (1980), "Spanish Applied Linguistics: Considerations of Pedagogical Grammar" in: Nickel, G./ Nehls, D. (eds.), *Models of Grammar, Descriptive Linguistics and Pedagogical Grammars. Papers from the 5th International Congress of Applied Linguistics, Montreal 1978.* Heidelberg, 46 - 63.

Canale, M./Swain, M. (1980), "Theoretical Bases of Communicative Approaches to Second Language Teaching and Testing" in *Applied Linguistics* 1, 1 - 47.

Candlin, C.N. (1973), "The Status of Pedagogical Grammars" in: Corder, S.P./Roulet, E. (eds.), *Theoretical Linguistic Models in Applied Linguistics.* Brüssel/Paris, 55 - 64.

Caput, J.-P. (1972), "Naissance et évolution de la notion de norme en français" in *Langue française* 16, 63 - 73.

Carroll, J.B. (1962), "The Prediction of Success in Intensive Foreign Language Training" in: Glaser, R. (ed.), *Training Research and Education*. New York, 87 - 136.

Carroll, J.B. (1975), *The Teaching of French as a Foreign Language in Eight Countries*. Stockholm/New York.

Catford, J.C. (1969), *A Linguistic Theory of Translation. An Essay in Applied Linguistics*. London, 3. Auflage.

Chastain, K. (1981), "Native Speaker Evaluation of Student Composition Errors" in *The Modern Language Journal* 3, 288 - 294.

Cherubim, D. (ed.) (1980), *Fehlerlinguistik. Beiträge zum Problem der sprachlichen Abweichung*. Tübingen.

Chomsky, N. (1957), *Syntactic Structures*. Den Haag.

Chomsky, N. (1959), "Review of Skinner's *Verbal Behavior*" in *Language* 35, 26 - 58. (Deutsch: "Rezension von Skinner's Verbal Behavior" in Halbe, H. (ed.), *Psycholinguistik*. Darmstadt 1976, 70 - 100).

Chomsky, N. (1964 a), "Degrees of Grammaticalness" in: Fodor, J.A./Katz, J.J. (eds.), *The Structure of Language. Readings in the Philosophy of Language*. Englewood Cliffs, 384 - 389.

Chomsky, N. (1964 b), "On the Notion 'Rule of Grammar'" in: Fodor, A./Katz, J.J. (eds.), *The Structure of Language. Readings in the Philosophy of Language*. Englewood Cliffs, 119 - 136.

Chomsky, N. (1965), *Aspects of the Theory of Syntax*. Cambridge/Mass.

Christ, H. (1977), "Das Wahlverhalten der Schüler in der reformierten Oberstufe der Gymnasien" in: Christ, H./Macht, K./von Walter, A., *Daten und Statistiken zum Englischunterricht und zur Sprachenwahl*. Augsburg, 113 - 125.

Christ, H. (1979), "Landeskunde im Fremdsprachenunterricht - sprachbezogen oder problemorientiert ?" in: Hüllen, W./Raasch, A./Zapp, F.J. (eds.), *Fremdsprachenunterricht: allgemeinbildend - berufsbildend*. Frankfurt, 19 - 33.

Christ, H. (1980), *Fremdsprachenunterricht und Sprachenpolitik*. Stuttgart.

Christ, H./Liebe, E./Schröder, K. (1979), *Fremdsprachen in Handel und Industrie. Eine Untersuchung in den IHK-Bezirken Düsseldorf und Köln.* Augsburg.

Christ, H./Macht, K./von Walter, A. (1978), *Daten und Statistiken zum Englischunterricht und zur Sprachenwahl.* Augsburg.

Christ, H./Piepho, H.-E. (eds.) (1977), *Kongreßdokumentation der 7. Arbeitstagung der Fremdsprachendidaktiker Gießen 1976.* Limburg.

Christ, I. (1981), "Die Ausbildung von Lehramtsanwärtern für die Fächer Französisch, Italienisch und Spanisch im Studienseminar" in *Neusprachliche Mitteilungen* 2, 73 - 80.

Christmann, H.H. (1971), "Saussure und die Tradition der Sprachwissenschaft" in *Archiv für das Studium der neueren Sprachen und Literaturen* 208, 241 - 255.

Cohen, A.D. (1981), "Introspecting about Second Language Learning". Vortrag gehalten auf dem 6. Internationalen Kongreß für Angewandte Linguistik, Lund, 9. - 15. August 1981.

Cook, V.J. (1969), "The Analogy between First and Second Language Learning" in *IRAL* 7, 207 - 216.

Cook, V. (1977), "Cognitive Processes in Second Language Learning" in *IRAL* 1, 1 - 20.

Corder, S.P. (1967), "The Significance of Learner's Errors" in *IRAL* 5, 161 - 170.

Corder, S.P. (1973), *Introducing Applied Linguistics.* Harmondsworth.

Corder, S.P. (1974), "Pedagogical Grammars or the Pedagogy of Grammar ?" in: Corder, S.P./Roulet, E. (eds.), *Linguistic Insights in Applied Linguistics.* Paris/Brüssel, 167 - 173.

Corder, S.P. (1975), "Applied Linguistics and Language Teaching" in: Allen, J.P.B./Corder, S.P. (eds.), *Papers in Applied Linguistics. The Edinburgh Course in Applied Linguistics. Vol. 2.* London, 1 - 15.

Corder, S.P. (1976), "The Study of Interlanguage" in: Nickel, G. (ed.), *Proceedings of the 4th International Congress of Applied Linguistics. Bd. 2.* Stuttgart, 9 - 34.

Corder, S.P. (1977), "Language Continua and the Interlanguage Hypothesis" in: Corder, S.P./Roulet, E. (eds.), *The Notions of Simplification, Interlanguages and Pidgins and their Relation to Second Language Pedagogy*. (= Actes du 5ème colloque de linguistique appliquée de Neuchâtel 20. - 22. Mai 1976). Neuchâtel/Genf, 11 - 17.

Corder, S.P. (1978), "Language-Learner Language" in: Richards, J.C. (ed.), *Understanding Second & Foreign Language Learning. Issues & Approaches*. Rowley/Mass., 71 - 93.

Corder, S.P./Roulet, E. (eds.) (1973), *Theoretical Linguistic Models in Applied Linguistics*. Brüssel/Paris.

Corder, S.P./Roulet, E. (eds.) (1974), *Linguistic Insights in Applied Linguistics*. Brüssel/Paris.

Corder, S.P./Roulet, E. (eds.) (1977), *The Notions of Simplification, Interlanguages and Pidgins and their Relation to Second Language Pedagogy*. (= Actes du 5ème colloque de linguistique appliquée de Neuchâtel, 20. - 22. Mai 1976). Neuchâtel/Genf.

Correll, W. (1976), *Lernstörungen beim Schulkind. Ursachen, Formen, Überwindungsmöglichkeiten*. Donauwörth, 10. Auflage.

Coseriu, E. (1967), "Georg von der Gabelentz et la linguistique synchronique" in *Word* 23, 74 - 100.

Coseriu, E. (1970 a), *Sprache - Strukturen und Funktionen*. Tübingen.

Coseriu, E. (1970 b), "System, Norm und 'Rede'" in: Coseriu, E., *Sprache - Strukturen und Funktionen*. Tübingen, 193 - 212.

Coseriu, E. (1975 a), *Sprachtheorie und allgemeine Sprachwissenschaft. 5 Studien*. München.

Coseriu, E. (1975 b), "System, Norm und Rede" in: Coseriu, E., *Sprachtheorie und allgemeine Sprachwissenschaft. 5 Studien*. München, 11 - 101.

Coste, D./Courtillon, J./Ferenczi, V./Martins-Baltar, M./Papo, E./Roulet, E. (1976), *Un niveau-seuil*. Straßburg.

Coulmas, F. (ed.) (1981), *A Festschrift for Native Speaker*. Den Haag/Paris/New York.

Council of Europe (ed.) (1973), *Systems Development in Adult Language Learning*. Straßburg.

Czepluch, H./Janßen, H./Tuschinsky, J. (1977), "Wie viele 'pädagogische Grammatiken' für den Fremdsprachenunterricht ?" in *Linguistik und Didaktik* 31, 219 - 230.

Dakin, J. (1977), *Vom Drill zum freien Sprechen. Übungsformen für Sprachlabor und Klassenraum*. München.

Davis, A. (1969), "The Notion of Register" in *Educational Review* 1, 64 - 77.

Denninghaus, F. (1971), "Die wechselseitigen Einflüsse zwischen der Linguistik und dem Fremdsprachenunterricht" in *Praxis des neusprachlichen Unterrichts* 1, 31 - 40.

Denninghaus, F. (1975), "Methoden der expliziten Lernzielbestimmung" in *Praxis des neusprachlichen Unterrichts* 2, 127 - 141.

van Deth, J.P. (1975), "Pourquoi les langues étrangères ?" in *Les langues Néo - Latines* 3, 4 - 30.

Deutsch für die Mittelstufe. Texte und Übungen. München 1978, 4. Auflage.

Deutsche Akademie für Sprache und Dichtung (ed.) (1970), *Jahrbuch 1970*. Darmstadt.

Deutsche Akademie für Sprache und Dichtung (ed.) (1980), *Der öffentliche Sprachgebrauch. Band 1: Die Sprachnorm - Diskussion in Presse, Hörfunk und Fernsehen.* Bearbeitet von B. Mogge. Stuttgart.

Dietrich, I. (1976), "Mitbestimmung als Motivationsfaktor im Fremdsprachenunterricht" in: Solmecke, G. (ed.), *Motivation im Fremdsprachenunterricht*. Paderborn, 59 - 70.

Dietrich, I. (1979), "Die mögliche Bedeutung alternativer Unterrichtskonzepte für den schulischen Fremdsprachenunterricht" in *Unterrichtswissenschaft* 4, 357 - 365.

Dietrich, I. (1980), "Fremdsprachenunterricht ohne Lehrbuch - eine Utopie ?" in: Beck, J./Boehncke, H. (eds.), *Jahrbuch für Lerner* 5. Reinbek, 423 - 434.

Dineen, F.P. (ed.) (1974), *Linguistics: Teaching and Interdisciplinary Relations. Georgetown University Round Table on Languages and Linguistics 1974*. Washington D.C.

Dirven, R./Goergen, H./Hennchen, H. (1977), "Zur Motivation und Einstellung im Fremdsprachenunterricht" in: Hunfeld, H. (ed.), *Neue Perspektiven der Fremdsprachendidaktik. Eichstätter Kolloquium zum Fremdsprachenunterricht 1977.* Kronberg, 106 - 116.

Dittmar, N. (1980), *Soziolinguistik. Exemplarische und kritische Darstellung ihrer Theorie, Empirie und Anwendung. Mit kommentierter Bibliographie*. Königstein, 4. Auflage.

Dodson, C.J. (1967), *Language Teaching and the Bilingual Method*. London.

Döring, K.W. (1980), *Lehrerverhalten. Theorie-Praxis-Forschung*. Weinheim/Basel.

Dohmen, G./Maurer, F./Popp, W. (eds.) (1970), *Unterrichtsforschung und didaktische Theorie*. München.

Dokulil, M. (1971), "Zur Frage der Norm der Schriftsprache und ihrer Kodifizierung" in: Beneš, E./Vachek, J. (eds.), *Stilistik und Soziolinguistik. Beiträge der Prager Schule zur strukturellen Sprachbetrachtung und Spracherziehung*. Berlin, 94 - 101.

Donnerstag, J. (1980), "Rock-Lyrik und ihre Rolle im Englischunterricht" in *Neusprachliche Mitteilungen* 3, 194 - 204.

Drachman, G. (ed.) (1975), *Akten der 1. Salzburger Frühlingstagung für Linguistik*. Tübingen.

Dreesmann, H. (1980), "Unterrichtsklima als Bedingung für Lernmotivation" in *Unterrichtswissenschaft* 3, 243 - 251.

Düwell, H. (1979), *Fremdsprachenunterricht im Schülerurteil. Untersuchungen zu Motivation, Einstellungen und Interessen von Schülern im Fremdsprachenunterricht, Schwerpunkt Französisch*. Tübingen.

Düwell, H. (1980), "Leistungsbereiche der Lernerfolgsüberprüfung. Eine Untersuchung zu den Aufgabenstellungen von Klassenarbeiten des Englisch- und Französischunterrichts in Klasse 10" in *Die Neueren Sprachen* 5, 446 - 463.

Düwell, H. (1982), "Motivation und Motivierung im fremdsprachlichen Anfangsunterricht" in *Die Neueren Sprachen* 3, 243 - 257.

Dulay, H./Burt, M.K. (1974), "A New Perspective on the Creative Construction Process in Child Second Language Learning" in *Language Learning* 24, 253 - 278.

Dyhr, M. (1978), "Die Satzverschränkung im Deutschen. Ein Beispiel der Übereinstimmung im System und des Unterschiedes im Sprachbrauch bzw. in der Sprachnorm" in: Engel, U./Grosse, S. (eds.), *Grammatik und Deutschunterricht. Jahrbuch 1977 des Instituts für deutsche Sprache*. Düsseldorf, 293 - 304.

Ebneter, T. (1976), *Angewandte Linguistik*. 2 Bände. München.

Edelhoff, C. (1979), "Lernziele und Verfahren eines kommunikativen Fremdsprachenunterrichts" in: Neuner, G. (ed.), *Pragmatische Didaktik des Englischunterrichts. Beiträge zur theoretischen Grundlegung und praktischen Unterrichtsgestaltung*. Paderborn, 146 - 155.

Edmondson, W.J. (1977), "Gambits in Foreign Language Teaching" in: Christ, H./Piepho, H.-E. (eds.), *Kongreßdokumentation der 7. Arbeitstagung der Fremdsprachendidaktiker Gießen 1976*. Limburg, 45 - 47.

Edmondson, W./House, J. (1979), "Konzeption einer Didaktischen Interaktionsgrammatik" in: Bausch, K.-R. (ed.), *Beiträge zur Didaktischen Grammatik. Probleme, Konzepte, Beispiele*. Königstein, 154 - 168.

Edmondson, W./House, J. (1981), *Let's Talk and Talk about it. A Pedagogic Interactional Grammar of English*. München/Wien/Baltimore.

Edmondson, W./House, J./Kasper, G./McKeown, J. (1977), *A Pedagogic Grammar of the English Verb. A Handbook for the German Secondary Teacher of English*. Tübingen.

Ehlich, K./Hohnhäuser, J./Müller, F./Wiehle, D. (1971), "Spätkapitalismus - Soziolinguistik - Kompensatorische Spracherziehung" in *Kursbuch* 24, 33 - 60.

Eisenberg, P. (1976), "Wissenschaftliche Grammatik in der Sprachlehre" in *Das Argument* 18, 9 - 23.

van Ek, J.A. (1975), *The Threshold Level in a European Unit/Credit System for Modern Language Learning by Adults*. Straßburg.

van Ek, J.A. (1977), "The Threshold Level. Ein Projekt des Europarates" in: Hüllen, W./Raasch, A./Zapp, F.J. (eds.), *Sprachminima und Abschlußprofile*. Frankfurt, 91 - 103.

Eluerd, R. (1972), "La norme et la correction des copies" in *Langue française* 16, 114 - 123.

Emons, R. (1975), "Linguistik und Fremdsprachenunterricht. Vorüberlegungen zu einer pädagogischen Grammatik" in *Praxis des neusprachlichen Unterrichts* 4, 341 - 346.

Engel, U./Grosse, S. (eds.) (1978), *Grammatik und Deutschunterricht. Jahrbuch 1977 des Instituts für deutsche Sprache*. Düsseldorf.

Engel, U./Halm, W./Krumm, H.-J./Ortmann, W.D./Picht, R./Rall, D./
Schmidt, W./Stickel, G./Vorderwülbecke, K./Wierlacher, A.
(1977), *Mannheimer Gutachten zu ausgewählten Lehrwerken
Deutsch als Fremdsprache*. Heidelberg.

Engel, U./Krumm, H.-J./Wierlacher, A. (1979), *Mannheimer Gutachten zu ausgewählten Lehrwerken Deutsch als Fremdsprache, Band 2*. Heidelberg.

Engel, U./Schwencke, O. (eds.) (1972), *Gegenwartssprache und Gesellschaft. Beiträge zu aktuellen Fragen der Kommunikation*. Düsseldorf.

Engelkamp, J. (1974), *Psycholinguistik*. München.

Engels, L.K. (1973), *Linguistic versus Psycholinguistic Models in Language Teaching to Adult Students*. L.A.U.T. Paper, Series B, No. 3. Trier.

Engels, L.K. (1977), *Pedagogical Grammars*. L.A.U.T. Paper, Series B, No. 20. Trier.

Erk, H./Götze, L./Kaufmann, G. (1978), "Anmerkungen zum Mannheimer Gutachten" in *Zielsprache Deutsch* 2, 27 - 32.

Ervin, S. (1961), "Changes with Age in the Verbal Determinants of Word Association" in *American Journal of Psychology* 74, 361 - 372.

Ervin-Tripp, S. (1971), "Sociolinguistics" in: Fishman, J.A. (ed.), *Advances in the Sociology of Language I. Basic Concepts, Theories and Problems: Alternative Approaches*. Den Haag/Paris, 15 - 91.

Ervin-Tripp, S. (1974), "Is Second Language Learning like the First ?" in *TESOL Quarterly* 8, 111 - 127. (Wiederabdruck in: Hatch, E. (ed.), *Second Language Acquisition. A Book of Readings*. Rowley/Mass. 1978, 190 - 206).

Ervin, S.M./Osgood, C.E. (1954), "Second Language Learning and Bilingualism" in: Osgood, C.E./Sebeok, T.A. (eds.), *Psycholinguistics*. Baltimore, 139 - 146.

¡*Eso Es! Spanisch für Anfänger*. Stuttgart 1976.

Esser, J. (1978), *Angst in Schule und Hochschule*. Braunschweig.

Esser, J. (1979), "Zur Beurteilung fremdsprachlicher Korrektheit bei mündlichen und schriftlichen Sprachvarianten deutscher Lerner des Englischen" in: Rattunde, E. (ed.), *Sprachnorm(en) im Fremdsprachenunterricht*. Frankfurt, 91 - 108.

Esser, J./Hübler, A. (eds.) (1981), *Forms and Functions. Papers in General, English, and Applied Linguistics presented to Vilém Fried on the Occasion of his sixty-fifth Birthday.* Tübingen.

Ettinger, S. (1977), "Inwieweit ist die Übersetzung lehr- und lernbar ?" in *Linguistische Berichte* 49, 63 - 78.

Ettinger, S. (1979), "Grammatikunterricht zwischen Norm und Frequenz" in: Kloepfer, R. (ed.), *Bildung und Ausbildung in der Romania. Band II: Sprachwissenschaft und Landeskunde.* München, 306 - 32o.

von Faber, H./Heid, M./Maley, A. (eds.) (1978), *Kreativität im Fremdsprachenunterricht - das Individuum und die Gruppe.* München.

Faerch, C./Kasper, G. (1980), "Processes and Strategies in Foreign Language Learning and Communication" in *Interlanguage Studies Bulletin* 1, 47 - 118.

Fanselow, J.F./Crymes, R.H. (eds.) (1976), *On Tesol '76.* Washington.

Fathman, A. (1975), "The Relationship between Age and Second Language Productive Ability" in *Language Learning* 25 (1975), 245 - 253.

Fathman, A. (1977), "Similarities and Simplification in the Interlanguage of Second Language Learners" in: Corder, S.P./ Roulet, E. (eds.), *The Notions of Simplification, Interlanguages and Pidgins and their Relation to Second Language Pedagogy* (= Actes du 5ème colloque de linguistique appliquée de Neuchâtel, 20. - 22. Mai 1976). Neuchâtel/ Genf, 30 - 37.

Feldman, R.S./Prohaska, T. (1979), "The Student as Pygmalion: Effect of Student Expectation on the Teacher" in *Journal of Educational Psychology* 71, 485 - 493.

Felix, S.W. (1977), "Natürlicher Zweitsprachenerwerb und Fremdsprachenunterricht" in *Linguistik und Didaktik* 31, 231 - 247.

Felix, S.W. (1982), *Psycholinguistische Aspekte des Zweitsprachenerwerbs.* Tübingen.

Ferguson, C.A. (1959), "Diglossia" in *Word* 15 (2), 325 - 340.

Ferguson, C.A. (1965), "Directions in Sociolinguistics: Report on an Interdisciplinary Seminar" in *Social Science Research Council Items* 19, 1 - 4.

Fichter, J.H. (1969), *Grundbegriffe der Soziologie*. Wien/ New York, 2. Auflage.

Figge, U.L. (1973), "Strukturale Linguistik" in: Koch, W.A. (ed.), *Perspektiven der Linguistik I*. Stuttgart, 1 - 36.

Figge, U.L. (1978), "Zur Frage des Nutzens der Linguistik für den Fremdsprachenunterricht und des Fremdsprachenunterrichts für die Linguistik" in *Zielsprache Französisch* 3, 106 - 112.

Fillmore, C.J. (1968), "The Case for Case" in: Bach, G./ Harms, R. (eds.), *Universals in Linguistic Theory*. New York, 1 - 88.

Fink, R.S. (1978), *Aspects of a Pedagogical Grammar: Based on Case Grammar and Valence Theory*. Tübingen.

Finkenstaedt, T./Schröder, K. (1977), "Ziele" in: Schröder, K./Finkenstaedt, T. (eds.), *Reallexikon der englischen Fachdidaktik*. Darmstadt, 302 - 307.

Firth, J.R. (1957), *Papers in Linguistics 1924 - 1951*. London.

Fishman, J.A. (ed.) (1968 a), *Readings in the Sociology of Language*. Den Haag.

Fishman, J.A. (1968 b), "Soziolinguistic Perspective on the Study of Bilingualism" in *Linguistics* 39, 21 - 49.

Fishman, J.A. (ed.) (1971), *Advances in the Sociology of Language I. Basic Concepts, Theories and Problems: Alternative Approaches*. Den Haag/Paris.

Fishman, J.A. (1975), *Soziologie der Sprache. Eine interdisziplinäre sozialwissenschaftliche Betrachtung der Sprache in der Gesellschaft*. München.

Flechsig, K.-H./Haller, H.D. (1975), *Einführung in didaktisches Handeln*. Stuttgart.

Fluck, H.-R. (1980), *Fachsprachen. Einführung und Bibliographie*. München, 2. Auflage.

Fodor, J.A./Bever, T.G./Garrett, M.F. (1974), *The Psychology of Language. An Introduction to Psycholinguistics and Generative Grammar*. New York.

Fodor, J.A./Katz, J.J. (eds.) (1964), *The Structure of Language. Readings in the Philosophy of Language*. Englewood Cliffs.

Fourquet, J. (1968), "Inwiefern ist das Individuum frei beim Gebrauch der Sprache ?" in: Moser, H. (ed.), *Sprachnorm, Sprachpflege, Sprachkritik. Jahrbuch des Instituts für Deutsche Sprache 1966/67.* Düsseldorf, 98 - 105.

Fraser, B. (1974), "The State of the Applied Linguist" in: Dinneen, F.P.(ed.), *Linguistics: Teaching and Interdisciplinary Relations.Georgetown University Round Table on Languages and Linguistics 1974.* Washington D.C., 93 - 101.

Frei, H. (1929), *La grammaire des fautes.* Paris/Genf/Leipzig.

Freire, P. (1973), *Pädagogik der Unterdrückten. Bildung als Praxis der Freiheit.* Hamburg.

Freudenstein, R. (1978), "Auch Mannheim kann irren ! Anmerkungen zu einem gut gemeinten Gutachten" in *Zielsprache Deutsch* 2, 32 - 38.

Freudenstein, R. (1982), "Die 'aufgeklärte Zweisprachigkeit' - oder: die verkannte Einsprachigkeit" in *Neusprachliche Mitteilungen* 3, 162 - 167.

Fries, C.C. (1927), "The Rules of Common School Grammars" in *Modern Language Association. Publications. (PMLA)* 42, 221 - 237.

Fucke, E. (1978), "Leistung und Leistungsbeurteilung in den Freien Waldorfschulen" in: Beckmann, H.-K. (ed.), *Leistung in der Schule.* Braunschweig, 74 - 99.

Funk-Kolleg Sprache. Eine Einführung in die moderne Linguistik. 2 Bände.Frankfurt 1973.

Funke, P. (1971), "Modell einer funktionalen Fremdsprachenlerntheorie" in: *IRAL-Sonderband. Kongreßbericht der zweiten Jahrestagung der Gesellschaft für Angewandte Linguistik - GAL e.V.* Heidelberg, 59 - 66.

Funke, P. (1982), "Statement zur 2. Frühjahrskonferenz" in: Bausch, K.-R./Christ, H./Hüllen, W./Krumm, H.-J. (eds.), *Das Postulat der Lernerzentriertheit: Rückwirkungen auf die Theorie des Fremdsprachenunterrichts. Arbeitspapiere der 2. Frühjahrskonferenz zur Erforschung des Fremdsprachenunterrichts.* Bochum, 42 - 47.

von der Gabelentz, G. (1891/1972), *Die Sprachwissenschaft, ihre Aufgaben, Methoden und bisherigen Ergebnisse.* Tübingen, 2. Auflage.

Gage, N.L./Berliner, D.C. (1977), *Pädagogische Psychologie. Lehrerhandbuch. Erziehungswissenschaftliche Grundlagen für die Unterrichtspraxis.* München.

Gagné, R.M. (1973), *Die Bedingungen menschlichen Lernens*. Hannover, 3. Auflage.

Galyean, B. (1976); "Humanistic Education: A Mosaic just begun" in: Jarvis, G.A. (ed.), *An Integrative Approach to Foreign Language Teaching. Choosing Among the Options*. Skokie, 201 - 243.

Gardner, R.C./Lambert, W.E. (1972), *Attitudes and Motivation in Second-Language Learning*. Rowley/Mass.

Gardner, R.C./Smythe, P.C./Clément, R./Gliksman, L. (1976), "Second-Language Learning: A Social Psychological Perspective" in *The Canadian Modern Language Review* 32, 198 - 213.

Gattegno, C. (1972), *Teaching Foreign Languages in Schools - the Silent Way*. New York, 2. Auflage.

Gattegno, C. (1976 a), *The Common Sense of Teaching Foreign Languages*. New York.

Gattegno, C. (1976 b), "The Silent Way" in: Fanselow, J.F./ Crymes, R.H. (eds.), *On Tesol '76*. Washington, 101 - 103.

Gebhard, K. (1981), "Sprachlenkung und Sprachpflege im heutigen Frankreich: Zum Problem des 'franglais'" in *Die Neueren Sprachen* 1, 18 - 34.

van der Geest, T. (1981), "Neurolinguistische Reifung in entwicklungspsychologischer Sicht" in: Schnelle, H. (ed.), *Sprache und Gehirn. Roman Jakobson zu Ehren*. Frankfurt, 59 - 80.

Geiger, A. (1979), *Britischer Kontextualismus und Fremdsprachenunterricht. Darstellung und Bedeutung für die sprachpraktische Ausbildung des Englischlehrers*. Berlin.

Geisler-Knickmann, F. (1970), "Begabungsentfaltung im Englischunterricht durch progressives Differenzieren" in *Englisch* 1, 1 - 7.

Genouvrier, E. (1972), "Quelle langue parler à l'école ? Propos sur la norme du français" in *Langue française* 13, 34 - 51.

Germer, E. (1973), "Zum Problem der 'Schulsprache' im Englischunterricht" in *Neusprachliche Mitteilungen* 4, 221 - 226.

Giglioli, P.P. (ed.) (1972), *Language and Social Context. Selected Readings*. Middlesex.

Glaap, A.-R. (1974), "Die Praxisrelevanz des anglistischen Studiums aus der Sicht des Studienreferendars" in *Neusprachliche Mitteilungen* 1, 6 - 13.

Gladwin, T./Sturtevant, W.C. (eds.) (1962), *Anthropology and Human Behavior*. Washington.

Glaser, R. (ed.) (1962), *Training Research and Education*. New York.

Gloy, K. (1972), "Die Normierung der Verständigung" in: Badura, B./Gloy, K. (eds.), *Soziologie der Kommunikation. Eine Textauswahl zur Einführung*. Stuttgart/Bad-Cannstadt, 324 - 342.

Gloy, K. (1975), *Sprachnormen I. Linguistische und soziologische Analysen*. Stuttgart.

Gloy, K. (1977), "Überreaktion auf Petitessen ? Zur Entstehung und Verbreitung von sprachlichen Konventionen" in *Osnabrücker Beiträge zur Sprachtheorie* 2, 118 - 135.

Gloy, K./Presch, G. (1976 a), "Die falsche Dichotomie von normgerechter und privater Sprache - Zur Einführung in die Probleme dieses Bandes" in: Gloy, K./Presch, G. (eds.), *Sprachnormen III. Kommunikationsorientierte Linguistik - Sprachdidaktik*. Stuttgart, 9 - 26.

Gloy, K./Presch, G. (eds.) (1976 b), *Sprachnormen III. Kommunikationsorientierte Linguistik - Sprachdidaktik*. Stuttgart.

Gnutzmann, C./Stark, D. (eds.) (1982), *Grammatikunterricht. Beiträge zur Linguistik und Didaktik des Fremdsprachenunterrichts*. Tübingen.

Gnutzmann, C./Hellwig, K./Jarman, F./Köhring, K./Krohn, D./ Siekmann, M. (eds.) (1982), *Fremdsprachendidaktiker-Kongreß Hannover 1981 - Nachpublikation*. Hannover.

Godel, R. (1969), *Les sources manuscrites du Cours de linguistique générale de F. de Saussure*. Genf, 2. Auflage.

Göbel, R. (1978), "Grundsätzliches und Unterrichtstechnisches zur Kreativität im Fremdsprachenunterricht" in: Faber, H./ Heid, M./Maley, A. (eds.), *Kreativität im Fremdsprachenunterricht - das Individuum und die Gruppe*. München, 203 - 218.

Göhring, H. (1977), "Sozialwissenschaftliche Anregungen für die Sprachlehrforschung" in: Bender, K.-H./Berger, K./ Wandruszka, M. (eds.), *Imago Linguae. Beiträge zu Sprache, Deutung und Übersetzen. Festschrift zum 60. Geburtstag von Fritz Paepcke*. München, 169 - 177.

Goethe-Institut (ed.) (1974), *Beiträge zu den Sommerkursen 1974*. München.

Gosewitz, U./Krumm, H.-J. (1980), "Fremdsprachendidaktik" in:
Althaus, H.P./Henne, H./Wiegand, H.E. (eds.), *Lexikon der germanistischen Linguistik*. Tübingen, 2. Auflage, 830 - 835.

Graumann, C.F. (1974 a), "Die Klasse als Gruppe" in: Weinert, F.E. et al., *Funk-Kolleg Pädagogische Psychologie 1*. Frankfurt, 473 - 494.

Graumann, C.F. (1974 b), "Soziale Interaktion" in: Weinert, F.E. et al., *Funk-Kolleg Pädagogische Psychologie 1*. Frankfurt, 333 - 353.

Graumann, C.F./Hofer, M. (1974 a), "Lehrerpersönlichkeit und Lehrerverhalten" in: Weinert, F.E. et al., *Funk-Kolleg Pädagogische Psychologie 1*. Frankfurt, 495 - 520.

Graumann, C.F./Hofer, M. (1974 b), "Lehrerverhalten und Schülerverhalten" in: Weinert, F.E. et al., *Funk-Kolleg Pädagogische Psychologie 1*. Frankfurt, 521 - 545.

Grebe, P. (1968), "Sprachnorm und Sprachwirklichkeit" in: Moser, H. (ed.), *Sprachnorm, Sprachpflege, Sprachkritik. Jahrbuch des Instituts für Deutsche Sprache 1966/67*. Düsseldorf, 28 - 44.

Grell, J. (1976), *Techniken des Lehrerverhaltens*. Weinheim/Basel, 6. Auflage.

Grewer, U./Moston, T.K./Sexton, M.E. (1978), "Übungstypologie zum Lernziel kommunikative Kompetenz" in: Bundesarbeitsgemeinschaft Englisch an Gesamtschulen, *Kommunikativer Englischunterricht. Prinzipien und Übungstypologie*. München, 69 - 192.

Grewer, U./Moston, T.K./Sexton, M.E. (1979), "Übungsschritte zum Erwerb Kommunikativer Kompetenz" in: Neuner, G. (ed.), *Pragmatische Didaktik des Englischunterrichts. Beiträge zur theoretischen Grundlegung und praktischen Unterrichtsgestaltung*. Paderborn, 181 - 193.

Grimshaw, A.D. (1971), "Sociolinguistics" in: Fishman, J.A. (ed.), *Advances in the Sociology of Language I. Basic Concepts, Theories and Problems: Alternative Approaches*. Den Haag/Paris, 92 - 151.

Groene, H. (ed.) (1980), *Das Hörspiel im Englischunterricht. Theorie und Praxis*. Paderborn.

Grosse, R./Neubert, A. (1970), "Thesen zur marxistischen Soziolinguistik" in *Linguistische Arbeitsberichte* 1, 3 - 15.

Grotjahn, R./Kasper, G. (1979), "Zur Konzeption und Bewertung Didaktischer Grammatiken" in: Bausch, K.-R. (ed.), *Beiträge zur Didaktischen Grammatik. Probleme, Konzepte, Beispiele.* Königstein, 98 - 115.

Grotjahn, R./Klevinghaus, U. (1975), *Zum Stellenwert der Übersetzung im Fremdsprachenunterricht. Eine Pilotstudie.* Bochum.

Gudjons, H. (1981), "Berufsbezogene Selbsterfahrung als Möglichkeit zur Entwicklung der Lehrerpersönlichkeit" in: Gudjons, H./Reinert, G.-B. (eds.), *Lehrer ohne Maske ? Grundfragen zur Lehrerpersönlichkeit.* Königstein, 181 - 192.

Gudjons, H./Reinert, G.-B. (eds.) (1981), *Lehrer ohne Maske ? Grundfragen zur Lehrerpersönlichkeit.* Königstein.

Guilbert, L. (1972), "Peut-on définir un concept de norme lexicale ?" in *Langue française* 16, 29 - 48.

Gumperz, J.J. (1968), "Types of Linguistic Communities" in: Fishman, J.A. (ed.), *Readings in the Sociology of Language.* Den Haag, 460 - 472.

Gumperz, J.J. (1972), "The Speech Community" in: Giglioli, P.P. (ed.), *Language and Social Context. Selected Readings.* Middlesex, 219 - 231.

Gumperz, J.J./Hymes, D.H. (eds.) (1964), *The Ethnography of Communication (American Anthropologist* 66 - 6, part II).

Gutknecht, C. (ed.) (1975), *Contributions to Applied Linguistics I.* Bern/Frankfurt.

Gutschow, H. (1971), *Englisch an Hauptschulen.* Berlin/Bielefeld, 7. Auflage.

Gutschow, H. (1973), "Linguistische und methodische Norm" in: Hüllen, W. (ed.), *Neusser Vorträge zur Fremdsprachendidaktik.* Berlin, 53 - 65.

Gutschow, H. (1974), "Zu einigen Fragen der Fehleranalyse" in: Goethe-Institut (ed.), *Beiträge zu den Sommerkursen 1974.* München, 78 - 88.

Gutschow, H. (1977), "Zum Problem der theoretischen Begründung der Didaktik des Fremdsprachenunterrichts" in *Englisch* 12, 1 - 6.

Haarmann, H. (1975), *Soziologie und Politik der Sprachen Europas.* München.

Haarmann, H./Värri-Haarmann, A.L. (eds.) (1976), *Sprachen und Staaten. Festschrift Heinz Kloss.* 2 Bände. Hamburg.

Haberland, H./Mey, J.L. (1977), "Editorial: Linguistics and Pragmatics" in *Journal of Pragmatics* 1, 1 - 11.

Habermas, J. (1971), "Vorbereitende Bemerkungen zu einer Theorie der Kommunikativen Kompetenz" in: Habermas, J./ Luhmann, N., *Theorie der Gesellschaft oder Sozialtechnologie - Was leistet die Systemforschung ?* Frankfurt, 101 - 141.

Habermas, J. (1973 a), *Kultur und Kritik. Verstreute Aufsätze.* Frankfurt.

Habermas, J. (1973 b), "Stichworte zur Theorie der Sozialisation" in: Habermas, J., *Kultur und Kritik. Verstreute Aufsätze.* Frankfurt, 118 - 194.

Habermas, J./Luhmann, N. (1971), *Theorie der Gesellschaft oder Sozialtechnologie - Was leistet die Systemforschung ?* Frankfurt.

Hänsel, D./Ortmann, H. (1971), "Kompensatorische Vorschulerziehung und sozialer Aufstieg" in *Zeitschrift für Pädagogik* 17, 431 - 452.

Hahn, E. (1968), *Historischer Materialismus und marxistische Soziologie. Studien zu methodologischen und erkenntnistheoretischen Grundlagen der soziologischen Forschung.* Ostberlin.

Halbe, H. (ed.) (1976), *Psycholinguistik.* Darmstadt.

Halliday, M.A.K./McIntosh, A./Strevens, P. (1964), *The Linguistics Sciences and Language Teaching.* London.

Halm, W. (1981), "Die institutionellen Voraussetzungen des Französischunterrichts in der Erwachsenenbildung" in: Raasch, A. (ed.), *Französisch als Zielsprache. Handbuch des Französischunterrichts unter besonderer Berücksichtigung der Weiterbildung.* München, 39 - 62.

Hartmann, P. (1974), "Bedingungen sprachlicher Kommunikation im Fremdsprachenunterricht" in *Neusprachliche Mitteilungen* 3, 144 - 163.

Hartmann, P. (1976), "Norm und Sprachbegriff: Zur Normdiskussion in der Linguistik" in: Gloy, K./Presch, G. (eds.), *Sprachnormen III. Kommunikationsorientierte Linguistik - Sprachdidaktik.* Stuttgart, 28 - 58.

Hartung, W. (1977), "Zum Inhalt des Normbegriffs in der Linguistik" in: Akademie der Wissenschaften der DDR-Zentralinstitut für Sprachwissenschaft (ed.), *Normen in der sprachlichen Kommunikation*. Berlin, 9 - 69.

Hatch, E.M. (ed.) (1978), *Second Language Acquisition. A Book of Readings*. Rowley/Mass.

Haug, F. (1973), *Kritik der Rollentheorie und ihrer Anwendung in der bürgerlichen deutschen Soziologie*. Frankfurt.

Haug, F. (1977), *Erziehung und gesellschaftliche Produktion. Kritik des Rollenspiels*. Frankfurt.

Haugen, E. (1968), "Schizoglossia and the Linguistic Norm" in: O'Brien, R. (ed.), *Georgetown University Round Table. Selected Papers on Linguistics 1961 - 1965*. Washington, 203 - 209.

Hausmann, F.J. (1976), "Linguistik des Wortschatzlernens im Französischstudium" in *Grazer Linguistische Studien* 4, 49 - 60.

Havránek, B. (1964), "Zum Problem der Norm in der heutigen Sprachwissenschaft und Sprachkultur" in: Vachek, J. (ed.), *A Prague School Reader in Linguistics*. Bloomington, 413 - 420.

Havránek, B. (1971), "Die Theorie der Schriftsprache" in: Beneš, E./Vachek, J. (eds.), *Stilistik und Soziolinguistik. Beiträge der Prager Schule zur strukturellen Sprachbetrachtung und Spracherziehung*. Berlin, 19 - 37.

Heckhausen, H. (1974 a), "Bessere Lernmotivation und neue Lernziele" in: Weinert, F.E. et al., *Funk-Kolleg Pädagogische Psychologie 1*. Frankfurt, 575 - 601.

Heckhausen, H. (1974 b), "Lehrer-Schüler-Interaktion" in: Weinert, F.E. et al., *Funk-Kolleg Pädagogische Psychologie 1*. Frankfurt, 547 - 574.

Heckhausen, H. (1974 c), *Leistung und Chancengleichheit*. Göttingen.

Heckhausen, H./Rheinberg, F. (1980), "Lernmotivation im Unterricht, erneut betrachtet" in *Unterrichtswissenschaft* 1, 7 - 47.

Heeschen, C./Reischies, F. (1981), "Zur Lateralisierung von Sprache. Argumente gegen eine Überbewertung der rechten Hemisphäre" in: Schnelle, H. (ed.), *Sprache und Gehirn. Roman Jakobson zu Ehren*. Frankfurt, 41 - 58.

Heger, K. (1969 a), "Die Semantik und die Dichotomie von Langue und Parole. Neue Beiträge zur theoretischen Standortbestimmung von Semasiologie und Onomasiologie" in *Zeitschrift für Romanische Philologie* 85, 145 - 215.

Heger, K. (1969 b), "'Sprache' und 'Dialekt' als linguistisches und soziolinguistisches Problem" in *Folia Linguistica* 3, 46 - 67.

Heidt, E.U. (1976), "Medienkategorien und Lernermerkmale. Ein prozeßorientierter Ansatz zur Klassifikation von Unterrichtsmedien" in *Unterrichtswissenschaft* 1, 37 - 52.

Heiland, H. (1979), *Lehrer und Schüler heute. Aktuelle Probleme der Lehrer- und Schülerforschung.* Königstein.

Heindrichs, W./Gester, F.W./Kelz, H.P. (1980), *Sprachlehrforschung. Angewandte Linguistik und Fremdsprachendidaktik.* Stuttgart/Berlin/Köln/Mainz.

Heinz, W.R. (1976), "Gesellschaftsstruktur, familiale Sozialisation und gesellschaftliches Bewußtsein" in: Hurrelmann, K. (ed.), *Sozialisation und Lebenslauf. Empirie und Methodik sozialwissenschaftlicher Persönlichkeitsforschung.* Reinbek, 90 - 103.

Helbig, G. (1969), "Zur Anwendbarkeit moderner linguistischer Theorien im Fremdsprachenunterricht und zu den Beziehungen zwischen Sprach- und Lerntheorien" in *Sprache im Technischen Zeitalter* 32, 287 - 305.

Helbig, G. (1972), "Zum Verhältnis von Grammatik und Fremdsprachenunterricht" in *Deutsch als Fremdsprache* 9, 10 - 18.

Helbig, G. (1975), "Bemerkungen zum Problem von Grammatik und Fremdsprachenunterricht" in *Deutsch als Fremdsprache* 12, 325 - 332.

Heller, E. (1979), "Meine Rolle als Lehrer. Versuch einer autobiographisch orientierten Auseinandersetzung mit dem Rollenkonzept" in Adrion, D./Schneider, K. (eds.), *Von Beruf Lehrer. Möglichkeiten der Selbstverwirklichung im konfliktreichen Alltag.* Freiburg, 97 - 115.

Hellmich, H. (1976), "Fremdsprachenunterricht und Bewußtheit" in *Deutsch als Fremdsprache* 13, 205 - 215.

Henrici, G. (1973), "Zum Einsatz von Medien im fremdsprachlichen Unterricht der Sekundarstufe II. Ergebnisse einer Schülerbefragung" in *Neusprachliche Mitteilungen* 4, 214 - 221.

Heringer, H.J. (1974 a), "Linguistik und Didaktik" in *Linguistik und Didaktik* 18, 119 - 130.

Heringer, H.J. (ed.) (1974 b), *Seminar: Der Regelbegriff in der praktischen Semantik.* Frankfurt.

Heringer, H.J. (1978), "Gar grausam rächet die Grammatik sich gegen ihre Verächter" in Engel, U./ Grosse, S. (eds.), *Grammatik und Deutschunterricht. Jahrbuch 1977 des Instituts für deutsche Sprache.* Düsseldorf, 26 - 41.

Hermann, G. (1977), *Lernziele im affektiven Bereich.* Paderborn.

Hertkorn, O. (1978), "Das Mannheimer Gutachten - Eine kritische Betrachtung" in *Zielsprache Deutsch* 2, 6 - 16.

Hesse, B. (1979), "Sprachliche Normen im Spiegel verschiedener Auflagen des bon usage von Maurice Grevisse" in: Kloepfer, R. (ed.), *Bildung und Ausbildung in der Romania. Band II: Sprachwissenschaft und Landeskunde.* München, 279 - 291.

Hesse, B./Kleineidam, H. (1973), "Code oral oder langue parlée ? Überlegungen zur Rolle der gesprochenen Sprache in den neuen 'Empfehlungen für den Französischunterricht'" in *Linguistische Berichte* 27, 52 - 71.

Heuer, H. (1969), "Lehrbuchforschung und Lehrbuchkritik. Versuch eines objektiven Zugriffs" in *Praxis des neusprachlichen Unterrichts* 16, 365 - 387.

Heuer, H. (1973), "Wortassoziationen in der Fremdsprachendidaktik" in: Hüllen, W. (ed.), *Neusser Vorträge zur Fremdsprachendidaktik.* Berlin, 66 - 83.

Heuer, H. (1978), "Stellungnahme zum Mannheimer Gutachten aus fremdsprachendidaktischer Sicht" in *Zielsprache Deutsch* 2, 16 - 27.

Heuer, H. (1982), "Statement zur 2. Frühjahrskonferenz" in: Bausch, K.-R./Christ, H./Hüllen, W./Krumm, H.-J. (eds.), *Das Postulat der Lernerzentriertheit: Rückwirkungen auf die Theorie des Fremdsprachenunterrichts. Arbeitspapiere der 2. Frühjahrskonferenz zur Erforschung des Fremdsprachenunterrichts.* Bochum, 58 - 62.

Heuer, H./Buttjes, D. (1979), "Ziele des Englischunterrichts" in: Hunfeld, H./Schröder, K. (eds.), *Grundkurs Didaktik Englisch.* Königstein, 1 - 17.

Heuer, H./Kleineidam, H./Obendiek, E./Sauer, H. (eds.) (1979), *Dortmunder Diskussionen zur Fremdsprachendidaktik. Kongreßdokumentation der 8. Arbeitstagung der Fremdsprachendidaktiker Dortmund 1978.* Dortmund.

Heuer, H./Müller, R.M. (eds.) (1973), *Lehrwerkkritik - ein Neuansatz*. Dortmund.

Hildenbrandt, E. (1972), *Versuch einer kritischen Analyse des Cours de linguistique générale von Ferdinand de Saussure*. Marburg.

Hinz, K. (1973), "Aspekte der Arbeitsprojektion im neusprachlichen Unterricht" in *Neusprachliche Mitteilungen* 4, 201 - 208.

Hjelmslev, L. (1971), *Essais linguistiques*. Paris.

Hochheimer, I. (1980), "Differenzierung zwischen Leistungsgruppen und Gruppenarbeit im Englischunterricht der Hauptschule" in *Der fremdsprachliche Unterricht* 53, 22 - 31.

Högel, R. (1979), "Schwachstelle Sprachpraxis. Überlegungen und Vorschläge zur sprachpraktischen Aus- und Weiterbildung des Englischlehrers" in *Neusprachliche Mitteilungen* 2, 71 - 74.

Höhn, E. (1967), *Der schlechte Schüler*. München.

Hörmann, H. (1977), *Psychologie der Sprache*. Berlin/Heidelberg/New York, 2. Auflage.

Hörmann, H. (1981), *Einführung in die Psycholinguistik*. Darmstadt.

Hoffmann, L. (1976), *Kommunikationsmittel Fachsprache. Eine Einführung*. Berlin.

Hüllen, W. (1973 a), "Linguistische Modelle und didaktische Grammatik" in *Neusprachliche Mitteilungen* 1, 8 - 16.

Hüllen, W. (1973 b), "Pragmatik - Die dritte linguistische Dimension" in Hüllen, W. (ed.), *Neusser Vorträge zur Fremdsprachendidaktik*. Berlin, 84 - 98.

Hüllen, W. (ed.) (1973 c), *Neusser Vorträge zur Fremdsprachendidaktik*. Berlin.

Hüllen, W. (1974), "Zur Anwendung der Linguistik innerhalb der Sprachlehrforschung" in *Zeitschrift für Literaturwissenschaft und Linguistik* 13, 13 - 30.

Hüllen, W. (1976 a), *Linguistik und Englischunterricht 1. Didaktische Analysen*. Heidelberg, 3. Auflage.

Hüllen, W. (1976 b), *Linguistik und Englischunterricht 2. Didaktische Analysen*. Heidelberg.

Hüllen, W. (1979 a), "Die Bedeutung von Syntax, Semantik und Pragmatik für den Fremdsprachenunterricht" in: Neuner, G. (ed.), *Pragmatische Didaktik des Englischunterrichts. Beiträge zur theoretischen Grundlegung und praktischen Unterrichtsgestaltung.* Paderborn, 61 - 68.

Hülle, W. (1979 b), "Sprachfunktionen in einer Didaktischen Grammatik" in: Bausch, K.-R. (ed.), *Beiträge zur Didaktischen Grammatik. Probleme, Konzepte. Beispiele.* Königstein, 117 - 137.

Hüllen, W./Jung. L. (1979), *Sprachstruktur und Spracherwerb.* Düsseldorf/Bern/München.

Hüllen, W./Raasch, A./Zapp, F.J. (eds.) (1977), *Sprachminima und Abschlußprofile.* Frankfurt.

Hüllen, W./Raasch, A./Zapp, F.J. (eds.) (1979), *Fremdsprachenunterricht: allgemeinbildend - berufsbildend.* Frankfurt.

Hunfeld, H. (ed.) (1977), *Neue Perspektiven der Fremdsprachendidaktik. Eichstätter Kolloquium zum Fremdsprachenunterricht 1977.* Kronberg.

Hunfeld, H./Schröder, K. (eds.) (1979), *Grundkurs Didaktik Englisch.* Königstein.

Hurrelmann, K. (1973), "Schulische Sozialisation und abweichendes Verhalten" in: Walter, H. (ed.), *Sozialisationsforschung Band II: Sozialisationsinstanzen - Sozialisationseffekte.* Stuttgart/Bad Cannstadt, 147 - 160.

Hurrelmann, K. (ed.) (1976), *Sozialisation und Lebenslauf. Empirie und Methodik sozialwissenschaftlicher Persönlichkeitsforschung.* Reinbek.

Huxley, R./Ingram, E. (eds.) (1971), *Language Acquisition: Models and Methods.* London/New York.

Hyldgaard-Jensen, K. (ed.) (1972), *Linguistik 1971. Referate des 6. Linguistischen Kolloquiums.* Frankfurt.

Hymes, D.H. (1962), "The Ethnography of Speaking" in: Gladwin, T./Sturtevant, W.C. (eds.), *Anthropology and Human Behavior.* Washington, 15 - 53.

Hymes, D.H. (1964), "Introduction: Toward Ethnographies of Communication. The Analysis of Communication Events" in: Gumperz, J.J./Hymes, D.H. (eds.), *The Ethnography of Communication (American Anthropologist* 66 - 6, part II), 1 - 34.

Hymes, D. (1973 a), "Modelle für die Wechselwirkung von Sprache und sozialer Situierung" in: Kochan, D.C. (ed.), Sprache und kommunikative Kompetenz. Theoretische und empirische Beiträge zur sprachlichen Sozialisation und Primärsprachendidaktik. Stuttgart, 80 - 108.

Hymes, D. (1973 b), "Über linguistische Theorie, kommunikative Kompetenz und die Erziehung unterprivilegierter Kinder" in: Kochan, D.C. (ed.), Sprache und kommunikative Kompetenz. Theoretische und empirische Beiträge zur sprachlichen Sozialisation und Primärsprachendidaktik. Stuttgart, 109 - 130.

IFS - Fremdsprachen- und Sprachlehrinstitute (1971), Dokumentation der ersten Arbeitstagung. Marburg.

Ihwe, J. (ed.) (1972), Literaturwissenschaft und Linguistik. Eine Auswahl Texte und Theorie der Literaturwissenschaft. Band 1. Frankfurt.

Ivo, H. (1976), "Sprachliche Normen als Thema in der Lehrerausbildung. Fehlermarkierung - Sprachgefühl - Analysedefizite" in: Gloy, K./Presch, G. (eds.), Sprachnormen III. Kommunikationsorientierte Linguistik - Sprachdidaktik. Stuttgart, 125 - 137.

Jäger, S. (1980), "Standardsprache" in: Althaus, H.P./Henne, H./Wiegand, H.E. (eds.), Lexikon der germanistischen Linguistik. Tübingen, 2. Auflage, 375 - 379.

Jakobovits, L.A. (1970), Foreign Language Learning. A Psycholinguistic Analysis of the Issues. Rowley/Mass.

Jakobson, R. (1972), "Linguistik und Poetik" in: Ihwe, J. (ed.), Literaturwissenschaft und Linguistik. Eine Auswahl Texte und Theorie der Literaturwissenschaft. Band 1. Frankfurt, 99 - 135.

Jarvis, G.A. (ed.) (1976), An Integrative Approach to Foreign Language Teaching. Choosing Among the Options. Skokie.

Jespersen, O. (1925), Mankind, Nation and Individual from a Linguistic Point of View. Oslo/Leipzig/Paris/London/Cambridge.

Jordens, P. (1977), "Grammatische Intuitionen, Regeln und Strategien im Fremdsprachenerwerb" in Papiere zur Linguistik 16, 74 - 130.

Juhász, J. (1978), "Vier Fragen der Grammatikbeschreibung" in: Engel, U./Grosse, S. (eds.), Grammatik und Deutschunterricht. Jahrbuch 1977 des Instituts für deutsche Sprache. Düsseldorf, 188 - 197.

Jung, L. (1975), *Linguistische Grammatik und Didaktische Grammatik*. Frankfurt.

Jung, P. (1974), *Sprachgebrauch, Sprachautorität, Sprachideologie*. Heidelberg.

Jung, U.O.H. (1977), "Kein Ausweg aus der Krise ? Die Sprachlaborarbeit im Lichte neuerer linguistischer und mediendidaktischer Erkenntnisse" in: Hunfeld, H. (ed.), *Neue Perspektiven der Fremdsprachendidaktik. Eichstätter Kolloquium zum Fremdsprachenunterricht 1977*. Kronberg, 185 - 196.

Jung, U.O.H. (ed.) (1978), *Das Sprachlabor. Möglichkeiten und Grenzen technischer Medien im Unterricht*. Königstein.

Jungblut, G. (1973), "Zum Wissenschaftsverständnis von Fachdidaktik" in *Neusprachliche Mitteilungen* 2, 65 - 71.

Kasper, G. (1975), *Die Problematik der Fehleridentifizierung. Ein Beitrag zur Fehleranalyse im Fremdsprachenunterricht*. Bochum.

Kasper, G. (1979), "Communication Strategies: Modality Reduction" in *Interlanguage Studies Bulletin* 4, 266 - 283.

Kasper, G. (1981), *Pragmatische Aspekte in der Interimsprache. Eine Untersuchung des Englischen fortgeschrittener deutscher Lerner*. Tübingen.

Kaufmann, G. (1977), "Die Gewinnung lexikalischer und grammatischer Minima als linguistisches und didaktisches Problem" in: Hüllen, W./Raasch, A./Zapp, F.J. (eds.), *Sprachminima und Abschlußprofile*. Frankfurt, 48 - 70.

Keller, R. (1974), "Zum Begriff der Regel" in: Heringer, H.J. (ed.), *Seminar: Der Regelbegriff in der praktischen Semantik*. Frankfurt, 10 - 24.

Kennedy, G. (1973), "Conditions for Language Learning" in: Oller, J.W./Richards, J.C. (eds.), *Focus on the Learner. Pragmatic Perspectives for the Language Teacher*. Rowley/Mass., 66 - 80.

Kennedy, G./Holmes, J. (1976), "Discussion of 'Creative Construction in Second Language Learning and Teaching'" in: Brown, H.D. (ed.), *Papers in Second Language Acquisition Language Learning Special Issue* 43, 81 - 92.

Kielhöfer, B. (1977), "Zur psycholinguistischen Struktur des 'article partitif' bei deutschen Französischlernern" in *Linguistik und Didaktik* 32, 316 - 333.

Kielhöfer, B. (1978), "Semantisierungsverfahren in der Fremdsprache. Eine Untersuchung zum Interimslexikon deutscher Französischlerner" in *Linguistik und Didaktik* 36, 379 - 399.

Kielhöfer, B. (1980), "Probleme der Lernergrammatik und ihrer Systematik" in *Der fremdsprachliche Unterricht* 54, 167 - 180.

Kielhöfer, B./Börner, W. (1979), *Lernersprache Französisch. Psycholinguistische Analyse des Fremdsprachenerwerbs.* Tübingen.

Kirstein, B. (1978), "Das sprachliche Normenproblem der 'emanzipatorischen Pragmadidaktik'" in *Linguistik und Didaktik* 36, 324 - 350.

Kirstein, B. (1979), "Linguistische Pragmatik und sprachliche Norm" in: Kloepfer, R. (ed.), *Bildung und Ausbildung in der Romania. Band II. Sprachwissenschaft und Landeskunde.* München, 183 - 196.

Klafki, W. (1974), "Curriculum - Didaktik" in: Wulf, C. (ed.), *Wörterbuch der Erziehung.* München, 117 - 128.

Klauer, K.J. (1974), *Methodik der Lehrzieldefinition und Lehrstoffanalyse.* Düsseldorf.

Klein, H.W. (1968), *Schwierigkeiten des deutsch-französischen Wortschatzes.* Stuttgart.

Klein, H.W./Strohmeyer, F. (1968), *Französische Sprachlehre.* Stuttgart.

Klein, W. (1974), "Variation, Norm und Abweichung in der Sprache" in: Lotzmann, G. (ed.), *Sprach- und Sprechnormen.* Heidelberg, 7 - 21.

Klein, W./Wunderlich, D. (eds.) (1971), *Aspekte der Soziolinguistik.* Frankfurt.

Kleine, W. (ed.) (1979), *Perspektiven des Fremdsprachenunterrichts in der Bundesrepublik Deutschland.* Frankfurt.

Kleineidam, H. (1974), "Für und wider das Übersetzen. Zur Rolle der Übersetzung in der Ausbildung zukünftiger Fremdsprachenlehrer" in *Linguistische Berichte* 32, 80 - 92.

Kleineidam, H. (1975), "Zum Problem der Sprachnorm in Linguistik und Fremdsprachenunterricht" in *Linguistik und Didaktik* 24, 288 - 303.

Kleineidam, H. (1978), "Bemerkungen zur Rolle der Linguistik im Praxisfeld Fremdsprachenunterricht" in *Zielsprache Französisch* 2, 63 - 69.

Kleineidam, H. (1979 a), "Referenzgrammatik für Fremdsprachenlerner: Didaktische oder Linguistische Grammatik" in: Bausch, K.-R. (ed.), *Beiträge zur Didaktischen Grammatik. Probleme, Konzepte, Beispiele.* Königstein 188 - 205.

Kleineidam, H. (1979 b), "Systematische Grammatik vs Kommunikative Grammatik. Zum Problem der Norm in einer Referenzgrammatik für L2-Lerner" in: Klöpfer, R. (ed.), *Bildung und Ausbildung in der Romania. Band II. Sprachwissenschaft und Landeskunde.* München, 292 - 305.

Kleineidam, H. (1980), "Zur Situation der Schulgrammatik" in *Der fremdsprachliche Unterricht* 54, 95 - 102.

Kleinschmidt, E. (1977), "Die sprachpraktische Ausbildung der Französischlehrer-Studenten an der Universität" in *Neusprachliche Mitteilungen* 4, 220 - 226.

Kleppin, K. (1980), *Das Sprachlernspiel im Fremdsprachenunterricht.* Tübingen.

Kleppin, K. (1981), "Zur Korrekturproblematik bei freier Rede" in: Kühlwein, W./Raasch, A. (eds.), *Sprache: Lehren - Lernen. Band II. Kongreßberichte der 11. Jahrestagung der Gesellschaft für Angewandte Linguistik (GAL) in Darmstadt 1980.* Tübingen, 91 - 94.

Kleppin, K./Parent, M.-E. (1982), "Modèle d'interaction dirigée en classe de langue pour la préparation des étudiants à leur futur rôle de professeur de français" in *Encrages* 8/9, 163 - 168.

Klöpfer, R. (ed.) (1979), *Bildung und Ausbildung in der Romania. Band II: Sprachwissenschaft und Landeskunde.* München.

Knapp, K. (1980), *Lehrsequenzen für den Zweitsprachenerwerb. Ein komparatives Experiment.* Braunschweig/Wiesbaden.

Knapp-Potthoff, A. (1977), "Linguistische Pragmatik und Fremdsprachenunterricht - Probleme eines Verwertungszusammenhangs" in *Linguistische Berichte* 50, 58 - 75.

Knoche, W. (1969), *Jungen, Mädchen, Lehrer und Schulen im Zensurenvergleich.* Weinheim.

Knüpfer, A./Macha, J. (1971). "Zu einer allgemeinen Analyse von Sprachnormierungen" in *Linguistische Berichte* 16, 69 - 77.

Koch, W.A. (ed.) (1973), *Perspektiven der Linguistik I.* Stuttgart.

Kochan, D.C. (ed.) (1973), *Sprache und kommunikative Kompetenz. Theoretische und empirische Beiträge zur sprachlichen Sozialisation und Primärsprachendidaktik.* Stuttgart.

Königs, F.G. (1979), *Übersetzung in Theorie und Praxis: Ansatzpunkte für die Konzeption einer Didaktik der Übersetzung.* Bochum.

Königs, F.G. (1980), "Der Einfluß interimsprachlicher Systeme auf die Norm im Fremdsprachenunterricht" in *Linguistik und Didaktik* 41, 37 - 55.

Königs, F.G. (1981 a), "Übersetzung und Fremdsprachenunterricht: eine Auswahlbibliographie" in: Bausch, K.-R./Weller, F.-R. (eds.), *Übersetzen und Fremdsprachenunterricht.* Frankfurt, 339 - 348.

Königs, F.G. (1981 b), "Übersetzung und Fremdsprachenunterricht - vereinbar oder unvereinbar ?" in: Bausch, K.-R./ Weller, F.-R. (eds.), *Übersetzen und Fremdsprachenunterricht.* Frankfurt, 203 - 216.

Königs, F.G. (1981 c), "Zur Frage der Übersetzungseinheit und ihre Relevanz für den Fremdsprachenunterricht" in *Linguistische Berichte* 74, 82 - 103.

Kogelheide, R. (1977), *Lernziele und Übungsformen im englischen Anfangsunterricht.* Bochum.

Kohn, K. (1979), "Was der Lerner nicht weiß, macht ihn nicht heiß" in *Linguistische Berichte* 64, 82 - 94.

Kohn, K. (1981), "Beyond Output: On the Analysis of Interlanguage Development". Vortrag gehalten auf dem 6. Internationalen Kongreß für Angewandte Linguistik, Lund, 9. - 15. August 1981.

Koordinierungsgremium im DFG-Schwerpunkt 'Sprachlehrforschung' (ed.) (1977), *Sprachlehr- und Sprachlernforschung. Eine Zwischenbilanz.* Kronberg.

Koordinierungsgremium im DFG-Schwerpunkt 'Sprachlehrforschung' (ed.) (1983), *Sprachlehr- und Sprachlernforschung: Begründung einer Disziplin.* (Arbeitstitel). Königstein (erscheint).

Korn, K. (1968), "Sprachkritik ohne Sprachwissenschaft ?" in: Moser, H. (ed.), *Sprachnorm, Sprachpflege, Sprachkritik. Jahrbuch des Instituts für Deutsche Sprache 1966/67.* Düsseldorf, 135 - 158.

Krainz, C. (1980), *Soziolinguistische, lernpsychologische und didaktische Problematik von Fehlerananlysen.* Tübingen.

Kramer, J. (ed.) (1976), *Bestandsaufnahme Fremdsprachenunterricht. Argumente zur Reform der Fremdsprachendidaktik.* Stuttgart.

Kramer, J. (1979), "Sprachunterricht und Sprachvarietäten" in *Französisch heute* 2, 99 - 107.

Krappmann, L. (1971), *Soziologische Dimensionen der Identität. Strukturelle Bedingungen für die Teilnahme an Interaktionsprozessen.* Stuttgart.

Krashen, S.D. (1976), "Formal and Informal Linguistic Environments in Language Acquisition and Language Learning" in *TESOL Quarterly* 10, 157 - 168.

Krashen, S.D./Long, M.A./Scarcella, R.C. (1979), "Age, Rate and Eventual Attainment in Second Language Acquisition" in *TESOL Quarterly* 4, 573 - 582.

Kraus, J. (1982), "Referendarträume sind Referendarschäume" in *Uni-Berufswahl-Magazin* 4, 12 - 14.

Krause, H. (1979), "Partnerarbeit im Sprachlabor - Möglichkeiten kooperativen Lernens im Fremdsprachenunterricht" in *Englisch* 1, 15 - 20.

Krohne, H.W. (1980), "Prüfungsangst: Defensive Motivation in selbstwertrelevanten Situationen" in *Unterrichtswissenschaft* 3, 226 - 242.

Krumm, H.-J. (1974), "Funktionen von Unterrichtstechnologie und Unterrichtsplanung für die Sprachlehrforschung" in *Zeitschrift für Literaturwissenschaft und Linguistik* 13, 45 - 62.

Krumm, H.-J. (1978), "Das Sprachlabor im kommunikativen Fremdsprachenunterricht" in: Jung, U.O.H. (ed.), *Das Sprachlabor. Möglichkeiten und Grenzen technischer Medien im Unterricht.* Königstein, 53 - 61.

Krumm, H.-J. (1979 a), "Sprachunterricht und Sprachlernforschung" in *Unterrichtswissenschaft* 4, 305 - 312.

Krumm, H.-J. (1979 b), "Welche Didaktische Grammatik braucht der Fremdsprachenlerner" in: Bausch, K.-R. (ed.), *Beiträge zur Didaktischen Grammatik. Probleme, Konzepte. Beispiele.* Königstein, 83 - 97.

Krumm, H.-J. (1981), "Fremdsprachenunterricht aus der Sicht der Schüler - zur Einbeziehung der subjektiven Wahrnehmung in Fremdsprachendidaktik und Sprachlehrforschung". Vortrag gehalten auf der 9. Arbeitstagung der Fremdsprachendidaktiker vom 28. - 30. 9. 1981 in Hannover.

Küchler, R./Jäger, S. (1976), "Zur Sanktionierung von Sprachnormverstößen" in: Presch, G./Gloy, K. (eds.), *Sprachnormen II. Theoretische Begründungen - außerschulische Sprachnormenpraxis*. Stuttgart, 125 - 139.

Kühlwein, W. (1975), "Aktuelle und potentielle Funktionen des Linguistikstudiums" in: Gutknecht, C. (ed.), *Contributions to Applied Linguistics I*. Bern/Frankfurt, 165 - 187.

Kühlwein, W. (1980 a), "Angewandte Linguistik" in: Althaus, H.P./Henne, H./Wiegand, H.E. (eds.), *Lexikon der germanistischen Linguistik*. Tübingen, 2. Auflage, 761 - 768.

Kühlwein, W. (1980 b), "Bausteine zur Theoriebildung der Angewandten Linguistik" in: Kühlwein, W./Raasch, A. (eds.), *Angewandte Linguistik. Positionen, Wege, Perspektiven*. Tübingen, 13 - 27.

Kühlwein, W./Raasch, A. (eds.) (1977), *Kongreßberichte der 7. Jahrestagung der Gesellschaft für Angewandte Linguistik (GAL). Band 1*. Stuttgart.

Kühlwein, W./Raasch, A. (eds.) (1980), *Angewandte Linguistik. Positionen, Wege, Perspektiven*. Tübingen.

Kühlwein, W./Raasch, A. (eds.) (1981), *Sprache: Lehren - Lernen. Band II. Kongreßberichte der 11. Jahrestagung der Gesellschaft für Angewandte Linguistik (GAL) in Darmstadt 1980*. Tübingen.

Kufner, H.L. (1973), "Kontrastive Grammatik und dann ... ?" in: Nickel, G. (ed.), *Angewandte Sprachwissenschaft und Deutschunterricht*. München, 17 - 29.

Kultusminister des Landes Nordrhein-Westfalen (ed.) (1981 a), *Richtlinien für die gymnasiale Oberstufe in Nordrhein-Westfalen. Englisch*. Köln.

Kultusminister des Landes Nordrhein-Westfalen (ed.) (1981 b), *Richtlinien für die gymnasiale Oberstufe in Nordrhein-Westfalen. Französisch*. Köln.

Kultusminister des Landes Nordrhein-Westfalen (ed.) (1981 c), *Richtlinien für die gymnasiale Oberstufe in Nordrhein-Westfalen. Spanisch*. Köln.

Labov, W. (1964), "Stages in the Acquisition of Standard English" in: Shuy, R.W. (ed.), *Social Dialects and Language Learning. Proceedings of the Bloomington, Indiana, Conference*. Champain/Illinois, 77 - 103.

Labov, W. (1970), "The Logic of Nonstandard English" in:
Alatis, J.E. (ed.), *Report on the Twentieth Annual Round
Table Meeting on Linguistics and Language Studies.*
Washington D.C., 1 - 43.

Lado, R. (1967), *Moderner Sprachunterricht.* München.

Lado, R. (1971), *Testen im Sprachunterricht. Handbuch für die
Erstellung und den Gebrauch von Leistungstests im Fremdsprachenunterricht.* München.

Laitenberger-Wegener, H. (1976), "Kognition und Kommunikation
im Fremdsprachenunterricht" in *Die Neueren Sprachen* 5,
449 - 462.

Lambert, W.E. (1967), "A Social Psychology of Bilingualism"
in: Macnamara, J. (ed.), *Problems of Bilingualism (Journal
of Social Issues* 23 - 2), 91 - 109.

Lambert, W.E./Gardner, R.C./Olton, R./Tunstall, K. (1968),
"A Study of the Roles of Attitudes and Motivation in Second
Language Learning" in: Fishman, J.A. (ed.), *Readings in
the Sociology of Language.* Den Haag, 473 - 491.

Lambert, W.E./Klineberg, O. (1967), *Children's View of Foreign
Peoples: A Crossnational Study.* New York.

Larcher, D. (1976), "Sprachnormen und offenes Curriculum" in:
Gloy, K./Presch, G. (eds.), *Sprachnormen III. Kommunikationsorientierte Linguistik - Sprachdidaktik.* Stuttgart, 112 - 124.

Lauerbach, G. (1979), "The Threshold Level - for Schools ?
Kritische Anmerkungen zum Verständnis von 'Kommunikationsfähigkeit in der Fremdsprache'" in *Neusprachliche Mitteilungen* 3, 149 - 156.

Lawler, J./Selinker, L. (1971), "On Paradoxes, Rules, and
Research in Second-Language Learning" in *Language Learning*
21, 27 - 43.

Lehmann, V. (1979), "Schulgrammatik und Fachgrammatiken: Für
eine differenzierte Konzeption der didaktischen Grammatik"
in *Neusprachliche Mitteilungen* 1, 13 - 22.

Lehmkuhl, P. (1982), "Schule - ein Drahtseilakt ?" in *Uni-
Berufswahl-Magazin* 4, 14 - 16.

Lemke, D. (1981), "Der ungeklärte Zusammenhang zwischen Lehrerpersönlichkeit, didaktischem Handeln und dem Lernerfolg
der Schüler" in: Gudjons, H./ Reinert, G.-B. (eds.),
Lehrer ohne Maske ? Grundfragen zur Lehrerpersönlichkeit.
Königstein, 32 - 42.

Lenneberg, E.H. (1977), *Biologische Grundlagen der Sprache.*
Frankfurt.

Leont'ev, A.A. (1971), *Sprache - Sprechen - Sprechtätigkeit.*
Stuttgart.

Leont'ev, A.A. (1974), *Psycholinguistik und Sprachunterricht.*
Stuttgart/Berlin/Köln/Mainz.

Leupold, E. (1975), "Aspekte der Lernzielbestimmung unter Berücksichtigung der Sprechakttheorie" in *Neusprachliche Mitteilungen* 4, 212 - 218.

Leuschner, B. (1971), "Linguistik und Schülergrammatik - Zur Aufgabe einer Arbeitsgruppe 'theoretische Grammatik'" in: IFS-Fremdsprachen- und Sprachlehrinstitute, *Dokumentation der ersten Arbeitstagung.* Marburg, 115 - 123.

Levenston, E.A. (1972), "Über- und Unterrepräsentation - Aspekte der muttersprachlichen Interferenz" in: Nickel, G. (ed.), *Reader zur kontrastiven Linguistik.* Frankfurt, 167 - 174.

Lewis, D.K. (1975), *Konventionen. Eine sprachphilosophische Abhandlung.* Berlin.

Lindgren, K.B. (1978), "Prinzipien einer deutschen Ausländergrammatik" in: Engel, U./Grosse, S. (eds.), *Grammatik und Deutschunterricht. Jahrbuch 1977 des Instituts für deutsche Sprache.* Düsseldorf, 175 - 187.

List, G. (1981), *Sprachpsychologie.* Stuttgart/Berlin/Köln/Mainz.

Loebner, H.-D. (1974), "Neuralgische Punkte der neusprachlichen Wortschatzarbeit" in *Der fremdsprachliche Unterricht* 29, 15 - 27.

Lohmann, C. (1973), "Übungstypologie für den Englischunterricht in der Eingangsstufe der Gesamtschule" in *Praxis des neusprachlichen Unterrichts* 3, 260 - 268.

Loser, F. (1970), "Methodische Differenzierung des Unterrichts durch Differenzierung von Unterrichtsmethoden" in *Bildung und Erziehung* 23, 351 - 373.

Lotzmann, G. (ed.) (1974), *Sprach- und Sprechnormen.* Heidelberg.

Lozanov, G. (1977), *Suggestology and Outlines of Suggestopedy.*
New York.

Lübke, D. (1971), "Die Rolle der Muttersprache beim Vokabellernen" in *Die Neueren Sprachen* 4, 169 - 177.

Lübke, D. (1972), "Einsprachige Vokabelerklärungen. Testergebnisse aus dem Französischunterricht" in *Neusprachliche Mitteilungen* 1, 23 - 31.

Lübke, D. (1977), "Dokumentation der Fehlergenese in französischen Klassenarbeiten" in *Die Neueren Sprachen* 1, 93 - 102.

Lückert, H.R. (ed.) (1969), *Begabungsforschung und Bildungsförderung als Gegenwartsaufgabe*. München/Basel.

Lütjen, H.P. (1980), "Fremdsprachenlernen von Senioren am Beispiel von Fremdsprachenkursen an Volkshochschulen" in *Unterrichtswissenschaft* 4, 341 - 357.

Lüttge, D. (1978), "Leistung aus psychologischer Sicht" in: Beckmann, H.-K. (ed.), *Leistung in der Schule*. Braunschweig, 144 - 157.

Lyons, J. (1968), *Introduction to Theoretical Linguistics*. Cambridge.

Maas, U. (1972), "Sprechen und Handeln - zum Stand der gegenwärtigen Sprachtheorie" in *Sprache im technischen Zeitalter* 41, 1 - 20.

Macht, K. (1977), "Medien" in: Schröder, K./Finkenstaedt, T. (eds.), *Reallexikon der englischen Fachdidaktik*. Darmstadt, 152 - 156.

Macht, K. (1978), "Bild- und Tonträger im Fremdsprachenunterricht - Eine rentable Investition ?" in *Neusprachliche Mitteilungen* 4, 233 - 236.

Macht, K./Schröder, K. (1976), "Moderne Fremdsprachen aus der Sicht von Studienanfängern. Ergebnisse einer Umfrage" in *Die Neueren Sprachen* 3/4, 274 - 292.

Mackey, W.F. (1976), "Three Concepts for Geolinguistics" in: Haarmann, H./Värri-Haarmann, A.L. (eds.), *Sprachen und Staaten. Festschrift Heinz Kloss, Band II*. Hamburg, 167 - 239.

Macnamara, J. (ed.) (1967), *Problems of Bilingualism (Journal of Social Issues 23 - 2)*.

Macnamara, J. (1973), "The Cognitive Strategies of Language Learning" in: Oller, J.W./Richards, J.C. (eds.), *Focus on the Learner: Pragmatic, Perspectives for the Language Teacher*. Rowley/Mass., 57 - 65.

Mager, R.F. (1974), *Motivation und Lernerfolg. Wie Lehrer ihren Unterricht verbessern können*. Weinheim/Basel.

Maier, H. (1981), "Ableitung von Eigenschaften der Lehrerpersönlichkeit aus den Aufgabenfeldern des Unterrichtens" in: Gudjons, H./Reinert, G.-B. (eds.), *Lehrer ohne Maske ? Grundfragen zur Lehrerpersönlichkeit.* Königstein, 54 - 66.

Maier, S. (1981), "'Ich habe die schwierigen Schüler in meiner Klasse' - Psychogramm von Frau Danz und ihrer Klasse" in: Wagner, A.C./Maier, S./Uttendorfer-Marek, I./ Weidle, R.-H., *Unterrichtspsychogramme - Was in den Köpfen von Lehrern und Schülern vorgeht. Zugang zur subjektiven Unterrichtswirklichkeit.* Reinbek, 206 - 319.

Mair, W./Sallager, E. (eds.) (1979), *Sprachtheorie und Sprachenpraxis. Festschrift für Henri Vernay.* Tübingen.

Mann, R. (1979), "Pragmatik und Englischunterricht: Ein Beitrag zur Rezeption der Sprechakttheorie in der Fachdidaktik" in *Neusprachliche Mitteilungen* 4, 211 - 222.

Mans, E.J. (1976), "Lernziel 'kommunikative Kompetenz': Zu einigen Versuchen, ein altes Problem der Fremdsprachendidaktik zu lösen" in: Kramer, J. (ed.), *Bestandsaufnahme Fremdsprachenunterricht. Argumente zur Reform der Fremdsprachendidaktik.* Stuttgart, 202 - 246.

Mans, E.J. (1981), "'Joyful and Easy Language Learning' oder von der Reservekapazität der Fremdsprachendidaktik. Bemerkungen zu G. Lozanovs, *'Suggestology and Outlines of Suggestopedy'"* in *Englisch-Amerikanische Studien* 2, 258 - 266.

Marcellesi, J.-B. (1979), "Quelques problèmes de l'hégémonie culturelle en France: Langue nationale et langues régionales" in *International Journal of the Sociology of Language* 21, 63 - 80.

Markmann, S. (1977), "Zur Problematik von Norm und Fremdsprachenunterricht" in *Osnabrücker Beiträge zur Sprachtheorie* 2, 163 - 172.

Martin, R. (1972), "Normes, jugements normatifs et tests d'usage" in *Etudes de linguistique appliquée* 6, 59 - 74.

Martinet, A. (1967), *Éléments de linguistique générale.* Paris, 3. Auflage.

Marzys, Z. (1974), "Norme et usage en français contemporain" in *Le Français dans le Monde* 108, 6 - 12.

Meisel, J. (1971), "Sprachnorm in Linguistik und 'Sprachpflege'" in *Linguistische Berichte* 13, 8 - 14.

Mierke (1969), "Die Grundtypen und Sonderformen der geistigen Begabung" in: Lückert, H.R. (ed.), *Begabungsforschung und Bildungsförderung als Gegenwartsaufgabe.* München/Basel, 105 - 127.

Mignault, L.B. (1978), "Suggestopaedia: Is There a Better Way to Learn ?" in *The Canadian Modern Language Review* 4, 695 - 701.

Mindt, D. (1981), "Linguistische Grammatik, didaktische Grammatik und pädagogische Grammatik" in *Neusprachliche Mitteilungen* 1, 28 - 35.

Möller, C. (1969), *Technik der Lernplanung - Methoden und Probleme der Lernzielerstellung.* Weinheim.

Mohrmann, C./Sommerfelt, A./Whatmough, J. (eds.) (1961), *Trends in European and American Linguistics 1930 - 1960.* Utrecht/Antwerpen.

Mollenhauer, K. (1976), *Theorien zum Erziehungsprozeß. Zur Einführung in erziehungswissenschaftliche Fragestellungen.* München, 3. Auflage.

Moser, H. (ed.) (1968), *Sprachnorm, Sprachpflege, Sprachkritik. Jahrbuch des Instituts für deutsche Sprache 1966/67.* Düsseldorf.

Moulton, W.G. (1961), "Linguistics and Language Teaching in the United States 1940 - 1960" in: Mohrmann, C./Sommerfelt, A./Whatmough, J. (eds.), *Trends in European and American Linguistics 1930 - 1960.* Utrecht/Antwerpen, 82 - 109.

Müller, B. (1975), *Das Französische der Gegenwart - Varietäten, Strukturen, Tendenzen.* Heidelberg.

Müller, B. (1977), "Soziale Sprachvarietäten und heutiges Französisch" in: Bender, K.-H./Berger, K./Wandruszka, M. (eds.), *Imago Linguae. Beiträge zu Sprache, Deutung und Übersetzen. Festschrift zum 60. Geburtstag von Fritz Paepcke.* München, 411 - 424.

Müller, B.-D. (1980), "Zur Logik interkultureller Verstehensprobleme" in: Wierlacher, A. (ed.), *Jahrbuch Deutsch als Fremdsprache. Band 6.* Heidelberg, 102 - 119.

Müller, R.M. (1972), "Dreizehn Thesen zur Fremdsprachendidaktik (Englisch) als Wissenschaft und ein Studienplan für Fremdsprachenlehrer" in *Die Neueren Sprachen* 4, 207 - 211.

Müller, R.M. (1975), "Fremdsprachendidaktik als Wissenschaft und Studienfach" in *Praxis des fremdsprachlichen Unterrichts* 2, 141 - 147.

Müller, R.M. (1977), "Kommunikative Kompetenz und Arbitrarität - Pragmalinguistische Irrwege der Fremdsprachendidaktik" in *Linguistik und Didaktik* 29, 63 - 77.

Müller, R.M. (1979 a), "Das Wissenschaftsverständnis der Fremdsprachendidaktik" in: Heuer, H./Kleineidam, H./Obendiek, E./Sauer, H. (eds.), *Dortmunder Diskussionen zur Fremdsprachendidaktik. Kongreßdokumentation der 8. Arbeitstagung der Fremdsprachendidaktiker Dortmund 1978.* Dortmund, 132 - 148.

Müller, R.M. (1979 b), "Pragmadidaktik - ein neuer Weg ?" in *Neusprachliche Mitteilungen* 1, 22 - 28.

Müller, R.M. (1980), "Probleme der grammatischen Regel" in *Der fremdsprachliche Unterricht* 54, 115 - 123.

Müller-Fohrbrodt, G./Cloetta, B./Dann, H.-D. (1978), *Der Praxisschock bei jungen Lehrern.* Stuttgart.

Muth, J. (1975), "Probleme der Unterrichtsdifferenzierung" in: Wiederhold, K.A. (ed.), *Differenzierung in Schule und Unterricht.* Ratingen/Kastellaun/Düsseldorf, 23 - 41.

Nabrings, K. (1981), *Sprachliche Varietäten.* Tübingen.

Nehr, U. (1981), *Lesenlernen fremder Sprachen: Ein Laboratoriumsexperiment und seine Folgen.* Berlin (Diss.).

Nemser, W. (1979), "On the Sources of the Approximative Systems of Foreign Language Learners" in: Mair, W./Sallager, E. (eds.), *Sprachtheorie und Sprachenpraxis. Festschrift für Henri Vernay.* Tübingen, 287 - 301.

Nemser, W./Slama-Cazacu, T. (1970), "A Contribution to Contrastive Linguistics: A Psycholinguistic Approach: Contact Analysis" in *Revue Roumaine de linguistique* 15, 101 - 128.

Neufeld, G.G. (1978), "On the Acquisition of Prosodic and Articulatory Features in Adult Language Learning" in *The Canadian Modern Language Review* 2, 163 - 174.

Neuner, G. (ed.)(1979 a), *Pragmatische Didaktik des Englischunterrichts. Beiträge zur theoretischen Grundlegung und praktischen Unterrichtsgestaltung.* Paderborn.

Neuner, G. (1979 b), "Soziologische und pädagogische Dimensionen der Kommunikation und ihre Bedeutung für eine pragmatische Fremdsprachendidaktik" in: Neuner, G. (ed.), *Pragmatische Didaktik des Englischunterrichts. Beiträge zur theoretischen Grundlegung und praktischen Unterrichtsgestaltung.* Paderborn, 95 - 113.

Neuner, G. (1979 c), "Überlegungen zur Integration pragmatischer Lernziele in Abschlußtests für die Sekundarstufe I im Bereich 'Lesen/Schreiben'" in: Neuner, G. (ed.), *Pragmatische Didaktik des Englischunterrichts. Beiträge zur theoretischen Grundlegung und praktischen Unterrichtsgestaltung.* Paderborn, 206 - 224.

Nickel, G. (1967), "Welche Grammatik für den Fremdsprachenunterricht ?" in *Praxis des neusprachlichen Unterrichts* 14, 1 - 16.

Nickel, G. (ed.) (1972), *Reader zur kontrastiven Linguistik.* Frankfurt.

Nickel, G. (ed.) (1973 a), *Angewandte Sprachwissenschaft und Deutschunterricht.* München.

Nickel, G. (1973 b), "Die Rolle der Angewandten Linguistik im Fremdsprachenunterricht" in: Nickel, G. (ed.), *Angewandte Sprachwissenschaft und Deutschunterricht.* München, 9 - 16.

Nickel, G. (1975), "Angewandte Linguistik" in: Stammerjohann, H. (ed.), *Handbuch der Linguistik. Allgemeine und Angewandte Sprachwissenschaft.* München, 30 - 38.

Nickel, G. (ed.) (1976), *Proceedings of the 4th International Congress of Applied Linguistics.* Stuttgart.

Nickel, G./Nehls, D. (eds.) (1980), *Models of Grammar, Descriptive Linguistics and Pedagogical Grammars. Papers from the 5th International Congress of Applied Linguistics, Montreal 1978.* Heidelberg.

Nipkow, K.-E. (1978), "Leistungsprinzip und Lernverständnis" in: Beckmann, H.-K. (ed.), *Leistung in der Schule.* Braunschweig, 7 - 32.

Nissen, R. (1978), "Zur 'Normierung' fremdsprachenunterrichtlicher Fach- und Zielleistung" in *Neusprachliche Mitteilungen* 4, 237 - 246.

Noblitt, J.S. (1972), "Pedagogical Grammar: Towards a Theory of Foreign Language Materials Preparation" in *IRAL* 10, 313 - 331.

Nold, G. (1981), "Grammatik im Fremdsprachenunterricht angesichts der kommunikativen Wende" in: Zapp, F.J./Raasch, A./Hüllen, W.(eds.) *Kommunikation in Europa. Probleme der Fremdsprachendidaktik in Geschichte und Gegenwart.* Frankfurt, 144 - 155.

O'Brien, R. (ed.)(1968), *Georgetown University Round Table. Selected Papers on Linguistics 1961 - 1965.* Washington.

OBST-Redaktion (1977), "Sprache und Norm. Zur Orientierung und Einführung in das Thema des Heftes" in *Osnabrücker Beiträge zur Sprachtheorie* 2, 1 - 27.

Oevermann, U. (1973), *Sprache und soziale Herkunft. Ein Beitrag zur Analyse schichtenspezifischer Sozialisationsprozesse und ihre Bedeutung für den Schulerfolg.* Frankfurt, 3. Auflage.

Oksaar, E. (1968), "Sprachnorm und moderne Linguistik" in: Moser, H. (ed.), *Sprachnorm. Sprachpflege, Sprachkritik. Jahrbuch des Instituts für Deutsche Sprache 1966/67.* Düsseldorf, 67 - 78.

Oller, J.W. (1970), "Transformational Theory and Pragmatics"in *The Modern Language Journal* 54, 504 - 507.

Oller, J.W. (1976), "Evidence for a General Language Proficiency Factor: An Expectancy Grammar" in *Die Neueren Sprachen* 2, 165 - 174.

Oller, J.W./Richards, J.C. (eds.) (1973), *Focus on the Learner: Pragmatic Perspectives for the Language Teacher.* Rowley/Mass.

Osgood, C.E./Sebeok, T.A. (eds.) (1954), *Psycholinguistics.* Baltimore.

van Parreren, C.F. (1974), *Lernen in der Schule.* Weinheim/Basel, 5. Auflage.

Parsons, T. (1967), *The Social System.* London, 5. Auflage.

Parsons, T. (1968), *Sozialstruktur und Persönlichkeit.* Frankfurt.

Paulston, C.B. (1975), "Ethnic Relations and Bilingual Education: Accounting for contradictory Data" in *Working Papers on Bilingualism* 6, 1 - 44.

Petiot, G./Marchello-Nizia, C. (1972), "La norme et les grammaires scolaires" in *Langue français* 16, 99 - 113.

Peuser, G. (1973), *Eine Transformationsgrammatik für den Französischunterricht. Grundlagen - Methodik - Didaktik.* Freiburg.

Pfistner, H.-J. (1981), "Typologische, eigenschaftliche faktorielle Konzeptionen der Lehrer-Persönlichkeit" in: Gudjons, H./Reinert, G.-B. (eds.), *Lehrer ohne Maske ? Grundfragen zur Lehrerpersönlichkeit.* Königstein, 43 - 54.

Piaget, J. (1969), *Das Erwachen der Intelligenz.* Stuttgart.

Piepho, H.-E. (1974 a), *Kommunikative Kompetenz als übergeordnetes Lernziel im Englischunterricht.* Dornburg-Frickenhofen.

Piepho, H.-E. (1974 b), "Kommunikative Kompetenz durch Englischunterricht. Zu einer revidierten Lernzieltheorie für den Englischunterricht auf der Orientierungsstufe und der Sekundarstufe I" in *Der fremdsprachliche Unterricht* 32, 7 - 24.

Piepho, H.-E. (1979), "Kommunikative Kompetenz" in: Kleine, W. (ed.), *Perspektiven des Fremdsprachenunterrichts in der Bundesrepublik Deutschland*. Frankfurt, 65 - 73.

Poelchau, H.-W. (1980), *Lernobjekt - Lernprozeß - Lernmaterial. Voraussetzungen zu einer lehr-lerntheoretisch orientierten Konstruktion von Lernmaterial*. Weinheim/Basel.

von Polenz, P. (1968), "Sprachkritik und sprachwissenschaftliche Methodik" in: Moser, H. (ed.), *Sprachnorm, Sprachpflege, Sprachkritik. Jahrbuch des Instituts für Deutsche Sprache 1966/67*. Düsseldorf, 159 - 184.

von Polenz, P. (1972), "Sprachnorm, Sprachnormung, Sprachnormenkritik" in *Linguistische Berichte* 17, 76 - 84.

von Polenz, P. (1973), "Sprachkritik und Sprachnormenkritik" in: Nickel, G. (ed.), *Angewandte Sprachwissenschaft und Deutschunterricht*. München, 118 - 167.

Pollak, W. (1973), "Die sprachliche Normproblematik in linguistischer, soziologischer und didaktischer Sicht" in *Linguistik und Didaktik* 13, 53 - 58.

Ponten, J.-P. (1978), "Zur Anwendung strukturell-semantischer Prinzipien in der sprachdidaktischen Praxis" in: Engel, U./Grosse, S. (eds.), *Grammatik und Deutschunterricht. Jahrbuch 1977 des Instituts für deutsche Sprache*. Düsseldorf, 198 - 211.

Presch, G./Gloy, K. (eds.) (1976 a), *Sprachnormen II. Theoretische Begründungen - außerschulische Sprachnormenpraxis*. Stuttgart.

Presch, G./Gloy, K. (1976 b), "Konventionalisiertes Handeln: Bedingungen der Regelgeleitetheit von Kommunikation" in: Presch, G./Gloy, K. (eds.), *Sprachnormen II. Theoretische Begründungen - außerschulische Sprachnormenpraxis*. Stuttgart, 9 - 48.

Quetz, J. (1982), "Möglichkeiten der Kooperation zwischen Hochschule und Volkshochschule" in: Schilder, H. (ed.), *Weiterbildung im fremdsprachlichen Bereich als universitäre Aufgabe-Formen, Inhalte, Kompetenzen. Dokumentation eines Symposiums des Fachbereiches Sprach- und Literaturwissenschaft der Universität Duisburg-Gesamthochschule*. Duisburg, 80 - 92.

Quetz, J./Bolton, S./Lauerbach, G. (1980), *Fremdsprachen für Erwachsene. Eine Einführung in die Didaktik und Methodik des Fremdsprachenunterrichts in der Erwachsenenbildung.* Berlin.

Raabe, H. (1980), "Der Fehler beim Fremdsprachenerwerb und Fremdsprachengebrauch" in: Cherubim, D. (ed.), *Fehlerlinguistik. Beiträge zum Problem der sprachlichen Abweichung.* Tübingen, 61 - 93.

Raabe, H. (1981), "Auf der Suche nach Elementen für einen lernergesteuerten Grammatikunterricht". Vortrag gehalten auf der 9. Arbeitstagung der Fremdsprachendidaktiker vom 28. - 30. 9. 1981 in Hannover.

Raabe, H. (1982), "'Ist *ne ... pas* denn keine doppelte Verneinung ?' Die Analyse von Fragereaktionen in ihrer Bedeutung für die Vermittlung von Fremdsprachen" in: Gnutzmann, C./Stark, D. (eds.), *Grammatikunterricht. Beiträge zur Linguistik und Didaktik des Fremdsprachenunterrichts.* Tübingen, 61 - 99.

Raasch, A. (1974), "Die Rolle der Pragmalinguistik im Fremdsprachenunterricht" in *Unterrichtswissenschaft* 2, 3 - 10.

Raasch, A. (1977), "Lernzielorientierte Sprachinventare im Französischen" in: Hüllen, W./Raasch, A./Zapp, F.J. (eds.), *Sprachminima und Abschlußprofile.* Frankfurt, 71 - 80.

Raasch, A. (1979), "Un 'Un niveau-seuil' ? - Deux 'Un niveauseuil' ? - Deux 'Niveaux-seuils' ? Diskussionsbeitrag zur 'Adaptation de 'Un niveau-seuil 'pour des contextes scolaires'" in *Neusprachliche Mitteilungen* 3, 157 - 161.

Raasch, A. (1981 a), "Einleitung" in: Raasch, A. (ed.), *Französisch als Zielsprache. Handbuch des Französischunterrichts unter besonderer Berücksichtigung der Weiterbildung.* München, 10 - 38.

Raasch, A. (ed.) (1981 b), *Französisch als Zielsprache. Handbuch des Französischunterrichts unter besonderer Berücksichtigung der Weiterbildung.* München.

Raasch, A. (1981 c), "Leistungsmessung im Französischunterricht für Erwachsene" in: Raasch, A. (ed.), *Französisch als Zielsprache. Handbuch des Französischunterrichts unter besonderer Berücksichtigung der Weiterbildung.* München, 244 - 275.

Racle, G.R. (1979), "Can Suggestopaedia Revolutionize Language Teaching ?" in *Foreign Language Annals* 1, 39 - 54.

Räuscher, K. (1972), "Zum sprachlichen Normbegriff" in *Fremdsprachen* 16, 25 - 32.

Ramírez, A.G./Politzer, R.L. (1978), "Comprehension and Production in English as a Second Language by Elementary School Children and Adolescents" in: Hatch, E. (ed.), *Second Language Acquisition. A Book of Readings*. Rowley/Mass., 313 - 332.

Rattunde, E. (1974), "Toleranzbreite oder Normgrenze ('des bons amis' - 'de bons amis')" in *Die Neueren Sprachen* 4, 331 - 339.

Rattunde, E. (1978), "Sprachkode(s) und Sprachnorm(en) im Französischunterricht" in *Zielsprache Französisch* 2, 53 - 62.

Rattunde, E. (ed.) (1979 a), *Sprachnorm(en) im Fremdsprachenunterricht*. Frankfurt.

Rattunde, E. (1979 b), "Sprachnorm und Fehlerkorrektur. Zur Relevanz der neuen tolérances grammaticales ou orthographiques (déc. 1976)" in: Rattunde, E. (ed.), *Sprachnorm(en) im Fremdsprachenunterricht*. Frankfurt, 62 - 90.

Rattunde, E. (1981), "C'est de beaux résultats ? - oder: Wie wichtig ist der neue Toleranzerlaß für den Französischunterricht" in *Die Neueren Sprachen* 1, 2 - 18.

Raupach, M. (1978), "Linguistik und Fremdsprachenunterricht" in *Zielsprache Französisch* 3, 97 - 105.

Reinert, G.-B./Heyder, S. (1981 a), "Aspekte der Psychohygiene im Schulalltag oder: Seelische Gesundheit läßt sich nicht beim Hausmeister deponieren ! Über das 'Innenleben' von Lehrern und die Ambivalenzen von Persönlichkeitsfaktoren" in: Gudjons, H./Reinert, G.-B. (eds.), *Lehrer ohne Maske ? Grundfragen zur Lehrerpersönlichkeit*. Königstein, 155 - 169.

Reinert, G.-B./Heyder, S. (1981 b), "Der 'gute' Lehrer: Impressionen zur Lehrerpersönlichkeit als tragender Determinante der Lehrer-Schüler-Beziehung. Eine Alltagsstudie" in: Gudjons, H./Reinert, G.-B. (eds.), *Lehrer ohne Maske ? Grundfragen zur Lehrerpersönlichkeit*. Königstein, 101 - 116.

Reisener, H. (1977), "Stand und Perspektiven des Englischunterrichs an Hauptschulen" in: Hunfeld, H. (ed.), *Neue Perspektiven der Fremdsprachendidaktik. Eichstätter Kolloquium zum Fremdsprachenunterricht 1977*. Kronberg, 174 - 184.

Reisener, H. (1978), "Fünfzehn Fragenkomplexe zur Beurteilung von Lehrbüchern für den Fremdsprachenunterricht" in *Der fremdsprachliche Unterricht* 45, 68 - 70.

Reiß, K. (1977), "Übersetzen und Übersetzung im Hochschulbereich" in *Die Neueren Sprachen* 5/6, 535 - 548.

Rettig, W. (1974), "Normvorstellungen und Zielsetzungen im Französischunterricht" in *Linguistik und Didaktik* 19, 245 - 259.

Richards, J.C. (1973), "Error Analysis and Second Language Strategies" in: Oller, J.W./Richards, J.C. (eds.), *Focus on the Learner. Pragmatic Perspectives for the Language Teacher*. Rowley/Mass., 114 - 135.

Richards, J.C. (ed.) (1974), *Error Analysis. Perspectives on Second Language Acquisition*. London.

Richards, J.C. (1975), "Simplification: A Strategy in the Adult Acquisition of a Foreign Language: An Example from Indonesian/Malay" in *Language Learning* 25, 115 - 126.

Richards, J.C. (1978 a), "Models of Language Use and Language Learning" in: Richards, J.C. (ed.), *Understanding Second & Foreign Language Learning. Issues & Approaches*. Rowley/Mass., 94 - 115.

Richards, J.C. (ed.) (1978 b), *Understanding Second & Foreign Language Learning. Issues & Approaches*. Rowley/Mass.

Richter-Lönnecke, H. (1982), "Probleme der (weiteren) Professionalisierung im Fachbereich Sprachen an Volkshochschulen" in: Schilder, H. (ed.), *Weiterbildung im fremdsprachlichen Bereich als universitäre Aufgabe - Formen, Inhalte, Kompetenzen. Dokumentation eines Symposiums des Fachbereiches Sprach- und Literaturwissenschaft der Universität Duisburg-Gesamthochschule*. Duisburg, 93 - 104.

Richterich, R. (1977), "Essais d'application d'un cadre de référence pragmatique à la réalisation de matériels d'apprentissage du français langue étrangère" in *The Canadian Modern Language Review* 5, 681 - 693.

Ris, R. (1979), "Dialekte und Einheitssprache in der deutschen Schweiz" in *International Journal of the Sociology of Language* 21, 41 - 61.

Robinsohn, S.B. (ed.) (1972), *Curriculumentwicklung in der Diskussion*. Stuttgart.

Robinson, W.P. (1971), "Social Factors and Language Development in Primary School Children" in: Huxley, R./Ingram, E. (eds.), *Language Acquisition: Models and Methods*. London/New York, 49 - 64.

Roeder, P.M. (1968), "Sprache, Sozialstatus und Schulerfolg" in *betrifft: Erziehung* 6, 14 - 20.

Rosemann, H. (1974), *Lernen, Behalten und Denken*. Berlin.

Rosenthal, R./Jacobson, L. (1971), *Pygmalion im Unterricht. Lehrererwartungen und Intelligenzentwicklung der Schüler*. Weinheim/Basel.

Roth, E. (1967), *Einstellung als Determination individuellen Verhaltens. Die Analyse eines Begriffs und seiner Bedeutung für die Persönlichkeitspsychologie*. Göttingen.

Roth, H. (ed.) (1969), *Begabung und Lernen. Gutachten und Studien der Bildungskommission des Deutschen Bildungsrates. Band 4*. Stuttgart.

Roth, J. (1980), *Lehrer und Schüler. Interaktion und Kommunikation in der Schule*. München.

Roulet, E. (1971), "Les modèles de grammaire et leurs applications à l'enseignement des langues vivantes" in *Revue des langues vivantes* 37, 582 - 604.

Roulet, E. (1972), "Vers une grammaire de l'emploi et de l'apprentissage de la langue" in: Spang-Hanssen, H./Schwarz, H./Quistgaard, J. (eds.), *Applied Linguistics. Proceedings of the Third Congress of the International Association of Applied Linguistics*. Kopenhagen, 24 - 37.

Roulet, E. (1974), "Vers une caractérisation linguistique des normes dans l'enseignement des langues" in: Corder, S.P./Roulet, E. (eds.), *Linguistic Insights in Applied Linguistics*. Brüssel/Paris, 143 - 156.

Rülcker, C./Rülcker, T. (1978), *Soziale Normen und schulische Erziehung. Moralisches Handeln als Problem in einer demokratischen Gesellschaft*. Heidelberg.

Ruhloff, J., *Das ungelöste Normproblem der Pädagogik*. Heidelberg 1980.

Rupp, H. (1970), "Sprachgebrauch, Norm und Stil" in: Rupp, H./Wiesmann, L., *Gesetz und Freiheit in unserer Sprache*. Frauenfeld, 7 - 43.

Rupp, H./Wiesmann, L. (1970), *Gesetz und Freiheit in unserer Sprache*. Frauenfeld.

Rutherford, W. (1980), "Aspects of Pedagogical Grammars" in *Applied Linguistics* 1, 60 - 73.

Ruwet, N. (1967), *Introduction à la grammaire générative.* Paris.

Salistra, I.D. (1962), *Methodik des neusprachlichen Unterrichts.* Berlin.

Sallaberger, J. (1981), "Von der Übungsfrage zum Gespräch" in *Zielsprache Französisch* 3, 143 - 147.

Sampson, G.P. (1978), "A Model for Second Language Learning" in *The Canadian Modern Language Review* 34, 442 - 454.

Sampson, G.P. (1982), "Converging Evidence for a Dialectical Model of Function and Form in Second Language Learning" in *Applied Linguistics* 1, 1 - 28.

Sandig, B. (1974), "Sprache und Norm, Sprachnorm, Sprachhandlungsnorm" in *Der Deutschunterricht* 26 - 2, 29 - 38.

Sang, F./Vollmer, H.J. (1978), *Allgemeine Sprachfähigkeit und Fremdsprachenerwerb. Zur Struktur von Leistungsdimensionen und linguistischer Kompetenz des Fremdsprachenlernens.* Berlin.

Sauer, H. (1963), "Lehrbuch und Arbeitsmittel im Englischunterricht" in *Praxis des neusprachlichen Unterrichts* 4, 213 - 218.

Sauer, H. (1968), *Fremdsprachen in der Volksschule. Untersuchungen zur Begründung des Englischunterrichts für alle.* Hannover.

Sauer, H. (1973), "Fachdidaktische und schulpolitische Aspekte des Fremdsprachenunterrichts auf der Primarstufe" in *Praxis des neusprachlichen Unterrichts* 2, 131 - 141.

Sauer, H. (1982), "Eine neue Methode oder modifizierte Prinzipien für den Fremdsprachenunterricht? Review article zu W. Butzkamms 'Praxis und Theorie der bilingualen Methode'"in *Praxis des neusprachlichen Unterrichts* 1, 15 - 22.

de Saussure, F. (1916/1975), *Cours de linguistique générale.* Edition critique preparée par Tullio de Mauro. Paris.

Savignon, S.J. (1981), "Three Americans in Paris: A Look at 'Natural' Second Language Acquisition" in *The Modern Language Journal* 3, 241 - 247.

Scarcella, R.C./Higa, C. (1981), "Input, Negotiation and Age Differences in Second Language Acquisition" in *Language Learning* 31, 409 - 437.

Schaller, H.-W. (1978), "Fremdsprachenunterricht und Fernsehen" in *Neusprachliche Mitteilungen* 4, 228 - 232.

Schenk, I. (1981), "Zur Geschichte der Medienpädagogik in der Bundesrepublik" in *Englisch-Amerikanische Studien* 2, 175 - 187.

Scherfer, P. (1977 a), "Funktionale Variation im Französischen und Lernzielexplizierung" in: Kühlwein, W./Raasch, A. (eds.), *Kongreßberichte der 7. Jahrestagung der Gesellschaft für Angewandte Linguistik (GAL). Band 1.* Stuttgart, 108 - 128.

Scherfer, P. (1977 b), *Funktionale Sprachvarianten. Eine Untersuchung zum Französischen unter fremdsprachendidaktischem Aspekt.* Kronberg.

Schiefele, H./Hausser, K./Schneider, G. (1979), "'Interesse' als Ziel und Weg der Erziehung. Überlegungen zu einem vernachlässigten pädagogischen Konzept" in *Zeitschrift für Pädagogik* 1, 1 - 20.

Schiffler, L. (1980), "Suggestopädischer Fremdsprachenunterricht in unseren Schulen ?" in *Neusprachliche Mitteilungen* 4, 245 - 252.

Schilder, H. (1977), *Medien im neusprachlichen Unterricht seit 1880. Eine Grundlegung der Anschauungsmethode und der auditiven Methode unter entwicklungsgeschichtlichem Aspekt.* Kronberg.

Schilder, H. (1980), "Stationen der neusprachlichen Mediendidaktik seit 1945. Versuch einer Ortsbestimmung" in *Die Neueren Sprachen* 4, 330 - 348.

Schilder, H. (ed.) (1982), *Weiterbildung im fremdsprachlichen Bereich als universitäre Aufgabe - Formen, Inhalte, Kompetenzen. Dokumentation eines Symposiums des Fachbereiches Sprach- und Literaturwissenschaft der Universität Duisburg-Gesamthochschule.* Duisburg.

Schlieben-Lange, B. (ed.) (1975), *Sprachtheorie.* Hamburg.

Schlieben-Lange, B. (1976), "Perlokution und Konvention" in: Gloy, K./Presch, G. (eds.), *Sprachnormen III. Kommunikationsorientierte Linguistik - Sprachdidaktik.* Stuttgart, 58 - 66.

Schlieben-Lange, B. (1978), *Soziolinguistik. Eine Einführung.* Stuttgart/Berlin/Köln/Mainz, 2. Auflage.

Schlutz, E. (1977), "Normierte Kommunikation und Erwachsenenbildung" in *Osnabrücker Beiträge zur Sprachtheorie* 2, 97 - 117.

Schmidt, B. (1982), "Probleme der (weiteren) Professionalisierung im Fachbereich Sprachen an Volkshochschulen" in: Schilder, H. (ed.), *Weiterbildung im fremdsprachlichen Bereich als universitäre Aufgabe - Formen, Inhalte, Kompetenzen. Dokumentation eines Symposiums des Fachbereiches Sprach- und Literaturwissenschaft der Universität Duisburg-Gesamthochschule.* Duisburg, 105 - 113.

Schmidt, R. (1979), "Didaktische Probleme der kommunikativpragmatischen Kompetenz. Ermittlung und Vergleich einiger Konsequenzen aus dem kommunikationstheoretischen und pragmalinguistischen Ansatz für den muttersprachlichen und fremdsprachlichen Unterricht" in: Neuner, G. (ed.), *Pragmatische Didaktik des Englischunterrichts. Beiträge zur theoretischen Grundlegung und praktischen Unterrichtsgestaltung.* Paderborn, 115 - 128.

Schmitt, C. (1979), "Sprachplanung und Sprachlenkung im Französischen der Gegenwart" in: Rattunde, E. (ed.), *Sprachnorm(en) im Fremdsprachenunterricht.* Frankfurt, 7 - 44.

Schneider, B. (1978), *Sprachliche Lernprozesse. Lernpsychologische und linguistische Analyse des Erst- und Zeitsprachenerwerbs.* Tübingen.

Schneider, G./Hausser, K./Schiefele, H. (1979), "Bestimmungsstücke und Probleme einer pädagogischen Theorie des Interesses" in *Zeitschrift für Pädagogik* 1, 43 - 60.

Schneider, K. (1979), "Der 'menschliche' Lehrer. Zur Problematik der Lehrerpersönlichkeit" in: Adrion, D./Schneider, K. (eds.), *Von Beruf Lehrer. Möglichkeiten der Selbstverwirklichung im konfliktreichen Alltag.* Freiburg, 33 - 48.

Schnelle, H. (1981 a), "Introspection and the Description of Language Use" in: Coulmas, F. (ed.), *A Festschrift for Native Speaker.* Den Haag/Paris/New York, 105 - 126.

Schnelle, H. (ed.) (1981 b), *Sprache und Gehirn. Roman Jakobson zu Ehren.* Frankfurt 1981.

Schönbach, P. (1972), "Zur Problematik der Sprachbarrierenforschung: Perspektiven eines Sozialpsychologen" in: Engel, U./Schwencke, O. (eds.), *Gegenwartssprache und Gesellschaft. Beiträge zu aktuellen Fragen der Kommunikation.* Düsseldorf, 71 - 81.

Schröder, K. (1969), *Die Entwicklung des englischen Unterrichts an den deutschsprachigen Universitäten bis zum Jahre 1850. Mit einer Analyse zur Verbreitung und Stellung des Englischen als Schulfach an den deutschen höheren Schulen im Zeitalter des Neuhumanismus.* Ratingen.

Schröder, K. (1977 a), "Didaktik" in: Schröder, K./ Finkenstaedt, T. (eds.), *Reallexikon der englischen Fachdidaktik.* Darmstadt, 41 - 47.

Schröder, K. (1977 b), "Fachdidaktik 1977: Probleme und Perspektiven" in *Zeitschrift für Literaturwissenschaft und Linguistik* 25, 92 - 99.

Schröder, K. (1977 c), "'Tertiärsprachen' im Urteil von Studienanfängern" in *Neusprachliche Mitteilungen* 3, 162 - 165.

Schröder, K. (1979), "'Tertiärsprachen' in Deutschland. Bemerkungen zu Bedarf und Bedürfnis" in *Die Neueren Sprachen* 2, 88 - 106.

Schröder, K./Finkenstaedt, T. (eds.) (1977), *Reallexikon der englischen Fachdidaktik.* Darmstadt.

Schröder, K./Langheld, D./Macht, K. (1979), *Fremdsprachen in Handel und Industrie unter besonderer Berücksichtigung mittlerer Betriebe in Schwaben und im Raum München. Dokumentation und Auswertung einer Umfrage.* Königstein.

Schröder, P. (1973), "Sprachnorm, Sprachbarrieren, Sprachpolitik (I und II)" in: *Funk-Kolleg Sprache. Band 2. Eine Einführung in die moderne Linguistik.* Frankfurt, 263 - 294.

Schüle, K. (1973), "Zur Inhaltsproblematik in fremdsprachlichen Lehrwerken" in *Praxis des neusprachlichen Unterrichts* 4, 409 - 417.

Schüle, K. (1976), "Sprachtätigkeit und Sprechfertigkeit. Zur Kritik der heutigen Lehrwerk- und Mediendidaktik" in *Französisch heute* 1, 1 - 16.

Schütt, H. (1974), *Fremdsprachenbegabung und Fremdsprachenleistung. Ein Beitrag zum Problem der prognostischen Gültigkeit von Fremdsprachenbegabungstest.* Frankfurt.

Schulte, H. (1981), "Analyse alltäglicher Mediensituationen als Grundlage eines Konzepts offenen Lernens mit Medien im Alltag. Plädoyer für eine didaktische Entwicklungsforschung 'vor Ort'" in *Unterrichtswissenschaft* 4, 369 - 377.

Schulz, R. (1981), "Lesen/Verstehen: Ausbildung von Arbeits-, Übungs- und Interpretationstechniken im schülerbezogenen Fremdsprachenunterricht der 9. und 10. Klassen" in *Neusprachliche Mitteilungen* 4, 195 - 205.

Schumann, J.H. (1976), "Social Distance as a Factor in Second Language Acquisition" in *Language Learning* 26, 135 - 143.

Schwarz, C. (1977), "Zur Differenzierung und Varianz der Normen für die sprachlich-kommunikative Tätigkeit" in: Akademie der Wissenschaften der DDR - Zentralinstitut für Sprachwissenschaft (ed.), *Normen in der sprachlichen Kommunikation*. Berlin, 70 - 101.

Schwarzer, R. (1975), *Schulangst und Lernerfolg*. Düsseldorf.

Schwerdtfeger, I.C. (1973), *Medien und Fremdsprachenunterricht. Eine Analyse unter pragmatischem Aspekt*. Hamburg.

Schwerdtfeger, I.C. (1975), "Lernziele für einen realistischen Englischunterricht in der Sekundarstufe II" in *Der fremdsprachliche Unterricht* 36, 2 - 16.

Schwerdtfeger, I.C. (1976), *Fremdsprache: mangelhaft. Zum Verhältnis von Persönlichkeitsvariablen und Leistung im Englischunterricht*. Paderborn.

Schwerdtfeger, I.C. (1977), *Gruppenarbeit im Fremdsprachenunterricht. Ein adaptives Konzept*. Heidelberg.

Schwerdtfeger, I.C. (1978), "Sprachlehrforschung als Aufgabe" in *Der fremdsprachliche Unterricht* 47, 2 - 5.

Schwerdtfeger, I.C. (1979), "Technische Medien im Englischunterricht. Einführung in die Theorie und Praxis ihres Einsatzes" in: Hunfeld, H./Schröder, K. (eds.), *Grundkurs Didaktik Englisch*. Königstein, 131 - 150.

Schwerdtfeger, I.C. (1980), "Sozialformen im kommunikativen Fremdsprachenunterricht" in *Der fremdsprachliche Unterricht* 53, 8 - 21.

Schwerdtfeger, I.C. (1981), "Motivation und Lernverhalten" in: Brückner, H. (ed.), *Lehrer und Lernende im Deutschunterricht. Kongreßbericht der VI. Internationalen Deutschlehrertagung vom 4. - 8. August 1980 in Nürnberg*. Berlin/München/Wien/Zürich, 49 - 67.

Schwerdtfeger, I.C. (1982), "Statement zur 2. Frühjahrskonferenz" in: Bausch, K.-R./Christ, H./Hüllen, W./Krumm, H.-J. (eds.), *Das Postulat der Lernerzentriertheit: Rückwirkungen auf die Theorie des Fremdsprachenunterrichts. Arbeitspapiere der 2. Frühjahrskonferenz zur Erforschung des Fremdsprachenunterrichts*. Bochum, 101 - 108.

Schwinning, H. (1981), "Erfahrungsbericht eines Ex-Referendars" in *Neusprachliche Mitteilungen* 2, 81 - 86.

Searle, J.R. (1971), *Sprechakte. Ein sprachphilosophischer Essay*. Frankfurt.

Segermann, K. (1980 a), "Lehrwerkkritik für die Sekundarstufe II: Kriterien zur Beurteilung fremdsprachlicher Kursmaterialien" in *Neusprachliche Mitteilungen* 1, 62 - 68.

Segermann, K. (1980 b), "Lehrwerkkritik für die Sekundarstufe II: Zur theoretischen Begründung von Beurteilungskriterien" in *Neusprachliche Mitteilungen* 2, 100 - 107.

Seliger, H.W. (1977), "Linguistic Competence and the Language Users" in *Linguistics* 187, 65 - 71.

Selinker, L. (1972), "Interlanguage" in *IRAL* 3, 209 - 231.

Selinker, L./Lamendella, J.T. (1978), "Two Perspectives on Fossilization in Interlanguage Learning" in *Interlanguage Studies Bulletin* 3, 143 - 191.

Selinker, L./Swain, M./Dumas, G. (1975), "The Interlanguage Hypothesis Extended to Children" in *Language Learning* 25, 139 - 152.

Serebrennikow, B.A. (1973), *Allgemeine Sprachwissenschaft. Band 1: Existenzformen. Funktionen und Geschichte der Sprache*. München/Salzburg.

Settekorn, W. (1979), ""...METTRE & ORDONNER LA LÄGUE FRANCOISE PAR CERTAINE REIGLE..." Überlegungen zur Genese sprachnormativen Diskurses in Frankreich" in: Bergerfurth, W./Diekmann, E./Winkelmann, O. (eds.), *Festschrift für Rupprecht Rohr zum 60. Geburtstag*. Heidelberg, 495 - 513.

Sharwood-Smith, M. (1976 a), "Pedagogical Grammar" in *Interlanguage Studies Bulletin* 1, 45 - 57.

Sharwood-Smith, M. (1976 b), *Pedagogical Grammars and the Semantic of Time Reference in English*. L.A.U.T. Papers, Series B, No 17. Trier.

Shuy, R.W. (ed.) (1964), *Social Dialects and Language Learning. Proceedings of the Bloomington, Indiana, Conference*. Champain/Illinois.

Sinclair, J.Mc.H./Coulthard, M. (1977), *Analyse der Unterrichtssprache. Ansätze zu einer Diskursanalyse dargestellt am Sprachverhalten englischer Lehrer und Schüler*. (Übersetzt, bearbeitet und herausgegeben von Hans-Jürgen Krumm). Heidelberg.

Singer, K. (1981), "Unbewußte Konflikte der Lehrerpersönlichkeit als Störung der pädagogischen Beziehung. Anregungen zur Selbstbesinnung des Lehrers" in: Gudjons, H./Reinert, G.-B. (eds.), *Lehrer ohne Maske ? Grundfragen zur Lehrerpersönlichkeit*. Königstein, 73 - 87.

Skalicka, V. (1948), "The Need for a Linguistics of 'la parole'" in *Recueil linguistique de Bratislava* 1, 21 - 38.

Skinner, B.F. (1957), *Verbal Behavior*. New York.

Slagter, P.J. (1979), *Un nivel umbral*. Straßburg.

Snow, C.E./Hoefnagel-Höhle, M. (1978), "Age Differences in Second Language Acquisition" in: Hatch, E. (ed.), *Second Language Acquisition. A Book of Readings*. Rowley/Mass., 333 - 344.

Söhngen, G. (1979), "Gründe für die Abwahl der Fremdsprachen in der Schule" in *Praxis des neusprachlichen Unterrichts* 26, 115 - 122.

Söll, L. (1974), *Gesprochenes und geschriebenes Französisch*. Berlin.

Solmecke, G. (ed.) (1976), *Motivation im Fremdsprachenunterricht*. Paderborn.

Solmecke, G. (1979), "Nationalsprache, lingua franca oder Pidgin: Untersuchungen zur Einstellung deutscher Sprachlernender gegenüber Englisch" in *Der fremdsprachliche Unterricht* 52, 16 - 27.

Solmecke, G./Boosch, A. (1981), *Affektive Komponenten der Lernerpersönlichkeit und Fremdsprachenerwerb. Die Ergebnisse eines Forschungsprojekts*. Tübingen.

Spang-Hanssen, H./Schwarz, H./Quistgaard, J. (eds.) (1972), *Applied Linguistics. Proceedings of the Third Congress of the International Association of Applied Linguistics*. Kopenhagen.

Spanhel, D. (1973 a), "Die Schülersprache. Formen und Funktionen im Lernprozeß" in: Spanhel, D. (ed.), *Schülersprache und Lernprozesse*. Düsseldorf, 159 - 192.

Spanhel, D. (ed.) (1973 b), *Schülersprache und Lernprozesse*. Düsseldorf.

Spillner, B. (1977 a), "Norm und Varietät im Sprachlehrbereich" in: Kühlwein, W./Raasch, A. (eds.), *Kongreßberichte der 7. Jahrestagung der Gesellschaft für Angewandte Linguistik (GAL). Band 1*. Stuttgart, 19 - 20.

Spillner, B. (1977 b), "Norm und Abweichung, Standard und Varietät in der Angewandten Linguistik" in: Kühlwein, W./ Raasch, A. (eds.), *Kongreßberichte der 7. Jahrestagung der Gesellschaft für Angewandte Linguistik (GAL). Band 1.* Stuttgart, 29 - 44.

Spillner, B. (1979), "Normierungen in der französischen Lexik" in: Kloepfer, R. (ed.), *Bildung und Ausbildung in der Romania. Band II. Sprachwissenschaft und Landeskunde.* München, 213 - 238.

Stammerjohann, H. (ed.) (1975), *Handbuch der Linguistik. Allgemeine und Angewandte Sprachwissenschaft.* München.

Stedtfeld, W. (1978),"Die Verwendung des Englischen durch Absolventen der Realschule: Ergebnisse einer empirischen Untersuchung" in: Bausch, K.-R./Bliesener, U./Christ, H./ Schröder, K./Weisbrod, U. (eds.), *Beiträge zum Verhältnis von Fachsprache und Gemeinsprache im Fremdsprachenunterricht der Sekundarstufe II.* Bochum, 67 - 110.

Steger, H. (1968), "Über das Verhältnis von Sprachnorm und Sprachentwicklung in der deutschen Gegenwartssprache" in: Moser, H. (ed.), *Sprachnorm, Sprachpflege, Sprachkritik. Jahrbuch des Instituts für Deutsche Sprache 1966/67.* Düsseldorf, 45 - 66.

Steger, H. (1970), "Sprachverhalten - Sprachsystem - Sprachnorm" in: Deutsche Akademie für Sprache und Dichtung (ed.), *Jahrbuch 1970.* Darmstadt, 11 - 32.

Steger, H. (1980), "Normprobleme" in: Deutsche Akademie für Sprache und Dichtung (ed.), *Der öffentliche Sprachgebrauch. Band 1: Die Sprachnorm - Diskussion in Presse, Hörfunk und Fernsehen.* Bearbeitet von B. Mogge. Stuttgart 1980, 210 - 219.

Steltmann, K. (1981), "Auswirkungen personaler Faktoren auf die Englischleistungen" in *Die Neueren Sprachen* 2, 114 - 125.

Sternberg, Y. (1973), "Eine Typologie der verbalen kommunikativen Situationen" in: Kochan, D.C. (ed.), *Sprache und kommunikative Kompetenz. Theoretische und empirische Beiträge zur sprachlichen Sozialisation und Primärsprachendidaktik.* Stuttgart, 131 - 141.

Stevick, E.W. (1976), *Memory, Meaning and Method. Some Psychological Perspectives on Language Learning.* Rowley/ Mass.

Stimm, H. (ed.) (1976), *Aufsätze zur Sprachwissenschaft I.* (=Zeitschrift für französische Sprache und Literatur. Beiheft, N.F. Heft 3). Wiesbaden.

Stourdzé, C. (1969), "Les niveaux de langue" in *Le Français dans le Monde* 65, 18 - 21.

Strecker, B. (1975), "Bedeutungserlernung im Fremdsprachenunterricht" in: Werner, O./Fritz, G. (eds.), *Deutsch als Fremdsprache und neuere Linguistik*. München, 262 - 271.

Strobel, G. (1979), "Zur Klärung der Grundbegriffe der pragmatischen Fremdsprachendidaktik" in: Neuner, G. (ed.), *Pragmatische Didaktik des Englischunterrichts. Beiträge zur theoretischen Grundlegung und praktischen Unterrichtsgestaltung*. Paderborn, 11 - 60.

Svartvik, J. (ed.) (1973), *Errata. Papers in Error Analysis*. Lund.

Tarone, E. (1977), "Conscious Communication Strategies in Interlanguage: A Progress Report" in: Brown, H.D./Yorio, C./Crymes, R. (eds.), *On Tesol '77: Teaching and Learning English as a Second Language*. Washington, 194 - 203.

Tarone, E./Cohen, A.D./Dumas, G. (1976), "A Closer Look at some Interlanguage Terminology: A Framework for Communication Strategies" in *Working Papers on Bilingualism* 9, 76 - 90.

Tarone, E./Frauenfelder, U./Selinker, L. (1976), "Systematicity/Variability and Stability/Instability in Interlanguage Systems" in: Brown, H.D. (ed.), *Papers in Second Language Acquisition. Language Learning, Special Issue* 4, 93 - 134.

Taylor, I. (1978), "Acquiring vs Learning a Second Language" in *The Canadian Modern Language Review* 34, 455 - 472.

Tegtmeier, H.D. (1977), "Praktische Arbeit mit Flanelltafel und Haftelementen" in *Praxis des neusprachlichen Unterrichts* 2, 178 - 183.

Teschner, W.-P. (1970), "Toleranzuntersuchung der Lehrerhochschule Malmö in Zusammenarbeit mit der Gesamtschule BBR" in *Didakometrie und Soziometrie* 8. Malmö.

Timm, J.-P. (1979), *Pragmatisch-kommunikative Grammatik im Englischunterricht. Theorie und Praxis der Unterrichtsplanung*. München.

Timm, J.-P. (1981), "Sprachliche 'Konzepte' und 'Regeln' in der Interimsgrammatik deutscher Schüler - 'Hervorlockungstests' und methodische Folgerungen für den Englischunterricht" in: Kühlwein, W./Raasch, A. (eds.), *Sprache: Lehren - Lernen. Band II. Kongreßberichte der 11. Jahrestagung der Gesellschaft für Angewandte Linguistik (GAL) in Darmstadt 1980*. Tübingen, 99 - 103.

Timm, J.-P. (1982), "Wh-Fragen im Englischunterricht:
Eine Untersuchung zur Effizienz von operationellen Regeln als Mittel für eine lernerbezogene Bewußtmachung"
in: Gnutzmann, C./Hellwig, K./Jarman, F./Köhring, K./
Krohn, D./Siekmann, M. (eds.), *Fremdsprachendidaktiker - Kongreß Hannover 1981 - Nachpublikation.* Hannover,
91 - 107.

Titone, R. (1964), *Studies in the Psychology of Second Language Learning.* Bern.

Triandis, H.C. (1975), *Einstellungen und Einstellungsänderungen.* Weinheim/Basel.

Trim, J.L.M. (1976), "Language for Adult Learners" in *Language Teaching & Linguistics: Abstracts* 9, 73 - 92.

Trim, J.L.M. (1981), "Zum Beitrag der Pragmatik zum Fremdsprachenunterricht" in: Esser, J./Hübler, A. (eds.),
Forms and Functions. Papers in General, English and Applied Linguistics presented to Vilém Fried on the Occasion of his sixty-fifth birthday. Tübingen, 253 - 263.

Trim, J.L.M./Richterich, R./van Ek, J.A./Wilkins,D.A.(1980),
Systems Development in Adult Language Learning.
Oxford.

Trudgill, P./Giles, H. (1976), *Sociolinguistics and Linguistic Value Judgements: Correctness, Adequacy and Aesthetics.*
L.A.U.T. Paper, Series B, No 10.

Tulodziecki, G. (1981), "Medienforschung als eine Aufgabe der Pädagogik" in *Unterrichtswissenschaft* 3, 275 - 285.

Ulich, D. (1971), *Gruppendynamik in der Schulklasse. Möglichkeiten und Grenzen sozialwissenschaftlicher Analysen.*
München.

Ulvestad, B. (1981), "On the Precariousness Linguistic Introspection" in: Coulmas, F. (ed.), *A Festschrift for Native Speaker.* Den Haag/ Paris/ New York, 245 - 261.

Ungerer, F. (1974),"Überlegungen zu einer didaktischen Grammatik für den Englischunterricht" in *Der fremdsprachliche Unterricht* 30, 21 - 35.

Urlaub, W.G. (1981), "Bestandsaufnahme Sprachlabor. Zum gegenwärtigen Stand der Diskussion um das Sprachlabor " in
Englisch - Amerikanische Studien 2, 198 - 312.

Uttendorfer-Marek, I. (1981 a), "Aus der Praxis lernen oder: Wie finden wir heraus, was in den Köpfen von Lehrern und Schülern vorgeht ?" in: Wagner, A.C./Maier, S./Uttendorfer-Marek, I./Weidle, R.H., *Unterrichtspsychogramme. Was in den Köpfen von Lehrern und Schülern vorgeht. Zugang zur subjektiven Unterrichtswirklichkeit.* Reinbek, 17 - 49.

Uttendorfer-Marek, I. (1981 b), "'Frau Adis bevorzugt alle gleich gut' - Psychogramm von Frau Adis und ihrer Klasse" in: Wagner, A.C./Maier, S./Uttendorfer-Marek, I./Weidle, R.H., *Unterrichtspsychogramme. Was in den Köpfen von Lehrern und Schülern vorgeht. Zugang zur subjektiven Unterrichtswirklichkeit.* Reinbek, 56 - 131.

Vachek, J. (ed.) (1964), *A Prague School Reader in Linguistics.* Bloomington.

Vachek, J. (1971), "Zu allgemeinen Fragen der Rechtschreibung und der geschriebenen Norm der Sprache" in: Beneš, E./ Vachek, J. (eds.), *Stilistik und Soziolinguistik. Beiträge der Prager Schule zur strukturellen Sprachbetrachtung und Spracherziehung.* Berlin, 102 - 122.

Valdman, A. (1967), "Norme pédagogique: Les structures interrogatives du français" in *IRAL* 5, 3 - 10.

Valette, R.M. (1975), *Tests im Fremdsprachenunterricht.* Übersetzt, bearbeitet und herausgegeben von P.W. Kahl und S. Kahl. Berlin, 3. Auflage.

Varvel, T. (1979), "The Silent Way: Panacea or Pipedream ?" in *TESOL Quarterly* 4, 483 - 494.

Vermeer, H.J. (1977), "Bemerkungen zu einer ganzheitlichen Sprachlehrforschung" in: Bender, K.-H./Berger, K./ Wandruszka, M. (eds.), *Imago Linguae. Beiträge zu Sprache, Deutung und Übersetzen. Festschrift zum 60. Geburtstag von Fritz Paepcke.* München, 569 - 580.

Vielau, A. (1975 a), "Ausbildung fremdsprachlicher Begriffe. Ein Unterrichtsmodell auf Basis der Interiorisierungstheorie Galperins" in *Linguistische Berichte* 37, 77 - 91.

Vielau, A. (1975 b), "Kognitive Wortschatzdidaktik" in *Die Neueren Sprachen* 3, 248 - 264.

Vogel, K. (1978), "Kommunikative Kompetenz im Sprachlabor ?" in: Jung, U.O.H. (ed.), *Das Sprachlabor. Möglichkeiten und Grenzen technischer Medien im Unterricht.* Königstein, 127 - 132.

Vogel, K./Solle, R. (1981), "Über das Fremdsprachenlernen Erwachsener" in: Raasch, A. (ed.), *Zielsprache Französisch. Handbuch des Französischunterrichts unter besonderer Berücksichtigung der Weiterbildung.* München, 63 - 88.

Vogel, K./Vogel, S. (1975), *Lernpsychologie und Fremdsprachenerwerb.* Tübingen.

Vollmer, H.J. (1981), "Statement zur 1. Frühjahrskonferenz" in: Bausch, K.-R./Christ, H./Hüllen, W./Krumm, H.-J. (eds.), *Arbeitspapiere zur 1. Frühjahrskonferenz zur Erforschung des Fremdsprachenunterrichts.* Bochum, 116 - 128.

Wagner, A.C. (1981), "Nachträgliches Lautes Denken als Methode der Selbsterfahrung oder: Was kann ich als Lehrerin oder Lehrer damit anfangen ?" in: Wagner, A.C./Maier, S./Uttendorfer-Marek, I./Weidle, R.H., *Unterrichtspsychogramme. Was in den Köpfen von Lehrern und Schülern vorgeht. Zugang zur subjektiven Unterrichtswirklichkeit.* Reinbek, 341 - 354.

Wagner, A.C./Maier, S./Uttendorfer-Marek, I./Weidle, R.H. (1981), *Unterrichtspsychogramme. Was in den Köpfen von Lehrern und Schülern vorgeht. Zugang zur subjektiven Unterrichtswirklichkeit.* Reinbek.

von Walter, A. (1980), "Sprachunterricht oder Geistesbildung ? Bildungspolitische Einwirkungen auf das Schulfach Englisch im 19. Jahrhundert" in *Die Neueren Sprachen* 2, 174 - 187.

Walter, H. (ed.) (1973), *Sozialisationsforschung. Band II: Sozialisationsinstanzen - Sozialisationseffekte.* Stuttgart/Bad Cannstadt.

Walter, H. (1977), *Angst bei Schülern. Ursachen, Auswirkungen und Möglichkeiten der erzieherischen Beeinflussung.* München.

Wardhaugh, R. (1970), "The Constrastive Analysis Hypothesis" in *TESOL Quarterly* 4, 123 - 130.

Wardhaugh, R./Brown, H.D. (eds.) (1976), *A Survey of Applied Linguistics.* Ann Arbor.

Watzlawick, P./Beavin. J.H./Jackson, D.D. (1974), *Menschliche Kommunikation: Formen, Störungen, Paradoxien.* Bern/Stuttgart, 4. Auflage.

Weber, H. (1975), "Sprachverhalten, Sprachkompetenz und Sprachnorm" in Drachman, G. (ed.), *Akten der 1. Salzburger Frühlingstagung für Linguistik.* Tübingen, 67 - 78.

Weiand, H.-J. (1980), "Video/Film/Fernsehen im Englischunterricht der Sekundarstufe I (Beispiel 'How to Get a Scoop')" in *Die Neueren Sprachen* 4, 395 - 415.

Weidle, R.H. (1981), "Was die Schüler denken und wie man die Lehrer vergleichen kann" in: Wagner, A.C./Maier, S./Uttendorfer-Marek, I./Weidle, R.H., *Unterrichtspsychogramme. Was in den Köpfen von Lehrern und Schülern vorgeht. Zugang zur subjektiven Unterrichtswirklichkeit*. Reinbek, 320 - 338.

Weimer, H. (1925), *Psychologie der Fehler*. Leipzig.

Weinert, F.E. et al. (1974), *Funk-Kolleg Pädagogische Psychologie*. 2 Bände. Frankfurt.

Weinreich, U. (1977), *Sprachen in Kontakt. Ergebnisse und Probleme der Zweisprachigkeitsforschung*. München.

Weisgerber, B. (1975), *Elemente eines emanzipatorischen Sprachunterrichts*. Heidelberg. 2. Auflage.

Weller, F.-R. (1981), "Formen und Funktionen des Übersetzens im Fremdsprachenunterricht. Aspekte einer schulischen Übersetzungslehre am Beispiel des Französischen" in: Bausch, K.-R./Weller, F.-R. (eds.), *Übersetzen und Fremdsprachenunterricht*. Frankfurt, 233 - 296.

Wendt, M. (1973), "Französischunterricht mit dem Tageslichtprojektor als Beispiele für mediale Organisation in den neueren Sprachen" in *Neusprachliche Mitteilungen* 4, 208 - 214.

Werner, O./Fritz, G. (eds.) (1975), *Deutsch als Fremdsprache und neuere Linguistik*. München.

Widdowson, H.G. (1975), "Linguistic Insights and Language Teaching Principles" in: Gutknecht, C. (ed.), *Contributions to Applied Linguistics I*. Bern/Frankfurt, 1 - 28.

Widdowson, H.G. (1980), "Models and Fictions" in *Applied Linguistics* 2, 165 - 170.

Wieczerkowski, W. (1973), "Einige Merkmale des sprachlichen Verhaltens von Lehrern und Schülern im Unterricht" in: Spanhel, D. (ed.), *Schülersprache und Lernprozesse*. Düsseldorf, 285 - 303.

Wiederhold, K.A. (ed.) (1975), *Differenzierung in Schule und Unterricht*. Ratingen/Kastellaun/Düsseldorf.

Wienhold, G. (1973), *Die Erlernbarkeit der Sprachen. Eine einführende Darstellung des Zweitsprachenerwerbs.* München.

Wierlacher, A. (ed.) (1978), *Jahrbuch Deutsch als Fremdsprache. Band 4.* Heidelberg.

Wierlacher, A. (ed.) (1980), *Jahrbuch Deutsch als Fremdsprache. Band 6.* Heidelberg.

Wiesmann, L. (1970), "Sprachnorm und Sprachunterricht" in: Rupp, H./Wiesmann, L., *Gesetz und Freiheit in unserer Sprache.* Frauenfeld, 44 - 72.

Wildgen, W.F. (1973), "Defizit- vs Differenzhypothese: Versuch einer Vermittlung" in *Linguistik und Didaktik* 15, 195 - 203.

Wilkending, G. (1980), "Didaktik des Muttersprachunterrichts" in: Althaus, H.P./Henne, H./Wiegand, H.E. (eds.), *Lexikon der germanistischen Linguistik.* Tübingen, 2. Auflage, 821 - 830.

Wilkins, D.A. (1974), "Notional Syllabuses and the Concept of a Minimum Adequat Grammar" in: Corder, S.P./Roulet, E. (eds.), *Linguistic Insights in Applied Linguistics.* Brüssel/Paris, 119 - 128.

Wilkins, D.A. (1976), *Linguistik im Sprachunterricht.* Heidelberg.

Wimmer, R. (1974), "Die Bedeutung des Regelbegriffs der praktischen Semantik für den kommunikativen Sprachunterricht" in: Heringer, H.J. (ed.), *Seminar: Der Regelbegriff in der praktischen Semantik.* Frankfurt, 133 - 157.

Winnefeld, F. (1970), "Pädagogisches Feld als Faktorenkomplexion" in: Dohmen, G./Maurer, F./Popp, W. (eds.), *Unterrichtsforschung und didaktische Theorie.* München, 35 - 39.

Wode, H. (1974), "Natürliche Zweisprachigkeit. Probleme, Aufgaben, Perspektiven" in *Linguistische Berichte* 32, 15 - 36.

Wode, H. (1978), "L1-Erwerb, L2-Erwerb und Fremdsprachenunterricht" in *Die Neueren Sprachen* 5, 452 - 465.

Wode, H. (1981), "Neue Wege zur Sprachlehrforschung und Fremdsprachendidaktik" in *Englisch-Amerikanische Studien* 4, 509 - 525.

Wolf, W. (1978), "Sprachliche Regularitäten, grammatische Regeln und die Vermittlung des Deutschen als Fremdsprache" in: Engel, U./Grosse, S. (eds.), *Grammatik und Deutschunterricht. Jahrbuch 1977 des Instituts für deutsche Sprache.* Düsseldorf, 221 - 232.

Wulf, C. (ed.) (1974), *Wörterbuch der Erziehung.* München.

Wulf, H. (1974), "Wörterverzeichnis und Wortschatzarbeit" in *Der fremdsprachliche Unterricht* 29, 28 - 37.

Wunderli, P. (1974), "Saussure und die Kreativität" in *Vox Romanica* 33, 1 - 31.

Wunderlich, D. (1970), "Die Rolle der Pragmatik in der Linguistik" in *Der Deutschunterricht* 4, 5 - 41.

Wunderlich, D. (1971), "Zum Status der Soziolinguistik" in: Klein, W./Wunderlich, D. (eds.), *Aspekte der Soziolinguistik*. Frankfurt, 297 - 321.

Wunderlich, D. (ed.) (1972 a), *Linguistische Pragmatik*. Frankfurt.

Wunderlich, D. (1972 b), "Zur Konventionalität von Sprechhandlungen" in: Wunderlich, D. (ed.), *Linguistische Pragmatik*. Frankfurt, 11 - 58.

Wustmann, G. (1966), *Allerhand Sprachdummheiten*. Berlin, 14. Auflage.

Yes. A New English Course. Große Ausgabe Band 1. Integrierte Lehrerausgabe Gymnasien. Dortmund/Hannover 1977.

Yngve, V. (1960), "A Model and a Hypothesis for Language Structure" in *Proceedings of the American Philosophical Society* 104, 444 - 466.

Zabel, H. (1977), "Lernziele Deutsch - Befähigung zu normbezogenem und normreflektierendem sprachlichen Handeln" in: Kühlwein, W./Raasch, A. (eds.), *Kongreßbericht der 7. Jahrestagung der Gesellschaft für Angewandte Linguistik (GAL). Band 1*. Stuttgart, 45 - 58.

Zapp, F.J. (1977), "Die Erstellung von Sprachminima als didaktisches Problem" in: Hüllen, W./Raasch, A./Zapp, F.J. (eds.), *Sprachminima und Abschlußprofile*. Frankfurt, 7 - 20.

Zapp, F.J. (1979), *Fremdsprachenpolitik in Europa - ein Problemaufriß*. Brüssel.

Zapp, F.J. (1980), "Fremdsprachenunterricht als Voraussetzung für Europa" in *Neusprachliche Mitteilungen* 1, 26 - 29.

Zapp, F.J./Raasch, A./Hüllen, W. (eds.) (1981), *Kommunikation in Europa. Probleme der Fremdsprachendidaktik in Geschichte und Gegenwart*. Frankfurt.

Zentrales Fremdsprachinstitut der Ruhr-Universität Bochum
(1976), *Beiträge und Materialien zur Ausbildung von Fremdsprachenlehrern*. Band II. Bochum, 2. Auflage.

Zimmermann, G. (1969), "Integrierungsphase und Transfer im neusprachlichen Unterricht" in *Der fremdsprachliche Unterricht* 3, 245 - 260.

Zimmermann, G. (1976), "Motivation und Fremdsprachenunterricht" in: Solmecke, G. (ed.), *Motivation im Fremdsprachenunterricht*. Paderborn, 158 - 173.

Zimmermann, G. (1977), *Grammatik im Fremdsprachenunterricht*. Frankfurt.

Zimmermann, G. (1982), "Statement zur 2. Frühjahrskonferenz" in: Bausch, K.-R./Christ, H./Hüllen, W./Krumm, H.-J. (eds.), *Das Postulat der Lernerzentriertheit: Rückwirkungen auf die Theorie des Fremdsprachenunterrichts. Arbeitspapiere der 2. Frühjahrskonferenz zur Erforschung des Fremdsprachenunterrichts*. Bochum, 126 - 132.

Zirkel, M. (1979), "Beitrag zu einer Theorie des Testens kommunikativer Kompetenz" in: Neuner, G. (ed.), *Pragmatische Didaktik des Englischunterrichts. Beiträge zur theoretischen Grundlegung und praktischen Unterrichtsgestaltung*. Paderborn, 194 - 205.

Zydatiß, W. (1975), "Lernprobleme im Englischen und ihre Behandlung in einer didaktischen Grammatik" in *Linguistik und Didaktik* 21, 1 - 21.

Zydatiß, W. (1982), "Statement zur 2. Frühjahrskonferenz" in: Bausch, K.-R./Christ, H./Hüllen, W./Krumm, H.-J. (eds.), *Das Postulat der Lernerzentriertheit. Rückwirkungen auf die Theorie des Fremdsprachenunterrichts. Arbeitspapiere der 2. Frühjahrskonferenz zur Erforschung des Fremdsprachenunterrichts*. Bochum, 133 - 142.

SACHREGISTER

'acte' 272 f.
Akkomodation 97
Akzeptabilität 292 ff.; 297; 336
Alter 21; 71 ff.; 84; 87 f.; 126; 184; 188; 247; 323; 343; 356; 359; 360; 391
Analogie 287; 297
Angemessenheit 293 f.; 309
Angewandte Linguistik 33; 36 ff.; 44 f.; 47 ff.; 54 f.; 60 f.; 96
Angst 94; 191; 358
Anwendung 8; 30; 36; 37; 38; 47; 70; 118; 124; 137; 164; 170; 185
Assimilation 97
Assoziation 126; 177; 315; 412
Audiolinguale Methode 43; 408; 413 ff.; 444
Audiovisuelle Methode 408; 415 f.
Aufgeklärte Einsprachigkeit 408; 417 ff.
Autokorrektur 13

Begabung 169
    Sprachbegabung 121; 169 ff.
Behaviorismus 161; 237; 414; 416; 417
Beobachtung 36; 97; 194 f.
Bewußtmachung 14; 237 f.; 319; 332
Bild 448 f.
Bilinguale Methode 408; 417 ff.

'code' 295
Computerlinguistik 55
Curriculum 52; 86; 207; 217 ff., 221; 239

Defizithypothese 312; 313 ff.; 324
Dependenzgrammatik 378
Dialekt 298; 317; 321 ff.
Didaktik 6; 7; 39; 46; 47; 52; 231; 234
    Emanzipatorische (Sprach-) Didaktik 212; 318; 335
Didaktische Grammatik 4; 19; 22; 25 ff.; 43; 54; 60; 63; 145 ff.; 167; 379; 399
Differenzhypothese 312; 313 ff.; 323 f.; 339
Differenzierung 83; 99; 472; 474; 475 ff.
Diglossie 325; 326
Direkte Methode 408; 412 f.
'discours' 270 f.
Diskrepanz 363
Diskurs 81; 182; 307 f.
    Herrschaftsfreier Diskurs 80 f.

Einsprachigkeit 219; 412; 427
    Aufgeklärte Einsprachigkeit 408; 417 ff.

Einstellung   11; 13; 65; 66; 68; 71; 73; 74 ff.; 83 ff.; 90 f.; 94 f.; 99;
              103; 117; 166; 180; 184; 188; 196; 199; 303; 326; 356 f.; 367;
              379 ff.; 387; 391; 404 ff.; 425; 461; 482
    Einstellungskonflikt   396
Elaborierter Kode   314 ff.
Emanzipatorische (Sprach-) Didaktik   212; 318; 335
Emanzipatorische Erziehung   318 ff.; 339; 380
Erfahrung   22; 53; 68; 74; 90; 101; 124; 151; 157; 173; 184; 186; 207; 234;
            249; 360; 380; 382; 392; 403; 477 ff.
Erstspracherwerb   15; 30; 32; 113; 126; 310; 369; 412; 421; 441
Erst- vs. Zweitspracherwerb   126 ff.; 170; 441
Erwachsene   71 ff.; 80; 84; 85; 87; 90; 99; 101; 104; 126; 163; 178; 199; 348
             364; 380; 397; 400; 410; 418; 458
Erwartung   2; 11; 22; 23; 65 f.; 74; 79; 84 f.; 87; 89 f.; 94 f.; 98 f.; 104;
            108; 116; 117 f.; 120; 122; 139; 157; 163; 166; 184; 186 f.; 191;
            205; 207 ff.; 219; 232; 251 f.; 255; 326; 336; 341 ff.; 363; 366 ff
            382; 384; 388; 390; 392 ff.; 399; 480
    Sozialisationserwartung   68
Erwartungsgrammatik   171
Erwartungsnorm   308 ff.
Erwerb   27; 29; 33; 62; 82; 129
    Erstspracherwerb   15; 30; 32; 113; 126; 310; 369; 412; 421; 441
    Erwerbsfehler   169
    Erwerbsprozeß   53; 72; 82; 237
    Erwerbssequenz   128; 131; 367; 370
    Erwerbsvorgang   15; 127; 165
    Fremdsprachenerwerb   32; 69; 71 f.; 110; 125; 128; 163; 168; 328; 347;
                         350; 353; 456; 471; 485
    Spracherwerb   51; 63; 72; 80; 82; 127; 185; 239; 241 f.; 246; 286; 456
    Spracherwerbsforschung   126
    Zweitspracherwerb   30; 32; 126; 132; 136 f.; 310; 352; 441; 485
extrakommunikativ   310

Fachdidaktik   48 ff.
Fachsprache   119; 221
Faktorenkomplexion   1; 3; 17 ff.; 28; 30 f.; 33; 57 ff.; 64; 88; 96; 98; 102;
                     107; 127; 131; 132; 138; 147; 161; 164; 174; 192; 196; 198
                     201; 202; 232; 257; 354; 356; 379; 463; 477; 482; 483 f.
Fehler   13; 23; 25; 54; 80 116; 130; 138; 161; 167 ff.; 174; 189; 197 f.;
         222 f.; 227; 228; 236; 292; 307; 342; 344; 351 f.; 413; 482
    Erwerbsfehler   169
    Normfehler   293
    Scheinfehler   169
    systemlinguistischer Fehler   169; 293
Fehleranalyse   23
Fehlergewichtung   236
Fehlertoleranz   13; 116; 428; 442
Fersehgerät   442; 450 f.; 454; 475
Flanell-Tafel   444; 449; 457
Fremdsprache   24; 27; 28; 69; 72; 75; 88; 89; 112; 130; 200
    Fremdsprachenanwendung   10; 114; 117; 141; 180; 181; 184; 200; 226;
                             242; 245; 248; 411; 442
Fremdsprachendidaktik   33; 47 ff.; 80; 86; 96
Fremdsprachenerwerb   32; 69; 71 f.; 110; 125; 128; 163; 168; 328; 347; 350;
                      353; 456; 471; 485

Fremdsprachenlerntheorie   23; 29; 96; 123; 124; 125; 127; 151; 152; 160;
          164 f.; 167 ff.; 256; 389

Geschlecht   82 ff.; 87; 88; 323; 356; 359; 360
Gesetz   2; 67
Grammatik   20; 43; 146; 155; 290; 401 f.
    Erwartungsgrammatik   171
    Grammatikunterricht   155; 163; 239
    Linguistische Grammatik   21; 147 ff.; 412
    normative Grammatik   12
    Referenzgrammatik   28
    Regelgrammatik   156
    Signalgrammatik   155; 156; 162; 403
    Wissenschaftliche Grammatik   21; 54; 145 ff.
Grammatikalität   292 ff.; 336
Grammatik-Übersetzungsmethode   164; 237; 408; 410 ff. 426
Grammatikvermittlung   19; 152; 155; 156 ff.; 163 f.; 174; 185; 371; 400
Gruppe   65 ff.; 86; 102; 104; 187; 210; 214; 215; 251; 303; 312; 314; 318; 390 f.
    gruppenspezifische Norm   65 f.; 164; 212; 303; 329; 332
    Gruppenperformanz   308

Handeln   35; 67; 79; 95; 107; 115; 172; 172; 178; 262; 264; 292; 317; 326; 331;
          363; 386; 390; 441; 460
    Didaktisches Handeln   355 f.
    Sprachhandeln   222; 229; 331; 467
Handlung   2; 75; 107; 1o'; 112; 159; 170; 176; 178; 190; 252; 326; 345; 405;
          428; 480
    Handlungsfähigkeit   370; 428; 450
    Handlungsfolge   2
    Handlungsforschung   158
    Handlungsintention   241
    Handlungsnorm   327
    Handlungstüchtigkeit   375
    Handlungszusammenhang   306
    Sprachhandlung   230 f.; 235; 306; 327; 415; 451 f.
    Sprachhandlungsnorm   11; 327
Herrschaftsfreier Diskurs   80 f.
Hörer   8; 292; 307

Identität   362
Identitätshypothese   130
Idiolekt   298
Individualkompetenz   307
Inhalt   5; 10; 15; 23; 52; 56; 80; 86; 90; 94; 113; 160; 177; 180 f.; 185 ff.;
          220; 232; 246; 248 ff.; 404 ff.; 413 ff.; 419 f.; 425 f.; 429; 436; 443;
          445; 448; 450; 454 f.; 457; 461; 465; 470
Institution   68; 80; 89; 95; 100; 161; 191; 199; 206; 208; 211; 213; 216 ff.;
          251 f.; 254; 359; 367; 369; 382 ff.; 387; 391; 396; 399; 435 f.;
          458 f.; 472; 474 ff.
Integration   362
Integrativ(er Ansatz)   17; 51; 63; 150; 151; 255
    Integrativer Sprachunterricht   246

Intelligenz   169; 314; 316 f.
Intention   9; 21; 117; 125; 154; 170; 181; 221 f.; 224; 232; 243; 249; 307;
   314; 322; 331; 348; 361; 392
   Sprechintention   222 ff.; 229
Interaktion   10; 30; 66; 143; 158; 183 ff.; 232; 246; 252 ff.; 316; 327; 342;
   351 f.; 354; 355 f.; 359; 362; 423 f.; 432; 442; 451; 472
   Symbolischer Interaktionismus   253 ff.
Interdisziplinarität   47 ff.; 60 ff.
Interimsprache   137; 139; 209
   Interimsprachhypothese   131
   interimsprachliche Norm   139
Interiorisierungstheorie   176
Interlanguage   130; 138

Kommunikation   10; 11; 13; 14; 19 f.; 62; 91; 133; 171; 188; 228; 264; 269 f.
   296; 320; 327; 344 ff.; 402; 449
   Didaktische Kommunikation   10
   fachsprachliche Kommunikation   119; 389 f.
   fremdsprachenunterrichtliche Kommunikation   11; 113 f.; 124; 134 f.;
      142 f.; 181 ff.; 197; 200;
      232; 234; 249
   Kommunikationsakt   234
   Kommunikationsfähigkeit   222
   Kommunikationsprozess   11; 268; 310
   Kommunikationssituation   224 f.
   Kommunikationsstrategie   23; 24; 132; 133 ff.; 343
   unterrichtliche Kommunikationsstrategie   138; 142; 143 f.
   reale Kommunikation 10; 158; 183; 187 f.; 200; 234; 485
kommunikativ   9; 10; 13; 20; 41; 76; 77; 79; 133; 143; 170; 197; 198; 203;
   231; 234; 251; 310; 432; 444; 473
   extrakommunikativ   310
   Kommunikative Kompetenz   8; 9; 19; 20; 216; 234; 302; 326; 328; 427;
      444; 471; 473
   kommunikative Norm   9; 14; 188; 303
Kompensation   318
kompensatorische Erziehung   318; 320
Kompetenz   12; 15; 136; 170; 184; 290; 294; 302; 346; 348; 350; 372 f.; 375;
   418 ff.; 440; 454; 465
   Individualkompetenz   307
   Kommunikative Kompetenz   8; 9; 19; 20; 216; 234; 302; 326; 328; 427;
      444; 471; 473
   soziale Kompetenz   251; 308; 351
   Sprachkompetenz   16; 311; 369 ff.; 428; 468
   Sprachkompetenzkritik   337
Konditionierung   97
Konformität   362
Konsens   210; 252; 309; 335; 363
Kontrastive Analyse   23; 414
Kontrastive Linguistik   44; 174
Kontrastivhypothese   127; 130; 233
Konvention   2; 215; 262; 309; 336

'langage'   258 $.; 261 $$.; 271
   '$aculté du langage'   263 $$.
'language'   268 $.
'langue'   257 $$.; 270 $$.; 277 $$.; 289; 295; 296 $$.; 302
Lehren   28; 48; 50; 51; 53; 100; 102; 138; 148; 479; 483 $$.
   Lehrklima   391 $$.; 468
   Lehrprozeß   54; 56; 197
   Lehrstil   214; 360; 391 $.; 460 $$.
LEHRER
Lehrererwartung   11; 164; 166
Lehrergrammatik   27
Lehrernorm   71; 101; 116; 166 $.; 194 $.; 361; 391; 404
Lehrerpersönlichkeit   99; 117; 162; 354 $$.; 383 $$.; 394; 398; 434; 460
Lehrerrolle   11; 12; 94; 104; 186; 189; 355; 362 $$.; 378; 384 $.; 441; 463
Lehrerverhalten   13; 77; 82; 99; 107; 355; 439; 460
Lehrerzentrierung   50; 51; 56; 195; 456
   logotroper Lehrer   357 $$.
   paidotroper Lehrer   357 $$.
   Selbstverständnis des Lehrers   11; 186; 367 $.; 388; 392 $$.
Lehrmaterial   26; 375 $$.; 381; 398 $$.; 443; 445 $$.; 459; 482
Lehrwerk   12; 206; 214; 244; 248; 371; 373 $.; 376; 378; 381; 395 $$.; 408;
   450; 459; 466; 474
   Lehrwerkanalyse   214; 400 $$.
   Lehrwerkkritik   373; 401
Leistung   72; 82; 83; 91; 92; 93 $$.; 109; 125; 136; 166; 169 $$.; 179; 199;
   205; 227; 345; 349; 353; 355 $.
   Leistungskontrolle   482
   Leistungsüberprüfung   94; 199
Lernen   13; 16; 20; 23; 28; 32; 48; 50 $.; 53; 72; 74; 92 $.; 96 $$.; 122;
   124; 138; 141; 157; 167 $.; 286; 411; 414; 483 $$.
   Bereitschaft zum Lernen   108
   Diskriminatprisches Lernen   162
   Konzept-Lernen   162
   Observationales Lernen   97
   Operantes Lernen   97
   Regellernen   162
   Respondentes Lernen   97
Lernbedürfnis   21; 142
Lernerfahrungen   16; 21; 65; 68; 77; 95 $$.; 121; 123 $$.; 166; 173; 181; 184;
   199; 391; 397; 425
Lerngruppe   102 $$.; 117; 122; 206 $$.; 236; 245; 249; 379; 428 $.; 447
Lernklima   68; 71; 90; 100 $.; 166; 184; 187; 199; 253; 356; 391; 411; 468
Lern-Norm   397
Lernprozeß   13; 22 $$.; 32; 54; 56; 59; 68; 70 $.; 80; 82; 96; 98 $.; 101;
   106 $$.; 123; 140; 152; 166; 177; 181; 185; 187; 197; 219; 241 $$.;
   354; 364; 377; 390; 402; 445; 448; 450; 456
Lernstrategie   23; 24; 132; 133; 141 $$.; 157; 163; 223
LERNER
Lerneräußerung   10; 23 $.; 77.; 108; 125; 139; 196; 344; 375; 411; 417; 424 $.;
   432 $.; 469; 471; 481'
Lernererwartung   24; 77; 79$.; 83 $.; 91 $.; 105; 124; 139 $.; 163 $.; 180;
   217
Lernerfragen   174 $.; 187
Lernergrammatik   20; 27
Lernernorm   71; 80; 83; 84; 86; 92; 101; 105; 123; 139 $.; 165 $$.; 391

Lernerrolle 188 f.; 234; 387; 434; 483
Lernersprache 127; 128; 169; 174; 189 f.; 200
Lernerstrategie 390
Lernerzentriertheit 22; 24 f.; 33; 40; 48; 51; 56 ff.; 63; 163; 206; 213; 246; 354; 389
Lernerzugang 22; 24; 25
    Selbstverständnis des Lerners 68; 90; 101; 186 ff.; 473
Lernpsychologie 8; 71; 96; 146; 150; 162; 231; 241; 248; 286; 340; 370; 371; 466
Lernziel 8; 9; 19 ff.; 32 f.; 68; 71; 92; 139; 155; 173; 185; 196 ff.; 201; 202 ff.; 374; 383; 393; 406 f.; 411; 415; 420; 426; 436 f.; 453 ff.; 464 ff.; 472; 482
Lexem 226; 374; 425; 427; 431
Lexik 220; 224 ff.; 227; 234; 440
Linguistik 5; 6; 27; 33 ff.; 45 f.; 49; 158; 193; 228 f.; 257; 261; 292; 300; 302; 305; 377
Linguistik - Fremdsprachenunterricht 5; 6; 26; 27; 39 ff.; 49; 53; 96; 147 f.; 233; 465 f.
Linguistische Grammatik 21; 147 ff.; 412

Maxime 2; 67; 309
Medien 48; 91; 92; 438 ff.; 474 f.
    audiovisuelle Medien 442
    auditive Medien 439; 442; 444; 445
    Medieneinsatz 439; 440; 442 f.; 445; 455 f.; 458; 459
    visuelle Medien 439; 444; 445; 448
Mehrsprachigkeit 304
    kombinierte Mehrsprachigkeit 304
    koordinierte Mehrsprachigkeit 304
Methode 33; 48; 59; 68; 79; 160; 164; 186 f.; 219; 220; 224; 227; 231; 234; 237; 354; 369; 370; 385; 395; 408 ff.; 439 f.; 448; 460
    methodische Umsetzung 376; 408; 481 f.
'message' 295
Morphem 226; 239
Morphologie 220; 226 ff.; 234; 274; 280; 287
Motivation 24; 68; 71; 74; 79; 83 f.; 90; 93 f.; 100 f.; 103; 106 ff.; 152; 170; 184; 187; 199; 205; 210; 217; 234; 242; 245; 248; 349; 356; 358; 360; 391; 405; 407; 411; 428; 443; 445; 447; 457
    extrinsische Motivation 107; 109; 111; 205
    instrumentelle Motivation 71
    integrative Motivation 71
    intrinsische Motivation 95; 107; 108; 109; 111; 112; 113 f.; 205
Muttersprache (Rückgriff auf) 16; 68; 127; 130; 131; 136; 165; 174 ff.; 182; 188; 233; 310; 413; 417; 419
Muttersprachenerwerb siehe Erstspracherwerb
Muttersprachenunterricht 5; 12 ff.; 27; 155; 224; 331 f.; 340

Nachträgliches Lautes Denken 191
native speaker 9; 12; 15; 73; 116; 125; 158; 173; 227; 341 ff.; 454; 485
Neurolinguistik 55; 161
NORM
Aussprachenorm 6; 228
deskriptive Norm 300
Erwartungsnorm 308 ff.

fremdsprachenunterrichtliche Norm   54; 58; 63; 128; 140 f.; 172 f.; 177;
                                    201; 227; 325; 379; 385; 388; 440; 464
Gebrauchsnorm   9; 127; 238; 294; 304; 329; 373; 374; 376
gruppenspezifische Norm   65 f.; 164; 212; 303; 329; 332
individuelle Norm   78; 98; 101; 108; 116; 165; 184; 192 ff.; 206; 215;
                    283 f.; 289; 296; 326; 383
inhaltliche Norm   400; 404; 409 ff.
institutionelle Norm   164; 183; 184
interimsprachliche Norm   139
kommunikative Norm   9; 14; 188; 303
landeskundliche Norm   247
Lehrernorm   71; 101; 116; 166 f.; 194 f.; 361; 391; 404;
Lern-Norm   397
Lernernorm   71; 80; 83; 84; 8^; 92; 101; 105; 123; 139 f.; 165 ff.; 391
lernzielbezogene Norm   409 ff.; 453; 472
linguistische Norm   177; 228; 241; 243; 257; 266; 293; 377 f.
metaunterrichtliche Norm   73; 383; 388; 390; 398; 400; 404; 409 ff.;
                           443 f.; 452; 457; 471 f.
'Norm'   276 ff.; 298 f.
normative Grammatik   12
Normbewußtsein   12; 74; 76; 484
'norme'   272 f.
Normenhierarchie   166
Normenkonflikt   71; 85; 101; 104; 184; 252; 255 f.; 373; 391; 404
Normenkonglomerat   165
Normenvielfalt   25; 59; 88; 105; 116; 164; 235; 255
Normerwartungen   76
Normiertheit   286
Normierung   6; 93; 304; 307; 370; 375; 380; 405; 433; 469 f.
Normkonzept   6; 295
Normsetzung   7; 8; 12; 104; 120; 165; 340; 341
prädiktive Norm   300
präskriptive Norm   294; 300; 332; 333
pragmatische Norm   235; 236; 293
psychologische Norm   177
Rollennorm   363
Situationsnorm   5
soziale Norm   9; 78; 104; 108; 164; 283 f.; 289; 303; 320; 336
Sozialisationsnorm   103
soziolinguistische Norm   111 ff.; 235; 328
soziokulturelle Norm   10; 111 f.
Sprachhandlungsnorm   11; 327
Sprachnorm   7; 16; 73; 76; 122; 139; 164; 167; 265; 274 ff.; 285; 305 ff.;
             310 ff.; 316; 320; 370 f.; 379; 397; 400; 404; 406; 409 ff.;
             442; 457; 469; 471 f.
    Sprachnormenkritik   338 f.
statisch-deskriptive Norm   179
textsortenspezifische Norm   5

Overhead-Projektor   442; 444; 445; <u>449 f.</u>; 475

'parole'   257 <u>ff.</u>; 270 f.; <u>277 ff.</u>; 289; 295; 296 ff.; 307 f.
Pattern   136 ; 161; 418 f.; 444

Performanz   290; 294
   Gruppenperformanz   308
Persönlichkeit   100; 318; 346; 351
   Lehrerpersönlichkeit   99; 117; 162; 354 ff.; 383 ff.; 394; 398; 434; 460
   Lernerpersönlichkeit   121; 166
Phonem   228
Phonetik   228 f.
Phonologie   220; 228 f.; 234; 274; 280
Planungsstrategie   308 ff.; 316 f.
Pragmadidaktik   20; 184; 185; 221
Pragmalinguistik   35; 184; 223; 229 ff.; 305; 378; 440
Prestige   386 ff.; 458
Progression   123; 173; 184; 185; 187; 209; 227; 232; 246; 350; 367; 395; 407; 412; 414; 416; 426; 428; 473
Prozeß   125; 127; 128; 131; 132; 136; 143 f.; 150 f.; 158; 160; 163; 167; 168; 238; 389
   Erwerbsprozeß   53; 72; 82; 237
   Lernprozeß   13; 22 ff.; 32; 54; 56; 59; 68; 70 f.; 80; 82; 96; 98 f.; 101; 106 ff.; 123; 140; 152; 166; 177; 181; 185; 187; 197; 219; 241 ff.; 354; 364; 377; 390; 402; 445; 448; 450; 456
Psycholinguistik   34 ff.; 44; 72; 126 f.; 128; 145; 157; 160; 170; 219; 286; 304; 337
Psychologische Realität   34; 41; 129; 130; 144 ff.; 162; 292; 310

Radio   447; 448; 454; 475
'Rede'   276 ff.
Referenzgrammatik   28
Regel   2; 20; 34; 67; 79; 122; 133; 137; 142; 144 f.; 153; 156; 157; 158 ff.; 262; 267; 268; 290 f.; 300; 309 f.; 321; 327; 341; 371; 403; 410; 413; 445
   didaktische Regel   163
   linguale Regel   159
   operationelle Regel   162
   Regelgrammatik   156
   Regelsystem   21
   soziale Regel   159; 336
Register   54; 81; 113; 233; 243 f.; 322; 325; 372 ff.; 376
Repressivität   363
Restringierter Kode   314 ff.
Rolle   67; 99; 122; 188 f.; 192; 222; 224; 232; 251 ff.; 315 f.; 325 f.; 355; 362 ff.; 384
   Lehrerrolle   11; 23; 94; 104; 186; 189; 355; 362 ff.; 378; 384 f.; 441; 463
   Lernerrolle   188 f.; 234; 387; 434; 483
   Rollendistanz   358; 363
   Rollenkonflikt   365; 367 f.
   Rollennorm   363
   Rollenspiel   10; 13; 92; 115; 363; 420; 434 ff.; 447; 466 f.; 470 f.
   Rollentheorie (kritische)   363; 366

Sanktion   90; 94; 134; 138; 166; 234; 253; 281; 312; 322; 326; 461
Schallplattenspieler   447 f.; 457; 475
Scheinfehler   169

'schēma'   272 f.
Schulgrammatik   6; 27; 43; 44; 371
Selbstverständnis   11; 48; 50; 61; 68; 90; 101; 186; 188; 216; 255; 320;
        388; 458
    individuelles Selbstverständnis   189
    lerngruppenspezifisches Selbstverständnis   189
    Selbstverständnis des Lehrers   11; 186; 367 f.; 388; 392 ff.
    Selbstverständnis des Lerners   68; 90; 101; 186 ff.; 473
Semantik   235
Semantisierung   175 ff.; 225; 412 ff.; 417; 427; 438
Signalgrammatik   155; 156; 162; 403
'Silent Way'   408; 420 ff.
Situation   9; 14; 15; 20; 53; 62; 79; 81; 107; 108; 113; 168; 170; 185 f.;
        222 ff.; 229; 231 f.; 235; 253; 300; 304; 323; 327; 329; 351 f.;
        375; 412; 414; 416; 427; 432; 434 ff.; 449; 472
    Situationsnorm   5
Skillspezifik   117; 119 ff.; 124; 413; 427
Sozialisation   11; 62; 66 ff.; 87; 101; 102; 105; 112; 122; 318; 337; 357;
        361; 383 ff.
    Sozialisationserfahrung   67; 68; 105; 166; 188
    Sozialisationserwartung   68
    Sozialisationsmechanismus   105; 115
    Sozialisationsnorm   103
Soziolekt   322 f.
Soziolinguistik   8; 9; 34; 35; 36; 44; 82; 158; 170; 298; 302 ff.; 375
    soziolinguistische Norm   111 ff.; 235; 328
'speech'   268 f.
Sprache   7 ff.; 14; 27; 32 ff.; 43 f.; 53; 57; 66; 79; 87 f.; 113 f.; 127;
        157; 161; 178; 181; 186; 220; 237; 257 ff.; 277 ff.; 298; 301;
        310; 314; 333; 336; 449; 463; 483
Sprachbarriere   317 f.
Sprachbegabung   121; 169 ff.
Sprachbesitz   126
Sprachbewußtsein   13; 67; 83; 113; 179; 179; 181; 227; 233; 237 f.; 268
Sprachbrauch   310 ff.
Sprachdidaktik   303
Sprachenfolge   388
Sprachenwahl   78; 84; 85; 89; 114; 117 f.; 121; 380; 387
Spracherwerb   51; 63; 72; 80; 82; 127; 185; 239; 241 f. 246; 286; 456
    Spracherwerbsforschung   126
Sprachgebilde   279
Sprachgebrauch   9; 16; 19; 20; 27; 46; 74; 82; 122; 238; 241; 268; 272 f.;
        275 f.; 292 f.; 297; 314; 317; 319; 330; 341 ff.; 375; 377;
        419 f.; 433; 440; 442; 469
Sprachgefühl   13; 15; 173; 307; 313; 327
Sprachgemeinschaft   8; 9; 11; 70; 75; 78; 257; 258; 262; 266; 272; 288 f.;
        294; 302; 305; 307 f.; 313; 316; 320 ff.; 341; 351 f.
Sprachhandeln   222; 229; 331; 467
Sprachhandlung   230 f.; 235; 306; 327; 415; 451 f.
    Sprachhandlungsnorm   11; 327
Sprachkompetenz   16; 311; 369 ff.; 428; 468
    Sprachkompetenzkritik   337
Sprachkontakt   304; 325
Sprachkritik   228; 319; 330; 331 ff.
    sprachkritische Sozialanalyse   338 ff.

Sprachlabor   414; 438; 440; 441; 444; 446; 456; 457; 458; 468 f.; 471
Sprachlehr- und Sprachlernforschung   3; 17; 33; 51 ff.; 60; 61; 62; 138;
                                         139; 149
Sprachlenkung   334; 339
Sprachlerneignung   24; 171
Sprachpathologie   38
Sprachpflege   333 f.
Sprachpolitik   72; 75; 81; 86 ff.; 180; 215; 384 ff.; 391
Sprachrichtigkeit   235
Sprachstil   233; 332; 375
Sprachstruktur   128; 132; 298
Sprachsystem   130; 226; 307 f.; 310 ff.; 372
      Sprachsystemkritik   338
Sprachvergleich   240; 241; 471
Sprachverkehr   311
      Sprachverkehrskritik   337
Sprachvermittlung   6; 9; 10; 33; 45; 51; 56; 149; 171; 185
Sprachwerk   279
Sprachwissen   237 ff.
Sprachwissenschaft   37 f.; 257 ff.; 266
Sprechakt   225; 233; 234 ff.; 279; 305; 327
      Sprechaktfolge   225; 226
      Sprechakttheorie   24
Sprecher   8; 9; 266; 292; 300; 307; 315; 320 ff.; 325 ff.
      Sprechergruppe   307 f.
Sprechintentionen   222 f.; 229
Standardsprache   6; 321 f.
Standardvarietät   9; 16; 228
      Varietät   54; 228 f.; 303 ff.; 321 ff.; 329; 351; 404
Strategie   131 ff.; 142 f.; 176; 223; 374; 389
      Kommunikationsstrategie   23; 24; 132; 133 ff.; 343
      unterrichtliche Kommunikationsstrategie   138; 142; 143 f.
      Lernerstrategie   390
      Lernstrategie   23; 24; 132; 133; 141 ff.; 157; 163; 223
      Planungsstrategie   308 ff.; 316 f.
Strukturalismus   43; 147; 266; 289; 378; 413; 416
Subsumtion   97
Suggestopädie   408; 430 ff.
Syntagma   226; 239; 307; 374
Syntax   220; 221 ff.; 227; 234 f.; 280; 288; 440
System   15; 35; 70; 82; 113; 124; 130; 141; 147; 149; 151; 159; 168 f.; 172;
         175; 181; 223 ff.; 234; 238; 258 ff.; 303; 305 f.; 314; 319 f.; 333;
         344; 350; 371; 376; 416; 440; 471
'System'   276 ff.
Systemtheorie   96

Test   170; 197 ff.
Text   243; 376; 406 f.; 431 ff.; 440; 442; 447; 455; 456; 471
Textart   221
Textform   248
Textsorte   248; 407; 436; 441; 463; 472
      textsortenspezifische Norm   5
Texttypologie   309
Tonband   414; 441; 444; 446; 448; 454; 457; 475

'Total Physical Response'   408; 426 ff.
Transfer   132; 134; 135; 136; 140; 158; 183; 233; 467
Transformationsgrammatik   34; 144; 151; 152; 290 ff.; 295; 326; 377; 378; 402

Übersetzen   119; 179 f.; 410; 413
Übersetzung   76; 178; 179 f.; 241; 410 f.; 418; 432 f.; 470 f.
Übersetzungswissenschaft   38
Übungsformen   115; 158; 161; 197; 241; 370; 440; 452; 463 ff.; 482
Übungstypen   13; 197; 468; 471
Übungstypologie   444; 463 ff.
Unterrichtsablauf (-prozeß)   22; 23; 66; 79; 186; 190; 195; 209; 212; 214;
                              216; 355; 372; 398; 411; 414; 416; 424 f.; 434;
                              443 ff.; 457; 467; 469; 472
Unterrichtspsychogramme 191 f.
'usage'   272 f.
Usus   298 f.

Varietät   54; 298; 229; 303; 304 f.; 321 ff.; 329; 351; 404
    Standardvarietät   9; 16; 228
Videogerät   442; 444; 450 ff.; 454; 459; 475
Vorkenntnisse   121 f.; 151; 184; 200; 382
Vorurteil   70

Wissenserwerb   237; 240; 245

Zensur   13; 31; 89; 94; 117; 205 f.; 357
Zertifikat   208; 217; 475
Zielsprachenkultur   69 ff.; 74; 380 f.
Zweitsprachenerwerb   30; 32; 126; 132; 136; 137; 310; 352; 441; 485